리눅스 기반의

# TCP/IP와 라우팅 프로토콜

윤종호 지음

(주)교학사

# 리눅스 기반의
# TPC/IP와 라우팅 프로토콜

2010년 9월 1일 초판 1쇄 인쇄
2010년 9월 10일 초판 1쇄 발행

펴 낸 이 : 양철우
펴 낸 곳 : (주)교학사
저　　자 : 윤종호
주　　소 : 서울특별시 금천구 가산동 3179-7(공장)
　　　　　서울특별시 마포구 공덕동 105-67(사무소)
전　　화 : 02-7075-311(편집), 02-7075-156(영업)
팩　　스 : 02-7075-316(편집), 02-839-2728(영업)
등　　록 : 1962년 6월 26일 〈18-7〉
정　　가 : 33,000원

홈페이지 주소
http://www.kyohak.co.kr

Copyright by KYOHAK

잘못된 책은 바꾸어 드립니다.

# 머리말

## 서론

본 교재에서는 TCP/IP 기반의 기본적인 컴퓨터 네트워크용 프로토콜 및 라우팅 프로토콜의 동작을 다룬다. 본 교재는 이론뿐만 아니라 관련된 리눅스 서버 설정, 네트워크 프로그래밍, Quagga 라우팅 패키지를 이용한 라우팅과 같은 실습도 함께 수행할 수 있도록 준비한 것이다.

대부분의 컴퓨터 통신망 관련 프로토콜이 유닉스기반의 운영체제 기반에서 개발되었음에도 불구하고 그 동안 대부분의 관련 분야 교육이 비교적 조작이 간편한 윈도우 운영체제를 기반으로 수행됨으로써 관련 분야에 대한 깊이 있는 지식 전달에 어려운 문제가 있었다.

저자는 이러한 문제점을 일부 해결하기 위하여, Fedora 리눅스를 기반으로 TCP/IP 관련 기본 프로토콜을 소개하고 실습할 수 있도록 본 교재를 준비하였다. 또한 PC에 유무선 프로토콜 분석 도구와 Quagga/Zebra 라우팅 패키지를 설치하여, 각종 유무선 프로토콜 및 RIP 라우팅 프로토콜의 동작 원리를 실습할 수 있도록 하였다.

특히 많은 독자들이 리눅스에 친숙하지 않다는 사실과 윈도우가 이미 설치되어 있는 실습 환경에 대한 제약점이 있다는 점을 염두에 두어 본 교재를 준비하였다. 즉 리눅스 운영체제의 Flash 메모리에의 설치 및 부팅 절차에서부터 각종 명령어, 그리고 전반적인 설정 및 동작 절차 모두를 단계별로 현시하면서 설명하였다. 비록 본 교재가 설정 및 절차 분석에 치중되었지만 본격적인 설계 및 구현을 할 수 있는 단계로 진입할 수 있는 첫 징검다리가 될 수 있을 것이다.

마지막으로 본 교재에서 다루어지지 않은 분야, 즉 OSPF, BGP, IS-IS, IGRP, E-IRGP 등의 고급 라우팅 프로토콜과 IEEE 802.1 브리지, PPP, Mobile IP, NAT, IPTV, VoIP 분야에 대한 프로토콜은 "실용 TCP/IP프로토콜 [고급편]"을 집필 중에 있음을 참고하기 바란다.

2010년 8월

저자 윤 종 호

# contents

## 제 01 장 인터넷과 리눅스 운영체제

1.1 개 요 ··················································································· 26
1.2 인터넷 ················································································· 26
1.3 인터넷 사업자 ······································································ 28
    (1) 인터넷 서비스 제공 사업자 ············································ 28
    (2) 회선 사업자 ··································································· 28
    (3) Internet eXchage(IX) ····················································· 29
    (4) 인터넷 데이터 센터(IDC) ················································ 30
    (5) 인터넷 활용 사업자 ······················································· 30
1.4 패킷 교환망 ········································································· 32
1.5 프로토콜 ·············································································· 32
1.6 TCP/IP의 계층 구조 ····························································· 33
    (1) 계층 구조 ······································································ 33
    (2) 전달 과정 ······································································ 35
1.7 응용 프로세스간 연결 방식 ··················································· 35
1.8 포 트 ··················································································· 36
1.9 소 켓 ··················································································· 37
1.10 Connection과 Association ·················································· 38
1.11 프로세서 ············································································ 39
    (1) 개 요 ············································································ 39
    (2) 멀티 태스크 프로그래밍의 예 ········································· 40
1.12 리눅스 운영체제 ································································· 41
    (1) 개 요 ············································································ 41
    (2) 리눅스 배포판 ······························································· 41
    (3) 패키지 ··········································································· 42
    (4) 리눅스의 네트워킹용 프로세스 ······································· 42
1.13 리눅스 디렉터리 구조와 네트워크 관련 파일 위치 ················ 43
    (1) 리눅스 시스템의 디렉터리 구조 ····································· 43
    (2) 네트워크 관련 파일의 위치와 종류 ································ 44
1.14 실험망의 구성 ···································································· 45
1.15 리눅스 설치 및 기본 실습 ··················································· 46

1.16 USB 메모리 또는 외장형 HDD에 Fedora 기본 설치하기 ·········· 46
1.17 리눅스 기본 콘솔 명령어 ············································· 47
    (1) 콘솔로의 진입 ···················································· 48
    (2) 일반 명령어 ······················································ 48
    (3) 파일 압축 관련 ·················································· 49
    (4) 파이프 및 리다이렉션 ·········································· 50
    (5) 프로세스 관리 ··················································· 50
    (6) 사용자 관리 ····················································· 50
    (7) 파일 관리 ························································ 51
    (8) 파일 편집 및 컴파일 ··········································· 52
    (9) 패키지 관리 ····················································· 53
    (10) 명령어 자동 완성 기능 ······································ 53
1.18 Fedora Linux 시스템의 네트워크 연결 및 시험 ················· 53
1.19 리눅스 보안 기능 및 방화벽 해제 ·································· 55
    (1) SElinux 해제 ··················································· 55
    (2) 방화벽 해제 ····················································· 55
    (3) 방화벽 설정(참고) ············································· 56
1.20 Fedora Linux 개발자용 패키지 설치 ······························· 56
1.21 Fedora Linux 설치 시 참고 사항 ···································· 58
    (1) 해상도 조정 ····················································· 58
    (2) USB 부팅 장애 해결 방법 ··································· 58
    (3) 커널 소스 설치 ················································· 58
    (4) HDD에 운영체제 설치 방법 ································· 58
1.22 네트워크 관련 명령어 ················································· 59
    (1) 설　정 ····························································· 59
    (2) 네트워크 관련 설정 파일 ····································· 59
    (3) 동작 상태 확인 ················································· 60

✱ 연습 문제 ··································································· 61

# 제 02 장 링크 계층과 이더넷

- 2.1 개 요 ················································································· 66
- 2.2 데이터 링크 계층 ································································· 66
  - (1) 데이터 링크 계층의 기능 ················································ 66
  - (2) 링크의 종류 ··································································· 67
  - (3) 다중 접근 방식(Multiple access protocol) ······················· 68
  - (4) CSMA/CD 이더넷 ························································· 68
- 2.3 이더넷의 역사 ······································································ 69
  - (1) 초기 버스형 이더넷 ························································ 69
  - (2) 10Bast-T 이더넷 ···························································· 70
  - (3) 이더넷 스위치와 전 이중 이더넷(1990-1994) ················· 71
  - (4) 고속 이더넷 (1992-2009) ············································· 72
  - (5) 기가비트 이더넷 ···························································· 74
  - (6) 10기가비트 이더넷 ························································ 75
  - (7) 이더넷의 추가 기능 ······················································· 75
  - (8) 이더넷 연대기 ······························································· 76
- 2.4 이더넷의 역할 ······································································ 77
- 2.5 이더넷용 전송 매체와 커넥터 ················································ 78
  - (1) UTP 케이블 ··································································· 78
  - (2) RJ-45 커넥터 ································································ 78
  - (3) 다이렉트 케이블과 크로스 케이블 ·································· 79
- 2.6 이더넷 중계 장치 ································································· 79
  - (1) 이더넷 허브 ··································································· 79
  - (2) 이더넷 브리지와 스위치 ················································· 81
  - (3) 라우터 ··········································································· 82
- 2.7 DIX 2.0 이더넷 프레임과 IEEE 802.3 프레임 ······················ 83
  - (1) 이더넷 프레임의 실제 ···················································· 83
  - (2) 이더넷 프레임의 형식 ···················································· 84
  - (3) 이더넷 프레임의 상세 ···················································· 85
- 2.8 Logical Link Control (LLC) ················································ 87

## contents

  (1) LLC의 계층 구조와 프레임 형식 ························································ *87*
  (2) 논리적 링크(logical link) ································································· *88*
  (3) SubNetwork Access Protocol( SNAP) ·············································· *88*
2.9  상위 계층 프로토콜 분류 방법 ······························································· *88*
  (1) DIX 2.0의 경우 ············································································· *88*
  (2) IEEE 802.3 이더넷의 경우 ······························································ *89*
  (3) IEEE 802.3/LLC/SNAP의 경우 ······················································· *90*
2.10  참고 : 이더넷 파라미터 ······································································· *90*
2.11  패킷 수집 및 분석 실험 ······································································ *91*
  (1) Wireshark ····················································································· *91*
  (2)  tcpdump ····················································································· *96*
  (3) e-watch (윈도우 XP 전용) ······························································· *96*
2.12  이더넷 카드 관련 명령어 ···································································· *96*
  (1) mii-tool ························································································ *96*
  (2)  ethtool ························································································ *97*
  (3) ifconfig ························································································· *97*
2.13  링크 다중화 기능 실험 ······································································ *98*
2.14  참고 : 이더넷 카드 변경 내용 갱신 방법 ············································ *101*

✲ 연습 문제 ································································································ *103*

# 제 03 장  IEEE 8 02.11무선 LAN

3.1  개  요 ································································································· *108*
3.2  무선 LAN 시스템 ················································································· *108*
3.3  무선 LAN 기술 ···················································································· *110*
  (1) 물리 계층 기술 ············································································· *110*
  (2) MAC 계층 기술 ············································································ *111*
3.4  기본적인 무선 LAN 시스템의 동작 절차 ·············································· *111*
  (1) 탐색 과정 ···················································································· *111*
  (2) 인증 과정 ···················································································· *112*

（3) 결합 과정 ………………………………………………… 112
(4) 데이터 전송 과정 ……………………………………… 112
3.5 무선 LAN에서 고려되어야 하는 사항 ……………………… 112
(1) 무선 링크 품질을 고려한 MAC계층에서의 ACK 프레임 사용과
프레임 분할 기능 ……………………………………… 112
(2) 채널의 사용과 거리에 따른 전송 속도의 변화 ………… 113
(3) 낮은 대역 활용률 ……………………………………… 114
(4) 출동 감지 기능 ………………………………………… 114
(5) 가상 캐리어 감지 기능에 의한 충돌 회피 기능 ……… 115
(6) 전원 절약 ……………………………………………… 117
(7) 무선 구간의 보안 ……………………………………… 117
(8) 이동성 …………………………………………………… 118
3.6 계층 구조 ……………………………………………………… 118
3.7 물리 계층의 프레임 형식 …………………………………… 119
(1) 프리앰블 영역 ………………………………………… 120
(2) PLCP 헤더 …………………………………………… 120
3.8 MAC 프레임의 기본 형식 …………………………………… 121
(1) 프레임 제어 영역 ……………………………………… 121
(2) Duration/ID …………………………………………… 123
(3) Address1,2,3,4 (A1, A2, A3, A4) ………………… 124
(4) 순서 번호/분할 번호 영역 …………………………… 124
(5) 프레임 바디 …………………………………………… 125
(6) FCS ……………………………………………………… 125
(7) 802.11n의 경우[참고] ………………………………… 125
3.9 MAC의 기본 데이터 전송 동작 …………………………… 126
(1) 기본 동작 ……………………………………………… 126
(2) 랜덤 백오프 …………………………………………… 127
(3) 데이터 전송 과정 시 ACK 프레임의 사용 ………… 128
(4) 분할 전송 과정 ………………………………………… 128
3.10 브로드캐스트 프레임의 전송 ……………………………… 130
3.11 연결 절차 ……………………………………………………… 130

   (1) 개　요 ·········································································· *130*
   (2) 탐색 과정 ···································································· *131*
   (3) 참여(Join) ··································································· *133*
   (4) 인증 절차 ···································································· *133*
   (5) 결합(Association) ························································ *134*
  3.12 제어 프레임의 구성 ························································· *134*
  3.13 데이터 프레임의 구성 ······················································ *135*
  3.14 메니지만트 프레임의 구성 ················································ *136*
   (1) 기본 구성 ···································································· *136*
   (2) 고정 길이 정보의 구성 요소 ········································· *136*
   (3) 가변 길이 정보의 구성 요소 ········································· *137*
  3.15 메니지먼트 프레임의 상세 구성 ········································ *141*
   (1) 비컨 프레임 ································································· *141*
   (2) 프로브 요청 및 응답 프레임 ········································· *142*
   (3) 인증 프레임 ································································· *143*
   (4) 결합 요청 및 응답 프레임 ············································ *144*
   (5) 결합 해제 요청 프레임 ················································· *145*
   (6) 인증 해제 요청 프레임 ················································· *145*
  3.16 802.11의 기본 동작 과정 분석 ········································ *145*
  3.17 무건 LAN 분석 도구 설치 ················································ *146*
  3.18 간략한 과정 분석 ······························································ *148*
  3.19 수동 프로브 과정 분석 ······················································ *148*
  3.20 능동 탐색 과정 분석 ·························································· *149*
  3.21 인증, 결합, 데이터 전송 과정의 분석 ······························· *150*

 ✱ 연습 문제 ··············································································· *151*

# 제 04 장　네트워크 계층 프로토콜과 IP

  4.1 개　요 ················································································ *156*

| | |
|---|---|
| 4.2 네트워크 계층 서비스의 종류 | 156 |
| 4.3 인터넷 주소 | 157 |
| 4.4 인터넷 주소의 클래스별 분류 | 157 |
|     (1) IP 주소 클래스 | 157 |
|     (2) 예 | 159 |
| 4.5 특수 IP 주소 | 159 |
|     (1) Network 주소 | 160 |
|     (2) Network-directed broadcast to nedid | 160 |
|     (3) Specific host on this network | 160 |
|     (4) Local loopback 주소 | 161 |
|     (5) Limited broadcast | 161 |
|     (6) This host on this network | 161 |
| 4.6 서브넷팅 | 162 |
| 4.7 Classless Intradomain Routing(CIDR) | 163 |
| 4.8 Variable Length Subnet Mask(VLSM). | 164 |
| 4.9 IP 패킷의 형식 | 165 |
| 4.10 IP 옵션 영역 상세 | 168 |
|     (1) End of Option 옵션 | 169 |
|     (2) No Operation 옵션 | 169 |
|     (3) Security 옵션 | 169 |
|     (4) Record route 옵션 | 169 |
|     (5) Strict Source Route 옵션 | 170 |
|     (6) Loose Source Route 옵션 | 171 |
|     (7) Time Stamp 옵션 | 172 |
|     (8) Stream Identifier | 174 |
|     (9) Router Alert | 174 |
| 4.11 IP 패킷의 예 | 175 |
| 4.12 리눅스 시스템의 LAN 카드에 대한 GUI 기반 IP 주소 수동 설정 실습 | 176 |
|     (1) Network Manager 기능 제거 | 176 |
|     (2) IP주소 설정 | 177 |
| 4.13 리눅스 시스템의 LAN 카드에 대한 콘솔 기반의 수동 IP 주소 설정 | 182 |
|     (1) ifconfig 및 route 명령어 사용 방법 | 182 |

## contents

　　(2) 영속적 할당 방법 ………………………………………… 183
4.14 리눅스 시스템의 LAN 카드에 대한 자동 IP 주소 설정 실습 ……… 184
4.15 　참고 : ifconfig 명령어 및 네트워크 관련 파일 ……………………… 185
　　(1) ifconfig 명령어 …………………………………………… 185
　　(2) ifup 및 ifdown명령어 …………………………………… 186
　　(3) 네트워크 관련 설정 파일 ………………………………… 186
4.16 　리눅스용 IP Calculator를 이용한 IP 주소 계산 실습 …………… 187
4.17 　IP 헤더 옵션의 분석 실험 ………………………………………… 188
　　(1) ping 매뉴얼 확인 ………………………………………… 188
　　(2) TOS영역 설정 실험 ……………………………………… 188
　　(3) TTL 영역 설정 실험 ……………………………………… 188
　　(4) timestamp옵션 설정 …………………………………… 188

✸ 연습 문제 ……………………………………………………………… 189
✸ 추가 실습 과제 ………………………………………………………… 192
✸ 참고 : 체크섬 계산 …………………………………………………… 193

# 제 05 장  ARP와 ICMP

5.1 개　요 ………………………………………………………………… 198
5.2 ARP의 예 ……………………………………………………………… 198
5.3 ARP 캐시 ……………………………………………………………… 200
5.4 ARP 패킷 형식 ………………………………………………………… 200
5.5 ARP 브로드캐스트 스톰 현상 ………………………………………… 201
5.6 Gratuitous ARP ……………………………………………………… 202
5.7 프록시 ARP …………………………………………………………… 202
5.8 RARP(Reverse ARP) ………………………………………………… 203
5.9　ICMP의 필요성 ……………………………………………………… 203
5.10　ICMP 메시지 형식 ………………………………………………… 204
　　(1) 기본 형식 ………………………………………………… 204
　　(2) ICMP 타입 및 코드의 종류 ……………………………… 205

# contents

- 5.11 Ping/ICMP Echo ·················································································· 209
- 5.12 ICMP/TRACERT ·················································································· 210
- 5.13 ICMP Router Discovery Protocol(IRDP) ········································· 211
  - (1) ICMP Router Advertisement 패킷의 형식 ························ 212
  - (2) ICMP Router Solicitation 패킷의 형식 ···························· 212
  - (3) IRDP절차의 보안 취약성 ·················································· 213
- 5.14 RP 실습 ······························································································· 213
  - (1) ARP 패킷 수집 ································································· 213
  - (2) ARP 패킷 분석 ································································· 214
  - (3) arp 관련 추가 명령어 ······················································· 215
- 5.15 oxy ARP 실습 ····················································································· 215
  - (1) 송신 패킷 ·········································································· 217
- 5.16 ICMP 실습 ··························································································· 217
  - (1) Ping 사용 ········································································· 217
  - (2) traceroute 사용 ······························································· 217
  - (3) Sing 사용 ········································································· 217
  - (4) mtr 명령어 ········································································ 218

- ✽ 연습 문제 ····································································································· 219

## 제 06 장 라우터

- 6.1 개   요 ································································································· 226
- 6.2 라우터의 IP 패킷 중계 기능 ··························································· 226
- 6.3 라우터와 브리지의 비교 ··································································· 227
- 6.4 라우터와 단말기 간의 동작 예 ······················································· 228
- 6.5 라우팅 ································································································· 229
- 6.6 정적 라우팅과 동적 라우팅 ····························································· 230
- 6.7 내부 라우팅과 외부 라우팅 ····························································· 230
- 6.8 라우터의 세부 구성과 동작 ····························································· 232
- 6.9 리눅스 패킷 포워더 ·········································································· 233
- 6.10 리눅스 라우터에 대한 기본 실습 ··················································· 234

　　　(1) route -n 명령어 …………………………………………… 234
　　　(2) netstat -I 명령어 …………………………………………… 235
　　　(3) route 추가 명령어 …………………………………………… 235
　　　(4) 고정 경로 추가 명령어 …………………………………… 236
　6.11 헤더 옵션 분석 실험 ………………………………………… 236
　　　(1) 라우터의 기본 설정 ………………………………………… 237
　　　(2) ping을 사용한 Record Route 옵션 시험 ……………… 237
　　　(3) Sing 사용 ……………………………………………………… 239

　✹ 연습 문제 ……………………………………………………………… 240

# 제 07 장 UDP와 TFTP, DHCP

　7.1 개　요 ………………………………………………………………… 246
　7.2 UDP의 응용 ………………………………………………………… 246
　7.3 UDP 계층의 구성 …………………………………………………… 248
　7.4 UDP 패킷 형식 ……………………………………………………… 249
　7.5 TFTP …………………………………………………………………… 250
　7.6 TFTP의 메시지 형식 ……………………………………………… 250
　7.7 DHCP …………………………………………………………………… 252
　　　(1) 개　요 …………………………………………………………… 252
　　　(2) DHCP, BOOTP, RARP의 비교 ………………………………… 253
　7.8 DHCP 동작 과정 …………………………………………………… 253
　7.9 DHCP의 패킷 형식 ………………………………………………… 254
　7.10 DCHP Relay Agent ………………………………………………… 258
　7.11 TFTP 서버와 클라이언트 설치 ………………………………… 259
　7.12 DCHP 서버 설정 …………………………………………………… 262
　7.13 DCHP 클라이언트 구성 ………………………………………… 265
　7.14 DHCP Relay Agent 실험 ………………………………………… 268

　✹ 연습 문제 ……………………………………………………………… 268

# 제 08 장 DNS

| | |
|---|---|
| 8.1 개 요 | 274 |
| 8.2 DNS를 이용한 이름과 IP 주소 매핑 방법 | 274 |
| 8.3 Hosts 파일을 이용한 이름과 IP 주소의 매핑 방법 | 275 |
| 8.4 도메인 네밍 | 275 |
| (1) 계층적 구조의 도메인 네임 공간(Name Space) | 276 |
| (2) FQDN과 PQDN | 277 |
| (3) 정방향 도메인 네임 | 277 |
| (4) 역방향 도메인 네임 | 278 |
| 8.5 이름 주소 해석 절차 | 278 |
| (1) 기본적인 DNS시스템에서의 해석 절차 | 278 |
| (2) 귀환적 해석 절차와 반복적 해석 절차 | 278 |
| (3) DNS 캐싱 서버 | 280 |
| 8.6 Zone과 DNS 서버 | 281 |
| (1) Zone | 281 |
| (2) DNS 서버의 종류 | 282 |
| (3) 1차 서버와 2차 서버간 정보 전달 방법 | 283 |
| 8.7 zone 파일 | 284 |
| (1) zone 파일 | 284 |
| (2) zone 레코드의 종류 | 284 |
| (3) zone 파일의 예 | 285 |
| 8.8 DNS 메시지의 형식 | 286 |
| (1) 메시지의 형식 | 286 |
| (2) Question 영역의 형식 | 287 |
| (3) Resource record(RR) 영역의 형식 | 289 |
| 8.9 DNS 기본 명령어 실습 | 290 |
| (1) "host" 명령어 | 290 |
| (2) "nslookup" 명령어 | 290 |
| (3) "dig" 명령어 | 290 |
| 8.10 Multicast DNS | 291 |
| 8.11 리눅스 로컬 DNS 캐싱 서버 설치 | 292 |

8.12 리눅스 로컬 마스터 DNS 서버 설치 ················································ 294
8.13 DNS 질의 절차 분석 ········································································ 298
8.14 DNS PTR query (역방향 질의) 실습 ················································ 301
8.15 2차 DNS 서버 설정과 Zone Transfer 실습(I) ·································· 303
8.16 Zone Transfer 실습(II) ···································································· 305
8.17 1차 서버의 내용이 수정된 경우(Notify 기능) ·································· 308
8.18 DNS 설정 파일의 상세 분석 ···························································· 310
8.19 BIND 설정 GUI 도구 활용 ······························································ 316

✱ 연습 문제 ······························································································ 317

# 제 09 장 SNMP

9.1 개 요 ································································································ 322
9.2 SNMP를 이용한 망 관리 시스템의 구성요소 ···································· 322
9.3 CPU 종류에 따른 문제점 ·································································· 323
9.4 ASN.1(Abstract Syntax Notation 1) ················································ 325
9.5 BER(Basic Encoding Rules) ···························································· 326
   (1) BER의 형태 ················································································ 326
   (2) BER 인코딩의 예 ········································································ 327
9.6 MIB( Management Information Base) ············································ 328
   (1) MIB의 트리 구조 ········································································ 328
   (2) Object ID(OID)의 표현 형식 ···················································· 329
   (3) MIB II ·························································································· 329
   (4) RFC1155-SMI (Structure and Identification of Management
       Information) ·············································································· 329
9.7 SNMP(Simple Network Management Protocol) ···························· 330
   (1) SNMP의 동작 ·············································································· 330
   (2) Get-Request의 활용 ·································································· 330
   (3) Get-Next-Request의 활용 ························································ 331
9.8 SSNMP 메시지 형식과 인코딩 ·························································· 332
   (1) 형 식 ···························································································· 333

## contents

　　　　(2) 메시지 상세 ……………………………………………… *334*
　　　　(3) BER 인코딩된 SNMP 메시지의 예 ……………………… *335*
9.9　SNMPv2[참고] …………………………………………………… *337*
9.10　SNMP Trap ……………………………………………………… *338*
　　　　(1) SNMP v1 Trap 메시지 ………………………………… *338*
　　　　(2) SNMP v2 Trap 메시지 ………………………………… *339*
9.11　다중 항목에 대한 처리 과정 …………………………………… *340*
9.12　SNMP 에이전트 설치 …………………………………………… *342*
9.13　SNMP 매니저 설치 및 GET-REQUEST 실험 ………………… *343*
　　　　(1) get ?request 패킷의 분석 ……………………………… *343*
　　　　(2) response 메시지 ………………………………………… *344*
9.14　GET-NEXT-REQUEST 실험 …………………………………… *344*
　　　　(1) snmpgetnext 명령어 사용 ……………………………… *344*
　　　　(2) snmpwalk 명령어 사용 ………………………………… *344*
9.15　SET- REQUEST 실험 …………………………………………… *345*
9.16　Trap v1 관련 실험 ……………………………………………… *345*
9.17　Trap v2 관련 실험 ……………………………………………… *348*
9.18　T관련 표준 ………………………………………………………… *348*

❋ 연습 문제 …………………………………………………………………… *349*

## 제 10 장　TCP

10.1　개　요 …………………………………………………………… *354*
10.2　TCP의 특징 ……………………………………………………… *354*
10.3　TCP의 응용 ……………………………………………………… *356*
10.4　TCP의 구성 ……………………………………………………… *357*
10.5　Byte-Stream 전송과 Push 기능 ……………………………… *358*
10.6　TCP의 대역 외 전송 …………………………………………… *358*
10.7　TCP 헤더의 형식 ………………………………………………… *359*
　　　(1) 예 ……………………………………………………………… *359*
　　　(2) 형 식 ………………………………………………………… *360*

10.8 TCP 연결의 설정과 종료 ·················364
　　(1) TCP의 연결 과정 ···················364
　　(2) TCP의 종료 과정 ···················364
　　(3) Time-Waited 타이머 ···············365
　　(4) TCP의 리셋 과정 ···················367
10.9 TCP의 상태 천이도 ·······················368
10.10 인터액티브 데이터의 전송 ···············371
10.11 TCP의 오류 제어와 재전송 타이머 ·······372
　　(1) 오류 감지 및 복구 ··················372
　　(2) 재전송 타이머와 Exponential Backoff 과정 ···373
10.12 TCP 벌크 데이터 전송 과정 ···············374
　　(1) 슬라이딩 윈도우(Sliding Window) 흐름 제어 방식 ···374
　　(2) 예 ·······························374
10.13 Persist 타이머 ··························376
10.14 Keepalive 타이머 ·······················378
10.15 TCP 기본 절차 실습 ·····················378
　　(1) TCP의 연결 및 종료 과정 ···········378
　　(2) 재전송 타이머의 운용 ··············380
　　(3) 리셋이 송신되는 경우 ··············380
10.16 TCP 절차 실습 ··························381
　　(1) TCP의 인터액티브 트래픽 전송 과정 분석 ···381
　　(2) Persist 타이머의 동작 ··············382
　　(3) Keepalive 타이머의 동작 예 ········382
10.17 패킷 분석기를 이용한 흐름 분석 ·········383
10.18 Iperf 도구 활용 ·························384
10.19 Jperf 도구 활용 ·························386
　　(1) 클라이언트 모드 설정 및 결과 ·······386
　　(2) 서버 모드 설정 및 결과 ············387
10.20 관련 표준 ······························387

✽ 연습 문제 ····································338

* 심화 자료 ·················································································· 392
  - (1) Round-Trip Time(RTT) 측정 ··········································· 392
  - (2) Karn 알고리즘 ······························································· 393
  - (3) Silly Window Syndrome(SWS) ······································· 393
  - (4) TCP의 혼잡 제어 ··························································· 395

# 제 11 장  TELNET/FTP/SMTP

- 11.1 개 요 ················································································· 404
- 11.2 TELNET ············································································ 404
  - (1) 로컬 로그인 ··································································· 404
  - (2) 운영체제에 따른 터미널의 운용 ······································ 405
  - (3) 텔넷에 의한 원격 로그인 ················································ 406
  - (4) NVT(Network Virtual Terminal) 프로토콜의 필요성 ········· 407
  - (5) NVT용 문자 ··································································· 408
  - (6) NVT 문자의 활용 예 ······················································ 409
- 11.3 TELNET 옵션 ····································································· 409
  - (1) 텔넷 옵션의 필요성 ························································ 409
  - (2) 텔넷 옵션의 종류 ··························································· 410
  - (3) 옵션 협상 과정 ······························································ 410
  - (4) 옵션 협상 과정의 예 ······················································ 411
- 11.4 TELNET 의 동작 모드 ······················································· 412
- 11.5 FTP ··················································································· 413
  - (1) FTP 연결의 종류 ··························································· 413
  - (2) 연결의 설정 및 해제 과정 ·············································· 414
  - (3) FTP의 명령어 및 응답 코드 ············································ 415
- 11.6 메일 시스템 ······································································· 417
  - (1) 메일 시스템의 구성 ························································ 417
  - (2) 동작 절차의 예 ······························································ 418
- 11.7 전자 우편의 형식(RFC822) ················································ 419
- 11.8 SMTP(RFC821) ································································· 420
- 11.9 Multipurpose Internet Mail Extensions(MIME) ···················· 422

11.10 Multipart/mixed MIME 형식의 예 ········································ 425
11.11 POP과 IMAP ························································· 425
11.12 TELNET 서버 설치 ··················································· 426
11.13 TELNET 프로토콜 분석 ·············································· 428
    (1) 텔넷의 문자 모드 동작 ············································ 428
    (2) TELNET의 라인 모드 동작 ········································ 430
11.14 FTP 서버 설치 ······················································· 431
    (1) FTP 서버 설치하기 ················································ 431
    (2) FTP용 데이터 연결용 포트의 할당 ·································· 433
11.15 메일 서버 설치 및 시험 ·············································· 434
    (1) sendmail 및 dovecot 서버 패키지 설치 ······························ 434
    (2) DNS 서버 설정 ···················································· 436
    (3) 메일 서버 설정 ···················································· 437
    (4) PoP3 서버 설치 ··················································· 438
    (5) 서버 시동 ························································· 438
    (6) 메일 보내기 ······················································· 439
    (7) 메일 받기 ························································· 439
    (8) 서패킷 분석 ······················································· 439
11.16 웹 메일 서버[참고] ··················································· 439

✱ 연습 문제 ································································· 440

## 제 12 장  HTTP

12.1 개  요 ································································· 446
12.2 WWW, HyperText와 Hypermedia ····································· 446
12.3 URL(Uniform Resource Locator) ······································ 447
12.4 Hyper Text Markup Language (HTML) ································ 448
12.5 브라우저와 웹 서버 ···················································· 449
12.6 HTTP 동작의 예 ······················································ 450
    (1) 일반적인 HTTP 동작 과정의 예 ··································· 450
    (2) HTTP 동작 과정 상세 ············································ 452

## contents

12.7 HTTP의 메시지 형식 ············································· 455
　　(1) 요청 라인 ················································ 455
　　(2) 메시지 헤더 영역 ········································ 456
　　(3) 엔티티 본문 영역 ········································ 458
12.8 쿠 키 ····················································· 458
12.9 프록시 서버와 캐시 서버 ······································· 459
　　(1) 플록시 서버 ·············································· 459
　　(2) 웹 캐시 서버 ············································· 460
12.10 아파치 웹 서버 설치 ·········································· 461
12.11 웹 동작 분석 ················································· 465
　　(1) 기본 기능 ··············································· 465
　　(2) HTTP1.1의 파이프라인 전송 기능 ······················· 467
　　(3) 지속적인 연결유지와 비 지속적인 연결의 비교 ············ 467
12.12 프록시와 캐시 서버 설치 및 동작 분석 ························ 469
　　(1) 플록시 서버 실험 ········································ 469
　　(2) 캐시 서버 실험 ·········································· 471
12.13 Squid 프록시 캐싱 서버 설치[참고] ···························· 472
12.14 관련 표준 ···················································· 474

❋ 연습 문제 ····················································· 475

## 제 13 장　네크워크 프로그래밍

13.1 개 요 ······················································ 480
13.2 간단한 소켓 프로그램의 예 ····································· 480
13.3 IP 주소 및 소켓 관련 구조체 ·································· 481
13.4 소켓 지원 함수 ··············································· 482
　　(1) 주소 처리 함수 ·········································· 482
　　(2) DNS 관련 ··············································· 483
13.5 TCP를 이용한 소켓 프로그래밍 ································ 484
　　(1) 서 버 ··················································· 484

     (2) 클라이언트 ································································· *487*
**13.6 UDP를 이용한 소켓프로그래밍** ··········································· *488*
     (1) 서　버 ······································································· *488*
     (2) 클라이언트 ································································· *489*
**13.7 ICMP를 위한 raw 소켓 프로그래밍** ······································ *490*
     (1) 서　버 ······································································· *490*
**13.8 Pcap 라이버러리를 이용한 패킷 분석 도구 프로그래밍** ············ *492*
     (1) 소스 설치 ·································································· *492*
     (2) 프로그래밍 예 ···························································· *493*
     (3) 컴파일 방법 ······························································· *495*
     (4) 실　행 ······································································· *495*

✽ **연습 문제** ············································································ *496*
✽ **참고 : 윈도우 기반 웹 서버 프로그램의 예[참고]** ························ *497*
✽ **참고 : 윈도우 기반 Raw Socket 프로그램의 예[참고]** ·················· *499*

## 제 14 장　RIP

**14.1 개　요** ············································································ *504*
**14.2 RIP에 의한 라우팅 테이블 갱신 동작** ···································· *504*
**14.3 RIP에 의한 라우팅 테이블 갱신 동작 상세** ···························· *505*
**14.4 RIP의 문제점** ·································································· *508*
**14.5 최대 홉수 제한 방법** ························································· *510*
**14.6 트리거드 업데이트(Triggered Update)와 홀드다운 방법** ··········· *510*
**14.7 분할 수평(Split-Horizon) 방법** ············································ *512*
**14.8 포이즌 역처리(Poison-Reverse) 방법** ·································· *513*
**14.9 거리 벡터 라우팅 방식의 또 다른 문제점** ······························ *514*
     (1) 소규모 망만 지원 가능 ················································· *514*
     (2) 최적 라우팅을 지원할 수 없음 ······································· *514*
**14.10 RIP 메시지 형식** ····························································· *514*
     (1) 메시지 형식 ······························································· *514*
     (2) 각 영역의 상세 ··························································· *516*

14.11 RIP 타이머 ……………………………………………………*516*
14.12 관련 표준 ……………………………………………………*517*

✱ 연습 문제 ………………………………………………………*518*
✱ 심화 학습 : RIP2의 특징 ………………………………………*522*
    (1) Multicast주소 …………………………………………*522*
    (2) 서브넷 마스크 사용 ……………………………………*522*
    (3) Next-Hop ID와 루트 태그 사용…………………………*523*

## 제 15 장   Quagga/Zebra와 RIP의 운용

15.1 개 요 …………………………………………………………*526*
15.2 Quagga/Zebra 라우팅 패키지 …………………………………*527*
    (1) routed …………………………………………………*527*
    (2) Gated …………………………………………………*527*
    (3) Zebra/Quagga…………………………………………*527*
    (4) Quagga…………………………………………………*528*
    (5) BIRD Internet Routing Daemon (BIRD) ………………*529*
    (6) eXtensible Open Router Platform (XORP) …………*529*
    (7) 기 타 ……………………………………………………*529*
15.3 Quagga 라우팅 프로토콜 패키지를 이용한 리눅스 라우터 ………*529*
    (1) Quagga 패키지 설치 …………………………………*529*
    (2) 설정 파일의 편집 ………………………………………*529*
    (3) zebra 및 라우팅 프로토콜 설정용 텔넷 포트 확인 ………*530*
    (4) 실 행……………………………………………………*531*
    (5) 텔넷으로 Zebra 데몬에 접속하여 기본 설정 ……………*531*
    (6) RIPd 설정 ……………………………………………*534*
15.4 Quagga 라우팅 프로토콜 패키지를 이용한 설정 내용 확인 ……*534*
15.5 기본 연결 실험 …………………………………………………*536*
15.6 실험 1 : 한 개의 라우터로 구성된 망에서의 기본 실험 …………*537*
    (1) 망 구성 …………………………………………………*537*
    (2) Zebra RIP 데몬 설정 …………………………………*538*

(3) Zebra RIP 데몬 설정 ·········································· 539
(4) RIP 데몬의 실행 ············································· 541
(5) RIP 패킷의 분석 ············································· 542
(6) 라우터의 패킷 중계 동작 확인 ······························ 544
15.7 실험 2 : 두 개의 라우터로 구성된 망에서의 기본실험 ·········· 544
(1) 망 구성 ······················································ 544
(2) 부산 라우터의 설정 ········································· 545
15.8 실험 3 : Split Horizon 동작 절차 분석 ························· 548
15.9 실험 4 : Triggered update 동작 절차 ·························· 551
15.10 실험 5 : 경부선이 단절된 경우 ································ 554
15.11 실험 6 : 세 개의 라우터가 일렬로 연결된 망 ················ 555
15.12 실험 7 : 세 개의 라우터로 완전히 구성된 망 ················ 558

✱ 연습 문제 ·························································· 565

리눅스 기반의
TCP/IP와 라우팅 프로토콜

# 인터넷과 리눅스 운영체제

## 1.1 개요

본 장에서는 인터넷의 기본 구조 및 패킷 교환망의 개념을 소개한다. 이어 프로세스 및 포트 등의 운영체제 개념을 소개한 후, 이 서버에서 동작하는 TCP/IP 관련 프로토콜들의 계층 구조를 다룬다. 그리고 본 교재에서 사용할 망의 구성에 대하여 소개한다. 또한 단말 기능 외에도 텔넷, FTP, 웹 등의 네트워크용 서버 기능을 지원할 수 있는 리눅스 운영체제의 설치 과정, 디렉터리의 구조 및 명령어를 소개한다. 이러한 리눅스 운영체제는 TCP/IP 및 라우터와 같은 컴퓨터 통신망 관련 프로토콜 및 네트워크 장비의 동작을 이해하는데 기반이 된다.

## 1.2 인터넷

인터넷은 TCP/IP 프로토콜을 사용하는 전세계의 네트워크와 컴퓨터를 서로 연결할 수 있도록 IP 패킷을 교환하는 수많은 라우터가 연결된 패킷 교환망이다. 물론 컴퓨터뿐만 아니라 인터넷TV, 인터넷 전화기 등의 단말도 함께 연결한다. 이러한 단말을 호스트 또는 end system(종단 시스템)이라고 부르며 이들은 보통 패킷 교환기(라우터 또는 링크 계층 스위치)를 경유하여 연결된다. 연결 시 사용되는 통신링크는 유선 또는 무선 방식의 다양한 전송률을 가진다.

이 교환망의 핵심 장치는 라우터이다. 이것은 수신된 IP 패킷을 목적지 단말까지 전달하기 위하여 IP 패킷 헤더에 부착된 목적지 IP 주소를 라우팅 테이블에서 찾아 목적지에 가까운 이웃 라우터 또는 최종 단말로 해당 IP 패킷을 중계한다.

물론 라우터를 경유하거나 링크를 따라 전달될 때 라우터의 버퍼 부족이나 외부 잡음에 의해 IP 패킷이 목적지 단말까지 전달되지 않을 수도 있다. 이러한 일이 발생하더라도 라우터는 큰 책임이 없다. 이에 대한 복구는 송신 및 수신측 단말에 설치된 TCP 기능에 의해 수행된다.

인터넷의 구성요소는 다음과 같다.

- **단말** : 단말에 내장된 TCP/IP 프로토콜과 이더넷 또는 무선 LAN 카드를 이용하여 메시지를 송신하거나 수신한다. 물론 웹 서버도 단말에 해당된다.
- **인터넷 서비스 제공 사업자망** : 가입자에게 인터넷 연결 서비스를 제공하는 사업자가 제공하는 망이다. 사업자는 라우터로 이루어진 패킷 교환 백본망뿐만 아니라 ADSL 모뎀 또는 가입자 이더넷 스위치로 구성되는 액세스망까지 설치한다.
- **회선 교환 백본망** : 라우터를 물리적으로 연결하는 전용 장거리 회선망이다. ISP망 입장에서는 라우터 간 연결선로를 제공받는 망이다.

CHAPTER 01 인터넷과 리눅스 운영체제

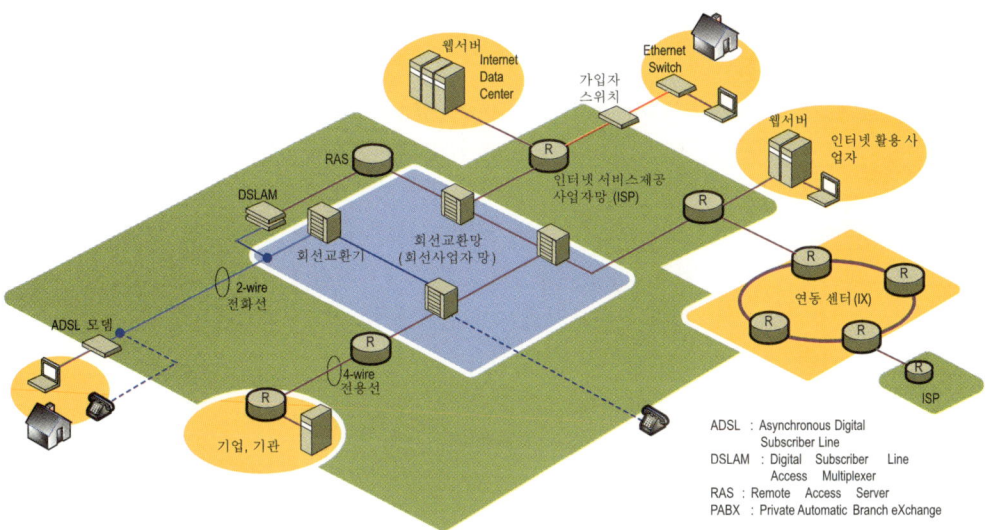

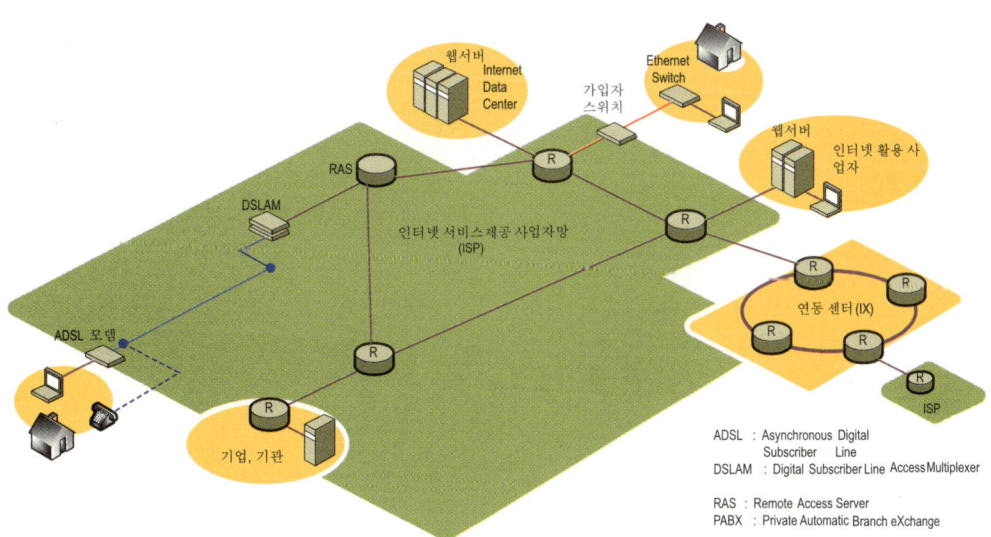

〈그림 1-1〉 회선 사업자망의 예 (세종텔레콤망)

## 1.3 인터넷 사업자

### (1) 인터넷 서비스 제공 사업자(ISP, Internet service provider)

가입자에게 인터넷 연결 서비스를 제공하는 사업자이다. 인터넷 접속에 필요한 광 전용회선 장비 및 이더넷 장비와 이들을 연결하는 광 통신로 등의 통신회선을 갖추고, 가입자에 대한 IP 주소 및 도메인 등록 기능도 제공한다. ADSL, 이더넷, 케이블 모뎀, 무선 LAN 등의 단말 접속 장치를 가입자에게 제공할 경우도 있으며 이것의 사용료를 징수한다.

전국적인 규모의 이러한 망을 구성하는 라우터 또는 스위치들을 상호 연결하기 위한 장거리 선로는 회선 사업자로부터 임대하거나 자신들만의 고속 전용 회선망을 갖추기도 한다.

국내 ISP로는 한국통신, 데이콤, 삼성 네트웍스, 온세통신, SK네트웍스, 케이블 방송망을 이용한 Tbroad 등 70여 개가 있다. ISP는 IAP (Internet access provider)라고 불리기도 한다.

### (2) 회선 사업자

ISP망 장비를 상호 연결하는 장거리 전송로를 임대하는 사업자이다. 국내의 회선 사업자로는 한국통신, LG데이콤, 하나로텔레콤, 세아드림라인, 세종텔레콤, SK네트웍스 등이 있다. 이들은 기존 전화망, 고속도로, 지하철, 전력선 등을 활용한 광케이블 기반의 백본망을 구성하고 지역별로 재분배하는 간선망을 제공한다. 포설된 광 케이블은 여러 개의 파장으로 분할된 채널을 제공하는 Dense Wavelength Division Multiplexing(DWDM) 방식을 지원하여 많은 전용 채널을 제공한다.

〈그림 1-2〉 회선 사업자망의 예 (세종텔레콤망)

## (3) Internet eXchage(IX)

IX는 Internet eXchage 혹은 IXP Internet eXchange Point(IXP)나 NAP(Network Access Point), TAP(Transit Access Point) 등으로 불리운다. 이것은 ISP간의 연동 기능을 제공하는 인터넷 연동망, 즉 백본망을 위한 백본망이다.

국내에는 한국전산원의 KIX, 한국통신의 KT-IX, 데이콤의 DIX, 그리고 별도의 KINX 등 4개의 IX가 있다. 이들 상호간도 고속회선으로 연결되어 있다. 비영리기관은 KIX를 통하고 영리기관은 나머지 IX에 접속된다.

만약 이러한 IX가 없다면 〈그림 1-3〉과 같이 ISP간의 연동을 위하여 풀메시 형태로 연결되어야 하므로 복잡해진다. 따라서 IX 를 경유하여 상호간의 패킷전달이 되도록 한다. 〈그림 1-4〉는 국내 IX의 구조로써 각 ISP의 BGP 라우터들을 상호연결하여 IP 패킷을 중계한다.

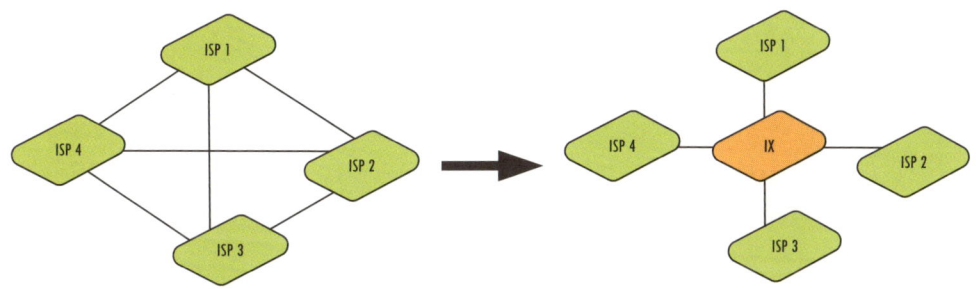

〈그림 1-3〉 IX의 필요성

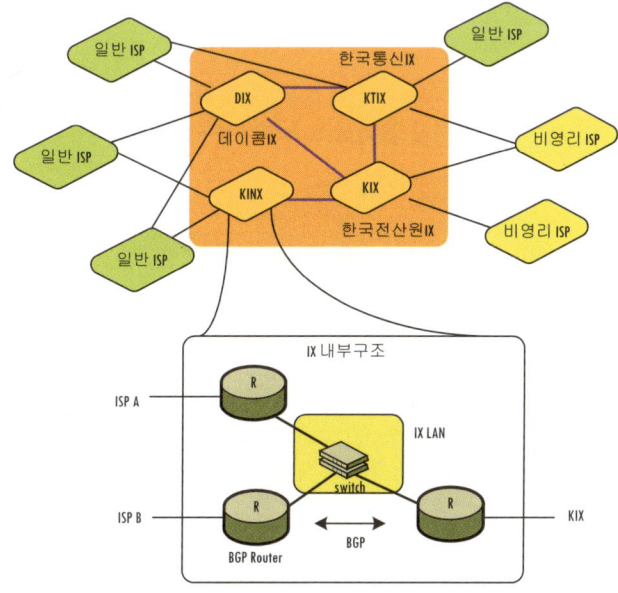

〈그림 1-4〉 국내 IX의 구성

### (4) 인터넷 데이터 센터(IDC)

한 장소에 다량의 웹 서버 및 저장 장치를 설치하고 이를 효율적으로 유지하기 위한 전원, 공조, 보안 시설을 설치하여 가입자(대부분 인터넷 포털 회사 및 기관)에 대한 웹 호스팅 및 포털 서비스를 제공하는 시설이다. 예를 들어 한국통신의 KT ICC가 있다.

### (5) 인터넷 활용 사업자

컨텐츠를 제공하는 웹 포털 회사 및 VoIP 인터넷 사업자 등이다.

전화와 같은 회선교환 서비스에서는 연결된 이후 대화를 하지 않아도 요금은 누적된다. 또한 일시적으로 통화량이 폭주할 경우 아예 통화 접속 자체가 실패할 수 있다. 이것은 통화가 끝날 때까지 연결은 해당 사용자간에만 독점적으로 사용되기 때문이다. 물론 이러한 특징은 일단 연결된 사람에게는 장점이 될 수 있지만, 연결하고도 말을 하지 않는 사람 때문에 긴급한 전화 연결에 실패하는 사람에게는 크게 불편하다. 더욱이 전화망 사업자 입장에서는 연결 실패율이 높다는 사용자 불만에 대하여 무한정 선로를 확장할 수도 없는 노릇이다.

반면에 컴퓨터간 통신 시 생성되는 데이터는 간헐적인 특성이 있다. 즉 인터넷 서핑 시 특정 웹사이트를 클릭할 때에는 일시적으로 데이터가 전달되지만 화면을 보고 있는 대부분의 시간에는 데이터가 생성되지 않는다. 이렇게 자신이 데이터를 보내지 않는 기간에 다른 컴퓨터가 생성한 데이터를 중계할 수 있도록 메시지를 여러 개의 패킷으로 분할하여 전송하고 교환하는 방식을 패킷 교환 방식이라고 한다.

여기서 패킷이란 컴퓨터에서 생성되는 메시지 또는 파일과 같은 긴 정보를 적당한 길이로 분할하고, 분할된 각각에 대하여 수신측 주소 정보 등의 헤더을 부착한 일종의 전송 단위이다. 우리에게 친숙한 TCP/IP가 바로 패킷 단위로 전송하는 방식이다.

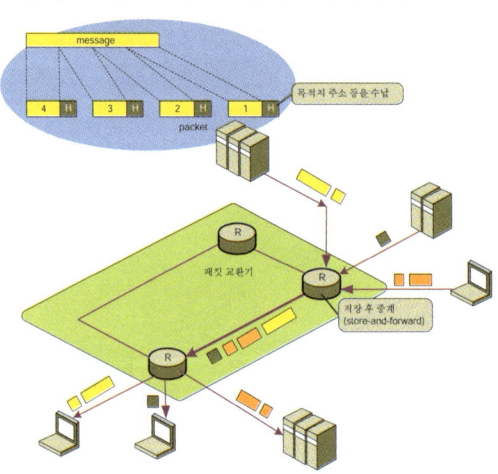

〈그림 1-5〉 패킷 교환 방식

패킷은 여러 개의 라우터라고 불리는 패킷 교환기들이 상호연결된 망인 패킷망을 경유하여 송신측에서 최종 수신 장치까지 전달된다. 하지만 이 경로상에서 패킷 교환기들은 자신이 중계하는 패킷을 신뢰성 있게 전달하는 것을 보장하지 않는다. 왜냐하면 패킷 교환기의 수신 버퍼 부족과 전송 과정에서의 외부 잡음에 의한 패킷 오류가 감지되면 폐기되기 때문이다.

또한 일반적인 패킷 교환기는 여러 개의 입력 포트에 비해 적은 수의 출력 포트를 가지므로 일시적으로 많은 패킷이 유입되는 경우 이들은 교환기 내의 버퍼에서 머무르는 시간이 일시적으로 증가하여 지연 중계될 수 있어 전달 지연 시간이 가변적인 특징을 함께 가진다.

따라서 종단 시스템의 응용 프로그램은 이러한 패킷 교환망의 특성을 고려하여 설계되어야 한다. 즉 이러한 손실을 반드시 복구해야 하는 응용(인터넷 뱅킹 등)이 있는가 하면, 손실이 일부 있더라도 지연이 가급적 없어야 하는 응용(인터넷 전화 등)이 있을 것이다.

인터넷에서는 이러한 응용에 따라 크게 2가지의 서비스를 다음과 같이 연결 여부에 따라 구분하여 제공한다.

- 연결형 전달 서비스(connection oriented service)
- 비연결형 전달 서비스(connectionless service)

연결형 전달 서비스는 응용 프로그램간의 데이터가 신뢰성 있게 전달될 수 있도록 응용 계층의 하부에 있는 전달 서비스 기능부에게 종단간 연결 설정을 지시한 후 설정된 연결로를 이용하여 자신의 패킷을 송신한다. 전달 서비스 기능부는 전송 과정에서 손실이 발생하면 재전송하는 등의 신뢰성 있는 전달 서비스를 수행한다. 대표적인 이러한 전달 서비스 기능부는 Transmission Control Protocol(TCP) 기능부이다. 이러한 TCP를 사용하는 응용으로는 웹, 파일 전송 등이 있다.

반면에 연결 설정 과정 없이 응용 계층이 매 패킷마다 직접 목적지를 지정하여 하부의 또 다른 전달 서비스 기능부에 전송하도록 지시하는 방식이 있다. 이것을 비연결형 전달 서비스라고 부른다. 전송 과정에서 발생하는 손실은 비연결형 서비스 기능부의 책임이 아니므로 응용 계층 자신이 해결해야 한다. 이러한 대표적인 비연결형 전달 서비스 기능부로 User Datagram Protocol(UDP)가 있다.

인터넷 폰의 경우 이러한 UDP를 사용한다. 이것은 기존 회선 교환 방식의 전화망 서비스에 비하여 망 사업자 입장에서 전송 효율을 향상시킬 수 있다. 즉 상대방의 말을 듣기만 하는 시점에서 자신은 패킷을 생성하지 않는다. 따라서 다른 사람의 음성 패킷을 그 시간에 송신할 수 있기 때문이다. 하지만 경로상에 있는 패킷 교환기에 일시적으로 부하가 걸리는 경우 음성 패킷이 손실되는 단점도 있다.

## 1.4 패킷 교환망

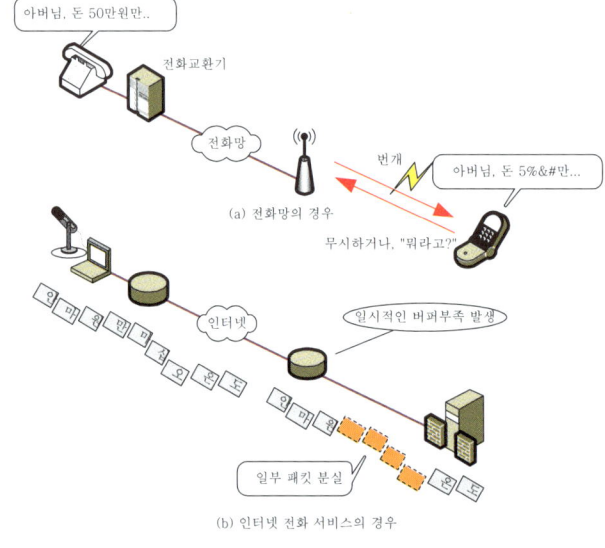

<그림 1-6> 비연결형 서비스의 예

## 1.5 프로토콜

앞에서 TCP는 종단간 연결을 설정하고 신뢰성 있는 패킷 전달 기능을 제공한다고 하였다. 그렇다면 상호간에 이러한 연결을 설정하는 절차가 필요할 것이다. 우리는 호감이 가는 상대방을 만났을 때 먼저 악수를 시도한다. 대부분의 경우 상대방도 손을 내밀어 맞잡고 악수할 것이다. 이 과정이 자연스럽지만 만약 상대방이 손을 내밀지 않으면 어떻게 할 것인가? 또는 동시에 손을 내밀면 어떻게 할 것인가? 여러분은 이러한 예외 상황에 대한 다양한 대처법을 알고 있을 것이다.

이러한 절차는 두 컴퓨터간의 TCP연결을 시도할 때에도 적용된다. 즉 컴퓨터간의 연결이 제대로 설정되려면 현재 상태에서 송수신 허용되는 패킷의 종류(연결 요청, 응답, 연결 거부 등)와 서로 연결하는 절차, 응답이 오지 않을 경우의 재전송 절차 등에 대한 규정을 준수해야 할 것이다.

이렇게 통신 장치간에 교환되는 약속된 패킷의 형식과 절차 규정을 프로토콜이라고 한다. 이러한 프로토콜은 그 역할에 따라 다양한 종류가 있다. 인터넷에서 주로 사용되는 TCP의 패킷 전송 시 활용되는 프로토콜의 예는 <그림1-7>과 같다. 참고로 인터넷에 관련된 대부분의 프로토콜 표준은 IETF에서 규정하며 개별적인 표준은 일련번호가 붙은 RFC(Request For Comment)로 명시된다. 참고로 이더넷과 같은 링크 계층 및 물리 계층 프로토콜은 대부분 IEEE 802에서 규정한다.

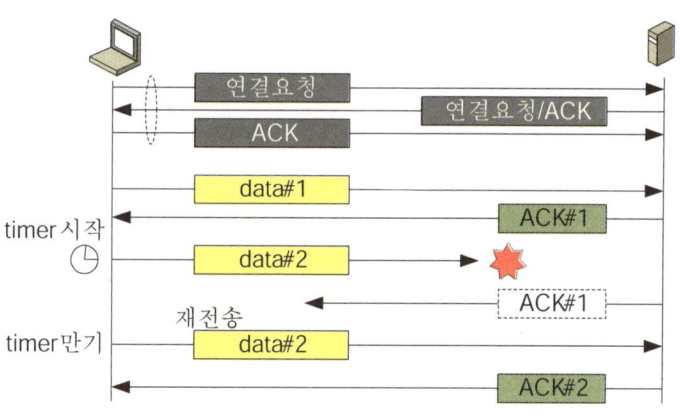

〈그림 1-7〉 프로토콜의 예

## 1.6 TCP/IP의 계층 구조

### (1) 계층 구조

일반적으로 웹 응용이나 인터넷 폰 응용에서 생성된 데이터 또는 음성은 TCP나 UDP로 포장되고 이것은 다시 목적지 주소가 명시된 IP 패킷에 수납되어 유무선 LAN 카드를 통하여 송신된다. 이렇게 응용 프로그램에서 생성된 데이터가 LAN 카드를 통하여 송신되는 과정을 기능별로 분류하면 〈그림 1-8〉과 같이 TCP/IP 프로토콜 모음의 각 계층에 매핑된다.

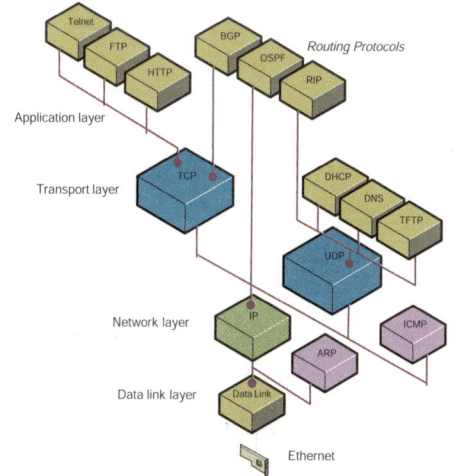

〈그림 1.8〉 TCP/IP 계층 구조

각 계층은 다음과 같은 기능을 수행한다.

- **응용 계층** : Telnet, FTP, HTTP, DHCP, DNS, Ping 등의 응용 프로그램들이 있다. 일반적으로 두 단말간 응용은 클라이언트-서버 또는 peer-to-peer(P2P) 방식으로 연결된다.
- **트랜스포트 계층** : 종단 응용 계층간의 데이터 전달 기능을 수행한다. 응용 계층의 용도에 따라 TCP (Transmission Control Protocol) 와 UDP (User Datagram Protocol)가 사용된다.
  - TCP : 홈뱅킹과 같은 중요한 데이터를 오류 없이 전달하는 기능을 제공한다. 또한 텔넷과 같이 연결 지속 시간이 긴 응용 서비스 전달용으로도 사용된다. 이를 위하여 TCP는 연결 설정, 순서 번호 사용, 재전송 기능, 흐름 제어, 혼잡 제어 등을 제공한다. 이러한 TCP를 사용하는 응용에는 e-mail, telnet, http, ftp 등이 있다.
  - UDP : 인터넷 전화와 같이 전송 도중에 일부 음성 패킷이 손실되어도 큰 문제가 없는 실시간 서비스에 사용된다. 또한 DNS(Domain Name Service/System)와 같은 일과성 질의 및 응답 서비스 시 사용된다. 만약 응용 프로세스 입장에서 신뢰성 있는 데이터를 UDP로 전달하려면 응용 계층 스스로 연결 설정, 순서 번호 사용, 재전송 기능, 흐름 제어, 혼잡 제어 기능을 수행해야 한다.
- **네트워크 계층** : 최종 목적지 장치의 주소가 명시된 IP 패킷을 생성, 중계, 처리한다. 이 패킷의 페이로드에는 UDP, TCP 등 상위 계층 메시지가 수납된다. 경로상의 중계 장치를 라우터라고 한다. IP 패킷을 수신한 각 라우터는 해당 IP 패킷의 목적지 주소를 참조하여 최단 거리의 경로상에 있는 다음 라우터로 전달하여 IP패킷이 최종 목적지 장치로 전달되도록 한다. 이 과정에서 경로상에 있는 라우터의 버퍼 부족에 의해 일부 IP패킷이 폐기될 수도 있다.
- **데이터 링크 계층** : 단말과 이것에 직접 연결된 라우터 또는 서버간 연결을 링크라고 한다. 링크 계층은 이러한 장비간에 프레임 단위의 데이터를 송수신한다. 필요 시 전송로상의 오류를 감지하고 복구하기도 한다. 링크 계층의 구체적인 예는 이더넷과 같은 네트워크 인터페이스 카드와 디바이스 드라이버이다.
- **물리 계층** : 전송 선로와 유무선 모뎀, 디지털 모뎀 등 전송 매체와 변복조 장치를 통하여 비트 열(bit stream)을 수신 단말에 안전하게 전송하는 기능을 수행한다. 참고로 이더넷 카드는 데이터 링크 계층뿐만 아니라 물리 계층 기능도 함께 가진다.

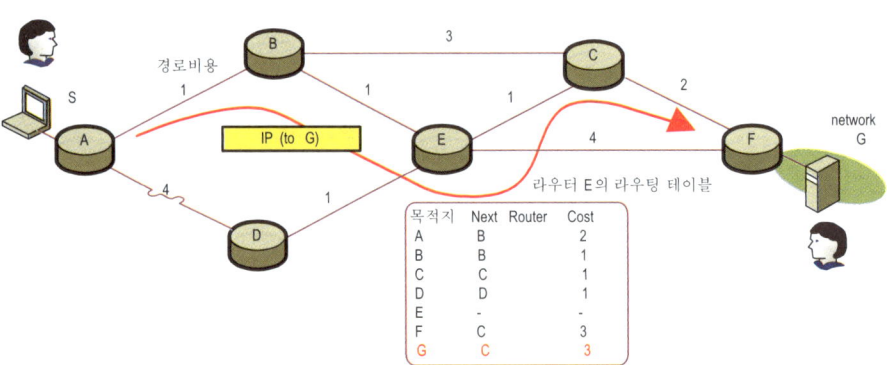

〈그림 1-9〉 라우터의 기능

### (2) 전달 과정

〈그림 1-10〉은 응용 계층 메시지가 라우터로 구성된 인터넷을 경유하여 서버에 전달되는 과정에 대한 것이다. 응용 계층 메시지가 TCP 계층에 전달되면, TCP 헤더가 부착된 후 하부의 IP 계층으로 전달된다.

IP 계층은 목적지 서버의 IP 주소가 명시된 IP 헤더를 부착하여 LAN 카드에 송신을 요구한다. LAN 카드에 의해 이더넷 프레임에 수납된 IP 패킷은 인접 라우터에게 전달된다. 이것을 수신한 라우터는 IP 패킷의 헤더에 있는 목적지 주소를 판독하여 해당 서버가 있는 가장 가까운 다음 라우터로 이 패킷을 중계한다. 결국 서버는 이 패킷을 수신하여 응용 계층 프로세스에 이 메시지를 전달한다.

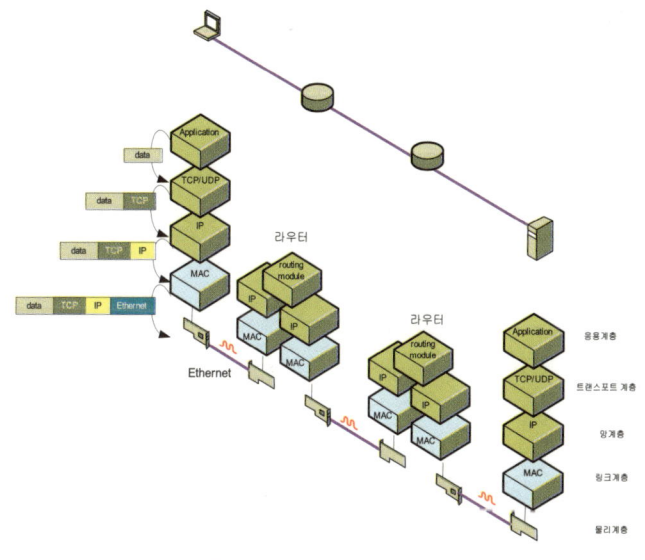

〈그림 1-10〉 데이터 전달 과정

## 1.7 응용 프로세스간 연결 방식

두 컴퓨터의 응용 프로세스간에는 클라이언트-서버 또는 peer-to-peer(P2P) 방식으로 연결된다.

〈그림 1-11(a)〉는 클라이언트-서버 연결 방식에 대한 것이다. 서버는 클라이언트로부터의 연결을 수동적으로 대기하고, 클라이언트는 이러한 서버에 능동적으로 연결한다.

반면에 〈그림 1-11(b)〉와 같은 P2P 연결에서는 각 컴퓨터가 서버 및 클라이언트 기능을 동시에 가진다. 즉 각 컴퓨터는 다른 컴퓨터로부터의 연결을 수동적으로 대기하면서, 필요 시 능동적인 연결을 개시할 수 있다. 이러한 P2P 서비스의 예는 Napster, Gnutella 등이 있다.

특별히 Napster 서비스에서 사용하는 P2P 방식은 중앙집중형 P2P 방식이다. 이것은 중앙의 디렉터리 서버가 컴퓨터간 P2P 연결을 맺어주는 방법을 사용한다. 먼저 각 컴퓨터는 자신이 가지고 있는 공유 파일 정보를 중앙 서버에 수시로 등록한다. 다른 사용자는 원하는 파일이 저장된 컴퓨터 위치 정보를 중앙 서버에 질의한다. 중앙 서버는 이에 대한 위치 정보를 응답함으로써 이들간에 파일이 P2P로 제공될 수 있도록 한다.

이러한 중앙집중형 P2P 방법 외에도 Gnutella와 같이 완전 분산형 P2P 방식과 이를 혼합한 KaZaA와 같은 P2P 서비스도 있다.

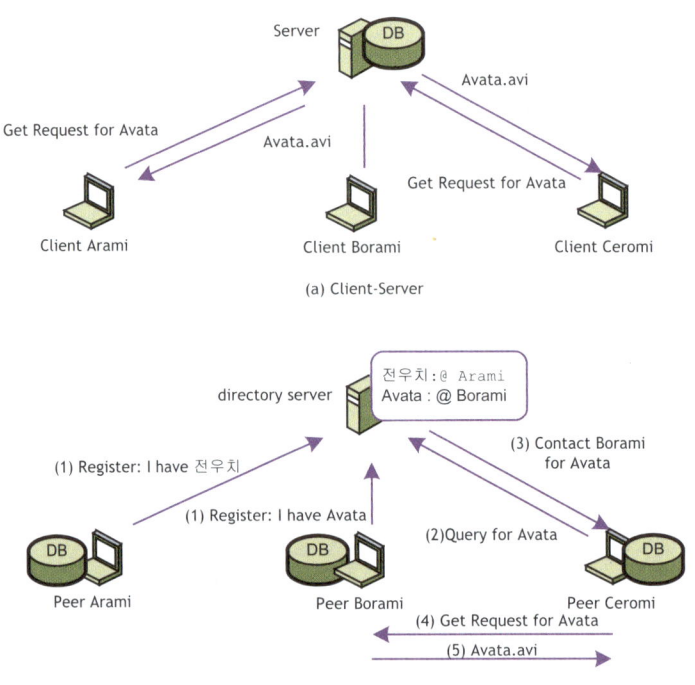

〈그림 1-11〉 Client-Server 연결과 P2P 연결 방식

## 1.8 포트

일반적으로 여러 개의 서버 프로세스들이 한 시스템에서 동시에 운영된다. 따라서 클라이언트로 부터의 요청이 수신되면 어떤 서버 프로세스에 전달되어야 할지 판별할 수 있도록 해야 한다. 이를 위하여 단말은 TCP또는 UDP 헤더의 목적지 포트 번호 영역에 해당 프로세스(Telnet, FTP, Web 등)를 구분할 수 있는 값을 명시한다.

〈그림 1-12〉의 예에서 텔넷 서버는 텔넷 서버 전용 포트 번호인 23을 사용하여 클라이언트와 연결됨을 알 수 있다.

또한 하나의 서버 프로세스는 여러 클라이언트로부터의 동시 접속을 허용할 수 있다. 즉 연결 요청에 대하여 서버 프로세스는 자신과 동등한 작업을 수행할 수 있는 자식(child) 프로세스를 생성하고 이를 해당 클라이언트와 연결시킨다.

이후 단말과 자식 프로세스간에 직접 데이터를 전달할 수 있게 된다. 물론 클라이언트와의 연결이 종료되면 자식 프로세스는 사라진다. 참고로 〈표 1-1〉은 서버용으로 할당된 포트 번호의 일부로써 well-known 포트라고 부른다.

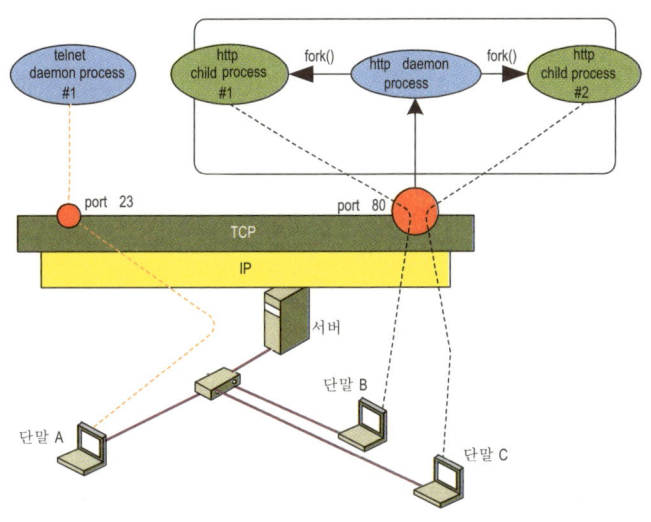

〈그림 1-12〉 Client-Server 연결과 P2P 연결 방식

〈표 1-1〉 서버용 포트 번호

| 포트 번호 | TCP | UDP | 용도 |
|---|---|---|---|
| 7 | ECHO | ECHO | Echo |
| 9 | DISCARD | DISCARD | Discard |
| 13 | DAYTIME | DAYTIME | Day and time |
| 20 | FTP-DATA |  | File Transfer[Default data] |
| 21 | FTP-CONTROL |  | File Transfer[Control] |
| 23 | TELNET |  | Telnet |
| 25 | SMTP |  | Simple Mail Transfer |
| 53 | DNS | DNS | Domain Name Server |
| 67 | BOOTPS | BOOTPS | Bootstrap protocol server |
| 68 | BOOTPC | BOOTPC | Bootstrap protocol client |
| 69 | - | TFTP | Trivial file transfer protocol |
| 80 | HTTP (web) | - | web |
| 5060 | SIP | SIP | Voice over IP for Internet Phone |

## 1.9 소 켓

　HTTP, 텔넷, FTP 등의 다양한 응용 프로그램들은 자신들의 하부에 있는 TCP를 사용한다고 하였다. 이러한 응용 프로그램들은 TCP가 패킷들을 순서대로 보내고 혹시 잘못된 경우 재전송을 한다고 믿고 있기 때문이다. 사실 이러한 신뢰성 있는 전송 기능을 수행하는 TCP는 나름대로 복잡하며 커널 내부에 있다.

하지만 응용 프로그래머는 이러한 TCP의 세부적인 절차를 알 필요 없이 TCP가 제공해 주는 연결 설정 기능과 데이터 전송 기능 및 연결 단절 기능을 호출하는 특정 함수를 사용하는 것이 바람직하다. 이를 위하여 TCP/UDP의 기능을 간편하게 활용할 수 있도록 만들어진 네트워크 전용 라이브러리 함수 꾸러미를 소켓 라이브러리라고 한다.

여기서 소켓이란 TCP/UDP의 연결을 위한 출입구이다. 두 장치간 응용 프로그램이 TCP 또는 UDP로 연결된다는 것은 각 장치별 소켓간이 연결되는 것이다.

각 소켓은 {TCP 또는 UDP인지를 구분, IP 주소, 포트 번호}로 조합되며, 특정 응용 계층의 서비스를 식별하는 식별자로 간주된다.

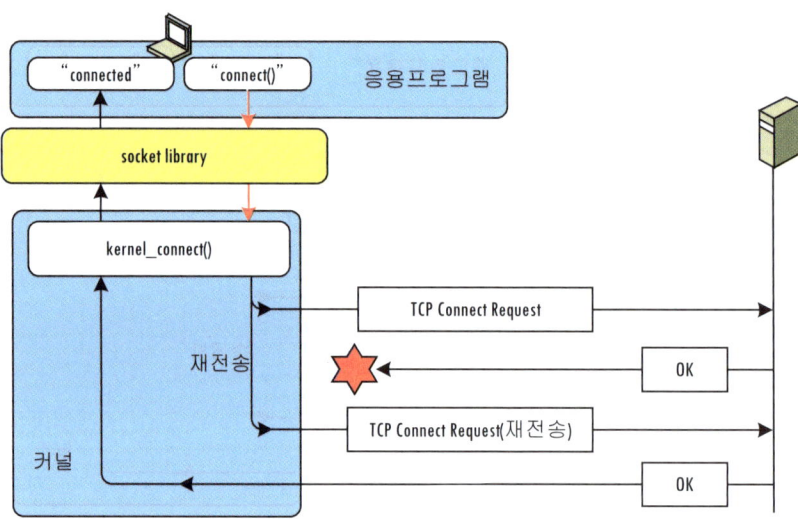

〈그림 1-13〉 소켓 함수

## 1.16 Connection과 Association

두 응용 프로세스간에 연결은 다음과 같은 5가지의 요소에 의해 구분된다.

{protocol, local-address, local-process, remote-address, remote-process}

여기서 protocol은 TCP 또는 UDP를 의미하며, address는 IP 주소, 그리고 process는 포트 번호이다. 이러한 5가지의 구성요소의 조합을 association이라고 한다. 소켓과 같은 {protocol, local-address, local-process}의 조합은 half-association 이라고 부른다. 만약 두 응용 각각이 생성한 소켓들이 상호 연결되면 "이 연결은 fully associated 되었다."고 한다.

CHAPTER 01 인터넷과 리눅스 운영체제

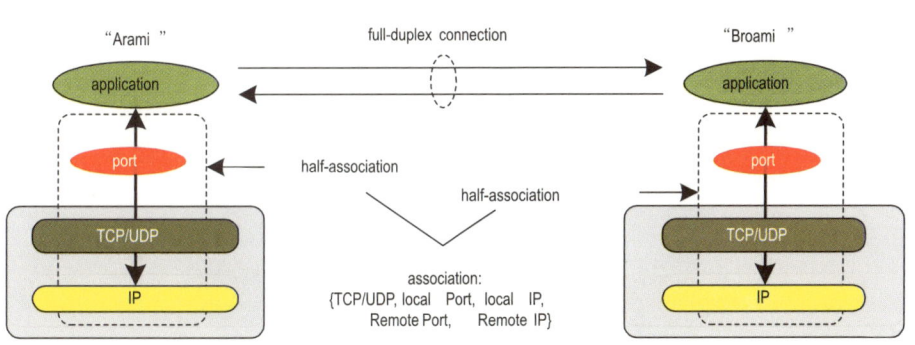

〈그림 1-14〉 Association과 connection

## 1.11 프로세스

### (1) 개 요

프로세스는 독립적으로 동작 가능한 단위 프로그램이다. 예를 들어 한 시스템에서 워드로 문서 작업을 하면서 브라우저로 웹 서핑을 한다면 워드와 브라우저는 각각 별개의 프로세스이다.

CPU가 하나인 시스템에서 여러 개의 프로세스가 동시에 동작 가능한 것은 바로 리눅스 운영 체제에 있는 스케줄러가 이들을 일정시간마다 순회하면서 처리하는 시분할(time sharing) 방식으로 동작하기 때문이다. 즉 CPU는 고속으로 동작하면서 짧은 시간마다 순차적으로 각각의 프로세스를 처리하여 사용자에게 마치 여러 개의 프로세스들이 독립적으로 동시에 동작하고 있는 것처럼 서비스한다. 이러한 기능을 제공하는 운영체제를 멀티프로세싱, 또는 멀티태스킹 운영 체제라고 한다.

이러한 멀티프로세싱에서의 각 프로세스는 독립적인 메모리 공간을 할당받아 동작한다. 반면에 하나의 프로세스 내에 여러 개의 독립적인 프로세스를 생성시킬 수도 있는데 이 경우 이 프로세스를 스레드(thread)라고 부른다. 여러 개의 스레드가 병렬적으로 동작할 경우 멀티스레드 동작이라고 한다.

이 스레드들은 동일한 메모리 공간에서 동작하는 점이 일반적인 프로세스와 다른 점이다. 참고로 리눅스에서는 데몬, 서버 프로세스, 서비스가 모두 같은 의미를 가진다.

참고로 프로세스간의 정보 전달 기능을 interprocess communication(IPC)라고 한다. 이러한 IPC 방식에는 semaphore, mutex, message queue, pipe, shared memory 방식이 있다. 또한 물리적으로 떨어진 컴퓨터의 프로세스간 통신에서 사용하는 소켓도 일종의 IPC이다.

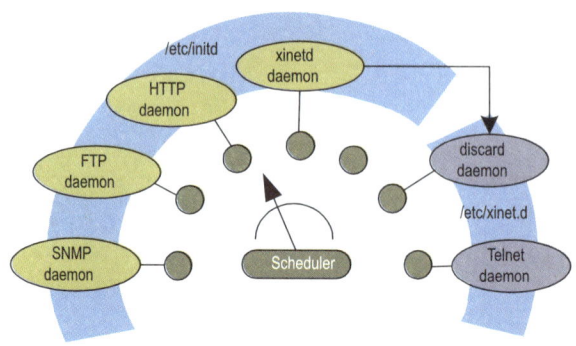

〈그림 1-15〉 프로세스와 스케줄러

### (2) 멀티 태스크 프로그래밍의 예

예를 들어 다음과 같은 2가지의 프로그램을 비교해 보자. 〈그림 1-16(a)〉의 (a)의 경우 수신되는 패킷이 없는 경우에는 receive( ) 내의 while 루프에서 빠져나오지 못하므로 send()를 수행할 수 없는 문제가 있다. 왜냐하면 대부분의 통신시스템에서 receive( )함수는 수신이벤트가 발생하기 이전에는 대기하는 blocking 방식이기 때문이다.

이러한 문제를 해결하는 방법 중 하나는 〈그림 1.16(b)〉와 같이 수신 전송 프로세스를 생성시켜 receive( )를 전담하도록 하는 것이다. 이 결과 main함수에서의 send()는 receive()와 별개로 동작할 수 있다. 참고로 스레드를 생성하는 리눅스 함수는 pthread_create()이다.

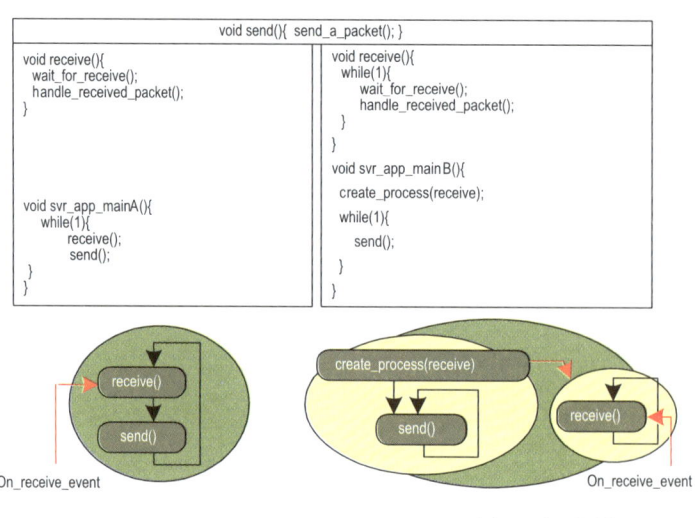

(a) 단일 프로세스의 경우   (b) 멀티 프로세스의 경우

〈그림 1-16〉 Blocking과 Non-blocking 프로그래밍의 비교

## 1.12 리눅스 운영체제

### (1) 개 요

리눅스 운영체제는 전세계의 슈퍼컴퓨터의 90%, 웹 서버의 50%에 사용될 정도로 주로 서버용으로 활용된다. 물론 PC뿐만 아니라 PDA, 유무선 공유기 및 휴대폰과 같은 임베디드 시스템에도 탑재된다.

이것은 무료가 아닌 상용 운영체제이었던 유닉스에 호환되는 에디터 및 컴파일러와 같은 공개용 소프트웨어 개발을 수행하던 GNU프로젝트 결과물과 1991년 토발즈가 개발한 공개용 커널 프로그램이 결합되어 소스가 공개된 운영체제이다.

리눅스의 유저 인터페이스는 graphical user interface(GUI) 또는 command line interface(CLI)에 의해 제공된다. 최근에는 X윈도우상에서 동작하는 GNOME윈도우 기반의 친숙한 GUI 인터페이스를 많이 사용한다. 하지만 개발자 대부분은 콘솔 기반의 전통적인 shell 명령어를 사용한다. 그리고 리눅스용 소프트웨어 개발 시에는 C 컴파일러인 GNU Compiler Collection(gcc)를 사용한다. 물론 PHP, Perl, Ruby, Python 과 같은 언어에 대한 컴파일러도 지원된다.

### (2) 리눅스 배포판

리눅스 배포판(Linux distribution)은 다운로드 가능한 개별적인 소프트웨어인 패키지를 여럿 모아 놓은 것이다. 잘 알려진 배포판으로는 Ubuntu, Debian, Red Hat, Fedora, SuSE, Gentoo가 있으며 이들은 여러 장의 CD 또는 DVD에 모든 프로그램을 수납한 배포판을 제공한다. 또한 한 장의 CD 또는 플래시 메모리에서 부팅과 기본적인 소프트웨어만 제공하고, 추가로 필요한 파일은 네트워크로부터 내려 받아 설치할 수 있는 LiveCD 또는 LiveUSB 등의 다양한 방법도 제공한다.

이러한 배포판은 주로 개인 또는 사용자 커뮤니티에 의해 개발된다. 최근에는 이들을 재정적으로 지원하는 회사에 의한 배포판도 입수할 수 있는데 여기에는 Canonical사에 의한 Ubuntu, Red Hat사의 지원에 의한 Fedora, Novell사의 지원에 의한 openSuSE배포판 등이 있다.

다음은 잘 알려진 리눅스 배포판의 종류이다.

- Fedora : Red Hat에 의해 지원받는 커뮤니티 버전
- CentOS : Red Hat과 동일한 소스를 사용하는 비영리 개인 개발자 그룹 버전
- Debian : 비영리 개인 개발자 그룹에 의한 리눅스 버전
- openSuSE : Novell 에 의해 지원받는 커뮤니티 버전
- Red Hat Enterprise Linux : 최초의 Linux 배포판이다.
- Ubuntu : Debian에서 파생된 배포판으로써 Canonical사에 의해 운영된다.

### (3) 패키지

리눅스에서의 패키지란 웹 브라우저 또는 컴파일러와 같은 특정 응용 소프트웨어를 말한다. 이러한 패키지는 일반적으로 컴파일된 코드로 제공되며 repository라고 하는 저장소에 보관된다.

이러한 패키지의 설치 및 제거는 배포판별로 고유한 package management system (PMS) 기능에 의해 수행된다. PMS는 배포판별로 명시된 고유한 버전과 "dependencies(의존성)" 정보를 활용하여 자동으로 새 버전으로 갱신하거나 해당 패키지 설치에 필수적인 부가적인 패키지도 추가 설치해 준다. 물론 어떤 패키지는 소스로만 구성된 것도 있다. 이 경우 내려 받은 소스를 해당 컴퓨터에서 직접 컴파일하여 사용해야 한다. PMS의 예는 다음과 같다.

- yum : 기존 Redhat package manager (rpm)의 개선된 버전으로써, redhat, fedora, centOS에서 사용된다. 콘솔에서의 명령어는 yum install packagename"이다.
- apt (advanced packaging tool) : Debian용으로써 콘솔에서의 명령어는 "apt-get install packagename"이다. GUI 형식으로는 Synaptic Package Manager 프로그램이 있다.
- 기타 : opkg, ipkg 등이 있다.

### (4) 리눅스의 네트워킹용 프로세스

리눅스에서의 데몬은 부팅 시 시스템 메모리에 상주하는 독립형 데몬과 필요 시 호출되어 동작한 후 자원을 반납하는 xinet형 데몬으로 구분된다.

상주하는 독립형 데몬으로는 항상 시스템의 동작 상태를 기록하고 있어야 하는 SNMP나 트랜잭션이 빈번한 HTTP 데몬 등이 있다. 이러한 데몬의 종류는 "/etc/init.d/" 디렉토리에서 확인 가능하다.

반면에 필요 시 호출되어 동작하는 xinet형 데몬으로는 텔넷, TFTP, echo, daytime, discard 데몬들이 있다. 이들은 독립형 데몬인 xinetd의 호출에 의해 프로세스로 생성되어 동작한 후 동작 완료 시 사라진다. 이렇게 함으로써 운용중인 시스템의 프로세스 개수를 감소시켜 메모리 및 스케줄링 오버헤더를 줄인다. 여기서 xinetd 데몬은 슈퍼서버 또는 슈퍼데몬이라고도 불리우며 이 데몬이 호출하는 xinetd형 프로세스에 대한 설정 파일은 "/etc/xinetd.d" 디렉터리에 위치한다. 참고로 이러한 xinetd 관련 프로세스에 대한 설정 파일을 수정했다면 반드시 "service xinetd resrart" 명령어를 사용하여 상위의 xinetd 데몬을 재시작해야 한다. 그리고 xinetd 데몬이 서비스하는 포트 번호는 "/etc/services" 파일에서 확인 가능하다.

〈표 1.2〉 리눅스에서의 상주 독립형 데몬의 종류 확인

```
#ls /etc/init.d
apt                 httpd           multipathd       firstboot
atd                 iptables        mysqld           haltdaemon
named               crond           dnsmasq          halt
livesys             netconsole      network          NetworkManager
nfs                 sendmail        smb              sshd
#
```

## 1.13 리눅스 디렉터리 구조와 네트워크 관련 파일 위치

### (1) 리눅스 시스템의 디렉터리 구조

리눅스 시스템의 디렉터리는 다음과 같다.

- /bin : 모든 사용자가 사용 가능한 cat, chmod, chown, cp, date, echo, kill, ln, ls, mkdir, more, mount, mv, ps, pwd, rm, sh, su, vi 등의 필수적인 실행 명령어가 있다.
- /boot : 시스템 부팅에 관련된 파일, 특히 커널 이미지인 vmlinuz도 있다. 이 디렉터리의 파일들은 사용자가 편집할 수 없으며 커널 컴파일 등의 과정으로부터 생성된다.
- /dev : 하드 디스크와 같은 블록 디바이스와 콘솔과 같은 캐릭터 디바이스에 대한 드라이버가 있다. 예를 들어 /dev/hda 및 /dev/sda, /dev/cdrom 등이 있다.
- /etc : 로그인이나 시스템 부팅 시 수행될 스크립트 및 웹 서버와 같은 서비스가 실행 시 필요한 설정 파일과 사용자 그룹/패스워드 등의 시스템 설정 파일이 있다. 특히 네트워크 데몬 프로그램의 스크립트인 init.d 및 xinetd가 있다.
- /home : root를 제외한 사용자들의 모든 홈 디렉터리가 있다. 사용자 폴더는 /home/username이다.
- /lib : 공유 라이브러리와 커널 모듈 및 드라이버 모듈이 있다. /bin과 /sbin 디렉터리에 있는 실행 명령어들이 실행될 때 필요한 공유 라이브러리들이 있다.
- /mnt : HDD, CDROM등에 대한 기본 마운트 지점이다. 예를 들어 /mnt/cdrom 이다.
- /proc : 프로세스 정보, PCI버스 정보, 하드웨어 정보 등이 있다. ps 명령어는 이곳의 프로세스 정보를 참조한다.
- /root : root(슈퍼유저)의 홈 디렉터리이다.
- /sbin : 슈퍼유저가 사용하는 halt, reboot 등의 시스템 관련 명령어가 있으며 일반 유저는 사용할 수 없다.
- /tmp : 임시 디렉터리로써 간이 저장 창고 역할을 한다.
- /usr : 대부분의 패키지 프로그램들이 여기에 설치된다.
  - /usr/bin : 대부분의 사용자 실행 명령어들이 담겨 있다. gcc나 perl등의 개발 도구도 여기에 담겨 있다.
  - /usr/include : C, C++ 프로그램의 헤더 파일들이 담겨 있다.
  - /usr/local : 내려 받은 새로운 프로그램들이 설치되는 곳이다. make install로 프로그램 설치 시 기본 디렉터리가 대부분 이곳으로 설정된다. 윈도우의 'Program Files'라는 폴더와 유사하다.
  - /usr/src : 프로그램 소스가 저장되며 리눅스 커널 소스도 이곳에 있다.
- /var : 로그 파일이나 프린터 스풀 파일, DNS 정보 등의 시스템 작동 중 그 내용이 변경되는 파일이 있다.

예를 들어 /var/log/messages에는 오류 발생 로그가 저장된다.

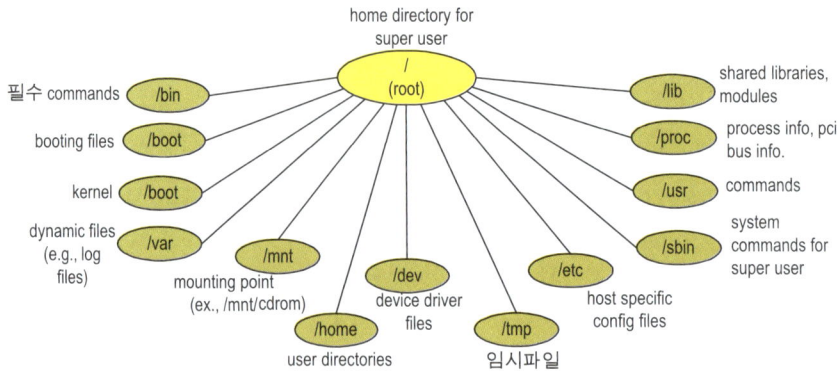

〈그림 1-17〉 리눅스 디렉터리 구조

### (2) 네트워크 관련 파일의 위치와 종류

리눅스에서 네트워크 관련 파일의 위치와 종류는 다음과 같다. 각 파일의 내용을 분석해 보자.

- /etc/resolv.conf : 도메인 이름 및 DNS 서버 주소가 명시된 파일

```
domain          west.com
nameserve       200.0.1.2
```

- /etc/hosts : DNS용 고정 host IP 주소가 수납된 파일. 즉 DNS 서버 도움 없이 호스트 이름과 IP 주소를 매핑할 때 사용된다.

```
127.0.0.1       localhost
200.0.1.2       ceromi.west.com  ceromi
00.0.1.3        borami.west.com  borami
```

- /etc/host.conf : 시스템 이름에 대한 IP 주소 매핑 시, 로컬 시스템의 hosts 파일을 먼저 검사한 후 bind DNS 서버에 질의하도록 하는 순서가 명시된 파일이다.

```
order           hosts, bind
multi on
```

- /etc/sysconfig/network : 네트워크 관련 기본 설정파일이며, 이곳에 hostname, IP 주소, default gateway가 설정된다.

```
NETWORING=yes
HOSTNAME=arami.west.com
GATEWAY=200.0.1.1
```

- /etc/init.d, /etc/xinetd : 데몬들의 설정 script들이 저장된 폴더이다.
- /etc/services : 네트워크 서비스 설정 파일이 있다.

- /lib/modules/리눅스 버전/kernel/drivers/net : 네트워크 드라이버 모듈 폴더이다.
- /etc/sysconfig/network-scripts/ifcfg-〈ifname〉 및
  /etc/sysconfig/networking/devices/ifcfg-interface 파일 : 각 인터페이스에 대한 네트워크 설정값 저장된다. 다음과 같이 확인할 수 있다.

```
$ cat /etc/sysconfig/network-scripts
ifcfg-eth0 ifcfg-lo
$ cat /etc/sysconfig/network-scripts/ifcfg-eth0
DEVICE=eth0
HWADDR=00:0B:6A:9A:74:8A
BOOTPROTO=static
TYPE=Ethernet
BROADCAST=200.0.1.255
IPADDR=200.0.1.2
NETMASK=255.255.255.0
NETWORK=200.0.1.0
ONBOOT=yes
$
```

## 1.14 실험망의 구성

〈표 1-3〉과 〈그림 1-18〉은 본 교재에서 다루는 모든 예에서 사용될 시범 망의 구성을 나타내고 있다. 모든 시스템은 리눅스이지만, 단말의 경우 윈도우 XP PC도 사용될 수 있다.

〈표 1-3〉 시험망의 구성요소들에 대한 이름과 IP 주소 할당 예

| 시스템 이름 | IP주소 | 용도 |
|---|---|---|
| Ceromi 서버 (리눅스) | 200.0.1.2 | DNS server |
|  | 200.0.1.2 | DHCP server |
|  | 200.0.1.2 | FTP server |
|  | 200.0.1.2 | Telnet server |
|  | 200.0.1.2 | Web server |
| Arami | 200.0.1.3 | 단말(Linux) |
| Borami | 200.0.1.4 | 단말(Linux) |
| SeoulRouter | interface 0 = 200.0.1.1<br>interface 1 = 200.0.251.1<br>interface 2 = 200.0.253.1 | Zebra 라우터 |
| PusanRouter | interface 0 = 20.0.2.2<br>interface 1 = 210.0.251.2<br>interface 2 = 200.0.252.2 | Zebra 라우터 |
| KwangjuRouter | interface 0 = 220.0.3.3<br>interface 1 = 220.0.252.3<br>interface 2 = 200.0.253.3 | Zebra 라우터 |

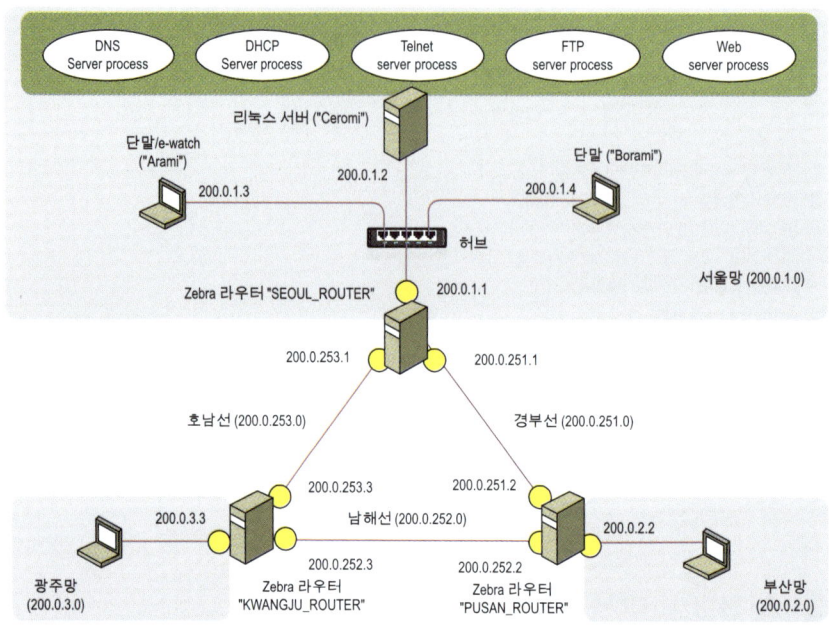

〈그림 1.18〉 실험망의 구성

## 1.15 리눅스 설치 및 기본 실습

다음 사항을 실습한다.

- USB 메모리 또는 외장형 HDD에 Fedora 운영체제를 설치한다.
- 보안 기능 및 방화벽을 해제한다.
- 기본적인 리눅스 명령어를 익힌다.
- 네트워크 관련 명령어를 실습한다.
- Wireshark를 설치하고 특정 시스템에서 송수신되는 IP 패킷들을 수집하고 어떠한 종류의 응용들이 IP 패킷을 사용하는지 분석한다.

## 1.16 USB 메모리 또는 외장형 HDD에 Fedora 기본 설치하기

대부분의 경우 실습실 환경이 같이 이미 PC에 윈도우 운영체제가 설치되어 있고 주로 이것을 사용한다면 다음 절차에 따라 리눅스 운영체제를 USB 플래시 메모리에 설치한다. 이후 메모리에 저장된 리눅스 운영체제를 사용하여 부팅과 모든 실습 절차를 수행한다. 이렇게 하는 이유는 USB 드라이브이기 때문에 언제 어디서나 사용 할 수 있고, 라이브 CD와는 다르게 읽고 쓰기가 가능해서 데이터와 설정이 저장되는 장점이 있다. 즉 해당 PC의 하드웨어만 활용할 것이므로 다른 사용자로부터의 불평이 없을 것이다.

CHAPTER 01 인터넷과 리눅스 운영체제

**STEP 1** 윈도우 컴퓨터에 라이브 CD 이미지를 Fedora 공식 웹사이트에서 내려 받는다.
**STEP 2** 윈도우 컴퓨터에 liveusb-creator를 내려 받는다.
압축을 푼 뒤 liveusb-creator.exe 파일을 실행한다.

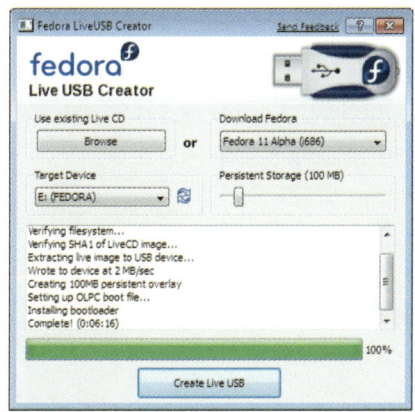

**STEP 3** [Use existing Live CD]의 [Browse] 버튼을 눌러 라이브 CD 이미지를 선택한다.
**STEP 4** Target Device 부분은 해당 USB 메모리를 지정한다. USB 메모리에 기존 파일이 있어도 설치할 여유 공간만 있으면 문제없다. USB 드라이브의 용량은 4GB 이상을 추천한다.
**STEP 5** [Persistent Overlay] 부분은 USB 드라이브 안에서 파일과 세팅을 저장하는데 사용되는 공간인데. USB 드라이브의 크기에 따라 반드시 최대값을 설정한다. 이 값이 불충분하면 앞으로 실습 시 설정하는 값이 저장되지 않을 수 있다.
**STEP 6** [Create Live USB] 버튼을 눌러 작업을 진행하여 완료한다.
**STEP 7** 컴퓨터를 재부팅하면서 BIOS 설정으로 진입한다. 여기서 USB로부터의 부팅이 가능하도록 설정한다.
**STEP 8** 시스템을 재부팅한다. 정상 부팅되면 Fedora Linux 시스템에 진입한다.

## 1.17 리눅스 기본 콘솔 명령어

윈도우 운영체제에 친숙한 일반 사용자에게는 콘솔 명령어가 부자연스럽겠지만 고급 엔지니어는 대부분 이러한 명령어를 능수능란하게 사용한다. 우리도 연습해 보도록 하자. 특히 문서 편집기인 vi 명령어에 친숙해야 할 것이다.

만약 명령어의 의미 또는 옵션이 궁금하면 "man 〈명령어〉"로 확인할 수 있다.

참고로 Fedora에서는 6개의 console 화면을 출력할 수 있다. 부팅 시 X윈도우 기반의 GUI 화면으로 자동 실행되는데 이 화면은 GUI 모드의 1번째 가상 콘솔이라고 보면 된다. 나머지 2~6번 콘솔은 모두 텍스트 모드에서 동작하는데 이를 선택하려면 Ctrl + Alt +F2 ~ F6를 동시에 누른다. Ctrl + Alt + F1의 경우, 원래의 GUI 화면으로 복귀한다.

### (1) 콘솔로의 진입

[Applications] 메뉴를 선택하여 [System Tools] 탭을 선택한다. 이어 [Terminal]을 클릭한다. 이하 다음과 같은 명령어를 차례로 시험한다.

### (2) 일반 명령어

a) su (superuser) : root 계정으로 로그인 한다. 일반 유저로 로그인 했다가 root로 작업해야 할 필요가 있을 때 사용한다. 다음과 같이 "-"을 반드시 사용하도록 한다.

```
[arami@localhost ~]$ su -
 password:
[root@localhost ~]# ls      <-- prompt가 '#'로 변경됨
[root@localhost ~]# exit    <-- su 모드에서 빠져나감
[arami@localhost ~]$
```

b) 커널 버전 확인

```
#uname ?r
```

c) ls (list.) : 현재 폴더의 내용을 열거한다.

```
#ls
```

d) cd (change directory)

```
#cd ..    <-- 상위 디렉터로 이동
#cd /     <-- 최상위 디렉터리(root)로 이동
```

e) cp (copy)

```
#cp x y              <-- 파일x를 파일y로 복사
#cp /home.test/*. *. <-- 해당 폴더의 모든 파일을 현재 폴더로 복사
```

f) grep(global regular expression print) : 지정된 폴더 또는 해당 파일에 있는 특정 문자열을 찾는다.

```
# grep -nr   Chongho, YOON   file1 file2 file3 <-- grep [옵션] 〈찾을 문자열〉 [대상 파일명]
# grep -nr   Chongho, YOON   * <--현재 폴더에 있는 모든 파일에서 'Chongho, YOON' 문자열을 찾음
```

g) mv (move)

```
#mv x y       <-- x를 y로 파일 이름 변경
#mv x //z/.   <-- x를 상위 폴더 z로 이동함. x는 없어짐
```

h) rm (remove)

```
#rm x       <-- file x를 삭제함
```

i) mkdir (make directory)

```
#mkdir x      <-- 현재 폴더에서 하위 폴더 x를 생성함
```

j) rmdir (remove directory)

```
#rm -r -f ZZZ   <-- 현재 폴더의 하위 폴더 ZZZ를 삭제함
```

k) pwd (present working directory) : 현재 작업 디렉터리명을 보여준다.

```
#pwd
```

l) cat

```
#cat x       <-- file x의 내용을 화면에 보여줌
```

m) more

```
#more x      <-- file x의 내용 한 페이지를 화면에 보여준다.
```

n) find

```
#find -name '*.c'       <-- 현재 폴더에서 확장자 c를 가진 모든 파일 열거
#find / -name 'ca*.*'   <-- 전체에서 'ca'로 시작하는 모든 파일 열거
```

o) wall (write all)

```
#wall System Going Down…   <-- 모든 사용자에게 메시지를 방송함
```

p) man

```
#man ls <-- 'ls' 명령어 해당되는 매뉴얼 출력. 빠져나올 때에는 q 입력
```

q) shutdown

```
#shutdown -h now <-- 시스템 중지 및 지금 종료함
```

r) reboot

```
#reboot <-- 시스템 재시동
```

또는

```
#shutdown -r now
```

### (3) 파일 압축 관련

a) 압축

```
#tar cvf x.tar a b c        <-- 파일 a,b,c를 x.tar 파일로 압축
#tar cvzf y.tar.gz a b c    <-- 파일 a,b,c를 y.tar.gz(tar+gzip)으로 압축
#tar cvzf z.tar.gz          <-- 현재 폴더의 모든 파일을 z.tar.gz이름으로 압축
```

b) 압축 해제

```
#tar xvf x.tar        <-- 압축파일 x.tar를 품
#tar zxvf y.tar.gz    <-- 압축파일 y.tar.gz를 품
```

### (4) 파이프 및 리다이렉션

a) 파이프

```
# ls /etc | more      <-- "ls /etc"의 결과를 more 명령어의 입력으로 보내어 한 페이지씩 출력함
```

b) 리다이렉션

```
# ls /etc > newfile    <----- ls의 결과를 newfile에 저장함
# ls /etc >> newfile   <----- ls의 결과를 newfile에 append함
```

### (5) 프로세스 관리

a) ps

```
#ps -a        <-- 동작중인 모든 프로세스 열거
```

b) kill

```
#kill x       <-- 동작중인 프로세스 x(PID값)를 강제 종료
```

c) pgrep

```
#pgrep <process name>    <-- 동작중인 프로세스 id 반환
```

### (6) 사용자 관리

a) groupadd : 사용자 그룹 생성

```
# groupadd westgroup    <-- "westgroup" 이름의 group을 생성
```

b) adduser : 사용자 추가

```
# adduser borami -g westgroup    <-- borami를 westgroup에 추가함.
# passwd borami
Changing password for user borami
New UNIX password:        <----- 입력
Retype new UNIX password:
Passwd: all authenticatin tokens updated successfully
# cat /etc/shadow <-- 사용자별 비밀 번호 파일 확인
```

[참고] group을 지정하지 않으면 borami는 /etc/group 폴더에 추가됨
별도의 홈 폴더를 지정하지 않으면 "/home/borami" 폴더가 생성됨
root 사용자의 홈 폴더는 /root임

c) userdel : 사용자 제거

```
# userdel -r borami
```

d) groupdel : 사용자 그룹 제거

```
# groupdel westgroup
```

[참고] 이러한 제거 시 반드시 사용자 홈 폴더인 /home/borami를 다음과 같이 삭제해야 함

```
# rm -rf /home/borami
```

[참고] GUI 화면에서의 사용자/그룹 관리도 가능한데 다음과 같은 2가지 방법이 있다.

**방법 1** [터미널] 창에서 "system-config-users"를 입력하여 얻어지는 [사용자 관리] 창에서 위와 유사한 작업을 수행한다.

**방법 2** GUI 화면에서 [Administration] → [Users and Groups]을 클릭하여 얻어지는 "사용자 관리(User Manager)" 창에서 그룹 및 사용자를 추가한다.

### (/) 파일 관리

a) 파일 허가권(permission) 확인

```
# ls -l
drwxr-x--- 2 arami westgroup 4096 Dec 28 04:09 AA
-rw-r--r-- 1 arami westgroup 969 Dec 21 02:32 BB
-rwxr-xr-x 1 arami westgroup 315 Sep 1 04:12 CC
```

b) 파일 허가권 변경

```
# chmod 777 <filename>
```

c) 파일 소유권(ownership) 변경

```
# chown <new username> <new groupname> <filename>
```

[보충설명] 첫 번째 "AA"를 보자. 이것은 첫 번째 열의 첫 번째 문자 'd'로부터 이것은 디렉터리임을 알 수 있다. 일반적인 파일의 경우 '-'로 시작된다.

이어지는 9개의 문자는 file permission을 표시한다. 이 permission은 3개의 그룹(user, group, others)으로 구성된다.

첫 번째 3문자는 해당 파일 또는 디렉터리의 owner에 대한 permission을 표시한다.
다음의 3문자는 해당 파일/디렉터리를 소유하는 그룹에 대한 permission을 표시한다.
마지막 3문자는 그 외의 사용자(others)에 대한 permission 여부를 표시한다.

이러한 file access permission은 다음과 같은 3가지의 속성을 가진다.

- r : Read permission
- w : Write permission
- x : Execute permission

먼저 "tmp"의 경우 "rwxr-x---"이다. 이 디렉터리의 owner는 사용자 arami이고 이 디렉터리의 group owner는 westgroup이다.

첫 번째 3개의 permission 속성은 "rwx"로, 이는 사용자 arami가 해당 디렉터리를 read, write, execute가 모두 가능함을 표시한다. 반면에 group permission값은 "r-x"로, 이것은 write가 불가능하다. 그리고 마지막은 "---"로 다른 사용자에 대하여 모든 접근이 허용되지 않음을 표시한다.

물론 이러한 속성은 해당 user 또는 root계정(su로 진입 시)에서 "chmod"를 사용하여 변경할 수 있다.

```
# chmod 777 CC
```

이러한 "chmod" 명령어에 의해 CC 파일은 user, group, others 모두에 대하여 read, write, execute를 모두 허용하게 된다.

그 결과 해당 file permission "-rwxr-xr-x"은 "-rwxrwxrwx"로 변경된다.

[보충설명] 해당 파일 또는 디렉터리에 대한 owner 및 group을 다음과 같은 명령어로 변경할 수 있다.

```
#chown newowner_borami BB

#chgrp newgrp_eastgroup BB
```

## (8) 파일 편집 및 컴파일

Vi 에디터를 사용하여 프로그램을 작성하고 gcc 컴파일을 한 후 실행한다. vi 커맨드는 별도의 자료를 활용하라.

```
#vi helloworld.c : 파일 helloworld.c를 생성/열기하여 편집함
-- 빈 편집 화면에서 키보드 'i'를 입력한다.
-- 아래 코드를 입력한다.
#include <stdio.h>
main(){
  printf("My First Linux");
}
--- 'ESC' 키를 입력한다.
--- ':' 키를 입력한다. 화면 최하단의 ":"기호 다음에 'wq!' 을 입력한다.
#
```

CHAPTER 01  인터넷과 리눅스 운영체제

```
# gcc helloworld.c
# ./a.out

# gcc helloworld.c -o helloworld.exe
# ./helloworld.exe
```

### (9) 패키지 관리

Fedora에서는 yum을 사용한다. 이것은 Yellow Dog Updater Modified의 약어로써 이 명령어는 패키지 추가 설치 시 기존에 설치된 관련 파일도 함께 교체되어야 하는 의존성이 있을 때, 관련 패키지도 함께 자동으로 설치하는 편리한 도구이다. 단 이러한 기능은 모두 인터넷을 통하여 수행된다.

a) ethereal 패키지 설치

```
# yum -y install ethereal-gnome
```

b) ethereal 패키지 제거

```
# yum remove ethereal-gnome
```

c) rpm 형식의 파일 설치

```
# yum Uvh filename.rpm
```

[참고] 데비안 배포판에서는 apt-get 명령어를 사용한다.

### (10) 명령어 자동 완성 기능

리눅스에서는 명령어를 모두 타이핑하지 않아도 명령어를 자동 완성(auto completion)할 수 있다. 명령어의 처음 몇 자를 입력한 후 [Tab] 키를 누르면 된다. 예를 들어 history라는 명령어를 타이핑한다면 굳이 history를 다 칠 필요가 없이 "his"까지만 치고 [Tab] 키를 누르면 history로 자동완성 된다.

## 1.18  Fedora Linux 시스템의 네트워크 연결 및 시험

다음 절차에 따라 리눅스가 설치된 시스템의 네트워크 관련 설정을 수행한다. 단말의 경우 "eth0" LAN카드가 장착된 Ceromi(200.0.1.2)이고, 기본 게이트웨이(라우터)는 200.0.1.1, DNS서버는 d.d.d.d로 가정한다. 보다 상세한 내용은 제 4 장을 참조하라.

**STEP 1** 현재 설정된 네트워크 주소 정보를 확인한다. 이더넷 카드는 "eth0" 등으로 표시되며 "lo"는 local interface를 의미한다. "inet addr" 항목이 표시되지 않으면 IP 주소가 설정되어 있지 않은 것이다.

```
# ifconfig
```

**STEP 2** IP 주소가 설정되어 있지 않다면 네트워크 주소를 다음과 같이 설정한다.

**방법 1** 리눅스 GUI 화면에서 네트워크 주소 정보(IP 주소, 게이트웨이 주소, DNS 서버 주소)를 설정한다.

[System]→[Administration]→[Network]를 클릭한다. [Network Configuration] 창에서 해당 장치에 대하여 설정한다. 만약 [Devices] 탭에서 해당 장치가 Inactive되어 있고 [Activate] 및 [Deactivate] 버튼이 비활성화되어 있다면 [Edit]를 클릭할 때 표시되는 [Ethernet Device] 창에서 [Activate device when computer starts] 및 [Allow all users to enable and disable the device]를 선택하고 [Controlled by Network Manager]는 선택 해제한다. 이어 [OK]를 클릭하면 [Activate] 및 [Deactivate] 버튼이 활성화 될 것이다. [Activate] 버튼을 클릭하면 해당 Device의 Status가 [Active]로 변경될 것이다.

**방법 2** "system-config-network" 명령어 입력 시 표시되는 윈도우 창에서의 네트워크 정보를 설정한다.

```
# system-config-network
```

**방법 3** console 명령어로 직접 설정한다. 특별히 resolve.conf 파일에는 DNS 서버 주소를 설정한다.

```
#ifconfig eth0 200.0.1.2
#route add default gw 200.0.1.1
#vi /etc/resolve.conf
--- 'i'을 입력한다.
nameserver d.d.d.d
--- 'ESC' 키를 입력한다. 이어 ':' 키를 입력한다.
--- 화면 하단의 ':' 다음에 'wq!'를 입력하여 편집을 완료한다.
#
```

**STEP 3** 설정된 값이 적용되도록 한다.

```
# service network restart
Shutting down interface eth0:          [OK]
Setting network parameters:            [OK]
Bring up interface lo: :       [OK]
Bring up interface eth0 :      [OK]
```

또는

```
#/etc/init.d/network restart
Shutting down interface eth0:          [OK]
Setting network parameters:            [OK]
Bring up interface lo: :       [OK]
Bring up interface eth0 :      [OK]
```

CHAPTER 01 인터넷과 리눅스 운영체제

**STEP 4** 설정된 내용을 확인한다.
인터넷에 연결된 LAN 카드에 대한 설정값을 "ifconfig 〈인터페이스 명〉" 명령어로 확인한다.

```
#ifconfig eth0
```

**STEP 5** 이 시스템의 기본 게이트웨이(라우터)에 대한 도달시험을 'ping 〈 기본 게이트웨이의 IP 주소〉'로 시험한다.

```
#ping 200.0.1.1
```

**STEP 6** FireFox 웹 브라우저로 외부의 웹사이트에 연결 시험한다.
[참고] DHCP 환경이면, 제4장의 내용을 참조하여 설정한다.

## 1.19 리눅스 보안 기능 및 방화벽 해제

앞으로의 실습에 대한 원활한 수행을 위하여 iptable, ipchain 등의 방화벽이나 보안 관련 패키지들은 설치하지 않도록 하거나 비활성화 시키도록 한다.

### (1) SElinux 해제

Fedora는 selinux를 통해 보안 정책을 관리 하도록 되어 있다. 이를 해제하기 위하여 다음 절차를 수행한다.

**방법 1** GUI 화면에서 [System] → [Administration] → [SELinux Management]를 선택한다. 해당 창에서 "System Default Enforcing Mode" = "Disabled"로 설정하고, "System Default Policy Type"="targeted"로 설정한 후 [File] → [Quit]로 빠져 나온다.

**방법 2** 다음과 같이 selinux 설정 파일을 수정한다.

```
[root@dlp ~]# vi /etc/sysconfig/selinux
..
SELINUX= disabled
...
SELINUXTYPE=targeted
...
#
```

### (2) 방화벽 해제

본 실험의 원활한 진행을 위하여 모든 서비스에 대한 방화벽 기능을 다음과 같이 제거하기로 한다.

**방법 1** GUI 화면에서 [System] → [Administration] → [Firewall]을 클릭하거나 콘솔 창에서 다음 명령을 입력한다.

```
#system-config-firewall
```

해당 [방화벽 설정] 창에서 [Disable] 버튼을 클릭한 후, [Apply]를 클릭하고 [Yes]를 클릭한다. 이어 [File] → [Quit]로 빠져나온다.

**방법 2** 다음과 같이 콘솔 창에서 iptables를 비활성화 시킨다.

```
#/etc/rc.d/init.d/iptables stop
#chkconfig iptables off
#chkconfig ip6tables off
```

[참고] lokkit 명령을 사용하여 [Firewall Configuration] 창에 [Firewall] 항목이 [ ] enabled로 표시되어 있는지 확인한다. 만약 그렇지 않다면 키보드의 스페이스 바를 이용하여 [*] 표시를 [ ]로 설정하고, Tab 키를 이용하여 빠져나온다.

```
# lokkit
```

### (3) 방화벽 설정(참고)

필요 시 일부 서비스만 통과시키고, 그 외 서비스는 거부하려면 GUI화면에서 [System]→ [Administration] → [Firewall]을 클릭하거나 다음 명령을 입력한다.

```
#system-config-firewall
```

- [신뢰하는 서비스]의 해당 항목을 체크하고 [확인]을 클릭한다. 이것은 해당 서비스 항목에 대해서는 통과시킨다는 의미이다. 예를 들어, DNS, FTP, WWW(HTTP)를 선택한다.
- TFTP(포트 69번 사용)와 같은 서비스에 대해서는 [Other Ports] 항목을 클릭하고, [Add] 버튼을 클릭한다. [포트 및 프로토콜] 창에서 "69 udp"를 선택한다.

## 1.26 Fedora Linux 개발자용 패키지 설치

**STEP 1** 지금 설치한 Fedora는 데스크 톱 PC 전용의 기본적인 소프트웨어만 설치되어 있으므로 우리와 같은 개발자가 필요로 하는 automake 등의 개발 도구, gcc등의 컴파일러 등의 기본적인 개발 도구를 설치한다.

다음은 본 교재에 필요한 패키지를 설치할 경우에 대한 것이다.

물론 해당 리눅스 시스템은 네트워크에 접속 가능해야 한다.

```
$ su -
#yum -y install gcc gcc-c++
#yum -y install xinetd tftp tftp-server dhcp dhcp-devel bind bind-utils bind-libs telnet-server vsftpd net-snmp quagga
# exit
$
```

[참고] 그 외의 필요한 패키지는 "yum -y install [필요한 패키지 명]"을 사용하여 인터넷으로 설치한다. 이것은 400MB 정도되므로 많은 시간이 소요될 수 있다.

```
# su -
# yum groupinstall "Development Tools" "Legacy Software Development" "Development Libraries"
 "System Tools"
# yum groupinstall "GNOME Software Development" "KDE Software Development" "X Software
Development" "Java Development" "Fedora Packager" "Web Development"
# yum install qt3-devel.i386
```

[참고] Debian에서 yum처럼 사용하는 installer 도구인 apt 패키지를 미리 설치하면 좋다.

```
#yum -y install apt
```

[참고] 초기 설치 시 가급적 가능한 서버 프로세스들은 모두 설치하면 이후 실험에 필요한 모듈이나 패키지를 추가 설치해야 하는 번거로움을 없앨 수 있다.

다음은 본 교재에서 필요한 개발 도구와 서버 프로그램들이다.
참고 사이트는 http://www.fedoraguide.info/ 이다.

〈표 1-4〉 본 교재에서 필요한 개발 도구와 서버 프로그램

| 용도 | 이름 | |
|---|---|---|
| 컴파일러 | gcc gcc-c++ | |
| text editor | gedit [Applications-Accessories -Text Editor] | |
| 프로토콜 분석 도구 | wireshark, wireshark-gnome | |
| 이미지 뷰어 | gwenview | |
| 용도 | 서버용 파일 이름 | 클라이언트용 파일 이름 |
| telnet | telnet-server | telnet |
| ftp | Vsftp | ftp |
| DNS | named | |
| Tftp | tftp-server | Tftp |
| DHCP | dhcpd | |
| Mail | sendmail (for outgoing mail server) dovecot (POP 서버) | thunderbird |
| 웹 서버 | Apache | |
| 파일 공유 | smb4k(samba) | |
| 라우팅 패키지 | quagga | |
| | xorp | |

## 1.21 Fedora Linux 설치 시 참고 사항

### (1) 해상도 조정

리눅스로 기본 부팅된 후 모니터의 해상도가 자동으로 조정되지 않는다면 다음과 같이 "system-config-display" 패키지를 설치하여 조정한다. 즉 root 계정 터미널에서 "system-config-display" 명령어를 입력 시 표시되는 [화면 설정] 창에서, [하드웨어] 탭을 클릭하고 [모니터 유형] 버튼을 클릭하면 표시되는 "Generic LCD Display" 또는 "Generic CRT Display" 에서의 필요한 해상도를 설정한 후 reboot한다.

```
#yum -y install system-config-display
# system-config-display
# reboot
```

### (2) USB 부팅 장애 해결 방법

만약 USB로 Linux 운영체제를 부팅하는 도중에 "No partition active라는 에러 메시지가 표시되면, 윈도우 XP PC에서 [시작]→[실행]에서 diskpart를 입력하고 [Enter] 키를 누른 후 다음 명령어를 실행하여 USB의 부팅 파티션을 설정한다.

```
list disk    <-- USB 드라이브의 디스크 번호를 알아낼 수 있다. 보통은 1번
select disk 1<-- 디스크 번호가 1일 경우..다른 번호면 다르게 넣는다.
list partition <-- USB 드라이브의 파티션을 여러 개로 나누었을 경우 부팅 파티션을 고른다. 보통은 1번)
select partion 1 <-- 파티션 번호가 1일 경우.. 마찬가지로 다른 번호면 다르게 입력
active
exit
```

### (3) 커널 소스 설치

지금 설치한 Fedora는 데스크탑 PC전용이므로 개발자가 필요로 하는 커널 소스가 없다. 필요 시 다음과 같이 현재 운영체제의 버전과 일치하는 커널 소스도 /usr/src폴더에 설치한다.

```
# su -
# uname -r  <-- 커널 버전 확인
# echo kernel-devel- 'uname -r'
kernel-devel-2.6.29.4-167.fc11.i586
# yum -y install kernel-devel-2.6.29.4-167.fc11.i586
# cd /usr/src
# ls /usr/src/kernels <-- 해당 폴더에 2.6.29.4-167.fc11.i586 커널이 설치되었음을 확인한다.
 2.6.29.4-167.fc11.i586
# ls/usr/kernls/2.6.29.4-167.fc11.i586
build extra kernel source uptates vdso
#ls/usr/src/kernels/2.6.29.4-167.fc11.i586/sources
```

### (4) HDD에 운영체제 설치 방법

Fedora를 HDD에 직접 설치할 경우에는 다음과 같은 3가지 방법이 있다.

- Liveusb에 의해 USB메모리에 설치된 Fedora를 부팅한 경우 바탕화면에 표시되는 "HDD에 설치"를 클릭하여 HDD에 설치한다.
- LiveCD를 이용하여 CD에 Fedora부팅 CD를 만든 후 바탕화면에 표시되는 [HDD에 설

CHAPTER 01 인터넷과 리눅스 운영체제

치]를 클릭하여 HDD에 설치한다.(LiveCD에 의해 만든 Fedora부팅 CD에 의한 부팅을 수행하면 이를 이용한 설정값이 저장되지 않기 때문에 HDD에 설치해야 한다. 이후 필요한 개발 도구는 yum으로 추가 설치한다.)
- 5장짜리 Fedora 설치 CD를 사용하여 설치한다.

## 1.22 네트워크 관련 명령어

아직 친숙하지 않겠지만 다음과 같은 네트워크 관련 명령어를 실습해 보자.

### (1) 설 정

a) system-config-network 윈도우 창에서의 네트워크 설정(IP, GW, DNS 설정)
```
# system-config-network
```

b) system-config-network-tui : 텍스트 창에서의 네트워크 설정(IP, GW, DNS 설정)
```
# system-config-network-tui 텍스트 창에서의 네트워크 설정(IP, GW, DNS 설정)
```

c) 설정 적용 명령
```
# service network restart 설정 변경후 적용 명령
```

d) LAN 카드 설정, 활성화 및 비활성화 명령어
```
#ifconfig 〈인터페이스 명〉〈IP주소〉 netmask 255.255.255.0 [up, down]
#ifconfig eth0 200.0.0.1 netmask 255.255.255.0 [up, down]
```

### (2) 네트워크 관련 설정 파일

a) 일반 설정 : /etc/sysconfig/network파일을 열어 다음 사항을 편집함
```
NETWORKING=yes
HOSTNAME=hanul
DOMAINNAME=west.com
FORWARD_IPV4=no        //라우터로 설정할 경우에는 반드시 yes로 설정해야 함.
GATEWAYDEV=eth1
GATEWAY=200.0.1.1      //자신의 기본 라우터
```

b) LAN 카드 설정 파일 확인
```
#vi /etc/sysconfig/network-scripts/ifcfg-eth0
...
DEVICE=eth0
ONBOOT=yes
BOOTPROTO=none
IPADDR=200.0.1.2
NETMASK=255.255.255.0
NETWORK=200.0.1.0
BROADCAST=200.0.1.255
```

c) DNS 설정 파일

```
#vi /etc/resolv.conf
...
nameserver 200.0.1.x   <-- 기본 로컬 DNS 서버
```

d) 설정 내용의 적용 : 위의 파일 내용을 수정하고 이를 적용할 경우에는 다음과 같이 한다.

```
# service network restart
Shutting down interface eth0:       [OK]
Setting network parameters:         [OK]
Bring up interface lo: :            [OK]
Bring up interface eth0 :           [OK]
```

또는

```
#/etc/init.d/network restart
Shutting down interface eth0:       [OK]
Setting network parameters:         [OK]
Bring up interface lo: :            [OK]
Bring up interface eth0 :           [OK]
```

e) xinetd의 시동 및 중지

```
#/etc/init.d/xinetd [start stop restart]
```

## (3) 동작 상태 확인

a) netstat : /proc/net에 있는 라우팅 테이블이나 활성화되어 있는 네트워크 연결 같은 네트워크 통계와 정보를 보여줌

```
# netstat
# netstat -an | grep ":69"   <-- netstat 출력 결과에서 ":69" 스트링이 있는지 표시하도록 함
```

b) route : 라우팅 정보를 보여주거나 수정함

```
#route
#route add default gw 〈라우터 주소〉  <-- 기본 라우터 정보를 추가함
```

c) nslookup

```
# nslookup                     <-- DNS 서버 주소 확인
# nslookup www.google.co.kr    <-- DNS에 의한 IP 주소 확인
# nslookup 203.253.145.5       <-- DNS에 의한 이름 확인
```

# CHAPTER 01 인터넷과 리눅스 운영체제

## 연습 문제

[1] 서버에 설치된 프로세스를 식별하는 번호는?
  (a) 포트 번호                (b) IP 주소
  (c) 프로세스 번호            (d) LAN 카드 주소

[2] TCP/IP프로토콜이 아닌 것은?
  (a) ICMP        (b) IP        (c) IPX        (d) Telnet

[3] TCP/IP프로토콜의 계층 구조에서 종단간 신뢰성 있는 전달을 담당하는 것은 ___프로토콜로서, 이것은 ___계층에 속한다.
  (a) UDP, 트랜스포트           (b) IP, 네트워크
  (c) TCP, 트랜스포트           (d) FTP, 응용 계층

[4] 라우팅 기능이 수행되는 계층은 ___이며, ___ 프로토콜이 사용된다.
  (a) 트랜스포트, IP            (b) 네트워크, IP
  (c) TCP, 트랜스포트           (d) FTP, 응용 계층

[5] LAN 카드는 ___계층과 ___계층의 기능을 수행한다.
  (a) 물리, 링크                (b) 링크, 네트워크, IP
  (c) 링크, 트랜스포트          (d) 물리, 응용 계층

[6] 한 시스템에서 여러 개의 프로세스가 동시에 동작 가능한 것은 운영체제의 ___기능 때문이다.
  (a) 스풀러                    (b) 스케줄러
  (c) 스왜핑                    (d) 스위칭

[7] dnslook 기능을 사용하여, www.altavista.com을 입력한 결과로부터 하나의 호스트 이름에 대하여 몇 개의 IP 주소가 사용되는지 알아보고 많은 IP가 사용되는 이유가 무엇인지 알아보자.

[8] 메시지를 여러 개의 패킷으로 분할하여 전송하는 이유는 무엇인가? 단점은 무엇인가?

[9] 패킷 교환기에서의 전송 지연을 계산해 보자. 패킷 길이가 L 비트이고, LAN 카드의 전송률이 C bps 라고 하자. 이때 이 패킷의 첫 비트에서 마지막 비트의 전송이 완료되는데 소요되는 전송 지연은 어떻게 표현되는가?

 **연습 문제**

[10] 2개의 패킷 교환기간의 거리가 d 미터이다. 첫 번째 패킷 교환기에서 송신된 패킷의 첫 비트가 다음 패킷 교환기에 도착할 때까지 소요되는 전파 지연 시간은 어떻게 표현되는가?

[11] 패킷 교환 방식에서의 queueing 지연은 언제 발생하며, 그 지연은 어떻게 구해지는가?

[12] Fedora에 대한 친숙도를 높이기 위하여 다음과 같은 마이크로소프트 윈도우와 리눅스 기반 응용 프로그램을 비교하고 활용해 보도록 하자.

|  | 윈도우 응용 프로그램 | 리눅스 응용 프로그램 |
|---|---|---|
| 인터넷 응용 프로그램 | 브라우저 | Firefox |
|  | Mail 클라이언트 | Evolution |
|  | Messenager | Gaim |
|  | FTP | Gftp |
|  | X-Lite | Ekiga (VoIP) |
| 멀티미디어 | 음악 파일 재생 | Helix 플레이어 |
|  | DVD 플레이어 | totem 플레이어 |
|  | CD/DVD 레코딩 도구 | xcdroast |
| 에디터 | Notepad | Gedit, vi |
|  | PDF뷰어 | evince |
| 그래픽 | 그림판 | Gimp |
|  | 뷰어 | gThumb |
|  | 화면 캡쳐 | 키보드에서 PrintScreen 키를 누르면 저장됨 |
| 오피스도구 | 문서 편집기 | OpenOffice Writer |
|  | 엑셀 | Calc |
|  | 파워포인트 | Impress |
|  | 한글 | 한컴 리눅스 오피스 |

CHAPTER 01 인터넷과 리눅스 운영체제

  연습 문제

[13] 다음 리눅스용 멀티스래드 코드를 참조하여 멀티스레드의 동작을 분석하라

```
$ vi myfirstThread.c

#include <stdio.h>
#include <pthread.h>
#include <stdlib.h>
#include <unistd.h>

void *mythread_function(void *arg) {
        int i;
         for ( i=0; i<20; i++ ) {
                   printf("Thread i=%d\n",i);
                   sleep(1);
        }
         return NULL;
}

int main(void) {
        pthread_t mythread;
         int i;
         if ( pthread_create( &mythread, NULL, mythread_function, NULL) ) {
                   printf("error creating thread.");
                   abort();
        }

        for ( i=0; i<20; i++ ) {
                   printf("Main i=%d\n",i);
                   sleep(1);
        }                             //target thread인 mythread_function스레드가 종료될 때까지
                                      대기 함
        if (pthread_join ( mythread, NULL ) ) {
                   printf("error joining thread.");
                    abort();
        }
        printf("Now Exiting.");
        exit(0);
}
```

컴파일과 실행은 다음과 같다.

```
$ gcc myfirstThread.c -o myfirstThread -lpthread
$ ./myfirstThread
```

# 리눅스 기반의
# TCP/IP와 라우팅 프로토콜

# chapter 02

# 링크 계층과 이더넷

## 2.1 개 요

이미 30여 년 전에 개발되었지만 현재까지 가장 많이 사용되는 대표적인 링크 계층 기술인 이더넷의 역사와 이와 관련된 장비의 기능을 소개한다. 또한 이더넷 기반의 프로토콜 분석 도구, 이더넷 관련 리눅스 명령어를 소개한 후 링크 다중화 기술에 대한 실험을 수행한다. 참고로 이더넷의 계층 구조는 〈그림 2-1〉과 같다.

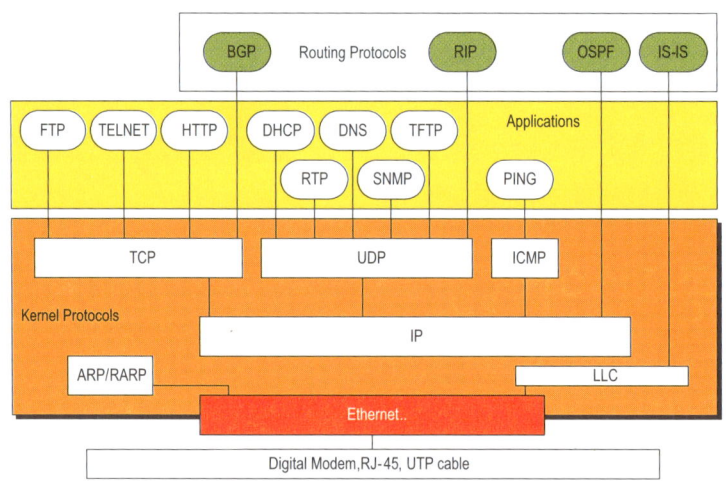

〈그림 2-1〉 이더넷에 대한 계층 구조

## 2.2 데이터 링크 계층

### (1) 데이터 링크 계층의 기능

데이터 링크 계층은 링크로 연결된 인접 노드에 프레임을 전달하는 기능을 수행한다. 이러한 링크에는 이더넷과 같은 유선 링크뿐만 아니라 무선 LAN와 같은 무선 링크가 있다. 링크 계층의 기능은 다음과 같다.

- 프레이밍 : {링크 계층, 주소 영역, 제어 영역, 데이터 영역, 오류 검사 영역}으로 조합된 프레임을 구성한다. 주소 영역은 목적지 주소와 송신측 주소가 수납된다. 제어 영역은 프레임 종류 표시자 및 순서 번호 등으로 구성된다. 데이터 영역에는 IP와 같은 상위 계층 패킷이 수납된다. 마지막으로 오류 검사 영역이 추가된다.
- 오류 복구 기능 : 이더넷에서는 오류 복구 기능을 사용하지 않지만 무선 LAN 링크에서는 재전송 절차가 지원된다.
- 전 이중 통신 또는 반 이중 통신 기능 : 송수신 링크가 분리되어 있는 경우에는 송신 중에 수신이 가능한 전 이중 통신 기능과 하나의 링크를 송신과 수신용으로 교대하여 사용

CHAPTER 02 링크 계층과 이더넷

하는 반 이중 통신기능을 제공한다. CSMA/CD 기법을 사용하는 전통적인 10Mbps급 이더넷과 무선LAN의 경우에는 하나의 전송 선로를 여러 노드가 공유한다. 따라서 한 노드가 송신 중에는 다른 노드들은 수신만 허용되는 반 이중 방식으로 동작한다. 반면에 100Mbps급 이더넷부터는 UTP케이블의 송수신선로를 모두 동시에 사용하여 송신 중에 수신도 가능한 전 이중 통신 방식이 사용된다.

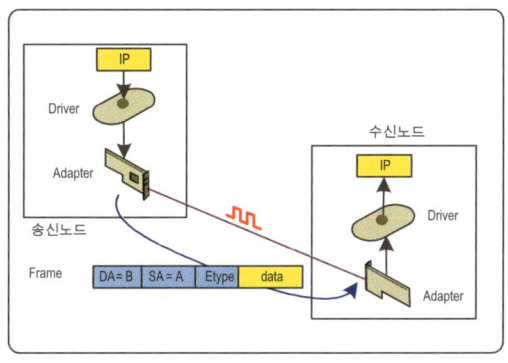
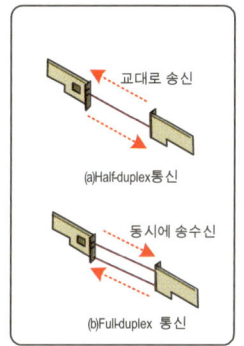

〈그림 2-2〉 링크 계층의 기능

## (2) 링크의 종류

링크는 다음과 같은 2 종류가 있다.
- **점 대 점(point-to-point) 링크** : 이더넷 스위치의 특정 포트와 단말간의 연결 또는 전화선을 이용하는 ADSL 링크 등과 같이 2개의 장치간에 직접 연결된 링크를 말한다.
- **공유 링크** : 초기 이더넷, 무선 LAN 등과 같이 하나의 전송 매체에 3개 이상의 장치가 연결되어 공유하는 링크이다.

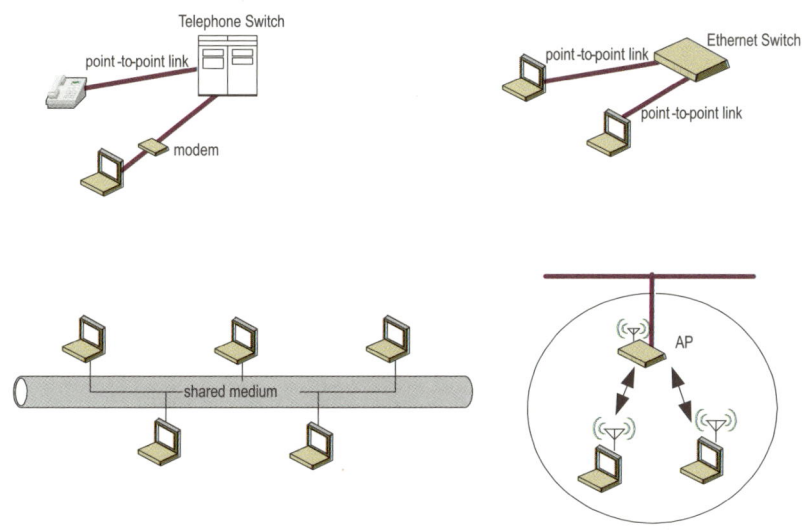

〈그림 2-3〉 CSMA/CD의 동작

### (3) 다중 접근 방식(Multiple access protocol)

한 개의 통신로를 다수의 장치가 공유하는 버스형 통신망에서는 두 개 이상의 통신국이 동시에 송신한 프레임은 상호간의 충돌에 의해 이 프레임들 모두가 버려질 수 있다. 이를 해결하기 위하여, 통신국간에 미리 정해진 통신 절차에 따라 하나의 통신로를 공평하게 공유하는 방법을 medium access control(MAC) 방식이라고 한다.

### (4) CSMA/CD 이더넷

하나의 전송 매체에 3개 이상의 장치가 접속되어 매체를 공유할 때 사용되는 carrier sense multiple access with collision detection(CSMA/CD) 방식의 기본적인 동작은 〈그림 2-4〉와 같다. 이 방식은 초기 이더넷에서 사용되었다.

- 이더넷 기반의 송신측 링크 계층은 전송 매체 상태(즉, 캐리어 상태)를 점검한다. 이것을 carrier sense[1]한다고 한다.
- 캐리어 신호가 감지되면(즉, 다른 통신국에 의한 전송이 진행 중이거나 충돌이 지속되는 경우), 장치들은 캐리어가 없어질 때까지 케이블의 상태를 감시한다.[2]
- 케이블에 캐리어가 없어지면, 송신측 MAC은 최소한 9.6us의 Inter-Frame Gap(IFG) 시간동안 대기한 다. 이후에도 여전히 케이블이 idle하면 이 프레임을 송신 개시한다.
- 송신측을 제외한 모든 이더넷 장치는 이 프레임의 송신에 의한 캐리어가 감지되는 즉시 프레임의 수신을 시작한다. 수신되는 프레임 헤더의 목적지 주소(destination address:DA)와 자신의 이더넷 주소가 같은지를 검사한다.[3] 일치하면 이 프레임의 수신을 계속한다. 그렇지 않다면 이 프레임의 수신을 중지하고 그 동안 수신된 프레임 비트열을 버린다.
- 만약 다른 장치가 거의 동일한 시간에 전송을 시도하면 이들 프레임간에 충돌이 발생한다. 그러므로 송신국들은 자신의 송신 중에 충돌이 발생하는지를 계속 점검한다.
- 만약에 송신국들이 충돌 발생을 감지하면(collision detection), 즉시 32비트의 랜덤한 비트열인 재밍(jamming) 신호를 송신한 후 전송을 중단한다.[4] 이어 적절한 지연 시간 이후 다시 캐리어를 감지하면서 전송을 재시도한다.

---

[1] Carrier라는 용어는 Metcalf가 Communications of ACM 저널에 개재한 그의 논문에서 사용되었는데, 그는 이더넷이 캐리어(반송파)에 변조된 신호를 실어 송신하는 무선 방식의 ALOHA 프로토콜을 개량한 것이기 때문에, 일관성을 유지하기 위하여 사용한 것이다. 대부분의 이더넷은 변조되지 않은 디지털 신호를 전송하는 baseband 방식이므로, 엄밀한 의미의 아날로그 반송파(carrier)는 없다. 여기서 캐리어란, 케이블상에 전송되는 프레임이나 충돌 신호들을 의미한다.

[2] 1-persistent 방식이라고 한다.

[3] 자신의 MAC 주소이며, 일반적으로 LAN 카드의 EEPROM에 기록되어 있다.

[4] 전송이 완료되기 전에 충돌이 감지되어야만 재전송이 가능하다. 이것을 만족할 수 있도록 최소 프레임 길이(64바이트)가 규정되어 있다.

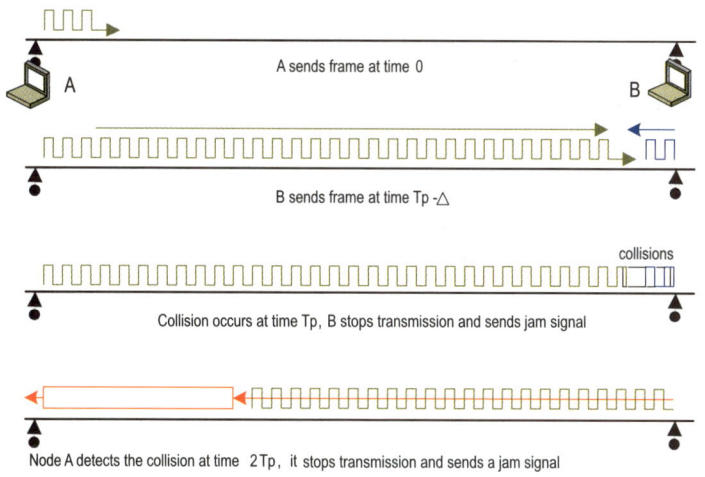

〈그림 2-4〉 링크의 종류

## 2.3 이더넷의 역사

### (1) 초기 버스형 이더넷

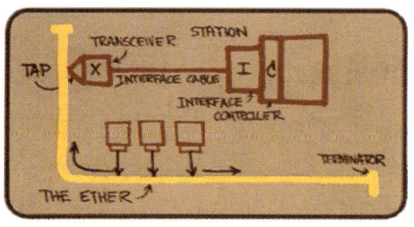

다음 페이지의 〈그림 2-5〉는 하나의 전송 매체(medim)를 여러 개의 장치가 50옴 임피던스를 가지는 동축 케이블에 접속하여 공유하는 버스 형태의 초기 이더넷의 구조이다. 케이블 양단의 50옴 저항으로 구성된 터미네이터는 케이블의 임피던스 매칭용이다.

이러한 초기 이더넷은 제록스사의 원천 기술, DEC의 시스템 엔지니어링 기술 및 이더넷 카드 제조 기술, 인텔의 이더넷 콘트롤러 칩 제조 기술에 의해 1980년에 상용화되었다. 이것의 규격을 이더넷 불루북 또는 DIX(DEC, Intel, Xerox) 이더넷 V1.0이라고 한다. 이 규격은 1982년에 개정된 이더넷 version 2.0으로 대체되며, 전송 속도는 10Mbps로 결정된다.

또한 1981년 6월, DIX 1.0 규격에 기초한 LAN용 표준 프로토콜을 제정하는 IEEE 802.3 위원회가 19개의 회사들에 의해 결성되었다. 이 위원회는 1982년 새로운 IEEE 802.3 표준의 초안을 발표하였다.

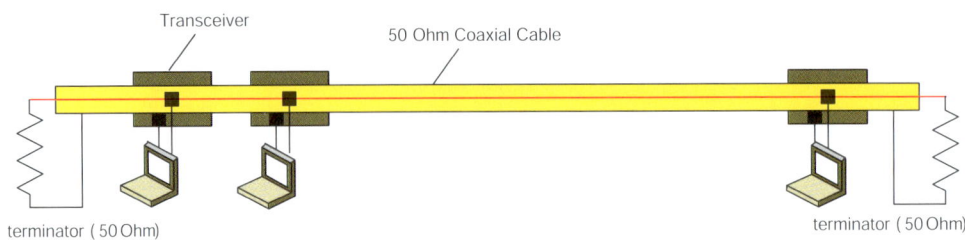

〈그림 2-5〉 버스형 초기 이더넷의 구성

### (2) 10Bast-T 이더넷

저렴한 가격, 설치의 간편성을 가진 초기의 버스형 이더넷의 단점은 동축 케이블이 단절되면 망 전체의 동작이 불가능해지는 점이었다. 이에 AT&T 등의 회사들은 PC 연결용으로 1Mbps 속도는 충분하고, 스타 형태의 구조적인 케이블링 방식이 더 장점이 있다고 주장하였다.

그리하여 1986년에 IEEE 802는 성형 망 구조의 IEEE 1Base5 CSMA/CD의 표준이 만들어진다. 이후 1987년 SynOptics사에서 LattisNet이라고 하는 UTP용 10Mbps급 LAN 카드를 발매하게 된다. 3년 이후인 1990년 9월 28일, HP의 multiport 리피터 기술과 SynOptics사의 개선된 LattisNet 기술에 의해 IEEE 802.3의 10Base-T 표준이 완성되었다.

참고로 IEEE에서 표준화된 10Mbps급 이더넷은 전송 매체와 전송 속도에 따라, 1Base-5, 10Base-5,10Base-2, 10Base-T, 10Broad36, 10Base-F 등 여섯 가지로서, xBase-y 또는 xBroad-y 형태의 이름을 가진다. 여기서, x는 전송 속도를 의미하고, y는 리피터 없이 전송 가능한 최대거리를 의미한다. 그리고 Base라는 의미는 변조하지 않고 전송하는 baseband 방식을 의미하고, Broad라는 의미는 디지털 신호를 보다 높은 주파수의 아날로그 신호로 변조하여 송신하는 broadband 방식을 의미한다.

따라서 이더넷의 망 구조는 크게 "bus", "star", 점 대 점(point-to-pont) 형상 등 세 가지로 구분된다. 성형 망 및 점 대 점 연결은 한 케이블에 단 두 개의 통신국만이 연결된다. 따라서 어떤 케이블이 단절되더라도, 이 케이블에 연결된 노드만을 제외한 나머지 노드간 통신은 가능하다. 이러한 신뢰성 때문에 거의 모든 LAN은 성형 구조를 가진다.

참고로 〈그림 2-6〉과 같이, 버스형 방식에서는 양방향으로 전송이 이루어지는 반면, 성형 및 광케이블 망에서는 송수신 채널이 분리되어 있어 각 송수신 채널은 한 쪽 방향으로만 사용된다.

CHAPTER 02 링크 계층과 이더넷

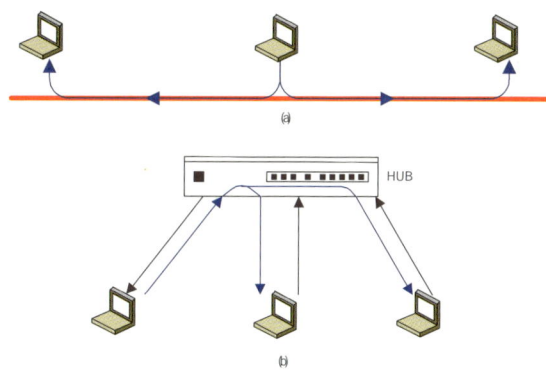

〈그림 2-6〉 이더넷에서의 전송 방식 : (a) 양방향 송신 (b) 분리된 송수신

### (3) 이더넷 스위치와 전 이중 이더넷(1990-1994)

1990년, 새로운 형태의 멀티포트 브리지인 LAN 스위치가 Kalpana사에서 개발되었다. 이 스위치는 기존의 멀티포트브리지와 다른 새로운 브리징 기술인 cut-through 방식을 사용하여 브리징 시의 지연 시간을 단축하였다[5]. 이 LAN 스위치는 마치 버퍼링을 하지 않은 회선 교환기처럼 전달 지연 시간이 거의 없이 동시에 독립적인 여러 개의 데이터 전송로를 개설할 수 있는 점을 강조하기 위하여 이더넷 교환기라고 상품명을 붙였다[6].

1993년 Kalpana사는 또 다른 기술인 전 이중 이더넷을 발표한다. 기존의 이더넷은 한 통신국이 송신하는 동안에 다른 통신국은 수신만 가능한 반 이중 방식이다. 반면에 스위치와 스위치 간 연결의 경우인 점 대 점 연결이거나, 스위치의 한 포트에 직접 연결된 LAN 포트는 광 케이블을 두 개 사용하거나 UTP 케이블의 송신 및 수신용 페어 케이블을 별도로 사용하여 송수신이 동시에 가능하도록 한다.

결과적으로 각 케이블에는 직접 연결된 두 개의 이더넷 장치만 있으므로 CSMA/CD 과정이 불필요하다. 이것을 전 이중(fulldupelx) 방식이라고 한다. 이러한 전 이중 이더넷 방식은 전송량을 두 배 증가시킬 수 있는 장점이 있다.

---

[5] 기존의 브리지는 store-and-forward 방식을 사용한다.
[6] 물론 기존의 multiport 브리지도 동시에 독립적인 여러 개의 전송로를 개설할 수 있어 Ethernet swtch라고도 할 수 있으나, Kalpana사와 달리 store-and-forward 방식을 사용하므로, 전달 지연시간이 크다. Kalpana사에서는 자사의 cut-through 방식을 강조하기 위하여 switch라는 용어를 사용하였다. 이때부터 새로운 용어인 LAN 스위치가 사용되었다. 엄밀한 의미의 스위치는 버퍼링이 당연히 발생하지 않아야 한다.

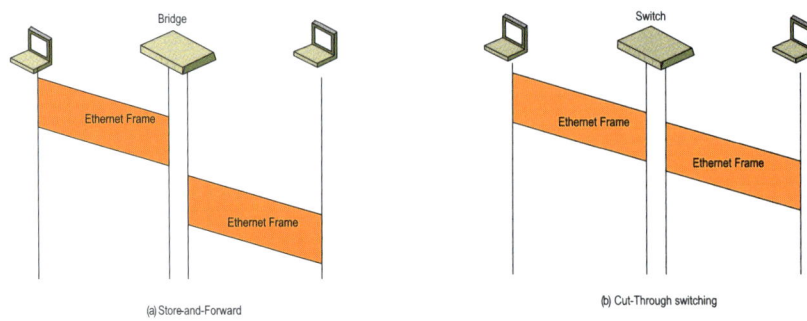

〈그림 2-7〉 브리지와 이더넷 스위치의 동작 비교

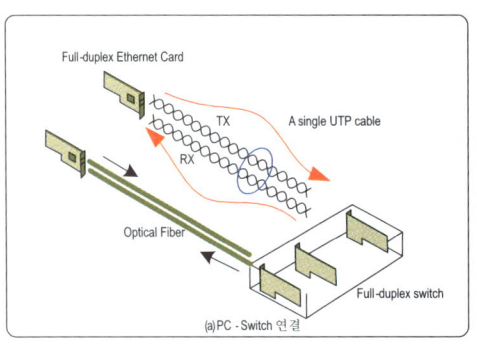
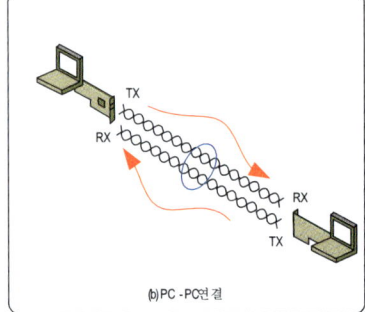

〈그림 2-8〉 전 이중 이더넷의 활용

### (4) 고속 이더넷 (1992-2009)

1992년 11월, 두 가지의 고속 LAN 프로토콜이 제안되었다. 하나는 3Com, Sun, SynOptics 사가 지원하는 이더넷의 고속형인 Grand Junction Network의 100Base-X 방식이고, 다른 하나는 HP가 제안한 전혀 새로운 방식인 100Base-VG였다. 이날이 바로 고속 이더넷 전쟁의 시작이었다.

Grand Junction Network, Intel, 3Com 등은 기존의 이더넷 방식에 기초한 100Mbps 이더넷 기술인 100Base-TX 규격을 만드는 동시에, Grand Junction Network사는 세계 최초의 100Mbps 허브 및 카드를 시판한다. 곧 이어 1995년에는 또 다른 방식인 100Base-T4도 포함하는 고속 이더넷 기술인 IEEE 802.3u 표준이 확정되었다. 참고로 물리 계층 기능과 MAC 기능은 Media Independent Interface(MII)에 의해 연결된다.

## CHAPTER 02 링크 계층과 이더넷

이러한 기술들은 모두 100m의 UTP 케이블상에서 100Mbps급 이더넷 프레임을 전송하기 위하여, 당시 고가의 전송 기술이었던 FDDI(Fiber Distributed Data Interface) 전송 기술의 UTP 케이블 버전인 CDDI(Copper Distributed Data Interface) 기술에서 사용된 4B5B 인코딩 방식과 Non-Return-to-Zero Inverted(NRZI) 코딩 방식을 사용한 것이다. 이것은 각각 4비트의 데이터를 5비트의 전송 심볼 코드로 변경하고, 비트값 '1'일 때마다 전압 레벨을 바꾸어 전송하는 방식이다.

예를 들어 〈그림2-9〉와 같이 4B5B 인코딩에 의해 4비트의 데이터는 '1111'은 '11101'로 변환된다. 이어 비트값 '1'일 때마다 전압 레벨을 바꾸는 NRZI 코딩에 의해 전압 레벨이 반드시 한번 이상 변경되도록 한다.

따라서 적어도 5비트 중에 1이 하나라도 있으면 신호 모양이 변하므로, 수신부에서는 송신측이 전송 시 사용한 송신 클록의 속도에 맞추어 수신할 수 있는 비트 동기에 유리하게 한다. 참고로 이러한 NRZI 코딩 방식은 USB 전송에서도 사용되고 있다.

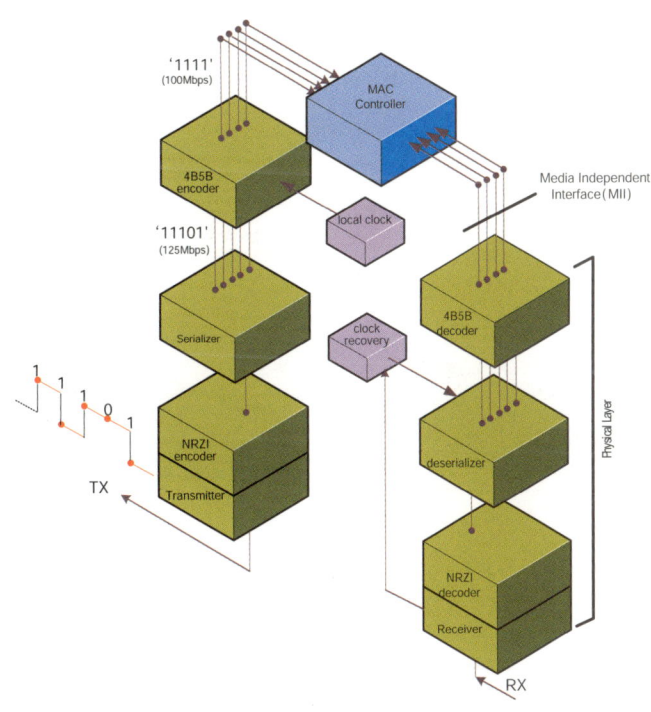

〈그림 2-9〉 100Mbps급 이더넷의 전송 기능부의 구조

### (5) 기가 비트 이더넷

100Mbps급 이더넷의 표준화가 완료되어가던 1995년, 이더넷의 속도를 1Gbps로 향상시키기 위한 기술 개발이 착수되어 1998년에 표준으로 완성되었다. 이러한 기가비트 이더넷의 신속한 개발 과정은 100Mbps급 고속 이더넷의 성공적인 개발에 이어지는 자연스러운 과정이라고 할 수 있지만 다른 외부의 요인도 있었다. 그것은 당시 이더넷의 강력한 경쟁 기술인 ATM(Asynchronous Transfer Mode)이 이미 622Mbps급을 상용화시켰을 뿐만 아니라 2.4Gbps 급에 대한 개발도 진행 중에 있었기 때문이다.

이에 이더넷 옹호자들은 ATM이 사용하는 셀 방식의 비 효율적인 전송 효율과 연결성 위주의 전송 방식이 인터넷의 응용 분야 중 하나인 멀티캐스트나 브로드캐스트 서비스에 부적합할 뿐만 아니라 가격이 비싸다는 약점을 부각시키면서 기가급 이더넷의 개발에 박차를 가하였다. 이 때 새로운 기가급 전송 기술을 개발하는 대신에, 이미 개발되어 있던 전송 기술인 FiberChannel 기술을 활용하였다. 이 파이버 채널 전송 기술은 100Mbps급 이더넷에서 사용하던 4B5B 인코딩 방식을 확장한 8B/10B 인코딩 방식을 사용하므로, 실제 선로상의 전송 속도는 1.25Gbps이다. 참고로 이러한 8B/10B 인코딩 방식은 최근의 새로운 하드 디스크 연결용 인터페이스인 SATA(Seiral ATA) 방식에서도 사용되고 있다.

기가비트 이더넷으로는 광케이블용 1000Base-SX/-LX 방식과 UTP 케이블을 사용하는 1000Base-TX가 있다. 광케이블을 사용하는 경우, 광 트랜시버인 GBIC(GigaBit Interface Converer) 모듈이 카드에 장착되어 있으며, UTP방식의 경우에는 카드 형태뿐만 아니라 최신 메인보드에도 장착되고 있다.

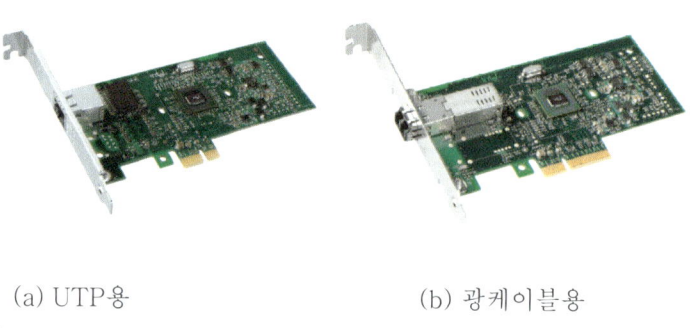

(a) UTP용          (b) 광케이블용

〈그림 2-7〉 기가비트 이더넷 카드의 예

참고로 1000Base-T의 경우 4쌍의 UTP 케이블을 모두 사용하여 송수신을 동시에 수행한다. 이것이 가능한 이유는 자신이 송신한 신호 파형을 기억했다가 상대방으로부터 수신되는 파형과 트랜스포머에서 반사된 자신의 송신파형이 합쳐진 수신 신호에서 자신의 송신 신호 성분을 제거하는 echo-canceller 기능이 사용되기 때문이다. 이러한 반향 제거기는 우리 귀에도 있다. 즉 자신이 전화 통화할 때 상대방의 음성과 자신의 음성이 함께 귀에 들리지만, 자신의 음성을 제거하면서 상대방의 음성을 아주 똑똑하게 인식할 수 있는 원리에서 착안된 것이다.

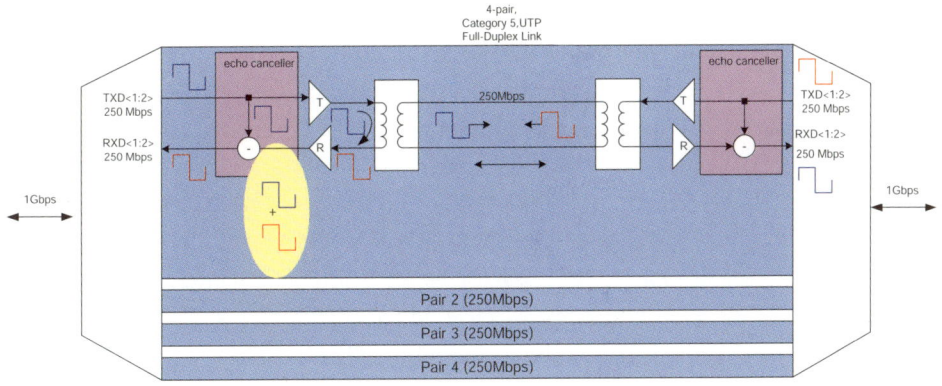

〈그림 2-11〉 1000-Base-T 기가비트 이더넷의 송수신 방법

### (6) 10기가비트 이더넷

1000Mbps급 이더넷의 표준화가 완료되어가던 1999년 초, 이더넷의 속도를 10Gbps로 향상시키기 위한 기술 개발이 착수되었으며 2002년 7월에 표준도 완성되었다. 하지만 이러한 10기가비트 이더넷의 개발 과정에서 LAN환경에 맞는 기존의 10Gbps급 전송 기술이 없었기 때문에 많은 우여곡절이 있었다.

또한 9.958Gbps를 지원할 수 있는 SONET/SDH 기술도 수용하기 위하여, 원래 목표했던 것과 달리 여러 가지의 물리 계층의 전송 방식이 각각 개별적인 표준으로 되었기 때문에 전송 선로에서의 실제 전송 속도는 12.5Gbps, 10.33Gbps, 9.958Gbps 등으로 다양하다. 더욱이 10기가급 이더넷부터는 점 대 점 전 이중 이더넷 방식만 지원하기 때문에 이더넷 고유의 CSMA/CD 방식을 지원하지 않게 되었다.

다만 이더넷 프레임 형식만 유지하게 되었으며 1기가급 이더넷에서 사용하던 carrier extension이나 burst transmission 기법 등도 생략되었다.

최근에는 40Gbps 및 100Gbps급 이더넷 표준화가 진행 중이다.

### (7) 이더넷의 추가 기능

- **MagicLAN** : 1995년 AMD와 HP사가 발표한 Wake-On-LAN(WOL) 규정이다. WOL 기반의 전원 절약 모드에 진입한 PC는 메인보드의 LAN 카드 기능 외의 기능부(CPU, Memory 등)에는 전원이 공급되지 않는다. 이러한 원격지 PC에 대하여 망 관리자는 특별한 이더넷 프레임인 Magic 프레임을 송신하여 깨운다. 즉 이것을 수신한 해당 PC의 (항상 깨어 있는) LAN 카드는 ATX 파워 모듈의 메인 전원을 인가한다. 현재 대부분의 PC용 마더보드에는 이러한 WOL 기능이 기본적으로 장착되어 있다.
- **IEEE 802.1p 우선순위 지원** : MAC 계층에서 우선순위를 지원할 수 있는 토큰 링과 달리 이더넷은 기본적으로 링크 계층에서의 우선순위를 지원하지 않는다. 이를 해결하기 위하여 VLAN 태그의 일부를 8단계의 우선순위 표시자로 사용한다. 단말 및 스위치들은 이더넷 프레임의 우선순위별로 차등 처리할 수 있다.

- IEEE 802.3x 흐름 제어 : 특별한 PAUSE 프레임을 사용하여, 스위치와 스위치, 스위치와 단말간에 각각의 수신 버퍼가 넘치지 않도록 상대방의 송신을 일시 중지시키는 방법이다. 이 방법은 점 대 점 연결의 전 이중 이더넷에서만 유효하다.
- IEEE 802.3af : Data Terminal Equipment (DTE) Power via Media Dependent Interface(MDI) : UTP 케이블로 데이터뿐만 아니라 전원도 공급하는 기술이다. 최근의 IP전화기, 무선 LAN AP, 웹 카메라 등에는 이러한 기술이 탑재되고 있다. 일반적으로는 UTP의 데이터선로인 1-2 및 3-6번 페어 케이블 외에 남아 있는 4-5와 7-8번 페어 케이블로 48볼트/400mA, 즉 19.20W의 전력을 PSE(Power sourcing equipment)가 공급한다. 또한 "phantom power" 기술을 사용하면 UTP 데이터 선로상으로도 전력을 제공할 수도 있는데, 이로써 UTP의 모든 페어 케이블을 데이터 전송용으로 사용하는 1000BASE-T(Gigabit Ethernet)에서도 전력을 공급할 수 있다. 관련 표준은 IEEE 802.3af이다.
- Backplane Ethernet : 블레이드 서버 및 여러 개의 모듈을 연결하는 백플레인 버스용으로 많이 사용되고 있는 compact PCI 등은 병렬 전송 방식이다. 반면에 Backplane Ethernet은 최대 1미터 이격된 모듈간을 10Gbps의 이더넷 기술, 즉 직렬 버스로 연결하는 기술이다. 여기에는 10Gbase-KX4 방식과 10Gbase-KR 방식이 있다.

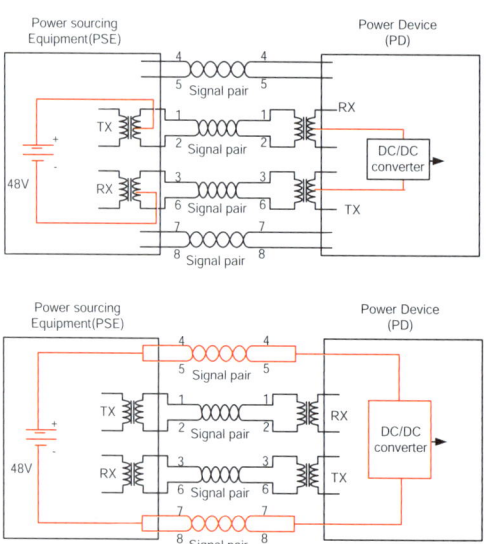

〈그림 2-12〉 DTE Power via MDI 기술

### (8) 이더넷 연대기

〈그림 2-13〉은 지금까지 상용화된 이더넷과 이더넷 기반 브리징 기술인 IEEE802.1 표준에 대한 개발 연대기이다.

## CHAPTER 02 링크 계층과 이더넷

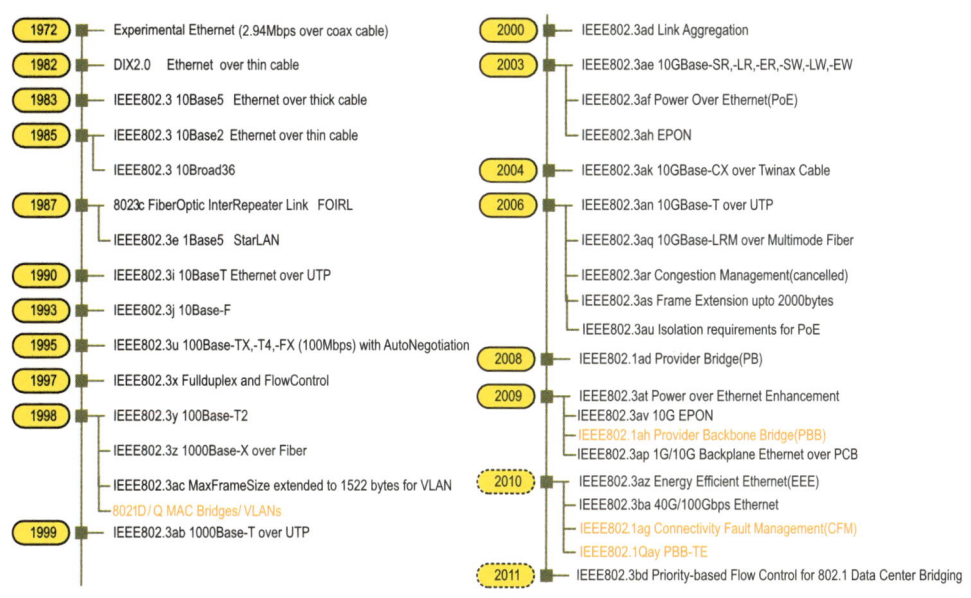

〈그림 2-13〉 이더넷 연대기

## 2.4 이더넷의 역할

이더넷은 직접 연결된 단말과 단말(또는 라우터)에게 IP 패킷을 수납하여 전달하는 데이터 링크 계층의 기능을 수행한다. 〈그림 2-14〉는 Arami가 Borami에게 IP 패킷을 이더넷 프레임에 수납하여 전달하는 경우에 대한 것이다. 이때 카드 드라이버는 목적지 이더넷 카드에 대한 이더넷 주소와 자신의 이더넷 주소를 포함한 링크 계층 헤더를 생성하여 IP 패킷을 수납하여 송신된다. 여기서 이더넷 주소란 이더넷 카드마다 할당된 고유한 6바이트의 주소이다. 〈그림 2-15〉는 IP 패킷이 이더넷 프레임에 실려가는 실제 패킷을 수집한 예이다.

이 그림에서 MAC은 이더넷용 링크 계층 헤더를 의미한다. 이 프레임은 00-50-FC-67-09-F9의 이더넷 주소를 가지는 LAN 카드가 IP 패킷을 실어 이더넷 주소 00-04-38-5D-92-03을 가지는 LAN 카드가 장착된 목적지 단말에게 전송된 것임을 알 수 있다.

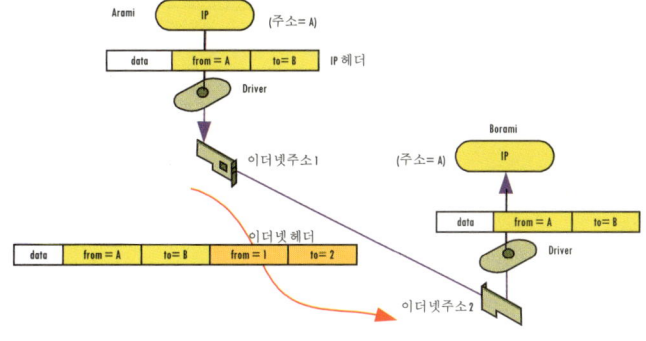

〈그림 2-14〉 이더넷 주소와 IP 주소의 활용

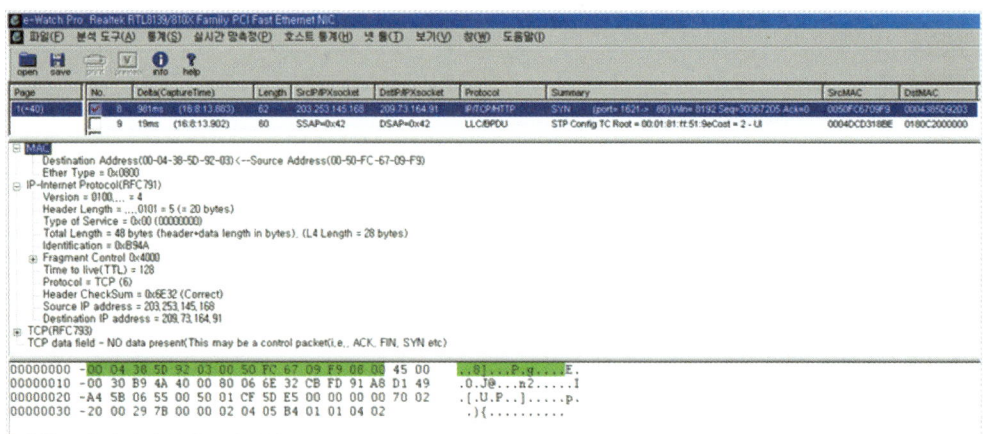

〈그림 2-15〉 IP 패킷을 수납한 이더넷 프레임의 구성 예

## 2.5 이더넷용 전송 매체와 커넥터

이더넷을 위한 전송 매체는 동축 케이블, 광 케이블, Unshield Twisted Pair(UTP) 케이블 등 다양하다.

### (1) UTP 케이블

이더넷용 UTP 케이블은 〈그림 2-16〉과 같이 8가닥의 차폐되지 않은 케이블로 구성되어 있으며, 각각 2가닥씩 꼬여 있기 때문에 unshield twisted pair라고 부른다.

10Mbps와 100Mbps의 경우, EIA/TIA 568B 규정에 따라 4쌍의 케이블 중 1번과 2번 핀에 연결된 두 번째 케이블 쌍을 송신용으로 사용하고, 3번 및 6번 핀에 연결된 첫 번째 케이블 쌍을 수신용으로 사용한다. 반면에 기가급 이더넷은 4쌍의 케이블 모두를 송신 및 수신용으로 동시에 사용한다.

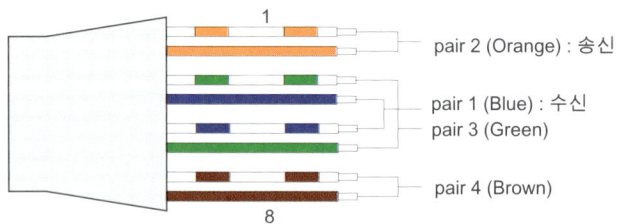

〈그림 2-16〉 EIA/TIA 568B UTP 케이블의 구성

### (2) RJ-45 커넥터

허브나 이더넷 카드에 있는 잭과 UTP 케이블용 커넥터인 RJ-45의 핀 배열은 〈그림 2-17〉과 같다. 최근의 일부 RJ45 소켓에는 송수신중임을 표시하는 LED와 충돌을 표시하는 LED도 함께 포함되어 있기도 한다.

CHAPTER 02 링크 계층과 이더넷

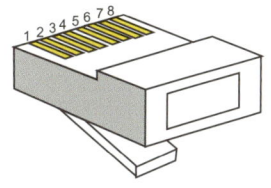

〈그림 2-17〉 잭과 커넥터의 핀 배열

### (3) 다이렉트 케이블과 크로스 케이블

앞에서 UTP 케이블의 1,2번 케이블은 송신용이고 3,6번 케이블은 수신용이라고 하였다. 이것은 단말 입장에서의 용도이다. 반면에 허브나 스위치 입장에서는 1,2번 케이블로 수신하고 3,6번 케이블로는 단말로 송신한다. 이러한 용도의 케이블을 다이렉트 케이블(direct cable)이라고 한다. 단말과 단말을 직접 연결하는 경우에는 〈그림 2-18〉과 같이 1,2번 케이블로 송신된 신호가 상대방 단말의 3,6번 핀에 수신되어야 한다. 따라서 단말과 단말을 연결할 경우에는 교차된 UTP 케이블을 사용해야 하는데 이러한 케이블을 크로스 케이블(cross cable)이라고 부른다. 크로스 케이블인 경우 반드시 케이블에 'X'로 표시하여야 혼란을 예방할 수 있다.

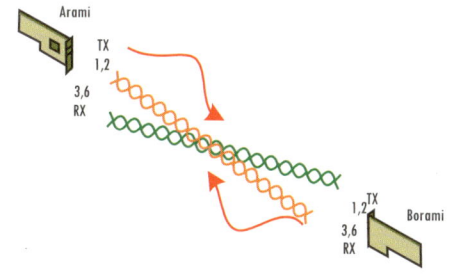

〈그림 2-18〉 1 : 1로 연결된 경우

## 2.6  이더넷 중계 장치

### (1) 이더넷 허브

이더넷 허브는 〈그림 2-19〉와 같이 약해진 신호를 다시 복원해서 중계하는 전기적인 리피터 기능을 수행한다. 이러한 기능을 물리 계층에서의 중계 기능이라고 한다. 허브를 경유하는 이더넷 프레임의 내용은 변경되지 않는다. 뿐만 아니라 허브는 〈그림 2-20〉과 같이 여러 개의 단말들을 상호연결하는데 사용된다. 이때 수신 신호에 대하여 이 포트를 제외한 다른 모든 포트로 단순 중계한다. 이 프레임을 수신한 모든 단말들 중에서 프레임의 목적지 주소가 자신의 이더넷

주소와 같은 수신측만 이 프레임을 처리하고, 다른 단말들의 이더넷 카드들은 이 프레임을 모두 버린다. 이렇게 함으로써 각 단말들은 마치 다른 단말들과 1 : 1로 연결되어 있는 것처럼 동작할 수 있다.

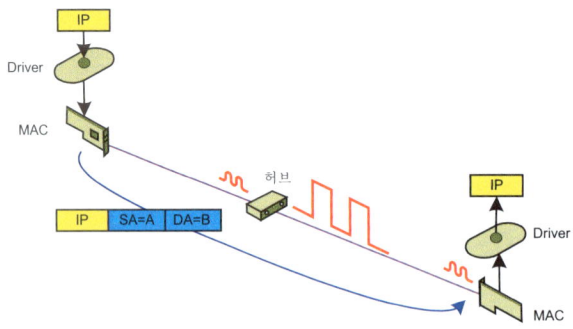

〈그림 2-19〉 허브의 리피팅 기능

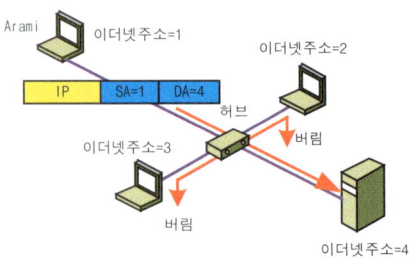

〈그림 2-20〉 허브의 중계 기능

허브에 연결된 이더넷 장치간에는 버스형 이더넷과 동일한 CSMA/CD 방식이 사용된다. 하지만 충돌 감지 방식이 조금 다르다. 즉 4개의 2pair라인으로 구성된 하나의 UTP 케이블을 사용하여 허브에 연결된 단말은 자신의 송신동작 중에 수신 신호가 감지되면 이것을 충돌로 간주한다. 이 경우 자신의 송신을 즉시 중단하고, 채널이 다시 조용해질 때까지 재전송을 준비한다.

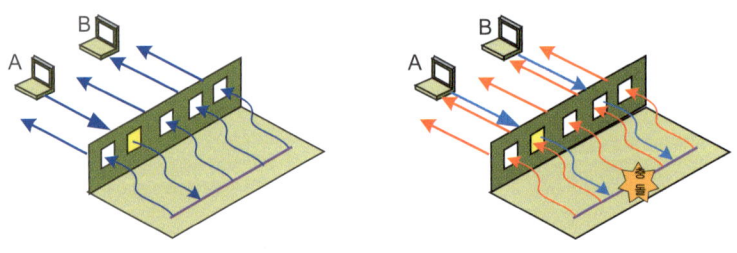

〈그림 2-21〉 10Base-T 리피터의 기본 기능

## (2) 이더넷 브리지와 스위치

이더넷 허브는 수신된 이더넷 프레임을 다른 모든 포트로 중계하는데 비하여 이더넷 브리지는 〈그림 2-22〉와 같이 목적지 단말에게만 이 프레임을 중계한다. 물론 중계하는 프레임의 내용은 변경하지 않는다.

이러한 중계 동작을 위하여 브리지는 해당 목적지 단말이 어떤 포트에 연결되어 있는지를 미리 알고 있어야 할 것이다. 이를 위하여 브리지는 각 단말의 어댑터 주소와 이 어댑터가 접속된 포트 번호로 구성되는 정보를 스스로 습득하여 Forwarding Database(FDB)에 기록하는 자동 학습 기능(automatic learning) 기능을 가지고 있다.

즉 브리지의 한 포트에 이더넷 프레임이 수신되면 먼저 프레임헤더에 있는 송신측 주소 Source Address(SA) 정보를 FDB의 내용과 비교한다. 만약에 이 SA가 FDB에 등록되어 있지 않으면, {SA,수신된 포트 번호} 정보를 FDB에 추가한다. 이어 이 프레임의 목적지 주소인 Destination Address(DA)값을 FDB의 내용과 비교한다. FDB에 해당 목적지 주소와 일치되는 항목이 없다면 수신된 포트가 제외된 모든 포트로 해당 프레임을 중계한다. 하지만 항목이 있는 경우에는 다음과 같이 처리한다.

- 이 항목의 포트값이 이 프레임이 수신된 포트와 같으면 이 프레임은 해당 목적지가 수신된 포트 쪽에 있는 것이므로 중계할 필요가 없기 때문에 이 프레임을 폐기(filtering)한다.
- 포트값이 수신된 포트와 다르다면 FDB에 기록된 해당 포트로 이 프레임을 전달(forwarding)한다.

또한 브리지는 〈그림 2-23〉과 같이 내부에 버퍼를 가지고 있으므로 2포트 이상에서 동시 수신되는 프레임들에 대하여 적절한 포트로 이들을 동시에 중계할 수 있는 장점이 있다. 즉 스위치는 허브에 비하여 전송 효율이 높다.

참고로 수신된 프레임을 중계하는 방법에는 store-and-forward 및 cut-through 등 2가지 종류가 있다.

- **Store-and-Forward** : 한 프레임 전체를 수신하여 저장한 후 출력 포트를 결정하여 중계한다.
- **Cut-through** : 프레임의 목적지 주소 부분까지만 저장하면서 목적지 주소를 동시에 검사하여 적합한 목적지 포트로 중계한다. 전달 지연 시간이 짧다. 이러한 cut-through 방식의 브리지를 이더넷 스위치라고 부른다.

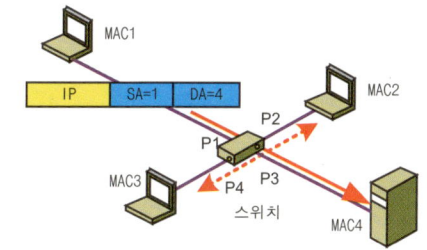

〈그림 2-22〉 브리지의 기능

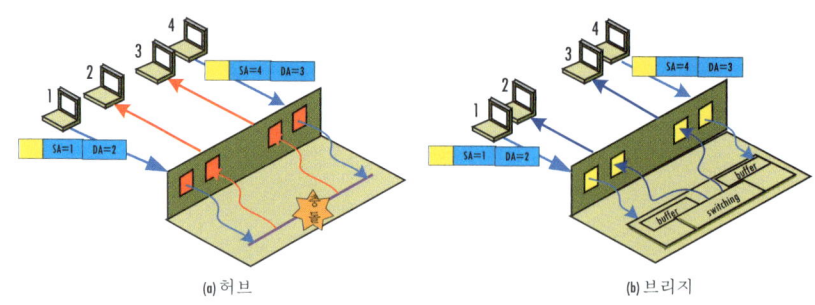

〈그림 2-23〉 브리지의 버퍼링 동작

〈그림 2-24〉 LAN 스위치의 프레임 전달 방식의 분류

### (3) 라우터

라우터는 IP와 같은 네트워크 계층 패킷을 중계하는 Layer3 중계 장치이다. 이때 이더넷은 직접 연결된 장비간의 IP와 같은 상위 계층 패킷을 전달하는데 사용된다. 〈그림 2-25〉와 같이 Arami가 라우터를 경유하여 Darongi에게 IP 패킷을 전달한다고 하자. 이 경우, 라우터를 경유할 때 마다 IP 패킷은 새로운 이더넷 프레임에 수납되어 전달됨을 알 수 있다.

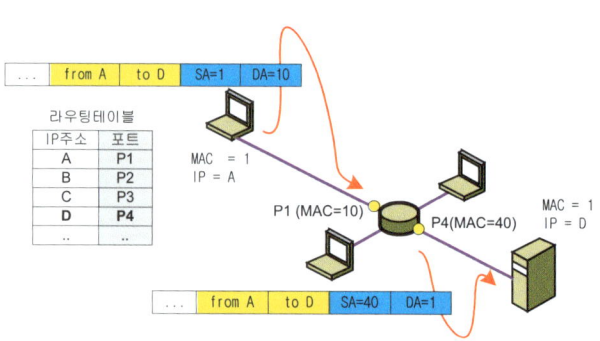

〈그림 2-25〉 라우터의 중계 동작

## 2.7 DIX 2.0 이더넷 프레임과 IEEE 802.3 프레임

### (1) 이더넷 프레임의 실제

이더넷 프레임들을 수집해 보면 〈그림 2-26〉과 〈그림 2-27〉과 같은 두 가지 종류의 프레임들이 망에서 공존하고 있음을 알 수 있다.

〈그림 2-26〉는 IP 패킷을 수납한 DIX 2.0 표준 이더넷 프레임이다. 송신측 이더넷 카드의 주소는 6바이트의 00-50-FC-67-09-F9이고, 수신측 이더넷 카드의 주소는 00-D4-38-5D-92-03임을 알 수 있다. 그리고 이 이더넷 프레임에 수납된 상위 계층 프로토콜이 IP라는 것은 2바이트의 Ether type값인 0x0800으로부터 알 수 있다.

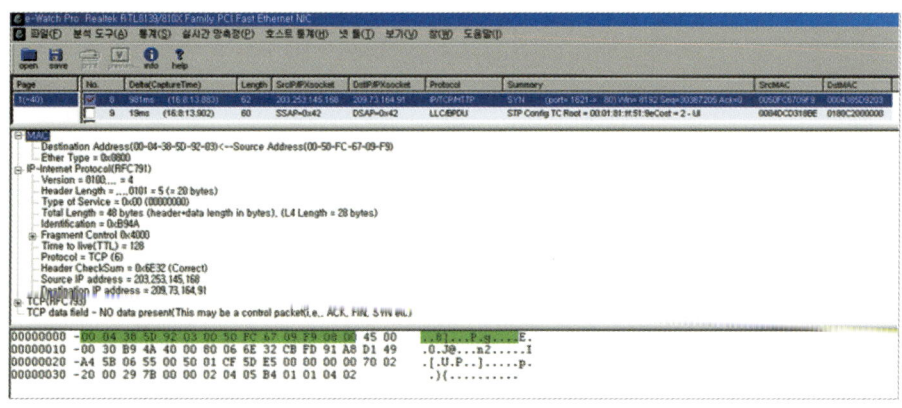

〈그림 2-26〉 DIX2.0 형식의 이더넷 프레임의 예

반면에 〈그림 2-27〉은 NetBEUI 메시지를 수납한 IEEE 802.3표준의 이더넷 프레임이다. 주소 영역 다음에 있는 2바이트의 영역이 길이 정보 영역이고, 또 다른 상위 링크 계층 프로토콜인 Logical Link Control(LLC) 계층용 3바이트의 새로운 헤더가 추가되어 있음을 알 수 있다. 즉 데이터 링크 계층이 MAC과 LLC로 분리된 두 개의 부계층(sublayer)으로 구성된 것임을 예상할 수 있다.

이러한 결과로부터 2종류의 이더넷 프레임이 공존하며, 이더넷 기반의 데이터 링크 계층은 〈그림 2-28〉과 같은 구조로 되어 있음을 알 수 있다. 참고로 무선LAN의 경우 MAC과 LLC를 모두 사용한다.

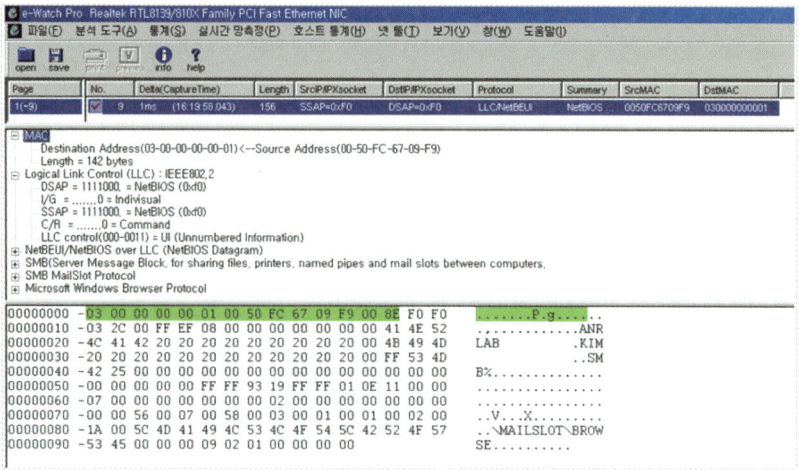

〈그림 2-27〉 IEEE 802.3 형식의 이더넷 프레임의 예

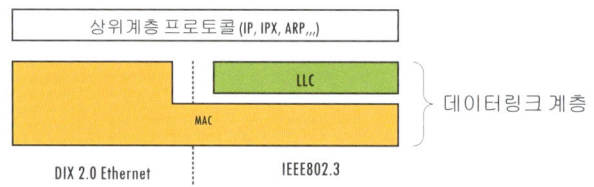

〈그림 2-28〉 IEEE 802.3과 DIX 2.0 이더넷의 계층 비교

## (2) 이더넷 프레임의 형식

〈그림 2-29〉와 〈그림 2-30〉는 각각 DIX 2.0과 IEEE 802.3 MAC 프레임 형식이다. 이러한 DIX 2.0 이더넷과 IEEE 802.3은 각각 RFC 894 및 RFC 1042의 표준, 즉 모두 표준이다. 따라서 하나의 LAN상에서 이러한 프레임들이 공존할 수 있도록 모든 이더넷 시스템들은 이들 두 가지 형식의 프레임을 모두 처리할 수 있어야 한다.

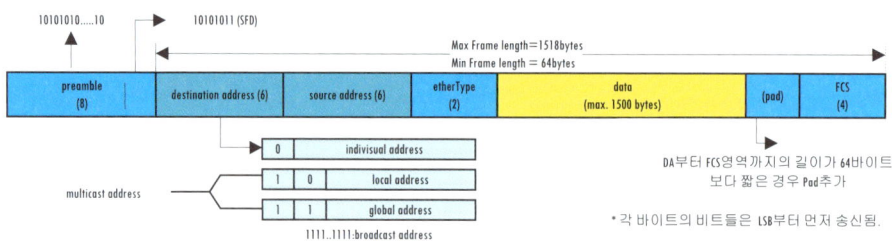

〈그림 2-29〉 DIX 2.0 MAC 프레임 형식

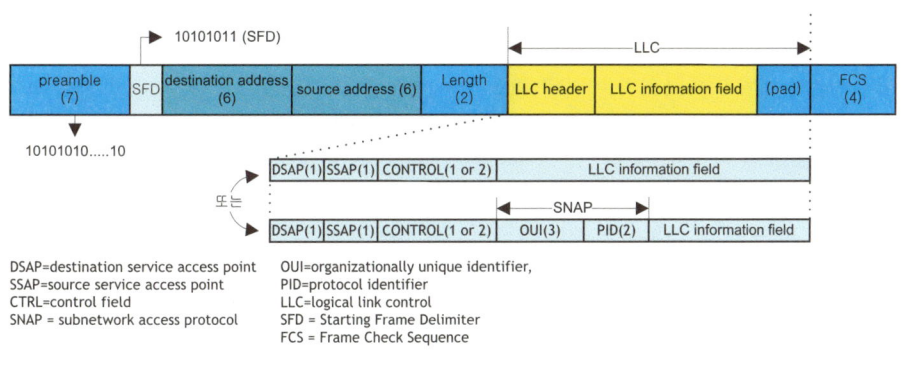

〈그림 2-30〉 IEEE 802.3 MAC 프레임 형식

## (3) 이더넷 프레임의 상세

이러한 이더넷 프레임의 각 영역의 의미는 다음과 같다.

- 프리앰블(Preamble : 7 또는 8바이트) : 프리앰블은 수신되는 비트열로부터 수신 클록을 추출하여 비트 동기를 맞출 수 있도록 1과 0이 반복되는 비트열로 구성된다. 즉, 프리앰블의 가장 큰 목적은 송신측과 수신측간의 송수신 속도를 일치시키기 위한 비트 동기를 제공하는 것이다.
- SFD(starting frame delimiter : 1바이트 : 10101011) : 이 SFD 영역 이후부터 바이트 단위로 조합된 유효한 프레임이 시작됨을 알린다. 즉, SFD는 바이트 단위의 동기를 위한 것일 뿐만 아니라, SFD 다음 바이트열이 프레임의 시작임을 알리는 프레임 단위의 동기화를 위한 것이다.[7] 그리고 이러한 프리앰블과 SFD 영역은 카드 드라이버 소프트웨어로 전달되지는 않는다.
- Destination address(DA : 6바이트) : 목적지 주소이다. 총 6바이트 영역인 목적지 주소의 구성은 〈그림 2-31〉과 같이, 앞의 3 바이트는 Block ID 또는 OUI(Organizationally Unique Identifier)라고 불리는 카드 제조회사를 식별하는 코드로 지정되어 있다[8].

〈그림 2-31〉 이더넷 주소의 구성

---

[7] 프리앰블 및 SFD는 모두 MAC 컨트롤러 칩에서 만들어진다. 또한, 프리앰블와 SFD 영역의 전송 중에 충돌이 발생하면, 이 영역의 송신을 완료한 다음, 32비트의 재밍 신호를 송신하고, 전송을 중지한다.

[8] 이 외의 상세한 규정은 IETF RFC-1340 - Assigned Numbers RFC에 있음. 또는 IEEE에서는 OUI 목록을 다음 웹 페이지에 유지하고 있다.

〈표 2-1〉은 OUI의 예이다. 나머지 3바이트는 개별적인 목적지를 식별하는데 사용된다. DA 주소는 크게 세 가지 종류로 분류된다. Individual address는 첫 번째 바이트의 LSB 값이 0인 주소로서 개별적인 목적지 이더넷 주소이다. 반면에 Multicast address는 첫 번째 바이트의 LSB 값이 1인 주소이다. 이것을 사용하는 예는 RFC 1112에 규정된 멀티캐스트 프로토콜이다. 그리고 모든 비트가 1인 주소는 모든 단말들에게 방송하는 방송 주소(broadcast address)이다. 이 방송 주소는 Address Resolution Protocol(ARP) 등에서 사용한다. 참고로, 해당 LAN 카드에 대하여 프레임의 목적지 주소에 상관없이 모든 종류의 프레임을 수신할 수 있는 모드, Promiscuous mode로 설정할 수도 있다. 이 모드는 브리지나 트래픽 분석기용으로 설정된다.

〈표 2-1〉 OUI의 예

| OUI code | 회사 이름 | OUI code | 회사 이름 |
|---|---|---|---|
| 00003b | 현대 Axil | 00402b | 삼보 |
| 00803f | 현대전자 | 0020af | 3Com |
| 0000f0 | 삼성 | 0080c2 | IEEE 802.1 |

- Source address(SA : 6바이트) : 송신측 이더넷 주소이다. 일반적으로 LAN 카드는 자신의 이더넷 주소를 ROM에 기록하고 있다. 프레임 전송 시에는 이 ROM에 저장된 자신의 주소를 MAC 헤더의 SA 영역에 삽입하여 송신한다. SA 영역의 첫 번째 바이트의 첫 번째 LSB는 0으로 예약되어 있다.
- Length/EtherType 영역 : SA 다음의 2바이트 영역이다. IEEE 802.3 CSMA/CD 표준에서는 이더넷 프레임의 정보 영역 길이를 표시하는데 사용된다. 하지만 DIX 2.0 표준에서는 이 영역을 이더넷 프레임의 데이터 부분에 수납된 상위 계층 프로토콜 종류를 표시하는 EtherType 영역으로 사용된다.
  이러한 두 가지 의미가 공존할 수 있도록 EtherType의 값은 항상 0x0600 이상의 값을 가진다. 즉 이더넷 프레임의 정보 영역 길이는 최대 1500바이트로 제한되므로 수신된 프레임의 이 영역값이 0x600(=1536) 이상이면 DIX 2.0 프레임의 EtherType으로 해석한다. 그렇지 않으면 IEEE 802.3 프레임의 길이 영역(정보 영역의 길이를 표시)으로 해석한다.
- 데이터 : ARP, IP 등 상위 계층 프로토콜들 또는 LLC프로토콜이 위치하며 최대 허용길이는 1500바이트이다. 이 값은 Maximum Transfer Unit(MTU)라고 부르며 이 값보다 긴 프레임은 허용되지 않는다.
- 패딩 : DA부터 FCS까지의 길이가 MAC 프레임 최소길이 규정인 64바이트 보다 짧을 때 이더넷 드라이버가 0으로 채우는 영역이다. 예를 들어 1바이트의 데이터가 송신되는 경우 패딩의 길이는 45 바이트이다.
- Frame Check Sequence(FCS) : 프리앰블과 SFD 부분을 제외한 유효한 MAC 프레임의 비트열에서 발생할 수 있는 오류를 검사하기 위해 사용된다.

## 2.8 Logical Link Control(LLC)

### (1) LLC의 계층 구조와 프레임 형식

IEEE 802.3 프레임인 경우, 링크 계층의 또 다른 부 계층인 IEEE 802.2 LLC 계층이 사용된다. LLC의 헤더는 〈그림 2-32〉와 같은 구조를 가진다. 여기서 Service Access Point(SAP)은 LLC의 상위 계층 프로토콜인 IPX, NetBEUI 등을 구분하는 값으로 사용된다. Control영역은 LLC 프레임의 종류를 표시한다. 대부분의 경우 0x03값을 가지는데 이 값은 이 프레임의 종류가 Unnumbered Information(UI) 프레임을 의미한다.

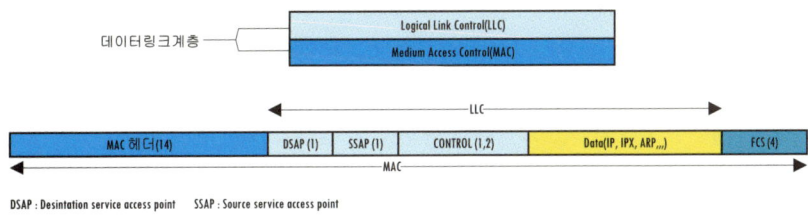

〈그림 2-32〉 LLC의 계층 구조와 LLC 프레임의 구성

### (2) 논리적 링크(logical link)

LLC에서 사용되는 논리적 링크의 의미는 〈그림 2-33〉과 같이, LLC를 사용하는 두 단말의 상위 계층간 논리적인 연결을 의미한다. 각 연결들의 구분은 SAP 값에 따른다.

물론 두 시스템을 연결하는 하나의 물리적 링크상에서 서로 다른 SAP 번호를 사용하는 여러 상위 계층이 송신한 LLC 패킷이 열을 지어 전송된다. 이들을 수신한 단말은 LLC의 SAP값으로 이들을 분류할 수 있어 LLC의 상위 계층 입장에서는 마치 여러 개의 독립적인 링크가 있는 것으로 간주되어 논리적인 링크라고 부른다.

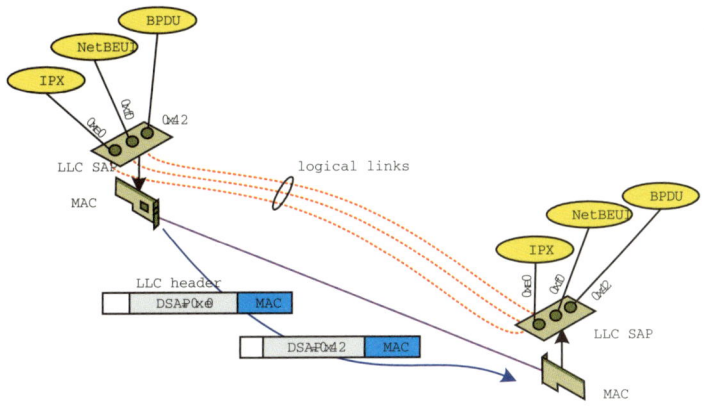

〈그림 2-33〉 LLC의 SAP과 Logical link의 개념

LLC의 SAP 영역은 1바이트의 길이를 가지므로 총 256가지의 SAP가 정의된다. 〈표 2-2〉는 대표적인 SAP 번호이다.

〈표 2-2〉 SAP의 종류

| SAP | 프로토콜 | SAP | 프로토콜 |
|---|---|---|---|
| 06 | IP | e0 | NetWare IPX |
| 42 | BPDU | f0 | NetBIOS |
| aa | IEEE SNAP | Fe | ISO |

### (2) SNAP(SubNetwork Access Protocol)

DIX 2.0 이더넷 프레임의 경우 2바이트의 Ethertype 영역을 사용하여 총 65536가지의 다양한 상위 계층 프로토콜을 구분할 수 있었다. 하지만 LLC에서 사용하는 SAP 영역은 1바이트에 불과하여 상위 계층 프로토콜들을 다양하게 구분할 수 없다.

이러한 문제를 해결하기 위하여 〈그림 2-34〉와 같이 SNAP(SubNetwork Access Protocol)라고 하는 5바이트 길이의 추가 정보를 사용하여 PID 부분에 상위 계층 프로토콜의 종류를 표시한다. 이러한 SNAP 방식으로 상위 계층 프로토콜의 종류를 표시할 경우에는, DSAP과 SSAP의 값으로 모두 0xAA를 사용하여 SNAP 영역이 있음을 표시한다.

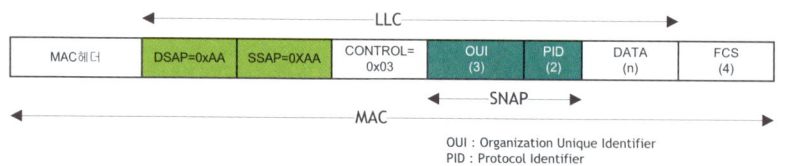

〈그림 2-34〉 802.3 프레임 경우의 SNAP(OUI와 PID)

## 2.9 상위 계층 프로토콜 분류 방법

### (1) DIX 2.0의 경우

〈그림 2-35〉는 DIX 2.0 이더넷의 경우 EtherType을 기준으로 상위 계층 프로토콜들을 분류하는 방법을 도시한 것이다. LAN 카드 드라이버는 수신된 이더넷 프레임의 SA 영역 다음에 있는 두 바이트 값이 0x600 이상인 경우에는 EtherType으로 간주한다. 예를 들어, 이 값이 0x0800이면 IP이고, 0x0806이면 ARP이다.

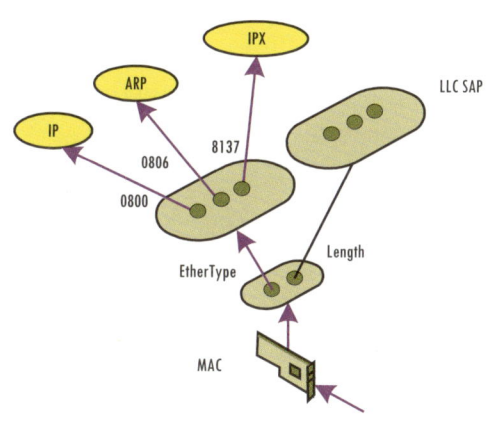

〈그림 2-35〉 DIX 2.0 이더넷 프레임 경우의 상위 계층 분류 과정

〈표 2-3〉 EtherType의 예

| Ethertype code | 프로토콜 | Ethertype code | 프로토콜 |
|---|---|---|---|
| 0000-05dc | IEEE802.3 길이 영역 | 0806 | ARP |
| 0600 | XNS IDP | 8035 | RARP |
| 0800 | IP | 8137 | Netware IPX |
| 0805 | X.25 PLP | 8191 | NetBios |

## (2) IEEE 802.3 이더넷의 경우

SA 영역 다음의 두 바이트 값이 0x600 미만일 때에는 이 값을 IEEE 802.3 프레임 형식에서 정의된 길이 정보 영역으로 간주하고, 이 프레임에는 LLC가 있다고 판단한다. 〈그림 2-36〉은 이 경우에 대한 분류 과정을 도시한 것이다. 상위 계층의 종류는 LLC의 DSAP 값에 따라 구분된다.

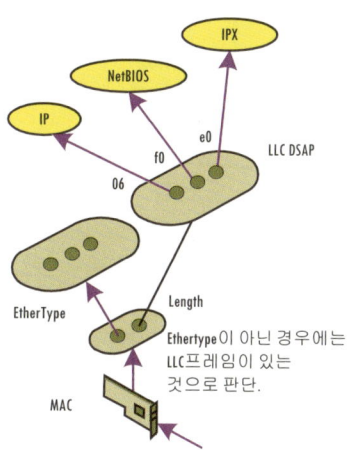

〈그림 2-36〉 IEEE 802.3 프레임인 경우 LLC의 SAP에 의한 상위 계층 분류 과정

### (3) IEEE 802.3/LLC/SNAP의 경우

LLC의 SAP 번호가 0xAA인 경우 사용되는 SubNetwork Access Protocol(SNAP)는 3바이트의 OUI(Organizatioally Unique Identifier)와 2바이트의 PID(protocol Idenitifier)로 구성되어 상위 계층 프로토콜의 종류를 식별할 수 있도록 한다.

〈그림 2-37〉은 이러한 SNAP가 사용되는 경우, PID값에 따른 상위 계층 분류 과정에 대한 것이다. OUI 영역의 값이 0x000000인 경우에는 PID 영역값이 EtherType과 동일한 의미를 가진다. 반면에 OUI=0x0080c2인 경우, MAC 브리지 레벨에서 중계하는 프레임의 종류가 이더넷인지 토큰 링인지를 구분할 수 있도록 할 때 사용된다.

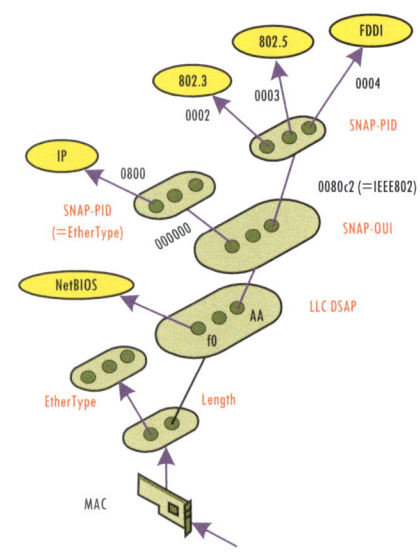

〈그림 2-37〉 LLC SNAP 방식에 의한 역다중화 과정의 예

## 2.10 참고 : 이더넷 파라미터

- Bit time : 케이블상에서 1비트가 송신되는 시간을 1bit time이라고 한다. 10Mbps Ethernet인 경우 비트 타임은 1 bit/10MHz 로 계산되며 0.1$\mu$s(또는 100ns)이다.
- Slot time : CSMA/CD 동작 시 Preamble의 첫 비트가 송신된 시간부터 충돌 사실이 감지되어 전송을 중지할 수 있는 충분한 시간을 정의한다. 이것을 collision window라고도 한다. 이 시간은 케이블 양 종단에 위치한 단말간의 충돌을 고려한 것으로써 slot time= 2 x propagation delay + safty margin.), 즉 전파 지연 시간(propagation delay)의 2배 시간에 리피터 및 단말에서의 충돌 감지 지연 시간 등의 safty margin을 더한 것이다. 이것은 4개의 리피터로 연결된 2.5Km의 이더넷망에서, slot time은 512bit time(= 512 x 100ns = 51.2us)으로 규정된다. 즉 전파 속도가 빛의 0.6배 정도인 2.5km의 동축 케이블

## CHAPTER 02 링크 계층과 이더넷

은 2500m/(0.6x3x108m/s) = 13.89㎲의 전파 지연 시간을 가진다. 따라서, safty margin = 51.2㎲ - 2 x 13.89㎲ 의 시간이고, 이것은 4개의 리피터에서 겪는 지연 시간 및 두 개의 장치에서 겪는 송신 및 수신 지연 시간의 합을 의미한다.

- **Minimum frame size** : 자신의 전송 중에 충돌을 감지할 수 있어야 하는 CSMA/CD특성상 최소 프레임 길이(Minimum frame size)는 slot time과 동일한 512비트(64바이트)이어야 한다. 이러한 최소 프레임 길이 규정을 보장하기 위하여 길이가 짧은 프레임에 대해서는 송신 시 강제로 0으로 코딩된 패딩 부분을 데이터 부분에 삽입하여 64바이트 길이의 최소 길이 요구 조건을 만족시켜 송신한다.

- **InterFrameGap(IFG) time** : 일단 자신의 프레임 송신을 완료한 장치는 연속된 프레임을 전송하지 못하고, 일단 96bit time(=9.6us: 10Mbps Ethernet의 경우)으로 정의된 IFG시간 이후 다시 송신 가능하다. 이러한 Interframe spacing을 둔 이유는 다음과 같다. 만약에 IFG가 없다면 프레임 송신을 완료한 장치가 후속 프레임을 연속하여 송신할 수 있다면 다른 장치는 송신을 할 수 없는 채널 독점 현상이 발생한다. 따라서 IFG를 둠으로써 모든 장치들이 같은 조건에서 idle를 감지하여 송신을 시도할 수 있게 된다.

- **Maximum frame size(maxFrameSize)** : 1518바이트이다. 이것은 최대 정보 영역 길이인 1500바이트에 14바이트의 SA + DA + EtherType 영역과 4바이트의 FCS를 합한 값이다. 단, 8바이트의 프리앰블 및 SFD는 최대 프레임 길이 규정에 포함되지는 않는다. 참고로 802.1Q의 VLAN인 경우 4바이트의 Qtag가 추가되어 최대 길이는 1522바이트로 증가되었다. 최근 변경된 표준에 따르면 최대 프레임 길이는 2000바이트로 증가되었다. 이외에 MTU = 9000바이트 길이를 가지는 프레임을 Jumbo frame이라고 부르는 것도 있지만 표준은 아니다.

### 2.11 패킷 수집 및 분석 실험

프로토콜 분석 및 트래픽 모니터용 소프트웨어인 wireshark를 설치하여 LAN상의 패킷을 수집 분석한다. 참고로 국내에서 개발된 것으로는 windows XP전용인 e-Watch가 있다.

### (1) Wireshark

a) 설치 및 기본 수집 절차

**STEP 1** ethereal 패키지 설치 : 다음과 같이 설치한다.Wireshark라고도 하며 다음과 같이 설치한다.

```
# yum -y install ethereal-gnome
```

**STEP 2** [Application] → [Internet] → [Wireshark Network Analyzer]를 선택하여 wireshark의 동작을 개시한다.

**STEP 3**  캡처 인터페이스를 선택한다. 해당 네트워크 인터페이스를 선택하고 [Start] 버튼을 클릭한다.

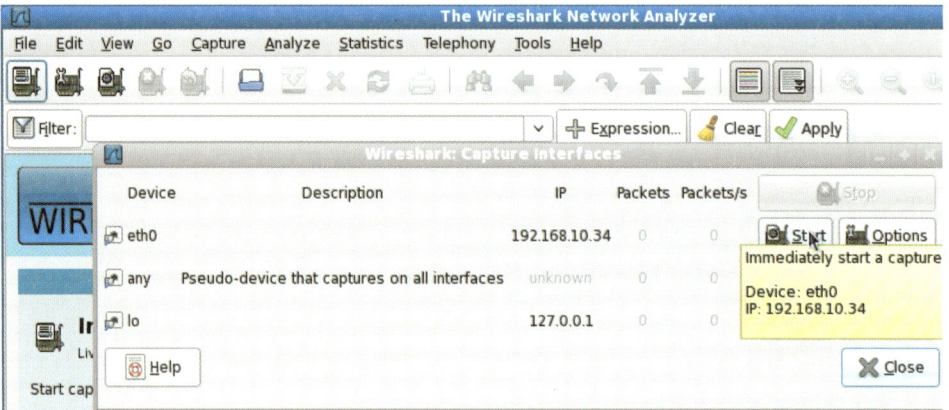

**STEP 4**  수집된 패킷의 이더넷 부분을 분석한다. 특히 DIX 2.0 규격과 IEEE 802.3 규격의 이더넷 프레임을 구분할 수 있어야 한다.

b) DISPLAY 필터의 활용
display 필터는 수집된 패킷 중에서 원하는 패킷만 화면에 표시할 때 사용된다.

CHAPTER 02 링크 계층과 이더넷

**STEP 1** 일단 패킷을 수집한다.

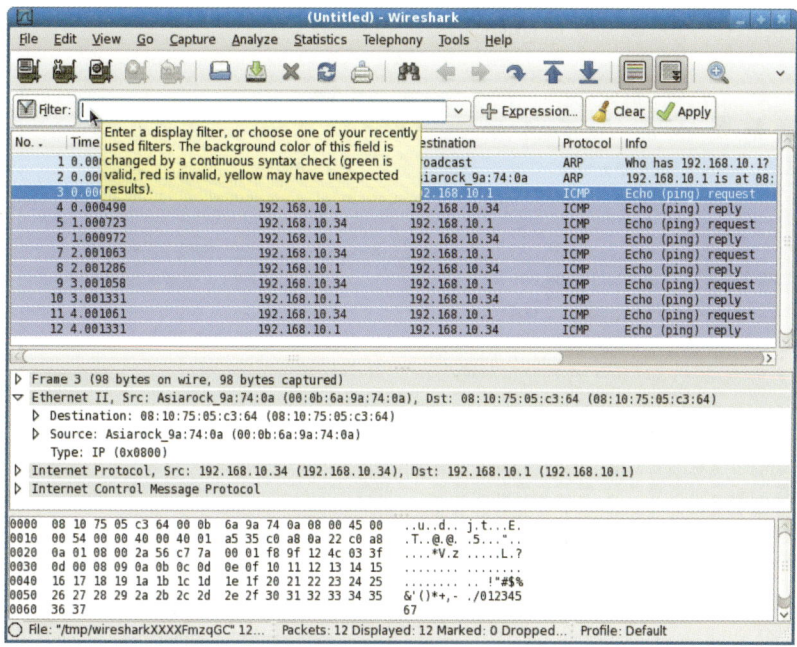

**STEP 2** 수집된 패킷 중에서 ARP패킷만 display하도록 메인 화면의 [+Expression...] 버튼 왼쪽의 edit box에 "arp"를 입력한 후 [Apply] 버튼을 클릭하면 ARP 패킷만 표시된다.

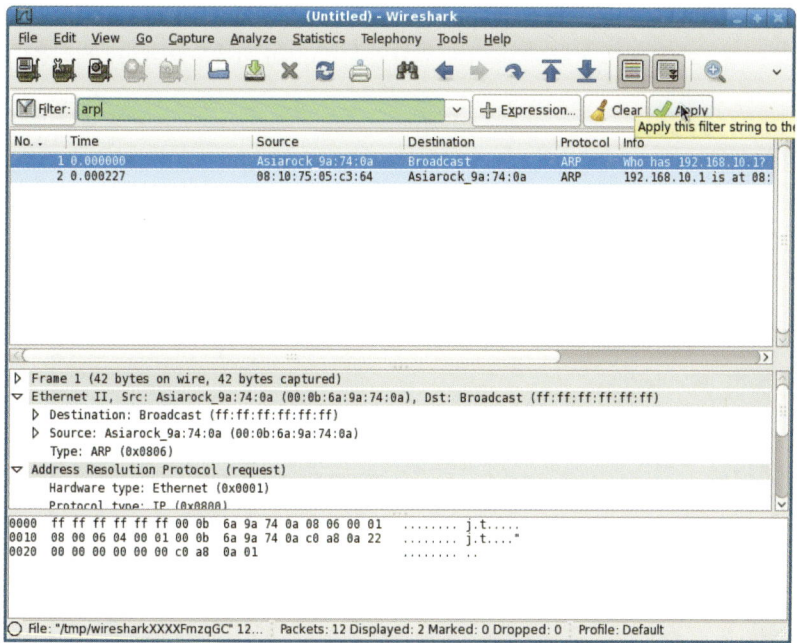

**STEP 3**  수집된 패킷 중에서 IP 패킷의 목적지 주소가 192.168.10.1인 패킷만 display하도록 메인 화면의 [+Expression…] 버튼 왼쪽의 edit box에 "ip.dst == 192.168.10.1"입력한 후 [Apply] 버튼을 클릭하면 해당 패킷만 표시된다.

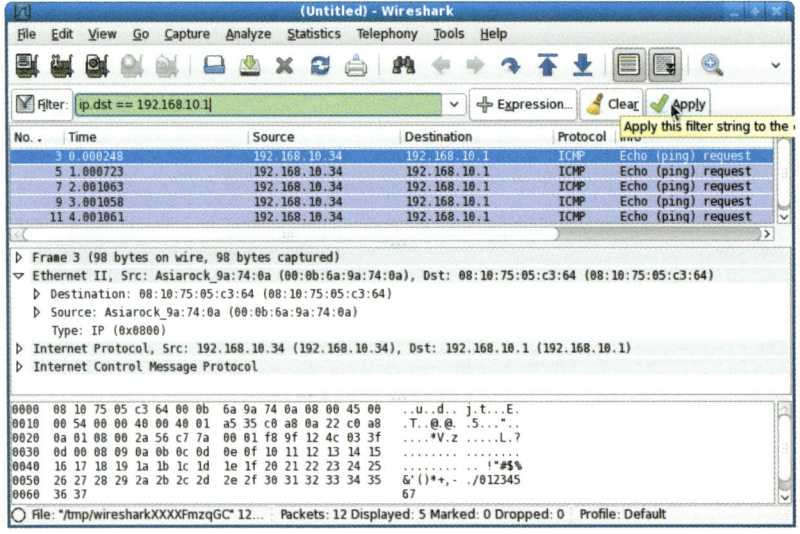

[참고] 이 외에도 다양한 논리 기호(!=, and, or 등)를 사용하여 복잡한 식을 완성할 수 있다. 입력 시 필터 문장에 오류가 있으면 붉은 바탕색으로 표시된다. 그리고 [+Expression] 버튼을 클릭하면 GUI의 도움으로 해당 조건식을 작성할 수 있다.

c) 수집 필터 설정 방법

필요 시 특정 패킷만 선택적으로 수집할 수도 있다. 여기서 ARP 패킷만 수집하는 필터를 다음과 같이 설정해 보도록 한다. 참고로 메인화면의 [Filter] 버튼은 display 필터용이지 capture필터가 아니다.

**STEP 1**  [capture] → [option]s를 선택한다. [Capture Options] 창에서 [Capture Filter] 버튼을 클릭한다.

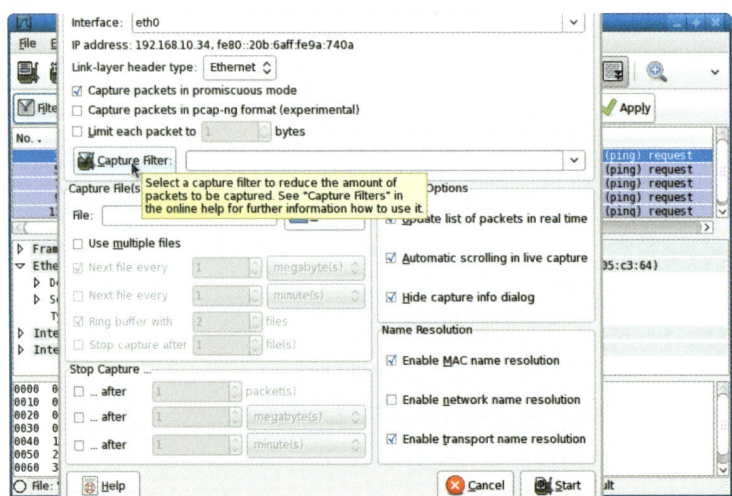

CHAPTER 02 링크 계층과 이더넷

**STEP 2** [Capture Filter-Profile] 창에서 "Ethernet type 0x0806 (ARP)"를 선택한다. 선택 시 [Properties] 박스에 Filter string 값으로 "ether proto 0x0806"이 자동적으로 설정된다. [OK] 버튼을 클릭한다.

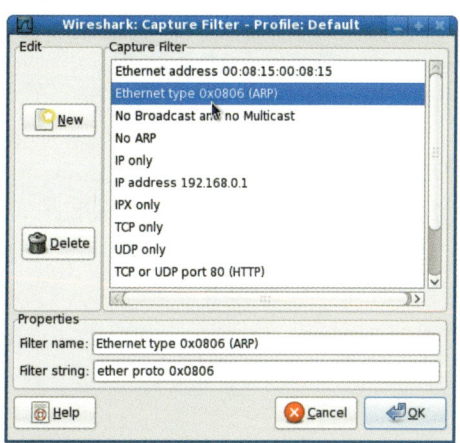

**STEP 3** [Capture Options] 창의 [Capture Filter] 버튼 오른쪽에 "ether proto 0x0806" 필디 표현시이 자동으로 설정된다. 만약 추가적인 내용을 필터 표현식에 추가할 수 있다. 예를 들어 목적지 IP 주소가 192.168.10.1인 ICMP 패킷도 힘께 수집하려면 "(ether proto 0x0806) or ((ip proto icmp) and (dst 192.168.10.1))"로 설정한다.

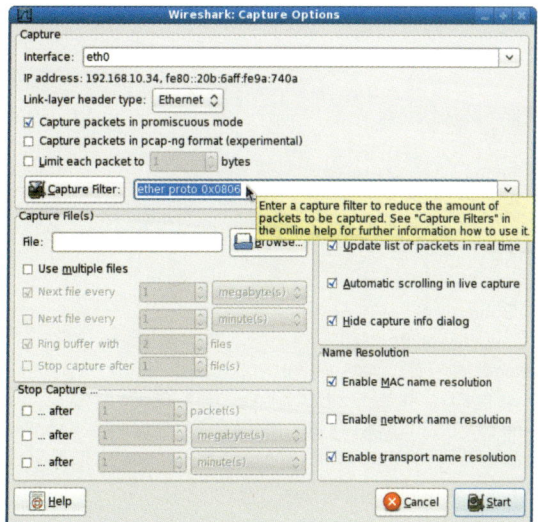

**STEP 4** 필요 시 이 설정값을 filter file로 저장하려면 [Capture File] 박스의 [File] 항목을 설정한다.

**STEP 5** [Start] 버튼을 클릭한다.


d) 기타 기능

이외의 [statistics] 메뉴와 [Telephony] 메뉴의 용도를 검사해 보라.

### (2) tcpdump

콘솔 기반의 패킷 수집 도구이다. 사용 방법은 다음과 같다.

```
[root@arami]# ifconfig eth0 promisc   ---> LAN 카드를 promiscuous mode 로 설정하여 모든 패킷을 수집
                                           하도록 함
[root@arami]# tcpdump
-- 이후 빠져 나오려면 'ctrl-a' 와 'ctrl-\' 를 입력한다.
[root@arami]# ifconfig eth0 -promisc   ---> 정상 동작 모드로 복귀함
```

### (3) e-watch (윈도우 XP 전용)

e-Watch는 국내에서 최초로 개발된 프로토콜 분석 및 트래픽 모니터용 소프트웨어이다. 이것은 이더넷 카드가 장착된 Windows2003/XP에서 모두 작동하며, CD로부터 자동 설치된다.

e-Watch는 LAN에서 전송되는 이더넷 프레임들 중에서 미리 선정한 종류별 패킷들에 대한 실시간 수집 동작에 의해 분석을 수행한다. 즉, 패킷 필터링(packet filtering)동작을 수행한다. 이더넷 카드를 제외한 모든 부분은 PC의 구성품을 사용하므로 추가의 하드웨어는 불필요하다.

## 2.12  이더넷 카드 관련 명령어

### (1) mii-tool

Media Independent Interface(MII) tool은 네트워크 인터페이스의 연결상태를 확인하고, 강제적으로 랜 카드의 속도와 duplex 모드를 변경하는데 사용하는 도구이다.

a) 연결 상태 확인

다음과 같은 명령어를 사용하면 랜 카드의 속도, duplex 모드, 연결 상태 등의 상세한 MII 상태를 볼 수 있다.

```
[root@arami] # su -
[root@arami]# mii-tool -v
eth0: negotiated 100baseTx-FD, link ok
   product info: Intel 82555 rev 4
   basic mode:    autonegotiation enabled
   basic status: autonegotiation complete, link ok
   capabilities: 100baseTx-FD 100baseTx-HD 10baseT-FD 10baseT-HD
   advertising:  100baseTx-FD 100baseTx-HD 10baseT-FD 10baseT-HD flow-control
   link partner: 100baseTx-FD 100baseTx-HD 10baseT-FD 10baseT-HD flow-control
eth1: no link
product info: Intel 82555 rev 4
   basic mode:    autonegotiation enabled
   basic status: no link
   capabilities: 100baseTx-FD 100baseTx-HD 10baseT-FD 10baseT-HD
   advertising:  100baseTx-FD 100baseTx-HD 10baseT-FD 10baseT-HD flow-control
[root@arami]#
```

### CHAPTER 02 링크 계층과 이더넷

b) 속도 변경

기본적으로 Auto negotiation 기능에 의해 최적의 속도와 duplex 모드를 자동으로 설정한다. 하지만 이러한 과정이 실패한다면 수동으로 100MB, Full duplex 모드로 속도/모드를 설정하는 예는 다음과 같다.

```
[root@arami]# mii-tool -F 100baseTx-FD eth0
```

### (2) ethtool

이것은 장착된 이더넷 카드의 동작 상태를 확인하는 도구로써 다음과 같이 사용한다.

```
[root@ ceromi ~]# ethtool eth0
Settings for eth0:
        Supported ports: [ TP MII ]
        Supported link modes:   10baseT/Half 10baseT/Full
                                100baseT/Half 100baseT/Full
        Supports auto-negotiation: Yes
        Advertised link modes:  10baseT/Half 10baseT/Full
                                100baseT/Half 100baseT/Full
        Advertised auto-negotiation: Yes
        Speed: 100Mb/s
        Duplex: Full
        Port: MII
        PHYAD: 1
        Transceiver: internal
        Auto-negotiation: on
        Supports Wake-on: g
        Wake-on: g
        Current message level: 0x0000000FF (255)
        Link detected: yes
[root@ ceromi ~]#
```

### (3) ifconfig

필요 시 다음과 같이 이더넷 주소를 수동으로 변경 설정할 수 있다.

```
[root@ ceromi ~]# ifconfig eth0 hw ether 01:02:03:04:05:06
```

## 2.13 링크 다중화 기능 실험

LAN카드 2개를 묶어 하나의 IP 주소를 부여함으로써 대역폭을 2배로 증가시키는 방법으로 link aggregation, bonding, 또는 port trunking 방법이 있다. 물론 이 방법은 케이블 불량을 대비한 고장대비 및 부하분산 기능도 제공한다. 여기서 PC간 연결 속도를 2배 증가시키는 다음과 같은 구성에 대하여 실험한다.

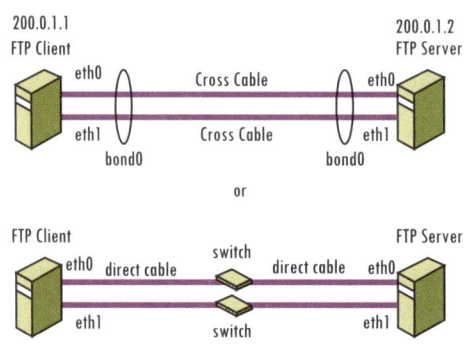

〈그림 2-38〉 링크 다중화 실험 환경

**STEP 0**  FTP 서버 기능을 200.0.1.2에 미리 설치한다.

**STEP 1**  먼저 FTP 서버 시스템에 bonding 기능을 설치한다. 이를 위하여 "bond0"라는 이름의 가상적인 인터페이스 설정 파일인 "ifcfg-bond0"을 생성하고 아래의 값을 설정한다.

```
[root@ ceromi ~]# cd /etc/sysconfig/network-script
[root@ ceromi ~]# vi ifcfg-bond0
   DEVICE=bond0
   ONBOOT=yes
   BOOTPROTO=none
   NETWORK =200.0.1.0
   NETMASK=255.255.255.0
   IPADDR=200.0.1.2
   USERCTL=yes
[root@ ceromi ~]#
```

**STEP 2**  /etc/sysconfig/network파일을 다음과 같이 GATEDEV 항목을 추가한다. 여기서 GATEWAY의 IP 주소는 자신의 주소이다.

```
[root@ ceromi ~]# cd /etc/sysconfig
[root@ ceromi ~]# vi network
   NETWORKING=yes
   HOSTNAME=arami.west.com
   GATEWAY=200.0.1.2
   GATEDEV=bond0  => 새롭게 추가되는 항목
[root@ ceromi ~]#
```

**STEP 3**   각각의 실제 인터페이스의 설정 파일을 열어 다음과 같이 수정한다.

```
[root@ ceromi ~]# vi ifcfg-eth0
    DEVICE=eth0
    USERCTL=yes
    ONBOOT=yes
    BOOTPROTO=none
    MASTER=bond0
    SLAVE=yes

[root@ ceromi ~]# vi ifcfg-eth0
    DEVICE=eth1
    USERCTL=yes
    ONBOOT=yes
    BOOTPROTO=none
    MASTER=bond0
    SLAVE=yes
[root@ ceromi ~]#
```

**STEP 4**   bond0 인터페이스의 동작 모드 설정

```
[root@ ceromi ~]#vi /etc/modprobe.conf
    alias bond0 bonding
    options bonding mode=1  => bonding 모드 지정(active-backup 기능)
    options bond0 miimon=100  => 카드의 동작 상태 점검 간격(millisec)
    [root@ ceromi ~]#
```

[참고] Bonding 모드 종류

⓪ balance-round robine : 인터페이스를 순차적으로 변경하면서 송신함(부하 분산 + Fault Tolerance )

① active-backup : Active 상태의 인터페이스로만 송신하고, 문제 발생 시 slave로 송신 계속함 (Fault Tolerance)

② balance-xor : (DA xor SA)%N 값으로 인터페이스를 선택하여 송신함(부하 분산 + Fault tolerance)

③ broadcast : 모든 인터페이스로 동일한 프레임을 송신함(Fault Tolerace)

④ 802.3ad link aggregation : 프로토콜 기반에 따른 기능 지원

⑤ balance-tlb : 적응형 송신 부하 균등 방식

⑥ balance-alb : 적응형 송수신 부하 균등 방식

**STEP 5**   bonding 모듈의 활성화 : modprobe를 사용하여 bonding 기능을 탑재한 후 각 인터페이스를 활성화시킨다.

```
[root@ ceromi ~]# modprobe bonding
[root@ ceromi ~]# service network restart
```

**STEP 6** 확인 : bond0 인터페이스의 활성화 여부를 확인한다. eth0 및 eth1 중에서 현재 active하게 running하고 있는 인터페이스인 eth0만 RUNNING SLAVE로 표시된다.

```
[root@ ceromi ~]# ifconfig
bond0   Link encap:Ethernet  HWaddr 00:15:17:15:84:12
               inet addr:200.0.1.2  Bcast:200.0.1.255  Mask:255.255.255.0
               UP BROADCAST RUNNING MASTER MULTICAST  MTU:1500  Metric:1

eth0    Link encap:Ethernet  HWaddr 00:15:17:15:84:12
               UP BROADCAST RUNNING SLAVE MULTICAST  MTU:1500  Metric:1

eth     Link encap:Ethernet  HWaddr 00:15:17:15:84:12
               UP BROADCAST SLAVE MULTICAST  MTU:1500  Metric:1

[root@ ceromi ~]#cd /proc/net/bonding
[root@ ceromi ~]#cat bonding
        Ethernet Channel Bonding Driver: v2.6.3 (June 8, 2005)   => Bonding의 버전 정보
        Bonding Mode: fault-tolerance (active-backup)   => 구성된 Bonding 모드 정보
        Primary Slave: None
        Currently Active Slave: eth0
        MII Status: up
        MII Polling Interval (ms): 100
        Up Delay (ms): 0
        Down Delay (ms): 0

        Slave Interface: eth0
        MII Status: up
        Link Failure Count: 0
        Permanent HW addr: 00:15:17:15:84:12

        Slave Interface: eth1
        MII Status: up
        Link Failure Count: 1
        Permanent HW addr: 00:15:17:15:84:13
[root@ ceromi ~]#
```

[참고] 간단한 명령어 : 위와 같은 설정 파일 수정 없이 다음과 같은 명령어로만으로도 가능하다.

```
[root@ ceromi ~]# lsmod | more --> bonding 모듈이 로드되어 있는지 확인한다.
[root@ ceromi ~]# modprobe bonding miimon=100
[root@ ceromi ~]#ifup bond0 <- bond0 활성화
[root@ ceromi ~]#ifenslave bond0 eth0 <- eth0 를 bond0 에 슬레이브
[root@ ceromi ~]#ifenslave bond0 eth1 <- eth1 를 bond0 에 슬레이브
```

# CHAPTER 02 링크 계층과 이더넷

**STEP 7**    FTP 클라이언트인 200.0.1.1에 대해 동일한 절차로 bonding 설정 과정을 수행한다.

**STEP 8**    이들간의 ping 시험을 수행하여 도달시험을 한다.

**STEP 9**    한쪽 링크를 단절한 경우에도 전송이 유지되는지 검사한다.

**STEP 10**    mode를 2로 변경하여 FTP로 시험할 경우, 전송이 유지되는지 검사한다.

**STEP 11**    실험 완료 시 bonding 모듈을 내린다.

## 2.14 참고 : 이더넷 카드 변경 내용 갱신 방법

컴퓨터마다의 이더넷 카드 주소는 상이하다. 따라서 Fedora가 설치된 USB 부팅 메모리가 장착될 컴퓨터를 교체할 때 마다 해당 컴퓨터의 이더넷 인터페이스 이름(eth0,....)이 새로 추가되면서 누적된다. 예를 들어 최초에는 eth0인터페이스만 있던 것이 다른 컴퓨터에서 부팅하면 eth1이 새로 추가된다. 또한 2개 이상의 이더넷 카드가 장착된 경우 드라이버(모듈)가 로딩되는 순서에 따라 eth0와 eth1 등이 변경될 수 있다.

따라서 LAN 인터페이스에 대한 IP 주소 등이 저장된 Fedora USB 부팅 메모리를 다른 컴퓨터에 부착하여 부팅할 경우, 해당 컴퓨터의 NIC 카드의 MAC 주소는 이전과 상이하므로 실제 시스템에 장착된 LAN 카드 정보가 반영될 수 있도록 해야 한다.

이를 위하여 [System] → [Administration] → [Network]을 클릭할 때 표시되는 [Network Configuration] 창의 [Edit] 탭을 클릭할 때 표시되는 [Ethernet Device] 창에서 [Hardware Device]→[Hardware:] 표시 열에 적합한 카드 이름과 제조 회사 정보가 표시되는 것을 찾는다. 이어 [Bind to MAC address]를 선택하고 오른쪽에 있는 [Probe] 버튼을 클릭하여 실제 장착된 이더넷 카드를 적용할 수 있도록 한다. 그리고 해당 카드의 이름 즉 eth0,.. 등을 기억하도록 한다. 또는 /etc/sysconfig/network-scripts/ifcfg-ethN 파일의 HWADDR 부분을 확인한다.

[참고] ifcfg-eth0 파일에 기록된 DEVICE 이름으로 "eth0"가 아닌 "eth4"로 설정될 수도 있다. 이 경우 실제 인터페이스 이름은 eth4임을 명심하라. (이를 다른 방법으로 확인하는 것은 [Network Configuration] 창의 [Devices] 탭에 표시되는 Device 열에 표시되는 이름이 실제 장치 이름이다.) 만약 eth4와 같은 이름이 마음에 들지 않으면, [/etc/udev/rules.d/] 폴더의 70-persistent-net.rules 파일의 내용을 다음과 같이 변경한 후 시스템을 재시동한다.

```
[root@/etc/udev/rules.d/]# vi 70-persistent-net.rules
...
# Networking Interface (rule written by ananconda)
//" eth0"로 되어 있는 다음 내용을 comment 처리함
#SUBSYSTEM=="net", ACTION=="add", DEIVERS=="?*", ATTR{address}=="00:03:03:47:05:d8",
#ATTR{type}=="1", KERNEL=="eth*", NAME=="eth0"

//eth4로 되어 있는 실제 IF 이름을 eth0로 변경함
# PCI device 0x10b7:0x9200 (3c9x)
SUBSYSTEM=="net", ACTION=="add", DEIVERS=="?*", ATTR{address}=="00:01:03:46:05:d1",
ATTR{type}=="1", KERNEL=="eth*", NAME=="eth0"  <-- "eth4"에서 변경
...
[root@/etc/udev/rules.d/]# reboot
```

## 연습 문제

[1] 이더넷에는 __와(과) __형식의 두 가지 프레임이 공존한다.
  (a) DIX 2.0, IEEE 802.3　　　　　(b) DIX 2.0, IEEE 802.4
  (c) DIX 2.0, IEEE 802.5　　　　　(d) DIX 2.0, IEEE 802.6

[2] 이더넷의 전송 매체로 사용되는 케이블이 아닌 것은?
  (a) 광케이블　　　　　　　　　　(b) 동축 케이블
  (c) UTP　　　　　　　　　　　　(d) STP

[3] 10Base2 이더넷의 최대 전송 거리는 ___m이다.
  (a) 200　　　　(b) 185　　　　(c) 2　　　　(d) 2000

[4] 1Gbps 이더넷 표준이 아닌 것은?
  (a) 1000Base-T2.　　　　　　　　(b) 1000Base-T
  (c) 1000Base-LX　　　　　　　　(d) 1000Base-CX

[5] 전 이중 이더넷의 특징이 아닌 것은?
  (a) 송수신 선로를 별도로 가진다.
  (b) 3개 이상의 장치들이 전송선로를 공유한다.
  (c) 충돌 감지 기능이 필요 없다.
  (d) 캐리어 감지 기능이 필요 없다.

[6] 이더넷 프레임의 구성요소에 대한 설명 중 틀린 것은?
  (a) 프리앰블은 비트 동기를 위한 것이다..
  (b) SFD는 바이트 동기를 위한 것이다.
  (c) SFD는 프레임 동기를 위한 것이다.
  (d) SA 다음 영역은 항상 EtherType이다.

[7] 이더넷 프레임에 LLC가 있는지 없는지는 ___로 알 수 있다.
  (a) Preamble의 값
  (b) SFD의 유무
  (c) SA 다음 영역의 값이 0x600 이상인지 아닌지
  (d) DA의 값

[8] 이더넷 카드의 주소값에는 __바이트의 __도 포함되어 있다.
  (a) 3, 제조 회사 코드　　　　　　(b) 2, 버전
  (c) 6, 제조 회사 코드　　　　　　(d) 6, 버전

## 연습 문제

[9] 이더넷 프레임의 각 바이트의 비트는 ___부터 송신된다.
  (a) LSB   (b) MSB

[10] LLC와 SNAP가 사용되면, 이더넷의 MTU는 ___바이트이다.
  (a) 1500   (b) 1492   (c) 1412   (d) 1518

[11] 이더넷의 최소 프레임 길이는 FCS를 포함하고 프리앰블을 제외하면 ___바이트이다.
  (a) 53   (b) 64   (c) 60   (d) 1518

[12] ARP의 EtherType은 ___이다.
  (a) 0800   (b) 0806   (c) 0006   (d) 8139

[13] 맨체스터 부호화를 수행하는 계층은 ___이다.
  (a) MAC   (b) PLS   (c) PMA   (d) PMD

[14] CSMA/CD 방식에서, 최대 재전송 횟수는 ___회이다.
  (a) 10   (b) 16   (c) 15   (d) 무한

[15] 1Gbps 이더넷의 Bit Time은 ___이다.
  (a) 100ns   (b) 10ns   (c) 1ns   (d) 0.1ns

[16] 이더넷의 slot time으로 틀린 것은?
  (a) 512 Bit time이다.
  (b) 송신 중 충돌 감지에 필요한 최대 허용시간이다.
  (c) 최소 프레임 길이 규정과 관련된다.
  (d) 모든 이더넷 프레임은 이 slot time 기간 동안에 송신 완료되어야 한다.

[17] 이더넷 허브는 ___이다.
  (a) 브리지   (b) 리피터   (c) 라우터   (d) 게이트웨이

[18] 1번의 전송 시도가 실패하였다. 12번째의 전송을 시도하려면 최대로 기다리는 시간은 10Mbps 이더넷의 경우 ___x slot time이다.

  (a) 1023   (b) 1024   (c) $2^{12}$   (d) $2^{11}$

[19] SA 주소 영역의 첫 세 바이트는 OUI 코드라고 부르며, LAN 카드의 MAC 컨트롤러 제조 회사 고유 번호이다. IEEE 802 웹 서버에 접속하여 현재 자신의 망에 어떤 제조회사의 LAN 카드가 사용되고 있는지 조사하라.

CHAPTER 02 링크 계층과 이더넷

 연습 문제

[20]  e-Watch의 MAC filter를 브로드캐스트로 설정하고, 프레임을 수집하여 어떠한 프로토콜들이 MAC 계층에서의 방송 주소를 사용하는지 알아보아라. 또한, LLC를 이용하는 것과 DIX 2.0 프레임을 이용하는 프로토콜의 종류를 구분하라. DIX 2.0과 IEEE 802.3 프레임 형태 중 어떤 것이 더 많이 사용되는가?

[21]  SNAP를 사용하는 프레임을 수집하여 상위 계층 프로토콜은 어떻게 식별될 수 있는지 설명하라.

[22]  IPX만 수집하여, IPX가 어떠한 방식으로 encapsulation되어 송신되는지 조사하라. 그리고, 어떻게 상위 계층 프로토콜이 식별될 수 있는지 설명하라.

[23]  e-Watch를 사용하여, 프로토콜 필터를 BPDU에 체크한 다음 프레임을 수집하여 보아라. MAC의 DA 영역이 멀티캐스트 주소인가 확인하라. 이러한 BPDU는 몇 초 간격으로 송신되는가?

[24]  어떤 서버에 접속할 수 있다면, 다음과 같은 Unix 명령어를 입력하여, 각 인터페이스의 MTU를 조사하라. 이더넷과 어떤 관계가 있는가?

% netstat ?in

[25]  컴퓨터 및 전송에 사용하는 버스의 종류를 조사하고 분류하라.

[26]  JumboFrame과 SuperJumboFrame에 대하여 조사하라.

# 리눅스 기반의
## TCP/IP와 라우팅 프로토콜

# chapter 03

# IEEE 802.11 무선 LAN

## 3.1 개 요

무선 LAN은 매력적인 이동성과 유선 LAN에 근접한 속도를 지원하면서 빌딩이나 캠퍼스 환경에서 효율적으로 사용되고 있다. 특히 최근에는 최근에는 스마트폰의 활발한 보급으로 이러한 무선 LAN 시스템에 대한 관심이 높아지고 있다.

무선 LAN의 표준 규격인 IEEE 802.11 MAC은 지난 30년간 유선 LAN 방식에서 독보적인 이더넷에서 사용하고 있는 CSMA/CD 기술과 유사한 CSMA/CA(carrier sense multiple access with collision avoidance) 기술을 이용하여 하나의 무선 링크를 여러 대의 단말이 경쟁하면서 공유하도록 한다.

본 장에서는 제 2 장의 유선 이더넷 LAN에 이어, IEEE 802.11무선 LAN 시스템의 계층 구조, 프레임 형식, 기본적인 전송 절차를 소개한다. 이어, 액세스 포인트 탐색, 인증, 결합과 같은 연결 절차를 다룬다. 참고로, 전원 절약 절차를 소개한 후, 무선 LAN 프로토콜 분석기 설치 및 이를 사용한 프로브 및 비컨 메시지의 수집 및 분석 과정을 다룬다.

## 3.2 무선 LAN 시스템

무선 LAN은 유선이 무선으로 대치된 것 외에는 기존의 이더넷 기반의 유선 LAN과 유사한 구성 요소를 가진다.

구성 요소는 다음과 같다.

- 무선 링크 : ISM(Industrial, Scientific, Medical) 밴드라고 하는 허가 받지 않고 사용 가능한 저전력 주파수 대역(902 ~ 928MHz, 2.4 ~ 2.4835GHz, 5.725 ~ 5.825GHz) 중 2.4GHz 또는 5.7GHz의 주파수 대역을 사용한 단말과 단말 또는 단말과 액세스 포인트(AP)간의 무선 링크이다. 특히, 2.4GHz 대역은 전자 레인지나 코드리스 폰도 사용하고 있으므로, 상호간의 간섭 현상이 있을 수 있다. 반면에, 5.7GHz 대역을 사용하는 장비는 아직 그다지 많지 않아 상대적으로 간섭 현상이 적은 장점이 있지만 전송 거리가 상대적으로 짧은 단점이 있다.
- 액세스 포인트(AP) : 무선 단말로부터 전달된 프레임을 다른 단말에게 중계하는 유무선 연동 브리지 기능을 수행한다. 이 AP는 이더넷의 브리지/스위치로 간주하면 된다. 일부 가정용 AP에는 이러한 브리징 기능 외에, 사설 IP를 할당해 주는 DHCP 서버 기능이나 IP 방화벽 기능도 추가된 라우터로도 동작하는데, 이러한 AP를 무선 LAN 라우터 또는 유무선 공유기라고도 부른다.
- 단말 (스테이션, STA) : 무선 LAN용 Network Interface Card(NIC)를 장착하여, IEEE 802.11 표준에 기반한 물리 계층 및 MAC 계층의 동작을 수행한다. 다른 단말과 직접 연결될 수도 있지만, 대부분의 경우, 액세스 포인트에 결합되어 데이터 프레임을 전송한다.
- 분배 시스템(DS : Distribution system) : 여러 개의 AP를 연결하는 백본 망으로써, 일반적으로 이더넷이 사용된다.

## CHAPTER 03 IEEE 802.11 무선 LAN

- **기본 서비스 집합(BSS: Basic Service Set)** : 하나의 AP와 이것에 접속된 단말로 구성된 그룹이다. BSSID는 해당 AP의 MAC 주소이다.
- **확장 서비스 집합(ESS : Extended service set)** : 여러 개의 BSS들, 여러 개의 AP들이 이더넷을 사용한 분배망에 연결되어, 각 무선 단말들간에 상호 접속이 가능한 확장된 그룹이다. ESSID는 논리적으로 ESS를 구분하는 문자열 형식의 식별자이다. 동일한 ESS에 속한 단말들은 서로 다른 AP에 결합되어 있더라도 상호간에 통신할 수 있다.

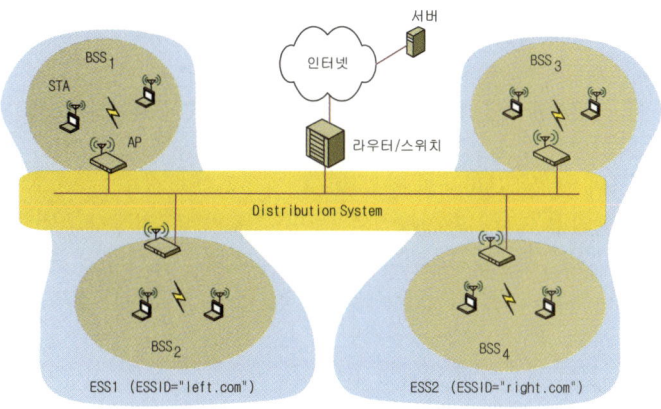

〈그림 3-1〉 IEEE 802.11 망의 구성

이러한 구성 요소들 사용하여 다음과 같은 무선 LAN을 구성할 수 있다 〈그림 3-2〉는 AP들이 백본 이더넷으로 연결된 망과 단말간 직접 연결된 망을 각각 도시하였는데, 이들을 각각 Infrastructure와 ad-hoc 무선망이라고 부른다.

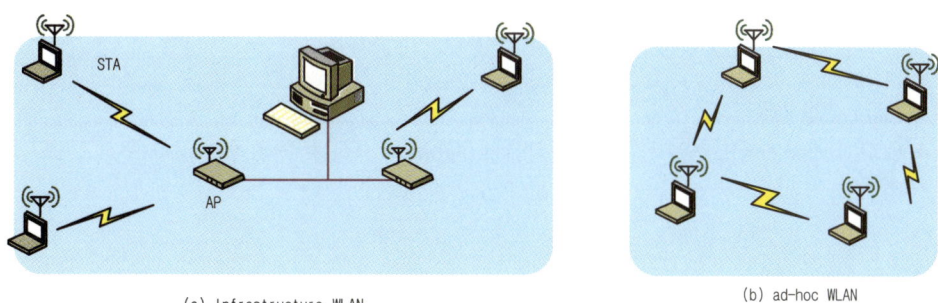

(a) Infrastructure WLAN      (b) ad-hoc WLAN

〈그림 3-2〉 IEEE 802.11 망의 기본 분류

## 3.3 무선 LAN 기술

무선 LAN에 관련된 표준은 IEEE 802.11으로서, 이것은 MAC과 PHY 계층에 대한 표준으로 구성되어 있다.

### (1) 물리 계층 기술

프레임을 구성하는 비트열을 안테나를 통하여 전파될 수 있도록 변복조하는 기술로써, 전송 방식, 사용 주파수, 속도에 따라 다음과 같은 다양한 종류가 있다.

- 초기 802.11 : 1997년 표준 방식으로써, 2.4GHz 대역에서 Frequency Hopping Spread Spectrum(FHSS)와 Direct Sequence Spread Spectrum(DSSS), 적외선 방식 등의 변조 기법을 사용하여 1 또는 2Mbps의 전송 속도를 제공하였다.
- 802.11b : 초기의 802.11 DSSS 방식의 속도를 11Mbps로 향상시킨 것으로서, 현재 대부분의 무선 LAN 시스템에서 사용된다. 최대 100미터의 전송 거리를 제공하는 장점이 있다. 총 13개의 무선 채널이 제공되지만, 이들은 〈그림 3-3〉처럼 서로 겹치는 대역을 점유하고 있기 때문에, 서로 겹치지 않는 실질적인 채널은 최대 3개에 불과하다. 따라서, 대부분의 제품들은 1, 6, 11번 채널 중에 하나를 선택하여 사용한다. 또한, 기존의 802.11 무선 LAN과의 호환을 위하여, 1,2,5.5,11Mbps의 4가지 전송 속도를 선택할 수 있다.
- 802.11a : 5GHz 대역에서 54Mbps의 전송 속도를 제공할 수 있는 기술로서 최대 전송 거리는 33미터이다. 이것의 장점은 속도뿐만 아니라, 12개의 중복되지 않는 채널을 제공할 수 있기 때문에 일정 면적에 많은 수의 AP들을 서로 간섭 없이 설치할 수 있다. 또한 이 5GHz 대역을 사용하는 제품들이 아직은 많지 않기 때문에 간섭 현상이 적다는 점이다. 단, 802.11a는 OFDM이라는 상이한 변조 방식을 사용하고 주파수 대역도 다르기 때문에 11b는 상호간 호환되지는 않는다.
- 802.11g : 2003년에 표준이 완성된 것으로서, 802.11b와 같은 2.4GHz에서 54Mbps를 지원한다. 이것의 장점은 802.11b와 호환된다는 점이다.
- 802.11n : 2.4GHz 및 5.7GHz 대역에서 최대 600Mbps로 송신할 수 있는 고속 무선 LAN 규격이다.
- 802.11ac : 2.4GHz 및 5.7GHz 대역에서 5Gbps로 송신할 수 있는 초고속 무선 LAN 규격이다.

---

[1] 미국이나 일본에서는 각각 11개 및 14개의 채널을 할당한 반면, 한국에서는 2412 ~ 2462MHz 대역 내에 13개의 채널을 할당하고 있다. 각 채널의 중심 주파수는 2412 + 5(n-1)MHz이며, 각 채널의 유효 대역폭은 22MHz이다.

CHAPTER 03  IEEE 802.11 무선 LAN

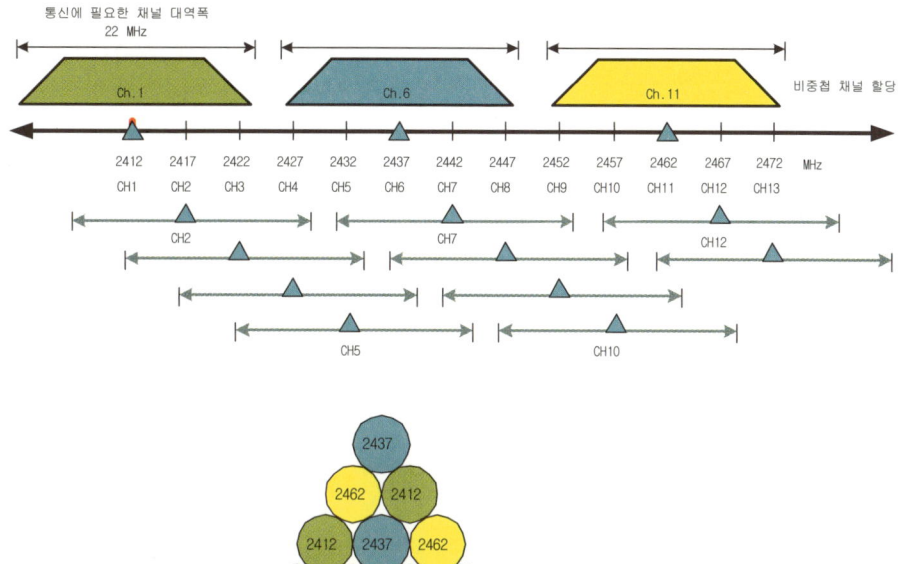

〈그림 3-3〉 IEEE 802.11 b망의 채널 활용

### (2) MAC 계층 기술

여러 대의 단말과 AP간에 공유하는 하나의 무선 전송 매체의 사용권을 제어하여, 이들이 균등하게 대역을 공유하면서 상위 계층 패킷들을 전송하는 기술이다. 이상적인 MAC의 경우, 유효 전송 대역이 5Mbps라면, 10대의 단말들은 500Kbps의 전송률을 가질 수 있도록 제어된다.

## 3.4  기본적인 무선 LAN 시스템의 동작 절차

〈그림 3-4〉와 같은 탐색, 인증, 결합 과정 후, AP를 경유한 데이터 전송 과정이 수행된다.

### (1) 탐색 과정
- **AP** : 자신에 접속하려는 단말들을 위하여 지원할 수 있는 여러 가지의 능력(속도, 암호화 등)과 이 AP가 속한 서비스 그룹명인 Service Set ID(SSID) 등이 수납된 비컨 메시지를 주기적으로 방송한다.
- **단말** : 각 단말은 먼저 자신의 주변에 어떤 AP가 있는지 탐색하는 과정을 수행한다. 이를 위하여 AP가 전송하는 비컨 메시지를 수동적으로 수신하여 해당 AP의 지원 능력이나 SSID를 알게 된다. 또는 능동적으로 단말이 프로브 요청 메시지를 AP에 방송하여 AP의 SSID와 동작 속도 등이 수납된 프로브 응답 메시지를 받아 AP를 선택할 수도 있다.

### (2) 인증 과정

탐색 과정에 의해 적절한 AP를 선택한 단말은 해당 AP에 대하여 자신이 유효한 단말임을 증명하는 인증 절차를 수행한다. 보안이 무시되는 경우, 통상적인 인증절차는 개방 시스템(Open System) 인증 절차라고 하는 요식적인 인증 절차가 수행된다. 이 외에 공유 키(Shared Key)인증과정도 사용되지만 보안에 취약한 문제가 있다[2].

### (3) 결합 과정

인증이 성공하면, 무선 단말이 AP에 접속하는 과정인 결합 과정을 수행한다. 이 절차는 이더넷 단말이 브리지/스위치의 포트에 RJ-45 커넥터로 연결하는 과정으로 생각하면 된다.

### (4) 데이터 전송 과정

이후 데이터 메시지는 AP를 경유하여 다른 장치에 전달된다.

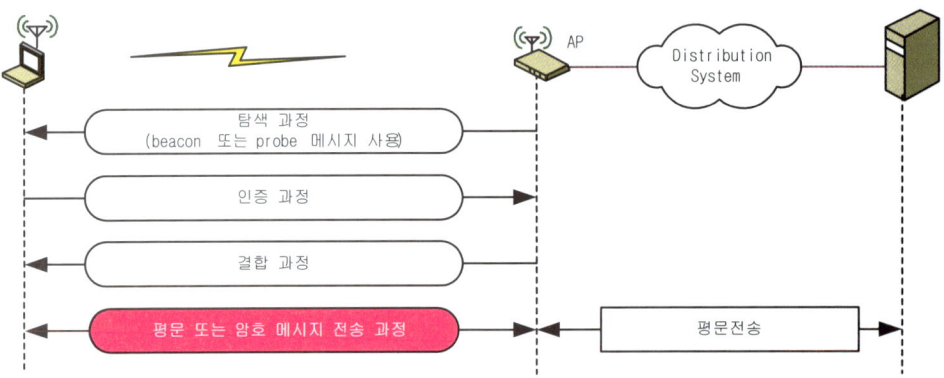

〈그림 3-4〉 기본적인 무선 LAN의 동작 절차

## 3.5 무선 LAN에서 고려되어야 하는 사항

무선 LAN의 MAC 계층은 하나의 무선 전송 매체를 여러 단말(AP포함)들이 공유하도록 제어한다. 이러한 매체 공유 방식은 초기 이더넷과 유사하지만, 전송 매체가 무선인 802.11 MAC에서 추가로 고려해야 할 사항은 다음과 같다.

### (1) 무선 링크 품질을 고려한 MAC 계층에서의 ACK 프레임 사용과 프레임 분할 기능

유선과 달리 무선 LAN 장비들이 사용하고 있는 ISM 밴드는 허가 받지 않는 기기들로부터의 간섭에 의해 전송한 프레임이 제대로 전달되었는지 보장받을 수 없다. 따라서 수신측 MAC은

---

2 802.11i에서는 결합 과정 이후에 IEEE 802.1x/EAP, Pre-shared key(PSK) 방식 등의 추가 인증 절차가 수행된다.

반드시 이에 대한 명시적인 확인을 해 주기 위하여 ACK 프레임으로 응답한다[3]. 단, 브로드캐스트 프레임에 대해서는 ACK를 하지 않는다.

또한 무선 구간의 품질이 나빠지면 긴 프레임의 전송 시 프레임 오류가 많이 발생한다. 이때 여러 개의 짧은 프레임으로 조각내어 전송하는 프레임 분할 기능이 사용된다[4].

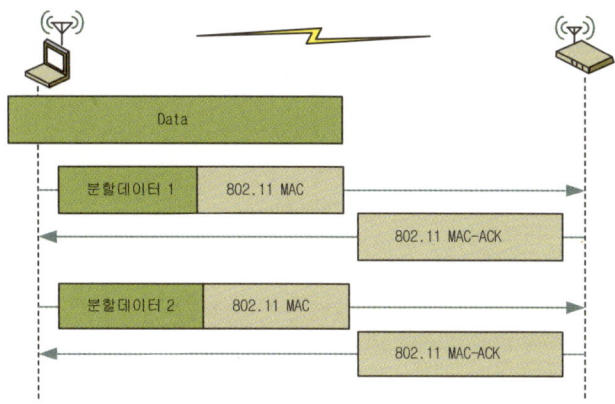

〈그림 3-5〉 MAC 계층에서의 ACK와 프레임 분할 전송 동작

### (2) 채널의 사용과 거리에 따른 전송 속도의 변화

다수의 AP들이 밀집된 환경에서 각 AP를 중심으로 한 셀들간에 무선 채널은 상호 중첩되지 않도록 〈그림 3-6〉과 같이 설정된다. 또한, 단말은 AP와의 거리가 가까울수록 높은 전송 속도를 지원받을 수 있다.

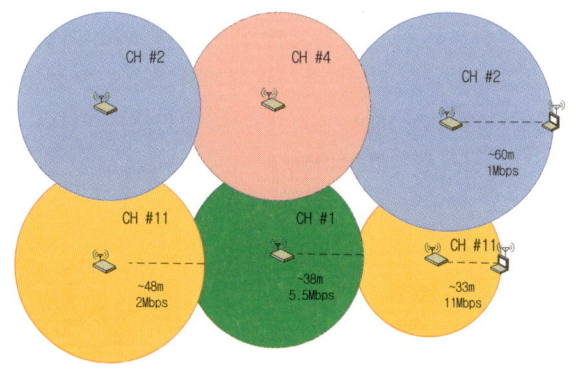

〈그림 3-6〉 무선 LAN에서의 채널 사용과 거리에 따른 전송 속도의 변화

---

3 이러한 MAC 계층에서의 ACK는 유선 이더넷에서는 사용되지 않는 것이다.
4 IP 계층에서도 이러한 분할 기능이 있음을 알고 있을 것이다.

### (3) 낮은 대역 활용률

802.11 MAC에서는 항상 MAC 프레임의 전송 후 이에 대한 MAC계층의 ACK를 수신하는데, 이 ACK 프레임도 동일한 채널에 송신된다. 즉 송수신 채널이 동일하기 때문에 쌍방은 동일한 무선 채널을 교대해서 사용하는 half-duplex 방식으로 동작한다. 따라서 분리된 송수신 선로를 사용하는 full-duplex 이더넷에 비하여 효율이 낮다.

특히 〈그림 3-7〉처럼 외부의 웹 서버와의 TCP 통신할 때를 보면, 단말이 AP에 송신한 패킷에 대한 MAC 계층의 ACK뿐만 아니라 서버로부터 송신된 TCP 계층의 ACK 패킷이 수납된 MAC 데이터 프레임에 대한 MAC계층의 ACK가 또 수행되어야 하는 비 효율성이 있다[5].

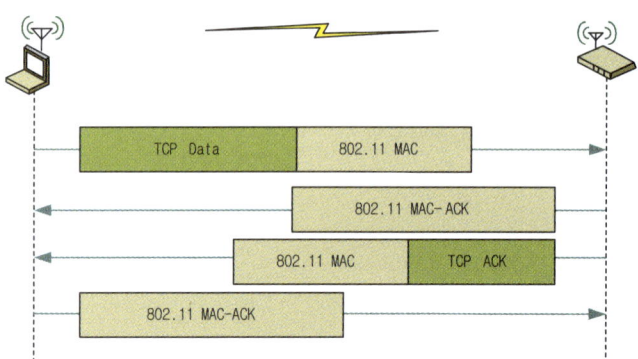

〈그림 3-7〉 TCP 전송 시의 MAC 계층에서의 ACK 동작

### (4) 충돌 감지 기능

〈그림 3-8(a)〉와 같이 허브를 여러 단말이 공유하는 유선 이더넷에서 단말1과 단말 2가 동시에 송신했을 때를 도시한 것이다. 허브는 두 포트 이상에서의 입력 신호가 감지되면 이것을 충돌이라고 감지한다. 이때 허브는 프레임의 수신을 중지하고 모든 포트로 재밍 신호를 보낸다. 각 단말들은 자신의 송신 중에 수신 케이블로부터 어떤 신호라도 수신되는 상황을 충돌이 발생한 것으로 판단하고 즉시 자신의 전송을 중지한다.

무선 LAN도 하나의 무선 채널을 여러 단말과 AP가 공유한다. 따라서 어떤 단말이 전송하고자 할 때 CSMA/CD 방식과 유사하게 먼저 전송 매체를 검사하는 캐리어 감지 동작을 수행한 후 프레임을 전송한다.

하지만 〈그림3-8(b)〉에서 알 수 있듯이 무선 트랜시버는 송신 또는 수신 모드로 교대하여 동작하므로 전송 중에 발생하는 충돌을 감지할 방법이 없다.

---

[5] 이러한 이유와 물리 계층에서의 오버헤드 때문에, 11Mbps급 무선 LAN의 경우, 유효 전송 속도는 5.5Mbps 정도에 불과하다.

CHAPTER 03 IEEE 802.11 무선 LAN

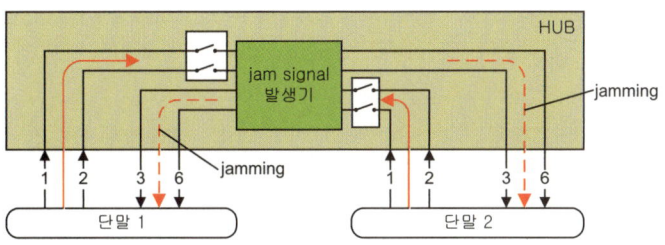

(a) 유선 LAN 의 경우

(b) 무선 LAN 단말의 경우

〈그림 3-8〉 충돌 감지 기능의 비교

### (5) 가상 캐리어 감지 기능에 의한 충돌 회피 기능

무선 LAN에서는 물리적 캐리어 감지와 가상 캐리어 감지를 각각 물리 계층과 MAC 계층에서 수행하여 여러 단말들이 하나의 채널을 공유할 수 있도록 한다. 물리적인 실제 캐리어 감지는 자신이 송신 중이 아닐 경우 물리 계층으로부터 실제 감지되는 신호에 의해 수행된다. 반면에 무선 MAC에서 수행하는 가상 캐리어 감지 기능은 물리적으로 캐리어를 감지할 수 없는 상황을 해결하기 위하여 사용된다.

예를 들어 〈그림 3-9〉와 같이 AP를 중심으로 Arami와 Ceromi 단말이 있고 이들이 동시에 송신을 준비 중이라고 하자. 이 경우 Arami나 Ceromi는 상대방이 송신 중인지 감지할 수 없으므로, 채널이 idle하다고 판단하여 AP에게 자신의 프레임을 동시에 송신할 경우가 있을 것이다. 이때 AP는 동시에 수신되는 이러한 프레임간의 충돌에 의해 유효한 프레임을 수신할 수 없게 된다.

이것은 Arami나 Ceromi 입장에서 상대방은 숨겨진 노드(hidden node)이기 때문에, 즉 서로 떨어진 단말간에 캐리어를 직접 감지할 수 없기 때문에 발생한 것이다.

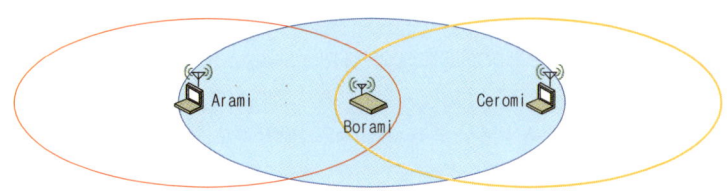

〈그림 3-9〉 Hidden-node 문제

이러한 숨겨진 노드 문제에 의한 충돌 현상을 예방하기 위해서 802.11 무선 LAN에서는 〈그림 3-10〉과 같은 Request_To_Send(RTS) 및 Clear_To_Send(CTS) 프레임을 다음과 같이 사용한다.

단말은 자신이 데이터 프레임의 송신이 완료될 때까지의 채널점유 기간인 NAV(Network Allocaton Vector)라고 하는 시간값이 명시된 RTS 프레임을 AP에 송신한다[6]. AP는 이 RTS프레임에 대한 응답으로 CTS 메시지를 송신한다.

RTS/CTS 동작에 개입하지 않은 주변의 단말들은 이 RTS와 CTS 메시지에 수납된 채널 점유 기간 동안 침묵하게 된다. 분명히 CTS 메시지는 AP 주변의 Arami뿐만 아니라 Ceromi에게도 전달된다. 이 과정에 의해 Ceromi는 직접 연결되지 않은 Arami의 전송 동작을 간접적으로 알 수 있어 자신의 송신 동작을 지연할 수 있다[7].

이러한 RTS/CTS 과정에 의해, 실제 캐리어를 감지하지 않고도 지정된 기간 동안 마치 채널이 사용되고 있는 것으로 간주하는 절차를 가상적인 채널 감지(virtual carrier sense) 절차라고 한다. 여기서 사용되는 NAV값은 이 시간 동안 다른 단말들의 송신 동작을 중지시켜 무선 링크를 예약하는 용도로 사용된다. 이렇게 함으로써 많은 경우의 충돌을 사전에 회피(collision avoidance)할 수 있어, 802.11MAC을 CSMA/CA 프로토콜이라고 한다.

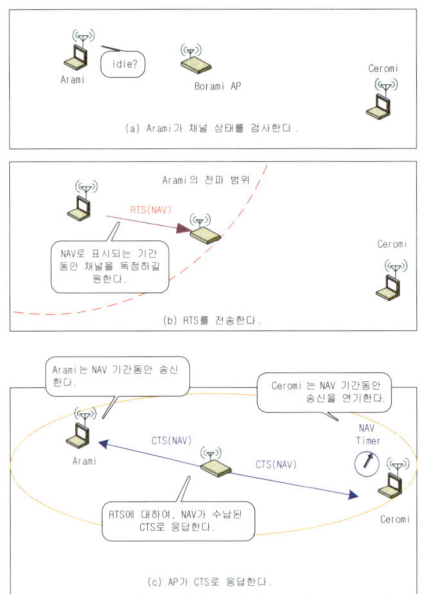

〈그림 3-10〉 RTS/CTS에 의한 Hidden-node 문제 해결

---

[6] 물론 여러 단말들이 거의 동시에 RTS를 송신할 경우, 이 과정은 실패할 수도 있다. 이 경우 각 단말들은 랜덤한 시간 동안 지연한 후 이러한 과정을 재시도한다.

[7] 이러한 RTS/CTS 절차는 이 절차 없이 송신하는 경우에 비하여 오버헤드가 많다. 따라서 짧은 패킷의 전송 시에는 사용되지 않고, 일정 길이 이상의 프레임에 대해서만 수행된다. 이때 RTS 스레시홀드값이 길이의 판단 기준값으로 사용된다. 이 값보다 긴 프레임만 이러한 RTS/CTS 절차에 의해 전송된다.

## (6) 전원 절약

무선 LAN 장비들은 송신 시 많은 전력을 소모한다. 단말의 전원 절약을 위하여 자신이 송신할 때와 자신에게 수신될 프레임이 있을 때에만 전력을 소모하는 것이 좋을 것이다. 이를 위하여 다음과 같은 절차를 수행한다.

- 전원 절약 모드로 설정된 단말은 주기적으로 깨어나 AP로부터의 비컨 메시지를 수신한다. 이 메시지로부터 자신에게 전달되어야 할 프레임을 AP가 보관하고 있는지 알 수 있다.
- 만약 있다면 Power-Saving(PS) Poll 메시지를 AP에 보내어, 자신에게로 프레임을 전달하도록 요청한다. 그렇지 않다면, 단말은 다시 전원 절약 모드(Sleep 모드)로 전환한다.

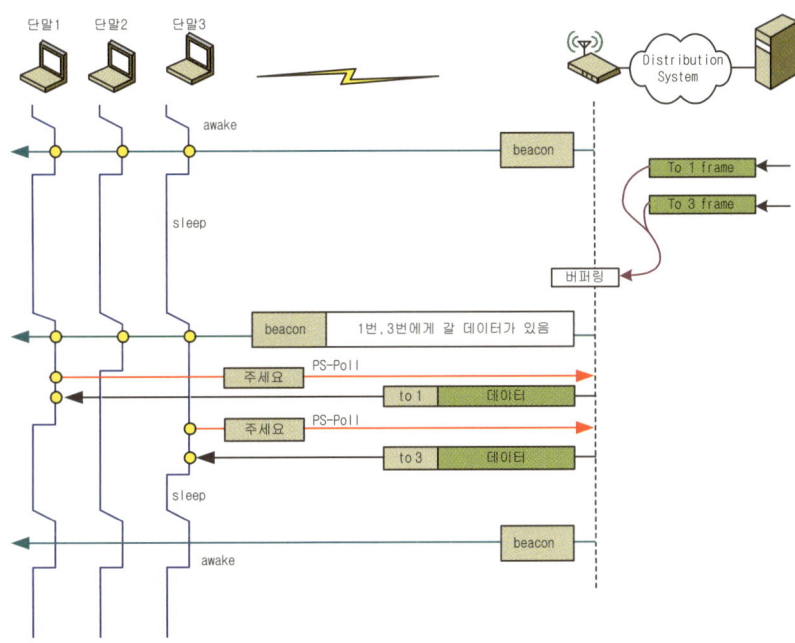

〈그림 3-11〉 802.11의 전원 절약 모드의 동작 절차

## (7) 무선 구간의 보안

기본적으로 무선 LAN 단말은 AP와의 실질적인 인증 기능이 없는 개방 시스템 인증 절차에 의해 접속한 후 무선 구간을 평문으로 전송한다. 따라서 사용료를 지불하지 않은 사용자들도 아무런 제약 없이 AP를 거쳐 내부 망이나 외부망을 사용할 수 있다. 하지만 전송되는 프레임의 내용이 노출되거나 변경되는 문제가 있다.

이를 개선하기 위해 초기 무선 LAN에서는 Wired Equivalent Privacy(WEP) 암호 방식과 단말과 AP간에 설정된 공유키(Shared Key) 방식의 인증 절차가 사용되었다. 하지만 최근 이러한 암호 및 인증 방식의 문제점이 도출되어 새로운 무선 LAN 보안 규격인 IEEE 802.11i 규격에 따른 TKIP(Temporal Key Integrity Protocol)/CCMP(Counter with CBC-MAC Protocol) 암호 방식과 인증서를 사용하는 EAP-TLS, EAP-TTLS, PEAP 등의 강화된 사용자 인증 절차의 사용이 증가되고 있다.

### (8) 이동성

많은 사람들은 무선 LAN이 유선 LAN과 달리 단말의 이동성을 잘 지원한다고 믿고 있다. 하지만, 기술적인 제약 때문에 반드시 그렇지는 못하다.

## 3.6 계층 구조

무선 LAN단말의 계층 구조는 〈그림 3-12〉와 같이 MAC(Medium Access Control)과 Logical Link Control(LLC)로 구성되는 링크 계층과 PLCP(Physical Layer Convergence Protocol)와 PMD(Physical Medium Dependent)의 물리 계층(PHY)으로 구성된다.

그리고 MAC과 PHY를 제어하기 위하여 MAC Sublayer Management Entity(MLME)와 PHY Layer Management Entity(PLME) 모듈도 정의되어 있다. 또한 이들을 이용하는 Station Management(SM) 블록도 있다. 각 블록의 기능은 다음과 같다.

- 물리 매체 종속(Pysical Medium Dependent) 계층 : 변복조용 무선 모뎀 기능을 수행한다. 적외선, RF 등의 전송 매체의 종류 마다 변복조 방식이 다르기 때문에 물리 매체 종속 계층이라고 한다.
- 물리 계층 정합(Physical Layer Convergence Protocol) 계층 : 하부에 다양한 종류의 PMD가 있고, 상위에는 PMD 종류와 무관한 MAC 계층이 있어 이들의 동작을 정합시키는 역할을 수행한다. MAC 계층으로부터 전달된 MAC_PDU(MPDU)에 프리앰블과 PLCP 헤더를 추가로 부착하여 모뎀 기능을 수행하는 PMD에 비트열로 전달한다.
- MAC 계층 : LLC와 같은 상위 계층 패킷(MAC Service Data Unit – MSDU)이나 프로브, 비컨 등의 MAC 매니지먼트용 프레임(MMPDU)를 MPDU에 수납한 후, 캐리어 감지 및 재전송 과정을 수행하는 CSMA/CA절차에 의해 전송한다. 가끔 MSDU나 MAC Management PDU(MMPDU)를 여러 개의 Fragmented SDU(FSDU)로 분할하여 각각을 MPDU로 전송한다.
- MAC 계층 매니지먼트 기능부(MAC Sublayer Management Entity) : 전원 관리, 탐색, Join, 인증, 결합, 리셋, 시간 동기 등의 MAC 계층의 운영에 필요한 관리 기능을 특별한 MMPDU(probe, beacon, association, authentication 등의 프레임)를 사용하여 수행한다.
- 물리 계층 매니지먼트 기능부 (PHY Layer Management Entity) : 물리 계층에 대한 리셋, 모뎀의 동작값(슬롯타임, 송수신 절환 지연 시간, 프리앰블의 길이 등)을 설정하거나 설정값을 읽는다.
- 스테이션 매니지먼트 기능부 SM(Station Management) : 상위 계층 사용자로부터의 리셋, 스캔, 연결(결합) 요청 명령에 의해, 해당 MLME나 PLME 블록에 대한 리셋, 탐색 과정, 인증, 결합 등을 지시하고, 처리 결과를 상위 계층에 전달하는 연결 관리 기능을 총괄하는 기능부이다.
- LLC : 모든 상위 계층 패킷을 LLC PDU에 수납한다.

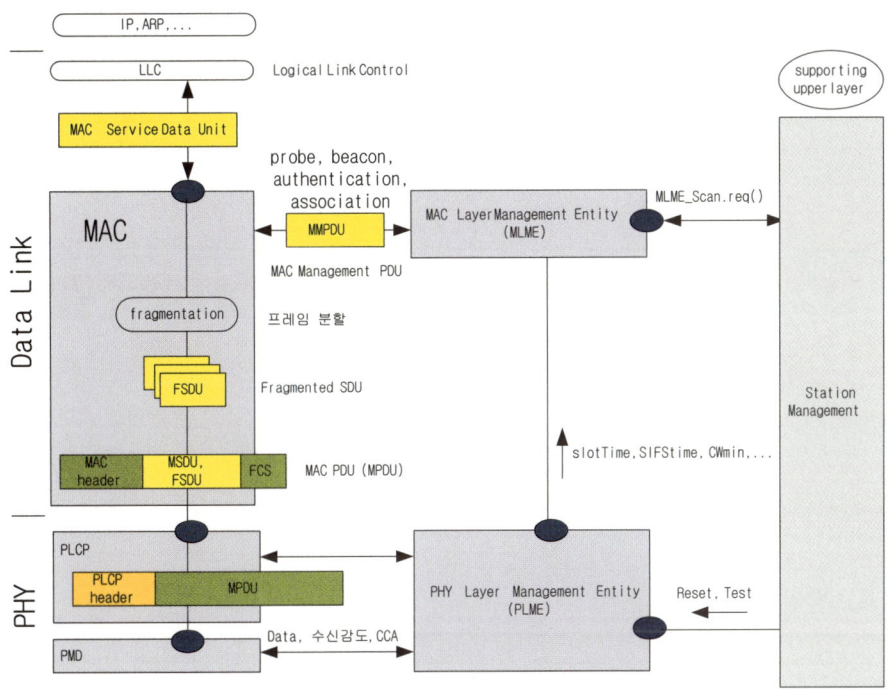

〈그림 3-12〉 802.11 MAC의 계층 구조 및 PDU의 종류

## 3.7 물리 계층의 프레임 형식

　IEEE 802.11b의 물리 계층은 비트동기 및 프레임 동기를 설정하고, 현재의 무선 채널에 대한 idle 상태와 busy 상태를 MAC에 보고하는 clear channel assessment(CCA) 기능을 수행함으로써, MAC으로 하여금 하나의 무선 채널을 여러 단말이 공유하는 CSMA/CA MAC이 동작할 수 있도록 한다.

　PLCP에서 부착하거나 처리하는 PLCP 헤더는 크게 128비트의 비트 동기용 프리앰블 영역과 48비트의 PLCP 헤더로 구성된다. 주의할 사항은 페이로드와는 달리 이 PLCP 영역은 기존 저속 무선 LAN과의 호환을 위하여, 1 Mbps로 전송되고, 이후 페이로드 영역은 최대 11 Mbps로 전송된다는 점이다.

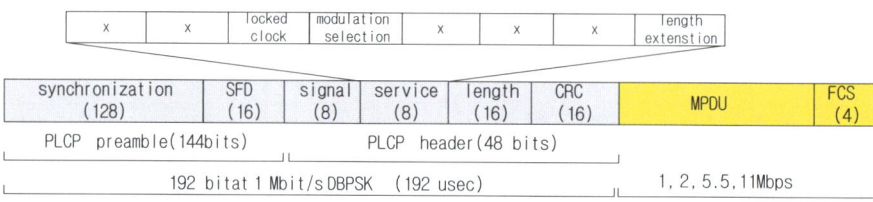

〈그림 3-13〉 PHY 프레임의 구성

### (1) 프리앰블 영역

각각 128비트와 56비트의 길이를 가지는 long 프리앰블과 short 프리앰블 등 두 가지가 정의되어 있다.

구성 요소는 다음과 같다.

- Synchronization : 비트 동기용으로 사용되며, long 프리앰블과 short 프리앰블 방식에 대하여 각각 모두 1과 0으로 구성된다[8]. 수신측에서의 비트 동기시 앞부분의 몇 비트는 손실될 수도 있다.
- SFD (Start Frame Delimiter) : 실제 프레임의 시작을 찾을 수 있도록 하는 특정 비트열로서, long 프리앰블과 short 프리앰블의 경우 각각 0xF3A0(1111001110100000)과 그 역순의 비트열이다.

### (2) PLCP 헤더

프리앰블 다음에 위치한 48비트의 영역으로서, 물리 계층에서 사용하는 동작값들을 지시한다.

- 시그널 : 페이로드 부분의 전송 속도를 숫자로 표시한다.(예 : 0x0A = 1Mbps; 0x14 = 2Mbps, 0x37 = 5.5Mbps, 0x6E = 11Mbps)
- 서비스 : 16비트의 길이 영역으로는 최대 8Mbps 밖에 표시할 수 없는 문제를 해결하고, 고정 클록 및 변조 방식을 지시하는 용도로 사용된다.
- 길이 : 하나의 MPDU를 송신하는데 필요한 usec 단위의 전송 시간을 표시한다.
- CRC : PLCP 헤더 부분의 보호용이다.

---

8 실제로는 스크램블되어 전송된다.

## 3.8 MAC 프레임의 기본 형식

IEEE 802.11 MAC 프레임의 기본 형식은 〈그림 3-14〉와 같다. MAC 헤더의 길이는 Address 4영역의 유무에 따라 30 또는 24바이트이며, 프레임 바디의 최대 길이는 2312바이트이다. 또한, WEP 암호화가 사용될 경우, 8바이트가 추가된다. 참고로 이더넷과 마찬가지로 각 바이트의 비트들은 LSB부터 전송된다.

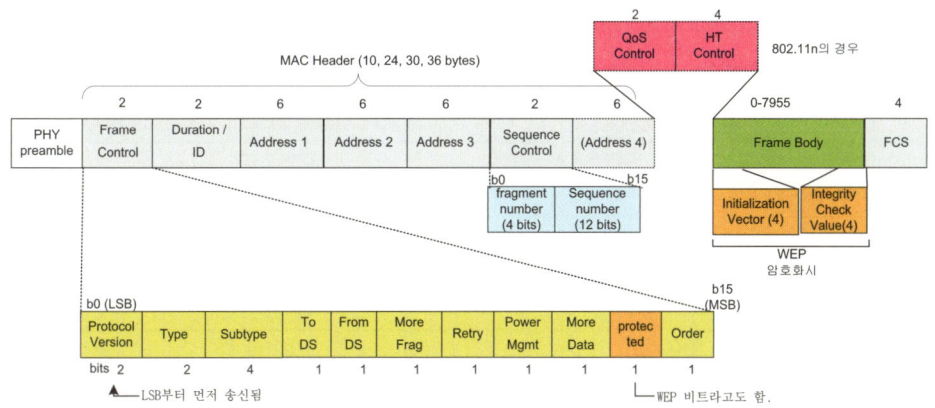

〈그림 3-14〉 MAC 프레임의 기본 형식

각 프레임은 2바이트 길이의 프레임제어 영역으로부터 시작된다. 구성 요소는 다음과 같다.

### (1) 프레임 제어 영역

- 프로토콜 버전 : 00 이다.
- 타입 : 해당 프레임이 {control, management, data} 프레임 중 하나임을 표시하는 2비트이다.
  - 00 = 매니지먼트 프레임 (비컨이나 연결 설정, 인증 등의 단말 관리용으로 사용된다.)
  - 01 = 제어 프레임 (ACK, RTS 등 무선 채널의 MAC제어용으로 사용된다.)
  - 10 = 데이터 프레임
  - 11 = 사용되지 않는다.
- 서브타입 : 각 타입의 프레임에 대한 세부적인 프레임의 종류를 구분한다. 타입 영역과 서브타입 영역의 종류는 〈표 3-1〉과 같다.

〈표 3-1〉 type/subtype 영역(Collision Free 방식에서 사용되는 프레임 제외)

| 타입값<br>b3b2 | 서브타입값<br>b7b6b5b4 | 서브타입 설명 |
|---|---|---|
| 00(Management) | 0000 | 결합 요청 |
|  | 0001 | 결합 응답 |
|  | 0010 | 재결합 요청 |
|  | 0011 | 재결합 응답 |
|  | 0100 | 프로브 요청 |
|  | 0101 | 프로브 응답 |
|  | 0110-0111 | 예약됨 |
|  | 1000 | 비컨 |
|  | 1001 | Announcement Traffic indication message(ATIM) |
|  | 1010 | 결합 해제 |
|  | 1011 | 인증 |
|  | 1100 | 인증 해제(Deauthentication) |
|  | 1101 | Action |
|  | 1110 | Action No Ack |
| 01 (Control) | 1110-1111 | 예약됨 |
|  | 0000-1001 | 예약됨 |
|  | 0111 | Control Wrapper |
|  | 1000 | Block Ack Request(BAR) |
|  | 1001 | Block Ack(BA) |
|  | 1010 | Power save(PS)-Poll |
|  | 1011 | RTS |
|  | 1100 | CT |
| 10(Data) | 1101 | ACK |
|  | 0000 | 데이터 |
|  | 0100 | Null function(no data) |
|  | 1000 | QoS Data |
|  | 1100 | QoS_NULL Data |
|  | *1xxx | 헤더에 QoS영역이 있음 |
| 11(예약됨) | 0000-1111 | 예약됨 |

이 표에서 주의할 점은 각 타입과 서브타입의 비트들은 msb부터 기술되어 있다는 것이다. 이 것은 실제 프레임의 송신 및 수신 시 식별하기가 용이하도록 한 것일 뿐, 실제 전송은 각 바이트 별로 LSB가 먼저 송신된다. 예를 들어 Probe Request 프레임인 〈그림 3.15〉를 보자. 여기서 Frame Control 영역의 첫 바이트는 "0100 00 00"로 읽혀진다. 이것은 각각 순서대로 Subtype(0100) = Probe Request, Type(00)=Mgmt, Version = 00으로 해석되며, 실제 비트 열의 전송은 각 바이트의 LSB부터 전송된다.

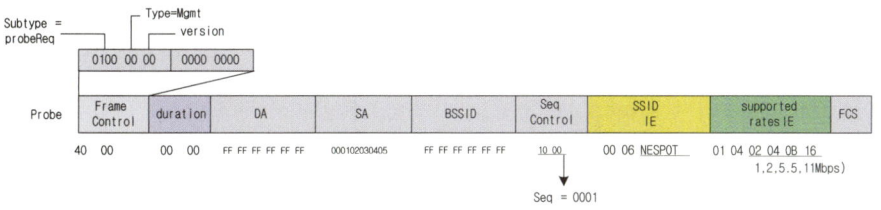

〈그림 3-15〉 프로브 Request 프레임의 예

- **ToDS와 From DS비트** : AP를 경유하여 Distribution System으로 향하는 프레임인지 DS로부터의 프레임인지를 구분한다. 예를 들어, AP로 전송되는 프레임의 경우 {ToDS,FromDS} = {1,0}로 표기된다. 반면에 AP부터 수신되는 데이터 프레임의 경우 {ToDS,FromDS} = {0,1}로 표기된다.
- **More Fragment 플래그** : 하나의 MAC 프레임이 여러 개의 짧은 프레임으로 분할되어 전송될 때, 분할된 마지막 프레임을 제외하고는 이 비트는 1로 설정된다.[9]
- **Retry 플래그** : 재전송된 것임을 표시한다. 중복 송신된 것인지 판단할 수 있도록 한다.
- **Power Management 플래그** : 1은 STA가 곧 전원 절약 모드에 들어감을 표시한다. 0은 활성모드로 진입할 예정임을 표시한다. 단 AP가 송신하는 모든 프레임에는 항상 0으로 설정된다.
- **More Data 플래그** : 전원 절약 모드에서 AP가 단말에게 전달해야 할 프레임이 더 있음을 표시한다.
- **Protected 플래그(또는 WEP플래그)** : 해당 프레임이 Wired equivalent privacy(WEP), TKIP, CCMP 등의 무선 구간 암호 방식에 의한 보호되어 있음을 표시한다.
- **Order 플래그** : 분할된 프레임들을 재조립할 때, 순서를 지켜서 처리하도록 요구한다.

## (2) Duration/ID

이 영역은 〈표 3-2〉과 같이, 프레임의 종류에 따라 Duration 또는 Association ID(AID)의 복수 의미를 가진다.

〈표 3-2〉 Duration/AID 영역

| Bit 15 | Bit 14 | Bits 13-0 | Usage |
|--------|--------|-----------|-------|
| 0 | 0-32767 | | Duration |
| 1 | 1 | 1-2007 | AID in PS-Poll frames |

- **Duration의 의미** : 무선 링크의 사용을 예약하는 시간값인 Net Allocation Vector(NAV)이 수납된다. 이때 최상위 비트의 값은 0이다. 나머지 15비트의 값은 usec 단위의 NAV값이다.
- **AID의 의미** : 단말이 PS-Poll 메시지를 송신할 때 자신이 AP로부터 부여 받은 결합 번호(AID)를 Duariont/AID 영역에 수납하여 전송한다.

---

9 IP 패킷이 분할되어 전송될 때 표시되는 more 비트와 의미가 동일하다.

### (3) Address1,2,3,4 (A1, A2, A3, A4)

DA와 SA 등 2개의 주소만 사용하는 이더넷과 달리, 무선 LAN에서는 1 ~ 4개의 MAC 주소가 사용된다. 각 영역의 활용은 다음과 같다. 일반적으로 A1은 수신측 주소이고, A2는 송신측 주소이다. 이러한 4개의 주소 영역의 의미는 ToDS와 FromDS 비트에 의해 결정되고, 〈그림 3-17〉에서 그 사용 예를 보여준다.

〈표 3-3〉 Flag 영역의 의미

|  | To DS | From DS | Address 1 | Address 2 | Address 3 | Address 4 |
|---|---|---|---|---|---|---|
| To DS | 1 | 0 | BSSID(AP) | SA (STA) | DA(다른 단말) | – |
| From DS | 0 | 1 | DA(STA) | BSSID(AP) | SA(다른 단말) | – |
| Within Wireless DS | 1 | 1 | RA(rx AP) | TA(tx AP) | DA(rx STA) | SA(tx STA) |
| Ad hoc | 0 | 0 | DA | SA | BSSID | 0 |

이러한 4개의 주소는 다음과 같은 의미로 사용된다.
- Destination Address(DA) : 최종 목적지 주소이다.
- Source Address(SA) : 프레임의 최초 송신측 주소이다.
- Receiver Address(RA)와 Transmitter Address(TA) : 서로 다른 AP를 경유하는 경우, 즉, DA와 SA간에 경유하는 수신측 AP와 송신측 AP의 이더넷 주소이다.
- BSSID : AP의 MAC 주소이다.

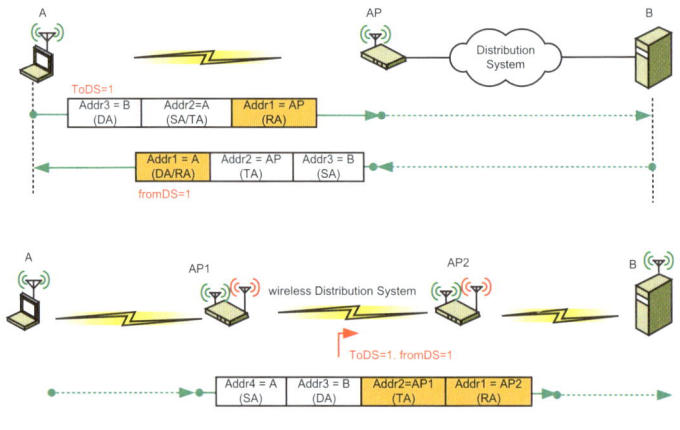

〈그림 3-17〉 데이터 프레임의 주소 영역 사용 예

### (4) 순서 번호/분할 번호 영역

바이트의 이 영역은 매 프레임당 할당되는 순서 번호와 분할 프레임의 순서 번호로서 다음과 같이 구성된다.
- 순서 번호(12비트) : 순서 번호는 매 프레임 전송 시마다 1씩 증가된다. 물론 재전송되는 프레임의 경우, 순서 번호는 증가하지 않는다.

### CHAPTER 03 IEEE 802.11 무선 LAN

- **분할 번호(4비트)** : 한 프레임이 여러 개의 프레임으로 분할되어 전송되는 경우, 이들간의 순서를 구분하도록 하는 번호이다.

〈그림 3-18〉은 시퀀스/분할 번호 영역의 구성의 예이다.

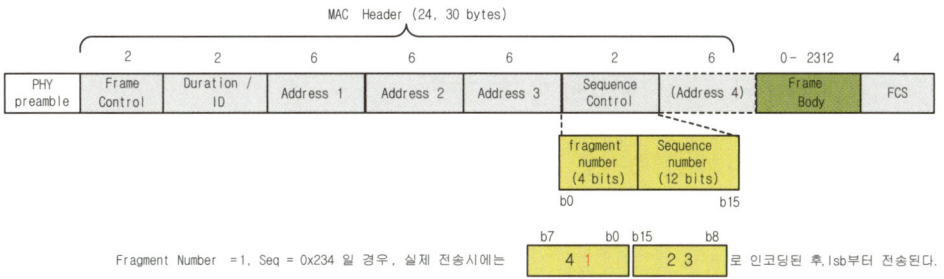

〈그림 3-18〉 시퀀스/분할 번호 영역의 사용 예

### (5) 프레임 바디

제어 및 관리용 정보나 LLC와 같은 상위 계층 메시지, 즉 MSDU가 수납된다. 이 영역의 최대 사이즈는 2304바이트이다. 프레임 바디 영역이 Wired Equivalent Privacy(WEP)으로 암호화될 경우, 프레임 바디는 각각 4바이트 길이의 Initialization Vector (IV)와 Integrity Check Value(ICV) 등이 추가된다. 분할될 경우 최소길이는 256바이트 이다. ARP나 IP와 같은 상위계층 패킷들은 항상 〈그림 3-19〉와 같이 LLC에 수납되어 전송됨에 주의하라.

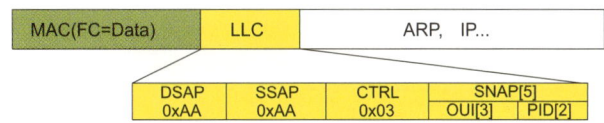

* DSAP = Destination Service Access Point (=0xAA)
* SSAP = Source SAP
* CTRL = Control Field (=0x03 = Unnumbered Information)
* SNAP = SubNetwork Access Protocol
* OUI = Organization Unique Identifier (000000= IEEE802)
* PID = Protocol ID

〈그림 3-19〉 데이터 프레임의 경우

### (6) FCS

4바이트의 오류 검사 코드이다.

### (7) 802.11n의 경우[참고]

최대 600Mbps까지 송신할 수 있는 IEEE 802.11n 방식의 무선LAN의 경우, 2바이트의 QoS 영역과 4바이트의 High-Throughput(HT) Control영역이 헤더에 추가된다.

참고로 QoS 영역은 데이터 프레임에 대하여 Frame Control 영역의 SubField의 4비트 중 최상위 비트인 b7의 값이 1인 경우에 존재한다.

또한 Control Wrapper 프레임, 모든 QoS 데이터 프레임 그리고 Management 프레임에서 Order = 1로 설정된 경우 4바이트의 HT Control 영역이 헤더에 추가된다.

## 3.9 MAC의 기본 데이터 전송 동작

11Mbps급 802.11b 의 경우를 예로 들어 기본적인 데이터 전송 동작을 소개한다.

### (1) 기본 동작

기본적으로 송신을 시도하는 2개의 단말(AP와 단말) 동작을 보자. 〈그림3-20〉과 같이 AP와 단말은 채널이 idle해지면 50usec 기간의 DIFS(DCF Inter-frame spacing) 동안 기다린다[10]. 이후 여전히 채널이 idle하다면 (0..n) 중에서 랜덤한 값 x을 선택하여 x*slottime($x*20\mu se$)를 추가로 대기한다.

예는 다음과 같다.
- AP : x로 7을 선택하였다. $7*20\mu sec$ 이후 여전히 채널이 idle하므로 즉시 송신을 개시한다.
- 단말 : x로 9을 선택하였다. $7*20\mu sec$부터는 채널이 busy해졌으므로 idle할 때까지 전송을 지연한다. 이후 idle해지면 추가로 DIFS 기간과 $(9-7)*(20\mu sec)$를 지연한다. 이후 여전히 idle하다면 프레임을 송신 개시한다[11].

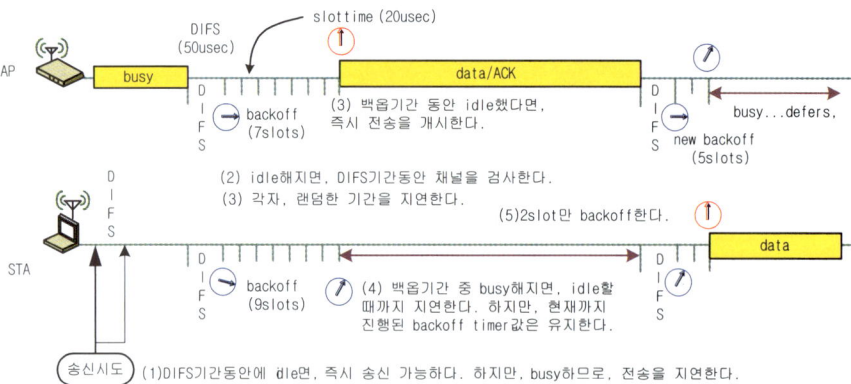

〈그림 3-20〉 백오프 절차에 의한 데이터 프레임의 전송 과정

---

10 54Mbps의 802.11a의 경우, DIFS는 $34\mu sec$이다.

11 참고로, 11Mbps의 802.11b의 경우, SlotTime = $20\mu sec$, SifsTime = $10\mu sec$, PIFS (SifsTime + SlotTime) = $30\mu sec$, DIFS (SifsTime + 2 * SlotTime) = 10 + 2 * 20 = $50\mu sec$으로 설정되어 있다.

### (2) 랜덤 백오프

DIFS 기간 이후에 슬롯타임의 랜덤한 배수 기간을 기다리는 것은 이전의 충돌에 대한 재충돌 확률을 감소시키기 위함이다. 즉, 이더넷과 마찬가지로, 충돌 발생시마다 〈그림 3-21〉과 같이 일정한 범위에서 랜덤하게 선택되는 contention window(CW)값에 슬롯타임을 곱한 백오프 기간 동안 자신의 전송을 다음과 같이 추가로 지연한다[12].

Backoff Time = Contention window[0, CW] ×SlotTime

여기서 contention window값은 0과 CW사이의 랜덤한 정수값이고, 802.11b의 경우 SlotTime은 20usec이다. CW는 전송이 실패할 때 마다 즉 충돌이나 잡음에 의해 상대방으로부터의 ACK 응답을 수신하지 못할 때 마다 증가한다.

이러한 CW 값의 최소값과 최대값으로 규정된 CWmin과 CWmax값은 802.11a/b의 경우 각각 31과 1023이다. 재전송 시도가 성공하게 되면 CW는 CWmin값으로 초기화된다.

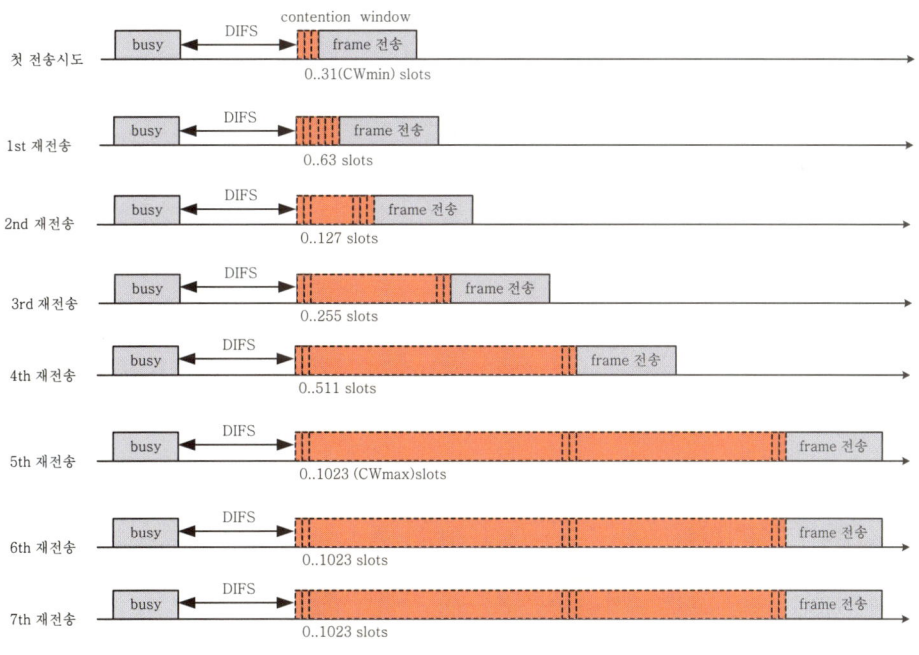

〈그림 3-21〉 Contention window

---

10 백오프 윈도우라고도 한다.

### (3) 데이터 전송 시 ACK 프레임의 사용

잡음이 예상되는 무선채널의 특성을 고려하여 데이터 프레임의 수신에 대한 MAC 계층에서의 ACK 절차가 〈그림 3-22〉와 같이 수행된다. 이것은 이더넷과 같은 유선 채널에서는 없던 것이다.

데이터 프레임의 수신측은 SIFS(Short IFS = $10 \mu sec$) 기간만 지연한 후 ACK 패킷으로 응답한다. 이렇게 DIFS 기간 보다 짧은 SIFS 기간 이후에 ACK가 전송됨으로써 ACK 패킷의 우선순위가 데이터 프레임보다 높다는 것을 알 수 있다.

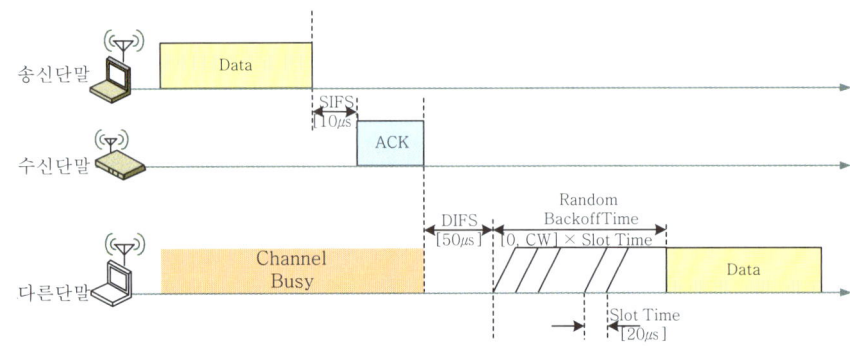

〈그림 3-22〉 ACK 프레임의 사용

### (4) 분할 전송 과정

수신감도가 낮아 비트오류가 많이 발생할 경우를 보자. 이때는 긴 패킷을 송신하는 대신에 여러 개의 짧은 패킷으로 분할 송신하면 재전송 동작을 감소시킬 수 있다. 분할되어 전송되는 데이터 패킷의 전송 과정은 〈그림 3-23〉과 같다.

즉 LLC와 같은 MAC service data unit(MSDU)나 제어 메시지인 MAC management PDU(MMPDU)가 여러 개의 fragmented SDU(FSDU)로 분할되면, 각 FSDU는 필요한 MAC 헤더가 부착된 MAC PDU(MPDU)에 수납되어 전송된다.

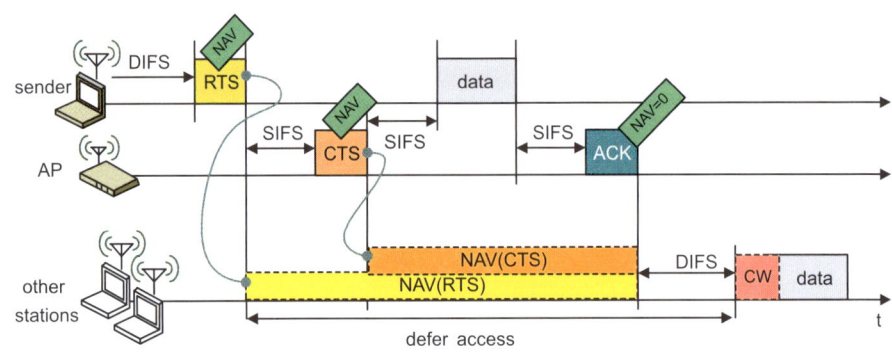

〈그림 3-23〉 802.11의 RTS/CTS에 의한 데이터 프레임 전송 과정

이때 분할된 패킷들의 재조립을 용이하게 하기 위하여 각각의 분할된 패킷에는 오름차순 순서 번호인 분할 번호가 부착된다. 물론 분할된 패킷마다 원래의 패킷에 할당된 순서 번호는 각 FSDU에 동일하게 사용된다[13].

각 프레임에 대한 분할 기준은 MSDU나 MMPDU의 길이가 FragmentationThreshold를 초과할 경우이다[14]. 보통 이 경계값은 RTS 스레시홀드값과 동일한 값으로 설정된다. 이러한 분할기능은 유니캐스트 프레임에만 적용된다.

그리고 분할된 패킷의 전송 시에는 〈그림 3-25〉와 같이 매 분할된 패킷의 전송 시마다 SIFS 기간만 지연된 후 전송된다. 이때마다 NAV 시간은 갱신된다. 이렇게 함으로써 분할된 프레임 조각들을 모두 전송할 때까지 채널을 독점적으로 점유할 수 있다. 마지막 분할된 메시지의 ACK 에는 NAV값이 0으로 설정함으로써 채널 점유권을 반환한다.

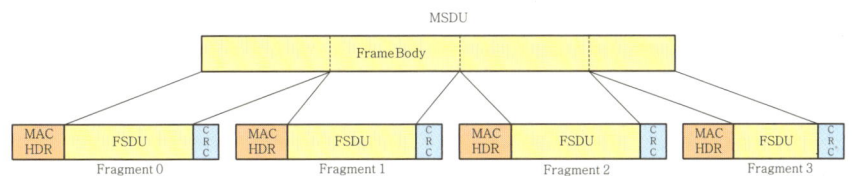

〈그림 3-24〉 분할 과정

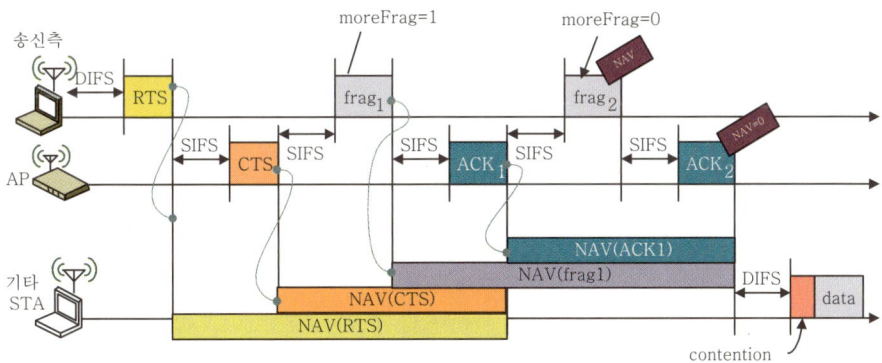

〈그림 3-25〉 분할된 프레임들의 전송 과정

---

13 IP 계층에서도 필요한 경우 IP패킷을 여러 개의 패킷으로 분할 전송하는 사실을 알고 있을 것이다.
14 기본값은 2346이다. 즉, 기본적으로는 분할하지 않는다.

### 3.10 브로드캐스트 프레임의 전송

AP가 방송하는 비컨 메시지는 이 AP주변의 모든 단말들이 들을 수 있도록 브로드캐스트 프레임 형식으로 전송된다. 이러한 방송형 프레임은 수신측으로 부터의 확인 응답이 불필요하며 분할 전송도 허용되지 않는다. 따라서 이러한 프레임의 NAV값은 항상 0으로 설정된다. 헤더가 부착된 MAC PDU(MPDU)에 수납되어 전송된다.

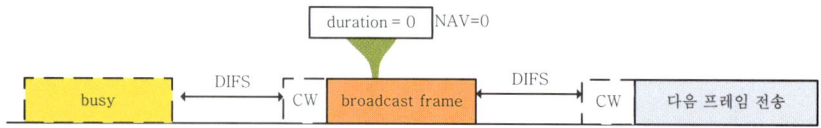

〈그림 3-26〉 브로드캐스트 프레임의 전송 과정

### 3.11 연결 절차

#### (1) 개 요

지금까지 데이터 및 제어 프레임을 이용한 MAC의 동작을 소개하였다. 이러한 단말과 AP간 MAC에 의한 데이터 전송과정이 수행되기 위해서는 MAC 매니지먼트 기능부에 의한 결합, 인증, 동기, 전원 관리 기능이 필요하다.

각 기능은 다음과 같이 요약된다.
- 탐색 : 비컨이나 프로브 메시지를 사용하여 주변의 AP를 찾는 과정이다. AP가 주기적으로 송신하는 비컨 프레임으로부터 해당 AP를 찾는 과정을 수동 탐색 과정이라고 하는 반면에, 단말이 각 채널별로 프로브 요청 프레임을 사용하여 AP를 탐색하는 것을 능동 탐색 과정이라고 한다.
- Join : 탐색된 AP 중에서 적당한 것을 선택하는 과정으로서, 선택한 AP로부터의 비컨 메시지를 수신하여, 이 AP가 지원하고 있는 동작값(속도, 변조 방법, 암호 방법 등)들을 추출하는 과정이다. 단말은 이 과정에서 실제 프레임을 송신하지는 않는다.
- 인증 : AP와의 인증 절차와 암호 방식을 협상하는 과정이다. Open System 인증 방식의 경우 AP는 단말로부터의 인증 요구에 대하여 무조건 인증한다. 보다 강화된 인증 방법으로 802.1x기반의 EAP-TLS, EAP-TTLS, EAP-FAST, PEAP 등이 있다.
- 결합 : 해당 AP와의 연결절차 수행과 다른 AP로의 이동 시 재결합 과정을 수행한다. 결합은 AP와 단말간의 식별 가능한 연결을 설정하는 것이다. 결합이 완료된 단말만이 AP를 경유하여 다른 단말과의 통신에 참여할 수 있게 된다. 즉 결합 과정이란 단말이 무선 망에 참여(즉, 해당 AP에 접속)하는 동작으로서 논리적으로는 유선 단말의 이더넷 포트를 스위치에 접속하는 것과 동일한 동작에 불과하다. AP는 결합을 요청한 단말에 대하여 다른 단말과 구분될 수 있는 Assoiation ID (AID)값을 수납한 결합 응답 메시지를 송신한다.

이러한 연결 절차의 개요는 〈그림 3-27〉과 같다.

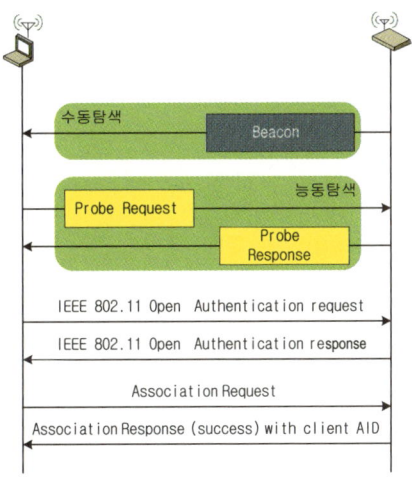

〈그림 3-27〉 매니지먼트 기능부에 의한 연결 절차

## (2) 탐색 과정

이더넷에서는 벽에 있는 RJ-45포트를 눈으로 찾으면 된다. 하지만 무선의 경우에는 AP가 제공해 주는 가상적인 포트를 다음과 같은 수동과 능동 방식으로 탐색해야 한다.

- **수동 탐색** : AP로부터의 비컨 메시지를 수신한다. 이 과정을 각 채널마다 수행한다. 단순히 수신만 하므로 전원을 절약할 수 있는 반면에 탐색 시간이 길다.
- **능동 탐색** : 각 채널마다 능동적으로 프로브 요청 메시지를 방송하고 각AP로부터의 프로브 응답을 수신한다. 필요 시 특정 채널이나 SSID를 지정할 수도 있어 탐색 시간이 짧다.

참고로 탐색 시 상위 계층에서는 다음과 같은 예의 탐색 요청을 MAC_Layer_Management_Entity(MLME)에 요청한다.

MLME-SCANreq( BSSType = INFRASTRUCTURE, BSSID = 0xff..ff, SSID = "NULL", ScanType = active,
프로브Delay= 5 usec, ChannelList = {1,2,3….14}, MinChannelTime = 1 TU, MaxChannelTime = 2 TU)

- **BSSType** : 인프라 스트럭처 또는 애드혹 모드
- **BSSID** : AP의 주소를 알면 해당 AP의 MAC 주소를 사용하지만, 탐색 시에는 브로드캐스트 주소를 사용한다.
- **SSID** : 해당 AP의 SSID를 지시할 수도 있지만, 탐색 시에는 Null을 사용한다.
- **ScanType** : 능동형이나 수동형을 지시한다.
- **프로브 지연 시간** : $5\mu sec$
- **채널 리스트** : 스캔할 채널 리스트 정보
- **minChannelTime** : 각 채널별 최소한 탐색하면서 머무를 시간. 만약 이 기간 동안 매체가 idle하면, 이 채널을 사용하는 AP가 없으므로 다른 채널을 검색한다. 기간은 1TU이다[03].
- **MaxChannelTime** : minChannelTime동안에 채널이 busy하면, 이 채널에서 최대한 머무르면서, 이 채널을 사용하는 AP로부터의 응답을 기다린다. 기간은 2 TU이다.

a) 능동 탐색 절차

단말은 특정한 SSID를 설정하지 않은 프로브 메시지를 각 채널별로 송신한다. 관련된 AP는 자신의 SSID를 명시한 프로브 응답 메시지로 응답한다. 이 응답 메시지가 수신되면, capability(ESS, IBSS, CF, Privacy 등), SSID, supported rate 등에 대한 정보를 BSS Description 테이블에 기록한다.

이때 프로브 응답 메시지를 기다리기 위한 타이머 값으로 min_channel_time값을 사용한다. 만약 응답 메시지가 이 기간 내에 도착하지 않으면 다음 채널을 검사한다. 반면에 응답 메시지가 이 기간 내에 수신되면 다른 AP로부터의 응답도 기대할 수 있다. 따라서 프로브 타이머 값을 max_channel_time값으로 설정하여 추가의 응답을 대기한다. 이후 이 타이머가 만기되면, 다음 채널에 대한 탐색을 계속 수행한다.

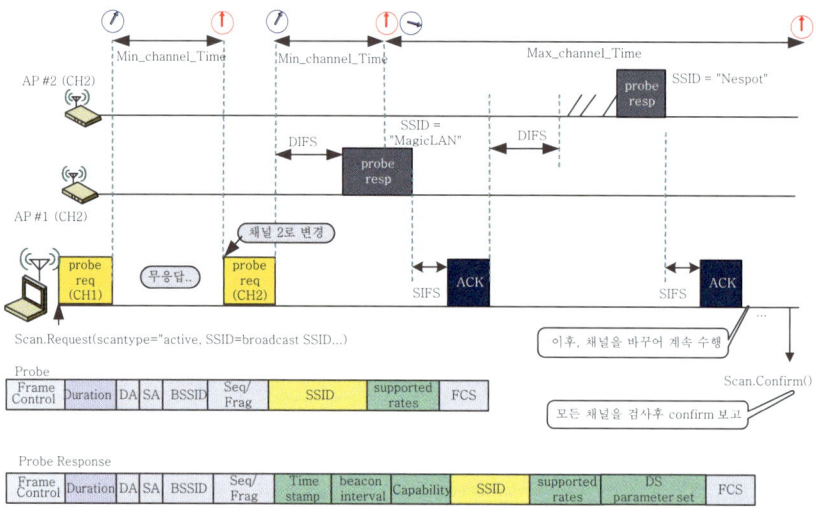

〈그림 3-28〉 능동 탐색 과정

b) 수동 탐색 절차

〈그림 3-29〉를 보자. 단말은 각 채널별로 AP가 송신하는 비컨 메시지의 수신을 일정 시간 대기한다. 만약 이 기간 내에 비컨 메시지가 수신되면 이 비컨 메시지에 명시된 capability, SSID, supported rate 등에 대한 정보를 BSS Description 테이블에 기록한다. 이러한 과정을 모든 채널에 대하여 수행한 후 BSS Description 테이블을 탐색을 요청한 상위 계층에 전달한다.

---

15 TU = time unit로서, 1024usec 또는 1msec이다.

# CHAPTER 03 IEEE 802.11 무선 LAN

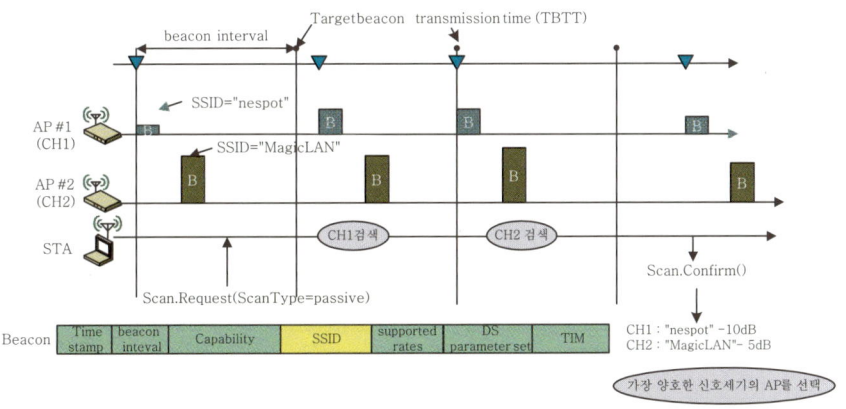

〈그림 3-29〉 수동 탐색 과정

### (3) 참여(Join)

탐색 결과로 얻어진 BSSDescriptionSet으로부터 가장 신호 세기가 큰 AP를 선택하거나 또다른 규칙으로 선택한 특정 AP의 BSS description 정보를 이용하여 다음과 같은 참여 명령어를 MAC에게 제시한다.

이 참여 과정에서 특별한 프레임이 단말로부터 송신되는 것은 아니다. 선택한 AP로부터의 비컨 메시지를 수신되면 자신이 선택한 동작 패러미터들을 검사한 후 참여가 성공하였다고 상위 계층에 보고한다.

```
MLME-Join.request(
        BSSDescription,
        JoinFailureTimeout
        ProbeDelay
        OperationalRateSet
```

### (4) 인증 절차

선택한 AP에 대한 결합을 수행하기 이전에 인증 절차가 선행되어야 한다. 이러한 인증 과정은 전송 매체에 대한 보안이 취약한 무선망에서 인증을 거치지 않은 단말은 무선 채널을 사용할 수 없도록 하기 위한 것이다.

802.11에서 사용하는 인증 방식은 링크 계층의 인증 절차를 수행하는 것에 불과하다. 즉 단말이 AP까지의 무선 링크를 사용할 수 있도록 하는 수준의 인증 절차만 지원 한다. 참고로 Open System 인증 절차의 경우 패킷의 교환 절차는 〈그림 3-30〉과 같다. 이 경우 AP는 인증 요청에 대하여 무조건 인증한다.

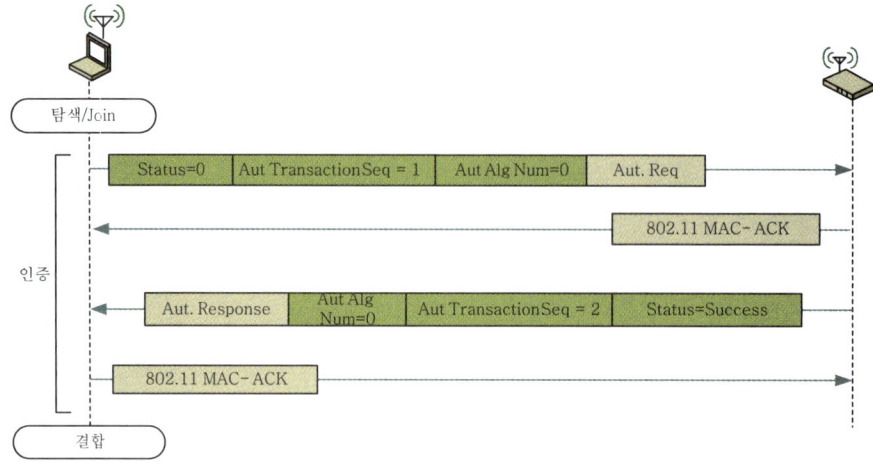

〈그림 3-30〉 인증 절차의 예

### (5) 결합(Association)

인증 절차가 성공하면 연결 과정의 마지막인 결합 과정이 수행된다. 결합이란 단말이 해당 AP에게 한 멤버로 참여하는 의미이다. 결합 과정이 성공하면 단말은 AP로부터의 결합 응답 메시지에 수납된 해당 단말에 대한 결합 ID(AID)를 할당받게 된다.

결과적으로 결합절차에 의해 해당 단말이 AP에 최종적으로 연결된다. 이로써 단말은 AP를 경유하여 다른 단말과의 통신이 가능하게 된다. 만약 이더넷 환경이라면 지금까지의 이러한 절차는 겨우 RJ-45 커넥터를 스위치에 연결한 것에 불과하다.

## 3.12 제어 프레임의 구성

제어 프레임은 CSMA/CA MAC의 동작을 지원하는 프레임이다. 형식은 〈그림 3-31 ~ 3-34〉와 같다. RTS, CTS, ACK, CF-End, PS-Poll 등의 프레임들이 사용된다. 이 외에, Contension Free(CF)-End와 CF-End + CF-Ack 프레임들이 있다.

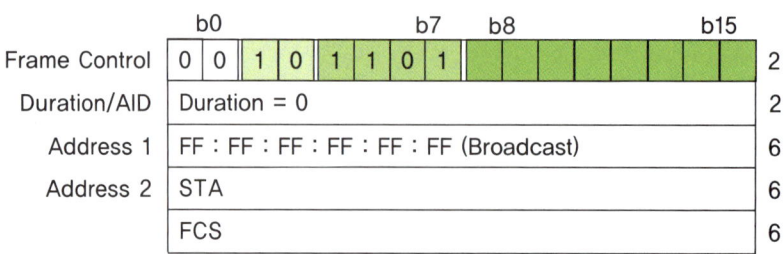

〈그림 3-31〉 Request To Send(RTS) 프레임 형식

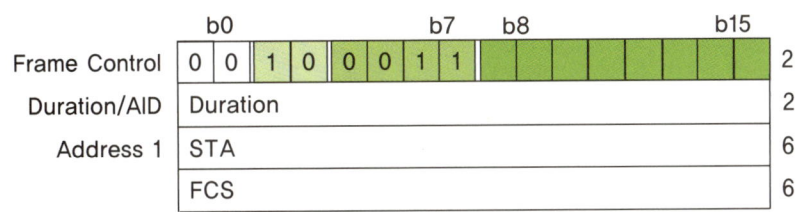

〈그림 3-32〉 Clear To Send(CTS) 프레임 형식

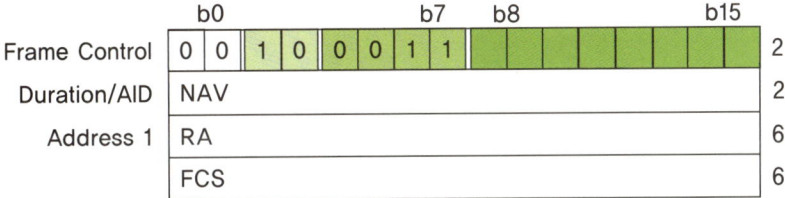

〈그림 3-33〉 Acknowledgment 프레임 형식

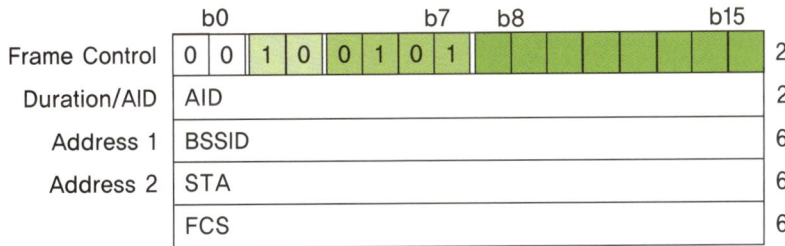

〈그림 3-34〉 PS-Poll 프레임 형식

## 3.13 데이터 프레임의 구성

데이터 프레임의 형식은 〈그림 3-35〉와 같다.

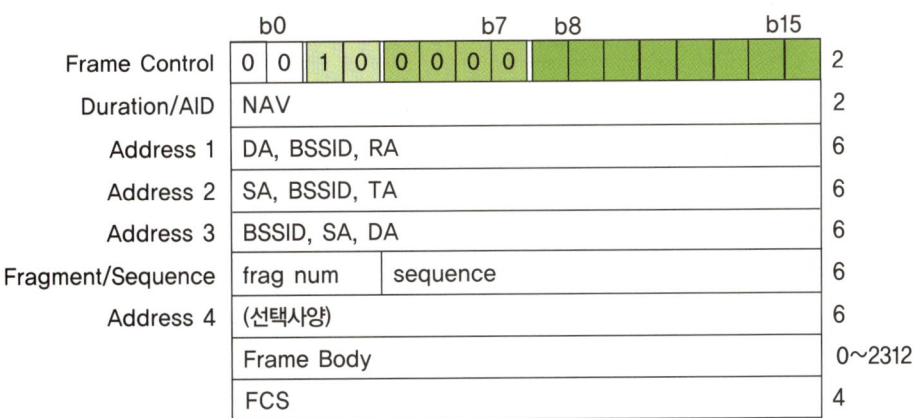

〈그림 3-35〉 데이터 프레임 형식

### 3.14 매니지먼트 프레임의 구성

#### (1) 기본 구성

매니지먼트 프레임은 탐색, 인증, 결합 등 다양한 링크 계층의 관리 기능을 수행한다. 기본 형식은 〈그림3-36〉과 같다. 프레임 바디에는 다양한 종류의 고정 길이 정보와 가변 길이 정보가 수납된다.

| | Frame Control | | |
|---:|---|---|---:|
| Duration/AID | NAV | | 2 |
| Address 1 | DA | | 2 |
| Address 2 | SA | | 6 |
| Address 3 | BSSID | | 6 |
| Fragment/Sequence | frag | sequence | 2 |
| Frame Body | 고정 길이 정보 | | 0~2312 |
| | 가변 길이 정보 | | |
| | FCS | | 4 |

〈그림 3-36〉 Management 프레임 형식

#### (2) 고정 길이 정보의 구성 요소

매니지먼트 프레임에 수납될 수 있는 고정 길이 정보의 구성 요소들은 다음과 같다.

〈표 3-4〉 고정 길이 정보의 구성 요소

| 영역 이름 | 길이 |
|---|---|
| Authentication Algorithm Number | 2 |
| Authentication Transaction Sequence Number | 2 |
| 비컨 간격 | 2 |
| Capability 정보 | 2 |
| Current AP address | 6 |
| Listen interval | 2 |
| Reason code | 2 |
| 결합 ID(AID) | 2 |
| Status Code | 2 |
| Timestamp | 8 |

- 인증 알고리즘 번호 : 이 영역은 간단한 인증 알고리즘의 종류를 2바이트의 값(0 = Open System, 1 = Shared Key)로 표시한다.
- Authentication Transaction 순서 번호 : 이 영역은 인증 현재 진행되고 있는 인증 절차의 순서 번호를 나타낸다.
- 비컨 간격 : 이 영역은 비컨의 전송 간격을 나타낸다. 보통 비컨 간격은 100(TU TimeUnit)이다. 여기서 TU는 1024$\mu$sec이다. 즉 비컨은 0.1024초 마다 비컨이 전송됨을 의미한다.
- 현재 AP 주소 : 이 영역은 AP의 MAC 주소이고, 길이는 6바이트이다.
- 청취 간격 : 이 영역은 전원 절약 모드에 있는 단말이 깨어나는 간격을 지시한다. 이 간격은 Doze모드에 있는 단말을 위해 AP가 해당 프레임들을 얼마 동안 보관하고 있어야 하는지를 단말이 지시한다. 단위는 비컨 간격이다. 예를 들어, 이 값이 3이고 비컨 간격이 100 TU이면, 0.3초이다.
- 이유 코드 : 이 영역은 원하지 않은 결합 해제 또는 인증 해제 프레임이 생성된 원인을 표시한다.
- 결합 ID(AID) : 이 영역은 AP에 의해 해당 단말에 할당되는 값이다. 이 값은 결합 절차에서 AP가 설정한다.
- 상태 코드 : 이 영역은 요청 동작의 성공 혹은 실패에 대한 매니지먼트 프레임 응답에 사용된다. 동작이 성공적이라면 이 값은 0이 되고, 그렇지 않으면 다양한 종류의 실패 이유를 표시한다.
- 타임스탬프 : 이 영역은 AP의 클록으로 단말들이 동기될 수 있도록 $\mu$sec 단위의 AP의 시계값이 수납된다.
- Capability 정보 : 자신이 지원하는 능력을 표시하기 위해 일부 프레임에 수납된다.

### (3) 가변 길이 구성 요소

가변 길이 정보의 구성 요소를 Information Element(IE)라고 하며, 각각의 IE들은 element ID, 해당 정보 영역의 길이 영역 그리고 가변 길이 정보 영역으로 구성된다.

〈그림 3-37〉은 엘리먼트의 기본 형식을 나타낸다.

| Element ID | 2 |
| --- | --- |
| Length = n | 6 |
| Information | n |

〈그림 3-37〉 정보 요소(IE)의 형식

Element와 해당 Element의 ID는 다음과 같다.

〈표 3-5〉 Element와 해당 Element ID

| Information element | Element ID |
|---|---|
| SSID | 0 |
| Supported rates | 1 |
| FH Parameter Set | 2 |
| DS Parameter Set | 3 |
| CF Parameter Set | 4 |
| TIM (Traffic Indication Map) | 5 |
| IBSS Parameter Set | 6 |
| Country Information | 7 |
| QBSS Load Element | 11 |
| Reserved | 11-15 |
| Challenge text | 16 |
| Reserved for challenge text extension | 17-31 |
| ERP | 42 |
| High Throughput(HT) Capability | 45 |
| RSN | 48 |
| HT Information | 61 |
| Secondary Channel Offset | 62 |
| 20/40 BSS Coexistence | 72 |
| 20/40 BSS Intolerant Channel Report | 73 |
| Overlapping BSS Scan Parameters | 74 |
| Extended Capability | 127 |
| WMM /WPA RSN | 221 |
| Reserved | 32-255 |

● Service Set Identity(SSID) IE : 주로 비컨, Probe Request, Probe Response 메시지에 수납된다. 비컨 메시지에 수납된 경우 단말은 이 메시지로 부터 AP가 소속된 Extended Service Set의 이름(예 : "Nespot" 등)을 알 수 있다. SSID 영역의 길이는 최대 32바이트이다. 참고로 Length=0이면, SSID 정보가 없는 브로드캐스트 SSID(또는 Null SSID)를 의미한다. 이것은 SSID를 모르는 단말이 AP를 탐색할 때 송신하는 Probe Request 메시지에 사용한다. 또한 보안을 위하여 AP가 자신의 SSID를 노출하지 않는 비컨 메시지를 송신할 때에도 사용된다.

| | Element ID = 0 | 1 |
|---|---|---|
| | Length = n | 1 |
| Information | SSID | 0~32 |

## CHAPTER 03 IEEE 802.11 무선 LAN

● **지원 전송률** : 무선 구간의 동작 속도를 명시한다. 총 8가지의 지원 속도를 표시할 수 있다. 각각의 supported rate 항목은 500kbit/s 단위의 전송 속도를 표시할 수 있다. 예를 들어 이 항목이 0x04이면 2Mbps이다[16].

| Information | Element ID = 1 | 1 |
|---|---|---|
| | Length = n (1~8) | 1 |
| | supported Rates | 1~8 |

● **DS parameter Set IE** : 채널 번호를 표시한다.

| Information | Element ID = 3 | 1 |
|---|---|---|
| | Length = 1 | 1 |
| | 현재 채널 번호 | 1~8 |

● **챌린지 문 IE** : 공유키 인증 방식에서 AP가 송신하는 challenge text가 수납된다. 보통 128바이트 길이의 challenge문이 사용된다.

| Information | Element ID = 16 | 1 |
|---|---|---|
| | Length = n | 1 |
| | Challenge Text | 1~253 |

● **TIM(Traffic Indication Map) IE** : 전원 절약 모드 시 필요한 DTIM Count, DTIM Period, Bitmap Control 그리고 Partial Virtual Bitmap으로 구성된다.

| Information | Element ID = 4 | 1 |
|---|---|---|
| | Length = n | 1 |
| | DTIM Count | 1 |
| | DTIM Period | 1 |
| | Bitmap Control (bitmap offset) | 1 |
| | Partial Virtual Bitmap | 1~251 |

● **DTIM Count 영역** : 방송형 프레임을 단말들에게 중계할 때 사용되며, 0부터 DTIM Period-1까지 매 비컨 프레임 전송시마다 증가되며 순환하는 값이다. 만약 이 값이 0이라면 현재의 이 TIM 요소는 방송형 프레임이 곧 중계될 것임을 알리는 DTIM이 된다.

---

[16] Supported rate 항목의 값이 0x82인 경우, 1Mbps의 의미를 가진다. 이것은 지원 속도가 기본 지원 속도 (BSSBasicRateSet)에 포함되는 것일 경우에는 최상위 비트를 1로 설정하기 때문이다.

- DTIM Period 영역 : DTIM들간의 비컨 간격 수를 말한다. 만약 이 값이 3이면 세 개의 비컨간격 마다 브로드캐스트 프레임이 중계될 수 있다.
- Bitmap Control 영역 : 비트 0의 값이 1이고 DTIM Count = 0이면, 브로드캐스트 프레임이 있음을 표시한다. 나머지 7비트는 다음 영역의 partial virtual bitmap에 대한 비트맵 오프셋용으로 사용된다.
- Traffic-indication virtual bitmap : 최대 2008비트로 구성된다. 각 비트의 의미는 AP의 버퍼에 전송할 트래픽의 유무를 말해준다. 즉 단말에 중계할 프레임이 버퍼링되어 있는 경우 1, 그렇지 않을 경우 0이 된다.

여기서 Parit이라는 의미는 최대 2008개의 AID(단말)별로 TIM을 지원하기 위해서 251(2008비트)바이트의 영역이 필요하지만, bitmap control의 7비트값(비트맵 오프셋)을 사용하여, 0으로 설정되는 비트들은 뛰어 넘어 표시하자는 것이다. 예를 들어 다음 그림과 같이 Length = 5, DTIM Count = x, DTIM Period = y), Bitmap_Offset = 2, Partial_Virtual_Bitmap = 55 55인 경우을 보자. 이것은 첫 16 비트에 해당되는 0~15번 AID 단말들에 대해서는 offset 2값에 의해 없다고 표시되어 있다.

이후 2바이트로 표시되는 5555에 해당되는 {17,19,21,23,25,27,29,31}…번 단말들에는 중계할 프레임이 저장되어 있음을 표시한다. 그리고 명시되지는 않았지만 나머지 단말들에 대해서는 해당 프레임이 없음을 묵시적으로 표시한다.

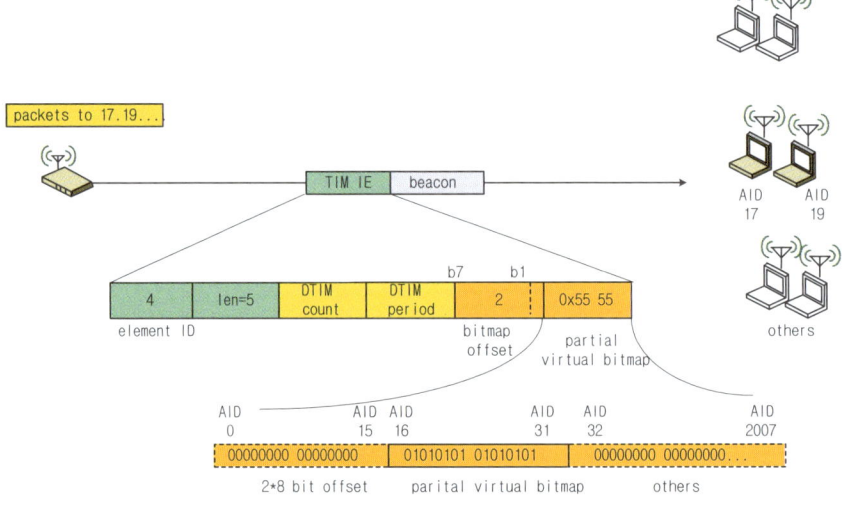

〈그림 3-38〉 TIM의 활용

## 3.15 매니지먼트 프레임의 상세 구성

### (1) 비컨 프레임

AP에서만 전송되며, AP의 존재와 지원 능력을 주변 단말들에게 주기적으로 알린다. 단말들은 이 비컨 프레임으로부터 AP의 SSID와 비컨 주기 그리고 채널 번호 정보도 알 수 있다. 또한 Timestamp 영역으로 AP와의 시간을 동기화 시킬 수 있어 단말의 전원 절약 모드를 지원할 수 있다.

비컨 프레임의 형식은 〈그림 3-39〉와 같다.

그리고 이러한 비콘 프레임의 송신 주기는 Target Beacon transmission time(TBTT)에 의해 결정된다. 만약 전송될 시간에 채널이 busy하다면 해당 비컨 프레임의 송신은 〈그림 3-40〉과 같이 잠시 지연될 수도 있다.

| | b0 | b7 | b8 | b15 | |
|---|---|---|---|---|---|
| Frame Control | 0 0 0 0 0 0 0 1 | | | | 2 |
| | Duration | | | | 2 |
| | DA | | | | 6 |
| | SA | | | | 6 |
| | BSSID | | | | 6 |
| Fragment/Sequence | frag num    sequence | | | | 2 |
| Frame Body | Time Stamp | | | | 8 |
| | 비컨 Interval | | | | 2 |
| Capability Information | E I CP CR P SP PB CA r r r r r r | | | | 2 |
| | SSID IE | | | | n |
| | Supported Rates IE | | | | n |
| | DS Parameter Set IE(option) | | | | n |
| | IM IE | | | | n |
| | FCS | | | | 4 |

〈그림 3-39〉 비컨 프레임 형식[17]

---

16 선택 사양인 여러 가지의 패러미터 세트 중에서 802.11a/b에서는 FH, CF, IBSS 등의 정보 엘리먼트들은 송신되지 않는다.

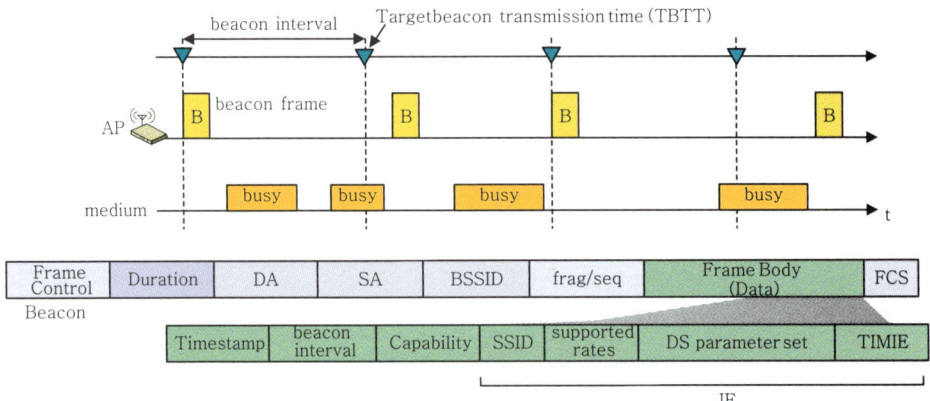

〈그림 3-40〉 비컨 프레임의 송신 주기와 프레임의 구성의 예

### (2) 프로브 요청 및 응답 프레임

능동 탐색 시 사용되며, 각각의 형식은 다음과 같다. 특히, 응답 프레임을 비컨 메시지와 비교해 보면, 이 단말이 아직 AP에 결합되어 있지 않기 때문에 비컨 메시지에 있는 TIM 영역을 제외하고는 유사함을 알 수 있다.

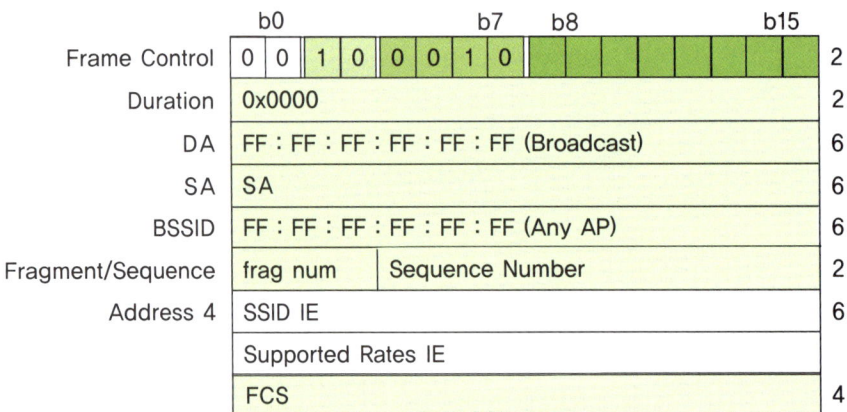

〈그림 3-41〉 프로브 요청 프레임의 구성

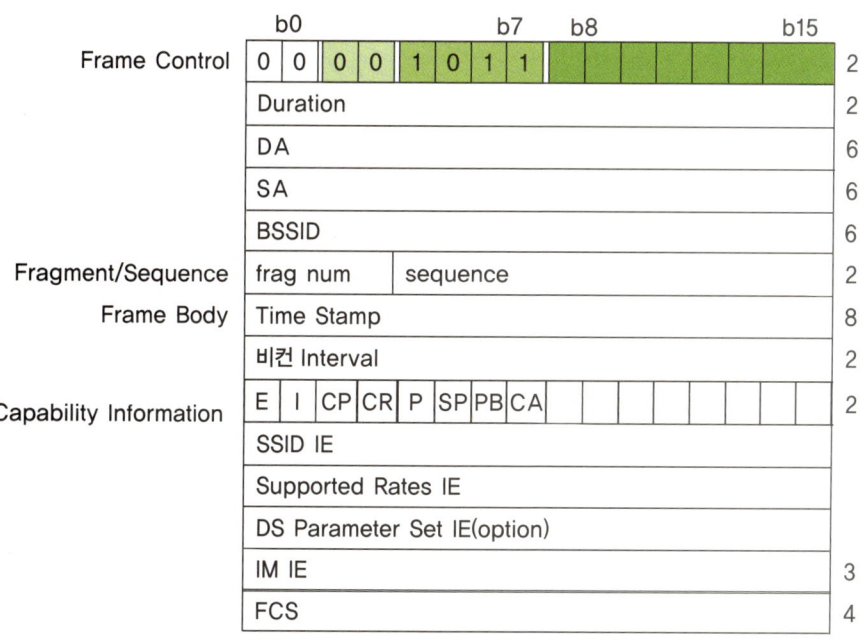

〈그림 3-42〉 프로브 응답 프레임의 구성

### (3) 인증 프레임

인증 요청과 응답 시 사용되며, 요청과 응답의 형식은 동일하지만 인증 절차 순서 번호(Authentication Transaction Seq)로 구분된다. Open System 인증 시에는 Challenge Text 영역이 없다.

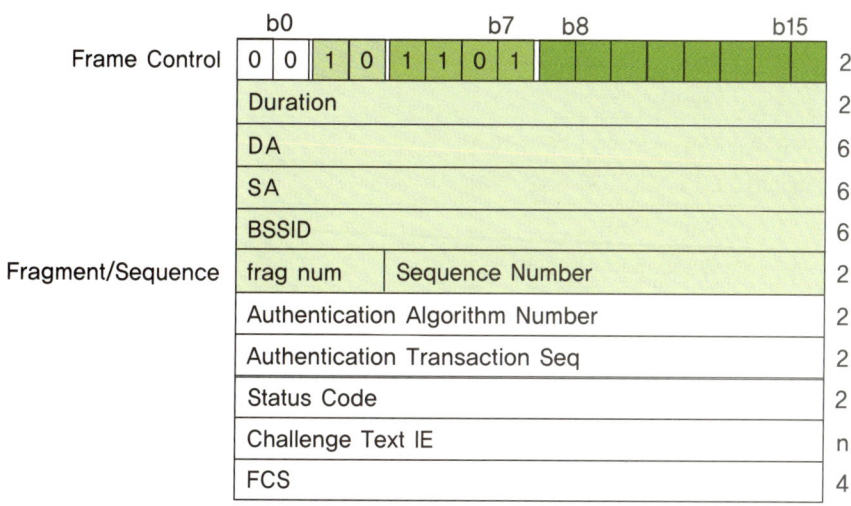

〈그림 3-43〉 인증 프레임의 구성

### (4) 결합 요청과 응답 프레임

결합 요청과 응답 프레임의 형식은 각각 다음과 같다. 결합 요청 시 전원 절약 모드에 머무를 기간을 명시하는 listen interval이 포함되고, 이에 대한 응답 프레임에는 AID값이 수납됨에 주의하라.

| Frame Control | b0 0 0 0 0 0 0 0 0 b7 b8 ... b15 | 2 |
|---|---|---|
| | Duration | 2 |
| | DA | 6 |
| | SA | 6 |
| | BSSID | 6 |
| Fragment/Sequence | frag num \| Sequence | 2 |
| Capability Information | E \| I \| CP \| CR \| P \| SP \| PB \| CA \| rsvd | 2 |
| | Listen Interval | 2 |
| | SSID IE | N |
| | Supported Rates IE | M |
| | FCS | 4 |

〈그림 3-44〉 결합 요청 프레임의 형식

| Frame Control | b0 0 0 0 0 1 0 0 0 b7 b8 ... b15 | 2 |
|---|---|---|
| | Duration | 2 |
| | DA | 6 |
| | SA | 6 |
| | BSSID | 6 |
| Fragment/Sequence | frag num \| Sequence | 2 |
| Capability Information | E \| I \| CP \| CR \| P \| SP \| PB \| CA \| rsvd | 2 |
| | Status Code | 2 |
| | Assocation ID(AID) | 2 |
| | Supported Rates IE | n |
| | FCS | |

〈그림 3-45〉 결합 요청 프레임의 형식

### (5) 결합 해제 요청 프레임

결합을 해제할 때 송신되는 프레임의 형식은 〈그림 3-46〉과 같으며, 결합해제의 이유를 명시하는 reason 코드 부분이 수납된다.

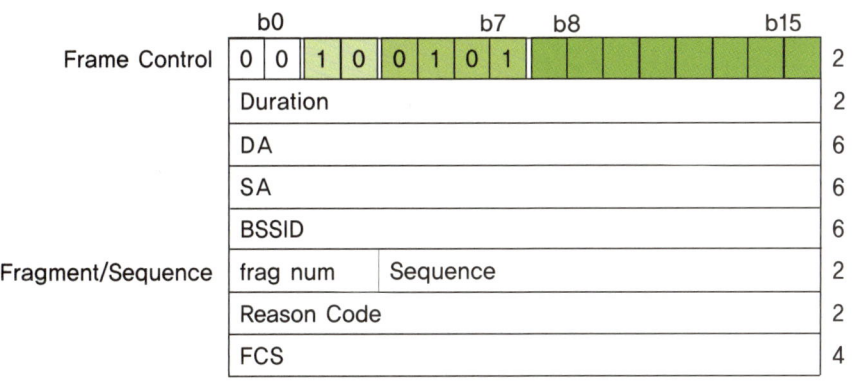

〈그림 3-46〉 결합 해제 프레임 형식

### (6) 인증 해제 요청 프레임

인증을 해제할 때 송신되는 프레임의 형식은 결합해제 요청 프레임과 유사하며, 인증 해제의 이유를 명시하는 reason 코드 부분이 수납된다.

## 3.16 802.11의 기본 동작 과정 분석

본 실험에서는 무선 프로토콜 분석기를 사용하여 무선상에서 전송되는 패킷을 단순히 수집하여 분석한다. 만약 주변에 무선망이 없는 경우, 〈그림 3-47〉과 같은 망을 구성하도록 한다.

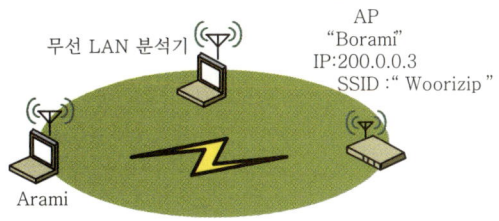

〈그림 3-47〉 실험 환경

## 3.17 무선 LAN 분석 도구 설치

무선 LAN 카드의 경우 윈도우 환경에서는 promiscuous 모드를 지원하지 않으므로, 다음과 같이 리눅스 시스템에 해당 무선 LAN 카드를 monitor 모드로 설정한 후, wireshark을 사용하여 패킷을 수집 분석하도록 한다.

**STEP 1** Interface name 확인 : iwconfig 명령어를 사용하여 무선 LAN 카드인 "wlan0" 장치명이 인식됨을 확인한다. 만약 확인되지 않으면 해당 카드에 대한 드라이버의 설치가 되지 않은 것이다. 참고로 "wlan0"이라는 장치명 외에도 Athero사의 LAN 카드의 경우 "ath0", ralink사의 장치는 "ra0" 등으로 표시되거나, 심지어 "eth1"으로 표시되는 경우도 있음에 주의하라.

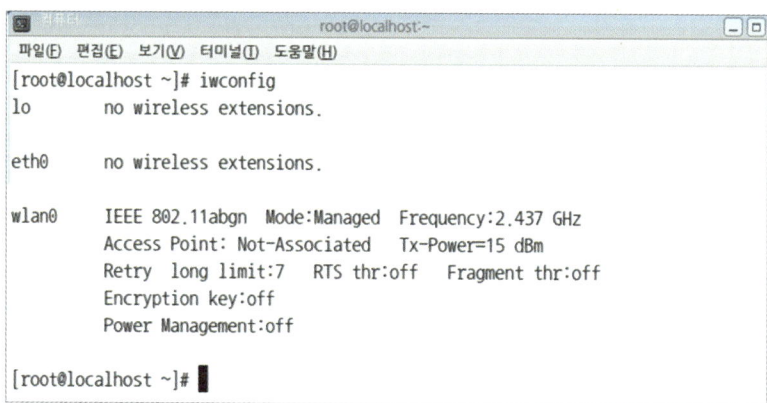

**STEP 2** Monitor Mode 설정 : 무선 LAN 인터페이스의 동작 모드를 모든 패킷을 수집할 수 있는 Monitor Mode로 다음과 같이 설정한다.

ㄱ) 먼저 무선인터페이스가 활성화되어 있다면 다음과 같이 down시킨다.

```
[root@localhost ~] ifconfig wlan0 down
```

ㄴ) Mode를 monitor 모드로 변경한다.

```
[root@@localhost ~] # iwconfig wlan0 mode monitor
[root@@localhost ~] # iwconfig
lo   no wireless extensions.
eth0 no wireless extensions.
wlan0  IEEE 802.11abgn Mode:Monitor Frequency:2.437 GHz…
[root@@localhost ~] #
```

## CHAPTER 03 IEEE 802.11 무선 LAN

ㄷ) 동작 채널을 설정한다. 예를 들어 6번으로 설정하면 다음과 같다.

[root@@localhost ~] # iwconfig wlan0 channel 6

[참고] 모든 채널을 monitoring하겠다면 다음과 같은 script를 작성하고 chopping.sh로 저장한다.

```
#!/bin/bash
IFACE=mon0
IEEE80211bg="1 2 3 4 5 6 7 8 9 10 11"

while true ; do
    for CHAN in $IEEE80211bg ; do
        echo "Switching to channel $CHAN"
        iwconfig $IFACE channel $CHAN
        sleep 1
    done
done
```

이어 다음과 같이 스크립트를 실행한다.

[root@localhost ~] chmod 755 chopping.sh

[root@localhost ~] ./chopping.sh

**STEP 3** WireShark를 이용한 패킷 수집 : Wireshark를 실행하여 wlan0 Interface를 선택해 수집되는 패킷을 분석한다. 다음 그림은 수집된 비컨 메시지의 예이다.

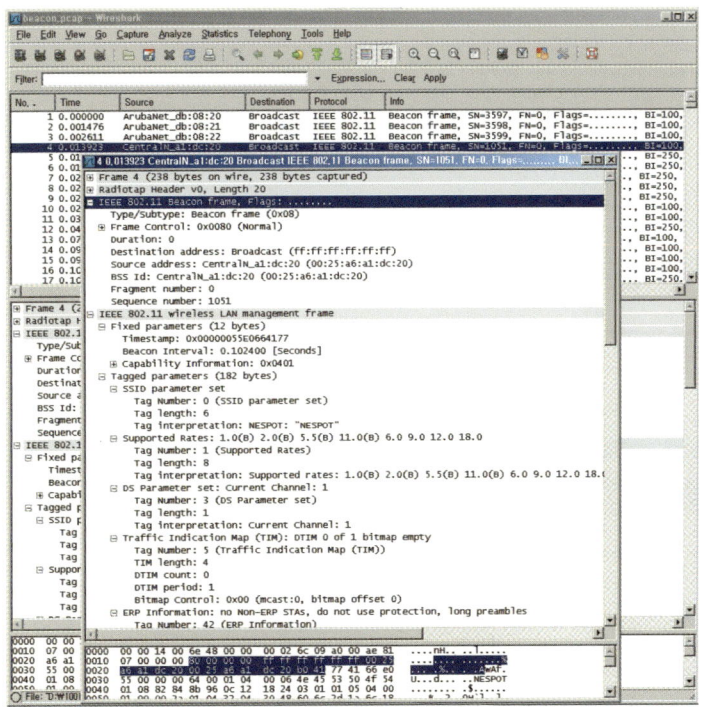

### 3.18 간략한 과정 분석

수집된 프레임 중에서, 탐색, 인증, 결합, 데이터 프레임에 대한 상세를 이해하도록 한다. 일반적인 절차는 〈그림 3-48〉과 같다. 상위 계층 데이터는 모두 LLC 프레임에 수납되어 전송됨에 주의하라.

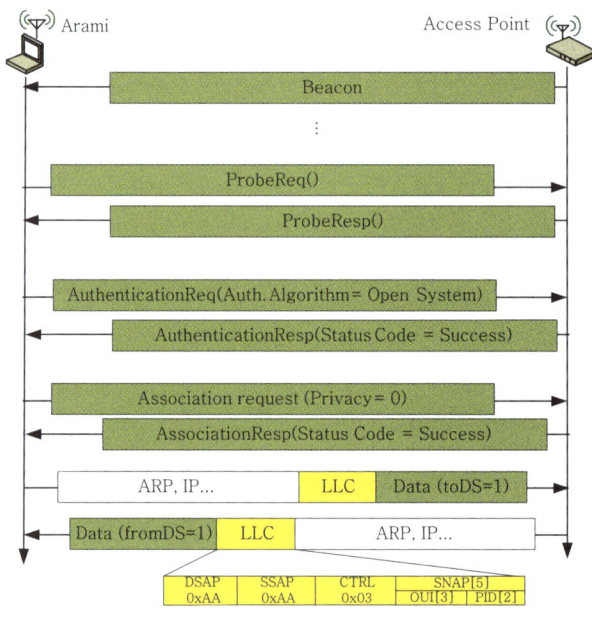

- DSAP = Destination Service Access Point (=0xAA)
- SSAP = Source SAP
- CTRL = Control Field (=0x03 = Unnumbered Information)
- SNAP = SubNetworkAccess Protocol
- OUI = Organization Unique Identifier(000000 = IEEE802)
- PID = Protocol ID

〈그림 3-48〉 절차의 예

### 3.19 수동 프로브 과정 분석

무선 LAN 분석기로 비컨 메시지를 수집한다. 예는 다음과 같다.

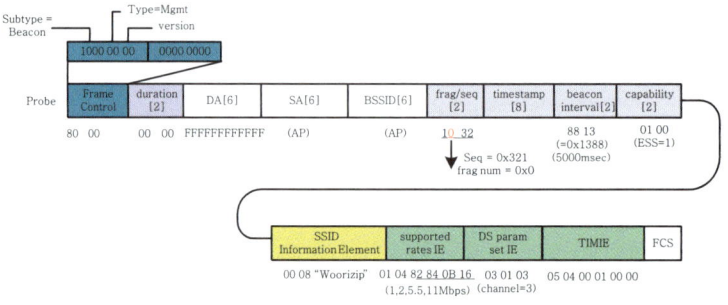

〈그림 3-49〉 비컨 프레임의 예

## CHAPTER 03 IEEE 802.11 무선 LAN

이 비컨 메시지는 AP로부터 송신된 것으로써, 비컨의 생성 주기는 5000이며, SSID="Woorizip", 지원 속도는 {1,2,5.5, 11} Mbps이다. 또한, DS 채널 번호는 3이며, DTIM 주기는 1임을 알 수 있다.

### 3.26 능동 탐색 과정 분석

프로브 요청과 응답 메시지의 예는 다음과 같다. 이 프로브 요청 메시지는 40-00의 Frame Control영역을 가지며, 브로드캐스트된다. 이후 53바이트 길이의 프로브 응답 패킷이 AP로부터 수신된다. 이 프레임의 시작은 50-00인 것으로부터 이 프레임이 프로브 응답 패킷임을 알 수 있다.

프로브 response 패킷에는 SSID인 "Woorizip"이 사용되었으며, 마지막의 information element인 "01-04-82-84-8b-96"으로부터 해당 AP가 지원 가능한 전송 속도는 1,2,5.5, 11Mbps임을 알 수 있다.

이러한 프로브 응답이나 비컨 메시지에 수록된 정보로부터, BSSdescription을 구성하는 AP의 MAC주소인 BSSID, SSID, 비컨 프레임의 생성 주기, 비컨 프레임의 송신 간격을 단위로 하는 DTIM 메시지의 송신 주기, AP의 타임스탬프, DSSS의 경우 채널 번호 정보가 수록된 PhyParameters 그리고 지원 가능한 전송 속도 정보 등을 모두 알아낼 수 있다.

● 프로브 요청 메시지

```
40 00   : Probe Request message(Subtype: 0100=ProbeReq,Type=00=Mgmt, Version:00, No WEP…)
00 00   : Duration = 0
FF FF FF FF FF FF  : DA
00:00:F0:65:43:21 : SA (STA)
FF FF FF FF FF FF : BSSID
10 00 : Seq/frag
00 08 "Woorizip"  --> SSID IE = "Woorizip"
01 04 82 84 0B 16 24 30 48 6C : Supported Rates IE
```

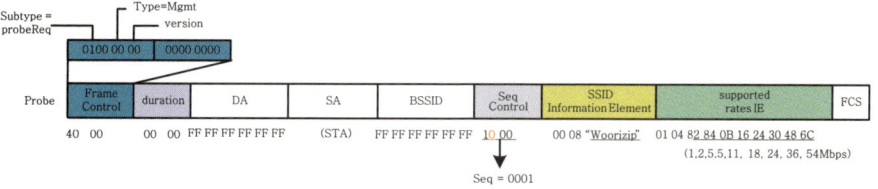

〈그림 3-50〉 프로브 요청 메시지의 예

● 프로브 응답 메시지

```
50 00 : Probe Response message(Subtype=0101(probeResp), Type=00(Mgmt),Ver=00,No WEP…)
3A 01  : Duration = 0x013A TU = 314 usec
00 00 F0 65 43 21 : DA (STA)
00 00 F0 64 01 03 :SA (AP)
00 00 F0 64 01 03 : BSSID (AP)
20 32  : Seq/frag
53 63 ab 07 00 00 00 00 : Timestamp
88 13  : Beacon Interval
01 00  : Capability (ESS = 1)
00 08 "Woorizip"  --> SSID IE = "Woorizip"
01 04 82 84 0B 16 : Supported Rates IE
03 01 03 : DS Parameter Set IE (Channel No. = 3)
```

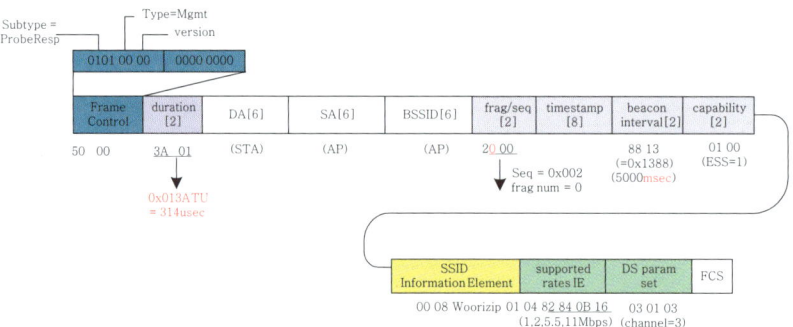

〈그림 3-51〉 프로브 응답 메시지의 예

### 3.21 인증, 결합, 데이터 전송 과정의 분석

본문을 참조하여 해당 프레임의 내용을 분석한다.

## 연습 문제

[1] 무선 LAN 의 계층 구조에 대한 설명 중 틀린 것은 __이다.
 (a) PMD : 무선 모뎀 기능을 수행하며, 무선 채널의 idle, busy 상태를 보고한다.
 (b) PLCP : PMD와 MAC간을 정합한다. MAC PDU에 대하여 물리 계층에서 사용할 프리앰블 등을 부착한다.
 (c) MAC : 상위 계층 프레임인 MSDU에 대하여 MAC 헤더를 부착하고, CSMA/CA 동작을 수행한다.
 (d) MLME : 전원 관리, 탐색, join, 인증, 결합, 리셋, 시간 동기 등을 MMPDU를 사용하여 수행한다. 프레임 분할 기능도 수행한다.

[2] PLCP의 특징 중 틀린 것은 __이다.
 (a) 프리앰블 및 PLCP 헤더로 구성되며 이 영역의 전송 속도는 페이로드 영역의 전송 속도보다 느리다.
 (b) 프리앰블의 길이는 128과 56비트 등 2가지가 있다.
 (c) PLCP 헤더에 있는 시그널 영역은 페이로드 부분의 전송속도를 표시한다.
 (d) PLCP 헤더에 있는 CRC 영역은 페이로드 부분에 대한 오류 검사용이다.

[3] MAC 프레임의 특징 중 틀린 것은 __이다.
 (a) Address4 영역은 없을 수도 있다.
 (b) Frame Control 영역은 프레임의 종류, 암호화 여부 등을 표시한다.
 (c) Duration 영역은 무선 링크 예약을 위한 시간값인 NAV값이 수납된다.
 (d) ToDS 비트가 1이면 AP가 단말에게 전송하는 프레임임을 표시한다.

[4] 무선 단말(MAC1)이 AP(MAC2)를 경유하여 DS에 있는 서버(MAC3)에게 전송할 때, 전송하는 프레임의 Address 1,2,3에는 각각 __, __, __가 수납되며, ToDS 비트는 __로 설정된다.
 (a) MAC1    (b) MAC2    c) MAC3
 (d) 1    (e) 0

[5] 802.11b의 MAC 패러미터 값 중 틀린 것은 __이다.
 (a) Slot_time = 20μsec    (b) SIFS = 10μsec
 (c) DIFS = 50μsec    (d) Backoff time = [0..31] * Slot_time

[6] 802.11b의 MAC의 동작 중 틀린 것은 __이다.
 (a) ACK 프레임은 SIFS만 지연한 후 전송된다.
 (b) 채널이 busy함을 감지한 단말은 데이터 프레임 전송 시 DIFS + backoff_time 지연 후 전송한다.
 (c) RTS와 CTS 프레임은 모두 SIFS만 지연한 후 전송된다.
 (d) 분할된 각 프레임들의 전송은 모두 SIFS기간만 지연되면서 전송된다.
 (e) 브로드캐스트 프레임은 분할전송이 허용되지 않으며, 확인 응답도 없다.

## 연습 문제

[7] NAV에 대한 설명 중 틀린 것은 __이다.
  (a) Network Allocation Vector의 약어
  (b) 가상적인 캐리어 감지 기능 수행
  (c) 지정된 기간 동안의 전송 예약
  (d) PS-Poll 메시지에도 NAV가 수납됨

[8] 802.11b의 MAC의 탐색 동작 중 틀린 것은 __이다.
  (a) 비컨에 의한 수동 탐색과 probe 메시지에 의한 능동 탐색이 있다.
  (b) 탐색 결과로 해당 AP에 대한 BSS의 종류, AP의 주소, SSID, capability(암호화 방법) 등을 알 수 있다.
  (c) 탐색 결과로 지원 가능한 전송 속도도 알 수 있다.
  (d) 탐색 결과에 의해 AP에 접속된 단말의 개수를 알 수 있다.

[9] 802.11b 전원 절약에 대한 설명 중 틀린 것은 __이다.
  (a) 단말은 결합 요청 메시지에 비컨 주기의 배수인 Listen Interval을 명시하여 자신이 Doze 모드에 들어갈 경우, 깨어날 주기를 AP에 알려준다.
  (b) P는 해당 단말들로 향하는 프레임들을 버퍼링하면서, 이 프레임을 가져가야 할 단말들의 리스트를 나열한 Traffic Indication Map(TIM) 정보를 비컨 메시지에 실어 송신한다.
  (c) 전원 절약 모드에 있는 단말들은 AP가 주기적으로 보내는 비컨 메시지를 무시한다.
  (d) 자신에게 전달될 프레임을 AP가 저장하고 있다면, PS-Poll 메시지로 AP에게 전달을 요청한다.

[10] 잡음이 많은 경우, MAC이 하는 동작이 아닌 것은 __이다.
  a) RTS threshold값을 감소시킴
  (b) Fragmentation threshold 값을 증가시킴
  (c) 재전송 시도 제한값을 증가시킴

[11] 재결합 절차를 설명하라.

## 연습 문제

[12] 비컨 간격을 증가시키면 어떤 일이 예상되는가?

[13] 스마트폰의 WLAN 접속 절차를 프로토콜 분석기로 수집하여 분석하라.

[14] 802.11n의 특징을 분석하라.

[15] 802.11ac의 특징을 분석하라.

# 리눅스 기반의
## TCP/IP와 라우팅 프로토콜

# 네트워크 계층 프로토콜과 IP

## 4.1 개요

　IP(Internet protocol) 패킷은 TCP, UDP, ICMP, IGMP 등의 상위 계층 메시지를 자신의 데이터 영역에 수납하여 목적지 호스트까지 전달하는데 사용된다. 물론 이 IP 패킷은 데이터 링크 계층의 프레임에 실려간다. 본 장에서는 IP 패킷에서 사용하는 주소, 서브넷팅, 슈퍼넷팅 등의 주소법에 대하여 알아본 후, IP 헤더를 구성하는 각 영역들에 대한 기능을 알아본다. 이어 리눅스 시스템에 장착된 LAN 카드에 대한 IP 주소 할당 과정과 IP calculator를 사용한 IP 주소 할당 방법을 실습한다. 참고로 TCP/IP 프로토콜 모듬에서 IP 계층의 위치는 〈그림 4-1〉과 같다.

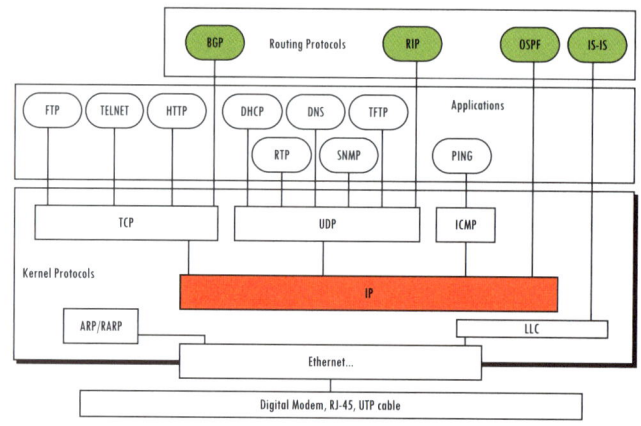

〈그림 4-1〉 IP의 계층 내의 위치

## 4.2 네트워크 계층 서비스의 종류

　네트워크 계층에서의 장치간 패킷 전달을 위한 방법으로 가상 회선 방식과 데이터그램 방식이 있다.

- 연결형 가상 회선 방식
- 비연결형 데이터그램 방식

　가상 회선 방식은 종단간의 네크워크 계층에서의 연결을 사전에 설정하여 신뢰성 있고 보장 가능한 전달 지연 시간을 제공할 수 있다. 이러한 방법으로는 X.25, FrameRelay, ATM, MPLS 등이 있다. 이러한 방법이 가능하려면 연결 설정, 유지, 연결해제 절차를 수행할 수 있는 별도의 신호 프로토콜이 필요하다. 또한 1 : n의 멀티캐스트 서비스를 하려면 송신측과 수신측 간의 1 : 1 연결 절차를 n번 수행해야 하는 문제가 있다.
　반면에 데이터그램 방식은 위의 기능을 전혀 보장하지 않는 서비스로써 best-effort 방식이라고 한다. 이것의 대표적인 방식으로 IP가 있다. 이러한 IP 기반의 데이터그램 방식은 연결을 설정하지 않으므로 멀티캐스트 및 방송형 서비스에 적합하다.

## 4.3 인터넷 주소

인터넷상의 각 호스트는 유일한 4바이트의 정수 값이 할당된다. 이것을 인터넷 주소 또는 IP 주소라고 부른다. 대부분의 경우 IP 주소는 각 호스트마다 하나씩 할당되지만, 라우터와 같이 한 시스템에 여러 개의 인터페이스를 가지는 경우에는 각 인터페이스마다 IP 주소가 할당된다.

〈그림 4-2〉에서 라우터는 각 인터페이스마다 IP 주소가 할당되어 200.0.1.0망과 200.0.251.0망을 연결하고 있음을 알 수 있다. 또한 망에 대한 구분도 IP 주소에 의해 가능하다. 참고로 각 망에서의 default gateway는 해당 망에 설치된 라우터의 IP 주소로 설정되어야 다른 망에 있는 장치와의 통신이 가능하다.

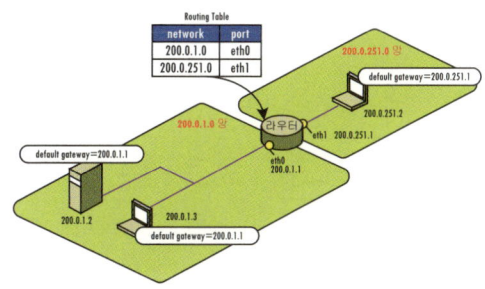

〈그림 4-2〉 IP 주소의 활용 예

## 4.4 인터넷 주소의 클래스별 분류

### (1) IP 주소 클래스

호스트에 할당된 IP 주소는 크게 3개의 클래스 즉, A, B, 또는 C 클래스에 속한다. 또한 D와 E 클래스가 더 있는데, 이들은 각 호스트에 할당되는 것이 아니다. 이러한 IP 주소 클래스들은 〈그림 4-3〉과 같이 IP 주소의 첫 바이트의 1~4비트 값으로 구분된다.

이러한 4 바이트의 IP 주소는 다시 network id와 host id로 구분된다. 각 id 영역의 길이는 클래스 별로 다르다. Network id란 network 자체를 나타내는 주소로서 다른 network과 구분하는 역할을 하고, host id는 해당 network에 속한 호스트의 식별자를 의미한다. 참고로 network id부분을 prefix라고도 부른다.

| | 0 | | | | 1 | 2 | 3 |
|---|---|---|---|---|---|---|---|
| 클래스 A | 0 | | Network id | | | host id | |
| 클래스 B | 1 | 0 | | Network id | | | host id |
| 클래스 C | 1 | 1 | 0 | | Network id | | host id |
| 클래스 D | 1 | 1 | 1 | 0 | | Multicast Group 주소 | |
| 클래스 E | 1 | 1 | 1 | 1 | | 0 | |

〈그림 4-3〉 IP Address 클래스

- 클래스 A 주소 : Network id는 7비트 즉 0 ~ 127로 범위가 지정된다. 이 중에서 0과 127은 특별한 용도로 사용되므로, 실제로 할당 가능한 network id의 영역은 1 ~ 126이다. 각 망에는 최고 224 개의 호스트에 대한 IP 주소를 할당할 수 있다. 단 이 host id 중에서 0.0.0과 255.255.255는 특수한 용도로 사용되어 각 망에 있는 호스트에 할당 가능한 IP 주소 개수는 $2^{24} - 2$이다.
- 클래스 B 주소 : 14비트의 network id로 망을 구분하므로 클래스 B의 망의 개수는 $2^{14} - 2 = 16,384$이다. 각 network에 할당 가능한 host id는 나머지 2 바이트의 값이고, 이들 중 특수주소인 0.0과 255.255를 제외하면, $2^{16} - 2 = 65,534$개이다.
- 클래스 C 주소 : 첫 세 바이트의 21비트로 network id가 구분되므로 클래스 C의 망의 개수는 $2^{21} - 2 = 2,097,152$이다. host id 영역은 나머지 1 바이트의 길이를 가지므로, 각 network별 host id의 수는 특수 주소인 0과 255를 제외하면, $2^8 - 2 = 254$이다.
- D 클래스 주소 : 첫 바이트의 값으로 224에서 239까지 사용되며, 멀티캐스트 전송용으로 사용된다. 일종의 채널 번호라고 할 수 있다.
- E 클래스 주소 : 실험용 주소이다.

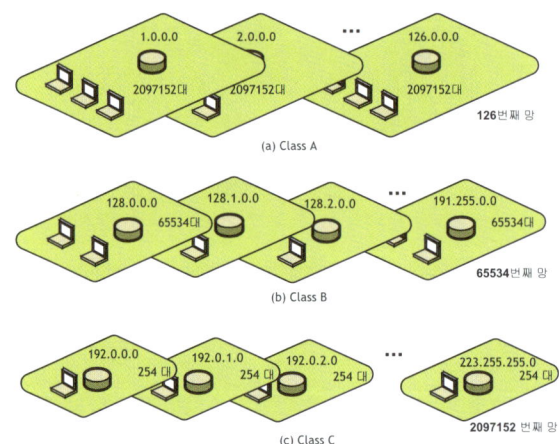

〈그림 4-4〉 클래스에 따른 망의 개수와 망 내부의 최대 호스트의 수

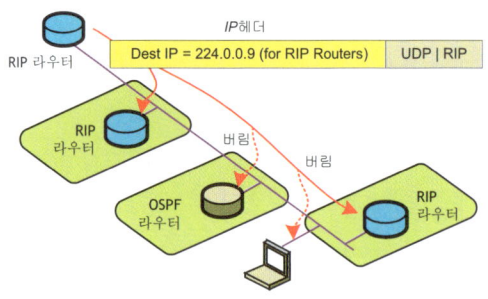

〈그림 4-5〉 Class D주소의 활용 예(RIP 메시지의 경우)

CHAPTER 04 네트워크 계층 프로토콜과 IP

### (2) 예

IP 주소가 10진수로 표기될 때에는 다음과 같이 이 주소의 첫 번째 값을 기준으로 클래스를 식별할 수 있다.

- 0 ~127 : Class A
- 128~191 : Class B
- 192~223 : Class C
- 224~239 : Class D
- 240~255 : Class E

예를 들어, 200.0.1.2의 주소를 가지는 장치는 클래스 C에 속하며, network id 영역은 200.0.1이고, host id 영역의 값은 2이다.

| 십진 표기값 | 200.0.1.2 |
|---|---|
| 이진 표기값 | 1100 1000  0000 0000  0000 0001  0000 0010 |

## 4.5 특수 IP 주소

다음과 같은 특수한 용도의 IP 주소들이 예약되어 있다.

| netid | 호스트 id | 주소 이름 | 용도 |
|---|---|---|---|
| 특정값 | 00…..00 | Network address | 네트워크의 주소 |
| 특정값 | 11…..11 | Net-directed broad-cast to nedid | 특정 망의 모든 단말에게 방송할 때 사용된다. |
| 00..00 | host id | Specific host on this network | 연결된 망 내부에 있는 특정 단말을 지시한다. 마치 클래스 A 주소로 간주될 수 있으나, 라우터를 경유하지는 못한다. |
| 127.x.x.x | | Local Loopback | IP 계층에서의 내부 루프백(loopback) 시험용으로 사용된다. |
| 255.255.255.255 | | Limited broadcast | 라우터 내부망의 모든 단말에게 방송할 때 사용된다. |
| 0.0.0.0 | | This host on this network | 현재 이 망에 있는 호스트로서, 단말자신의 IP 주소를 모를 때 사용한다. 라우팅 테이블에서 Gateway 항목으로 사용되면, 자기 자신을 의미한다. 또한, 라우팅 테이블의 목적지 항목에서의 0.0.0.0은 default route를 의미한다. 마치 클래스 A주소로 간주될 수 있으나 라우터를 경유하지는 못한다. 따라서 가용한 클래스 A 망주소 1개를 감소시킨다. |
| 10.~ | Any | Class A 용 사설 주소 | 공식적인 승인 없이 사용 가능한 사설망 내부에서 사용 가능한 주소이다. 기관 내에서는 유일하겠지만, 인터넷 전체망에서는 중복될 수도 있다. |
| 172.16.~ 172.31. | Any | Class B 용 사설 주소 | |
| 192.168.0~ 192.168.255 | Any | Class C 용 사설 주소 | |

〈그림 4-6〉 특수 주소

### (1) Network 주소

특정 망 주소를 가지지만 호스트 id가 모두 0인 주소로서, 망의 주소를 의미한다. 패킷의 헤더에는 사용되지 않는다.

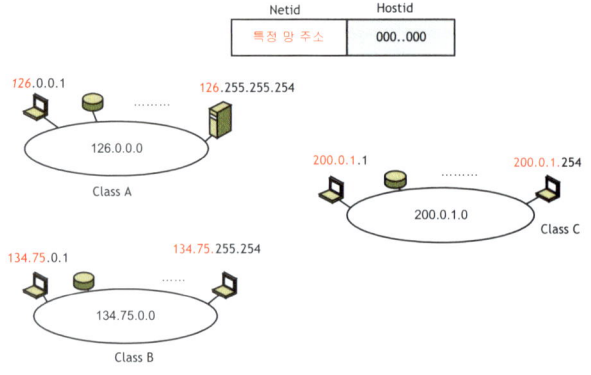

〈그림 4-7〉 네트워크 주소의 활용 예

### (2) Network-directed broadcast to nedid

Network id에는 특정 값이 사용되지만, host id 영역이 모두 1인 주소이다. 이것은 특정 망 내부의 모든 호스트들이 모두 수신할 수 있도록 방송되는 패킷의 목적지 주소로 사용된다.

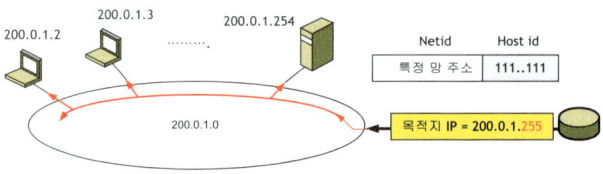

〈그림 4-8〉 직접 브로드캐스트 주소의 활용 예

### (3) Specific host on this network

Network id값은 모두 0이지만, 특정 호스트 id값을 가진 주소로서, 망 내부에 있는 특정 단말을 지시한다. 마치 클래스 A주소로 간주될 수 있으나, 라우터를 경유하지는 못한다. 사실, 이러한 주소는 거의 사용되지 않는다.

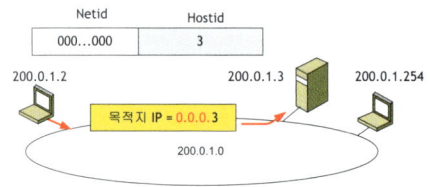

〈그림 4-9〉 이 망에 있는 특정 호스트 주소의 활용 예

CHAPTER 04 네트워크 계층 프로토콜과 IP

### (4) Local loopback 주소

Network id값은 클래스 A인 127 인 반면에, 호스트 id 값으로는 특정값이 지정되지 않은 주소로서, 시스템 내부에서 루프백되는 패킷에 대한 목적지 주소로 사용된다. 이것은 패킷 송수신 과정을 시스템 내부에서 시험할 때 주로 사용한다.

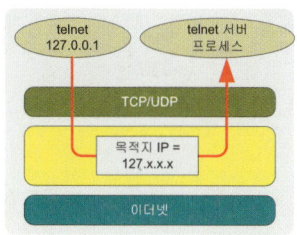

〈그림 4-10〉 루프백 주소

### (5) Limited broadcast

목적지 주소로만 사용되는 255.255.255.255는 클래스 E에 속하며, 해당 네트워크에 접속된 모든 장치에게 전달되도록 하는 방송용 주소이다. 하지만, 라우터는 통과하지는 못한다. 이 주소를 사용하는 예로는 DHCP 클라이언트가 DHCP서버가 어디 있는지 찾을 때이다.

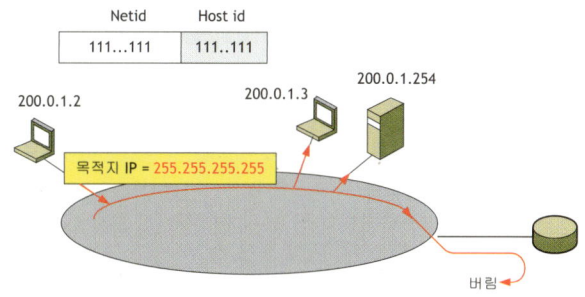

〈그림 4-11〉 제한된 브로드 캐스트 주소의 활용 예

### (6) This host on this network

IP 주소값이 0.0.0.0인 주소로서, 다양한 의미를 가진다.
- RARP, BOOP, PPP 또는 DHCP 등의 프로토콜은 시스템 부팅 시 자신의 IP 주소를 모르기 때문에, 서버로부터 IP 주소를 동적으로 할당 받아야 한다. 이 과정에서 서버로 송신하는 프레임의 Source IP 주소 영역에는 이 0.0.0.0 값이 사용된다.
- 라우팅 테이블에서 Gateway 항목으로 사용되면 자기 자신을 의미한다.
예를 들어 〈그림 4-12〉와 같은 망에 대한 라우팅 테이블을 보자. 목적지망 200.0.1.0과 201.0.1.0망에 대한 모든 패킷들은 다른 라우터를 경유하지 않고 이 라우터 자신이 직접 전달할 수 있음을 표시한다.

- 라우팅 테이블의 목적지 항목에서의 0.0.0.0은 default route를 의미한다. 즉 200.0.1.0 망과 200.0.251.0망이 자신의 default gateway(다음 라우터)인 200.0.251.2 라우터로 전달하도록 설정되어 있음을 알 수 있다.

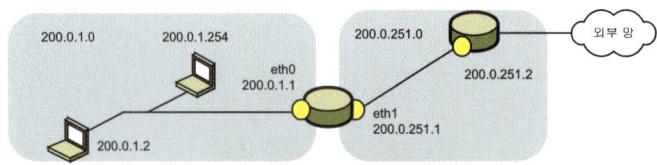

```
seoul# /sbin/netstat -rn

Kernel IP routing table

Destination     Gateway      Genmask          Flags   MSS    Window   irtt   Iface
200.0.1.0       0.0.0.0      255.255.255.0    U       1500   0        0      eth0
200.0.251.0     0.0.0.0      255.255.255.0    U       1500   0        0      eth1
200.0.1.254     0.0.0.0      255.255.255.255  U       1500   0        0      eth0
127.0.0.0       0.0.0.0      255.0.0.0        U       3584   0        0      lo
0.0.0.0         200.0.251.2  0.0.0.0          UG      1500   0        0      eth1
```

〈그림 4-12〉 라우팅 테이블에서의 this host on this network 주소(0.0.0.0)의 사용 예

## 4.6 서브넷팅

클래스 A와 B 주소들은 너무 많은 비트들이 host id 영역을 점유하므로 주소의 낭비가 심하다. 이러한 단점을 해결하기 위하여 〈그림 4-13〉과 같이 host id부분을 {subnet id, host id}로 재분할하는 3단계의 주소 구조를 사용할 수 있다.

이러한 방법을 "서브넷 주소법"이라고 부른다.

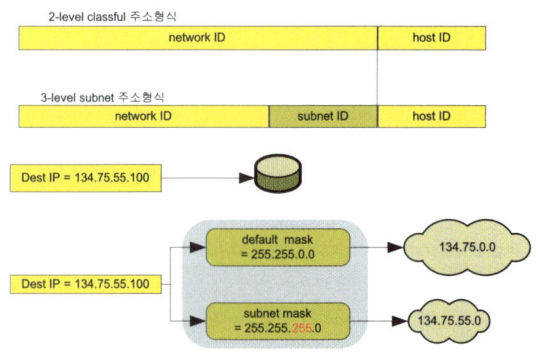

〈그림 4-13〉 서브넷팅

CHAPTER 04 네트워크 계층 프로토콜과 IP

〈그림 4-14〉와 같이 하나의 클래스 B 망을 독립적인 254개의 망으로 구분하는 경우를 고려해 보자. 망 관리자는 이 라우터에 총 255개의 인터페이스를 설치한 후, 254개의 내부망 인터페이스마다 각각 1부터 254까지의 subnet id 중 하나를 할당한다. 예를 들어 목적지가 134.75.254.100인 IP 패킷이 외부망으로 부터 전달되면, 이 라우터는 서브넷 마스크인 255.255.255.0를 적용시켜 서브넷 주소인 134.75.254.0를 얻는다. 라우터는 이 서브넷 주소에 해당되는 인터페이스인 eth254를 통하여 이 패킷을 전달할 수 있다.

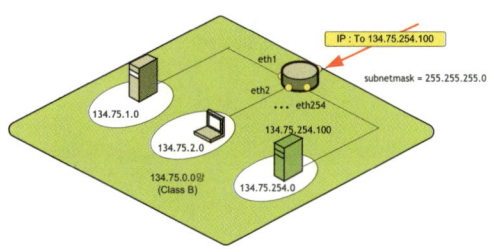

〈그림 4-14〉 134.75.0.0망의 서브넷 분할의 예(서브넷 마스크=255.255.255.0)

## 4.7 Classless Intradomain Routing(CIDR)

기존 IP 주소는 그 주소값에 따라 A,B,C 등의 클래스가 주어지므로 그에 따른 서브넷 마스크도 8, 16, 24비트로 고정된다. CIDR은 수신되는 IP 패킷의 주소에 대한 기본 클래스와 상관없이, 서브넷 마스크를 구성하는 '1'의 비트 개수를 의미하는 prefix값을 사용하여 netid를 추출하여 해당 출력 인터페이스를 선택하는 기법이다.

이러한 CIDR 방식을 사용하면 여러 개의 주소 블록을 하나의 큰 망으로 집단화하는 슈퍼넷팅도 가능하다. 예를 들어 〈그림 4-15〉와 같이, 200.0.0.0, 200.0.1.0, 200.0.2.0, 200.0.3.0 망과 같은 4개의 클래스 C 망을 하나의 인터페이스로 연결하는 라우터를 설정한다고 하자. 이 인터페이스에 서브넷 마스크 255.255.252.0, 즉, 200.0.0.0/22를 적용하면 이 4개의 클래스 C 망들은 $2^{10}-2$ 개의 호스트를 지정할 수 있는 하나의 큰 슈퍼넷으로 간주된다. 여기서 "/"다음의 숫자는 서브넷 마스크를 구성하는 "1"의 비트수를 의미하며, prefix라고 부른다. 이 방법을 적용하지 않는 경우 200.x.x.x는 클래스 C이므로 서브넷 마스크의 기본값은 255.255.255.0이다.

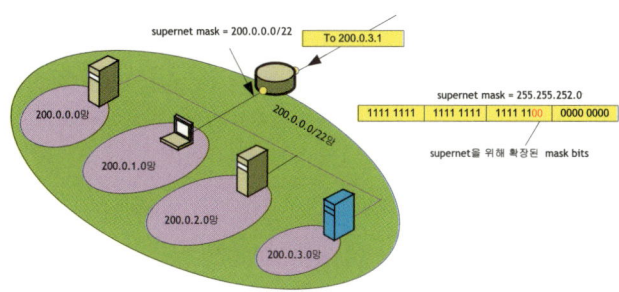

〈그림 4-15〉 CIDR을 사용한 수퍼넷팅의 예

이러한 CIDR 방법은 하나의 망을 여러 개의 서브넷으로 분할하는 서브넷용으로도 사용가능하다. 예를 들어 〈그림 4-16〉과 같이 라우터의 각 인터페이스마다 '/26'으로 설정하여 4개의 서브넷으로 분할할 수 있다.

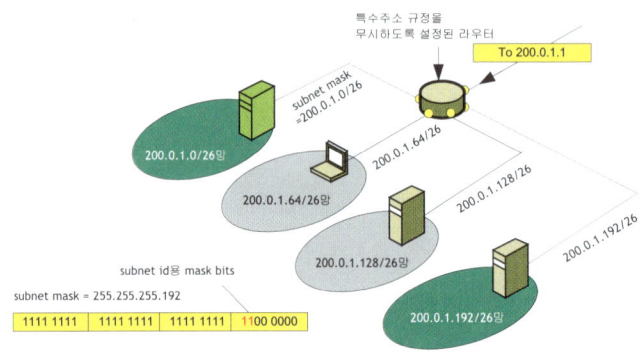

〈그림 4-16〉 CIDR 기법을 이용한 서브넷팅의 예

## 4.8 Variable Length Subnet Mask(VLSM)

앞에서 CIDR 기법에 의해 라우터의 각 인터페이스에 동일한 prefix를 할당하였다. 가변 길이 서브넷 마스크 (VLSM;Variable Length Subnet Mask) 방법은 라우터의 각 인터페이스 별로 prefix를 서로 상이하게 할당하는 방법이다. 이 방법을 사용하면 각 서브넷마다 할당 가능한 호스트 수를 달리할 수 있다.

예를 들어, 클래스 C 주소인 200.0.1.0을 할당 받은 기관에서 다음과 같이 4개의 서브넷을 구성하고자 한다.

| 서브넷 | 호스트 개수 |
|---|---|
| Subnet 1 | 126 |
| Subnet 2 | 62 |
| Subnet 3 | 30 |
| Subnet 4 | 30 |
| 합계 | 248 |

먼저 서브넷의 개수가 4개이므로, 서브넷 마스크의 subnet id용 비트 수는 2비트가 필요하고 각 서브넷에 할당될 수 있는 host id 비트 수는 6비트이다. 하지만 서브넷 1의 경우 host id용 비트는 6비트 뿐이므로 $2^6 -2 = 62$개의 호스트만 설정할 수 있어 이 방법은 사용할 수 없다. 그렇다고 subnet id용 비트 수를 1비트로 줄이면, 서브넷의 개수가 최대 2개 밖에 되지 않는다.

이러한 문제를 해결하기 위하여 라우터의 각 인터페이스에 접속된 서브넷마다 prefix를 다르게 할당하는 기법인 VLSM 방식이 사용된다. 즉 〈그림 4-17〉과 같이 각 인터페이스 별로

255.255.255.0, 255.255.255.128, 255.255.255.192, 255.255.255.224의 서로 다른 서브넷 마스크를 설정함으로써 126, 62, 30, 30개의 호스트를 각각 지원하는 서브넷 4개를 설정할 수 있도록 한다.

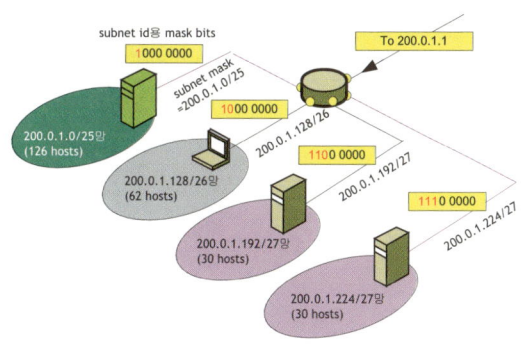

〈그림 4-17〉 VLSM을 사용한 경우

## 4.9 IP 패킷의 형식

〈그림 4-18〉은 IP 패킷의 기본형식이다. 옵션 영역이 없는 경우 IP의 헤더 길이는 20바이트이다.

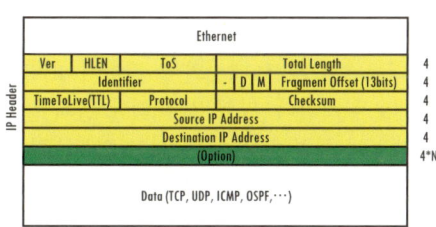

〈그림 4-18〉 IP의 구성

4바이트 단위 중 첫 번째 바이트부터 송신된다. 이러한 방식을 network byte order라고도 한다. 각 영역의 상세는 다음과 같다.

- Version : 첫 4비트는 IP의 버전 정보이다. 4 또는 6이다.
- 헤더 길이 영역(HLEN) : 헤더의 총 길이를 4바이트 단위로 표시한다. 〈그림 4-19〉와 같이, 이 영역의 값이 6이면, 헤더의 길이는 24바이트임을 표시한다. 만약, IP 헤더에 옵션 영역이 없는 경우, 기본 헤더 길이가 20바이트이므로, 0x5로 코딩된다.

〈그림 4-19〉 헤더 길이

- Type Of Service(TOS) 영역 : 3비트의 우선순위와 4비트의 TOS 설정용으로 사용된다. 예를 들면 텔넷과 같은 서비스의 경우에는 D=1로 설정되어 최대한 지연 시간을 단축시키도록 요구한다. 대부분의 시스템에서는 이 우선순위 영역과 TOS 영역을 처리하지 않는다.

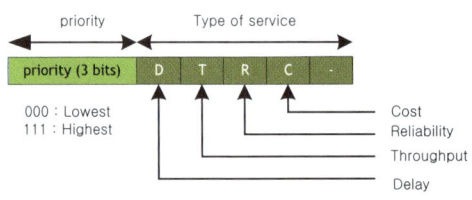

| TOS bit | 설명 |
|---|---|
| 0000 | Normal(default) |
| 0001 | Minimize cost |
| 0010 | Maximize reliable |
| 0100 | Maximize throughput |
| 1000 | Minimize delay |

〈그림 4-20〉 TOS 영역의 각 비트

〈그림 4-21〉 TOS 영역

- 전체 길이 영역 : IP 헤더의 길이를 포함한 IP 데이터그램 전체 바이트 수를 표시한다. 이더넷과 같은 경우 IP 헤더를 포함한 IP 패킷의 총 길이가 46바이트 보다 짧은 경우에는 이더넷이 패딩 영역을 강제로 부착한다. 만약 IP 헤더에 전체 길이 영역이 없다면 이 프레임의 수신측은 이더넷 프레임에 실려있는 내용에서 어디까지가 유효한 IP의 데이터 영역인지 알 수 없을 것이다. 이 전체 길이 영역은 헤더에서 2바이트의 영역을 차지하므로, 표시 가능한 최대값은 65535이다.

하지만 링크 계층의 데이터 영역에 실려갈 수 있는 최대 길이인 Maximum Transfer Unit(MTU)값 이하로 제한된다. 이더넷의 MTU값은 1500바이트이다.

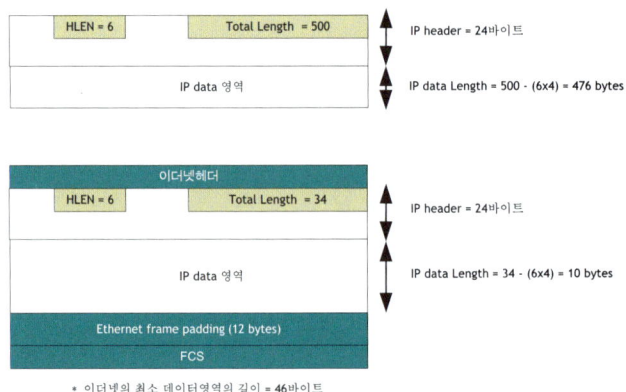

〈그림 4-22〉 IP 데이터 영역의 길이 추출 방법

CHAPTER 04 네트워크 계층 프로토콜과 IP

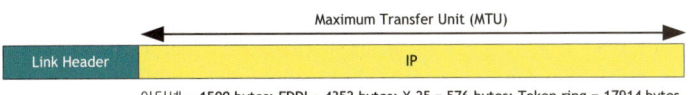

〈그림 4-23〉 MTU와 링크 계층 프레임에 따른 MTU의 종류

- **Identification(식별 번호)** : 송신되는 각 IP 패킷들을 식별하기 위한 번호이다. 패킷 송신 시 마다 1씩 증가된다. 전송 중 분할된 IP 패킷들을 수신측에서 재조립하는데 사용된다.
- **Time To Live(TTL)** : IP 패킷이 목적지까지 전달되는 동안 인터넷에서 존재할 수 있는 수명 간을 표시한다. 원래 이 값은 시간의 의미이지만 간결한 구현을 위하여 경유 라우터들의 최대 허용 개수(즉, 홉(hop) 수)로 사용된다. 라우터는 IP 패킷을 중계할 때마다 이 TTL 값을 1씩 감소시킨다. 만약 TTL값이 1인 IP 패킷을 수신한 경로상의 라우터는 이 TTL값을 1 감소시킨 경우 0이 되면 라우터는 이 패킷을 폐기하고 이것의 송신측 단말에 이 사실을 알린다.

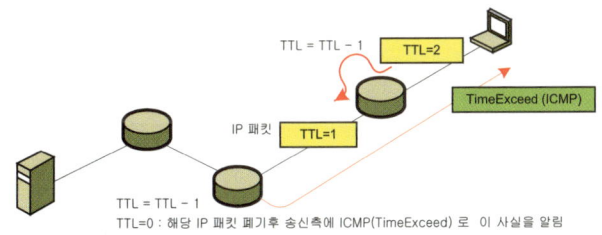

〈그림 4-24〉 라우터에서의 TTL 처리 과정

- **Protocol 영역** : 상위 계층 프로토콜의 종류를 표시한다.

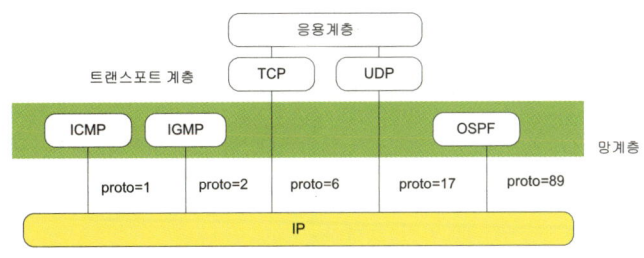

〈그림 4-25〉 IP의 Protocol영역에 따른 상위 계층 매핑

- **헤더 체크섬 영역** : IP 헤더에 대한 오류 검사값이다.
- **D/M 플래그와 Fragmentation Offset 영역** : 인터페이스를 통하여 전송할 수 있는 길이를 초과하는 메시지에 대하여 IP 계층이 분할하여 전송해야 할 때 다음과 같이 설정된다.
  - 플래그 D(Do not Fragment) : 중계 중에 분할되지 않도록 상위 계층이 지시할 때 1로 설정된다. D = 1인 IP 패킷을 수신한 라우터는 이 IP 패킷을 할 수 없이 분할해야 할 경우는 이 패킷을 버리거나, 일부만 송신한다.

- 플래그 M (More) : 한 IP 패킷이 여러 개의 IP 패킷으로 분할된다면, 분할된 마지막 IP 패킷에는 M = 0로 설정되고, 나머지 패킷들은 모두 M = 1로 설정된다.
- Fragment Offset : 분할된 이 IP 패킷의 데이터 영역이 원래 데이터 영역의 몇 번째에 위치하는 것인지를 표시한다. 8바이트의 단위로 표시되므로, 이 옵셋값이 185이면 185 x 8 = 1460의 의미를 가진다.
- 옵션 영역 : Security , record route, timestamp, loose source routing, strict source routing 등의 용도로 사용된다. 만약에 이러한 옵션 영역이 4바이트 단위로 끝나지 않으면, null 문자가 덧붙혀진다.

[예] 〈그림 4-26〉는 최대 전송 가능한 IP 패킷의 길이인 MTU가 4352 바이트인 FDDI 방식의 LAN과 MTU가 1500바이트인 이더넷을 연결하는 라우터를 경유하는 IP 패킷에 대한 것이다. 오른쪽의 서버에서 전송된 1501바이트의 IP 패킷은 FDDI 프레임에 실려 라우터에게 전달된다. 라우터는 이것을 MTU가 1500바이트인 이더넷 프레임에 실어 중계하기 위해서는 할 수 없이 이것을 2개의 IP 패킷으로 분할하여 송신한다. 첫 번째 패킷에는 분할되었음을 표시하는 M비트가 설정되고, 두 번째 IP 패킷에는 0으로 설정된 M비트로서 분할된 패킷 중에서 마지막임이 표시되어 있다. 또한 fragment offset값으로 185가 설정된다. 이것은 첫 번째 분할된 IP 패킷의 데이터 영역에서 1480(= 185 x 8)바이트 떨어져 있음을 의미한다. 이후 수신측의 라우터는 이것을 다시 재조립한다. 물론 재조립 시 동일한 순서 번호(identifier)를 가진 IP 패킷인지 검사해야 한다.

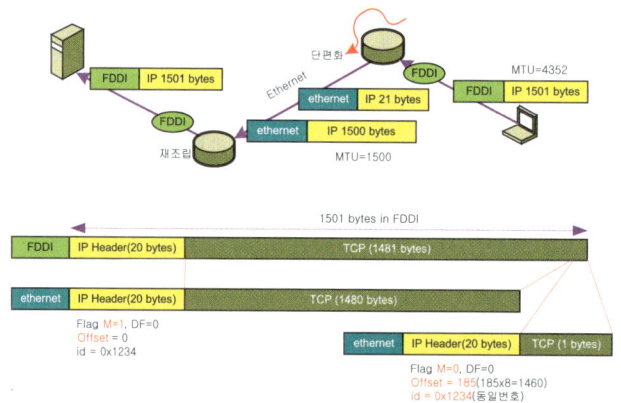

〈그림 4-26〉 IP의 fragmentation의 예

## 4.10 IP 옵션 영역 상세

IP 헤더의 옵션은 〈그림 4-27〉과 같이 9 종류가 있으며, 이들은 다시 한 바이트 길이의 옵션과 여러 바이트로 구성되는 옵션들로 구분된다. 특히 여러 바이트의 길이를 가지는 옵션들은 옵션 식별자 외에 옵션 영역의 총 길이를 표시하는 길이영역도 가진다.

## CHAPTER 04 네트워크 계층 프로토콜과 IP

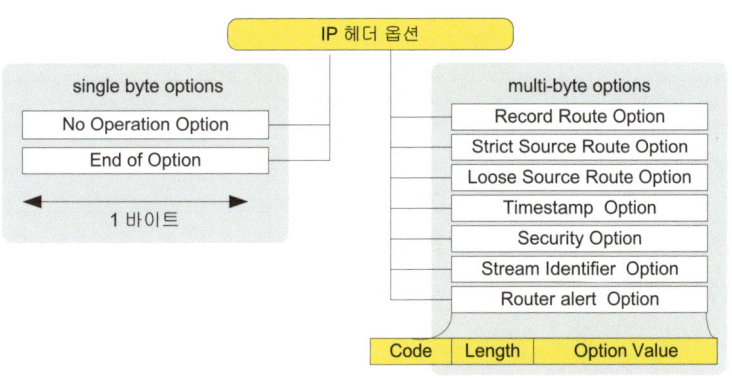

〈그림 4-27〉 IP 헤더 옵션의 종류

### (1) End of Option 옵션(옵션 번호 0)

옵션들의 마지막을 표시한다. 이 옵션은 항상 4바이트 경계의 마지막 바이트에 위치한다.

### (2) No Operation 옵션(옵션 번호 1)

IP 헤더의 길이가 4바이트의 단위로 구성되도록 하는 패딩 기능을 수행한다.

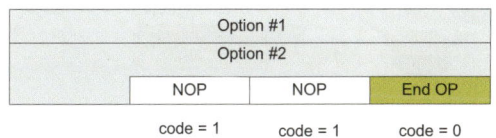

〈그림 4-28〉 No Operation과 End Option 의 사용 예

### (3) Security 옵션(옵션 번호 0x82)

총 11 바이트의 길이를 가지는 옵션이다. 이 IP 패킷의 보안 등급(즉, 1급 비밀, 대외비 등)을 표시한다. 이 옵션은 국방용으로 설계되었으나 실제 활용되지는 않는다.

### (4) Record route 옵션(옵션 번호 07)

IP 패킷이 경유하는 라우터의 IP 주소들을 열거하도록 한다. IP 헤더의 최대 길이는 60바이트로 제한되어 있으므로 기본 헤더 길이 20바이트를 제외한 나머지 40바이트 영역에 이 옵션을 사용할 수 있다.

이 옵션 식별자 3바이트를 제외하면 최대 9개의 경로 정보를 기록할 수 있다.

| 0 | 1 | 2 | 3 |
|---|---|---|---|
| | Code = 07 | Total Length | Pointer |
| IP address #1 ||||
| IP address #2 ||||
| ... ||||
| IP address #n ||||

여기서 포인터 영역은 다음에 사용 가능한 빈 영역을 지시하는 용도이다. 즉 송신측은 0으로 채워진 최대 9개의 빈 IP 주소 영역을 준비하고 이 IP 주소 영역의 첫 번째 빈 영역에 대한 오프셋의 의미로 포인터 값을 4로 인코딩하여 송신한다.

이 IP 패킷이 전달되면서 각 라우터들은 포인터가 지시하는 곳에 자신의 출력 인터페이스의 IP 주소를 기록하고 포인터값에 4를 더한 후, 다음 라우터로 이 패킷을 중계한다. 만약 기록할 영역이 더 이상 없다면( 포인터 값이 옵션길이 값 보다 큰 경우) 해당 라우터는 자신의 주소 정보를 추가하지 않고 이 패킷을 단순히 중계한다.

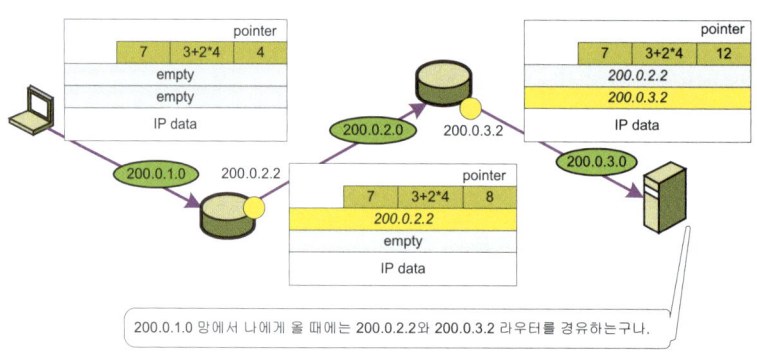

〈그림 4-29〉 Record route옵션의 사용 예

### (5) Strict Source Route 옵션(옵션 번호 0x89)

이것은 목적지까지 경유하는 라우터들에 대한 주소 정보 리스트를 송신측이 미리 설정하여 해당 IP 패킷이 지정된 라우터들을 경유하도록 하면서 경로 정보도 기록하도록 한다. 옵션코드와 길이정보 외에 포인터 영역과 경로 데이터 영역을 가진다. 포인터는 다음 라우터의 주소 정보를 지시하는 바이트 단위의 옵셋으로서 송신측이 최초로 할당하는 포인터의 값은 4이다. 경로 데이터 영역에는 4바이트 단위의 경로상에 있는 라우터들에 대한 IP 주소들이 수록된다.

## CHAPTER 04 네트워크 계층 프로토콜과 IP

| 0 | 1 | 2 | 3 |
|---|---|---|---|
| | Code = 0x89 | Total Length | Pointer |
| #1 Router's IP address ||||
| #2 Router's IP address ||||
| ... ||||
| #n Router's IP address ||||

이 옵션이 설정된 IP 패킷을 수신한 경로상의 라우터는 포인터가 지시하는 경로데이터 영역의 IP 주소값을 자신의 출력인터페이스 IP 주소로 대치하고 포인터의 값을 4 증가시킨 후 이 패킷을 지시된 다음라우터로 중계한다. 이렇게 함으로써 최종적으로 이 패킷을 수신한 단말이나 라우터는 역방향으로의 경로를 확인할 수도 있도록 한다.

만약 지시된 다음 라우터가 경로상에 없거나 지시된 라우터들을 모두 경유하였지만 목적지까지 전달되지 못하는 경우, 라우터는 이 패킷을 폐기하면서 송신지에 오류 메시지로 이 사실을 알린다. 즉 이것은 송신측이 지시한 라우터들을 엄격하게 경유하도록 할 때 사용되는 옵션이다.

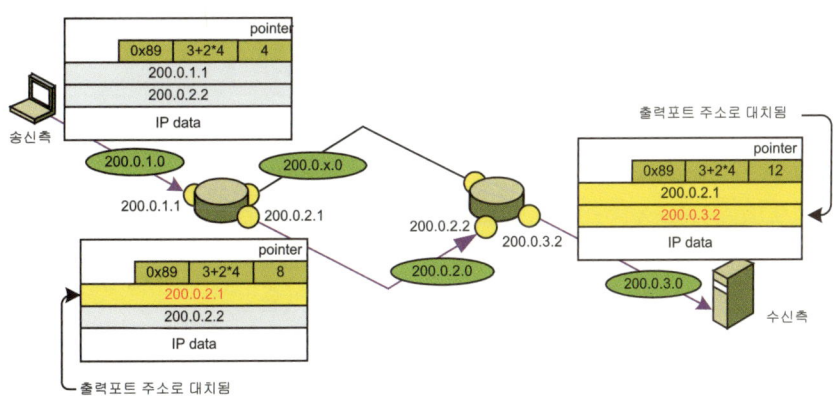

〈그림 4-30〉 Strict Source Route 옵션의 사용 예

### (6) Loose Source Route 옵션(옵션 번호 0x83)

엄격한 source routing과 유사하다. 이 옵션이 설정된 IP 패킷을 수신한 경로상의 라우터는 포인터가 지시하는 경로 정보 영역의 주소값을 해당 라우터의 출력 인터페이스의 IP 주소로 대치하고 포인터의 값를 4 증가시킨 후 이 패킷을 다음 라우터로 중계한다. 하지만 경로 정보에 명시된 다음 라우터로 이 패킷을 직접 중계하지 못할 경우 strict source routing의 경우에는 이 패킷을 폐기하지만, loose source routing의 경우에는 지시된 다음 라우터로 이 패킷을 전달하기 위하여 불가피하게 다른 라우터들을 경유할 수도 있도록 허용된다. 뿐만 아니라 route data영역에 명시된 라우터들을 모두 경유하였지만 목적지까지 도달하지 못한 경우(즉 포인터 값이 길이정보의 값보다 큰 값이 수록된 경우)에 대해서도 경로상의 라우터는 이 패킷을 폐기하

지 않고 이 패킷의 목적지 IP 주소를 참조하여 목적지까지 전달될 수 있도록 허용된다.

| 0 | 1 | 2 | 3 |
|---|---|---|---|
| | Code = 0x83 | Total Length | Pointer |
| #1 Router's IP address ||||
| #2 Router's IP address ||||
| ... ||||
| #n Router's IP address ||||

### (7) Time Stamp 옵션(옵션 번호 0x44)

이 옵션은 경유 라우터에 수신된 시간을 기록하는 용도로 사용된다. 시간 정보는 세계 표준 시간을 msec 단위로 표시한다. 포인터는 다음 timestamp의 시작을 지시하는 바이트 옵셋으로서 초기값은 5이다. Flag 값에 따라 라우터의 IP 주소값 없이 Timestamp만 나열될 수도 있다.

| 0 | 1 | 2 | 3 ||
|---|---|---|---|---|
| Code = 0x44 | Total Length | Pointer | Overflow | Flag |
| (#1 Router's IP address) |||||
| #1 Timestamp |||||
| (#2 Router's IP address) |||||
| #2 Timestamp |||||
| ... |||||
| (#n Router's IP address) |||||
| #n Timestamp |||||

- Overflow Count : 기록할 영역이 소진된 IP 패킷을 수신한 라우터는 이 값을 1씩 증가시킨 후 다음 라우터로 중계한다. 즉 timestamp를 기록하지 못한 라우터의 개수를 표시한다.
- Flag
  - 0 : 각 라우터는 시간 정보만 기록한다.
  - 1 : 라우터는 시간 정보와 출력 포트의 IP 주소를 모두 기록한다.
  - 3 : 송신측에서 미리 경유할 라우터의 IP 주소(해당 라우터의 입력 또는 출력포트의 IP 주소 모두 상관없다.)들을 명시하여 전송하면 경유 라우터는 각각 지시된 IP 주소와 자신의 포트들의 IP 주소와 비교하여 같은 경우에만 시간 정보를 추가한다. 즉 이 방법은 source routing 기법에 timestamp 기능을 추가한 것으로 간주된다.

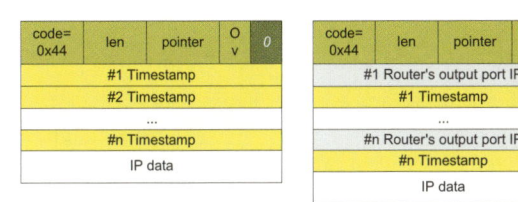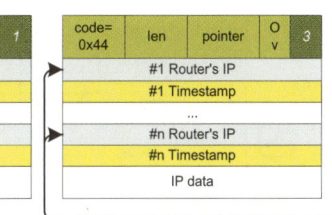

〈그림 4-31〉 Timestamp 옵션의 종류

이 옵션의 사용 예는 〈그림 4-32〉와 같다.

〈그림 4-32(a)〉는 Flag = 1의 경우로서 발신지에서는 라우터와 timestamp 영역을 빈 채로 전송한다. 이것을 수신한 경로상의 라우터들은 자신의 출력 포트 정보와 이 패킷을 수신한 시간 정보를 채워 다음 라우터로 전달한다.

반면에 〈그림 4-32(b)〉와 같이, Flag = 3인 경우에는 발신지에서 경유할 라우터의 입력 포트 주소를 모두 명시하여 전송하면 경로상의 라우터는 자신의 출력 포트의 IP 주소로 대치한 후, timestamp 정보를 기록하여 다음 라우터로 전달한다.

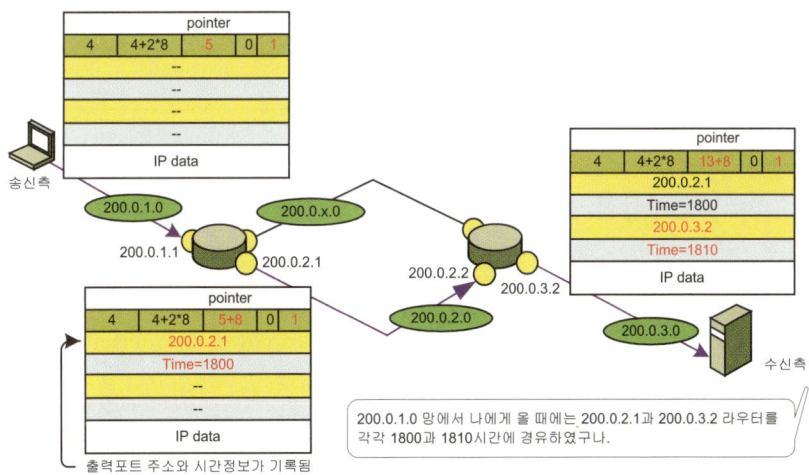

(a) Flag=1의 경우

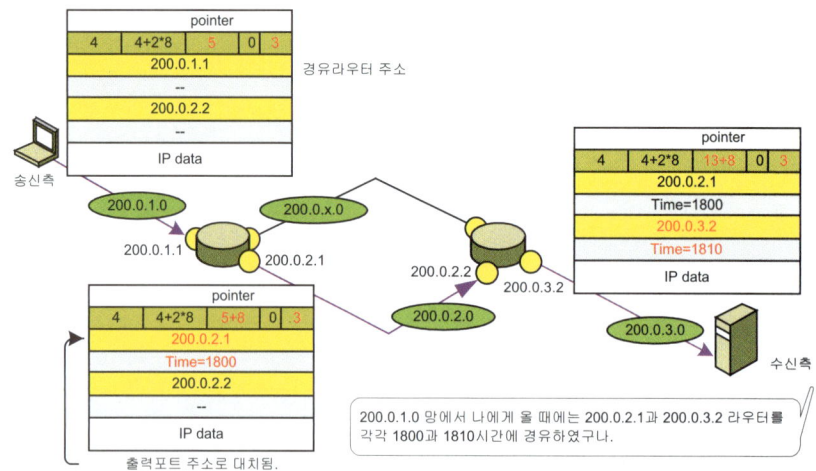

(b) Flag=3의 경우

〈그림 4-32〉 Timestamp 옵션의 사용 예

### (8) Stream Identifier(옵션 번호 0x88)

이것은 2바이트의 Stream ID를 명시하는 옵션이지만, 현재는 사용되지 않는다.

| 0 | 1 | 2 | 3 |
|---|---|---|---|
| Code = 0x88 | Total Length = 4 | Stream ID | |

### (9) Router Alert(옵션 번호 0x94) - RFC 2113, RFC2711

이것은 경로상에 있는 라우터들에게 직접 전송한 IP 패킷이 아닌 IP 패킷 중에서 이 옵션이 설정된 IP 패킷을 단순히 중계하지 말고, 보다 자세하게 검사하라고 지시하는 옵션이며 그 형식은 다음과 같이 총 4바이트의 길이를 가진다. IPv4의 경우 value값은 0이다[1].

| 0 | 1 | 2 | 3 |
|---|---|---|---|
| Code = 0x94 | Total Length = 4 | value = 0x0000 | |

이 옵션의 필요성을 예로 들면 다음과 같다. RSVP나 IGMP 메시지와 같은 상위 계층 프로토콜이 수납된 IP패킷을 수신한 경로상의 라우터들은 종단간 연결로에 대한 대역을 할당하거나 멀티캐스트 그룹을 설정하는 기능을 지원해야 한다[2]. 이를 위하여 수신된 IP 패킷의 헤더의 protocol 영역값을 추출하여 이것이 RSVP나 IGMP 혹은 기타 프로토콜인지 분석해야 하지만 많은 시간이 소요될 수 있다. Router alert 옵션은 수신된 IP 패킷에 대하여 먼저 옵션=0x94인

---

1 IPv6의 경우, value값은 다음과 같이 어떤 메시지가 수납되어 있는지를 표시한다. 0 = Multicast Listener Discovery message; 1 = RSVP message; 2 = Active Networks message
2 RSVP : Resource Reservation Setup Prorotocol(RFC2205), IGMP : Internet Group Management Protocol

## CHAPTER 04 네트워크 계층 프로토콜과 IP

지 검사한 후 해당되면 추가로 protocol 영역값에 따라 상위계층으로 전달하고, 이 옵션이 없는 패킷인 경우에는 단순히 중계하도록 함으로써 라우터에 부담을 경감시킨다.

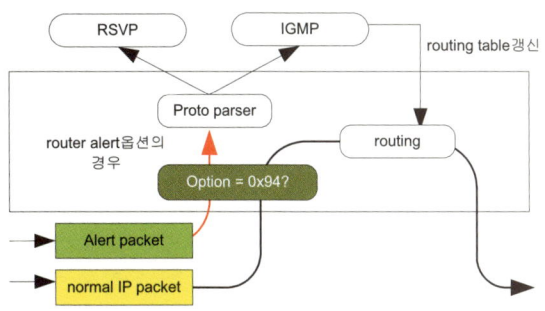

〈그림 4-33〉 IP의 Protocol 영역에 따른 상위 계층 매핑

## 4.11 IP 패킷의 예

다음 그림은 단말이 송신한 IGMP 메시지가 수납된 IP 패킷의 예이다.

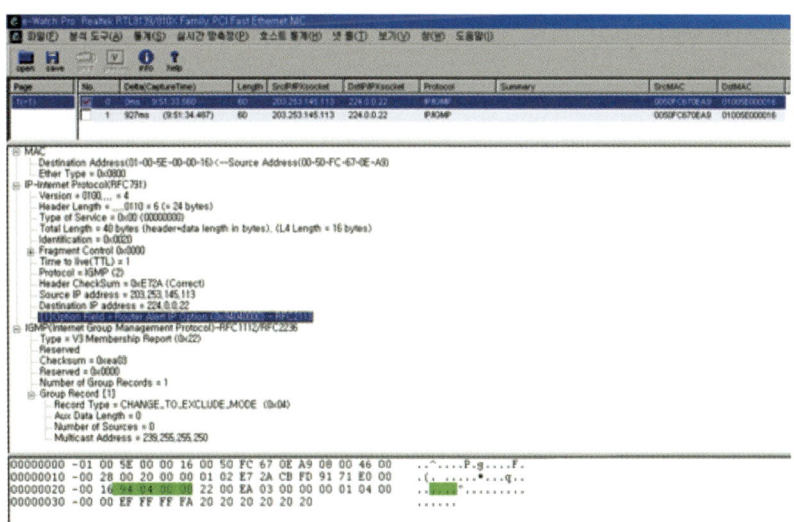

- 이 IP 패킷은 이더넷 프레임에 실려간다. 이더넷 프레임의 헤더는 총 14바이트이다.
- IP의 version은 4이다.
- IP Header 길이 영역의 값이 6이므로, 실제 헤더의 길이는 6 x 4 = 24바이트이다. 따라서 옵션 영역이 추가되어 있다.
- TOS 영역은 모두 0으로서 실제 사용되지 않는다.
- IP 전체 길이는 40바이트이므로, IP 헤더 길이인 24바이트를 제외하면, 데이터 영역에 실려 있는 IGMP의 길이는 총 16바이트이다.

- 이 패킷의 순서 번호는 0x0020이다. 다음 패킷의 순서 번호는 0x0021일 것이다.
- TTL 값은 1이다.
- Protocol 영역은 2로 설정되어 있기 때문에, 이 IP 패킷의 데이터 영역에는 IGMP가 실려 있다. 만일 이 영역이 1로 설정되어져 있다면 ICMP로 전달되고, UDP는 17이다.
- 헤더 부분의 체크섬의 결과로부터 헤더의 오류는 없다.
- route alert 옵션이 추가되어 있다. 따라서 경로상의 스위치 또는 라우터는 이 IGMP 메시지를 처리해야 한다.
- 이후 영역의 16바이트 부분은 IGMP 메시지의 내용이다.
- 나머지 "20 20…"으로 구성된 6바이트는 이더넷의 최소 길이을 만족시키기 위해 추가된 패딩 부분이다.

## 4.12 리눅스 시스템의 LAN 카드에 대한 GUI 기반 IP 주소 수동 설정 실습

네트워크를 이용하려면 먼저 이더넷 카드에 대한 IP 주소 설정과 카드를 활성화 시켜야 한다. 다음과 같이 ceromi 시스템에 대하여 이것을 수행하도록 한다. 설정 방법에는 자동 설정 및 고정 설정이 있다.

### (1) Network Manager 기능 제거

GUI화면의 상단 또는 하단 툴 바 영역에 표시되는 network manager 기능은 개발 중인 상태이므로 다음과 같이 NetworkManager 기능을 사용하지 않도록 설정한다. 완료 시 툴 바에 network manager 아이콘이 사라질 것이다.

```
[root@ceromi ~]# /etc/rc.d/init.d/NetworkManager stop
Stopping NetworkManager daemon: [ OK ]
[root@ceromi ~]# service network restart
Shutting down interface eth0: [ OK ]
Shutting down loopback interface: [ OK ]
Bringing up loopback interface: [ OK ]
Bringing up interface eth0: [ OK ]
[root@ceromi ~]# chkconfig NetworkManager off
[root@ceromi ~]# chkconfig network on
```

[참고] ntsysv를 입력해 보자. 이것은 위의 checkconfig와 같이 특정 서비스를 부팅 시 자동 개시하도록 설정할 수 있는 도구이다. 아래와 같은 명령어를 수행시 "NetworkManger"는 선택해제되었고, "network"은 선택되었음을 확인할 수 있을 것이다.

```
[root@ceromi ~]# ntsrv
```

## (2) IP 주소 설정

**STEP 1** /usr/sbin/system-config-network 명령 또는 메인메뉴에 있는[System]→[Administration]→[Network]을 선택하여 [Network Configuration] 창을 사용하여 설정한다. 각 탭의 기능은 다음과 같다.

- **Devices 탭** : 장착된 LAN 카드의 동작 상태를 표시한다.
- **Hardware탭** : 설치된 이더넷 카드의 제조회사 및 Device 이름을 표시한다. 설정된 내용은 "/etc/sysconfig/network-scripts/ifcfg-interface" 파일과 "/etc/sysconfig/networking/devices/ifcfg-interface" 파일에 저장된다.
- **DNS탭** : 자신의 hostname과 DNS 서버 정보를 설정한다. 설정된 내용은 "/etc/resolv.conf" 파일에 저장된다.
- **Host 탭** : {host 이름, IP 주소}쌍을 설정하여 DNS 서버에 질의하지 않고 Name resolving할 수 있도록 한다. 해당 내용은 "/etc/hosts" 파일에 저장된다.

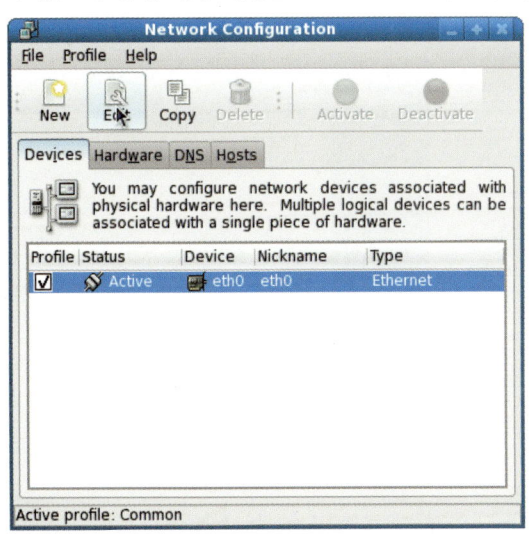

**STEP 2** [Hardware] 탭 창에서 인터페이스의 종류를 확인한다. [Device] 열에 나열되는 "eth0" 또는 "eth1"에 대한 description을 확인한다.

[참고] 인터페이스가 나열되지 않으면, 즉 최초 설치 또는 Network 카드를 새로 추가 장착한 경우 [Network Configuration] 창의 [Device] 탭에서 아무런 장치가 표시되지 않거나 추가된 장치가 표시되지 않으면, "New"를 선택한다. 이어 "Ethernet connect"를 선택하고, [Select Ethernet Device] 창에서 해당 카드를 선택한다. [Forward]를 선택하여 [Configure Network Settings] 화면이 표시되면, "Statically set IP addresses"를 선택하고 필요한 IP 주소, subnetmask, Default gateway 주소, Primary DNS 주소를 설정한 후 "Forward"를 클릭한다. [Create Ethernet Device] 창에 지금까지 설정한 요약이 표시되면 [Apply] 버튼을 클릭한다.

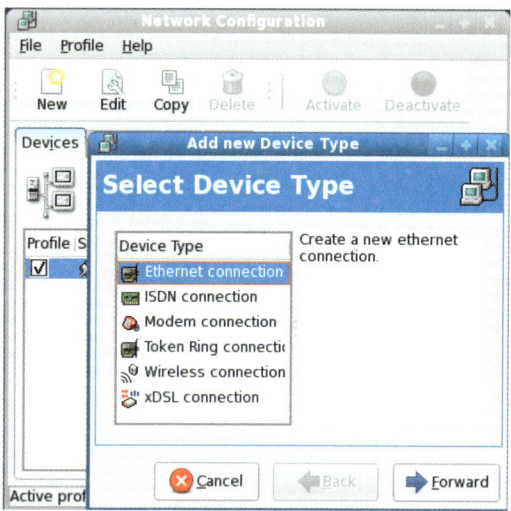
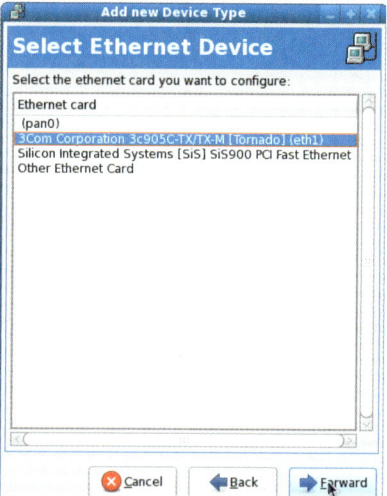
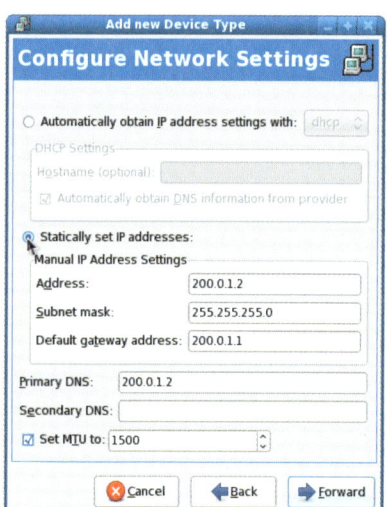
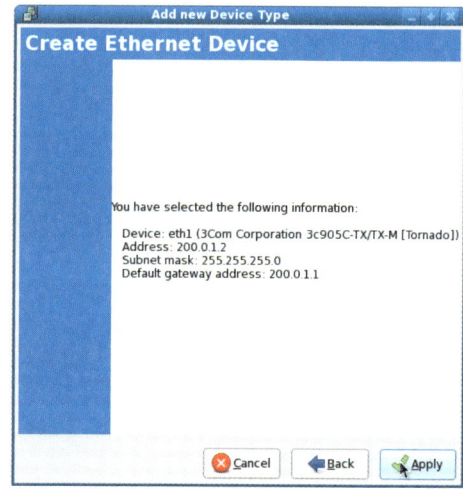

**STEP 3** [Device] 탭을 클릭한다. [Network Configuration] 창의 [Device] 탭 화면에서 해당 인터페이스를 선택하고 [Edit] 버튼을 클릭한다.

**STEP 4** [Ethernet Device] 창의 [General] 탭에서 "Controlled by NetworkManager"를 선택 해제한다. 그리고 "Activate device when computer starts"와 "Allow allo users to enable and disable the device"를 선택한다.

CHAPTER 04 네트워크 계층 프로토콜과 IP

**STEP 5** [Hardware Device] 탭으로 이동하여 창에서 [Hardware:] 표시 열에 적합한 카드 이름과 제조 회사 정보가 표시되는 것을 찾은 후, "Device alias number"는 선택 해제한다. 이어 "Bind to MAC address"를 선택하고 오른쪽에 있는 [Probe] 버튼을 클릭하여 실제 장착된 이더넷 카드의 MAC 주소를 확인하고 사용할 수 있도록 한다. 그리고 해당 카드의 이름 즉 eth0,.. 등을 기억하도록 한다. 참고로 LAN 카드를 수시로 교체할 때마다 새로운 device name 이 각 카드별로 할당된다는 점에 유의하라.

**STEP 6** [DNS] 탭으로 이동하여 호스트 이름으로 "ceromi.west.com"를 설정하고 DNS 서버정보도 설정한다. Ceromi 시스템에 이미 DNS 서버가 설치되어 있다고 가정하면 [Primary DNS] 항목에 "127.0.0.1" 또는 자신의 IP 주소로 설정한다. 그렇지 않으면 도달 가능한 DNS 서버의 주소를 설정한다.

그리고 [DNS search path"] 항목은 비워도 된다. 왜냐하면 호스트 이름에 도메인 이름인 "west.com"이 명시되었기 때문에 이 값을 설정하지 않더라도 도메인이름은 "west.com"으로 인식한다. 또는 다음의 두 번째 그림처럼 설정해도 된다. 참고로 [DNS Search list] 항목의 값은 기본적으로 local domain이름이다. 본 예에서는 "west.com"이다. 만약 east.com에 darongi가 있다면 이 항목에 "east.com"을 추가해도 된다. 추가할 수 있는 list의 개수는 최대 6개의 도메인 이름이다.

이러한 search list를 사용하면, "#ping darongi"를 입력했을 때 darongi.west.com을 시도한 후 응답이 없으면 darongi.east.com에 대한 질의를 할 수 있게 된다.

**STEP 7** [참고] 필요 시 Hosts 탭에서 Static 호스트 이름 : IP 주소 매핑 테이블인 hosts 파일을 생성할 수 있다.

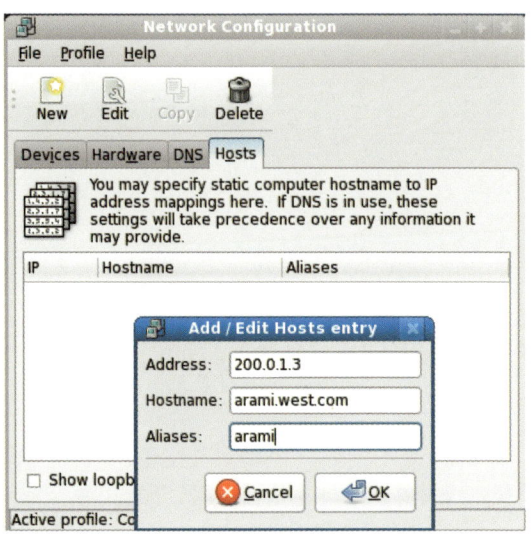

**STEP 8** 지금까지 설정한 내용을 저장하기 위하여 [File] 메뉴의 [Save]를 클릭한다. 이 저장 절차가 실제 반영되는 것은 아니다.

**STEP 9** 설정값을 적용한다. 이를 위하여 다음 방법 중 하나를 사용한다.

a) [Network Configuration] 창에서 해당 인터페이스를 activate시킨다. 해당 인터페이스의 Status가 Active로 변경될 것이다.

b) [System] → [Administration] → [Network Device Control] 메뉴에서 해당 인터페이스를 activate시킨다.

c) [터미널] 창에서 "service network start" 명령어를 사용하여 적용한다.

```
[root@ceromi ~]$ su -
Password:
[root@ceromi ~]# service network restart
Bringing up loopback interface:      [ OK ]
Bringing up interface eth0:          [ OK ]
[root@ceromi ~]#
```

[참고] network device의 동작을 stop하는 명령어는 "service network stop"이다.

**STEP 10** 설정된 eth0 인터페이스에 대한 정보 파일을 확인한다. 현재 설정된 eth0 인터페이스에 대한 정보가 수록된 파일은 "/etc/sysconfig/network-scripts/ifcfg-eth0"이다. 파일을 vi로 열어 보자.

```
[root@ceromi ~]# vi /etc/sysconfig/network-scripts/ifcfg-eth0
BOOTPROTO=static
TYPE=Ethernet
HWADDR=00:0C:29:88:5C:40
ONBOOT=yes
# IP address for eth0
IPADDR=200.0.1.2
# subnet mask
NETMASK=255.255.255.0
# IP address of default gateway
GATEWAY=200.0.1.1
# IP address of DNS
DNS1=200.0.1.2
IPV6INIT=no
USERCTL=no
PREFIX=24
NAME="System eth0"
```

**STEP 11** [터미널] 창에서 "route -n"을 사용하여 라우터 설정값을 확인한다. Destination 항목이 0.0.0.0에 대한 Gateway 항목 값이 바로 설정한 라우터의 주소이어야 한다.

```
[root@ceromi ~]# route -n
Kernel IP routing table
Destination     Gateway       Genmas         Flags   Metric   Ref   Use   Iface
200.0.1.0       0.0.0.0       255.255.255.0  U       0        0     0     eth0
0.0.0.0         200.0.1.1     0.0.0.0        UG      0        0     0     eth0
```

**STEP 12** ping 시험과 FireFox를 이용하여 웹 서버 접속을 수행한다.

[참조]
- 만약 [Network Configuration] 창의 [Device] 탭에서 [Delete] [Activate] [Deactivate] 버튼 등이 비활성화되어 있으면 해당 인터페이스를 지시하고 [Edit] 버튼을 클릭하여, "Controlled by NetworkManager"를 선택해제한다.
- 사용자별로 별도의 user's profile을 사용하여 상이한 네트워크 설정값을 구분 저장할 수 있다. 부팅 시에는 기본적으로 "Common" profile이 사용되지만 [system-config-network GUI] 창에서 해당 프로파일을 선택하면 된다.

## 4.13 리눅스 시스템의 LAN 카드에 대한 콘솔 기반의 수동 IP 주소 설정

### (1) ifconfig 및 route 명령어 사용 방법

인터페이스에 대한 고정 IP 주소와 기본 게이트웨이를 설정할 수 있다. 단, 이 명령어들은 다음 부팅 시 적용되지 않는다.

```
[root@ ceromi ~]# ifconfig eth0 200.0.1.2/24
[root@ ceromi ~]# route add default gw 200.0.1.1 eth0
```

## (2) 영속적 할당 방법

ifconfig 명령어는 영속적이지 않으므로 영속적으로 변경할 때는 다음과 같은 3가지 방법 중 하나를 사용한다.

**방법 1** 콘솔형 네트워크 설정 도구 중 하나인 "ifcfg" 콘솔 명령어를 사용하여 설정한다. 이 명령어는 /etc/sysconfig/network-scripts/ifcfg-ethXXX 파일의 내용을 작성하는 명령어로써 net-tools 패키지에서 제공되므로 설치한다. 사실 net-tools에는 ifconfig, netstat 등의 기존 명령어도 함께 들어 있다.

```
[root@ ceromi ~]# yum -y install net-tools
 [root@ ceromi ~]# ifcfg eth0 add 200.0.1.2/24
[root@ ceromi ~]#  service network restart
```

**방법 2** 콘솔형 네트워크 설정 도구 중 하나인 "system-config-network-tui" 콘솔 명령어를 사용하여 설정한다. 이것은 netcfg 명령어와 동일하다. 표시되는 화면에서 적절한 Tab키, Space bar 또는 방향 키를 사용하여 해당 인터페이스에 대한 IP 주소 등을 설정한 후 저장하고 빠져 나온다. 설정된 내용은 "/etc/sysconfig/network-scripts/ifcfg-ethXXX" 파일에 갱신된다.

```
[root@ ceromi ~]# system-config-network-tui
```

- **Edit a device params 선택** : 표시되는 [Select A Device] 창에서 해당 인터페이스 ("eth0" 등)를 선택한다. 화면에 표시되는 Name값보다는 Device값이 실제 인터페이스 이름이다. 이어 "Use DHCP"는 선택 해제하고, "Static IP = 200.0.1.2", "Netmask=255.255.255.0", "Default gateway IP=200.0.1.1", "Primary DNS Server=200.0.1.2"를 입력한다.(게이트웨이는 반드시 동일한 subnet에 있는 것이어야 한다.)
- **Edit DNS configuration 선택** : "Hostname"을 확인하고, "Primary DNS Server=200.0.1.2"를 입력한다.

이후 다음과 같이 설정값을 적용한다.

```
[root@ ceromi ~]#  service network restart
```

**방법 3** /etc/sysconfig/network-scripts/ifcfg-eth0" 등의 인터페이스별 설정 파일에서 IP 주소를 직접 설정한다. 이어 /etc/sysconfig/network 파일에서 [GATEWAY] 항목을 추가한다. 이후 service network restart 명령을 사용하여 적용되도록 한다.

```
[root@ ceromi ~]# vi /etc/sysconfig/network-scripts/ifcfg-eth0
#Networking Interface
DEVICE=eth0
HWADDR=00:18:F3:97:42:7D
BOOTPROTO=none <--고정 IP인 경우
TYPE=Ethernet
ONBOOT=yes  <-- 부팅 시 활성화 여부
USERCTL=yes <-- 일반 사용자의 네트워크 인터페이스 컨트롤 여부
NAME=" System eth0"
```

```
IPADDR=200.0.0.1.1
NETMASK=255.255.255.0
NETWORK=200.0.0.0
DNS1=134.75.55.2
PREFIX=24 <-- Subnetmask bit 수

[root@ ceromi ~]# vi /etc/sysconfig/network
NETWORKING=yes
HOSTNAME=arami.west.com  -서버의 호스트 네임
FORWARD_IPV4=yes       - 리눅스 서버가 라우트?역활을 할 것인지를 설정 yes
GATEWAY=200.0.1.1      - 시스템 전체에?대한 Global한 기본 게이트 웨이 설정

[root@ ceromi ~]#  service network restart
[root@ ceromi ~]#  chkconfig network on
```

### 4.14 리눅스 시스템의 LAN 카드에 대한 자동 IP 주소 설정 실습

앞에서 고정 IP를 설정하였지만 이번에는 eth0에 대하여 DHCP 서버로부터 IP, 기본 게이트웨이, DNS 서버 주소 등을 모두 자동 설정되도록 해보자. 이 방법은 서버용으로 사용하는 경우에는 권고하지 않는다. 다만 단말용으로 사용할 때에만 자동 설정하는 방식을 사용하도록 한다.

**STEP 1** DHCP 서버를 미리 준비한다. 이것의 설정값을 확인한다. 공유기 등의 설정값으로부터 서브넷 주소와 공유기의 IP 주소를 확인한다.

**STEP 2** [System] → [Administration] → [Network]을 선택하여 [Network Configuration] 창을 이용한다.(root 권한이 필요하다.)

**STEP 3** 다음 화면에서 [Edit] 버튼을 클릭한다.

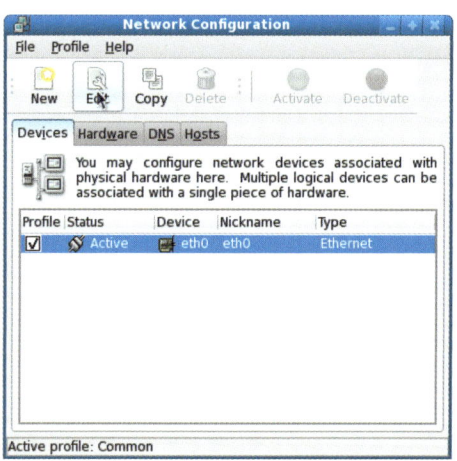

**STEP 4** NetworkManger에 의해 관리"를 비활성화하고, "Activate device when computer starts", "Allow all users to enable and disable the device"를 체크한다. DHCP에 의한 자동 설정을 위하여 "IP 주소 설정을 자동으로 얻기"를 클릭한다.

# CHAPTER 04 네트워크 계층 프로토콜과 IP

**STEP 5**  [DNS] 탭에서 "DNS search path" 부분은 빈 칸으로 설정한다.

**STEP 6**  설정값을 적용한다. 이를 위하여 # service network start 명령어를 사용한다.

**STEP 7**  설정된 eth0 인터페이스에 대한 파일의 내용을 확인한다. 현재 설정된 eth0 인터페이스에 대한 정보가 수록된 파일은 "/etc/sysconfig/network-scripts/ifcfg-eth0"이다. 파일을 vi로 열어 보자.

```
[root@ceromi ~]# vi /etc/sysconfig/network-scripts/ifcfg-eth0
DEVICE=eth0
BOOTPROTO=dhcp
TYPE=Ethernet
HWADDR=00:0C:29:88:5C:40
ONBOOT=yes
USERCTL=yes
PEERDNS=yes
IPV6INIT=no
[root@ceromi ~]
```

**STEP 8**  [터미널] 창에서 "route -n"를 사용하여 라우터 설정값을 확인한다.

**STEP 9**  LAN 카드의 활성화 유무를 다음과 같은 명령어를 사용하여 확인한다.

```
[root@ceromi ~]# service network status
Configured devices:
lo eth0
Currently active devices:
lo eth0
[root@ceromi ~]#
```

**STEP 10**  ping 시험과 파이어폭스를 이용하여 웹 서버 접속을 수행한다.

## 4.15  참고 : ifconfig 명령어 및 네트워크 관련 파일

### (1) ifconfig 명령어

다음과 같이 인터페이스에 대한 자세한 내용을 확인할 수도 있다.

```
[root@Seoul_Router]# ifconfig
eth0
      Link encap:Ethernet Hwaddr 00:50:56:64:54:B4
      inet addr:200.0.1.1  Bcast:200.0.1.255  Mask:255.255.255.0
      UP BROADCAST RUNNING MULTICAST  MTU:1500  Metric:1
      RX packets:616 errors:0 dropped:0 overruns:0 frame:0
      TX packets:201 errors:0 dropped:0 overruns:0 carrier:0
      collision:0 txqueuelen:100
      Interrupt:9 Base address:0x1080

eth1
      Link encap:Ethernet Hwaddr 00:50:56:47:62:D7
      inet addr:200.0.251.1  Bcast:200.0.251.255  Mask:255.255.255.0
      UP BROADCAST RUNNING MULTICAST  MTU:1500  Metric:1
```

```
        RX packets:210 errors:0 dropped:0 overruns:0 frame:0
        TX packets:201 errors:0 dropped:0 overruns:0 carrier:0
        collision:0 txqueuelen:100
        Interrupt:11 Base address:0x10a0

llo
        Link encap:Local Loopback
        inet addr:127.0.0.1  Mask:255.0.0.0
        UP BROADCAST RUNNING  MTU:3924  Metric:1
        RX packets:8 errors:0 dropped:0 overruns:0 frame:0
        TX packets:8 errors:0 dropped:0 overruns:0 carrier:0
        collision:0 txqueuelen:0
[root@Seoul_Router]#  ifconfig eth0
eeth0
        Link encap:Ethernet Hwaddr 00:50:56:64:54:B4
        inet addr:200.0.1.1  Bcast:200.0.1.255  Mask:255.255.255.0
        UP BROADCAST RUNNING MULTICAST  MTU:1500  Metric:1
        RX packets:616 errors:0 dropped:0 overruns:0 frame:0
        TX packets:201 errors:0 dropped:0 overruns:0 carrier:0
        collision:0 txqueuelen:100
        Interrupt:9 Base address:0x1080

[root@Seoul_Router]#_
```

여기서 eth0는 Ethernet 카드를 의미하며, 이 카드에 대한 IP 주소가 200.0.1.1이고, 방송주소는 subnet-directed broadcast이다. lo는 loopback 인터페이스를 의미한다.

[주의] ifconfig, route, ip 등의 명령어에 의한 설정값은 이러한 설정 파일 등에 기록되지 않아 재부팅 시에는 적용되지 않는다.

### (2) ifup 및 ifdown 명령어

해당 카드에 대한 activate/deactivate관련 콘솔 명령어는 ifup과 ifdown이다. 물론 ifconfig의 up/down을 사용해도 된다.

```
[root@ceromi ~]# ifup eth0      --- 또는 ifconfig eth0 up
[root@ceromi ~]# ifdown eth0    --- 또는 ifconfig eth0 down
```

### (3) 네트워크 관련 설정 파일

네트워크 관련 설정값은 다음과 같은 파일에 기록된다. 각 파일의 내용을 확인해 보는 것이 좋다.

a) /etc/sysconfig/network 파일 : hostname, 고정 IP, DHCP 서버 주소과 default gateway정보 등의 기본 설정 정보가 기록되며, 이 파일의 내용은 시스템 부팅 시 적용된다.

a) /etc/sysconfig/network-scripts/ 폴더 : 각 인터페이스별 설정 파일이 있다.

### CHAPTER 04 네트워크 계층 프로토콜과 IP

```
[root@ceromi network-scripts]# ls
Ifcfg-eth0   ifcfg-eth1   ifcfg-eth2   ifcfg-lo
Ifdown   ifup   …
[root@ceromi network-scripts]# cat ifcfg-eth0
[root@ceromi network-scripts]#
```

c) DNS 설정 파일

/etc/resolv.conf 및 /etc/hosts 파일이 있다.

## 4.16 리눅스용 IP Calculator를 이용한 IP 주소 계산 실습

리눅스의 IP 주소 계산 기능인 gip를 설치하고 200.0.1.0망에 대한 서브넷팅 관련 IP 주소 설정을 실습한다. 윈도우 XP에도 유사한 IP calculator 프로그램 등이 있다.

**STEP 1**  gip 프로그램인 gip-1.6.1.1-1.fc7.rf.i386.rpm 을 Mozilla 웹 브라우저로 검색한 후 해당 파일을 클릭한다. 이때 표시되는 창에서 "Open with Package Installer(default)"를 클릭하여 설치한다.(필요 시 gtk+를 미리 설치한다. ) 또는 파일을 내려받아 다음과 같이 rpm 명령어로 설치한다.

```
[root@arami ~]#rpm -Uvh gip-1.6.1.1-1.fc7.rf.i386.rpm
```

**STEP 2**  설치 후, 바탕 화면의 상단에 있는 "Applications"-"Accessories"를 클릭할 때 표시되는 "Gip IP Subnet Calculator"를 선택한다.

**STEP 3**  200.0.1.0망에 대한 서브넷팅을 위하여, 서브넷 비트를 두 개로 할당하여, 설정되는 서브넷의 종류와 사용 가능한 호스트들의 개수를 확인한다.

**STEP 4** "IPv4 Subnet Calculator" 탭을 설정한 후, Address range : 200.0.1.0 ~ 200.0.1.255 와 prefixlength = 26으로 설정 시 설정되는 서브넷의 종류와 사용 가능한 호스트들의 개수를 확인한다.

## 4.17  IP 헤더 옵션의 분석 실험

 ping 명령어의 다양한 옵션을 사용하여 IP 헤더 옵션에 대한 분석을 한다. 단 Record Route 및 source routing에 관련된 실험은 라우터를 이해한 후 수행하도록 한다.

### (1) ping 매뉴얼 확인

Ping의 다양한 응용을 다음과 같은 man명령어로 확인해 보자.

```
[root@arami ~]# man ping
…
q로 빠져 나옴

#
```

### (2) TOS 영역 설정 실험

 Q 옵션을 사용하여 ping을 수행 후 IP 헤더의 ToS 값을 분석한다. 우선순위와 Type of Service영역의 의미를 분석한다.

```
[root@arami ~]#ping -n 5 -Q 12 200.0.1.1
```

### (3) TTL 영역 설정 실험

t옵션을 사용하여 ping을 수행 후 IP 헤더의 TTL값을 분석한다.

```
[root@arami ~]#ping -t 20
```

### (4) timestamp 옵션 설정

T옵션을 사용하여 ping을 수행 후 IP 헤더의 Timestamp 옵션값을 분석한다.

```
[root@arami ~]#ping -T tsandaddr 200.0.1.1 <-- 200.0.1.1에 대한 timestamp 및 address 옵션을 사용함.
```

CHAPTER 04 네트워크 계층 프로토콜과 IP

 **연습 문제**

[1] 다음 중 주소 182.72.18.110의 기본 마스크는 무엇인가?
(a) 255.0.0.0  (b) 255.255.0.0
(c) 255.255.255.0  (d) 255.255.255.255

[2] 하나의 클래스 A 주소를 가진 기관이 적어도 2000개의 서브네트워크를 필요로 한다. 이때 필요한 서브넷 마스크는 무엇인가?
(a) 255.255.0.0  (b) 255.255.224.0
(c) 255.255.192.0  (d) 255.255.248.0

[3] 클래스 B 주소를 가진 기관이 적어도 5개의 서브네트워크를 필요로 한다. 서브넷 마스크는 무엇인가?
(a) 255.255.240.0  (b) 255.255.255.224
(c) 255.255.224.0  (d) 255.255.255.255

[4] 클래스 C 주소를 가진 기관이 적어도 12개의 서브넷이 필요하다면 이때 서브넷 마스크는?
(a) 255.255.255.255  (b) 255.255.240.0
(c) 255.255.255.224  (d) 255.255.255.240

[5] 어떤 클래스 C 망의 서브넷 마스크가 255.255.255.224이다. 각 서브넷에 몇 대의 컴퓨터를 연결할 수 있는가? (특수 주소를 고려한다.)
(a) 20대  (b) 30대  (c) 40대  (d) 50대

[6] IP : 120.14.22.16; 서브넷 마스크 : 255.255.128.0로 설정된 단말이 속한 Subnet 주소와 Hostid 는?
(a) 서브넷 주소 : 120.14.0.0    Hostid : 22.16
(b) 서브넷 주소 : 120.0.0.0     Hostid : 14.22.16
(c) 서브넷 주소 : 120.14.22.0   Hostid : 16
(d) 서브넷 주소 : 120.14.22.16  Hostid : 128.0

[7] 슈퍼넷 마스크가 255.255.224.0이다. 이 슈퍼넷에는 몇 개의 클래스 C 망들을 결합할 수 있는가?
(a) 8  (b) 16  (c) 32  (d) 64

[8] 다음 중 8개의 C Class 주소들로 결합된 슈퍼넷을 위한 슈퍼넷 마스크는 어느 것인가?
(a) 255.255.240.16  (b) 255.255.240.0
(c) 255.255.192.0  (d) 255.255.248.0

 **연습 문제**

[9] IP 계층에서 사용되는 식별자로서 인터넷 상에서 호스트나 라우터를 유일하게 나타내는 주소는 무엇인가?
 (a) IP 주소　　　(b) 포트 주소　　　(c) 물리 주소　　　(d) 네트워크 주소

[10] 2 진수로 표기한 32 비트 형식의 주소 "10000000 00001011 00000011 00011111"를 10 진수 표기법으로 올바르게 나타낸 것은?
 (a) 128.12.3.31　　　　　　　　　(b) 128.11.3.31
 (c) 256.11.3.31　　　　　　　　　(d) 128.11.2.30

[11] 다음 빈칸에 들어갈 말이 순서대로 바르게 짝지어진 것은?
 ____는 ____바이트가 netid이며, 가장 왼쪽 비트가 0이다.
 (a) 클래스 A 주소, 두　　　　　　(b) 클래스 A 주소, 첫 번째
 (c) 클래스 B 주소, 첫 번째　　　　(d) 클래스 C 주소, 세

[12] IP 주소 190.1.0.0은 어떤 주소에 속하는가?
 (a) 호스트 IP 주소　　　　　　　(b) 직접 브로드캐스트 주소
 (c) 네트워크 주소　　　　　　　　(d) 제한된 브로드캐스트 주소

[13] 다음 IP 주소 238.1.2.3에 대한 설명으로 옳은 것은?
 (a) 클래스 C에 속한다　　　　　　(b) netid는 238.1
 (c) hosted는 1.2.3　　　　　　　 (d) 멀티캐스팅을 위해 사용된다.

[14] 클래스 B용 사설망 주소로는 ____가 사용된다.
 (a) 10.0.0.0　　　　　　　　　　(b) 172.16 ~ 172.31
 (c) 192.168.0 ~ 192.168.255　　　 (d) 193.168.0 ~ 193.168.255

[15] 특수 주소를 무시하는 경우 10.0.0.0에 대하여 255.255.128.0의 서브넷 마스크로
 (a) 몇 개의 서브넷이 만들어 질 수 있는가?



 (b) 각 서브넷마다 몇 개의 호스트들이 설치될 수 있는가?

CHAPTER 04 네트워크 계층 프로토콜과 IP

연습 문제

[16] IP=203.253.145.250에 대한 서브넷 마스크가 255.255.240.0일 때, 서브네트워크 주소값과 호스트 id는 각각 무엇인가?

[17] CIDR 형식인 203.253.32.0/22로 표기되는 망은 어떠한 클래스 C 망들을 슈퍼넷팅한 것인가?

[18] 루프백 주소는 반드시 127.0.0.1이어야 하는가?

[19] Private IP 주소들은 어떤 종류들이 있으며, 어떤 경우에 사용되는가?

 **추가 실습 과제**

[20] 프로토콜 분석기를 사용하여, 특정 시스템에서 송수신되는 IP 패킷들을 수집하고 어떤 **응용들이** IP 패킷을 사용하는자 IPv6 패킷들도 있는지 분석하라.

[21] IP 계층에서의 멀티캐스트와 방송 주소를 사용하는 응용이 어떠한 것이 있는지 **프로토콜 분석기를** 사용하여 조사하라.

[22] 자신의 학교(또는 기관)에 있는 망의 구성도를 다음과 같은 순서로 그려라.
  (a) 라우터(게이트웨이), LAN 스위치(또는 브리지), DNS, 메일 서버 등으로 구성된 망의 구성도를 그려라.

  (b) 내부에서 사용하고 있는 IP 주소의 범위를 알아 보아라.

  (c) 각 IP 주소들이 어떻게 서브넷팅이 되어 있는지 조사하라.

[23] 다음과 같은 소켓 함수들의 수행 결과는 무엇인지 조사하고 리눅스 PC상에서 **프로그래밍하라.**

  ntohl()
  htonl()
  inet_addr()

[24] 다음과 같은 IP 헤더의 첵섬을 계산하는 c프로그램을 작성하라.

```
00000000  45 20 AF 14 57 A4  00 80 40 46 40 00  80 00  45 00
00000020  00 A6 4A E4 40 00  FE 11 00 00 86 4B  37 02  CB FD
00000030  91 A8
```

## 참고 : 체크섬 계산

### (1) 생성 및 검사 과정
- 송신 시의 체크섬 생성 과정
① 2바이트 길이의 체크섬 영역은 0x0000으로 채워 놓는다.
② IP 헤더를 두 바이트 길이의 unsigned short integer 형식의 array로 만든다.
③ unsigned short integer 형식의 각 [array] 항목들을 모두 더한다.
④ 총 합의 결과값이 2바이트 길이를 넘는다면, 자리 올림 된 부분과 나머지 부분으로 구분한 다음, 이들을 더한다. 만약 더한 결과 다시 자리 올림이 발생하면, 이 과정을 한번 더 반복한다. 마지막으로, 이 값에 대한 보수를 취한 결과값을 얻는다.
⑤ 이 값을 IP 헤더의 checksum 영역에 넣어 송신한다.
- 수신시의 체크섬 검사 과정
① 수신된 IP 패킷의 헤더에 대하여 송신 과정 중 2 ~ 4번 과정을 수행한다.
② 결과값이 0x0000이면 수신 시 오류가 없다.

다음 그림은 IP 헤더에 대한 체크섬 생성 과정과 수신 시 검사 과정을 도시한 것이다. 이해를 돕기 위하여, IP 헤더는 6바이트로 하였다.

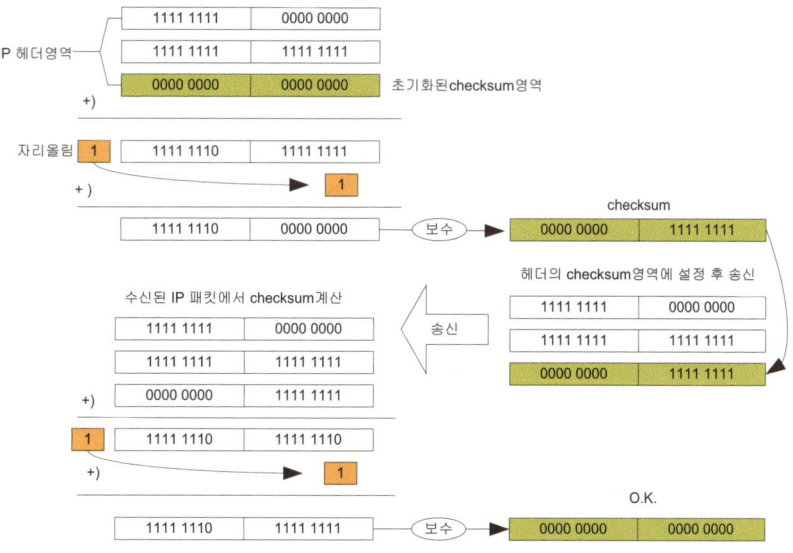

〈그림 4-35〉 IP의 fragmentation의 예

**(2) 프로그래밍의 예**

```c
#include <stdio.h>
unsigned short in_cksum(unsigned short buf[], int nbytes){
    long sum = 0;    //sum은 4바이트의 길이를 가지는 long integer임

    while (nbytes > 1) {
        sum += buf[i];    //2바이트씩 더함
        nbytes -= 2;
    }

    if (nbytes == 1)    //홀수 길이인 경우에만 적용됨. IP 헤더의 경우에는 무시됨
        sum += *(unsigned char *)buf;


    sum = (sum >> 16) + (sum & 0xffff);    //자리 올림 처리
    sum += (sum >> 16);    //혹시 다시 자리 올림이 되면, 처리
    return (~sum);       //마지막으로, 1의 보수 처리
}

main(){
    unsigned short ip_header[] = {    //20바이트의 sample IP 헤더임
        0x4500, 0x002c, 0x5b22, 0x4000, 0x8006,
        0x0000,    //Checksum 영역 : 비어 있음
        0x81ad, 0x4389,    //Source IP 주소
        0x81ad, 0x423d     //Destination IP 주소
    };

    unsigned short ret;

    ret = in_cksum(ip_header, 20);    //20바이트의 IP헤더에 대한 checksum 계산 요청

    printf("Send Checksum = 0x%04x (should be 0x1689)\n",ret);

    //insert IP header checksum
    ip_header[5] = ret;

    printf("Sent…..and Received\n");

    //Receiver checksum
    ret = in_cksum(ip_header, 20);

    if(ret == 0)
        printf("O.K.\n");
    else
        printf("Error\n");
}
```

memo

# 리눅스 기반의
## TCP/IP와 라우팅 프로토콜

# chapter 05

# ARP와 ICMP

## 5.1 개요

Address resolution protocol(ARP)는 IP 주소와 관련된 LAN 카드의 물리 주소를 알아내는 프로토콜이며, Reverse ARP(RARP)는 그 반대의 경우에 사용된다. 본 장의 앞 부분에서는 ARP와 특수한 경우의 ARP인 gratuitous ARP, 프록시 ARP, ARP 브로드캐스트 스톰 현상 등에 대하여 알아본다.

이어 IP의 기능을 보완하는 ICMP(Internet Control Message Protocol의 용도와 메시지 형식을 소개한 후, ping과 tracert에 대한 실습을 통하여 ICMP의 동작 원리를 알아보도록 한다. 참고로 ARP와 ICMP의 계층 구조는 〈그림 5-1〉과 같다.

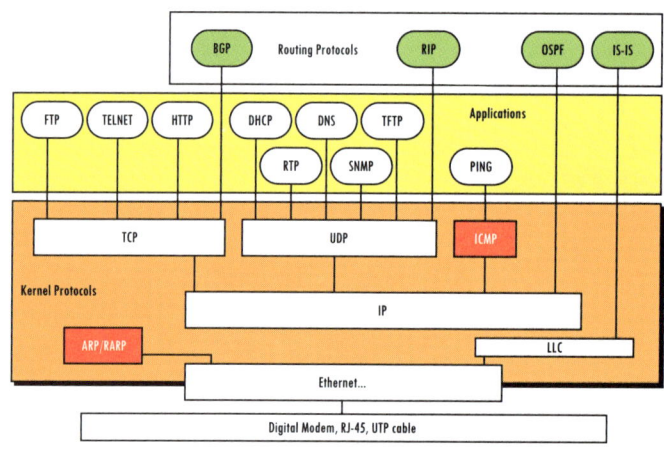

〈그림 5-1〉 ARP/RARP/ICMP의 계층 내 위치

## 5.2 ARP의 예

리눅스 시스템에서 다음과 같은 arp 및 ping 명령어를 수행해 보자.

```
# arp -e  <-- arp 캐시에 저장된 내용을 본다.
Address     Hwtype   Hwaddress          Flags   Mask    Iface
200.0.1.1   ether    00:01:02:93:60:1c  C               eth0
# arp -d 200.0.1.1 <-- arp 캐시의 내용을 지운다.
#ping -n 200.0.1.1
```

또는 다음과 같이 "ip neigh" 명령어를 사용해도 된다.

```
# ip neigh show <-- arp 캐시에 저장된 내용을 본다.
200.0.1.1 dev eth0 lladdr  00-01-02-93-60-1c REACHABLE
#
# ip neigh del 200.0.1.1 dev eth0 <-- arp 캐시의 내용을 지운다.
# ping -n 200.0.1.1
```

## CHAPTER 05 ARP와 ICMP

이 명령에 의하여 다음과 같은 과정이 수행된다.
- 단말의 ARP 캐시의 내용을 삭제한다.
- ping 명령어에 의해 200.0.1.1로의 ICMP패킷을 송신하려고 한다.
- 하지만 IP 계층에서 200.0.1.1의 이더넷 주소를 주소를 모른다면 ARP 과정에 의한 이더넷 주소 습득 과정이 수행될 때까지 송신 요구된 IP 패킷들을 내부 버퍼에 임시 저장한다.
- 송신측 ARP 처리부는 ARP 요청 프레임을 방송한다. 이 프레임의 내용은 다음과 같이 두 가지 경우에 따라 다르다.
  - 〈그림 5-2〉와 같이 목적지 단말이 허브를 경유하여 연결된 경우, 이 ARP 요청 프레임 에는 직접 연결된 목적지 단말의 IP 주소가 수납된다.
  - 반면에 〈그림 5-3〉과 같이 목적지 단말이 라우터 너머에 있다면, 이 라우터의 이더넷 주소를 알아야 하므로 이 라우터의 IP 주소를 수납한다.
- ARP 요청 프레임은 이더넷상에 있는 모든 호스트(라우터 포함)에 의해 수신된다. 모든 호스트는 수신된 ARP 요청 프레임 내의 IP 주소가 자신의 것과 동일한 지 검사한다. 만약 자신의 주소와 동일한 호스트는 즉시 자신의 이더넷 주소를 수록한 ARP 응답 프레임을 응답한다. 즉 ARP 요청 프레임은 방송 형식으로 전송되고, ARP 응답 프레임은 유니캐스트로 전송된다.
- ARP 응답 프레임을 수신하여 이더넷 주소를 알아내면 해당 IP 주소와 이더넷 주소 쌍을 내부 ARP 캐시(cache)에 기록한다. 이렇게 한번 파악된 주소를 ARP 캐시에 저장함으로써 이후의 데이터 전송은 ARP절차 없이 전송된다.
- 그 동안 버퍼에 저장되었던 IP 패킷들을 이더넷 프레임에 수납하여 송신한다. 결국 200.0.1.1에 ICMP 패킷이 전달된다.

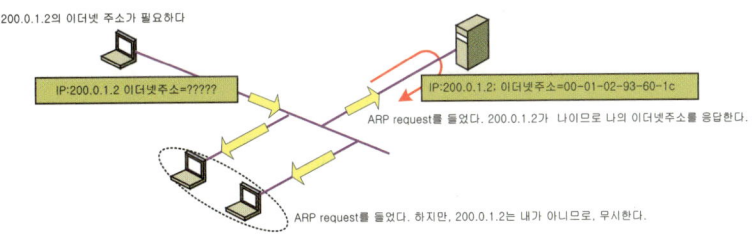

〈그림 5-2〉 ARP/RARP/ICMP의 계층 내 위치

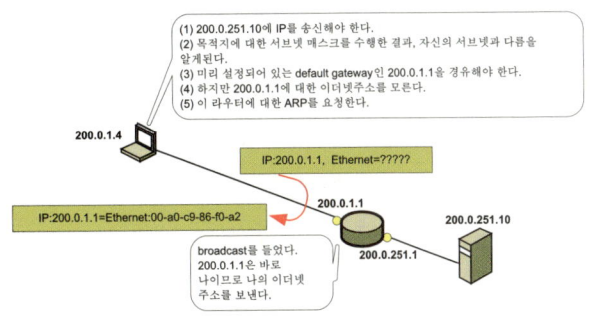

〈그림 5-3〉 라우터를 경유해야 할 경우의 ARP 동작

## 5.3 ARP 캐시

단말은 특정 IP 주소에 대한 하드웨어 주소(즉, 이더넷 주소)가 얻어지면 {IP 주소, 이더넷 주소} 쌍을 내부의 ARP 캐시에 저장한다. 이후 적어도 20분 동안에는 동일한 IP 주소에 대한 ARP 절차 없이 내부 ARP 캐시에 있는 해당 이더넷 주소를 활용한다.

예들 들어 〈그림 5-4〉와 같이 최초에는 "arp -e"명령어로 ARP캐시 내용을 확인한 결과 비어 있었다. 이후 ping 명령에 의해 200.0.1.1 서버의 이더넷 주소가 캐시("/proc/net/arp")에 저장된다. 이것은 "arp -e" 명령으로 확인해 볼 수 있다. 이후 이 서버에 대한 재접근 시에는 ARP 캐시의 이더넷 주소를 활용하므로 ARP 요청 패킷이 송신되지 않는다.

```
#arp -e
^c

#ping 200.0.1.1

^c
#arp -e
Address        Hwtype   Hwaddress         Flags   Mask   Iface
200.0.1.1      ether    00:01:02:93:60:1c  C              eth0
# cat /proc/net/arp   <-- arp cache에 저장된 내용을 본다.
IP address     HW type  Flags   HW address         Mask   Device
200.0.1.1      0x1      0x2     00:01:02:93:60:1c  *      eth0
```

〈그림 5-4〉 arp -e의 실행 예

## 5.4 ARP 캐시

| 필드 | 크기 |
|---|---|
| Destination MAC address | 6 |
| Source MAC address | 6 |
| EtherType<br>ARP의 경우 =0x 0806 ;<br>RARP의 경우 = 0x8035 | 2 |
| Hardware type: 0001 = Ethernet의 경우 | 2 |
| Protocol type: 0800=IP를 사용하는 경우 | 2 |
| Hardware address size<br>6: Ethernet 인 경우 | 1 |
| Protocol size : 4 = IP의 경우 | 1 |
| Operation=01,02 | 1 |
| Sender Hardware address | 6 |
| Sender IP address | 4 |
| Target Hardware address | 6 |
| Target IP address | 4 |
| PAD | N |
| FCS | 4 |

〈그림 5-5〉 ARP 요청과 응답 패킷의 형식

〈그림 5-5〉는 ARP 요청과 응답 패킷에 대한 형식이다.
- 목적지 주소 : ARP 요청의 경우 브로드캐스트 주소가 사용된다. ARP 응답인 경우에는 요청을 보낸 장치의 MAC 주소이다.
- EtherType : ARP의 경우 0x0806이다. 응답이나 요청의 경우 동일하다.
- 하드웨어 타입 : MAC의 종류에 따른 상이한 하드웨어 주소 형식을 식별한다. DIX 2.0 이더넷의 경우 1이다. IEEE 802.3 CSMA/CD의 경우에는 6이며, LocalTalk의 경우에는 11이 사용된다.
- 프로토콜 타입 : 망 계층 프로토콜 종류마다 상이한 주소체계를 구분하기 위하여 사용된다. 이 영역의 값은 모두 EtherType 값과 동일하다. IP의 경우 0x0800이다.
- 하드웨어 길이 : 하드웨어 주소 영역의 바이트 수를 표시한다. 이더넷의 경우 6이다.
- 프로토콜 길이 : 망 계층 주소 영역의 바이트 수를 표시한다. IP의 경우 물론 4이다.
- 동작 : 이 패킷이 ARP request(1), ARP reply(2), RARP request(3), RARP reply(4) 중에서 어떤 것인지를 나타낸다.
- 송신측 하드웨어/IP 주소 영역 : 송신측 하드웨어 및 IP 주소이다.
- 타겟 하드웨어/IP 주소 : 수신측 하드웨어 주소와 IP 주소이다.

## 5.5 ARP 브로드캐스트 스톰 현상

브리지로 연결된 망 전체가 정전된 후 모든 시스템이 재부팅된다고 하자. 이때 각 시스템의 ARP 캐시는 비어 있을 것이다. 각 시스템이 부팅될 때 많은 양의 IP패킷이 송신되어야 하는데 이와 관련된 ARP 패킷이 먼저 방송된다. 이러한 ARP 패킷은 브리지를 통과하므로 망 내부에 ARP 패킷의 수가 일시적으로 증가된다. 이러한 현상을 ARP broadcast storm이라고 하며 망의 성능을 일시적으로 저하시킨다. 일부 브리지를 라우터로 교체하면 이러한 ARP 브로드캐스팅을 감소시킬 수 있다.

〈그림 5-6〉은 ARP 브로드캐스트 스톰 현상의 예이다.

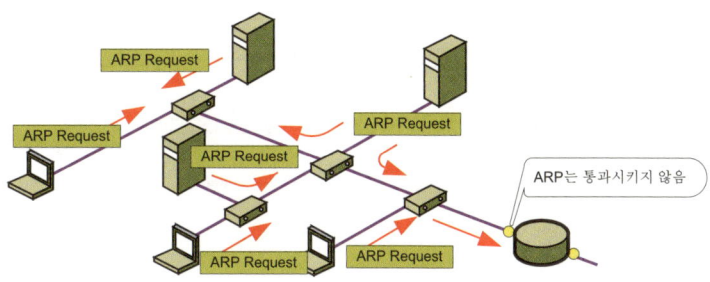

〈그림 5-6〉 ARP 브로드캐스트 스톰 현상의 예

## 5.6 Gratuitous ARP

일반적으로 컴퓨터들은 자신이 부팅될 때 자신의 IP 주소를 중복 사용하는 단말들이 있는지 검사하기 위하여 〈그림 5-7〉과 같이 자신의 IP 주소를 타겟 IP 주소 영역에 수납한 ARP 패킷을 방송한다. 이것을 Gratuitous ARP라고 한다. 만약 자신 이외에 이 IP 주소를 사용하는 단말이 있다면 그 단말은 ARP 응답을 할 것이다. 이에 이 망에 중복된 IP가 존재하는 것을 알 수 있어 이를 관리자에게 보고하여 해결할 수 있다.

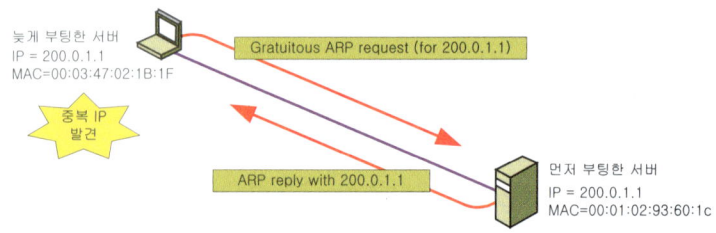

〈그림 5-7〉 Gratuitous ARP의 동작 예

## 5.7 프록시 ARP

단말로부터의 모든 ARP 요청 프레임을 수신하여 자신의 MAC 주소를 대신 응답하는 장치가 있을 때 이 장치는 프록시 ARP 기능이 있다고 한다. 사용 용도는 다음과 같다.

**예 1**　이더넷이 아닌 PPP로 서버에 접속할 때 : 동일한 서브넷(200.0.1.0)에 있는 Ceromi와 Arami가 통신할 때 Bormai를 반드시 경유할 필요가 있는 경우를 고려해 보자. 단말 Ceromi는 Arami가 이더넷상에 있다고 믿으므로 Arami에 대한 이더넷 주소를 얻기 위하여 ARP 요청 프레임을 방송한다. 하지만 Arami는 이더넷상에 있지 않으므로 자신이 직접 ARP 응답을 할 수 없다. 이러한 문제를 해결하기 위하여 Borami에 프록시 ARP 기능을 부여한다. Bormai는 Arami에 대한 ARP 요청을 수신하면 자신의 이더넷 주소를 대신 응답함으로써 Ceromi가 Bormai를 경유하여 Arami로 IP패킷이 전달되도록 한다.

[참고] 또한 mobile IP 시스템에서도 Proxy ARP가 사용된다. 즉, remote network에 있는 단말에 대한 ARP request에 대하여 Home Agent가 대신 응답할 때, 이 Home Agent는 proxy ARP 기능이 있다고 한다.

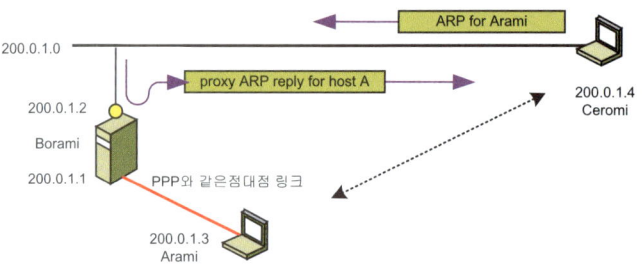

〈그림 5-8〉 Proxy ARP의 필요성

## CHAPTER 05 ARP와 ICMP

**예 2**　**프록시 ARP를 이용한 서브넷 구성** : 예를 들어 〈그림 5-9(a)〉와 같은 여러 대의 단말이 접속된 하나의 200.0.1.0망이 있다고 하자. 이것을 2개의 서브넷으로 분할하기 위한 방법은 다음과 같은 2가지 방법이 있다.

- 〈그림 5-9(b)〉처럼 라우터를 사용하여 2개의 서브넷으로 분리한다. 이 경우 각 단말별 서브넷 주소를 변경해야 한다.
- 〈그림 5-9(c)〉처럼 라우터의 각 인터페이스에 proxy ARP기능을 설치한다. 이 경우 단말에게 이들이 속한 망이 어떻게 서브넷분할되었는지 알리지 않고도 이 망을 여러 개의 서브넷으로 분할하여 운용할 수 있다.

프록시 ARP 기능을 라우터의 각 인터페이스에 설치하는 방법의 예는 〈그림 5-9(c)〉와 같다.
- 라우터의 인터페이스별로 subnet mask를 255.255.255.128로 설정한다. 즉 왼쪽 서브넷은 200.0.1.0 망인 반면에 오른쪽 서브넷은 200.0.1.128 망이 된다.
- 라우터의 각 인터페이스에 프록시 ARP 기능을 설정한다.
- 단말 200.0.1.2~126은 왼쪽 서브넷에 위치시키고 나머지 단말들은 오른쪽 서브넷에 위치시킨다.

예를 들어 Arami가 Darongi(200.0.1.254)에 대한 ARP를 요청할 때 프록시 ARP 기능이 설정된 라우터는 이 ARP 요청을 자신이 대신 응답한다. 이 응답 메시지의 내용은 {Sender Hardware Address= eth0 이더넷 주소(프록시 ARP 라우터), Sender IP Address= 200.0.1.254(Darongi의 IP 주소)}임에 유의하라.

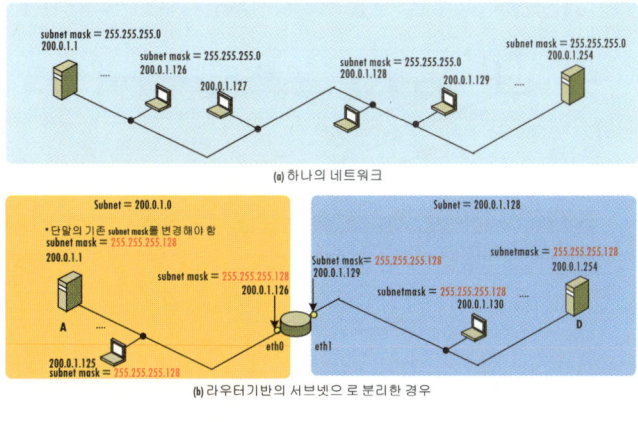

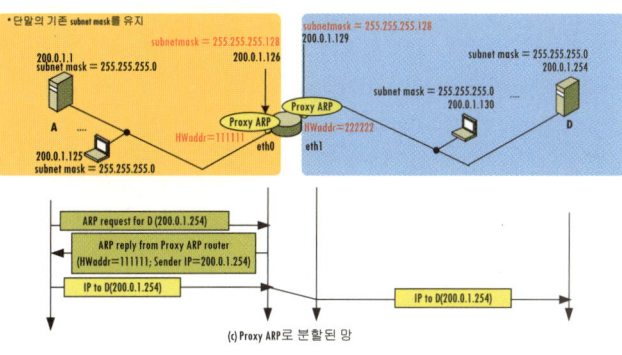

〈그림 5-9〉 Proxy ARP 라우터에 의한 서브넷 분할 방법의 예

## 5.8 RARP(Reverse ARP)

일반적으로 하드 디스크 저장 장치를 갖고 있는 시스템은 자신의 IP 주소를 얻기 위해서 사용자가 하드 디스크에 저장된 설정 파일을 이용한다.

그러나 하드 디스크가 없는 단말(X 윈도우 단말이나 브리지/라우터 등의 임베디드 시스템)의 경우에는 자신의 이더넷 주소는 알고 있지만 자신의 IP 주소를 영구적으로 저장할 수 없다. 그러므로 부팅 시 자신의 IP 주소를 전용의 주소 할당 서버로부터 얻어오는 절차 중 하나가 RARP이다.

RARP 요청 프레임에는 자신의 하드웨어 주소가 수납된다. 이를 수신한 RARP 서버는 미리 설정되어 있는 {단말의 하드웨어 주소 : IP 주소} 테이블에서 해당 단말의 하드웨어 주소에 매핑되는 IP주소를 응답한다.

이러한 RARP는 해당 단말에 대한 IP 주소만 할당하므로 단말이 필요로 하는 추가의 정보 즉 게이트웨이나 DNS 등의 주소 정보는 제공할 수 없다. 또한 RARP는 링크 계층 프로토콜이므로 라우터를 경유할 수 없어 각 LAN 세그먼트마다 RARP 서버를 설치해야 하는 문제도 있다. 최근에는 이를 해결할 수 있는 UDP 기반의 DHCP를 사용한다.

RARP 패킷의 형태는 일반적으로 ARP 패킷의 형태와 유사하다. 차이점은 Ethertype 값이 0x8035이고 operation 영역의 값이 요청인 경우 3, 응답인 경우 4이다. RARP 역시 요청 시에는 방송형 목적지 주소를 사용하고, 응답은 RARP 서버로부터 유니캐스트된다.

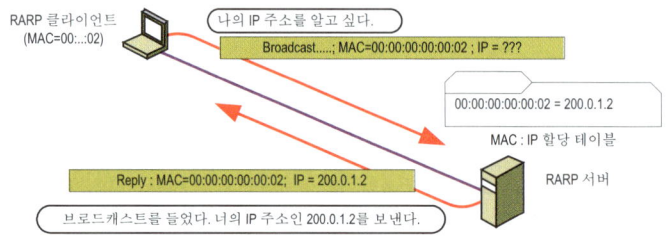

〈그림 5-10〉 RARP의 동작

## 5.9 ICMP의 필요성

라우터는 과도한 패킷의 유입에 의한 출력버퍼 부족시 일부 IP패킷을 버린다. 이러한 폐기동작은 신뢰성 있는 전달을 보장하지 않는 IP 망에서 자연스러운 일이다.

하지만 사용자는 기대하는 응답이 오지 않을 때 해당 시스템이 다운되어 있는지, 해당 응용 계층 프로세스(예를 들어, 웹 서버 기능)가 설치되어 있지 않아 연결되지 않는지 등에 대한 원인을 알고 싶어할 것이다. 불행하게도 IP 프로토콜에는 이러한 접속 불가에 대한 이유를 표시하거나 여러 가지의 진단 기능 및 상황 정보를 지원하지 않는다.

이를 보완하기 위한 프로토콜이 ICMP(Internet Control Message Protocol)이다. 다시 말해서 이것은 IP프로토콜의 단점을 보완하는 제어 및 상태 확인 절차이다.

CHAPTER 05 ARP와 ICMP

모든 호스트 및 라우터는 이러한 ICMP 메시지를 받거나 생성할 수 있어야 한다. 참고로 ICMP는 IP 데이터그램의 데이터 부분에 포함되어 전송되지만 트랜스포트 계층 프로토콜이 아니다. 이것은 IP 계층의 동작을 지원하는 망 계층 프로토콜로 분류된다.

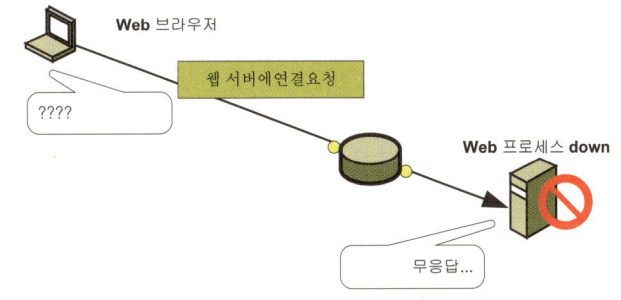

〈그림 5-11〉 ICMP가 사용되지 않는 경우

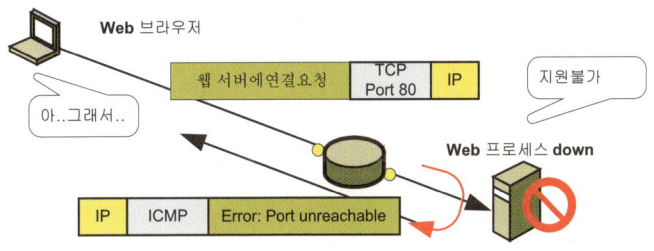

〈그림 5-12〉 ICMP의 동작 예

## 5.16 ICMP 메시지 형식

### (1) 기본 형식

ICMP의 기본 형식은 〈그림 5-13〉과 같다.

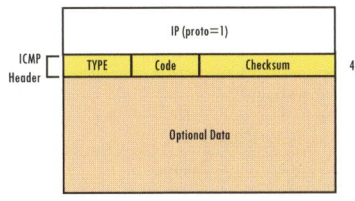

〈그림 5-13〉 ICMP 메시지의 형식

- ICMP는 IP 패킷의 데이터 영역에 실려 있다. IP 헤더의 protocol 영역의 값은 1이다.
- Type 및 Code : ICMP의 종류를 표시한다.
- 체크섬 영역 : IP 헤더 체크섬 계산 방법과 동일한 방법으로 계산된다. ICMP 패킷 전체에 대한 것이다.
- 옵션 데이터 영역 : ICMP의 type과 code 값에 따라 다르다.

### (2) ICMP 타입 및 코드의 종류

다양한 ICMP 패킷의 종류를 구분하는 타입 및 코드의 종류는 다음과 같다.

| TYPE | Code | ICMP MESSAGE TYPE | 용도 |
|---|---|---|---|
| 0 | 0 | Echo Reply | Yes, I am alive |
| 3 |   | Destination Unreachable | Packet could not be delivered |
|   | 0 | Network unreachable |   |
|   | 1 | Host unreachable |   |
|   | 2 | Protocol unreachable |   |
|   | 3 | Port unreachable | 응용 프로세스가 없을 때 |
|   | 4 | Fragmentation needed for DF=1 | PATH MTU Discovery를 수행시 사용함 |
|   | 5 | Source route faild |   |
|   | 6 | Desination network unknown |   |
|   | 7 | Destination host unknown |   |
|   | 8 | Source host isolated(obsolete) |   |
|   | 9 | Destination network administratively prohibited | 관리자에 의해 접근이 거부됨을 표시 |
|   | 10 | Destination host administratively prohibited | 관리자에 의해 접근이 거부됨을 표시 |
|   | 11 | Network unreachable for TOS |   |
|   | 12 | Host unreachable for TOS |   |
|   | 13 | Communication administratively prohibited by filtering | 관리자에 의해 접근이 거부됨을 표시 |
|   | 14 | Host precedence violation |   |
|   | 15 | Precedence cutoff in effect |   |
| 4 | 0 | Source Quench | Choke packet(flow control) |
| 5 |   | Redirect | 보다 좋은 경로상의 라우터를 추천함 |
|   | 0 | Redirect for network |   |
|   | 1 | Redirect for host |   |
|   | 2 | Redirect for TOS and network |   |
|   | 3 | Redirect for TOS and host |   |
| 8 | 0 | Echo Request | Are you alive? |
| 9 | 0 | Router advertisement | 자신이 라우터임을 알림 |
| 10 | 0 | Router soliciation | 단말이 라우터를 찾음 |
| 11 |   | Time Exceeded for a datagram | TTL 값이 0이 되었음을 송신측에 알림 |
|   | 0 | Time-to-live equals 0 during transit |   |
|   | 1 | Time-to-live equals 0 during reassembly |   |
| 12 |   | Parameter problem on a datagram | 무효한 헤더 영역이 있음을 표시 |
|   | 0 | IP header bad(catchall error) |   |
|   | 1 | Required option missing |   |
| 13 | 0 | Timestamp Request | Same as Echo, but with timestamp |
| 14 | 0 | Timestamp Reply |   |

| 17 | 0 | Address Mask Request | 자신이 접속된 망의 subnet mask를 라우터에게 질의할 때 사용됨 |
|---|---|---|---|
| 18 | 0 | Address Mask Reply | |
| 30 | | Traceroute | RFC1393 |
| 37/38 | | Domain Name Request/Reply | RFC1788 |

〈그림 5-14〉 ICMP의 Type 및 code 영역

- 타입 8,0(Echo Request/Reply) : ping에서 사용된다.

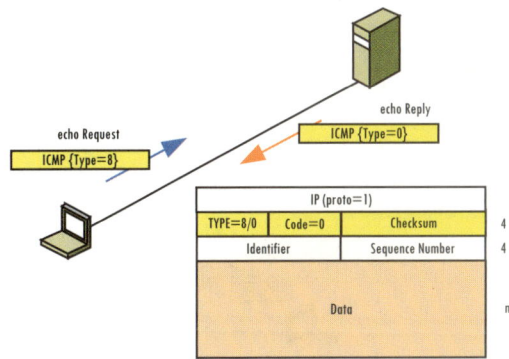

- 타입 3 (Destination Unreachable) : 도달할 수 없는 목적지에 정보를 계속 보내지 않도록 송신측에 주의를 주는 목적으로 사용된다. {타입=3, 코드=3}인 경우, 해당 호스트의 특정 포트에 연결된 서버프로세스가 동작하지 않음을 표시한다. 또한 DF=1로 설정된 IP 패킷을 수신한 경유 라우터 입장에서 수용할 수 없는 크기의 패킷이라면 해당 패킷을 폐기하면서 송신측에게 허용 가능한 MTU 정보가 수납된 {타입=3, 코드=4} ICMP 메시지로 응답한다.

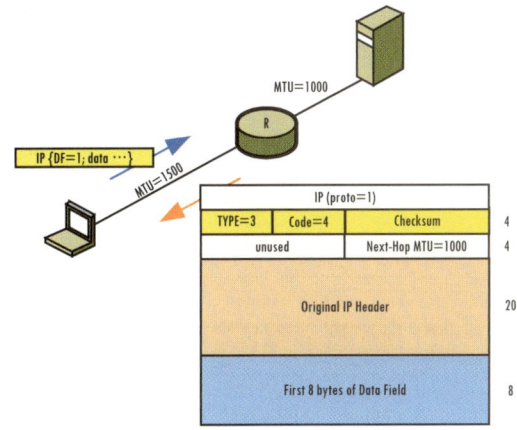

- 타입 4 : 혼잡이 발생한 라우터가 이 상황을 송신측에게 알려 데이터 전송을 잠시 중단시키거나 전송률을 감소시킬 때 사용된다. 형식은 타입3과 동일하다.
- 타입 45 : 단말의 디폴트 게이트웨이가 이 단말의 패킷을 중계할 때, 해당 패킷의 목적지에 대해서는 차라리 다른 라우터를 경유하는 것이 더 유리한 경우, 단말에게 그 라우터를 소개할 경우에 사용된다. 아래 그림의 예는 H1의 default router로 R1을 설정하였는데, N2로의 패킷을 R1으로 송신하면 R1은 "나 보다는 R2로 직접 보내는 것이 더 좋겠다"라고 권고하는 경우이다. 즉 R1은 해당 패킷을 R2에게 중계할 수 있지만 ICMP redirect 메시지를 H1에게 보내어 다음에는 R2를 사용하라고 권고한다.

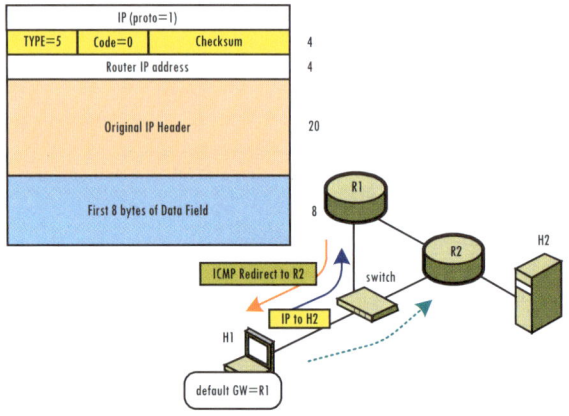

- 타입 9/10 : 자신이 라우터임을 주기적으로 알리고(9), 단말이 라우터를 찾을 때(10) 사용된다.
- 타입 11 : Time-to-Live(TTL) 값이 1로 감소된 IP 패킷을 수신한 라우터가 이 패킷을 버린 후 이 패킷의 송신측에게 이 사실을 알릴 때 사용된다. 이 패킷은 경로상에 있는 라우터를 전전하다가 목적지에 전달되지 못하였음을 송신측에게 알릴 때 사용된다. 이것을 이용한 응용으로 traceroute가 있다. 형식은 타입3과 동일하다.
- 타입 12 : 수신된 패킷에 대한 오류 발견 시 이 패킷의 송신측에 이 사실을 알린다. 이러한 오류를 야기한 IP 패킷의 헤더와 IP 패킷의 데이터 영역의 첫 8바이트(즉, TCP 또는 UDP 헤더의 일부)를 옵션 데이터 영역에 수납한다. 이 오류 메시지의 수신측은 옵션 데이터 영역에 포함된 자신의 IP 헤더와 데이터 영역으로부터 어떤 프로토콜(IP의 protocol 영역으로부터) 및 어떤 프로세스(TCP/UDP 헤더의 포트 영역으로부터)가 오류를 발생한 것인지를 판단할 수 있다.

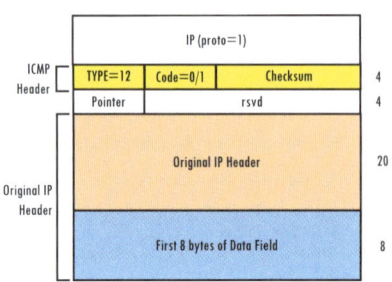

- 타입 13/14 : IP 헤더 옵션의 timestamp 옵션과 유사하지만 ICMP 메시지에 수납되며, {Originate, Receive, Transmit timestamp}가 4바이트씩 수납된다.

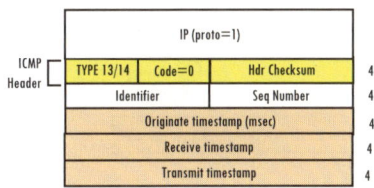

- 타입 15/16 : 자신의 IP 주소를 망으로부터 할당받는 기능도 ICMP에서 지원할 수 있도록 정의되었으나 RARP, BOOTP, DHCP 등에 의해 불필요하게 되어 사용되지 않는다.

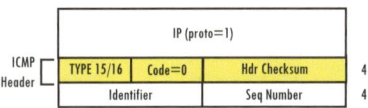

- 타입 17/18(Address Mask) : 단말 입장에서 망의 서브넷 마스크값을 수동으로 설정하지 않은 경우 자신이 접속된 망의 서브넷 마스크 정보를 라우터에게 질의하고 응답받을 때 사용된다.

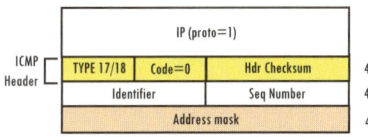

## 5.11 Ping/ICMP Echo

"ping"은 Packet InterNet Groper의 약어이다. 이것은 ICMP echo request 메시지를 특정 호스트나 라우터에 송신하여 이에 대한 ICMP echo reply를 수신함으로써, 도달 가능성을 검사한다. 또한 요청과 응답에 대한 경과 시간인 round-trip-time(RTT)도 제공한다.

이러한 에코 요청과 응답 메시지는 모두 IP 데이터그램에 수납되어 전송되기 때문에 응답의 성공적 수신은 경로상의 라우터와 목적지 시스템의 망 계층 부분이 동작한다는 것을 증명한다.

〈그림 5-15〉는 ping에서 사용하는 ICMP 에코요청/응답 메시지의 형식이다. 첫 번째 영역인 타입값이 0일 때는 응답이고, 8일 때는 요청이다. 식별 번호는 유닉스 시스템의 경우 송신 프로세스의 프로세스 ID값이 설정된다.

그리고 순서 번호는 0부터 시작되며, ICMP 요청 패킷을 보낼 때마다 1씩 증가한다. 식별자와 순서번호는 응답들과 요청들을 짝짓기 위해 송신자에 의해 사용되고 선택적 데이터 필드는 송신자에게 되돌려질 데이터를 포함하는 것으로 길이는 가변적이다.

ICMP 에코 요청 패킷을 수신한 시스템은 수신된 이 패킷의 식별 번호와 순서 번호 영역 및 optional data 영역을 모두 복사하여 응답하므로 이러한 절차의 이름에 echo가 사용된다.

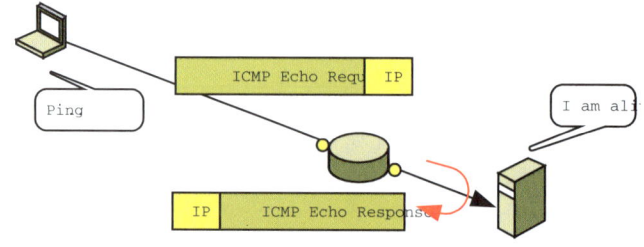

〈그림 5-15〉 ICMP의 ping 동작 예

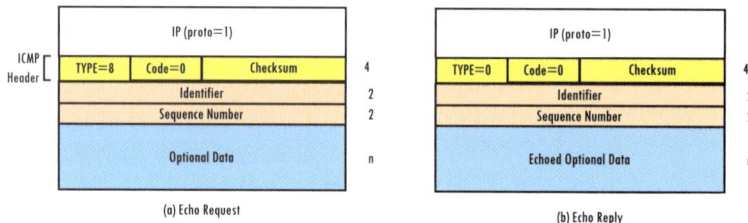

〈그림 5-16〉 ICMP echo request/reply 패킷의 형식

[예] Arami가 다음과 같이 서버인 200.0.1.2에 대한 ping 명령어를 입력하면 다음과 같은 결과가 얻어진다.

```
[root@arami ~]#ping 200.0.1.2
Pinging 200.0.1.2 with 32 bytes of data:

Reply from 200.0.1.2: bytes=32 time=12ms  TTL=255
Reply from 200.0.1.2: bytes=32 time=3ms   TTL=255
Reply from 200.0.1.2: bytes=32 time=52ms  TTL=255

Ping statistics for 200.0.1.2:
        Packets: Sent = 3, Received = 3, Lost = 0 (0% loss),
Approximate round trip times in milli-seconds:
        Minimum = 2ms, Maximum = 52ms, Average = 17ms
[root@arami ~]#
```

## 5.12 ICMP/TRACERT

traceroute(또는 tracert) 명령은 IP 헤더의 TTL값이 1인 패킷을 수신한 경로상의 라우터가 이를 버린 후 발신지 측으로 ICMP TimeExceed 메시지로 통보하는 절차를 활용한 반복된 ping 절차이다. 이를 통하여 경로상의 라우터의 존재 및 지연 시간을 알 수 있다.

그 절차는 〈그림 5-17〉과 같다.

- TRACERT를 실행하는 단말은 IP 헤더의 TTL=1로 설정된 첫번째 ICMP 에코 패킷을 목적지로 송신한다. 이것을 수신한 경로상의 첫 번째 라우터는 IP 헤더의 TTL 값을 1 감소시

킨다. 감소된 TTL 값이 0이므로 이 패킷을 버린 후, 이 IP 패킷의 송신측에게 time exceeded error ICMP 패킷으로 이 사실을 알린다.
- 단말은 time exceeded ICMP 패킷이 수납된 IP 패킷의 송신 주소로부터 첫 번째 라우터의 IP 주소를 알 수 있다.
- 단말은 TTL=2로 설정한 ICMP 에코 패킷을 목적지로 송신한다. 이 경우 경로상의 두 번째 라우터로부터 time exceeded error ICMP 패킷을 수신한다.
- 이러한 절차를 반복하여 목적지까지의 경로상에 있는 모든 라우터에 대한 정보 및 지연 시간을 습득한다.

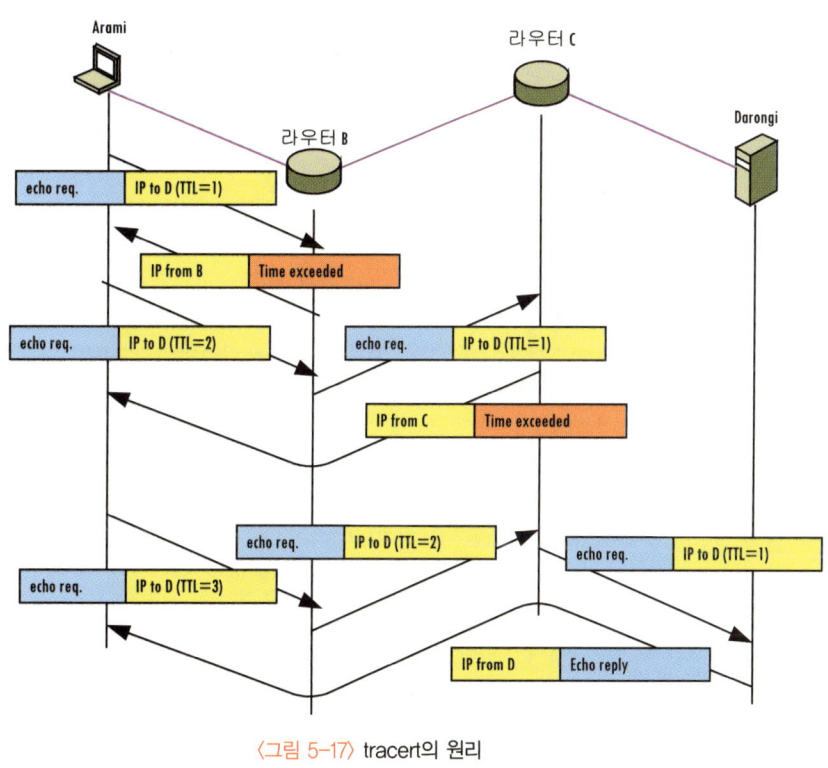

〈그림 5-17〉 tracert의 원리

## 5.13 ICMP/Router Discovery Protocol(IRDP)

IRDP는 ICMP의 router advertisement 와 router solicitation 메시지를 사용하는 절차로써 단말이 자신의 망에 있는 라우터 주소를 습득할 때 사용된다.

라우터는 자신이 라우터임을 알리는 ICMP router advertisement 패킷을 수 초 간격마다 224.0.0.1(all-hosts) 멀티캐스트 주소를 사용하여 방송한다.

단말은 자신이 부팅될 때 ICMP router solicitation 패킷을 멀티캐스트하여 라우터들이 즉시 ICMP router advertisement 패킷으로 응답하도록 한다. 이를 통하여 라우터 정보를 능동적으로 획득한다.

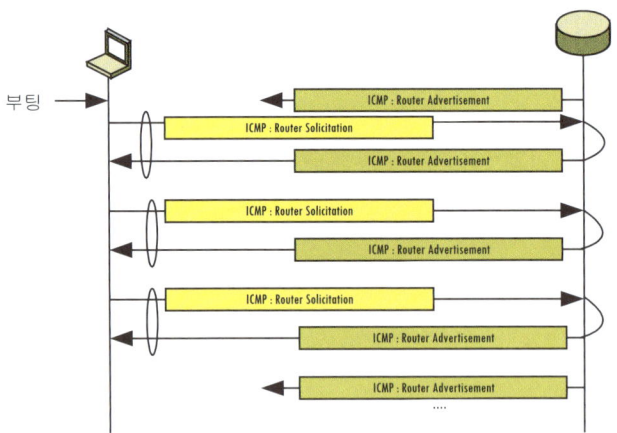

〈그림 5-18〉 IRDP의 동작 예

### (1) ICMP Router Advertisement 패킷의 형식

ICMP router advertisement 패킷의 형식은 다음과 같다.
- Number of Addresses : 이 패킷에서 광고되는 라우터 주소의 개수
- Address Entry Size : 각 라우터 주소 정보 영역에 대한 4바이트 단위의 길이 (IP의 경우에는 2로서 총 8바이트임을 표시한다. Router Address와 Preference Level 항목이 차지하는 길이를 의미한다.)
- Lifetime : 이 라우터 광고 주소가 유효한 기간이다. 기본값은 MaxAdvertisement Interval의 3배이다. 예를 들어, Lifetime이 100초라고 하면, 이 광고 패킷을 수신한 단말들이 갱신한 라우팅 테이블의 디폴트 게이트웨이의 주소 항목이 100초 이후에는 사라진다.
- Router Address : 이 메시지를 송신하는 라우터 인터페이스의 주소
- Preference Level : 해당 라우터의 주소가 default router로 설정해도 좋은지를 나타내는 상대적인 우선순위이다. 큰 값의 우선순위가 높다. 이 값은 부호가 있는 2의 보수 정수 값이다. 최소값은 hex 80000000이며, 최대값은 0이다. 기본값도 0이다.

### (2) ICMP Router Solicitation 패킷의 형식

ICMP router solicitation 패킷의 형식은 다음과 같이 ICMP의 타입 10값을 가지며, 비교적 간단한 형식을 가진다.

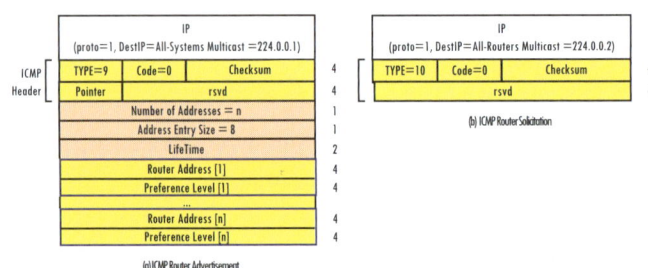

〈그림 5-19〉 ICMP Router Advertisement/Router Solicitation 패킷의 형식

### (3) IRDP 절차의 보안 취약성

IRDP 절차는 보안상 아주 취약하다. 〈그림 5-20〉과 같이 보안 공격자가 운영하는 IRDP responder 프로그램이 송신한 의도적인 Router Advertisement 메시지에 의해 자신의 기본 게이트웨이를 공격자의 시스템으로 변경하게 된다. 이후 모든 패킷들은 공격자 시스템을 경유하거나 폐기되어 일시적인 통신 불능 상태에 빠질 수도 있다.

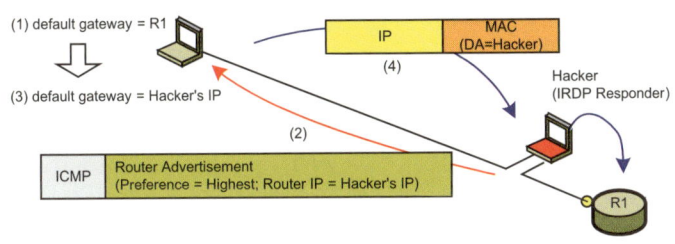

〈그림 5-20〉 IRDP의 보안 취약성

① 단말은 수동으로 자신의 default gateway를 라우터 R1으로 설정하여 인터넷을 접근하고 있다.
② 해커가 Router Advertisement 패킷을 해당 단말이나 모든 단말들에게 송신한다.
③ 이 Router Advertisement 패킷을 수신한 단말은 자신의 default gateway를 해커의 IP 주소로 변경한다.
④ 이후, 모든 패킷은 해커의 시스템을 경유하여 라우터로 전달된다.

## 5.14 ARP 실습

### (1) ARP 패킷 수집

**STEP 1** 프로토콜 분석 도구를 실행한다.

**STEP 2**

① -e 옵션(또는 -a 옵션)을 사용하여 ARP 캐시의 내용을 확인한 후, -d 옵션을 사용하여 캐시 내용을 삭제한다.
② 다른 단말 200.0.1.2에 ping을 시험한다. 이 과정에서 전송되는 ARP 패킷을 수집 분석한다.
③ -e 옵션을 캐시테이블 내용을 확인한다.
④ ②번 과정을 반복한다. 동일한 곳에 대한 재접근 시에는 ARP 패킷을 송신되지 않고 캐시의 내용을 참조함을 이해한다.

```
[root@borami ~]#arp -e
Address         Hwtype  Hwaddress         Flags   Mask    Iface
200.0.1.2       ether   00:01:02:93:60:1c C               eth0

[root@borami ~]#arp ?d 200.0.1.2  <-- 삭제함

[root@borami ~]#arp -e
^c입력해서 빠져 나옴

[root@borami ~]#ping 200.0.1.2

[root@borami ~]#arp -e
Address         Hwtype  Hwaddress         Flags   Mask    Iface
200.0.1.2       ether   00:01:02:93:60:1c C               eth0
[root@borami ~]#
```

**STEP 3** 수집된 ARP 패킷들의 내용을 확인한다.

## (2) ARP 패킷 분석

아래 그림은 IP 주소가 200.0.1.4인 단말 borami가 200.0.1.2 ceromi의 이더넷 주소를 알지 못하는 상태에서 ARP 요청 프레임을 방송할 때의 패킷을 분석한 것이다. 이더넷 헤더의 DA영역이 방송 주소 형태이며, 타겟 이더넷 주소 영역은 비어 있음을 알 수 있다.

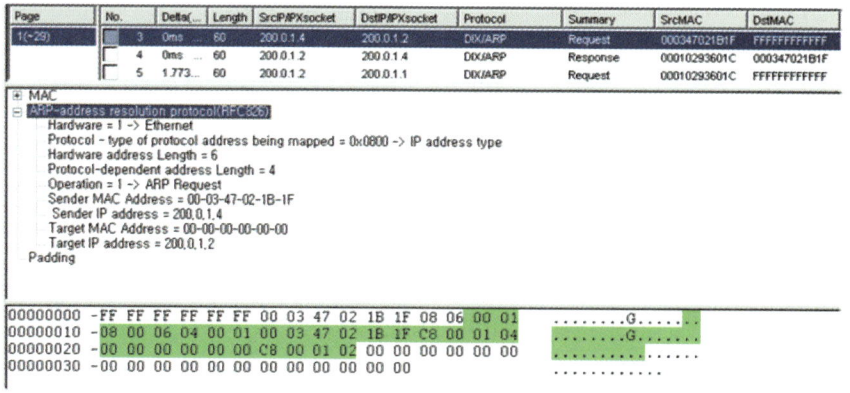

〈그림 5-21〉 ARP request 의 실행 예

〈그림 5-22〉는 200.0.1.4가 방송한 ARP 요청을 200.0.1.2단말이 듣고 자신의 하드웨어 주소를 응답한 ARP 응답 패킷이다. 송신 MAC주소와 IP 주소 영역에는 바로 문의했던 그 IP 주소가 실려 있음을 알 수 있다. 반면에 타겟 MAC과 IP 주소 영역은 ARP 요청 프레임을 송신한 단말의 주소정보가 들어 있어 요청자 입장에서 확인용으로 활용될 수 있다.

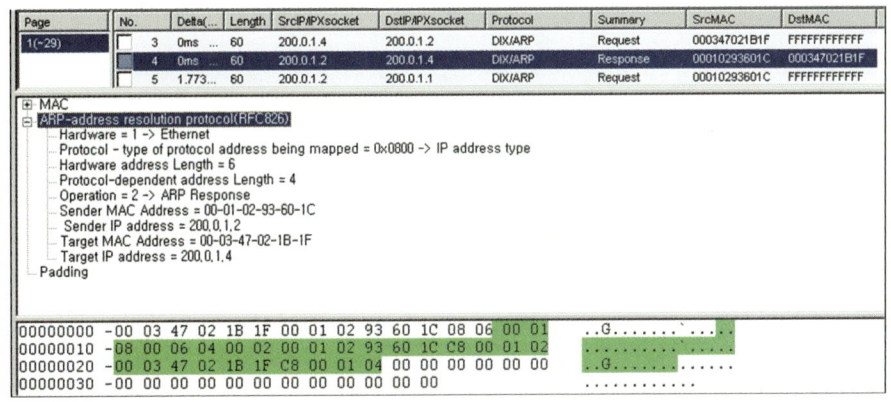

〈그림 5-22〉 ARP reply의 실행 예

### (3) arp 관련 추가 명령어

a) arping 명령어 : ARP REQUEST 패킷을 생성하여 송신하는 명령어이다.

```
$ arping 200.0.1.2
ARPING 200.0.1.2 from 200.0.1.4 eth0
Unicast reply from 200.0.1.2 [00:01:02:93:60:1c]  0.8ms
```

b) ARP 캐시내용을 보는 방법

```
$ ip neighbor        또는
$ cat /proc/net/arp  또는
$ arp -e
```

## 5.15 Proxy ARP 실습

리눅스 라우터에 프록시 ARP 기능을 설정하여 서브넷팅하는 과정을 다음과 같이 수행한다.

**STEP 1** 〈그림 5.23〉과 같은 망을 구성하고 프록시 ARP 라우터 기능을 수행할 라우터의 인터페이스 2개에 대한 IP와 서브넷 마스크를 설정한다.

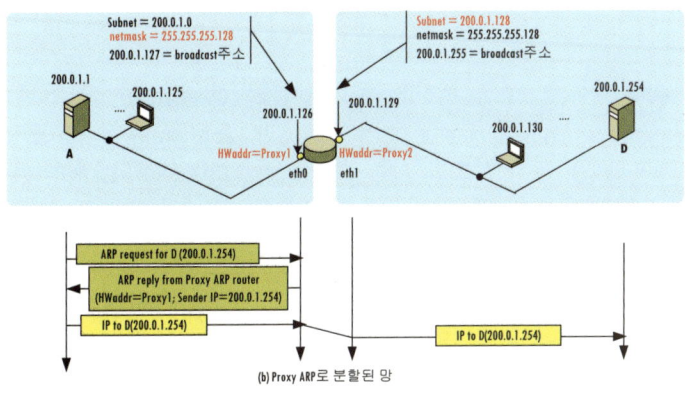

〈그림 5-23〉 Proxy ARP 실험환경

**STEP 2** 다음과 같이 각 인터페이스에 프록시 ARP 기능을 추가한다. 3번째 명령어는 ARP 라우터의 forwarding 이 가능하도록 한 것이다.

```
[root@proxy ~]# systcl -w net.ipv4.conf.eth0.proxy_arp =1
[root@proxy ~]# systcl -w net.ipv4.conf.eth1.proxy_arp =1
[root@proxy ~]# systcl -w net.ipv4.ip_forward =1
[root@proxy ~]# sysctl -a
```

[참고] 물론 이 명령어에 의한 설정값은 다음 부팅 시 적용되지 않는다. 만약 다음 부팅 시 적용되도록 하려면 다음과 같이 설정 파일을 수정한다.

```
[root@proxy etc]#vi sysctl.conf
...
net.ipv4.conf.eth0.proxy_arp=1
net.ipv4.conf.eth1.proxy_arp=1
net.ipv4.ip_forward=1
...
[root@proxy etc]#service network restart
```

**STEP 3** "route -n" 명령어로 설정 상태를 확인한다.

**STEP 4** 다른 서브넷에 위치한 단말간 ping 시험을 수행할 때 송수신되는 ARP 패킷의 내용을 확인한다. 특별히 응답 패킷의 송신측 MAC과 IP 주소에 유의하도록 한다.

ㄱ) 송신 패킷

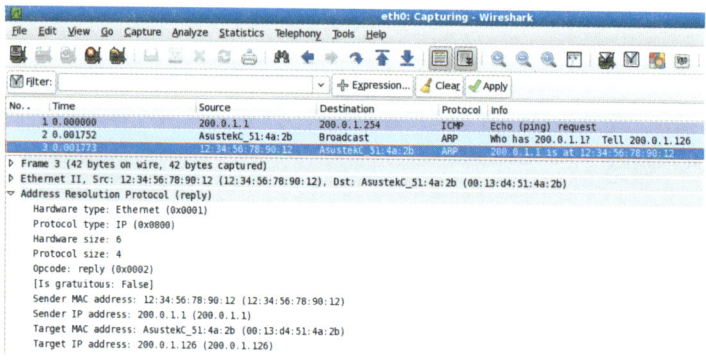

ㄴ) 수신 패킷

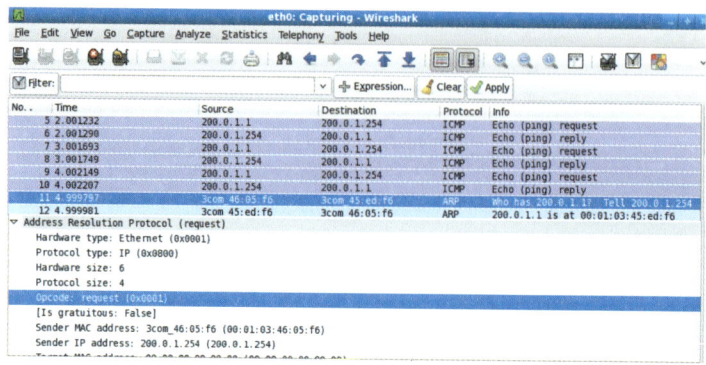

## 5.16 ICMP 실습

### (1) ping 사용

**STEP 1** 라우터가 있는 실험 환경을 구성한다.

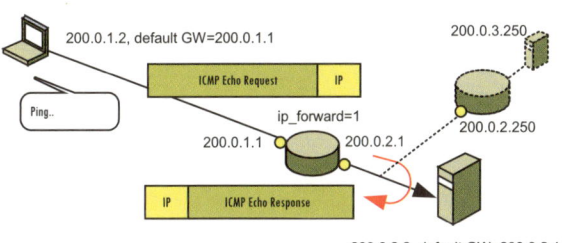

[참고] (필요 시) 라우터의 redirect 옵션을 설정한다.

```
[root@router]# /sbin/sysctl -w net.ipv4.conf.all.accept_redirects = 1
[root@router]# /sbin/sysctl -w net.ipv4.conf.all.send_redirects = 1
```

[참고] (필요 시) 또한 외부로부터의 ping에 응답하지 않도록 라우터가 설정되어 있다면 이를 다음과 같이 라우터의 설정 내용을 수정한다.

```
[root@router]# vi /etc/sysctl.conf
...
net.ipv4.icmp_echo_ignore_broadcasts = 0
net.ipv4.icmp_echo_ignore_all = 0
...
[root@router]# sysctl -p
[root@router]# service network restart
```

**STEP 2** 단말에서, ping 명령어의 다음과 같은 옵션을 사용하여 ICMP echo request/response메시지의 송수신 과정을 시험한다. 이때 수집된 패킷의 내용을 분석한다.

```
[root@arami ~]# ping -i 10 200.0.1.1              <-- 10초마다 송신
[root@arami ~]# ping -c 5 -p abcdef  200 200.0.1.1   <-- -c=횟수, p=pattern(16진수값)
[root@arami ~]# ping -s 200 200.0.1.1              <-- s= packet size(200bytes)
```

### (2) traceroute 사용

다음과 같은 tracetoute 명령어를 실습한다.

```
[root@arami ~]# traceroute www.google.com
```

### (3) sing 사용

Ping 명령어보다 다양한 ICMP 옵션을 실험하기 위한 도구인 sing을 사용한다. 이하 모두 200.0.1.2에서 sing 명령어를 입력한다.

**STEP 1** sing 도구를 설치한다.

```
[root@arami ~]# yum -y install sing
```

**STEP 2** 200.0.1.1에게 ICMP packet Timestamp Request 패킷을 송신하고 패킷의 형식을 분석한다.

```
[root@arami ~]# sing -tstamp 200.0.1.1
```

**STEP 3** 200.0.1.1에 대한 Source Quench ICMP 메시지를 송신하고 패킷의 형식을 분석한다.

```
[root@arami ~]# sing -sq 200.0.1.2
```

**STEP 4** 200.0.1.1에 대한 Address Mask Request ICMP 메시지를 송신하고 패킷의 형식을 분석한다.

```
[root@arami ~]# sing -mask 200.0.1.1
```

**STEP 5** 200.0.1.1에게 Router Solicitation 메시지를 생성하여 송신하고 패킷의 형식을 분석한다.

```
[root@arami ~]#sing -rts 200.0.1.1
```

**STEP 6** 200.0.2.2에게 {라우터 = 200.0.2.1, 우선순위=1000}이 수납된 ICMP Router Advertisement 메시지를 송신하고 패킷 형식을 분석한다.

```
[root@arami ~]# sing -rta 200.0.2.1/1000 200.0.2.2
```

**STEP 7** 200.0.2.2에게 "목적지200.0.2.3 에 대한 더 좋은 라우터는 200.0.2.250 임"을 알리도록 하기 위하여 {새로운 라우터=200.0.2.250, 대상 목적지=200.0.3.250}가 수납된 ICMP Redirect메시지를 송신하고 패킷 형식을 분석한다.

```
[root@arami ~]# sing -red -gw 200.0.2.250 -dest 200.0.3.250 -x host200.0.2.2
```

### (4) mtr 명령어

"mtr" 명령어는 traceroute와 ping을 결합하여 경로상의 지연 시간을 보다 정확하게 표시한다. 빠져 나올 때에는 'q'을 입력한다.

```
[root@arami ~]# mtr 200.0.1.1
```

CHAPTER 05  ARP와 ICMP

  연습 문제

[1]  주어진 IP 주소에 대하여, 해당 MAC 주소를 찾는 프로토콜은 _____이다.
   (a) RARP            (b) DHCP
   (c) aARP            (d) ICMP

[2]  주어진 MAC 주소에 대하여, 해당 IP 주소를 찾는 프로토콜은 _____이다.
   (a) RARP            (b) DHCP
   (c) ARP             (d) ICMP

[3]  ARP 요청 프레임의 타켓 물리 주소에는 _____이(가) 실려 있다.
   (a) 0.0.0.0                     (b) 0x00-00-00-00-00-00
   (c) 요청한 단말의 MAC 주소      (d) 응답하는 단말의 MAC 주소

[4]  RARP와 기능적으로 유사한 프로토콜은 _____이다.
   (a) ARP             (b) BOOTP
   (c) DHCP            (d) b와 c

[5]  ARP 캐시 테이블의 상태가 PENDING이면 _____이다.
   (a) ARP가 완료되었음            (b) ARP가 진행 중임
   (c) 해당 항목이 삭제되었음      (d) 답 없음

[6]  Gratuitous ARP 요청 프레임의 타켓 IP 주소 항목에는 _____이 들어 있다.
   (a) 0.0.0.0                     (b) 0x00-00-00-00-00-00
   (c) 요청한 단말의 IP 주소       (d) 255.255.255.255

[7]  어떤 장치에 대한 ARP 요청 프레임을 자신이 수신하여, 자신의 MAC 주소를 대신 응답하는 장치가 있을 때, 이 장치는 ___기능이 있다고 한다.
   (a) Gratuitous ARP              (b) ARP
   (c) Proxy ARP                   (d) RARP

[8]  Tracert를 사용하는 단말에서는 ICMP ____ 패킷을 송신하고, ICMP _____ 패킷을 수신한다.
   (a) Echo Reply, Time Exceed     (b) Source quench, Time Exceed
   (c) Time Exceed, . Echo Reply   (d) Echo Request, Time Exceed

[9]  라우터에 혼잡이 발생하면, ICMP ____ 패킷을 ____에게 송신한다.
   (a) Echo Reply, 다음 라우터     (b) Source quench, 이전 라우터
   (c) Source quench, 발신지       (d) Time Exceed, 발신지

### 연습 문제

[10] 자신이 라우터임을 알리는 ICMP 패킷은 _____이다.
 (a) Router Advertisement  (b) Traceroute
 (c) Ping  (d) Router Solicitation

[11] 자신의 망에 있는 라우터들을 탐색하는 용도로 사용되는 ICMP 패킷은 _____이다.
 (a) Router Advertisement  (b) Traceroute
 (c) Ping  (d) Router Solicitation

[12] 수신된 IP 헤더 부분에 오류가 발견되면, ICMP ____패킷을 ____에 송신한다.
 (a) Echo Reply, 다음 라우터  (b) Parameter Error, 다음 라우터
 (c) Parameter Error, 발신지  (d) Echo Reply, 발신지

[13] 수신된 IP의 TTL 값이 1인 경우, ICMP ____ 패킷을 ____에 송신한다.
 (a) Echo Reply, 다음 라우터  (b) Time Exceed, 다음 라우터
 (c) Time Exceed, 발신지  (d) Echo Reply, 발신지

[14] ICMP 패킷은 __에 수납되어 전송된다.
 (a) ARP  (b) IP
 (c) UDP  (d) MAC 프레임

[15] 목적지가 3 개의 라우터를 거친 다음에 연결되어 있는 경우, tracert 시험 시 _ 회의 echo request 패킷의 전송에 의해 목적지까지의 경로를 파악할 수 있다.
 (a) 2  (b) 3
 (c) 4  (d) 5

[16] IRDP는 ___와 ____를 사용한다.
 (a) Echo Request, Echo Reply
 (b) Router Solicitation, Router Advertisement
 (c) Information Request, Information Reply
 (d) Address Mask Request, Address Mask Reply

[17] IRDP에서, 라우터는 __ 주소를 사용하고, 단말은 ____주소를 사용한다.
 (a) All router multicast, All host multicast  (b) All router multicast, Unicast
 (c) Unicast, All host multicast  (d) Unicast, Unicast

## 연습 문제

[18] IRDP의 ____항목은 라우터 정보의 유효기간을 표시한다.
 (a) Lifetime  (b) TTL  (c) Preference  (d) Gateway

[19] 윈도우 XP 시스템을 부팅할 때 전송되는 ARP를 프로토콜 분석기로 수집하여, Gratuitous ARP 패킷이 송신되는지 확인하라.

[20] RARP와 DHCP의 차잇점은 무엇인가?

[21] ARP 캐시 기능에 대한 시뮬레이터를 C로 작성하라.

[22] ARP 요청에 대한 응답 패킷에는 어떤 부분에 요청한 MAC 주소가 있는가?

[23] ARP 패킷의 유효 길이는 이더넷의 최소길이 규정보다 짧다. 실제로 전송되는 ARP 패킷에서는 최소 길이 규정을 어떻게 맞추는가?

[24] 일반 라우터로 서브넷팅하는 것과 프록시 ARP 라우터로 서브넷팅하는 것과의 차이점을 설명하라.

### 연습 문제

[25] RFC1393에 기술된 새로운 traceroute type을 사용하는 경우와 echo type을 사용하여 traceroute하는 기존 방법과의 차이점을 설명하라.

[26] 웹 서버가 설치되어 있지 않은 PC에 웹 브라우저로 접속했을 때, 그 PC로부터 응답되는 ICMP 패킷의 종류는 무엇인가?

[27] 윈도우 XP 단말인 경우, router solicitation 패킷이 송신되는가?

[28] IRDP에 의한 공격 도구인 IRDPresponder를 사용해 보자.

[29] Lifetime 값을 증가시켜 해당 단말을 공격한 경우 어떤 영향을 미치는가?

[30] Preference 값을 999로 하여 해당 단말을 공격한 경우에 있어서 해당 단말의 라우팅 테이블에 있는 metric값은 얼마인가? 어떤 영향을 미치는가?

CHAPTER 05 ARP와 ICMP

**연습 문제**

[31] IRDP에 의한 공격 방법 외에 가능한 네트워크 공격 방법에 대하여 정리하라.

[32] 윈도우XP에서 ICMP.DLL을 사용하여 ping 프로그램을 작성하라.

[33] arp-sk를 설치하여 실험한 후, ARP-spoofing에 대하여 설명하라.

**리눅스 기반의**
## TCP/IP와 라우팅 프로토콜

# chapter 06

# 라우터

## 6.1 개요

라우터는 수신된 IP 패킷의 목적지 IP 주소를 읽어 이 목적지에 도달할 수 있는 최적의 경로 상에 위치한 이웃 라우터 또는 직접 연결된 목적지 호스트를 찾아 해당 패킷을 중계하는 계층 3 중계 장치이다. 게이트웨이라고도 불리운다. 또한 이러한 경로 선택 과정을 "라우팅"이라고 부른다.

라우팅 시 참조하는 라우팅 테이블은 현재의 망 상태 및 구성 상황이 반영된 최적의 경로정보들로 항상 갱신되어 있어야 한다. 이를 위하여 각 라우터들은 다른 라우터와의 라우팅 정보를 교환한다. 이러한 라우팅 정보 교환용 프로토콜을 "라우팅 프로토콜"이라고 한다. 여기에는 Routing Information Protocol (RIP), Open Shortest Path First (OSPF), IGRP, Border Gateway Protocol(BGP) 등이 있다.

본 장에서는 라우터의 기본 기능, 계층 구조, 라우팅 프로토콜의 종류, 라우터의 구성요소 그리고 간단한 라우터 명령에 대하여 알아본다.

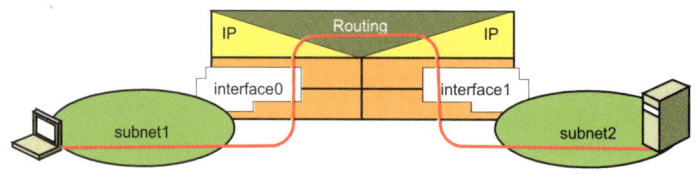

〈그림 6-1〉 라우터의 기능

## 6.2 라우터의 IP 패킷 중계 기능

라우터의 기본 기능은 수신된 IP 패킷을 검사하여 이 패킷의 목적지 IP 주소에 해당되는 출력 인터페이스를 결정하여 패킷을 송신하는 망 계층의 중계 장치이다.

〈그림 6-2〉와 같이 두 개의 서브넷을 연결하는 라우터에 연결된 호스트 Arami가 Borami 서버에게 IP 패킷을 송신하는 경우를 보자.

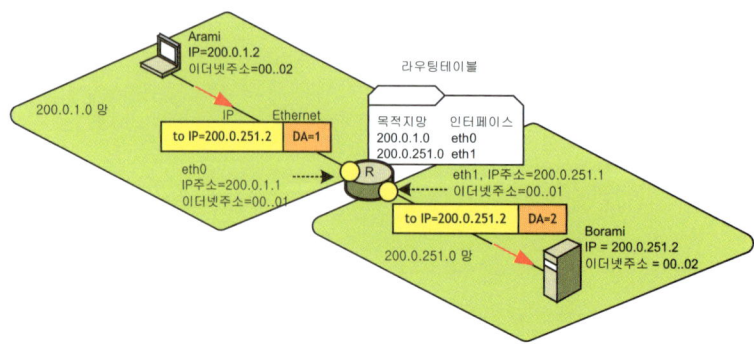

〈그림 6-2〉 라우터의 기본 기능 예

## CHAPTER 06 라우터

라우터는 단말로부터 수신된 패킷의 목적지 IP 주소인 200.0.251.2에 대하여 255.255.255.0 서브넷 마스크를 적용한다. 그 결과 이 패킷의 목적지가 200.0.251.0망에 있음을 알게 되면, 라우팅 테이블에서 이에 해당되는 인터페이스인 eth1을 찾아 이 패킷을 전송한다.

이 과정에서 다음과 같은 사항을 알 수 있다.

- 라우터는 두 개 이상의 서브넷을 연결한다. 각 인터페이스별로 고유한 IP 주소가 설정된다.
- 라우터는 목적지 IP 주소를 기준으로 중계할 인터페이스를 찾는다.
- 단말은 해당 패킷이 직접 연결된 라우터를 경유해야만 하는지 그렇지 않아도 목적지로 중계될 수 있는지 미리 판단해야 한다. 이를 위하여 IP 패킷의 목적지 주소에 해당되는 망의 주소와 자신이 속한 망 주소를 비교한다. 이 예에서 자신에게 할당된 IP 주소인 200.0.1.2에 해당되는 서브넷 주소는 200.0.1.0이다. 반면에 목적지 IP 주소에 해당되는 서브넷 주소는 200.0.251.0망이므로 서로 다르다는 것을 알 수 있다. 따라서 이 패킷은 반드시 자신의 기본 라우터에 전달하도록 한다.
- 단말은 이 IP 패킷을 수납한 이더넷 프레임의 목적지 이더넷 주소는 최종 목적지의 이더넷 주소가 아니다. 자신과 직접 연결된 기본 라우터의 이더넷 주소이어야 한다.

### 6.3 라우터와 브리지의 비교

브리지는 계층 2에서 연동하는 장치이다. 지나가는 모든 이더넷 프레임을 수신하여 이더넷 프레임의 주소인 데이터 링크 계층 주소를 참조하여 프레임을 중계한다. 따라서 ARP와 같이 데이터 링크 계층에서의 방송형 트래픽과 이더넷 주소 테이블(필터링 데이터베이스)에 기록되어 있지 않은 일부 프레임은 모든 포트로 방송하는 문제점이 있다.

라우터는 수신된 패킷을 목적지 IP 주소를 참조하여 적합한 출력 포트로만 중계하는 계층 3 연동 장치이다. 따라서 ARP와 같은 데이터 링크 계층의 방송형 트래픽은 통과시키지 않아 불필요한 전달 과정을 제거할 수 있는 장점이 있다.

또한 라우터의 각 인터페이스는 브리지처럼 모든 프레임을 수신하여 검사하는 것이 아니라, 이더넷 프레임의 목적지 주소가 수신포트의 이더넷 인터페이스 주소에 일치되는 프레임만 수신한다.

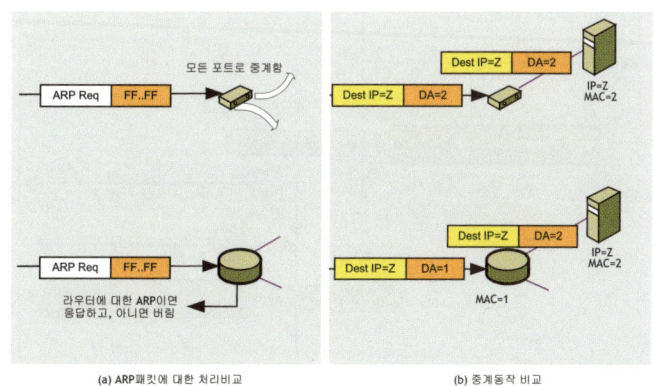

〈그림 6-3〉 라우터와 브리지의 동작 비교

## 6.4 라우터와 단말간의 동작 예

라우터와 단말간의 동작과정은 〈그림 6-4〉의 예에서 알 수 있다. Arami가 자신의 망에 속하지 않은 Borami에게 IP 패킷을 전달하고자 한다. 우선 단말은 자신이 속한 망의 기본 라우터(default router)정보를 미리 설정해 두어야 한다.

- Arami는 자신이 속한 망의 기본 라우터(default router)의 IP 주소(200.0.1.1)와 서브넷 마스크(255.255.255.0)를 미리 설정해 둔다.
- Borami로의 IP 패킷을 준비한다.
- 이 패킷의 목적지가 자신과 동일한 망에 있는지 아니면 다른 망에 있는지 판단한다. 이를 위하여 IP 패킷의 목적지 주소(200.0.251.2)가 속한 망의 주소(200.0.251.0)를 서브넷 마스크를 적용하여 얻는다. 목적지 망 주소를 자신이 속한 망 주소(200.0.1.0)와 비교하여 다름을 알게 된다. 따라서 이 패킷은 반드시 자신의 기본 라우터(200.0.1.1)을 경유해야 함을 알게 된다
- Arami는 기본 라우터의 IP 주소(200.0.1.1)가 수납된 ARP를 사용하여 라우터의 eth0 이더넷 주소를 알아낸다. 물론 이 ARP 프레임은 라우터를 거쳐 중계되지는 않는다.
- Arami는 라우터에게 IP 패킷을 송신한다. 이때 이더넷 DA 주소는 라우터의 eth0 이더넷 주소이다.
- 라우터는 수신된 IP 패킷을 임시 보관하고 목적지 IP 주소에 해당되는 인터페이스 eth1을 찾아낸다.
- 라우터는 Borami의 이더넷 주소를 알지 못하면 Borami의 이더넷 주소를 ARP 절차에 의해 알아낸다.
- Borami의 이더넷 주소를 ARP 절차에 의해 알게 되면 라우터는 보관하고 있던 IP 패킷을 목적지 Borami에게 송신한다.

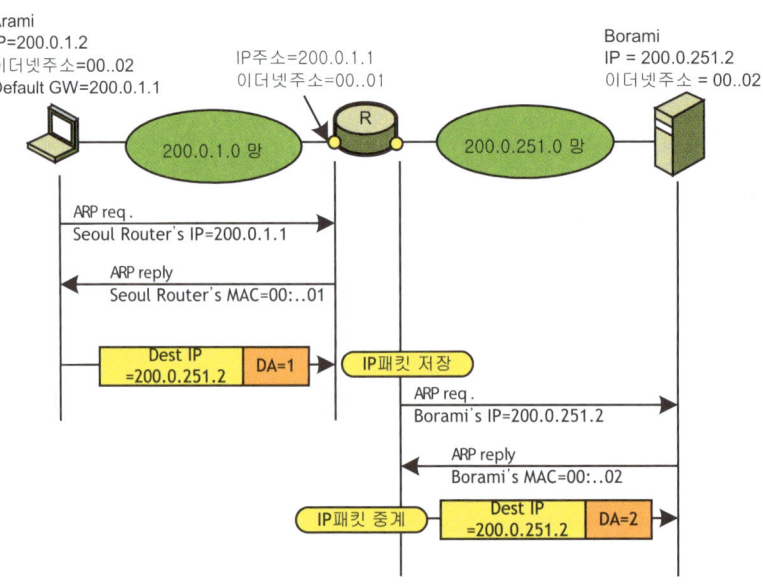

〈그림 6-4〉 라우터와 단말간의 동작 절차 예

## CHAPTER 06 라우터

### 6.5 라우팅

두 개의 서브넷만을 연결하는 라우터가 있다고 하자. 이것은 수신된 IP 패킷에 대하여 목적지 주소에 해당되는 인터페이스를 찾아 그 패킷을 단순히 중계만 하면 된다. 하지만 실제 인터넷은 여러 개의 라우터들이 연결되어 있다. 이들은 2개 이상의 인터페이스를 가지며 연결로 마다 전송 속도가 상이한 경우가 대부분이다.

6개의 라우터로 구성된 〈그림 6-5〉의 예를 보자. 각 라우터를 연결한 링크에는 각각의 경로 비용이 할당되어 있다[1]. 라우터 A에 접속된 호스트 S가 network G에 연결된 호스트에게 최소비용으로 IP 패킷을 전달하기 위해서는 A-B-E-C-F를 거치는 경로가 가장 최소비용의 경로일 것이다.

이렇게 라우터는 수신된 IP 패킷의 목적지에 대하여, 최적의 경로를 선택하여 다음 라우터에 전달한다. 이러한 과정을 라우팅이라고 하며 이것이 라우터의 주된 기능이다.

최적의 라우팅을 위하여 각 라우터는 라우팅 테이블을 가진다. 이 그림의 예에서 라우터 E는 network G로의 최소비용 경로에 속한 다음 라우터는 C이므로 G로의 모든 IP 패킷은 라우터 C로 중계한다. 이러한 라우팅 테이블은 관리자가 수동으로 설정하거나 특별한 라우팅 프로토콜에 의해 동적으로 설정된다.

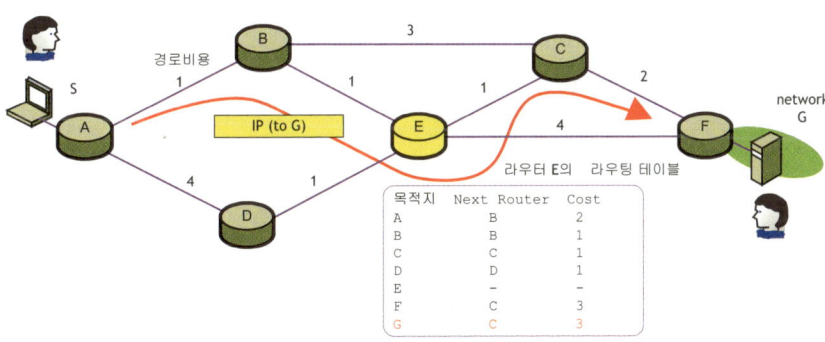

〈그림 6-5〉 라우팅의 예

---

[1] 경로 비용은 메트릭이라고도 한다. 예를 들어 상대적으로 저속인 링크의 경로 비용은 높다.

## 6.6 정적 라우팅과 동적 라우팅

라우팅 테이블의 내용은 관리자에 의해 수동 설정될 수 있다. 하지만 링크가 단절되거나 링크의 경비가 수시로 변경된다면 각 라우팅 테이블을 수동으로 재설정해야 하는 번거로움이 있다.

이러한 번거로움을 피하기 위하여 라우터는 라우터 전용 프로토콜을 사용하여 자신의 경로 정보를 상호간에 교환하여 라우팅 테이블의 내용을 갱신한다. 이러한 용도의 프로토콜을 라우팅 프로토콜이라고 하며, RIP, OSPF, IGRP, BGP 등이 있다.

〈그림 6-6〉과 같이 3개의 망을 연결하는 두 개의 라우터의 동작을 보자. 각각의 라우터는 자신이 가장 잘 알고 있는 망에 대한 정보인 {n1, n2}와 {n3,n2}를 서로 이웃한 라우터에게 알린다.

이 정보를 수신한 각각의 라우터는 직접 연결되지 않은 n3와 n1에 대한 정보를 수집하여 자신의 라우팅 테이블에 등록하게 된다. 이후, 이들 망을 목적지로 한 IP 패킷의 전달을 요청 받으면 각각의 이웃 라우터에게 이 패킷을 중계할 수 있게 된다.

이러한 라우팅 프로토콜에 의해 수집된 경로 정보로부터 각 라우터는 자신에 맞는 최적의 라우팅 테이블을 계산하는 과정을 수행한다. 이러한 계산과정에서 사용되는 알고리즘을 라우팅 알고리즘, 혹은 최소 비용 알고리즘, 최단 경로 알고리즘이라고 하며 Dijkstra 및 Belmann-Ford 알고리즘이 많이 사용된다.

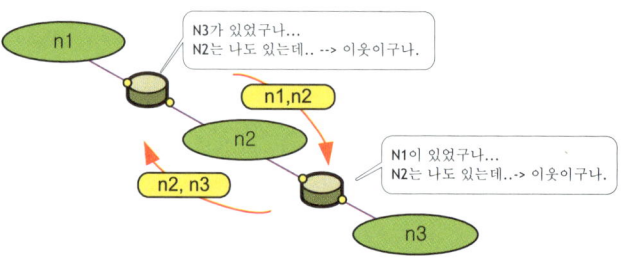

〈그림 6-6〉 라우팅 프로토콜의 동작 예

## 6.7 내부 라우팅과 외부 라우팅

인터넷은 학교나 단체, 또는 회사단위의 망, 즉 내부적으로 독자적인 운용이 가능한 망들이 상호 연결된 망이다. 이러한 독자적인 망들을 자율 시스템(autonomous system)이라고 부른다. 자율 시스템 내부에서의 라우팅 동작을 내부 라우팅(interior routing)이라고 부르고, 자율 시스템간의 라우팅 동작을 외부 라우팅(exterior routing)이라고 한다.

〈그림 6-7〉의 AS3에 속한 라우터는 다른 AS에 있는 N1, N2, N3 등의 외부망들에 대한 정보를 외부 라우팅 프로토콜로 통보 받아서 내부 라우터에게 이 정보를 전달한다.

이때 AS내부에서 사용되는 라우팅 프로토콜을 Interior Gateway Protocol(IGP)라고 하며, OSPF나 RIP 등이 사용된다. 이들은 AS 관리자에 의해 선택될 수 있다. 반면에 AS간의 외부

## CHAPTER 06 라우터

라우팅을 위해서는 통일된 Exterior Gateway Protocol이 사용된다. 통상 EGP로 Border Gateway Protocol(BGP)이 사용된다. 지금까지 다양한 내부 및 외부 라우팅 프로토콜들이 개발되었다. 이들을 분류하면 〈그림 6-8〉과 같다.

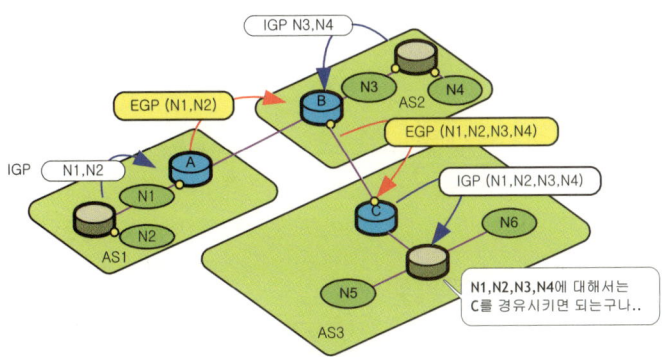

〈그림 6-7〉 IGP와 EGP

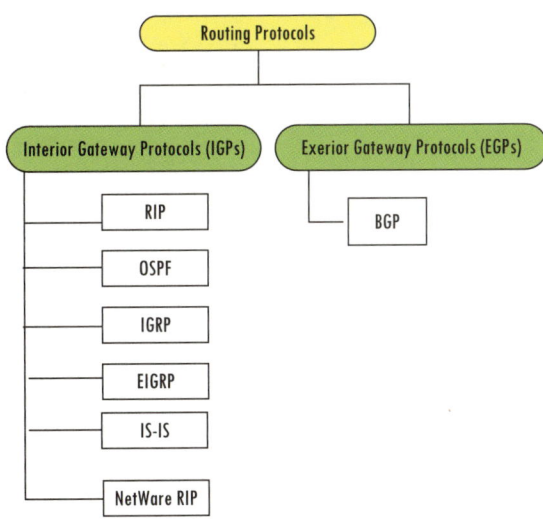

〈그림 6-8〉 라우팅 프로토콜의 분류

## 6.8 라우터의 세부 구성과 동작

라우터는 기본적으로 수신된 IP 패킷에 대한 출력 포트로의 중계 동작과 라우팅 테이블을 설정하기 위한 라우팅 프로토콜 처리 기능을 수행한다. 이것의 기본 구성은 〈그림 6-9〉와 같다.

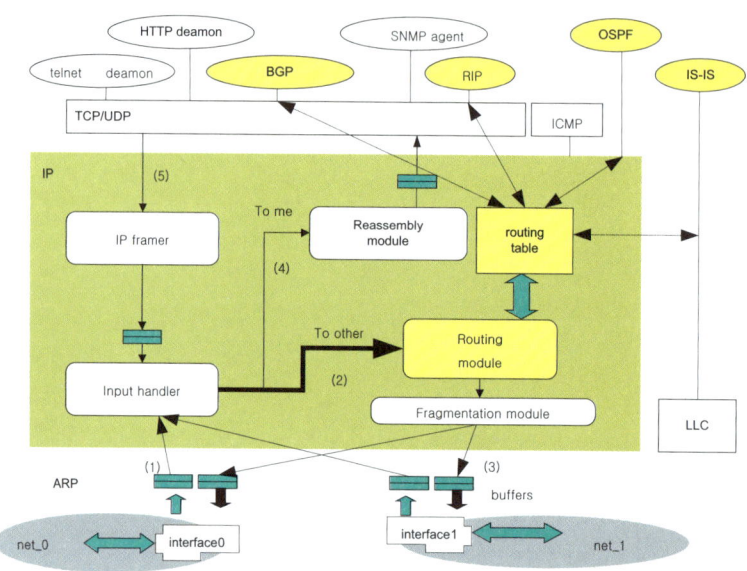

〈그림 6-9〉 라우터의 구성요소

- **입력 처리 모듈** : 입력 버퍼에 저장된 IP 패킷을 처리한다. 목적지 IP 주소를 검사하여 바로 자신에게 온 것이면 reassembly 모듈로 전달하여 상위 계층으로 전달한다. 그리고 이 패킷이 라우팅 프로토콜 패킷이라면, 상위의 라우팅 프로토콜 처리부(RIP, OSPF 등)로 전달하여 라우팅 테이블 갱신용으로 사용한다. 수신된 IP의 목적지 주소가 자신이 아니라면 라우팅 모듈로 전달한다.
- **라우팅 모듈** : 라우팅 테이블을 참조하여 해당 출력 포트로 중계한다. 이 과정에서 수신된 IP 패킷의 TTL 값을 1 감소시킨다. 만약 TTL 값이 0이 되면 이 IP 패킷을 폐기하고, 이 사실을 송신측에게 ICMP Time exceeded 패킷으로 통보한다.
- **단편화 모듈** : 출력 포트에 연결된 인터페이스의 MTU(Maximum Transfer Unit)값에 따라 단편화를 수행한다. 이더넷의 경우 MTU는 1500바이트이다.
- **재조립 모듈** : 분할되어 수신된 IP 패킷들에 대해서는 재 조립하여 상위 계층으로 전달한다.
- **ARP 모듈** : 라우터는 각 포트 인터페이스마다 고유의 IP 주소를 가진다. 따라서 직접 연결된 단말로부터의 ARP 요청에 대한 응답 기능도 필요하다.
- **ICMP 모듈** : 단말로부터의 ping 요청에 대한 응답 기능 및 destination unreachable, source quench 등의 기능을 수행한다.
- **UDP/TCP 모듈** : RIP, SNMP 등의 상위 계층 프로토콜의 전달 수단으로 사용된다. BGP 같은 라우팅 프로토콜이 사용될 때에는 TCP 모듈도 필요하다.

- 라우팅 프로토콜 모듈 : RIP, OSPF, IGRP 등의 라우팅 프로토콜을 처리하여 라우팅 테이블이 동적으로 갱신되도록 한다.
- HTTP 및 Telnet 서버 모듈 : web 및 telnet에 의한 라우터의 원격 설정 기능에 대응하기 위한 서버 기능이다.
- SNMP agent 모듈 : 외부의 망 관리자로부터의 요청에 대하여 응답하거나, 특정 동작 변수를 설정할 때 필요하다.

## 6.9 리눅스 패킷 포워더

리눅스 시스템은 대표적인 라우팅 프로토콜인 RIP 등을 사용하지 않고도 IP 계층에서의 패킷 전달 기능이 가능하다. 이러한 전달 기능만 가진 시스템을 패킷 포워더라고 한다. 이것은 동적인 라우팅 기능을 지원하지 않으므로 진정한 라우터라고 할 수는 없다. 다음과 같은 절차에 따라 리눅스 패킷 포워더를 구성한다.

**STEP 1** 두 개의 서브넷을 연결하기 위하여 리눅스 시스템에 LAN 카드들 2장 설치한다.

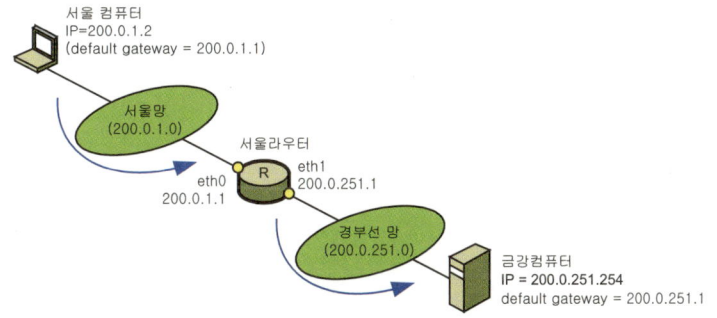

〈그림 6-10〉 시험망의 구성

**STEP 2** 라우터의 각 인터페이스의 설정을 수행한다.

```
[root@Seoul_Router]# ifconfig eth0 200.0.1.1/24 up
[root@Seoul_Router]# ifconfig eth1 200.0.251.1/24 up
```

**STEP 3** 패킷 전달 기능을 활성화시키기 위하여 다음 명령어를 수행하면 즉시 전달 기능이 활성화된다. 단 이 설정은 재시동이나 network service가 restart될 때 사라진다.

```
[root@Seoul_Router]#sysctl -w net.ipv4.ip_forward=1
```

또는

```
[root@Seoul_Router]#echo 1 > /proc/sys/net/ipv4/ip_forward
```

**STEP 4** 다음 부팅 시에도 패킷 전달 기능이 활성화되도록 하려면 /etc/sysctl.conf 파일의 내용을 다음과 같이 수정한다.

```
[root@Seoul_Router]# vi /etc/sysctl.conf
   ...
   net.ipv4.ip_forward = 1
   ...
[root@Seoul_Router]# sysctl ?p /etc/sysctl.conf
[root@Seoul_Router]# service network restart
```

**STEP 5** 서울 컴퓨터와 금강 휴게소 컴퓨터에 적합한 IP 주소들(IP 주소, 서브넷 마스크, 디폴트 게이트웨이)를 설정한다. 서울 컴퓨터의 경우는 다음과 같다.

```
[root@Seoul_PC]# ifconfig eth0 200.0.1.2/24 up
[root@Seoul_PC]# route add default gw 200.0.1.1
```

**STEP 6** 각 PC와 라우터를 크로스케이블로 연결한다. 다이렉트 케이블을 사용하여 연결하는 경우에는 허브를 사용한다.

**STEP 7** 서울 컴퓨터에서 금강 휴게소 컴퓨터로 ping시험한다.

## 6.10 리눅스 라우터에 대한 기본 실습

### (1) route -n 명령어

서울 라우터의 라우팅 테이블의 내용을 알아보기 위하여 netstat 명령을 사용하도록 한다.

```
[root@Seoul_Router]# route -n
Kernel IP routing table
Destination     Gateway     Genmask         Flags   Metric  Ref     Use     Iface
200.0.251.0     0.0.0.0     255.255.255.0   U       0       0       0       eth1
200.0.1.0       0.0.0.0     255.255.255.0   U       0       0       0       eth0
[root@Seoul_Router]#
```

이 출력 화면에서 Flags의 의미는 다음과 같다.

- U    라우터가 ON되었다.
- G    목적지 망에 대한 다음 경로는 라우터이다. 만약 G가 없으면, 이 망이 직접 연결되어 있음을 표시한다.
- H    목적지가 특정 호스트임을 표시하고, H가 없으면 네트워크에 연결됨을 표시한다.
- D    이 route가 ICMP redirect에 의해 생성되었음을 표시한다.
- M    이 route가 ICMP redirect에 의해 수정되었음을 표시한다.

서울 라우터의 라우팅 테이블로부터 다음 사실들을 알 수 있다.

## CHAPTER 06 라우터

- 목적지 망 200.0.1.0 (서울 망)에 속한 모든 목적지에 대해서는 이 라우터의 eth0로 직접 (0.0.0.0) 중계한다.
- 목적지 망 200.0.251.0(경부선망)에 속한 모든 목적지에 대해서는 이 라우터의 eth1로 직접 (0.0.0.0) 중계한다.

### (2) netstat -i 명령어

각 인터페이스의 MTU, 수신 패킷수 및 오류수, 송신 패킷수 및 오류수, 충돌 횟수 및 현재 출력 큐에 대기중인 패킷수를 알아본다.

```
[root@Seoul_Router]# netstat -I
Kernel IP routing table
Iface   MTU    Met   RX-OK    RX-ERR   RX-DRP   RX-OVR   TX-OK    TX-ERR   TX-DRP   TX-OVR   Flg
lo      3584   0     1007     0        0        0        1007     0        0        0        BLRU
eth0    1500   0     473269   0        0        0        145031   0        0        0        BRU
eth1    1500   0     103945   0        0        0        78314    0        0        0        BRU
```

여기서 사용되는 Flag의 정보는 다음과 같다.

| B | Broadcast 주소가 설정 되었다. |
|---|---|
| L | 이 인터페이스는 loopback이다. |
| R | 인터페이스가 사용중이다. |
| U | 인터페이스가 설정되었다. |

### (3) route 추가 명령어

이웃 부산 라우터(200.0.251.2)가 있고, 그 라우터를 경유하여 다른 망에 패킷을 보낼 수 있다면 서울 라우터를 다음과 같이 설정한다. 참고로 ping 시험을 하려면 부산 라우터에서도 유사한 설정을 해야 한다.

```
[root@Seoul_Router]# route delete default
[root@Seoul_Router]# route add default gw  200.0.1.2
[root@Seoul_Router]# route
Kernel IP routing table
Destination      Gateway        Genmask         Flags   Metric   Ref   Use   Iface
200.0.1.0        *              255.255.255.0   U       0        0     0     eth0
200.0.251.0      *              255.255.255.0   U       0        0     0     eth1
default          200.0.251.2    0.0.0.0         UG      0        0     0     eth1
#
```

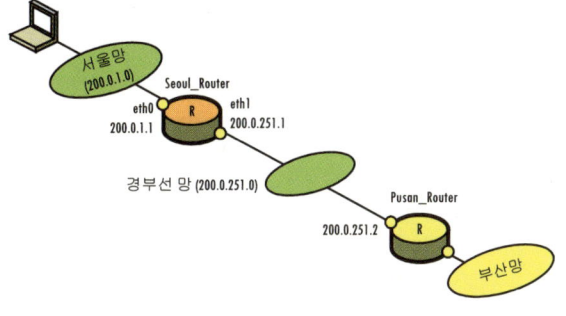

### (4) 고정 경로 추가 명령어

만약 동일망에 추가적인 라우터(200.0.251.3)가 있고, 그 라우터를 경유하여 200.0.11.0 망에 패킷을 보낼 수 있다면 서울 라우터의 경우 다음과 같이 설정한다.

```
[root@Seoul_Router]# route add -net 200.0.11.0 netmask 255.255.255.0 gw 200.0.251.3 dev eth1
[root@Seoul_Router]# route
Kernel IP routing table
Destination     Gateway         Genmask         Flags   Metric  Ref     Use     Iface
200.0.1.0       *               255.255.255.0   U       0       0       0       eth0
200.0.251.      *               255.255.255.0   U       0       0       0       eth1
200.0.11.0      200.0.251.3     255.255.255.0   UG      0       0       0       eth1
default         200.0.251.2     255.255.255.0   UG      0       0       0       eth1
[root@Seoul_Router]#
```

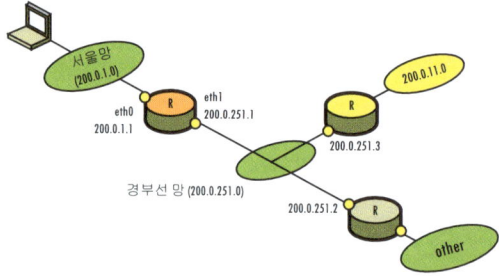

## 6.11 IP 헤더 옵션 분석 실험

〈그림 6-11〉과 같은 2개의 라우터로 구성된 망을 구성하여 Record Route IP와 Source Routing 에 의한 IP 헤더 옵션을 분석한다. 이를 위하여 ping 및 sing 명령어의 다양한 옵션을 사용하도록 한다.

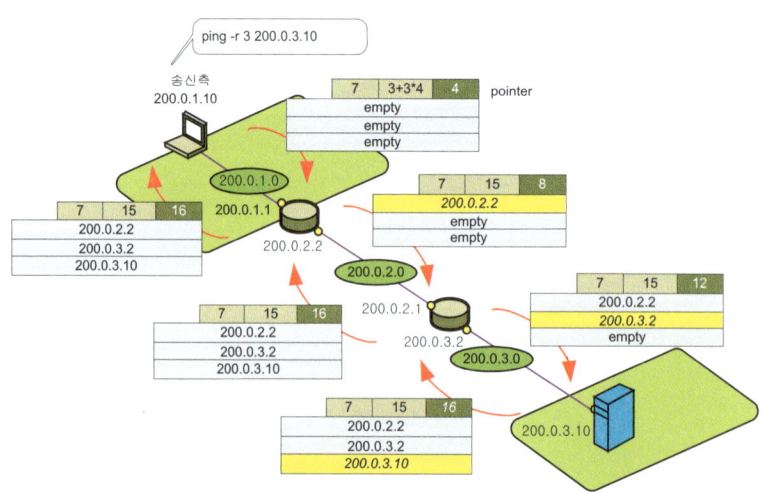

〈그림 6-11〉 경로 정보 옵션을 사용한 Ping 시험 예

## CHAPTER 06 라우터

### (1) 라우터의 기본 설정

각 라우터가 source route기능을 지원할 수 있도록 다음과 같이 설정한다.

[root@ Router]# /sbin/sysctl ?w net.ipv4.conf.all.accept_source_route=1

[참고] 이 명령어는 다음 부팅 시 사라지므로 영구적으로 설정하려면 다음과 같이 설정한다.

[root@ Router]# vi /etc/sysctl.conf
…
net.ipv4.conf.all.accept_source_route = 1
net.ipv4.icmp_echo_ignore_broadcast = 0 ; 참고
…
[root@ Router]# sysctl -p
[root@ Router]# service network restart

### (2) ping을 사용한 Record Route 옵션 시험

record route 옵션을 사용한 ping을 입력하고, 그 결과를 알아보면서 이 과정에서 전송되는 IP 패킷들의 option내용을 확인한다.

[root@ Seoul_PC]# ping -R 200.0.1.1

이 명령어의 수행 결과, 200.0.3.10까지의 경로상에 200.0.2.2와 200.0.3.2 라우터가 있음을 알 수 있으며, 이 라우터들의 주소는 출력측 인터페이스의 IP 주소들이다. 이 과정에서 200.0.1.10 단말에 수집된 ping 메시지의 내용은 다음과 같다.

```
000: MAC
000:    |-Destination Address(00-04-38-5D-92-03)<--Source Address(00-50-FC-67-09-F9)
00C:    |-Ether Type = 0x0800
00E: IP-Internet Protocol(RFC791)
00E:    |-Version = 0100.... = 4
00E:    |-Header Length = ....1001 = 9 (= 36 bytes)
00F:    |-Type of Service = 0x00 (00000000)
010:    |-Total Length = 76 bytes (header+data length in bytes), (L4 Length = 40 bytes
012:    |-Identification = 0x4E85
014:    |-Fragment Control 0x0000
014:    |   |-0....... ........ Reserved
014:    |   |-.0...... ........ Allow to Fragment
014:    |   |-..0..... ........ Last Fragment
014:    |   |-Fragment offset(13 bits) = 0 (x 8 = 0)
016:    |-Time to live(TTL) = 32
017:    |-Protocol = ICMP (1)
018:    |-Header CheckSum = 0x222A (Correct)
01A:    |-Source IP address = 200.0.1.10
01E:    |-Destination IP address = 200.0.3.10
022:    |-Option Field = Record Route (7)
022:    |   |-Option Code = Record Route (7)
023:    |   |-Total Length = 15
024:    |   |-Pointer = 4
025:    |   |-Route[0] = 0.0.0.0
029:    |   |-Route[1] = 0.0.0.0
02D:    |   |-Route[2] = 0.0.0.0
031:    |-Option Field = End of Option List (0)
032: ICMP-Internet Control Message protocol(RFC792)
032:    |-Type = 8, Code = 0 ->Echo Request - Ping request
034:    |-Checksum = 0x2b5c (Correct)
036:    |-Id(process id.) = 0x200
038:    |-Seq. Number = 0x2000
03A:    |-Data field(32 bytes)
```

237

```
00000000 - 00 04 38 5D 92 03 00 50 FC 67 09 F9 08 00 49 00    ..8]...P.g....I.
00000010 - 00 4C 4E 85 00 00 20 01 22 2A CB FD 91 A8 86 4B    .LN... ."*.....K
00000020 - 37 02 07 0F 04 00 00 00 00 00 00 00 00 00 00 00    7...............
00000030 - 00 00 08 00 2B 5C 02 00 20 00 61 62 63 64 65 66    ....+\.. .abcdef
00000040 - 67 68 69 6A 6B 6C 6D 6E 6F 70 71 72 73 74 75 76    ghijklmnopqrstuv
00000050 - 77 61 62 63 64 65 66 67 68 69                      wabcdefghi
```

■ 단말 (200.0.1.10)이 수신한 ping 응답 메시지

```
000: MAC
000:    |-Destination Address(00-50-FC-67-09-F9)<--Source Address(00-04-38-5D-92-03)
00C:    |-Ether Type = 0x0800
00E: IP-Internet Protocol(RFC791)
00E:    |-Version = 0100.... = 4
00E:    |-Header Length = ....1001 = 9 (= 36 bytes)
00F:    |-Type of Service = 0x00 (00000000)
010:    |-Total Length = 76 bytes (header+data length in bytes), (L4 Length = 40 bytes)
012:    |-Identification = 0x806C
014:    |-Fragment Control 0x4000
014:    |   |-0....... ........ Reserved
014:    |   |-.1...... ........ Don't Fragment
014:    |   |-..0..... ........ Last Fragment
014:    |   |-Fragment offset(13 bits) = 0 (x 8 = 0)
016:    |-Time to live(TTL) = 253
017:    |-Protocol = ICMP (1)
018:    |-Header CheckSum = 0x52D9 (Correct)
01A:    |-Source IP address = 200.0.3.10
01E:    |-Destination IP address = 200.0.1.10
022:    |-Option Field = Record Route (7)
022:    |   |-Option Code = Record Route (7)
023:    |   |-Total Length = 15
024:    |   |-Pointer = 16
025:    |   |-Route[0] = 200.0.2.2 ← 첫번째 라우터의 출력측 IP주소
029:    |   |-Route[1] = 200.0.3.2 ← 두번째 라우터의 출력측 IP주소
02D:    |   |-Route[2] = 200.0.3.10 ← 해당 단말의 IP주소
031:    |-Option Field = End of Option List (0)
032: ICMP-Internet Control Message protocol(RFC792)
032:    |-Type = 0, Code = 0 -> Echo-reply
034:    |-Checksum = 0x335c (Correct)
036:    |-Id(process id.) = 0x200
038:    |-Seq. Number = 0x2000
03A:    |-Data field(32 bytes)

00000000 - 00 50 FC 67 09 F9 00 04 38 5D 92 03 08 00 49 00    .P.g....8]....I.
00000010 - 00 4C 80 6C 40 00 FD 01 52 D9 86 4B 37 02 CB FD    .L.l@...R..K7...
00000020 - 91 A8 07 0F 10 c8 00 00 02 c8 00 03 02 c8 00 00    ......w.b.K7....
00000030 - 0a 00 00 33 5C 02 00 00 61 62 63 64 65 66          ....3\.. .abcdef
00000040 - 67 68 69 6A 6B 6C 6D 6E 6F 70 71 72 73 74 75 76    ghijklmnopqrstuv
00000050 - 77 61 62 63 64 65 66 67 68 69                      wabcdefghi
```

이 결과에서 알 수 있듯이, 왼쪽 단말인 200.0.1.10은 단말 200.0.3.10에 2개의 라우터를 경유할 경우에 대한 경로 정보와 종단 단말의 주소를 기록할 수 있도록 0.0.0.0으로 채워진 3개의 IP 주소 정보 영역이 있는 ICMP echo request 패킷을 송신한다. 이 패킷은 각 라우터를 거치면서 각 라우터의 출력측 IP 주소들인 200.0.2.2와 200.0.3.2가 route data 영역에 기록되어 단말 200.0.3.10에 전달된다.

이것을 수신한 종단 단말 200.0.3.10의 ICMP 처리부는 echo reply메시지를 생성하여 자신의 IP 처리부에 이 메시지의 송신을 요구한다. 이때 IP 송신부는 자신의 IP 주소를 세 번째 route data영역에 기록하고 포인터 값을 16으로 갱신한 후, 역방향으로 전송한다. 역방향으로 전송되는 IP 패킷의 경우, 옵션의 길이는 15이고 포인터값은 16이므로 더 이상 경로정보를 기록할 공간이 없어, 역방향으로 전달되는 경로상의 라우터들은 자신의 IP 정보를 추가하거나 갱신하지 않는다.

결과적으로 ping을 사용하여 단말 200.0.1.10이 습득한 200.0.3.10까지의 경로상의 라우터의 주소는 {200.0.2.2, 200.0.3.2}이다. 주의할 점은 이 경로정보는 경유 라우터들의 오른쪽 포트에 할당된 IP 주소들이라는 것이다.

### (3) sing 사용

Ping 명령어 보다 다양한 IP옵션을 실험하기 위한 도구인 sing을 다음과 같이 설치한다.

[root@ Seoul_PC]# yum -y install sing

a) 200.0.1.1로의 경로 정보를 Record Route IP Option을 이용한 ping을 송수신한다. 이것은 ping -R 옵션과 동일한 기능을 수행한다.

[root@ Seoul_PC]#sing -R 200.0.1.1

b) 200.0.1.1->200.0.2.1 -> 200.0.3.3로의 Strict Source Routing 기능을 다음과 같이 시험한다.

[root@ Seoul_PC]#sing 200.0.1.1%200.0.2.1%200.0.3.3

c) 동일하게 Loose Source Routing기능을 시험한다. 참고로 @는 loose의 의미이다.

[root@ Seoul_PC]#sing 200.0.1.1@200.0.2.1@200.0.3.3

 **연습 문제**

[1] 라우터의 라우팅 테이블 내용을 확인하기 위하여, netstat -rn 명령어를 입력하였다. Destination 항목에 있는 0.0.0.0 주소는 ___를 의미한다.
(a) 자신에게 직접 연결된 망 주소
(b) 디폴트 망 주소
(c) 특정 호스트 주소
(d) 자신의 인터페이스 주소

[2] 라우터의 라우팅 테이블 내용을 확인하기 위하여, netstat -rn 명령어를 입력하였다. Gateway 항목에 있는 0.0.0.0 주소는 ___를 의미한다.
(a) 자신에게 직접 연결된 망 주소
(b) 디폴트 망 주소
(c) 특정 호스트 주소
(d) 특정 망 주소

[3] 라우터를 경유한 곳에 있는 목적지 단말에 대한 IP 패킷을 단말이 송신할 때, 이더넷의 목적지 주소는 ___에 대한 것이다.
(a) 목적지단말의 MAC 주소
(b) 목적지 단말이 연결된 라우터의 MAC 주소
(c) 송신측 단말이 접속된 라우터의 MAC 주소
(d) 브로드캐스트 주소

[4] netstat -rn 명령어 수행 결과 표시된 플래그의 의미로 틀린 것은?
(a) G = 다음 라우터의 주소
(b) H = 호스트 특정 주소
(c) U = Up
(d) M = Mobile IP주소

[5] 라우터가 내장한 기능을 모두 선택하라.
(a) ARP 모듈      (b) 라우팅 테이블      (c) HTTP 데몬      d) TCP
(e) UDP          (f) SMTP              (g) RIP           h) ICMP
(i) TFTP 클라이언트  (j) OSPF              (k) BGP           (l) 이더넷 드라이버

[6] 다음 중 내부 라우팅 프로토콜이 아닌 것은?
(a) OSPF        (b) BGP        (c) RIP        (d) IS-IS

[7] 라우팅 테이블이 동적으로 추가되었음을 표시하는 두 가지의 플래그는?
(a) U           (b) D          (c) G          (d) H

[8] 라우터의 인터페이스 상태를 알아보는 명령어는?
(a) ifconfig    (b) route      (c) netstat    (d) ls

CHAPTER 06 라우터

**연습 문제**

[9] 다음 중 라우팅 프로토콜이 아닌 것은?
 (a) RIP   (b) DHCP   (c) OSPF   (d) IS-IS

[10] 거리 벡터 라우팅 알고리즘을 사용하는 라우팅 프로토콜은 ____이다.
 (a) OSPF   (b) RIP   (c) BGP   (d) IS-IS

[11] 수신된 IP 패킷이 라우팅될 때 IP 패킷 헤더의 변경되는 부분은 __과 __이다.
 (a) 송신측 IP 주소   (b) 수신측 IP 주소   (c) TTL   (d) 체크섬 영역

[12] 라우팅 프로토콜들을 분류하라.

[13] 자신의 default gateway를 확인한 다음, 외부의 웹 서버에 브라우저로 연결하라. 이때, 송신된 이더넷 프레임의 목적지 주소와 IP 패킷의 목적지 주소를 각각 확인하여, 어디를 가리키는지 설명하라.

[14] 자신의 default gateway에게 ping 시험을 하라. Echo 응답이 오는가? 그렇다면, ICMP 응답 모듈이 장착되어 있음을 알 수 있다.

[15] 자신의 default gateway에게 telnet 접속을 시도하라. 응답이 오는가? 그렇다면 라우터에 telnet 서버기능도 설치되어 있음을 알 수 있다.

[16] 자신의 default gateway에게 HTTP 접속을 시도하라. 응답이 오는가? 그렇다면, 웹 서버도 라우터에 장착되어 있음을 알 수 있다.

 **연습 문제**

[17] 자신의 default gateway에 SNMP agent 기능이 있는지 시험하라. (e-watch의 SNMP browser 기능을 이용하라.) 응답이 오는가?

[18] 혹시 상용 라우터가 있다면, 라우터가 부팅될 때 송신하는 패킷들에는 어떠한 것들이 있는지 조사하고, 설명하라.

[19] 최근의 라우터들은 IP 계층에서의 스위칭, 즉 라우팅을 하드웨어로 수행하는, 기능을 가진 칩으로 구현된다고 한다. 어떠한 칩들이 상용화되어 있는지 살펴보라. RIP나 OSPF와 같은 라우팅 프로토콜들도 이 칩들이 생성하고 처리할 수 있을까?

[20] IP Forwarding과 IP routing은 서로 관련있는 용어들 이지만, 다른 점은 무엇인가?

[21] 정적 라우팅 테이블을 가지는 라우터 기능을 가지는 시뮬레이터를 C 언어로 작성하라.

[22] 각 인터페이스들에 대한 정보를 확인하는 명령어가 아닌 것은 ___이다.
    (a) netstat -i     (b) ip net     (c) ifcofnig     (d) ip addr

[23] 윈도우 XP를 라우터로 설정하고 동작시켜라.

CHAPTER 06 라우터

  **연습 문제**

[24] 외장형 라우터의 하드웨어 구조를 도시하고 기능을 설명하라.

[25] 고속 라우터에 필수적인 기능에는 어떠한 것이 있는가?

[26] 라우팅 기능을 하드웨어적으로 수행하고자 할 때, 어떤 기능이 필요한가?

[27] 라우팅되는 IP 패킷의 헤더는 어떤 부분이 변경된 다음 중계되는가?

리눅스 기반의
## TCP/IP와 라우팅 프로토콜

# chapter 07

# UDP, TFTP와 DHCP

## 7.1 개 요

UDP(User Datagram Protocol)는 응용 프로세스간에 connectionless 방식의 비신뢰성 연결을 제공하는 프로토콜이다. 이러한 UDP 연결로 상에서는 오류 제어 및 흐름 제어 기능이 수행되지 않는다. 이러한 UDP의 특성은 재전송 과정이 있으면 더 불편한 음성이나 화상 전송 등의 응용에 적합하다. 이러한 예로는 실시간 음성 전달 프로토콜인 RTP가 있다.

또한 UDP는 DNS와 같은 일과성 질의 및 응답 서비스 시 사용된다. 만약 응용 프로세스 입장에서 신뢰성 있는 데이터를 UDP로 전달하려면 응용 계층 스스로 연결 설정, 순서 번호 사용, 재전송 기능, 흐름 제어, 혼잡 제어 기능을 수행해야 한다. 이러한 예로는 TFTP, DHCP, DNS, SNMP 등이 있다.

본 장에서는 UDP 패킷의 구조와 UDP를 사용할 경우 고려해야 할 사항들에 대해 설명한다. 또한 UDP를 사용하는 TFTP와 DHCP에 대한 헤더 구조 및 프로토콜에 대하여 다룬 후 TFTP 서버 및 DHCP 관련 실험을 수행한다.

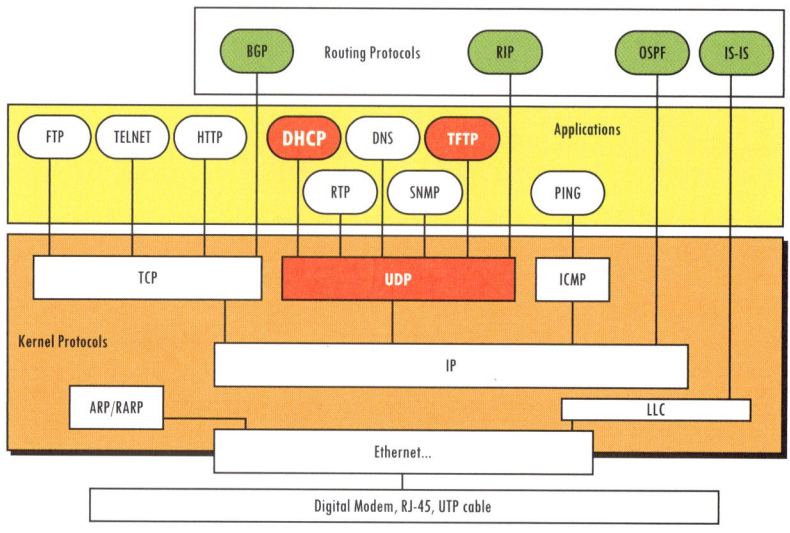

〈그림 7-1〉 UDP, TFTP, DHCP에 대한 계층 구조

## 7.2 UDP의 응용

UDP는 TCP와 달리, 전송 중 오류에 의한 패킷의 손실에 대하여 UDP는 이것을 재전송하거나 응용 계층에게 알리지 않는다. 이러한 UDP의 특성을 활용한 예는 다음과 같다.

**예 1** 인터넷 폰

일반 전화기로 통화하는 도중에 〈그림 7-2(a)〉와 같이 외부 잡음에 의해 음성이 일부 잘못 전달되면 이것을 듣던 사람이 재 전송을 요청하거나 무시한다. 이러한 전화망에서의 동작과

같이, 인터넷으로 NetMeeting이나 메신저를 사용하여 인터넷 전화를 이용하는 〈그림 7-2 (b)〉와 같은 경우에도 유사한 과정이 전개된다.

즉 마이크에 입력된 아날로그 음성은 사운드카드에 의해 디지털로 변환된다. 이후 짧은 길이의 UDP 패킷들에 실려 목적지에 송신되고, 수신측에서는 이것을 다시 아날로그로 복원한다.

이 과정에서 일부 UDP 패킷들이 경로상에 있는 라우터의 버퍼 부족에 의해 버려지면, 수신측은 다음과 같이 행동할 것이다.

- 일부 버려진 음성을 무시한다.
- 또는, 수신자(사람)이 송신자(사람)에게 "뭐라고?"하여 재전송을 요청한다. 이때 사람과 사람 사이의 재전송 과정이 수행된다.

만약 UDP 송신부가 버려진 음성 패킷들에 대하여 재전송을 수행하게 된다면 정상적으로 전달된 음성과 재전송된 음성간의 지연시간 기간 동안은 잡음으로 처리해야 한다. 이후 다시 정상적으로 전송되는 음성 패킷들은 계속 지연되어야 하는 문제가 있다.

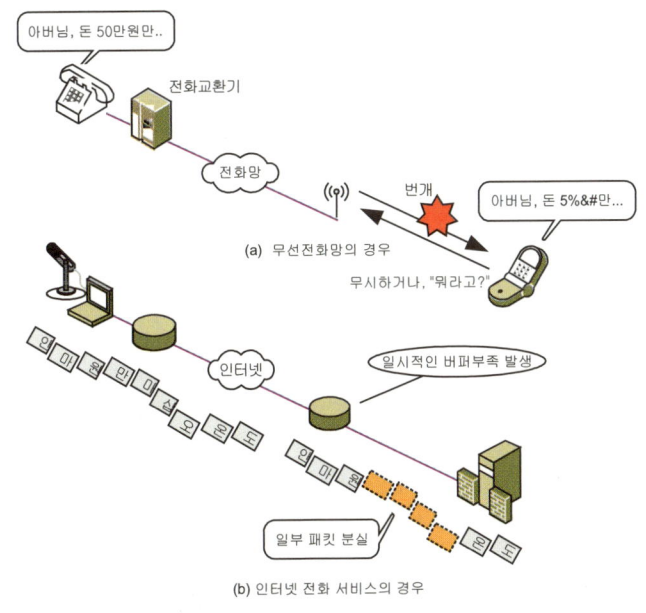

〈그림 7-2〉 인터넷 폰 응용에 대한 UDP의 활용

### 예 2  일과성 질의/응답 응용

앞으로 다룰 DNS, DHCP 등과 같은 일과성 작업, 즉 한두 개의 패킷에 의해 질의하고 응답 받으면 되는 일과성 응용의 경우에는 굳이 연결을 지속시킬 필요가 없으므로 UDP를 사용한다. 만약 요청한 질의에 대한 응답이 오지 않으면 응용 계층 스스로가 재시도하거나 무시한다.

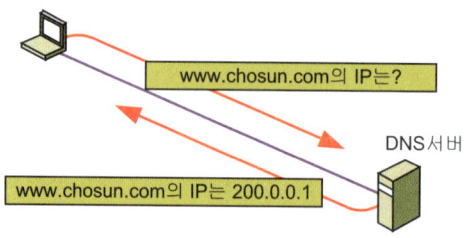

〈그림 7-3〉 UDP의 일과성 응용에의 활용

**예 3** 파일 전송

UDP로도 중요한 내용의 파일을 전송할 수 있다. 하지만 UDP 자체는 전송 오류 복구 기능이 없기 때문에 응용 계층에서 전송 과정을 감시하고 필요 시 재전송도 수행한다. 이러한 예로 TFTP가 있다.

## 7.3 UDP 계층의 구성

하나의 IP 주소로 식별되는 리눅스 시스템 내에는 〈그림 7-4〉와 같은 여러 개의 프로세스들이 동시에 존재한다. 클라이언트와 서버의 프로세스간에 신뢰성이 없는 연결로가 필요할 때에는 {local IP, local port}와 {remote IP, remote port}로 맺어지는 UDP 연결이 사용된다. 이 때 상대방 포트 번호를 미리 알고 있어야 연결이 가능할 것이다. 이를 위하여 서버측 응용 프로세스는 잘 알려진 포트번호와 관련된 UDP 연결을 개방하여 클라이언트로부터 연결시도를 기다린다.

이렇게 잘 알려진 포트 번호를 well-known 포트라고 부른다. 0에서 1023번까지의 번호가 이 용도로 예약되어 있다. 〈표 7-1〉은 UDP용 well-known 포트의 예이다.

반면에 연결을 시도하는 클라이언트측 포트 번호는 가변적이라도 상관없기 때문에 임시포트라고 불리는 ephemeral 포트가 사용된다. 이러한 사용자 포트 번호는 1024 ~ 65535까지 사용 가능하다. 그리고 각 포트는 송신 및 수신을 모두 지원하기 위하여 2개의 버퍼로 구성되어 있어 응용 계층 입장에서는 송신 중에도 수신이 가능하다.

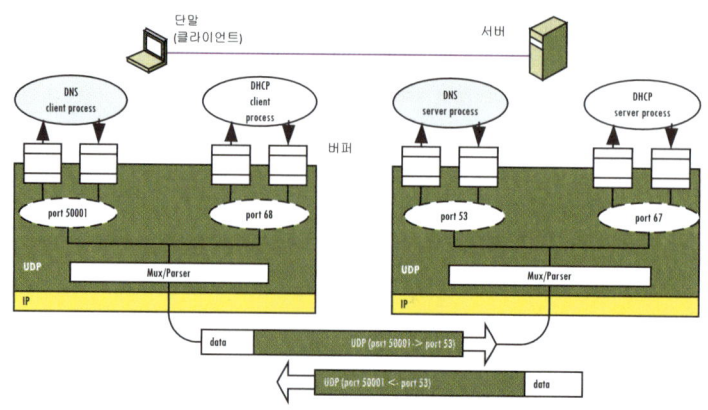

〈그림 7-4〉 UDP와 응용 계층의 구성

CHAPTER 07 UDP, RFTP와 DHCP

〈표 7-1〉 UDP용 well-known 포트 번호

| Port | Service | Port | Service |
| --- | --- | --- | --- |
| 7 | Echo | 67 | BOOTP server |
| 9 | Discard | 68 | BOOTP client |
| 13 | Daytime | 69 | TFTP |
| 53 | DNS | 161 | SNMP |
|  |  | 162 | SNMP Trap |

## 7.4 UDP 패킷 형식

UDP는 IP 패킷의 데이터 영역에 수납되어 전송된다. IP 헤더의 protocol 영역의 값은 UDP를 지시하는 17이다. UDP는 8바이트의 고정된 길이의 헤더를 가진다. 이 UDP의 헤더는 송신측과 수신측 포트 번호와 UDP의 길이 및 체크섬 영역으로 구성된다.

그 형식은 다음과 같다.

```
IP header    ┌─────────────────────────┐
             │       MAC header        │
             ├─────────────────────────┤  2
             │     Protocol = 17       │
UDP header   ├─────────────────────────┤  2
             │   Source port number    │
             ├─────────────────────────┤  2
             │ Destination port number │
             ├─────────────────────────┤  2
             │       UDP length        │
             ├─────────────────────────┤  n
             │       Checksum          │
             ├─────────────────────────┤
             │        UDP data         │
             └─────────────────────────┘
```

〈그림 7-5〉 UDP 프레임 형식

- 송신/수신 포트 번호 : UDP의 상위 프로세스를 구분하는 16비트의 숫자이다. Source 포트 번호와 destination 포트 번호가 각각 사용된다.
- UDP Length : UDP 헤더 영역을 포함한 UDP 전체 길이이다.
- Checksum : 다음 페이지의 〈그림 7-6〉과 같이 UDP 패킷 전체와 20바이트의 IP 헤더 중에서 중요한 영역에 대한 12바이트(pseudo header)와 대하여 계산된 값이다.

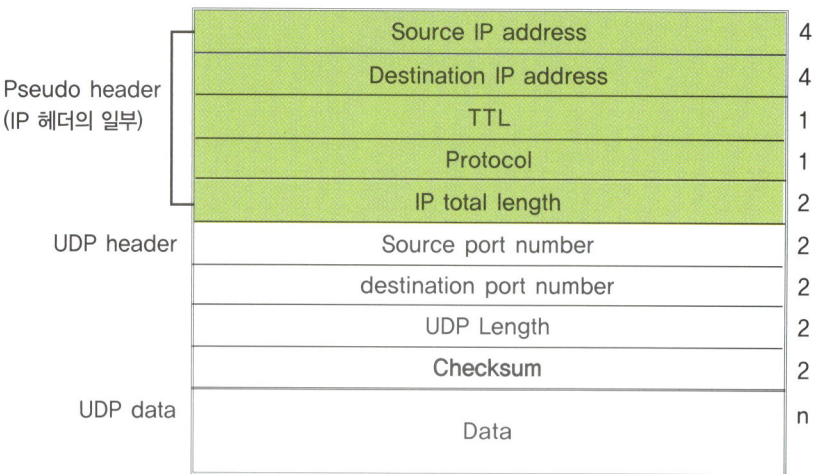

〈그림 7-6〉 UDP의 체크섬 계산 영역

## 7.5 TFTP

TFTP(Trivial File Transfer Protocol)은 UDP 기반의 파일 전송 프로토콜이다. 라우터/스위치 등의 임베디드 시스템과 같이 하드 디스크가 없는 시스템의 경우, 자신이 필요로 하는 설정 파일이나 갱신된 운영체제 파일을 서버로부터 내려 받거나 올려 보낼 때 사용된다.

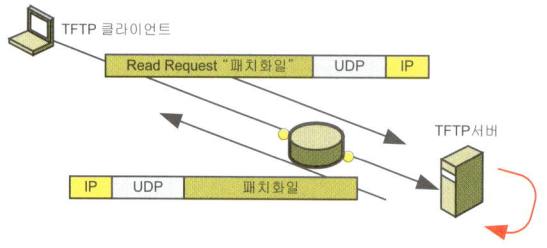

〈그림 7-7〉 TFTP의 활용 예

## 7.6 TFTP의 메시지 형식

TFTP는 operation code(opcode) 값에 따라 6 가지의 메시지 형식을 가진다. 이 메시지의 특징은 다음과 같다.

- 포트 번호 : 서버로 전송되는 read/wirte request 메시지에만 목적지 UDP 포트 번호로 69번이 사용된다. 이후 모든 메시지에는 임시 포트 번호가 사용된다.
- Read/Write 메시지 : Opcode = 01과 02이 사용되며 해당 파일이름에 대하여 각각 read 및 write request를 뜻한다. 이것은 ftp에서 사용하는 get과 put 명령의 의미와 같다. 그리고 tftp에서 사용하는 모든 문자열들은 '0x00' 인 NULL 문자로 마감된다.

- Mode = "netascii" : 데이터 영역의 내용이 ASCII 부호 형식의 문자열임을 표시한다.
- Mode = "octet" : 이진 데이터 형식임을 표시한다.
- **Block number** : 송수신 번호로 사용된다. 파일 전송 시의 오류 및 흐름 제어는 이 번호를 이용한 stop-and-wait 방식으로 운용된다.
- **Error 메시지** : 오류 번호 영역과 ASCII 문자열로 되어 있는 오류 메시지 영역이 사용된다.
- **Option ACK 메시지** : 최대 블록 크기의 기본값인 512바이트 보다 큰 패킷을 운용할 때 사용된다.(RFC 2347 참조)

| IP header | protocol = UDP = 17번 | |
|---|---|---|
| UDP header | dest port = 69번 | |
| Opcode | 01 = Read request; 02 = Write request | 2 |
| | file name | n |
| mode | ("netascii" 또는 "octet") | m |

| IP header | protocol = UDP = 17번 | |
|---|---|---|
| UDP header | port = 임시 포트 | |
| Opcode | 03 = data | 2 |
| | block number | 2 |
| | data | n |

| IP header | protocol = UDP = 17번 | |
|---|---|---|
| UDP header | port = 임시 포트 | |
| Opcode | 04 = ACK | 2 |
| | block number | 2 |

| IP header | protocol = UDP = 17번 | |
|---|---|---|
| UDP header | port = 임시 포트 | |
| Opcode | 05 = Error | 2 |
| | error number | 2 |
| | error message | n |

| IP header | protocol = UDP = 17번 | |
|---|---|---|
| UDP header | port = 임시 포트 | |
| Opcode | 06 = Option ACK | 2 |
| | Option data | n |

〈그림 7-8〉 TFTP의 메시지 형식

〈그림 7-9〉와 〈그림 7-10〉은 각각 TFTP의 read와 write 동작에 TFTP 메시지의 흐름 예이다. TFTP의 경우 명시적인 전송 완료 메시지가 없다. 따라서 기본 최대 메시지 길이인 512바이트 보다 짧은 프레임이 수신된 경우에는 전송이 완료되었다고 묵시적으로 판단한다.

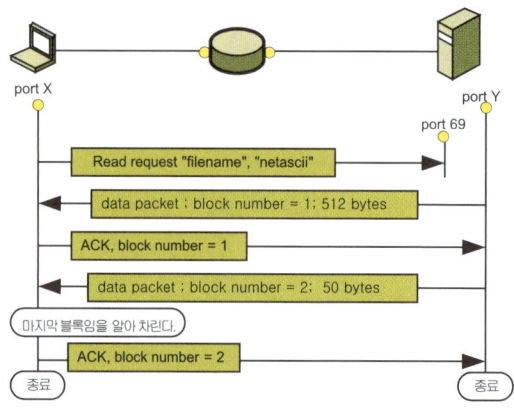

〈그림 7-9〉 TFTP 파일 read 시 TFTP 패킷의 흐름도

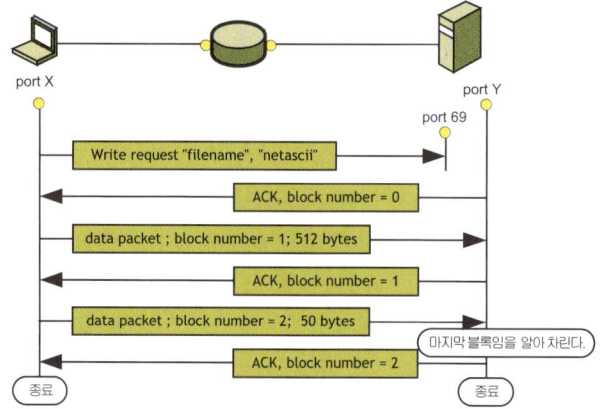

〈그림 7-10〉 TFTP 파일 write 동작에 의한 패킷 흐름도

## 7.7 DHCP

### (1) 개 요

대부분의 경우 각 단말의 IP 주소는 고정 할당된다. 하지만 이러한 단말들이 항상 가동되지는 않는다면 IP 주소 자원을 낭비한다.

Dynamic Host Configuration Protocol(DHCP)은 각 사이트에 할당된 IP 주소 자원을 실제 가동되는 단말에게만 IP 주소를 일시적으로 할당한다. 단말에 대한 전원 공급이 중지되면 IP 주소를 회수하여 다른 단말에 제공한다. 물론 단말이 재가동될 경우 이전의 IP 주소와 다른 주소를 할당 받을 수도 있다.

DHCP는 단말에 대한 IP 주소를 동적으로 할당할 뿐만 아니라, 단말이 필요로 하는 기본 게이트웨이와 DNS에 대한 주소정보도 함께 알려줄 수 있다.

### (2) DHCP, BOOTP, RARP의 비교

단말에 대한 IP 주소를 할당하는 프로토콜로 DHCP 외에도 RARP와 BOOTP도 있다. 제 5장에서 다루었던 RARP는 미리 설정된 단말에 대한 MAC 주소와 IP 주소 매핑 테이블을 이용하여 요청된 MAC 주소에 대한 IP 주소 정보를 응답하는 것이었다.

이러한 고정 IP 주소 할당 방법은 BOOTP에서도 사용된다. BOOTP는 원래 하드디스크가 없는 단말이 부팅될 때 자신이 필요로 하는 운영체제 파일을 서버로부터 내려받기 위해 고안된 프로토콜이다. RARP는 단지 IP 주소만 알려주는데 비하여, BOOTP는 해당 IP 주소 뿐만 아니라 필요한 게이트웨이나 DNS 주소 등의 정보도 제공할 수 있는 장점이 있다.

RARP와 BOOTP에서 사용되는 이러한 MAC 주소와 IP 주소간의 매핑 테이블은 관리자에 의해 고정적으로 만들어진다. 따라서 단말의 이동이나 LAN 카드의 변경 등에 대한 대응을 신속하게 할 수 없는 문제점이 있다.

반면에 BOOTP를 개량한 DHCP는 IP 주소 풀(pool)에서 가용한 IP 주소를 단말에 일정기간 임대하는 동적인 주소 할당 프로토콜이다. 물론 BOOTP와 같이 IP 주소와 MAC 주소 매핑 테이블을 미리 설정하여 고정 IP 주소를 할당할 수도 있다.

## 7.8 DHCP 동작 과정

DHCP는 다음 페이지의 〈그림 7-11〉처럼 UDP 포트 67과 68을 사용하는 서버/클라이언트 관계로 동작한다.
- 단말은 DHCP Discover 메시지를 어디엔가 있을 서버에게 방송한다.
- 서버(들)은 DHCP Offer 메시지로 응답한다. 이 메시지에는 이 서버가 단말에게 할당하는 IP 주소와 임대기간(기본기간=1시간)이 수납된다. 이러한 서버가 여럿 있을 수 있으므로 단말은 이들로부터 복수 개의 Offer 메시지를 수신할 수도 있다.
- 단말은 수신된 한 개 또는 여러 개의 DHCP Offer 메시지 중에서 하나를 선택하고 해당 서버에 유니캐스트로 DHCP Request 메시지를 전송한다.
- 해당 서버는 DHCP ACK 메시지로 응답한다.
- 단말은 임대기간의 50%가 경과되면 DHCP Request 메시지를 전송하여 기 할당된 IP 주소의 계속 사용을 요청한다.
- 단말은 서버가 DHCP NACK 메시지로 응답하게 되면 해당 IP 주소의 사용을 중지하고 새로운 서버를 찾아야 한다. 만약 ACK이면 할당된 IP 주소를 계속 사용할 수 있다.
- 서버는 해당 임대기간의 50%가 경과한 이후에 클라이언트로부터 DHCP Request 메시지가 도착하지 않으면(사용자 단말의 전원이 단절된 경우 등), 해당 IP 주소를 회수한다.
- 정상적일 때 단말은 임대기간 내에 DHCP Release 메시지를 사용하여 할당받은 IP 주소를 명시적으로 반환한다.

따라서 DHCP 과정은 우리가 전셋집을 구하고, 살고, 이사 가는 그러한 과정과 거의 유사하다고 할 수 있다.

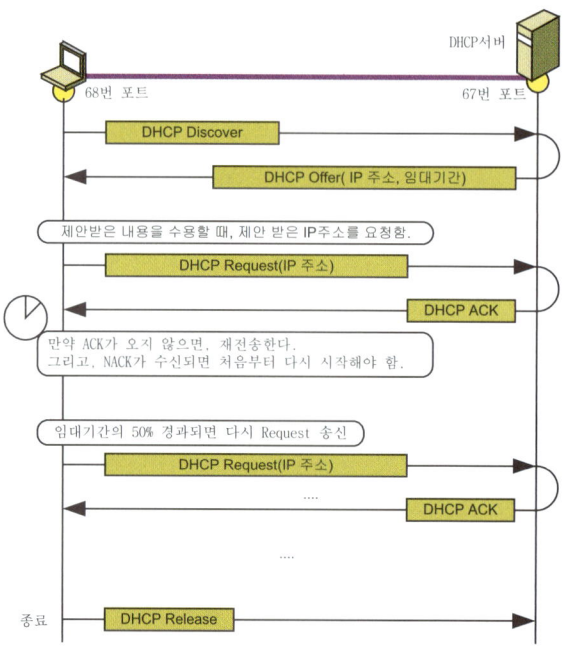

〈그림 7-11〉 DHCP의 동작 절차

## 7.9 DHCP의 패킷 형식

DHCP는 BOOTP와의 호환을 위하여 다음 페이지의 〈그림 7-12〉와 같은 동일한 패킷 형식을 사용한다. 즉 BOOTP와 동일한 포트 번호를 사용하고 기본 헤더의 구성도 동일하다. 하지만 DHCP의 패킷 종류(Discover, Offer 등) 식별자와 임대 기간 등의 DHCP 관련 정보가 BOOTP의 옵션 영역에 추가되어 있다.

- UDP 포트 : 서버용 67번 포트와 클라이언트용 68번 포트가 사용된다. 이것은 BOOTP와 동일한 포트 번호이다.
- Operation Code : 01인 경우 Request이다. 02면 Response이다.
- Hardware Type : LAN 종류를 표시한다. 이더넷의 경우 01이다. ADSL 망에서 사용하는 PPPoE(PPP over Ethernet)의 경우에도 역시 01이다.
- Hardware Length : 물리 주소 영역의 길이를 표시한다. 이더넷의 경우 06이다.
- Hop count : DHCP 패킷이 경유할 수 있는 최대 라우터의 개수를 지시한다.
- Transaction ID : 랜덤한 32비트 숫자이다. Request 메시지의 송신시 사용된 번호는 응답 메시지에서도 동일한 값을 가지도록 하여 그릇된 응답과 구분하도록 한다.
- Number of seconds : 이 패킷을 송신한 시스템이 부팅된 이후 초 단위의 경과 시간이다.

## CHAPTER 07 UDP, RFTP와 DHCP

| Opcode | UDP header Port 67, 68 | |
|---|---|---|
| | Operation Code | 1 |
| | Hardware Type | 1 |
| | Hardware Length | 1 |
| | Hop Count | 1 |
| | Transaction ID | 4 |
| | Frame Body | 2 |
| | Number of seconds | 2 |
| | 0 | 2 |
| | Client IP address | 4 |
| | Your IP address | 4 |
| | Server IP address | 4 |
| | Gateway IP address | 4 |
| | Client Hardware Address | 16 |
| | Server Name String | 64 |
| | Boot file name(부트 파일의 경로명) | 128 |
| | Option의 시작을 알리는magic cookie = 99 82 53 63 | 4 |
| | Network mask, 임대 기간 등을 표시함<br><br>(이 옵션 영역에 DHCP 관련 정보가 수록됨) | max 312 |

〈그림 7-12〉 DHCP/BOOTP 프레임 형태

- **B-flag** : 클라이언트가 B-Flag=1로 설정한 DHCP 요청 패킷을 서버에게 송신하면, 서버는 DHCP 응답 메시지를 브로드캐스트 주소를 사용한 IP 패킷에 수납하여 응답하도록 지시한다. 이렇게 응답 메시지에 방송형 주소를 사용하도록 지시하는 이유는 다음과 같다. 만약 서버가 응답한 DHCP 메시지를 수납한 IP 패킷의 목적지 주소는 클라이언트에 할당된 새로운 유니캐스트 IP 주소일 것이다. 하지만 이 IP 주소는 해당 클라이언트가 아직 인식할 수 없는 주소이므로 이 응답 메시지를 수신할 수 없다. 이러한 문제점을 해결하기 위하여 단말은 방송형 IP 주소로 응답 메시지를 포장하여 응답하도록 서버에 요청하여 단말 자신이 수신할 수 있도록 한다.
- **Client IP address(ClAddr)** : 클라이언트의 IP 주소이다. 최초 요청 시에는 할당받지 않았으므로, 0.0.0.0이다.
- **Your IP address(YlAddr)** : 클라이언트에 할당된 IP 주소이다. 서버에 의한 응답 메시지에 포함된다.
- **Server IP address(SlAddr)** : 서버 자신의 주소이다. 응답 메시지에 포함된다.
- **Gateway IP address(GlAddr)** : DHCP 메시지를 중계하는 RelayAgent의 IP 주소이다. 단말은 이 값을 0으로 채운다. 참고로 이 값은 서버가 알려주는 기본 게이트웨이의 주소가 아니다. 이 게이트웨이 정보는 옵션 3에 수납된다.

- Client HW address(CHAddr) : 클라이언트의 이더넷 주소이다.
- Server Name(SName) String : 64 바이트 길이의 서버 이름이다. 물론 요청 메시지에는 0x00으로 채워져 있다.
- Boot file name : Diskless 단말의 부팅에 필요한 부트 파일이 있는 경로와 파일이름이다. BOOTP는 원래 하드 디스크가 없는 단말이 부팅될 때 자신이 필요로 하는 운영체제 파일을 서버로부터 내려받기 위해 고안된 프로토콜임을 고려하라. 물론 요청 메시지에는 0x00으로 채워져 있다.
- Options : 옵션 영역은 반드시 99.130.83.99인 4바이트로 구성된 magic cookie 값으로 시작된다. 각 옵션은 다음과 같은 형식의 {tag, value length, value}로 구성된다. 옵션들 중에서 Option 53(DHCP 메시지형식)에서 알 수 있듯이, DHCP는 BOOTP의 옵션을 이용하여 동작한다.

〈그림 7-14〉는 DHCP Offer 패킷의 예이다. 특별히 vendor specific information 영역을 세밀하게 분석해 본 것이다. 서버, subnet mask, gateway, DNS, lease time 등에 대한 정보들을 사용자 단말에게 제공하는 것을 확인할 수 있다.

| tag | value length | value |
|---|---|---|

〈그림 7-13〉 DHCP의 옵션 영역의 T-L-V 형식

| Tag | 형식 또는 값 | 이름 | 길이 |
|---|---|---|---|
| 0 | | Padding | 0 |
| 1 | Subnet Mask | Subnet Mask | 4 |
| 2 | Time of the day | Time offset | 4 |
| 3 | IP 주소 | Default Routers | 가변 |
| 4 | IP 주소 | Time servers | 가변 |
| 6 | IP 주소 | DNS servers | 가변 |
| 12 | ASCII string | Host name | 가변 |
| 15 | ASCII string | DNS name | 가변 |
| 44 | IP 주소열 | NetBIOS over TCP Name server | 가변 |
| 46 | 1/2/4/8 | NetBIOS over TCP node type | 1 |
| 50 | IP 주소 | Requested IP address | 4 |
| 51 | 시간 | IP 주소 임대 시간 (초단위) | 4 |
| 52 | 1/2/3 | File 영역이나 server name 영역이 option으로 overload 되었음을 표시함 | 1 |
| 53 (DHCP message Type표시) | 1 | DHCP discover | 1 |
| | 2 | DHCP Offer | 1 |
| | 3 | DHCP Request | 1 |
| | 4 | DHCP Decline | 1 |
| | 5 | DHCP ACK | 1 |
| | 6 | DHCP NACK | 1 |
| | 7 | DHCP Release | 1 |

## CHAPTER 07 UDP, RFTP와 DHCP

| 54 | IP 주소 | Server Identifier | 4 |
|---|---|---|---|
| 55 | Option list | Parameter Request List | 가변(클라이언트가 설정함) |
| 56 | NVT ASCII 스트링 | Message(서버가 error 메시지 전송시 사용) | 가변 |
| 57 | length | Max DHCP message length | 2 |
| 58 | 시간 | Renewal Time value(클라이언트가 DHCP request를 다시 송신해야 할 시간) | 4 |
| 59 | 시간 | Rebinding Time value | 4 |
| 60 | | Vendor ID | |
| 61 | 보통 HW type + HW addr | Client identifier | 가변 |
| 69 | IP 주소 | SMTP-Server | 4 |
| 72 | IP 주소 | WWW-Server | 4 |
| 70 | IP 주소 | POP3-Server | 4 |
| 77 | | User Class Information | |
| 82 | | DHCP Relay Agent Information(RFC3046) | |
| 93 | | Client system architecture | |
| 120 | SIP Proxy 서버 정보 (RFC3261) | SIP 서버 이름, IPv4 주소 | 가변 |

〈그림 7-14〉 DHCP/BOOTP의 옵션 종류

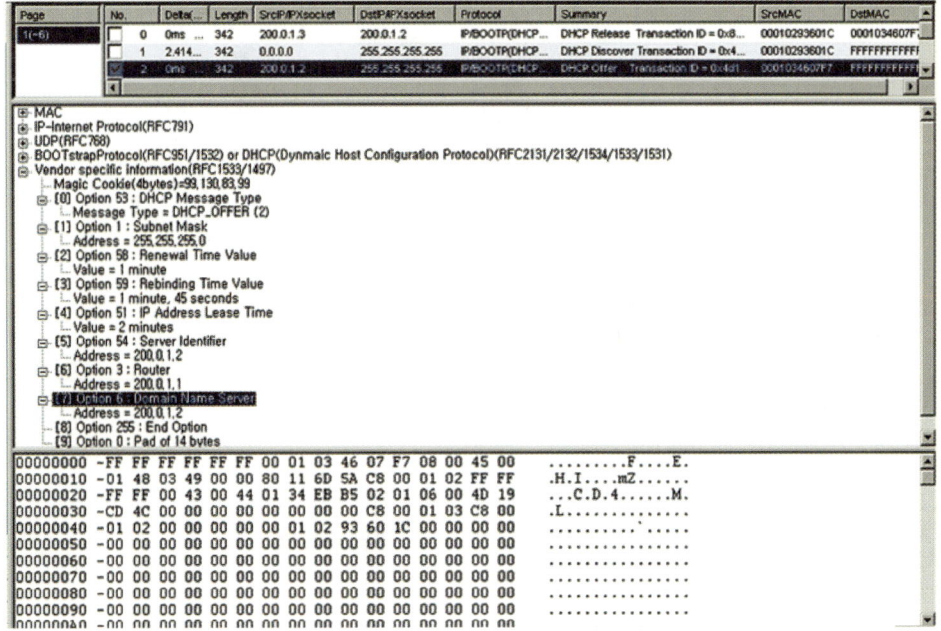

〈그림 7-15〉 DHCP Offer Response 패킷의 예

## 7.16 DCHP Relay Agent

여러 개의 라우터로 구성된 망에 한 대의 DHCP서버가 설치된 환경을 고려해 보자. 단말이 DHCP discover 메시지를 수납하여 송신한 IP 패킷의 목적지 주소는 방송형 주소이다. 이를 수신한 첫 번째 라우터는 이러한 방송형 패킷을 중계하지 않으므로 라우터 너머의 DHCP 서버에는 전달되지 않는다. 이러한 문제점을 해결하려면 라우터에 DHCP 패킷을 중계할 수 있는 기능이 설치되어 있어야 하는데 이것을 DHCP Relay Agent 기능이라고 한다.

이것의 동작은 간단하다. 수신된 DHCP 패킷의 목적지 IP 주소가 방송형 주소라면 DHCP Relay Agent는 이 패킷의 목적지 IP 주소를 자신이 알고 있는 DHCP 서버의 주소(유니캐스트 주소)로 대치하고 중계하여 결국 DHCP 서버에 전달되도록 한다. 참고자료는 RFC 1542이다. RelayAgent 기능이 활성화된 라우터는 다음과 같이 동작한다.

- 라우터에 "BOOTP forwarding" 기능을 설정하여 "BOOTP forwarding agent", 즉 DHCP Relay Agent로 동작하게 한다.
- RelayAgent 기능이 설정된 라우터는 단말로부터의 방송형 DHCP 패킷이 수신되면 단말의 IP 주소를 기억한다. 이어 미리 설정된 DHCP 서버로 DHCP패킷을 중계한다. 이때 DHCP 패킷의 GIAddr 영역에 RelayAgent 자신의 IP 주소를 기록하여 중계한다.
- 이를 수신한 DHCP 서버는 해당 클라이언트에 대한 주소를 할당한 후 GIAddr 영역에 있는 RelayAgent 주소를 사용하여 해당 패킷을 응답한다.
- RelayAgent가 설치된 라우터는 수신된 DHCP 응답 패킷을 클라이언트에 전달한다.

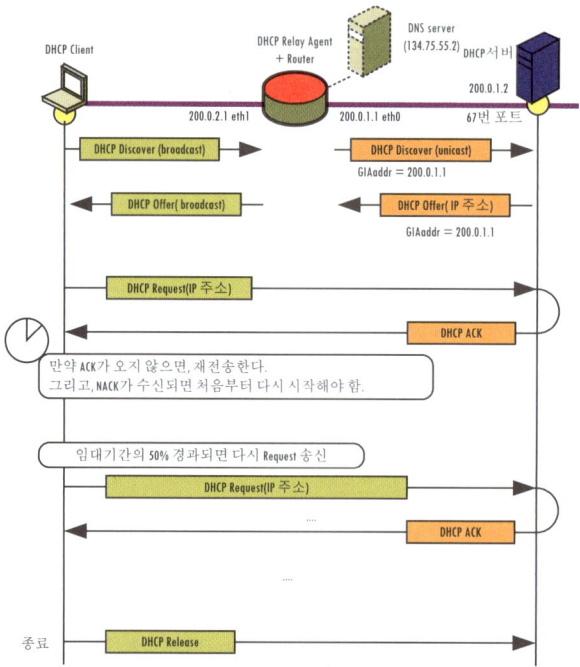

〈그림 7-16〉 DHCP Relay Agent의 기능

CHAPTER 07  UDP, RFTP와 DHCP

## 7.11 TFTP 서버와 클라이언트 설치

다음 그림과 같이 TFTP 서버에 저장된 "readme.txt" 파일을 TFTP를 이용하여 read하는 절차를 실험한다. 이하 모든 설치 과정은 root 계정을 사용해야 한다. 이 TFTP 서버는 우리가 처음 설치하는 서버 기능이다. 앞으로 설치할 다른 서버 기능도 그 절차는 유사하다.

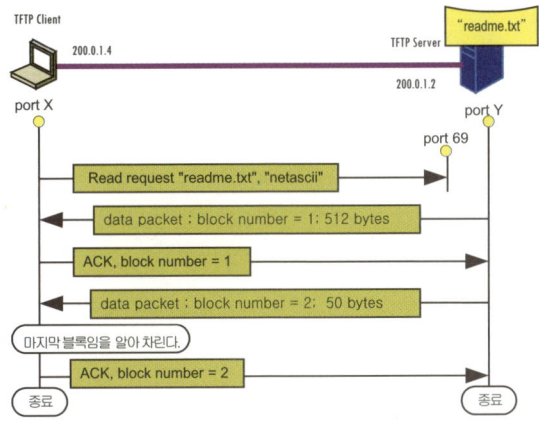

**STEP 1**  먼저 TFTP 서버가 자신의 리눅스 시스템에 설치되어 있는지 다음과 같은 2가지 방법으로 확인한다.

**방법 1**  TFTP 서버는 69번 포트 번호를 사용하므로 69번 포트가 활성화 되어 있는지를 점검하여 TFTP 서버가 구동 중인지 확인한다.

```
[root@ Ceromi]# netstat -an | grep ":69"
udp      0    0 0.0.0.0:69          0.0.0.0:*
```

**방법 2**  다음과 같이 TFTP 서버가 설치되어 있는지 확인한다. /etc/xinetd.d 디렉토리에는 사용 가능한 서버들의 목록이 있다. tftp라는 항목이 있다면 tftp는 이미 설치되어 있는 것이다.

```
[root@ Ceromi]# cd /etc/xinetd.d
[root@Ceromi xinetd.d]# ls
amanda      daytime     finger  klogin      rexec   talk
amandaidx   daytime-udp gssftp  krb5-telnet rlogin  telnet
amidxtape   dbskkd-cdb  imap    kshell      rsh     tftp
chargen     echo        imaps   linuxconf-web  rsync  time
chargen-udp echo-udp    ipop2   ntalk       sgi_fam time-udp
comsat      eklogin     ipop3   pop3s       swat    wu-ftpd
[root@ Ceromi xinetd.d]#
```

만약 /etc/xinetd.d 디렉토리에 tftp 항목이 없다면 다음과 같이 클라이언트 tftp와 서버 tftp-server를 설치한다.

```
[root@ Ceromi]# yum install xinetd       <--- 만약 xinetd가 없다면…
[root@ Ceromi]# yum install tftp tftp-server
```

**STEP 2** /etc/xinetd.d/tftp 설정 파일을 vi로 다음과 같이 수정하여 환경을 설정한다.

```
[root@ Ceromi]# vi /etc/xinetd.d/tftp
# default: off
# description: The tftp server serves files using the trivial file transfer
#       protocol.  The tftp protocol is often used to boot diskless
#       workstations, download configuration files to network-aware printers,
#       and to start the installation process for some operating systems.
service tftp
{
    socket_type         = dgram
    protocol            = udp
    wait                = yes
    user                = root
    server              = /usr/sbin/in.tftpd
    server_args         = -s /tftpboot    //was -s /var/lib/tftpboot  /tftpboot가 편해서.
    disable             = no    // was yes ? tftp 사용 가능으로 바꿈
    per_source          = 11
    cps                 = 100 2
    flags               = IPv4
}
```

[참고] 부팅 시에도 TFTP가 자동 실행될 수 있도록 하려면 다음과 같이 한다.(또는 ntvsys 명령어로 설정해도 된다)

```
[root@ Ceromi]#chkconfig tftp-server  on
```

**STEP 3** tftp에서 파일을 제공하는 디렉터리를 /tftpboot로 지정했으므로 이 디렉터리를 생성한다.

```
[root@ Ceromi]# mkdir /tftpboot
```

**STEP 4** xinetd에 등록된 tftp를 실행하도록 xinetd를 시동한다.

```
[root@ Ceromi]#service xinetd start
```

또는

```
[root@ Ceromi]# /etc/init.d/xinetd restart
xinetd 를 정지함:                          [ 확인 ]
xinetd (을)를 시작합니다:                   [ 확인 ]
[root@ Ceromi]#
```

**STEP 5** tftpboot 디렉터리에 클라이언트에 다운로드될 파일을 생성한다. Tftpboot 폴더는 앞에서 설정한 tftp용 기본 폴더이다.

```
[root@ Ceromi]# cd /tftpboot
# vi readme.txt         <--- 시험용 파일을 작성한다.
...
#
```

# CHAPTER 07 UDP, RFTP와 DHCP

**STEP 6** 클라이언트 Broami에서 tftp를 이용하여 파일을 전송받은 후 확인한다.

```
[root@ Borami]# tftp 200.0.1.2
tftp>get readme.txt
tftp>quit
[root@ Borami]# ls -al
-rw-r--r--   1 root     root          21 Jan  1 00:03 readme.txt
[root@ Borami]# cat readme.txt
```

**STEP 7** tftp에 의한 read 및 write 동작을 프로토콜 분석기로 분석한다. 다음은 read 과정에 의해 송수신된 패킷들을 분석한 것이다.

ㄱ) 0번째 패킷 : ReadRequest 패킷 : 서버에 있는 "readme.txt" 파일을 read하고자 하는 패킷을 서버에 송신한다. 이때, 파일 모드는 octet 형식으로서, text 형식의 파일을 의미한다.

ㄴ) 1번째 패킷 : ReadReqeust 패킷에 대하여, 서버는 즉시 첫 번째 데이터 패킷을 클라이언트에게 송신한다. 이때, 데이터의 길이는 512 바이트이고, block number는 1번이다.

ㄷ) 2번째 패킷은 클라이언트가 블록 번호 1 패킷을 잘 수신하였음을 알리는 ACK 패킷이다.

ㄹ) 이러한 과정을 계속하면서, 해당 파일의 내용을 전달한다.

ㅁ) 7번 패킷 : 파일의 마지막 부분을 클라이언트에게 송신하는데, 이것이 마지막 데이터 패킷임은 데이터의 길이 512바이트가 아닌 3 바이트의 길이를 가진다는 사실로부터 클라이언트는 알아차릴 수 있다. 이러한 4개의 데이터 패킷으로 전달된 "readme.txt" 파일의 총 길이는 512x3 + 3 = 1539 바이트임을 알 수 있다.

```
⊞ MAC
⊞ IP-Internet Protocol(RFC791)
⊞ UDP(RFC768)
⊟ TFTP(Trivial File Transfer Protocol(RFC1350/2347)
    OPcode(3) = Data
    Block number = 4
    Data field of 3 bytes
00000000 -00 00 F0 69 F6 A6 00 A0 C9 86 F1 19 08 00 45 00   ...i..........E.
00000010 -00 23 9E 0E 00 00 80 11 E1 1D CB FD 91 A8 CB FD   .#.............
00000020 -91 FA 05 27 04 25 00 0F BF 3B 00 03 00 04 BE A2   ...'.%...;......
00000030 -BD 00 00 00 00 00 00 00 00 00                     .
```

ㅂ) 8번 패킷 : 마지막 데이터 패킷에 대한 클라이언트로부터의 ACK 패킷이다.

```
⊞ MAC
⊞ IP-Internet Protocol(RFC791)
⊞ UDP(RFC768)
⊟ TFTP(Trivial File Transfer Protocol(RFC1350/2347)
    OPcode(4) = ACK
    ACK Block number = 4
00000000 -00 A0 C9 86 F1 19 00 00 F0 69 F6 A6 08 00 45 00   .........i....E.
00000010 -00 20 01 23 00 00 80 11 7E 0C CB FD 91 FA CB FD   . .#....~.......
00000020 -91 A8 04 25 05 27 00 0C 3A E4 00 04 00 04 00 00   ...%.'..:.......
00000030 -00 00 00 00 00 00 00 00 00 00                     ..........
```

## 7.12 DCHP 서버 설정

**STEP 1** 기본 라우터 200.0.1.1과 DNS 서버 200.0.1.2가 설정되어 있는 200.0.1.0망을 구성한다. 설치하려는 DHCP 서버는 자신이 속한 망의 주소(200.0.1.0)의 일부를 단말에게 할당하도록 한다. DHCP 서버 자신의 IP 주소는 고정 IP(200.0.1.2)로 설정한다.

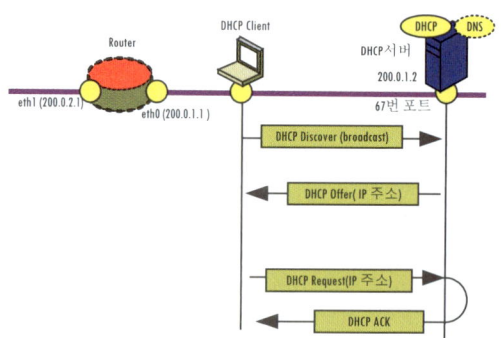

**STEP 2** DHCP 데몬의 설치 여부 검사 : 자신의 리눅스 시스템에 이미 DHCP 서버 데몬이 실행 중인지 아래와 같은 명령어로 확인한다. DHCP 서버는 67번 포트를 사용하므로 서버가 실행 중이면 아래와 같다.

```
[root@ Ceromi  etc]# netstat -an | grep ":67"
udp      0     0 0.0.0.0:67          0.0.0.0:*
```

만약 설치는 되어 있지만 서버가 실행 중이 아니라면 서버의 실행을 위하여 다음과 같이 입력한다.

```
[root@ Ceromi]# /usr/sbin/dhcpd
```

만약 이 명령에 대하여 다음과 같은 메시지가 표시되면 dhcpd 데몬은 설치가 되어 있으나 이에 관련된 설정 파일이 존재하지 않는 경우이다. 이 설정 파일을 나중에 작성하면 되므로 이렇게 dhpcd 데몬이 설치가 되어있는 것만 확인된다면 다음 과정으로 넘어간다.

```
[root@ Ceromi]# /usr/sbin/dhcpd
...
Can't open /etc/dhcpd.conf: No such file or directory exiting
```

반면에 다음과 같은 메시지가 나타나면 리눅스 시스템에 dhcpd 데몬이 설치가 되지 않은 경우이다.

```
[root@ Ceromi]# /usr/sbin/dhcpd
bash: /usr/sbin/dhcpd: No such file or directory
```

이러한 경우 dhcpd 데몬을 설치해야 하므로 다음과 같은 과정에 따라 dhcpd 데몬을 설치하도록 한다.

**STEP 3** dhcpd 데몬 설치(이미 설치되어 있다면, 다음 과정으로 이동)

리눅스 시스템에 처음으로 dhcpd를 설치하기 위해서는 다음과 같이 yum을 사용한다.

```
[root@ Ceromi]# yum ?y install dhcp
[root@ Ceromi]# yum ?y install dhcp-devel
```

**STEP 4** DHCP 서버가 할당할 "200.0.1.0"망에 대한 주소 범위 및 알려 줄 DNS서버 주소, 라우터 주소 등의 설정을 위하여 다음과 같은 /etc/dhcpd.conf파일을 작성한다. 이것은 "/etc/dhcpd.conf.example" 파일을 복사하여 사용한다. 이어 /etc/dhcpd.conf 파일을 vi 편집기를 사용하여 다음과 같이 변경하고 저장한 후 빠져 나온다. 여기서 할당하는 주소 범위(range)를 scope라고도 부른다.

```
[root@ Ceromi etc]# cp /etc/dhcpd.conf.example /etc/dhcpd.conf
[root@ Ceromi etc]# vi /etc/dhcpd.conf

# Sample configuration file for ISCD dhcpd
#
        ddns-update-style none; # Dynamic DNS 서비스 사용 안 함.

        subnet 200.0.1.0 netmask 255.255.255.0 {

                option routers          200.0.1.1;      #단말에게 알려 줄 기본 게이트웨이 주소

                option subnet-mask      255.255.255.0;
                option broadcast-address 200.0.1.255;   #방송형 주소
```

```
              option domain-name           "west.com";        # 단말에게 알려 줄 도메인 명
              option domain-name-servers  200.0.1.2;          # 단말에게 알려 줄 dns 서버 주소

              range dynamic-bootp 200.0.1.3 200.0.0.100;      # 주소 할당 범위 (3~100)

              default-lease-time 21600;                       # 기본 임대 기간(초)
              max-lease-time 43200;                           # 클라이언트의 요구값과 무관한
                                                                최대 임대 기간(초)

              # 필요시 예외 고정 주소 할당
              host boromi {     # 특정 호스트 boromi에 대하여
                  hardware ethernet 08:00:2b:4c:59:10;
                  fixed-address     200.0.1.4;
              }
        }
```

- **Range** : 200.0.1.0 망에 대하여 DHCP 서버 입장에서 200.0.1.4~100까지의 단말에 대한 동적 IP를 할당한다. 필요 시 Borami에 대해서는 200.0.1.4 주소를 고정 할당한다. 이 때 해당 장치에 대한 이더넷 주소를 알고 있어야 한다.
- **lease-time** : 기본값으로 21600초(6시간)를 할당하고 최대값으로 43200초(12시간)를 할당한다. 즉 6시간 이후에는 DHCP Request 패킷을 송신해야 하고, 그렇지 않으면 12시간 이후에는 할당된 주소를 회수한다.
- **routers** : 단말에게 알려 줄 기본 게이트웨이 주소는 200.0.1.1이다.
- **broadcast-address** : 서울망 내부용 방송주소는 200.0.1.255이다.
- **domain** : 도메인 이름은 "west.com"이고 DNS 서버 주소는 200.0.1.2이다.

**STEP 5** DHCP 서비스를 개시한다.

```
[root@ Ceromi]# service dhcpd start
```

또는

```
[root@ Ceromi]# /etc/init.d/dhcpd start
```

[참고] 클라이언트 arami가 대여해 간 IP 주소 정보는 /var/lib/dhcp/dhcpd.leases 파일에 기록된다. 이 파일이 없는 경우 dhcpd이 동작 안 할 수 있으므로, 빈 파일을 만들도록 한다.

```
[root@Ceromi]# cat /var/lib/dhcp/dhcpd.leases

lease 200.0.1.3 {
        starts 2 2009/12/01 20:07:05;
        ends 3 2009/12/02 08:07:05;
        hardware ethernet 00:00:e8:4a:2c:5c;
        uid 01:00:00:e8:4c:5d:31;
        client-hostname "arami";
}
```

[참고] DHCP 서버 동작이 원활하지 않는 경우 방화벽 기능을 해제한다.

**STEP 6** 필요 시 다음 부팅 시에 자동으로 dhcpd가 동작하도록 설정한다.

```
[root@Ceromi]#chkconfig dhcpd  on --- dhcpd 데몬을 리눅스 부팅시 자동으로 실행하도록 함
```

CHAPTER 07 UDP, RFTP와 DHCP

## 7.13 DCHP 클라이언트 구성

단말의 터미널 창에서 이더넷 인터페이스 eth0에 대하여 다음과 같이 DHCP 클라이언트 기능을 설정하고 동작 개시한다. 자신에 할당된 IP 주소를 확인한다.

```
[root@arami]# vi /etc/sysconfig/network-scripts/ifcfg-eth0

DEVICE = eth0
BOOTPROTO = dhcp
ONBOOT=yes

[root@arami]# service network restart
[root@arami]# ifconfig eth0
```

## 7.14 DHCP Relay Agent 실험

클라이언트가 송신하는 DHCP discover 메시지는 목적지 IP 주소로 방송형 주소가 사용되지만 라우터는 이러한 방송형 패킷은 중계하지 않기 때문에 DHCP서버에 전달되지 않는다. 이러한 문제를 해결하기 위하여 라우터에 DHCP relay agent 기능을 추가한다.

**STEP 1** DHCP 서버인 200.0.1.2에 대하여 200.0.2.0망에 있는 단말이 DHCP 서버에 접속할 수 있도록 라우터에 DHCP Relay 기능을 설정할 수 있는 환경을 구축한다.

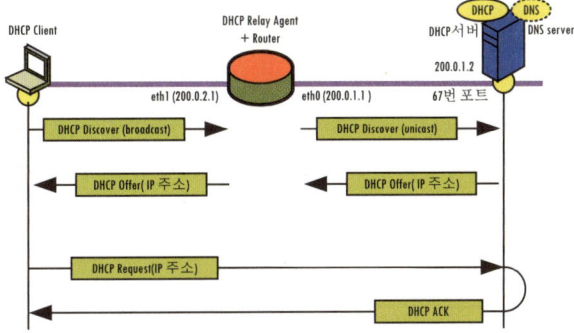

**STEP 2** [참고] 우선 라우터를 경유하는 도달시험을 위하여 클라이언트에 고정 IP인 200.0.2.2를 설정하여 200.0.1.2에 대한 ping 시험을 수행한다. 반드시 단말의 기본 게이트웨이는 200.0.2.1이고, DHCP 서버의 기본게이트웨이는 200.0.1.1로 설정되어야 한다. 이것이 성공하면 단말의 IP 설정을 유동 IP 방식으로 전환한다.

**STEP 3** DHCP 서버를 설정한다. /etc/dhcpd.conf 파일을 vi 편집기를 사용하여 다음과 같이 200.0.1.0망 뿐만 아니라 200.0.2.0망에 대한 정보를 추가하고 저장한 후 빠져나온다.

```
[root@ceromi etc]# vi /etc/dhcpd.conf

# Sample configuration file for ISCD dhcpd
        #
        ddns-update-style none; # Dynamic DNS 서비스 사용 안 함.

        subnet 200.0.1.0 netmask 255.255.255.0 {

                option routers              200.0.1.1;              # router 주소
                option subnet-mask          255.255.255.0;
                option broadcast-address    200.0.1.255;            # 방송형 주소

                option domain-name          "west.com";             # 도메인 명
                option domain-name-servers  200.0.1.2;   #dns 서버주소

                range dynamic-bootp 200.0.1.3 200.0.1.100;   # 주소 할당 범위(3~100)

                default-lease-time 21600;                           # 기본 임대 기간(초)
                max-lease-time 43200;                               # 최대 임대 기간(초)

                # 예외 고정 주소 할당 추가.
        }
# -- 이하 추가 됨 ---
        subnet 200.0.2.0 netmask 255.255.255.0 {

                option routers              200.0.2.1;              # router주소
                option subnet-mask          255.255.255.0;
                option broadcast-address    200.0.2.255;            # 방송형 주소

                option domain-name          "west.com";             # 도메인 명
                option domain-name-servers  200.0.1.2;              # dns 서버주소

                range dynamic-bootp 200.0.2.2 200.0.2.100;     # 주소할당 범위 (2~100)

                default-lease-time 21600;                           # 기본 임대 기간(초)
                max-lease-time 43200;                               # 최대 임대 기간(초)

                # 예외 고정 주소 할당 추가.
        }
```

**STEP 4**  Relay Agent 기능을 라우터에 추가한다. 이를 위하여 라우터에 DHCP relay agent 패키지를 설치한다.

```
[root@agent]#yum -y install dhcp-forwarder
```

**STEP 5** 라우터의 dhcp-fwd.conf 파일을 설정한다.

```
[root@agent]#vi /etc/dhcp-fwd.conf
...
#  IFNAME  clients  servers  bcast
if  eth0      false    true     true   <-- eth0에 DHCP 서버들이 접속됨을 표시함
if  eth1      true     false    true   <-- eth1에 cleint들이 접속됨을 표시함
...
#  클라이언트측 인터페이스에 agent ID를 설정함(RFC3046 참조)
#    IFNAME    agent-id
name  eth1     ws-c
...
# Agent가 바라보는 DHCP서버의 IP 주소를 설정하여 unicast로 DHCP 메시지가 전송되도록 함.
# 또는 eth1으로 broadcast해서 DHCP 서버를 찾도록 해도 됨.
#    TYPE   address
server  ip    200.0.1.2
#server  bcast eth0
...
[root@agent]#
```

**STEP 6** 라우터에서 다음 명령어를 사용하여 relay agent 기능을 실행하고 DHCP 서버 주소를 명시한다. 여기서 i 옵션은 request를 듣는 포트이다.

```
[root@agent]# service dhcrelay start
[root@agent]# dhcrelay -i eth1 200.0.1.2
[root@agent]# chkconfig dhcp-fwd on <-- 다음 부팅시에도 적용함
```

**STEP 7** 클라이언트가 접속하여 새로운 주소가 할당되는지 시험한다.

**STEP 8** DHCP 서버에서 임대해 간 주소 정보를 확인한다.

```
[root@ceromi ~]# cat  /var/lib/dhcpd/dhcpd.leases
```

**STEP 9** 관련 패킷을 수집하여 분석한다.

  **연습 문제**

[1] 다음 중 응용 계층 프로토콜이 아닌 것은?
    (a) ARP      (b) FTP      (c) SMTP      (d) SNMP

[2] 다음 중 프로세스를 구분하기 위한 주소는 무엇인가?
    (a) 포트번호      (b) IP      (c) 하드웨어 주소      (d) b와 c

[3] IANA에 의한 well-known 포트 번호들의 범위는?
    (a) 0-1,023      (b) 1,024-49,151      (c) 49,152-65,535      (d) 0-65,535호

[4] 다음 중 소켓 주소는 무엇인가?
    (a) 하드웨어 주소      (b) 하드웨어 주소 + 포트 번호
    (c) 하드웨어 주소 + IP.      (d) IP + 포트 번호

[5] 다음 중 UDP에서 사용되는 것은?
    (a) 흐름 제어      (b) 윈도우 메커니즘
    (c) 검사합      (d) 중복 메시지 검사

[6] 다음 중 UDP 프로토콜 사용에 적절한 응용은?
    (a) 멀티캐스팅      (b) 실시간 전송      (c) FTP      (d) a와 b

[7] UDP에 대한 설명으로 적절하지 않은 것은?
    (a) 오버헤드가 적다.      (b) 신뢰성이 없다.
    (c) 매우 빠르다.      (d) 연결형 서비스

[8] 다음 중 UDP 체크섬 계산 시 포함되는 IP영역에 대한 pesudo 헤더에 해당하지 않는 것은?
    (a) Source IP      (b) Destination IP      (c) Protocol      (d) Checksum

[9] TCP/IP 프로토콜 모음에서 UDP가 위치하는 계층과 그 계층에 속하는 프로토콜로 짝지어진 것은?
    (a) 전송 계층, TCP      (b) 전송 계층, IP
    (c) 네트워크 계층, TCP      (d) 네트워크 계층, IP

[10] Domain Name Service를 수행하는 DNS용 포트 번호는?
    (a) 53      (b) 67      (c) 69      (d) 161

[11] 다음 중 UDP의 동작이 아닌 것은?
    (a) 캡슐화      (b) 버퍼링      (c) 다중화      (d) 흐름 제어

## 연습 문제

[12] UDP는 ___대 ___의 통신을 수행한다.
ⓐ 프로세스, 프로세스
ⓑ 프로세스, 호스트
ⓒ 호스트, 호스트
ⓓ MAC, MAC

[13] UDP 사용에 대한 다음 설명 중 틀린 것은?
ⓐ UDP는 간단한 요청-응답 기능만 필요로 하고 흐름 제어와 오류 제어에는 큰 관심이 없는 응용에 적절하다.
ⓑ UDP는 흐름 제어와 오류 제어 기능을 트랜스포트 계층에서 수행해 주기를 원하는 응용들에 적절하다.
ⓒ UDP는 멀티캐스팅과 브로드캐스팅을 위한 응용에 적절하다.
ⓓ UDP를 이용하는 응용으로 SNMP, DNS, RIP 등이 있다.

[14] 이더넷 헤더를 가진 UDP의 데이터 영역의 길이가 8192바이트라고 하자. 이때 몇 개로 분할된 IP 패킷이 생성되며, 각각의 IP에 대한 offset과 길이 영역은 어떻게 코딩되는가?

[15] UDP 프레임들을 수집해 보아라. 어떠한 응용 계층 프로토콜들이 UDP를 사용하고 있는가?

[16] 현재의 UDP는 비록 사용 예가 많지 않지만, 앞으로의 실시간 전송 시 대부분의 트래픽이 UDP를 통하여 전송될 것이다. RTP와 RTCP란 무엇인가?

[17] Echo 서버와 클라이언트 프로그램을 소켓을 사용하여 작성하라.

### 연습 문제

[18] 마이크로소프트의 NetMeeting과 Messenger에서는 어떤 프로토콜들이 사용되는가?

[19] TFTP 파일 전송중 링크를 잠시 단절시킨 후 다시 연결하면 어떻게 되는가? 재전송이 수행되는가? 어떤 계층이 재전송하는가?

[20] 다음 중 틀린 것은?
(a) BOOTP와 RARP는 고정적인 IP 할당 방법이다.
(b) DHCP는 동적인 IP 할당 방법뿐만 아니라 고정적인 IP 할당 방법도 수행한다.
(c) UBOOTP와 DHCP는 동일한 포트 번호를 사용한다.
(d) RARP는 IP 주소뿐만 아니라 DNS와 게이트웨이 주소도 알려준다.

[21] DHCP의 옵션 영역의 시작을 알리는 영역은 ___ 이다.
(a) Server Name　　　　　　　　(b) Boot file name
(c) Magic cookie　　　　　　　　(d) Transaction ID

[22] DHCP 클라이언트가 최초로 전송하는 메시지는 ____이다.
(a) DHCP_OFFER　　　　　　　(b) DHCP_RELEASE
(c) DHCP_REQUEST　　　　　　(d) DHCP_DISCOVER

[23] DHCP 서버가 클라이언트에 제공하는 것이 아닌 것은?
(a) 클라이언트 IP 주소　　　　　(b) 클라이언트 MAC 주소
(c) 서버 IP 주소　　　　　　　　(d) 서버 MAC 주소

[24] DHCP 메시지가 BOOTP 메시지에 포함되어 있음은 ___ 영역에서 알 수 있다.
(a) Boot file 영역　　　　　　　(b) 플래그 F
(c) Magic cookie　　　　　　　　(d) Option 53

[25] DHCP 서버를 구축하고, DHCP 동작 과정을 수집하고 절차를 분석하라.

## CHAPTER 07 UDP, RFTP와 DHCP

 **연습 문제**

[26] RARP, BOOTP 등에 의한 IP 할당 과정에 비하여 DHCP의 장점은 무엇인가?

[27] DHCP 절차에서 사용된 IP 주소의 종류를 열거하라.

[28] 여러 개의 DHCP 서버가 설치되어 있으면, 이들 중 어떤 서버를 우선적으로 선택하는가?

[29] DHCP 서버가 라우터를 경유하여, 다른 서브넷에 있다면, 이 서버로부터 IP를 할당받을 수 있을까? RARP의 경우는 어떤가?

[30] DHCP 헤더의 F-flag는 언제 설정되며, 의미는 무엇인지 실제 패킷을 수집하여 설명하라.

[31] [Q & A] DHCP 클라이언트에 대한 포트 번호를 지정한 이유는 무엇인가? 서버로부터의 응답이 브로드캐스트 형식의 주소를 사용한 IP로 전달되기 때문이다. 만약, 두 개의 클라이언트 시스템이 우연히 동일한 임시 포트 번호를 가지고 각각 DHCP 서버와 Telnet 서버에 접속한 경우, 이렇게 방송형 IP 주소를 가진 DHCP 응답 패킷은 이 두 클라이언트 모두에게 수신되어 Telnet 클라이언트에게 혼란을 초래할 수 있을 것이다. 만약 두 클라이언트가 모두 동일한 DHCP 클라이언트였다면, 응답 패킷은 이 클라이언트들에게 모두 전달될 수도 있다. 하지만, Transaction ID로 구분이 가능하므로 큰 문제는 없다.

★ 리눅스 기반의
## TCP/IP와 라우팅 프로토콜

# chapter 08

# DNS

## 8.1 개요

대부분의 사용자들은 보통 숫자로 된 목적지 시스템의 IP 주소 대신에 이름을 이용하여 연결을 시도한다. 이때 시스템의 이름을 IP 주소로 변환시키는 기능이 필요하다. 이 기능을 "name resolving"이라고 부른다.

이렇게 특정 시스템에 대한 이름과 해당 IP 주소를 매핑시키는 방법에는 Domain Name System(DNS) 서버에게 질의하여 알아내는 방법과 시스템 내부에 미리 설정된 hosts 파일을 이용하는 방법이 있다.

본 장에서는 이러한 2가지의 name resolving 방법을 소개한 후, DNS에서 사용하는 네임공간과 DNS 메시지의 형식을 알아본다. 또한 DNS 서버를 설치하여 실습하고 수집된 DNS 패킷의 예로부터 DNS의 다양한 메시지들이 실제로 어떻게 구성되는지 분석한다. 참고로 〈그림 8-1〉은 TCP/IP 프로토콜 모음에서의 DNS의 위치로서 주로 UDP 위에서 동작한다.

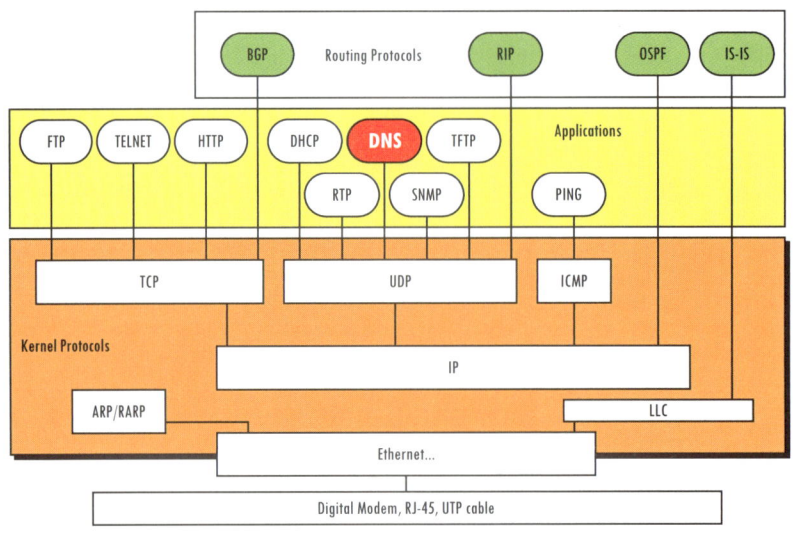

〈그림 8-1〉 DNS의 계층 구조

## 8.2 DNS를 이용한 이름과 IP 주소 매핑 방법

다음은 콘솔 창에서 Borami 시스템에 대한 ping 시험을 한 예이다.

```
$ ping borami
Pinging borami [200.0.1.4] with 32 bytes of data:
Reply from 200.0.1.4: bytes=32 time=12ms  TTL=255
Reply from 200.0.1.4: bytes=32 time=3ms   TTL=255
Reply from 200.0.1.4: bytes=32 time=52ms  TTL=255
Reply from 200.0.1.4: bytes=32 time=2ms   TTL=255
```

## CHAPTER 08 DNS

```
Ping statistics for 200.0.1.4:
        Packets: Sent = 4, Received = 4, Lost = 0 (0% loss),
Approximate round trip times in milli-seconds:
        Minimum = 2ms, Maximum = 52ms, Average = 17ms
$
```

이 과정에서 수집된 패킷을 분석해 보면 "borami"이라는 "시스템 이름"에 대한 IP 주소인 "200.0.1.4"를 DNS 서버에게 질의하여 얻은 다음에야 ping 메시지가 전송됨을 알 수 있다. 그리고 각각의 시스템에 대한 이더넷 주소를 모르므로 ARP 과정도 앞서 수행된다. 따라서 ARP/RARP와 여기서 다루는 DNS는 주소 체계의 변환용 프로토콜이란 면에서 흡사하다.

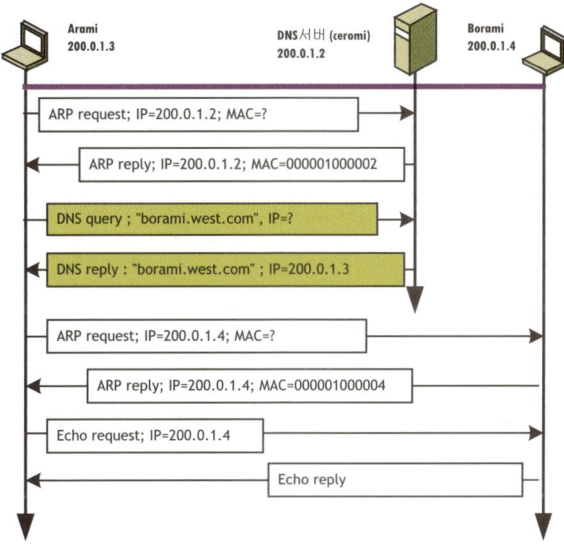

〈그림 8-2〉 DNS 서버를 이용한 이름해석 절차의 예

〈표 8-1〉은 이들의 기능을 비교한 것이다.

〈표 8-1〉 DNS와 ARP의 비교

| 프로토콜 | 제공 정보 | 처리 결과 |
|---|---|---|
| ARP | 목적지 IP 주소 | 목적지 하드웨어 주소 |
| RARP | 자신의 하드웨어 주소 | 자신의 IP 주소 |
| DNS – gethostbyname( ) | 이름 | IP 주소 |
| DNS – gethostbyaddr( )[1] | IP 주소 | 이름 |

---

[1] DNS pointer query 방식을 사용한다. 이것을 역방향 질의라고도 부른다.

## 8.3 Hosts 파일을 이용한 이름과 IP 주소의 매핑 방법

일반적으로 목적지 시스템의 이름에 대한 IP 주소를 항상 DNS 서버에게 질의한다. 하지만 자주 사용되는 시스템에 대한 {이름, IP 주소} 테이블을 단말이 가지고 있다면 DNS 질의에 관련된 트래픽을 감소시킬 수 있을 것이다. 이를 위하여 필요 시 "etc/hosts" 파일에 자주 사용하는 시스템의 이름과 IP 주소의 쌍을 작성하여 보관할 수 있다.

예를 들어, 〈그림 8-3〉는 "borami"라는 이름을 가지는 단말에 대한 IP 주소인 "200.0.1.4" 주소를 ceromi 컴퓨터의 hosts 파일에 추가한 경우이다. 이 경우 "borami"에 대한 ping 시험 시 borami의 IP 주소 정보를 DNS 서버에 질의하지 않고 직접 hosts 파일에 있는 IP 주소 정보를 활용하여 "borami"에게 IP 패킷을 전송할 수 있다.

```
[root@ceromi]#vi /etc/hosts
...
127.0.0.1               ceromi localhost.localdomain localhost
200.0.1.1               SeoulRouter
200.0.1.2               ceromi
200.0.1.3               arami
200.0.1.4               borami
[root@ceromi]#ping Borami
Pinging Borami [200.0.1.4] with 32 bytes of data:
Reply from 200.0.1.4: bytes=32 time<10ms TTL=255
[root@ceromi]#
```

〈그림 8-3〉 Hosts 파일을 이용한 경우의 ping 시험

## 8.4 도메인 네임

### (1) 계층적 구조의 도메인 네임 공간(Name Space)

모든 장치에 대한 {이름, IP 주소} 정보를 하나의 DNS서버가 통합 관리하는 것은 성능면에서나 보안상 문제가 있다. 이러한 문제를 해결하기 위한 방법으로 〈그림 8-4〉와 같은 계층적 트리 구조의 네임 공간을 사용하고, 각 레벨별로 전용 DNS 서버를 두어 부하를 분산시킨다. 원으로 그려진 각 노드는 최대 63문자의 레이블을 가진다. 루트 노드의 레이블은 널 스트링이다. 여러 개의 최상위 계층 도메인들(top-level domains)은 다음과 같은 3가지 부류로 나뉜다.

- arpa 도메인 : address-to-name 매핑 시 사용하는 특수한 도메인이다. 나중에 소개할 pointer query 방식에서 사용된다. 참고로 소켓 함수인 gethostbyaddr() 함수를 사용하여 특정 IP 주소에 대한 이름을 질의하는 DNS 서비스 시 사용된다.
- 7개의 generic 도메인 : 잘 알려진 대로, com, edu, gov, int, mil, net, org이다[2].
- 국가 도메인 : kr, jp 등이다. 대부분의 나라에서는 이 국가 도메인 이름 앞에, generic 도메인과 비슷한 두 번째 계층의 도메인 이름인 ac, co 등을 사용한다.

---

[2] 우리 나라에서 먼저 Internet 또는 DNS를 만들었어야 했는데….

이렇게 노드별로 설치되는 DNS 서버 중 하나인 루트 DNS 서버는 여러 개의 arpa, edu, com, jp, kr 등의 top level 노드에 대한 이름 정보만 유지한다. 그리고 최상위 레벨 노드용 DNS 서버는 두 번째 레벨 노드에 대한 이름 정보만 유지하도록 한다.

이렇게 함으로써 각 레벨별로 설정되는 DNS 서버가 처리할 이름 정보량을 분산시켜 각 DNS 서버가 유지하는 정보의 양을 감소시킨다.

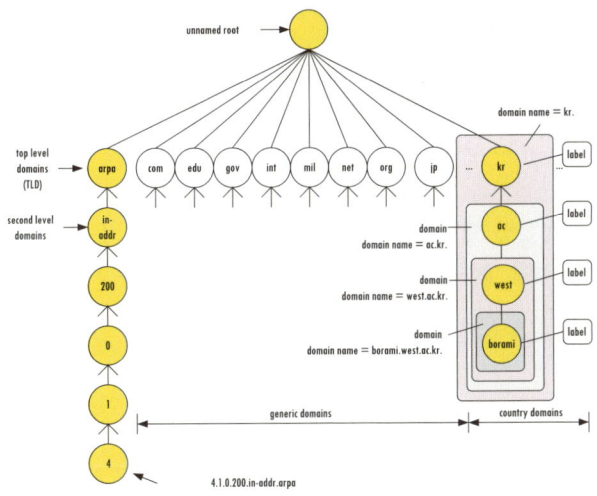

〈그림 8-4〉 DNS의 계층적 구조

### (2) FQDN과 PQDN

예를 들면, "borami" 시스템에 대한 완전한 도메인 네임은 "borami.west.ac.kr."이다. 이 네임의 마지막 레이블에 "."이 있음에 주목할 필요가 있다. 이 마지막 점은 루트 노드의 레이블을 의미한다. 이렇게 완전한 형식으로 구성된 이름을 fully qualified domain name(FQDN)이라고 부른다. "west.ac.kr"은 "borami"의 부모 도메인이라고 부른다.

반면에 "borami", "borami.west" 등의 이름과 같이 루트까지 명시된 이름이 아닌 경우, 이러한 이름을 partially qualified domain name(PQDN)이라고 한다.

PQDN 형식의 이름에 대한 DNS 질의 시 클라이언트측 DNS 기능부인 resolver 기능부는 필요한 첨자를 덧붙여 FQDN으로 만들어 DNS서버에게 질의한다.

앞의 예에서, 사용자가 "borami"만 입력했지만 실제 전송되는 DNS 질의 메시지에는 FQDN 형식인 "borami.west.ac.kr."과 같은 완성된 질의문으로 DNS 서버에 전송된다.

### (3) 정방향 도메인 네임

트리의 각 노드는 도메인 네임을 가진다. 종단 노드(즉, 호스트 이름)에 대한 도메인네임은 그 종단 노드의 바로 윗 방향으로 나열되는 노드 레이블의 열이며, 각 레이블 마다 구분자인 "."이 추가된다. 예를 들어 borami의 정방향 도메인 네임은 "boram.west.ac.kr."이다.

### (4) 역방향 도메인 네임

예를 들어, "borami.west.ac.kr." 시스템의 IP 주소값으로 200.0.1.4이 사용된다면, arpa 도메인으로서의 이름으로 "4.1.0.200.in-arpa.arpa"라는 역방향 이름을 또한 가진다.

## 8.5 이름 주소 해석 절차

### (1) 기본적인 DNS 시스템에서의 해석 절차

DNS(Domain Name System)은 〈그림 8-5〉와 같이 클라이언트와 네임서버, 그리고 이에 따른 프로토콜로 구성된다. DNS 클라이언트 기능부는 resolver라고 부른다. 반면에 네임서버는 {시스템 이름, IP 주소} 쌍을 저장한 데이터베이스를 운용하는 서버이다. 이것은 클라이언트인 resolver가 요청한 질의에 대하여, 시스템 이름에 대한 해당 IP 주소 또는 IP 주소에 대한 해당 이름을 응답한다.[3] 많은 경우 BIND(Berkely Internet Name Domain)소프트웨어를 DNS 서버용 프로그램으로 사용한다.

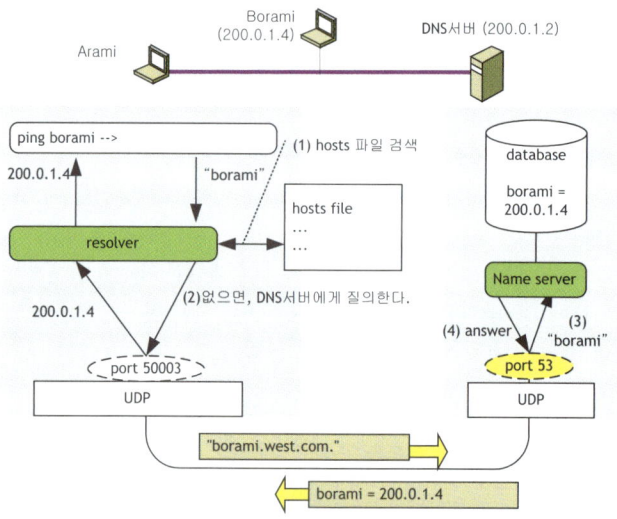

〈그림 8-5〉 DNS의 구성요소

### (2) 귀환적 해석 절차와 반복적 해석 절차

앞에서 DNS 시스템의 이름 공간은 계층적 구조를 가진다고 하였다. 다른 도메인에 있는 시스템에 대한 {이름, IP 주소} 정보를 알아내는 방법에는 다음과 같은 두 가지 방법이 있다.

---

[3] 목적지 시스템 이름에 대한 IP 주소를 알아내거나, IP 주소에 대한 시스템 이름을 각각 알아낼 때 사용하는 소켓수로는 gethostbyname()과 gethosbyaddr() 함수들이 있다.

● 반복적 해석(Iterative Resolution) : 클라이언트가 이름 해석 절차를 모두 수행하는 방법이다. 로컬 DNS 서버가 "CEO.east.com"에 대한 IP 주소에 대한 질의를 수신한다고 하자. 이 질의에 대한 정보가 자신에 없다면, root DNS 서버 주소를 클라이언트에게 알려준다. 이에 클라이언트는 루트 서버 중 하나에게 "com"에 대한 Top Level DNS(TLD) 서버의 IP주소를 질의하여 알아낸다. 이어 해당 "com" TLD 서버에게 "east.com"의 DNS 서버 주소를 알아내고, 이어 해당 서버에게 다시 질의하여 단말에 대한 IP 주소를 획득한다.

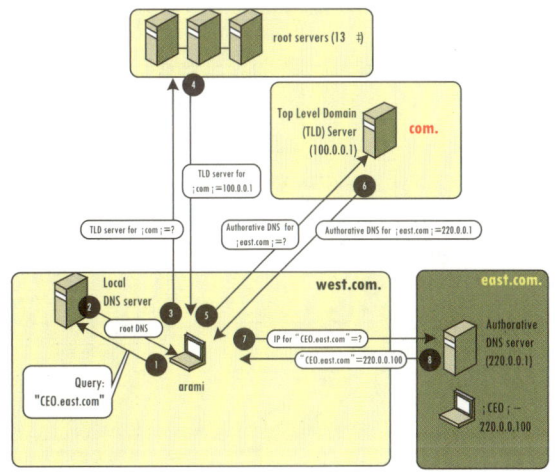

〈그림 8-6〉 반복적 해석 절차

● 재귀적 해석(Recursive Resolution) : 클라이언트로부터의 질의를 수신한 로컬 DNS 서버는 이 질의에 대한 자료가 없는 경우 클라이언트를 대신하여 직접 root DNS 서버에게 질의한다. 이 질의에 대하여 root DNS서버는 이것을 "com" TLD 서버에게 질의한다. "com" TLD 서버는 east.com 서버에게 다시 질의하여 얻은 결과를 지금까지의 절차를 거슬러 최종적으로 질의한 단말에게 전달되도록 한다. 이러한 귀환적 해석 시 클라이언트가 요청한 질의 메시지에는 recursive desired 플래그가 1로 설정된다.

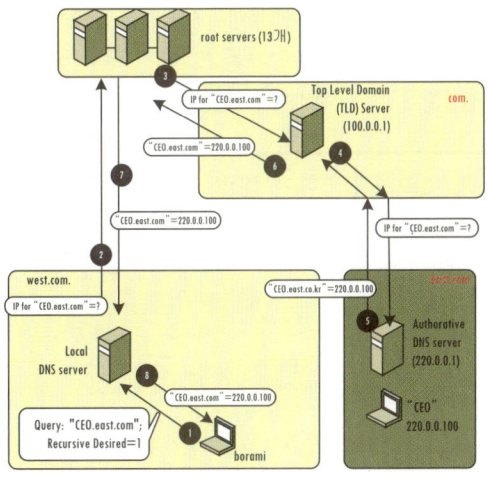

〈그림 8-7〉 귀환적 해석 절차

- **혼합 방식** : 클라이언트로부터의 질의를 수신할 로컬 DNS 서버는 자신이 반복적(iterative) 해석 절차를 수행한 후 그 결과를 클라이언트에게 전달한다. 이 과정에서 클라이언트와 로컬 DNS 서버간에는 recursive 해석 절차의 첫 부분과 동일하므로 혼합 방식이라고 할 수 있다. 대부분 이 방법이 사용된다.

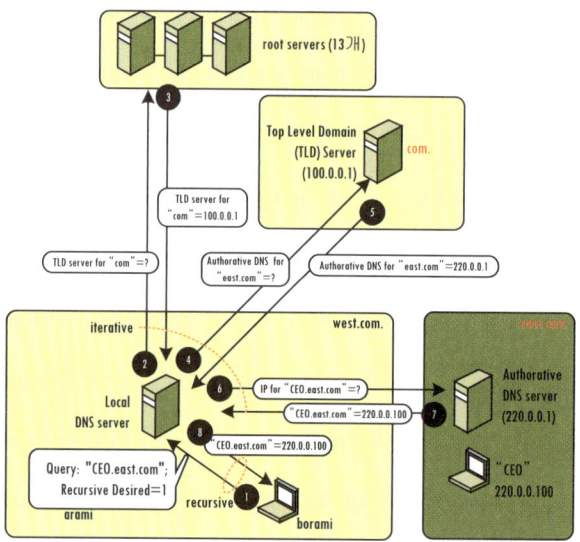

〈그림 8-8〉 혼합형 해석 절차

### (3) DNS 캐싱 서버

DNS 서버는 자신에게 질의된 이름정보를 습득하여 클라이언트에게 알려준 이후, 자신의 DNS 캐시에 해당 정보를 일시 보관한다.

이후 동일한 질의가 다른 단말로부터 도착하면, DNS 서버는 자신의 캐시에 저장된 정보로 응답한다. 이 응답은 권한이 있는 DNS 서버(즉, 해당 이름 정보를 책임지고 관리하는 서버)가 응답한 것이 아니라 자신의 캐시에 저장된 정보를 기준으로 대신 응답된 것이다. 이를 표시하기 위하여 응답 메시지의 "authoritative answer" 비트를 0으로 표시한다. 이러한 캐싱 기능만 전적으로 수행하는 서버를 DNS 캐싱 서버라고 부른다.

이러한 캐시 서버에 저장된 정보의 유효성은 일정기간 동안만 유지되어야 한다. 이 기간은 응답 메시지에 포함된 TTL 정보를 참조하여 결정된다. 물론 이러한 캐싱 기능에 의해 로컬 DNS 서버는 TLD 서버의 IP 주소도 저장할 수 있다. 따라서 클라이언트로부터의 질의에 대하여 root 서버에게 질의하지 않고 직접 해당 TLD 서버에게 질의할 수 있다.

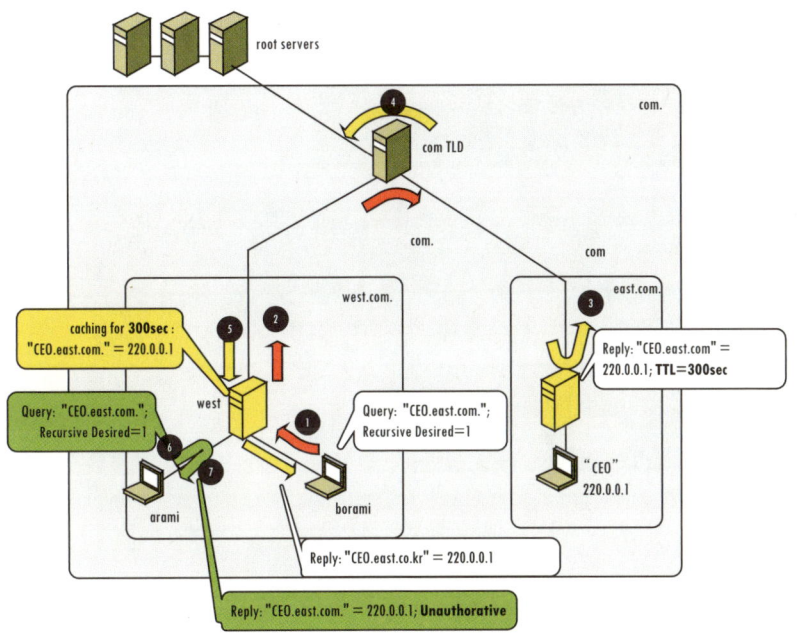

〈그림 8-9〉 이름 정보의 캐시 동작 예

## 8.6 Zone과 DNS 서버

### (1) Zone

예를 들어 "ac.kr" 도메인을 여러 개의 west, seoul, pusan, kwangju 등과 같은 서브 도메인으로 분리했다고 하자. 이때 ac 도메인용 DNS 서버는 각 서브 도메인 내에 있는 단말에 대한 개별적인 {이름, IP 주소} 정보를 유지할 필요가 없다. 대신에 각 서브 도메인에 있는 DNS 서버가 해당 서브도메인 내의 개별 단말에 대한 정보를 유지한다. 즉 "west.ac.kr." 도메인용 DNS 서버는 자신의 도메인 내의 "arami", "borami" 등에 대한 {이름, IP 주소} 정보만을 유지한다.

이렇게 특정 DNS 서버가 책임지고 이름 정보를 유지하고 있는 영역을 zone이라고 한다. 해당 DNS서버는 상세한 이름 정보를 "zone record(또는 DNS record)"라고 불리우는 zone 파일에 기록한다.

반면에 "ac.kr" 도메인을 책임지고 있는 상위 DNS 서버는 하위 도메인에 있는 DNS 서버에 대한 정보만으로 구성된 zone 파일을 가진다. 참고로 하위 DNS 서버에 대한 관리용 정보(관리자 정보 등)는 별도의 "domain record"라고 하는 파일에 저장된다.

결과적으로 각 도메인마다 고유한 zone 파일을 가진다. 〈그림 8-10〉에서 "ac.kr" 도메인의 DNS서버(ac)가 책임지는 zone은 "ac.kr" 도메인과 달리 작은 원으로 도시되어 있다. 이 서버는 자신의 zone 파일에 하위 서버들(west, seoul, pusan 등)에 대한 정보만을 저장한다.

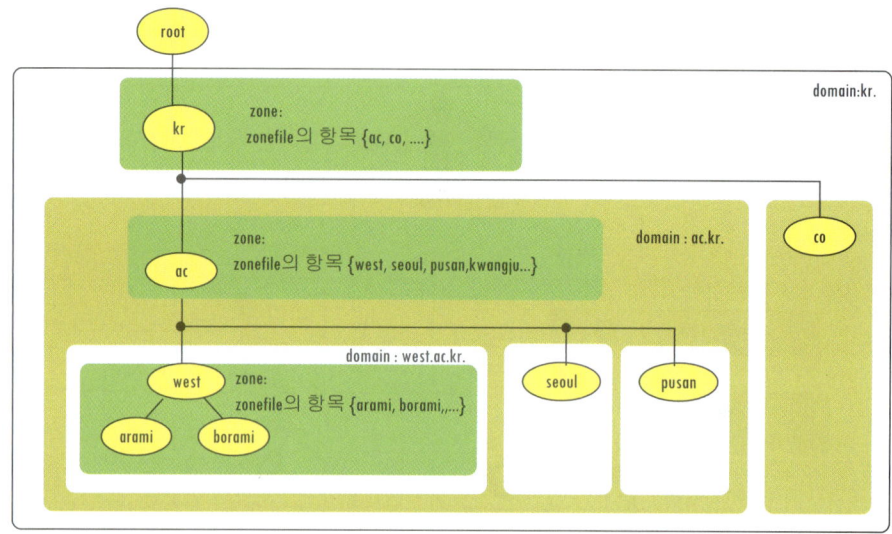

〈그림 8-10〉 Zone과 Domain의 예

## (2) DNS 서버의 종류

- **루트 서버** : 네임 공간의 최상위에 있는 13개의 독립적인 DNS 서버이다. 이 루트 서버의 IP 주소 정보는 리눅스 시스템의 경우, "/var/named/named.ca" 파일에 이미 고정 설정되어 있다. 루트 서버는 모든 주 도메인(com, .net, 등)의 Authoritative 서버의 IP 주소를 알고 있다.
- **1차 서버 (Primary (Master) DNS Server)** : 자신의 zone에 대한 권한을 가지며, 상세한 설정 정보는 "/var/named/"에 있는 여러 개의 zone 파일에 기록한다. 단말 정보를 추가할 경우 이 서버의 zone 파일에 반드시 등록되어야 한다. 또한 Slave DNS 서버로 부터의 요청에 의해 자신의 zone 파일을 전달한다. 이 과정을 zone transfer라고 하며 TCP 기반에서 동작한다.
- **2차 서버(Secondary (Slave) DNS server)** : master 또는 다른 slave DNS 서버로부터의 zone 파일을 내려 받아 저장하는 일종의 백업용 서버이다. 자신은 직접 zone 파일을 생성하거나 갱신하지는 않는다. 주 서버가 갱신한 내용이 즉시 통보되지 않아 1차 및 2차 서버간의 이름 정보가 일치되지 않을 수 있다. 이를 방지하기 위하여 2차 서버는 미리 설정된 Refresh(재생) 간격마다 주 서버에게 변화 유무를 요청한다. 참고로 자신이 특정 zone에 대해서는 2차 서버이지만, 다른 zone에 대해서는 주 서버로 설정될 수도 있다.
- **1Authoritative DNS 서버** : Zone 파일을 교환할 수 있는 일종의 공인 서버이다. 이것은 우리가 속한 도메인을 관리하는 공인 DNS 서버이다. 물론 일차 서버 및 이차 서버가 이러한 서버이다.
- **1DNS 캐싱 서버(DNS caching server)** : 로컬 망에 있는 단말의 DNS 질의 정보를 처리하는 과정에서 수집된 내용을 일시 저장하는 서버이다. 이후 동일한 질의에 대하여 자신이 대신 대답하여 부하를 경감시킨다. 캐싱 전용 서버인 경우 Zone 파일을 처리하지 않으며, 외부에서는 DNS 서버로 간주되지 않는다. 물론 일차서버에 이러한 캐싱 서버 기능이 추가될 수 있다.

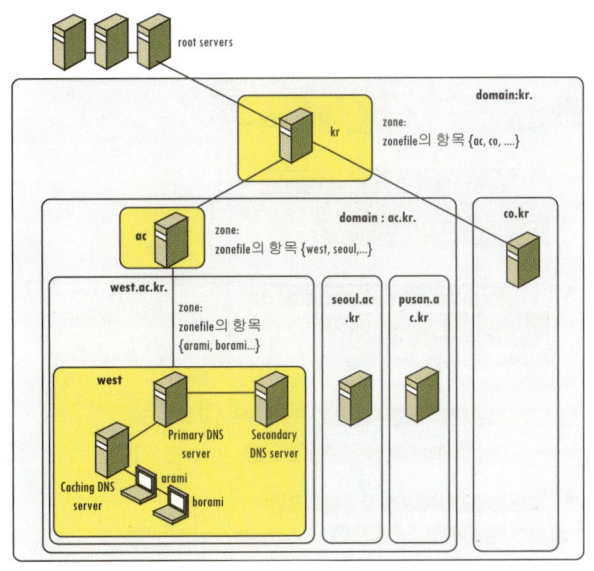

〈그림 8-11〉 DNS 서버의 종류

### (3) 1차 서버와 2차 서버간 정보 전달 방법

기본적으로 2차 서버는 자신의 재생간격 마다 1차 서버에게 그 동안 변경된 자료가 있는지 질의한다. 만약 변경 사실이 있었다는 응답이 수신되면 1차 서버에게 AXFR(Full Zone Transfer) 질의를 요청하여 1차 서버가 가지고 있는 모든 정보를 내려 받는다. 이것을 AXFR(Full Zone Transfer)절차라고 하며 2차 서버에 의해 요청되고 1차 서버는 단순히 응답만 한다.

물론 이러한 방법의 문제점은 1차 서버의 데이터 베이스 내용이 변경되었더라도 Refresh 시간이 만기될 때까지 1차 서버의 새로운 정보는 2차 서버에 전송되지 못한다는 점과 zone 파일 전체를 내려 받아야 하는 비효율성이다. 이러한 문제점을 해결하는 방법으로 Zone Change Notification(RFC 1996) 방법과 IXFR(Incremental Zone Transfer) 방식이 있다.

먼저 Zone Change Notification 방법은 1차 서버가 2차 서버에게 자신의 Zone 파일이 갱신되었음을 증가된 일련 번호가 부착된 NOTIFY 요청 메시지로 먼저 알린다. 이에 2차 서버는 NOTIFY 응답 메시지로 즉시 응답한다. 이어 2차 서버는 이 요청 메시지의 일련 번호가 자신이 저장하고 있는 Zone 파일의 일련 번호보다 크다면 2차 서버는 즉시 refresh 타이머를 강제로 만기시켜 AFXR이나 IFXR 절차에 의한 zone transfer를 개시하도록 한다. 이러한 Notify 기능은 대부분의 DNS 서버들이 지원한다.

두 번째 방식은 IFXR(RFC 1995) 절차이다. 이것은 갱신된 정보만을 2차 서버에게 전송하여 전송 효율을 향상시킨다.

이러한 두 가지 방법에 의한 동작 절차의 예는 〈그림 8-12〉와 같다. 이 외에도 zone 파일을 1차 서버에서만 갱신하는 기존 방법과 달리, 원격의 공인된 갱신자(updater)가 1차 서버의 자원을 갱신할 수 있는 Dynamic Update Request(RFC 2316) 방법도 있다. 기본적으로 이 기능은 보안을 이유로 비활성화되어 있어 allow-update 옵션을 사용하여 허용할 도메인을 지정한다.

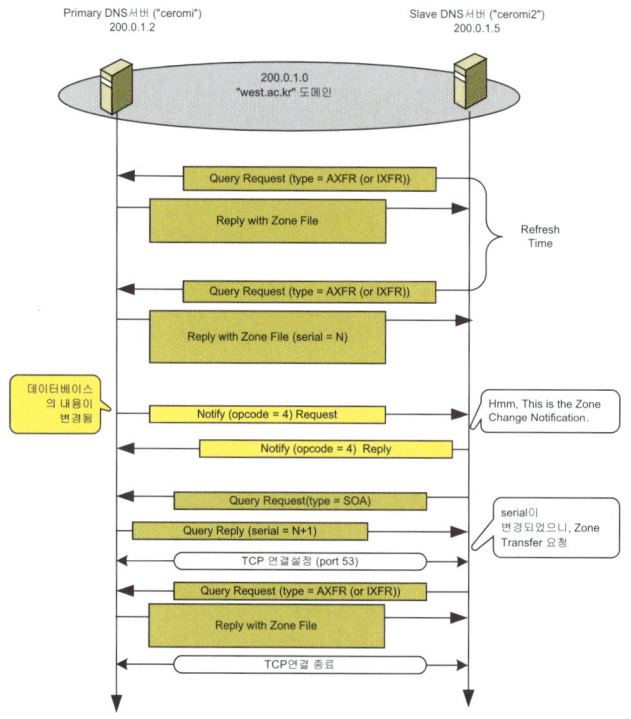

〈그림 8-12〉 Zone Change Notification 및 IXFR(Incremental Zone Transfer) 절차

## 8.7 Zone 파일

### (1) zone 파일

이것은 zone에 속한 장치들의 상세한 {이름, IP 주소} 정보를 저장한 파일이다. 이 파일에는 용도별로 구분된 여러 개의 레코드라고 불리우는 {이름, IP 주소} 정보들이 나열되어 있다. 이러한 레코드를 zone 레코드라고 부른다.

### (2) Zone 레코드의 종류

DNS 서버의 Zone 파일에 저장된 여러 종류의 zone 레코드는 다음과 같다.
- SOA(Start Of Authority) 레코드 : Zone 파일의 첫 부분을 구성하는 항목이다. 여기에는 해당 zone의 1차 서버 정보, zone의 관리자 이메일 주소, 2차 서버와의 zone 파일 갱신 시간 간격 등이 수록된다. 참고로 이메일 형식에서 사용되는 '@'는 DNS 파일에서 특수 용도로 사용되므로 "."로 대치해 "arami.west.com." 형식으로 표기된다.
- A(address) 레코드 : 호스트 이름에 대한 IP 주소를 매핑하는 항목이다. Host record라고도 한다.
- CNAME(Canonical Name) 레코드 : 동일한 IP 주소에 대하여 추가된 별칭 이름 정보이다. 예를 들어 웹 서버(www.west.com)에 FTP 서버 기능도 지원한다면 이 시스템의 이름으로 CNAME = 'ftpsvr'라는 별칭을 추가할 수 있다. 따라서 "ftpsvr.west.com"과

www.west.com은 동일한 서버의 서로 다른 서비스를 의미한다.
- NS (Name Server) 레코드 : 도메인의 authoritative DNS server 정보를 기록한 것이다.
- PTR(Pointer) 레코드 : 역방향 질의 시 사용된다. I
- MX(Mail eXchanger) 레코드 : 메일 서버용으로써 도메인 내의 메일 서버 이름과 IP 주소를 매핑한다. west.com 메일 서버가 borami@east.com로 전달되어야 할 메일을 arami@west.com으로부터 받았다고 하자. 이때 west.com 메일 서버는 east.com에 위치한 메일 서버의 IP 주소를 질의하기 위하여 로컬 DNS 서버에 질의한다. 이 질의는 authorative DNS 서버에 다시 전달된다. 이 서버는 자신의 zone 파일에 저장된 MX 레코드를 검색하여 east.com 메일 서버의 IP주소를 반환한다. 참고로 Sendmail (mail server)와 Apache(Web server)가 동일 시스템에서 구동되면 A record 와 MX record값에 매핑되는 IP 주소는 동일하다.

### (3) Zone 파일의 예

내부망 PC에 대한 {이름, IP 주소}의 정방향 매핑 정보를 수납하는 west.com.zone 파일의 예는 다음과 같다. 이것은 /var/named 폴더에 저장된다. 여기서 각 항목은 Name, Class, Type, Data 형태로 구성되며, IN은 Internet Class이다.

그리고 @의 의미는 "this zone", 즉 ORIGIN으로 명시된 "wet.com."과 같다. 또한 TTL은 2차 서버에서 사용할 해당 zone 파일의 유효 수명을 의미한다.

```
[root@ceromi ~]# vi /var/named/west.com.zone

$TTL 86400 # 해당 정보의 유효 기간(캐싱 서버의 경우 authorative DNS 서버에 질의하는 시간 간격)

$ORIGIN west.com.    # <- 끝에 점을 찍어야 함.

west.com.IN   SOA  ns1.west.com. (
        2009061301 ;Serial Number based on date
        60       ; Refresh ? 마스터 DNS 서버와 슬레이브 DNS 서버간의 Zone file 교환 주기
        1800     ;Retry after 30sec(다른 DNS 서버와의 연결 실패 시 재시도 간격)
        604800   ;Expire after 7 days(slave가 자료를 유지하는 시간)
        3600     ;Minimum TTL of 1 hours(단말의 DNS 캐싱 만료 시간)
)

; Name Server
ns1    IN   A   200.0.1.2
@      IN   NS  ns1 ;   "west.com"의 NS(name server)는 "ns1"(=200.0.1.2)이다.

; Mail Servers
mailsvr  IN  A  200.0.1.2
@      IN   MX  mailsvr  ; west.com의 mail server는 "mailsvr"(200.0.1.2)이다.

; Aliased servers
mail     IN  CNAME  mailsvr ;

; 단말 설정
arami IN  A   200.0.1.3 # 내부망 PC 이름 추가
borami IN  A   200.0.1.4 # 내부망 PC 이름 추가
...
```

## 8.8 DNS 메시지의 형식

### (1) 메시지 형식

DNS 메시지는 12바이트의 고정된 헤더에 이어 4 종류의 가변길이 영역이 덧붙여져 UDP 또는 TCP의 데이터 영역에 수납된다.

| | | |
|---|---|---|
| | MAC header | |
| IP header | Protocol=17(=UDP) ; =6 (=TCP) | |
| UDP/TCP header | Port 53(=DNS) | |
| TCP의 경우에만 해당됨 | Length | (2) |
| | Transaction Identification | 2 |
| Flags(2바이트) | Q/R ┊ Opcode(4bits) ┊ AA ┊ TC ┊ RD ┊ RA ┊ 0 ┊ 0 ┊ 0 ┊ Rcode(4bits) | 2 |
| | Number of questions | 2 |
| | Number of answer RRs | 2 |
| | Number of authority RRs | 2 |
| | Number of additional RRs | 2 |
| | Questions | N |
| | Answer Resouce Records(RR) | N |
| | Authority RR | N |
| | Additional information RR | N |

〈그림 8-13〉 DNS 메시지의 일반 형식

- Length : Zone Transfer 시 DNS 메시지는 TCP에 수납되어 전송된다. 이때 Transaction identification부터의 DNS 메시지에 대한 전체 길이를 표시한다. 스트림 방식의 전송을 사용하는 TCP의 특성을 지원하기 위해 사용된다.
- Transaction Identification : DNS 메시지의 순서 번호로서 요청하는 측에 의해 설정된다. 응답하는 측은 동일한 번호를 사용하여 응답한다.
- 플래그 : 다음과 같이 사용된다.
  - Q/R 비트 : 이 메시지가 query일 때는 0이다. response일 때는 1이다.
  - opcode 영역 : DNS 메시지의 종류를 표시한다. 정의된 opcode는 다음과 같다.
    0 = 표준 query(RFC1035)
    1 = inverse query (RFC3425)
    2 = server status request (RFC1035)
    4 = Notify :Zone Change Notification (RFC1996)

5= Update :Dynamic Update Request (RFC2136)
6~15 = Reserved

- **AA비트** : "authoritative answer"임을 의미한다. answer resource record의 내용이 Authorative DNS 서버가 작성한 것임을 표시한다.
- **TC 비트** : truncated되었음을 표시한다. 512 바이트가 초과된 응답인 경우에 내용이 잘려있음을 표시한다.
- **RD(recursion desired) 비트** : 단말이 재귀 방식의 질의를 원할 때 설정된다. 단말은 최종 결과만 수신한다. 대부분 1로 설정된다.
- **RA(recursion available) 비트** : RA=1인 응답 메시지는 DNS 서버가 재귀 질의 방식을 지원할 수 있음을 표시한다.
- **rcode(return code)** : 요청에 대한 처리 결과를 표시한다. 0이면 ACK의 의미이고, 그 외는 모두 오류이다.
  1 : 포맷 오류
  2 : 서버 실패
  3 : 질의한 도메인 네임이 없음
  4 : 요청된 질의 항목을 지원하지 못함
  5 : 정책적인 이유에 의한 응답 거부.(특정 정보나 호스트에 대한 정보 제공 거부)
- **Numbers** : 4가지의 개수 표시 영역으로써 question 영역, answer resource record(RR) 영역, authority RR 영역 및 additional information RR 영역 각각의 개수를 표시한다. Query 메시지의 경우 question 영역의 개수가 1개이고 나머지 영역의 개수는 0이다. 이에 대한 응답 메시지에는 answer RR 영역의 개수가 적어도 1개 이상이다.

### (2) Question 영역의 형식

이 영역의 형식은 〈그림 8-14〉와 같다. 보통 한 개의 question영역이 사용된다.

| Query name string | 0x00으로 끝나는 name string | N |
|---|---|---|
|  | type | 2 |
|  | class | 2 |

〈그림 8-14〉 DNS 메시지의 일반 형식

- **Query name string** : 질의하는 대상의 호스트 이름이며, 여러 개의 레이블로 구성된다. 각 레이블의 첫 바이트는 길이 영역이, 마지막 레이블의 끝은 0x00로 마감된다. 질의하는 호스트의 이름 "borami.west.com"의 경우 네임 스트링은 〈그림 8-15〉와 같다. 각 레이블마다의 길이 영역 값은 0~63사이의 값만 가질 수 있다. 따라서 길이 영역의 최상위 비트 2개가 모두 '0' 이다. 만약에 이 최상위 비트들이 모두 '1' 인 경우에는 compressed 형식이다.(나중에 설명하기로 한다.)

| 6 | b | o | r | a | m | i | 4 | w | e | s | t | 2 | a | c | 2 | k | r | 0 |

〈그림 8-15〉 네임 스트링의 코딩 예("borami.west.com")

- **타입 영역** : 〈표 8-2〉와 같은 여러 가지의 형식을 지시한다. 여러 가지 타입 중에서 가장 많이 사용되는 타입은 A 타입으로서, 질의한 이름에 대하여 IP 주소를 응답받기 위하여 사용된다. 반면에 PTR 타입은 질의한 IP 주소에 대한 응답으로 해당 시스템의 이름을 원할 때 사용되며, 이것을 pointer query라고 부른다[4]. 그리고 NS 타입은 name server record를 의미하는데, 도메인에 대한 공인 네임 서버의 이름을 지정할 때 사용한다.
- **클래스 영역** : 보통 인터넷을 의미하는 1의 값을 가진다.

〈표 8-2〉 Type의 종류

| 코딩 값 | Type | 의미 |
|---|---|---|
| 1 | A | IP address : 이름을 주소로 매핑(정방향)<br>(예 : {Name=relay1.arami.com, Value=200.0.0.5,Type=A}) |
| 2 | NS | Name Server: NameString은 도메인명이고, Resouce Data의 값은 DNS 서버의 이름 스트링이다.<br>(예 : {Name=west.com, Data=dns.arami.com,Type=NS}) |
| 5 | CNAME | 별칭 호스트 이름에 대한 정식 호스트 이름(Canonical name)을 수납한다.<br>(예 : {Name=arami.west.com, Resouce Data =arami2.west.com,Type=CNAME}) |
| 6 | SOA | start of a zone authority: |
| 12 | PTR | authority pointer record : 주소를 이름으로 매핑(역방향) |
| 14 | MINFO | Mailbox or mail list information |
| 13 | HINFO | host information |
| 15 | MX | mail exchange record request<br>별칭 메일 서버에 대한 정식 메일 서버 이름 수납<br>(예: {Name=aramimailsvr.com, Resouce Data =mail.arami.west.com,Type=MX}) |
| 28 | AAAA | IPv6 Address |
| 33 | SRV | 특정 서비스 서버의 위치를 수납한다(RFC 2782) 예를 들어 SIP서버 IP 주소를 질의할 때 사용된다. |
| 35 | NAPTR | Naming Authority Pointer(RFC2 915)로써 |
| 251 | IFXR | Incremental zone transfer(RFC 1995) |
| 252 | AXFR | Request for zone transfer for all records(RFC 1035) |
| 255 | '*' 또는 ANY | A request for all records |
| ~65535 | - | reserved |

---

[4] A type은 socket 함수 gethostbyname()에 의해 송신되며, PTR type은 반대로 gethostbyaddr()에 의해 만들어진다.

### (3) Resource record(RR) 영역의 형식

Question 영역을 제외한 answer, authority, additional resource record 영역은 다음의 〈그림 8-16〉과 같은 공통 형식을 가진다.

| 필드 | 크기 |
|---|---|
| Domain name string (0x00으로 끝나는 name string) | n |
| type | 2 |
| class | 2 |
| Time-to-live(TTL) | 4 |
| Resource data length | 2 |
| Resource data | n |

〈그림 8-16〉 Resource Record(RR) 영역의 형식

- **Domain name string, 타입, 클래스 영역** : 모두 question 영역과 동일한 방법으로 코딩된다.
- **TTL** : 캐시에 이 resource record 정보가 저장될 기간을 표시하는 초 단위 값이다. 보통 2일간이다.
- **Resource data length** : Resource data 영역의 길이를 지시한다.
- **Resource data 영역** : 이 데이터 영역은 type에 따라 내용이 다르다. 예를 들면, A 타입(인터넷)인 경우에는 resource data는 4바이트의 IP 주소이다. 즉 이 패킷이 서버로 부터의 응답이라면 바로 질의한 이름에 대한 답, 즉 IP 주소이다.

그리고 이러한 공통적인 형식을 가진 answer, authority, additional resource record(RR) 영역의 용도는 다음과 같다.

- **Answer RR** : 질의에 대한 응답 내용이 수납된다.
- **Authority RR** : 이 응답을 한 Authorative DNS 서버 정보가 수납된다.
- **Additional RR** : 예를 들어 MX 질의에 대한 응답시 응답 RR에는 메일 서버의 별칭 이름과 canonical name을 제공하는 RR(예 : {Name=arami.com, Value=mail.arami.com,Type=MX})이 수납된다.

  이 추가 영역에는 해당 메일 서버의 IP 주소가 수납된다.

## 8.9 DNS 기본 명령어 실습

클라이언트에서 사용하는 DNS 관련 명령어는 host와 nslookup이다. nslookup명령어는 DNS서버에만 질의하는 명령어이다. 반면에 host명령어는 로컬시스템의 host파일의 내용도 포함하여 질의하는 점이 다르다. 이 외에도 dnsquery명령어가 있다.

### (1) "host" 명령어

```
[arami@arami ~]$ host www.google.co.kr
www.google.co.kr is an alias for www.google.com.
www.google.com is an alias for www.l.google.com.
www.l.google.com has address 66.249.89.99
www.l.google.com has address 66.249.89.104

[arami@arami ~]$ host 66.249.89.99  <-- reverse lookup
99.89.249.66.in-addr.arpa domain name pointer nrt04s01-in-f99.le100.net.
[arami@arami ~]$
```

### (2) "nslookup" 명령어

```
[arami@arami ~]#nslookup www.google.co.kr
    Server:  200.0.1.2  --> local DNS서버임
    Address: 200.0.1.2#53  --> local DNS서버의 IP주소임

    Non-authoritative answer:
    Name:   www.google.co.kr  canonical name=www.google.com.
    www.google.com  canonical name=www.l.google.com.
    Address: 66.249.89.99

[arami@arami ~]#nslookup 66.249.89.99     --> reverse lookup
    Server: 200.0.1.2
    Address: 200.0.1.2#53
    Non-authoritative answer:
    99.89.249.66.in-addr.arpa   name = nrt04s01-in-f99.le100.net
[arami@arami ~]#
```

### (3) "dig" 명령어

nslookup 명령어를 대치하는 것으로써, 보다 상세한 내용을 표시한다.

```
[arami@arami ~]$ dig www.google.co.kr

; <<>> DiG 9.6.1 <<>> www.google.co.kr
;; global options: +cmd
;; Got answer:
;; ->>HEADER<<- opcode: QUERY, status: NOERROR, id: 41
;; flags: qr rd ra; QUERY: 1, ANSWER: 4, AUTHORITY: 0, ADDITIONAL: 0
```

```
;; QUESTION SECTION:
;www.google.co.kr.        IN  A

;; ANSWER SECTION:
www.google.co.kr.   3    IN  CNAME  www.google.com.
www.google.com.     3    IN  CNAME  www.l.google.com.
www.l.google.co.kr. 3    IN  A      66.249.89.99
www.l.google.co.kr. 3    IN  A      66.249.89.104

;; Query time: 9 msec
;; SERVER: 192.168.10.1#53(192.168.10.1)
;; WHEN: Wed Jun 23 19:18:52 2010
;; MSG SIZE rcvd: 114

[arami@arami ~]$ dig ?x 66.249.89.99   <-- reverse lookup
...
[arami@arami ~]$
```

## 8.10 Multicast DNS

Multicast DNS는 DNS 서버 없이 LAN상의 컴퓨터에 대한 이름과 주소 정보를 탐색할 수 있도록 하는 기술이다. 이를 위하여 질의하는 컴퓨터는 LAN상에 특별한 유사 DNS 질의 메시지를 멀티캐스트하고, 이에 multicast DNS responder 기능을 가진 해당 컴퓨터는 자동으로 자신의 IP주소와 이름 정보를 응답한다.

이러한 Multicast DNS는 IETF의 Zero Configuration Networking(zeroconf)와 DNS Extensions 워킹 그룹 에서 개발된 것으로써 상용화된 도구는 다음과 같다.

- **uPnP** : Simple Service Discovery Protocol(SSDP)를 사용하는 Windows XP 용 자동 탐색 도구이다.
- **Avahi** : Zeroconf 규격을 지원하는 open source로써 망에 접속 시 주변 컴퓨터와 프린터 등의 장치를 자동으로 탐색하여 이들의 이름–주소를 매핑시키는 multicast DNS 서비스를 제공한다. 참고로 망에서 제공되는 서비스와 해당 서버 정보를 제공하는 DNS Service Discovery 기능도 제공한다.
- **Bonjour** : Apple사에서 개발한 Zeroconf 도구로써 Rendezvous라고도 불렸다. iTune과 같이 공유 음악 파일을 검색하거나 iPhoto와 같이 사진 파일을 공유할 때에도 사용된다. 윈도우용 Bonjour for Windows 도 있으며, mDNSResponder.exe로 동작한다. 이것은 하나의 무선 LAN과 같은 로컬 broadcast 도메인에서만 동작하지만 dynamic DNS 갱신 기능을 사용하여 WAN에서도 사용할 수 있다. UDP 5353번을 사용한다.

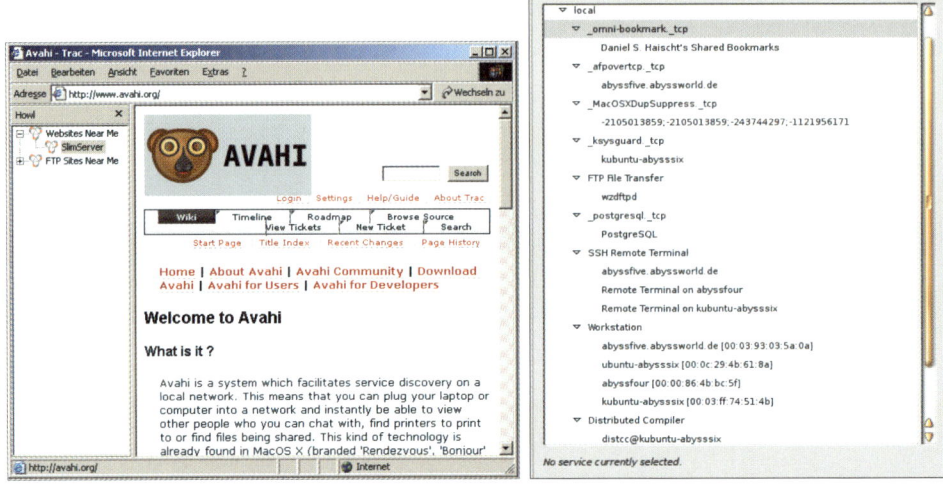

〈그림 8-17〉 AVAHI의 동작 예

## 8.11 리눅스 로컬 DNS 캐싱 서버 설치

**STEP 1** 다음과 같이 캐싱 DNS 서버(200.0.1.203), 일차 DNS(200.0.1.2) 및 이차 DNS 서버(200.0.1.5)를 준비한다. 이 도메인 이름은 "west.com"이다.

먼저 로컬 망의 각 PC들이 authoritative server에게 직접 질의하는 대신에 내부에 caching DNS 서버를 설치한다. 각 PC는 이것을 자신의 DNS 서버로 설정한다. PC는 DNS 질의를 캐싱 서버로 보내면 해당 서버의 캐시에 해당 질의에 대한 답이 없으면 DNS 클라이언트처럼 외부의 DNS 서버에게 질의하고, 그 결과를 저장함과 동시에 해당 PC에게 대답한다. 이후 다른 PC가 동일한 질의를 하면 캐싱 서버가 대신 대답한다.

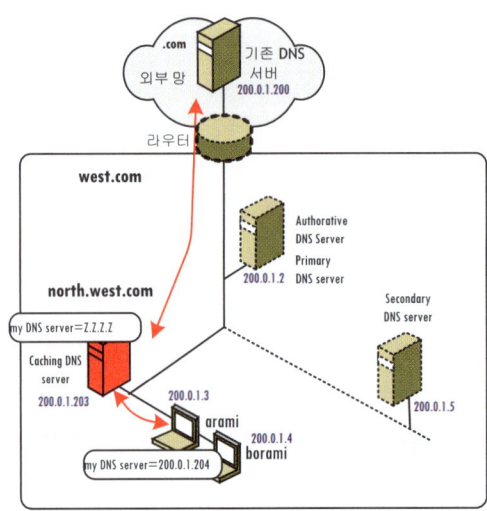

# CHAPTER 08 DNS

**STEP 2** 캐싱 DNS 서버 패키지를 설치하고 설정한다.

ㄱ) 패키지 설치

```
[root@cachingSvr]# yum -y install caching-namveserver
```

ㄴ) 방화벽 해제(필요 시)

```
[root@cachingSvr]# system-config-firewall
```

[설정] 창의 "그 외의 포트"에서 "53:tcp, 53:udp"를 입력하여 DNS 포트 방화벽을 해제한다.

ㄷ) 캐싱 서버 자신이 질의할 DNS 서버 주소로 기존의 Authorative DNS 서버 주소(예 : 200.0.1.200)를 설정한다. 이를 위하여 [네트워크 설정] 창에서 "기본 DNS" 주소를 200.0.1.200으로 변경한다. resolver의 설정 내용은 "/etc/resolv.conf" 파일에 있는데, 다음과 같이 기본적으로 domain name과 name server 정보가 설정되어 있는지 확인한다.

```
[root@cachingSvr]#cat /etc/resolv.conf
domain west.com
nameserver 200.0.1.200
[cachingSvr]#
```

ㄹ) 이어 재시동한다.

```
[root@cachingSvr]# service network restart
```

**STEP 3** 서버 기능을 시동한다.

```
[root@cachingSvr]# service named start
```

[참고] [System]→[Administration]→[Services]를 클릭하여, [Service Configuration] 창에서 "dnsmasq" 서비스가 enabled되어 있는지 확인한다. 그리고 /etc/named.rfc1912.zones는 caching name server의 기본 설정 파일이다.

**STEP 4** 클라이언트 PC를 설정한다.

ㄱ) 다음 명령어를 사용하여 클라이언트 PC의 DNS 서버 IP 주소를 프록시 서버의 주소로 변경한다.

```
[root@arami]# system-config-network
```

ㄴ) [네트워크 설정] 창에서 "기본 DNS" 주소를 캐싱 서버 주소(200.0.1.203)로 변경한다. 클라이언트를 위한 resolver의 설정 내용은 "/etc/resolv.conf" 파일에 있는데, 다음과 같이 기본적으로 domain name과 name server 정보가 설정되어 있는지 확인한다.

```
[root@arami]# cat /etc/resolv.conf
domain west.com
nameserver 200.0.1.203
[root@arami]#
```

ㄷ) 이어 network을 재시동한다.

```
[root@arami]# service network restart
```

ㄹ) 외부 서버의 이름 해석을 시험한다

```
[root@arami]# nslookup www.google.co.kr
```

ㅁ) 외부 접속을 시험한다.

DNS 서비스를 확인 하기 위하여 ping 명령어를 사용하여 외부 서버에 대한 도메인 서비스를 확인 한다.

ㅂ) 내부의 다른 host에 대한 이름 해석을 시험한다.

실패할 것이다.

그 이유를 생각해 보자.

```
[root@arami]# nslookup borami.west.com
          Fail…
```

## 8.12  리눅스 로컬 마스터 DNS 서버 설치

앞에서 설치한 캐싱 DNS 서버 환경에서 외부 서버에 대한 질의응답은 가능하다. 하지만 내부의 이웃에 있는 borami.west.com에 대한 질의는 불가능하다. 왜 그럴까? 캐싱 서버에는 내부의 borami.west.com 에 대한 {이름 : IP 주소} 정보가 등록되어 있지 않기 때문이다. 또한 캐싱 DNS 서버는 외부의 공인 DNS 서버와의 Zone 파일을 공유하지도 않는다. 따라서 외부망에서는 arami.west.com 등의 장치에 대한 DNS 질의도 할 수 없다.

이러한 문제점을 해결하려면 우리의 도메인인 west.com의 마스터 DNS 서버에 arami를 등록하여 내부 PC간의 DNS 서비스 제공 및 외부에서 arami.west.com에 대한 질의에 대해 응답할 수 있도록 해야 한다.

다음 페이지의 그림에서 1~6번 절차는 외부의 컴퓨터가 arami.west.com에 대한 IP 주소 질의 응답 절차이며, 10~11번 절차는 arami.west.com 컴퓨터가 내부의 borami.west.com에 대한 질의 응답 절차이다.

[참고] 이러한 과정에 의해 내부 자원에 대한 질의 절차는 가능하다. 하지만 외부로부터의 질의 응답까지 가능하려면 우리의 마스터 DNS 서버를 외부의 공인 DNS 서버에 등록해야 한다. 이 등록에는 비용이 소요되므로, 본 실험에서는 외부로부터의 질의 응답 절차를 하지 않고 내부 질의 응답용 기능만 마스터 DNS 서버에 설치하기로 한다.

# CHAPTER 08 DNS

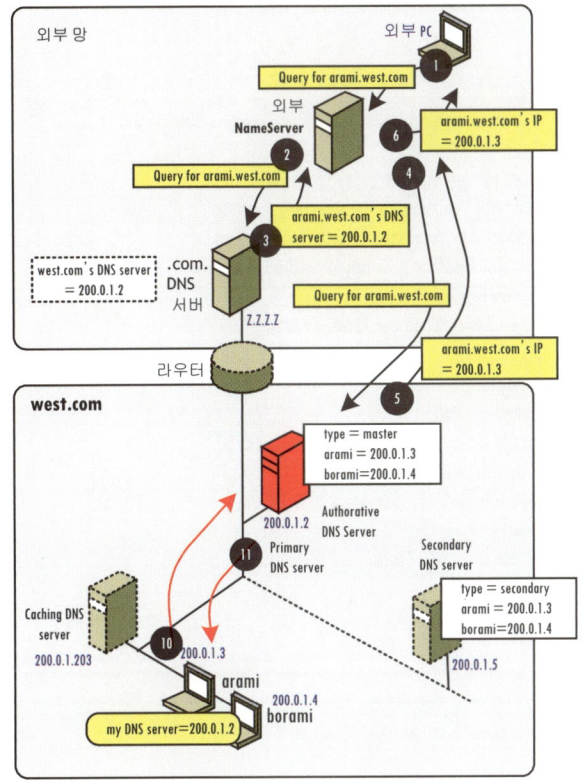

**STEP 1** 리눅스용 DNS 서버인 BIND(Berkeley Internet Name Daemon)을 다음 절차에 따라 Ceromi 200.0.1.2에 설치한다. BIND (Berkeley Internet Name Domain)은 DNS 관련 소프트웨어를 개발하는 프로젝트의 이름으로써 이 모임의 가장 유명한 결과물은 DNS 서버 기능을 수행하는 데몬인 named이다.(bind-chroot는 설치하지 않는다.)

```
[ceromi@root]# yum -y install bind bind-utils bind-libs
```

참고로 DNS관련 파일은 다음과 같다.
- /etc/named.conf : zone 파일의 위치를 열거한 기본 설정파일
- /var/named/named.ca : 13개 root authoritative DNS server 정보 파일
- /var/named/xxx.zone : 정방향 매핑 zone 파일
- /var/named/zzz.db : 역방향 매핑 zone 파일

**STEP 2** 다음과 같은 설정 파일을 작성한다.

ㄱ) named.conf 파일

정방향 매핑 파일인 "west.com.zone"과 200.0.1.0망에 대한 역방향 매핑 파일인 "1.0.200.db" 파일을 활용할 수 있도록 설정한다. 여기서 "west.com"이름의 정방향zone과 "1.0.200.in-addr.arpa" 이름의 역방향 zone을 명시한다.

```
[ceromi@root]# vi /etc/named.conf

options {
            # listen-on port 53 { 127.0.0.1; };  <-- make it comment
            #listen-on-v6 port 53 { ::1; }; <--make it comment
            directory "/var/named";
            dump-file "/var/named/data/cache_dump.db";
            statistics-file "/var/named/data/named_stats.txt";
            memstatistics-file "/var/named/data/named_mem_stats.txt";
            # query range
            allow-query { localhost;  200.0.1.0/24; };
            recursion yes;
            dnssec-enable yes;
            dnssec-validation yes;
            dnssec-lookaside . trust-anchor dlv.isc.org.;
            # transfer range
            # allow-transfer { localhost; 200.0.1.0/24; };
            # recursion range
            # allow-recursion { localhost; 200.0.1.0/24; };
};
logging{
    …
};

# define your domain info for internal (forward) ? 이하 추가
match-clients {
            localhost; 200.0.1.0/24;
};
zone "." IN { ; #root 서버 정보
            type hint;
            file "named.ca";  #root 서버 주소 파일
};
zone "west.com" IN { ; #네임 서버가 서비스할 도메인 명 설정
            type master; #마스터 DNS 역할 부여
            file "west.com.zone"; #정방향 매핑 파일명
            allow-update { none; }; #동적 갱신 불가 (Slave DNS가 있을 경우에는 해당 IP주소 설정)
};

# define my IP info (reverse) ? 역방향 매핑 파일 설정
zone "1.0.200.in-addr.arpa" IN {
            type master;
            file "1.0.200.db"; # 역방향 매핑 파일명
            allow-update { none; };
};
include "/etc/named.rfc1912.zones";

include "/etc/named.dnssec.keys";
include "/etc/pki/dnssec-keys/dlv/dlv.isc.org.conf";
```

## CHAPTER 08 DNS

ㄴ) zone 파일 생성

내부망 PC들에 대한 이름과 IP 주소의 정방향 매핑 정보를 수납하는 "west.com.zone" 파일을 다음과 같이 생성한다. 이 파일은 SOA, NS, A resource record로 구성된다.

```
[ceromi@root]# vi /var/named/west.com.zone

$TTL 86400 # 해당 정보의 유효기간
$ORIGIN west.com.    #<- 끝에 점을 찍어야 함.
                 #named.conf파일에 zone "west.com"을 이미 등록해 두었으므로 ORIGIN은 불필요함.
;SOA record
@   IN  SOA ceromi.west.com. (
                    2009061301 ;Serial
                        60 ;Refresh:마스터 DNS 서버와 슬레이브 DNS 서버간의 Zone file 교환 주기(60초)
                      1800 ;Retry
                    604800 ;Expire
                     86400 ;Minimum TTL
)
;NS record
@    IN    NS    ceromi ;   "west.com"의 name server는 ns(200.0.1.2)이다. '@ IN'는 없어도 된다.
; A record
ceromi IN    A    200.0.1.2 ; 자기 자신의 이름과 IP주소..
arami  IN    A    200.0.1.3 # 내부망 PC 이름 추가
borami IN    A    200.0.1.4 # 내부망 PC 이름 추가
```

ㄷ) Reverse PTR 질의용 reverse zone 파일 생성

내부망 PC들에 대한 이름과 IP 주소의 역방향 매핑 정보를 수납하는 1.0.200.db 파일을 다음과 같이 생성한다. 이 파일은 SOA, NS, PTR resource record로 구성된다.

```
[ceromi@root]# vi /var/named/1.0.200.db
$TTL 86400
$ORIGIN 1.0.200.in-addr-arpa.   # <- 끝에 점을 찍어야 함.
                           # named.conf 파일에 역방향zone을 이미 등록해 두었으므로 ORIGIN은 불필요함.
;SOA record
@       IN    SOA ceromi.west.com. (
                   2009061301 ;Serial
          60 ;Refresh (실험을 위해 1분으로 단축한 값임)
         1800 ;Retry
       604800 ;Expire
        86400 ;Minimum TTL
                    )
            ;NS record
       IN  NS   ceromi.west.com. ; 앞에 '@'를 부착해도 됨.
           ;PTR record
           2 IN  PTR  ceromi.west.com. ; 200.0.1.2에 대한 PTR 코드 사용함. 끝에 점을 찍어야 함.
           3 IN  PTR  arami.west.com. ; #3 = arami에 대한 IP 주소(200.0.1.3) (끝에 점을 찍어야 함.)
           4 IN  PTR  borami.west.com. ; #4 = borami에 대한 IP 주소(200.0.1.4)  (끝에 점을 찍어야 함.)
```

**STEP 3** DNS 서버를 시작한다.

```
[ceromi@root]# service named restart
named (을)를 시작합니다:                    [  확인  ]
[ceromi@root]# chkconfig named on  <-- (필요시) 다음 부팅 시 BIND를 작동시킬 때
```

동작이 개시되었는지 다음과 같이 확인한다.

```
[ceromi@root]#/etc/init.d/named status
```

**STEP 4** host(또는 nslookup) 명령어로 네임 서버의 동작을 확인한다.

```
[ceromi@root]# host borami.west.com
borami.west.com has address 200.0.1.4
[ceromi@root]# host 200.0.1.4
4.1.0.200.in-addr.arpa domain has pointer borami.west.com.
[ceromi@root]#
```

## 8.13 DNS 질의 절차 분석

**STEP 1** 단말 arami에서 다음을 수행하여 DNS 캐시값을 모두 삭제한다. 참고로 nscd는 Name Service Cache Daemon 의 약어이다.

```
[arami@root]#/etc/init.d/nscd restart
```

**STEP 2** host (또는 nslookup) 명령을 사용하여 arami가 borami에 대한 IP 주소를 질의하도록 한다.

```
[arami@root]# host borami.west.com
borami.west.com has address 200.0.1.4
[arami@root]#
```

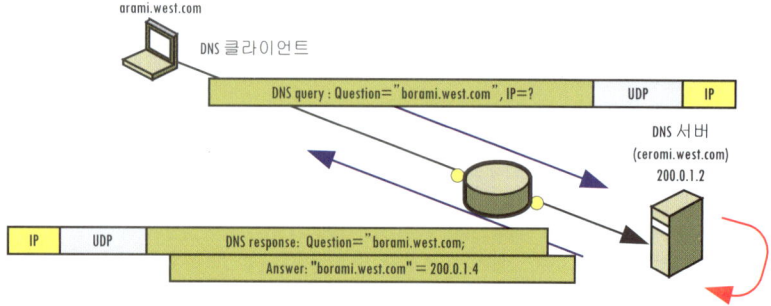

〈그림 8-18〉 정방향 질의 과정의 예

# CHAPTER 08 DNS

**STEP 3** 메시지를 수집하여 분석한다. 예를 들어 〈그림 8-19〉는 단말 "arami"가 "borami"에 대한 IP 주소를 질의한 것을 수집 분석한 것이다[5].

ㄱ) DNS Query Request packet
질의 메시지에는 Question 영역만 있어 question 영역의 개수가 1이다. Question 영역의 name string에는 질의 대상 호스트 이름인 "borami.west.com"이 들어 있다. 사용자가 "borami"만 입력하더라도, 도메인 이름인 "west.com"이 추가된 FQDN으로 송신됨을 알 수 있다. 그리고 type과 class 영역은 각각 IP address 및 인터넷으로 되어 있다. 이것의 의미는 질의한 결과를 IP 주소로 응답해 달라는 것이다.

| | | | | | | | | | | |
|---|---|---|---|---|---|---|---|---|---|---|
| Identification | | | 0001 | | | | | | | 2 |
| Flags(2바이트) | QR | 0000 | 0 | 0 | 1 | 0 | 0 | 0 | 0000 | 2 |
| Number of questions | | | 0001 | | | | | | | 2 |
| Number of answer RRs | | | 0000 | | | | | | | 2 |
| Number of authority RRs | | | 0000 | | | | | | | 2 |
| Number of additional RRs | | | 0000 | | | | | | | 2 |
| Query Name Field | | | 6 borami 4 west 3 com 0 | | | | | | | 17 |
| Type | | | 0001 = IP address | | | | | | | 2 |
| Class | | | 0001 = Internet | | | | | | | 2 |

〈그림 8-19〉 DNS name Query Reuest 메시지의 구성

ㄴ) DNS Response packet from 200.0.1.2(ns-nameserver)
〈그림 8.20〉은 질의에 대하여 네임 서버가 응답한 DNS Name Query Response 메시지를 분석한 것이다. 여기서 다음 사항들을 알 수 있다.
- Question, answer, authority, additional information resource record 각각의 개수는 1,1,0,0이다.
- Question 영역에는 질의 받은 name string인 "boami.west.com"이 있다.
- Answer 영역의 첫 번째 영역인 domain name 영역은 question 영역의 name string과 동일한 내용이 들어 있어야 하므로, label string pointer를 이용하여 단 2바이트의 영역만 차지하도록 한다.

이 label string pointer는 가능한 DNS 메시지의 길이를 절약하기 위해서 사용되는 것이다. 일반적인 네임 리스트의 첫 부분은 항상 최상위의 2비트가 모두 0인 한 바이트의 네임 스트링의 길이 영역으로 시작된다. 이 경우 최대 가능한 스트링의 길이는 63이다.
반면에 레이블 스트링 포인터를 이용하면 이름 영역이 단 2바이트로 압축될 수 있다. 이를 위하여 레이블 스트링 포인터의 첫 번째 바이트의 최상위 2비트 값을 모두 1로 설정한다. 이후의 14비트는 DNS 메시지의 시작 부분부터의 옵셋을 표시한다.

---

[5] 이 과정은 소켓 프로그래밍 없이 e-Watch NetTools의 DNSlookup 기능을 사용해도 된다

위의 예에서, answer Resource record의 첫 번째 두 바이트 값이 0xC00C이다. 첫 2비트는 이 이름 영역이 압축되었음을 지시한다. 0x00C는 DNS 메시지의 첫 부분에서 12 바이트 떨어진 곳의 스트링을 지시한다. 따라서 Answer RR의 네임 스트링 부분은 "borami.west.com"과 동일하다.

Answer RR 영역 다음에는 authority RR과 additional information 영역이 추가될 수도 있다. 이들은 각각 공식적인 네임 서버나 부가 정보 영역 등에 대한 것이다.

| | | | |
|---|---|---|---|
| Identification | 0001 | | 2 |
| Flags(2바이트) | 0100 | | 2 |
| Number of questions | 0001 | | 2 |
| Number of answer RRs | 0001 | | 2 |
| Number of authority RRs | 0000 | | 2 |
| Number of additional RRs | 0000 | | 2 |
| Questions | 6 borami 4 west 3 com 0 | | 17 |
| Type/Class | 0001 | 0001 | 4 |
| [Answer Resouce Record] NameString | C0 0C (= "borami.west.com") | | 2 |
| Type/Class | 0001 | | 2 |
| Type/Class | 0001 | | 2 |
| Type/Class | 86400sec | | 4 |
| Type/Class | 4 | | 2 |
| Type/Class | 200.0.1.4 | | 4 ← borami's IP |
| [Answer Resouce Record] NameString | C0 10 = ("west.com") | | 2 ← 도메인 이름 |
| Type | 0002 = Name Server | | 2 |
| Class | 0001 = Internet | | 2 |
| TTL | 86400sec | | 4 |
| RDlength | 7 | | 2 |
| Resouce Data | 6 ceromi C0 10 = "ceromi.west.com" | | 4 ← DNS 서버 이름 |
| [Additional Resouce Record] NameString | C0 3F (= "ceromi.west.com") | | 2 |
| Type | 0001= IP | | 2 |
| Class | 0001= IP | | 2 |
| TTL | 86400sec | | 4 |
| RDlength | 4 | | 2 |
| Resouce Data | 200.0.1.2 | | 4 ← DNS 서버 IP |

〈그림 8-20〉 DNS Name Query Response 메시지의 구성

## 8.14 DNS PTR query(역방향 질의) 실습

앞의 실험과 달리, host 명령에서 IP 주소에 대한 호스트의 이름을 알아오는 PTR query 절차를 분석하도록 한다.

**STEP 1** Arami단말에서 "host" 명령어를 사용하여 해당 시스템의 IP 주소에 대한 이름을 응답 받아 본다.

```
arami@root]# host 200.0.1.4
4.1.0.200.in-addr.arpa domain has pointer borami.west.com.
[arami@root]#
```

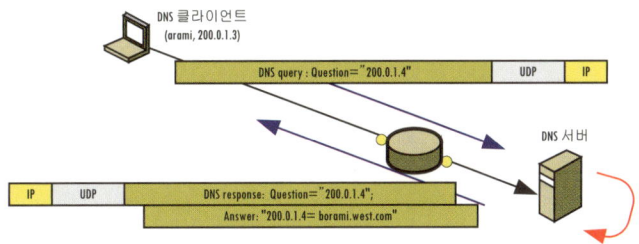

〈그림 8-21〉 역방향 질의 과정의 예

**STEP 2** DNS 메시지를 수집하여 분석한다. 예를 들어 〈그림 8-22〉는 IP 주소 200.0.1.4에 대한 이름을 질의한 DNS 메시지의 분석 결과이다.

ㄱ) DNS Query Request 패킷
Question 영역의 네임 스트링 영역이 "4.1.0.200.in-addr.arpa"이고, type영역이 PTR type으로 사용되었다. IP 주소 200.0.1.4에 대한 네임 스트링의 순서가 바뀌어 있음에 주의하라.

| | | |
|---|---|---|
| Identification | 0001 | 2 |
| Flags(2바이트) | 0　0000　0 0 1 0 0 0 0　0000 | 2 |
| Number of questions | 0001 | 2 |
| Number of answer RRs | 0000 | 2 |
| Number of authority RRs | 0000 | 2 |
| Number of additional RRs | 0000 | 2 |
| Query Name Field | 01 34 01 31 01 30 03 32 30 30 07 69 6e 2d<br>61 64 64 72 04 61 72 70 61 00 | 2 |
| Type | 000C = PTR | 2 |
| Class | 0001 = Internet | 2 |

〈그림 8-22〉 DNS Name Query Request 메시지의 분석(PTR 사용 예)

ㄴ) DNS Response 패킷

〈그림 8-23〉은 IP 주소에 대한 해당 이름을 질의한 DNS Name Query Request에 대하여 네임 서버인 Ceromi 200.0.1.2가 응답한 DNS Name Query Response 메시지를 분석한 것이다. 네임 서버가 보낸 DNS 메시지의 answer RR 영역은 다음과 같이 구성되어 있음을 알 수 있다.

- 도메인 네임 영역은 question 영역의 네임 스트링과 동일한 내용이 들어있어야 한다. 이것은 label string pointer 방식에 의하여 옵셋이 12 바이트인 스트링인 "4.1.0.200.in-addr.arpa"이다.
- resource data 영역에 원하는 응답 결과인 "borami.west.com"이 들어 있다.

| | | | |
|---:|:---:|:---:|:---:|
| Identification | 0001 | | 2 |
| Flags(2바이트) | 0100 | | 2 |
| Number of questions | 0001 | | 2 |
| Number of answer RRs | 0001 | | 2 |
| Number of authority RRs | 0000 | | 2 |
| Number of additional RRs | 0000 | | 2 |
| Questions | 4.1.0.200.in-addr.arpa | | n |
| Type/Class | 0001 | 0001 | 4 |
| Answer Resouce Recordng | C0 0C (= "4.1.0.200.in-addr.arpa") | | 2 |
| Type | 000C = PTR | | 2 |
| Class | 0001 | | 2 |
| TTL | 86400sec | | 4 |
| RDlength | 20 | | 2 |
| Resouce Data | "borami.west.com" | | 20 |
| Authority Resouce Record | C0 0E (="1.0.200.in-addr.arpa") | | 2 |
| Type | 0002 = Name Server | | 2 |
| Class | 0001 = Internet | | 2 |
| TTL | 86400sec | | 4 |
| RDlength | 7 | | 2 |
| Resouce Data | Name Server = "ceromi.west.com" | | 7 |
| Additional Resouce Record | C0 53 (= "ceromi.west.com") | | 2 |
| Type | 0001= IP | | 2 |
| Class | 0001= IP | | 2 |
| TTL | 86400sec | | 4 |
| RDlength | 4 | | 2 |
| Resouce Data | 200.0.1.2 | | 2 |

〈그림 8-23〉 DNS Name Query Response 메시지의 구성

- borami.west.com"과 "4.1.0.200.in-addr.arpa"은 동일하다. Query 메시지의 도메인 네임 영역에 4 바이트의 IP 주소를 수납하는 것이 아니라, "4.1.0.200.in-addr.arpa"인 네임 스트링이 수납된다.
- 응답 메시지의 answer Resource Record의 resource data 영역에 이 IP 주소에 대한 이름이 수납된다.

## 8.15  2차 DNS 서버 설정과 Zone Transfer(I) 실습

**STEP 1**  2차 DNS 서버인 200.0.1.5를 다음과 같이 준비한다.

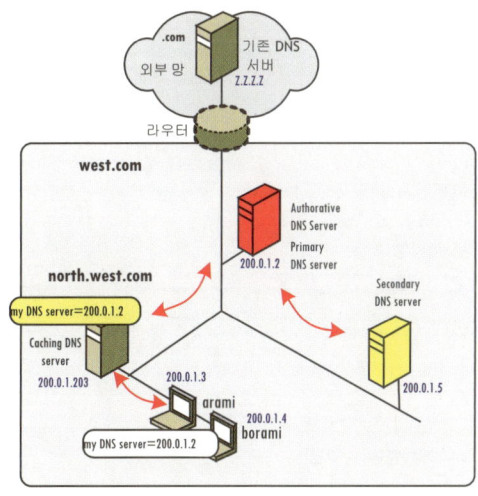

〈그림 8-24〉 Zone Transfer 실습환경

**STEP 2**  2차 서버의 Slave Zone을 설정하기 위하여 "/etc/named.conf" 파일을 다음과 같은 내용으로 생성한다.

```
[root@slaveDNS]# vi /etc/named.conf
//==== slave로 설정된 ceromi2의 named.conf 파일의 내용
...

//이 영역에 대해서는 슬레이브이므로, 마스터인 200.0.1.2의 최신 내용에 따르라는 의미이다.
zone "west.com" {
        type slave;         # 슬레이브 DNS 역할 부여
        masters {
                200.0.1.2;  # 마스터 DNS의 IP 주소 설정
        };
        file "west.com.zone"; //마스터의 백업본을 저장할 파일명
};
...
#
```

- Zone 이름 : 마스터 DNS 서버와 동일한 도메인 이름인 "west.com"을 입력한다.
- Type : slave로 설정한다.
- masters List : 마스터 DNS 서버의 IP 주소를 설정한다. 이 서버로부터 Zone 파일을 내려 받을 것이다.
- File Name : /var/named 폴더에 저장될 DNS 데이터베이스 파일 이름이다.

이 설정 파일의 내용을 분석하면, 이 서버가 "west..com" 영역에 대한 슬레이브 DNS 서버이며, 마스터 DNS 서버인 200.0.1.2에서 유지되는 Zone 파일의 최신 내용에 따른다는 것을 알 수 있다.

이러한 설정결과 이 슬레이브 네임 서버는 이 영역에 대한 백업본을 "west..com..zone" 라는 파일로 가지게 된다.

**STEP 3** 1차 서버의 named.conf 파일에 해당 슬레이브 정보를 설정하고 재시동한다.

```
[root@masterDNS]# vi /etc/named.conf
    ...
zone "west.com" IN { ;         #네임 서버가 서비스할 도메인 명 설정
    type master;               # 마스터 DNS 역할 부여
    file "west.com.zone";      # 정방향 매핑 파일명
    allow-update { 200.0.1.5; };   # (Slave DNS IP 주소 설정)
};

# define my IP info (reverse) ? 역방향 매핑 파일 설정
zone "1.0.200.in-addr.arpa" IN {
    type master;
    file "1.0.200.db";         # 역방향 매핑 파일명
    allow-update { 200.0.1.5; };   # (Slave DNS IP 주소 설정)
};
    ...
[root@masterDNS] # service named restart
```

**STEP 4** 2차 서버를 기동하고 패킷을 수집한다. 슬레이브가 가동되는 즉시 마스터에게 NameQueryRequest를 보내어 zone transfer를 수행한다.

```
[root@slaveDNS]# service named restart
```

이 과정에서 전송되는 패킷들 중에서 슬레이브 DNS 서버인 200.0.1.5가 마스터인 200.0.1.2에게 "west.com" zone 파일을 요청하는 SOA 레코드를 수납한 Name Query Request 메시지가 TCP에 실려 있음을 분석한다.

이후의 패킷들의 내용은 다음과 같다.

- **4번 패킷** : 이 요청 메시지에 대하여 마스터는 개정된 zone 파일의 시리얼 번호(즉, 개정 번호)가 표시된 메시지이다.
- **5번~7번 패킷** : 4번 패킷을 수신한 슬레이브는 이 시리얼 번호가 이전 번호보다 새로운 것이므로 TCP/DNS/AXFR에 의한 Zone Tranfer 절차를 수행하기 위하여 TCP 연결을 설정한다.
- **8번~13번 패킷** : AXFR에 의해 zone 파일을 마스터 서버로부터 내려 받는다.
- **14~16번 패킷** : Zone Transfer용으로 개설한 TCP 연결을 종료한다.

**STEP 5** 기본값이 24시간인 Refresh 타이머를 조정해 본다. 일반적으로 DNS 슬레이브는 마스터가 유지하는 zone파일 내용의 변경 유무를 이 타이머의 주기로 질의하여 확인한다. 이 기간이 너무 길면 마스터와 슬레이브의 파일 내용이 일치하지 않는 문제가 있다. 이 기간을 수정하여 슬레이브가 질의하는 요청 메시지의 발생주기를 확인하도록 한다.

## 8.16 Zone Transfer 실습(II)

2차 DNS 서버 대신에 일반 단말이 DNS 서버의 zone 파일을 가져올 수 있는 host 명령어의 옵션을 사용하여 Zone Transfer 절차를 시험해 보도록 한다.

**STEP 1** borami(200.0.1.4) 단말이 1차 DNS 서버인 200.0.1.2에 대한 host 명령을 사용한다.

```
#host -ITv west.com

Trying "west.com"
;; ->>HEADER<<- opcode: QUERY, status: NOERROR, id: 49474
;; flags: qr aa ra; QUERY: 1, ANSWER: 6, AUTHORITY: 0, ADDITIONAL: 0

;; QUESTION SECTION:
;west.com.                    IN      AXFR

;; ANSWER SECTION:
west.com.        86400    IN     SOA     ceromi.west.com. root.localhost.west.com.
                 4 28800 7200 604800 86400
west.com.        86400    IN     NS      ceromi.west.com.
borami.west.com. 86400    IN     A       200.0.1.4
ceromi.west.com. 86400    IN     A       200.0.1.2
arami.west.com.  86400    IN     A       200.0.1.3
west.com.        86400    IN     SOA     ceromi.west.com. root.localhost.west.com.
                 4 28800 7200 604800 86400

Received 193 bytes from 200.0.1.2 #53 in 15 ms
#
```

**STEP 2** 패킷을 수집해서 분석한다.

ㄱ) 다음 패킷은 단말인 200.0.1.4가 마스터 DNS 서버인 200.0.1.2에게 "west.com" zone에 대한 AXFR 요청을 한 것이다.

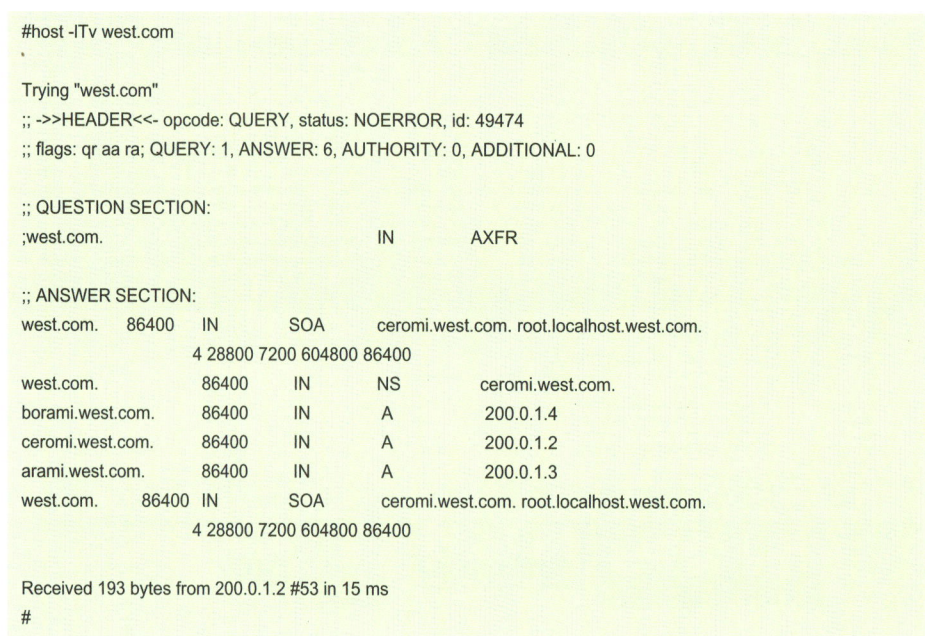

ㄴ) 이 요청 메시지에 대하여, 마스터가 응답한 패킷은 다음과 같다. 동일한 transaction ID 를 가지며, 요청된 AXFR에 대한 Zone 파일의 내용을 여러 개의 Answer RR에 실어 응답하는 것을 알 수 있다.

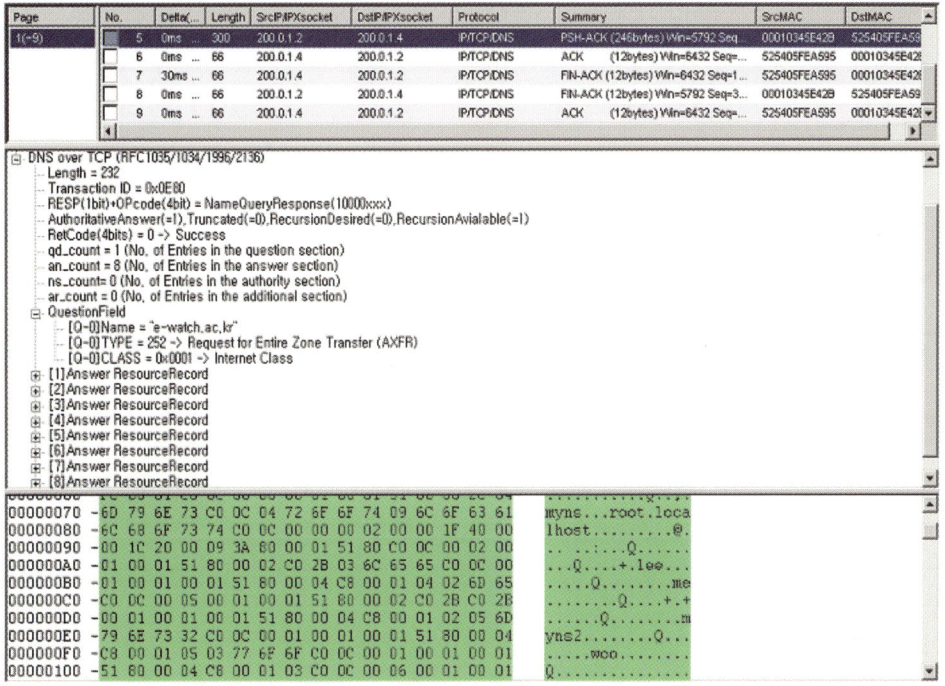

이 패킷들로부터, 다음 사항들을 알 수 있다.
- TCP 53번 포트를 통하여 연결 설정 후 AXFR를 사용하여 zone transfer가 개시된다.
- Question Field의 Type은 Request for Entire Zone Transfer(AXFR)로서 마스터 DNS 서버가 가지고 있는 모든 정보에 대한 요청이다.
- Answer Resource Record에는 마스터 DNS 서버가 가지고 있는 이름정보들이 수록되어 있다.

[참고] 허가되지 않는 사용자에게 Zone Transfer를 허용할 경우 DNS 서버의 중요한 정보가 유출되게 된다. 즉 공격자는 전송 받은 Zone 정보를 이용하여 호스트 정보, 네트워크 구성 형태 등의 많은 정보를 파악할 수 있게 된다. 대부분의 사이트에서 DNS 서버의 기본 설정을 따르면 임의의 사용자도 Zone Transfer를 할 수 있게 된다. 이것을 방지하려면 "allow.." 옵션을 사용해야 한다.

## 6.17  1차 서버의 내용이 수정된 경우(Notify 기능)

마스터의 Zone 파일의 내용이 일부 수정된 경우, 슬레이브에게 어떻게 이 사실이 알려지는지 분석한다. 일반적으로 DNS 슬레이브는 refresh간격마다 질의하는 방법이 사용되기 때문에 변경내용이 즉시 반영되지 않는 문제가 있다. RFC 1996은 마스터 서버들이 슬레이브들에게 영역 데이터가 변경되었음을 즉시 알리는 방법을 기술하고 있는데 이를 DNS Notify 방식이라고 부르며 그 절차는 다음과 같다.

- 1차서 버는 자신이 유지하고 있는 Zone 파일내용에 변경발생시 이 사실을 Notify 요청 메시지를 사용하여 모든 2차 서버에게 통보한다.
- 2차 서버가 마스터 네임 서버로부터 Notify 요청 메시지를 수신하면 2차 서버는 Notify 응답으로 반환한다. 이어 2차 서버는 마치 자신의 refresh 타이머가 만기된 것처럼, 1차 서버가 알려준 zone에 대한 내용을 1차 서버에게 요청한다. 만일 일련 번호가 더 높다면 2차 서버는 zone transfer를 수행한다.

**STEP 1**  이러한 Notify 기능이 지원될 수 있도록 1차 DNS의 /etc/named.conf 파일의 내용을 다음과 같이 수정한다.

```
[root@masterDNS]# vi /etc/named.conf
///==== master로 설정된 ceromi의 named.conf 파일의 내용

## named.conf ? configuration for bind
#
# Generated automatically by bindconf, alchemist et al.
...

//이 영역에 대한 마스터로서, notify기능이 활성화되어 있으며, 슬레이브 DNS인 200.0.1.5를 지원한다.
zone "west.com" {
        type master;
        file "west.com.zone";
     notify yes;
     also-notify {
                 200.0.1.5;
        };
};
...
#
```

**STEP 2**  Master DNS의 zone 파일의 내용을 임의로 일부 수정해 본다. 그 결과 마스터의 내용을 일부 수정했을 경우 다음과 같이 마스터는 슬레이브에게 영역이 변경되었음을 알리는 Zone Change Notify Request 메시지를 송신한다.

# CHAPTER 08 DNS

Notify Request 패킷을 받은 슬레이브는 마스터에게 Notify Reply 패킷으로 응답한다. 이어 NameQueryRequest 메시지를 보내어, 응답인 NameQueryResponse 메시지의 수신을 대기한다. 시리얼 번호가 기존의 값보다 큰 응답 메시지가 수신되면 수정된 것으로 판단하고, zone transfer 과정을 수행한다.

Notify Request 패킷을 받은 슬레이브는 마스터에게 Notify Reply 패킷으로 응답한다. 이어 NameQueryRequest 메시지를 보내어, 응답인 NameQueryResponse 메시지의 수신을 대기한다. 시리얼 번호가 기존의 값보다 큰 응답 메시지가 수신되면 수정된 것으로 판단하고, zone transfer 과정을 수행한다.

## 6.18 DNS 설정 파일의 상세 분석

2차 서버인 Ceromi DNS 서버의 설정파일 내용을 상세 분석해 보자.

**STEP 1** 설정 확인 : 지금까지 설정한 정방향과 역방향 이름 정보 설정 과정에 의해 생성되거나 수정된 파일들의 내용을 확인한다.

먼저, /etc/named.conf 파일의 내용을 확인한다.

```
[root@masterDNS]# cat /etc/named.conf

## named.conf ? configuration for bind

controls{
    inet 127.0.0.1 allow { localhost;} keys{rndkey;};
};

include "/etc/rndc.key"

options{
    #listen-on-port 53 {127.0.0.1;};
    directory "/var/named"
    allow-query {localhost; 200.0.1.0/24};
    recursion yes;
    dnssec-enable yes;
    dnssec-validation yes;
    dnssec-lookaside . trust-anchor dlv.isc.org;
};

zone "." IN {
    type hint;
    file "named.ca";
};

zone "west.com" IN {
    type master; //primary
    file "west.com.zone";
}

zone "1.0.200.in-addr.arpa" {
    type master;
    file "1.0.200.db";  #또는 file "1.0.200.in-addr.arpa.zone";
};

zone "0.0.127.in-addr.arpa" {
    type master;
    file "0.0.127.in-addr.arpa.zone"; #또는 file "0.0.127.db";
};

[root@masterDNS]#
```

- 이 파일에서, 먼저 option {......}으로 된 부분은 BIND와 관련된 옵션 사항들에 대한 설정 영역으로서, directory '/var/named'부분은 /etc/named.conf에 명시되는 모든 파일의 경로는 /var/named를 기준으로 한다는 의미이다. 따라서 이하의 zone {… file …} 부분에 명시된 zone 파일들의 실제 경로는 "/var/named/file이름"이다.
- 여러 개의 zone 영역은 BIND가 관리할 도메인을 명시하며, zone 다음의 "…"은 domain 이름을 의미한다.
- zone "."은 root를 뜻하며 최상위 root 네임서 버들에 대한 정보를 표시한다. hint는 root DNS 서버에 대한 이름 정보가 "named.ca" 파일에 있다는 힌트를 제공한다.

**STEP 2** Zone 파일의 종류 확인 : "var/named" 디렉토리에 있는 zone 파일들의 종류를 확인한다.

```
[root@masterDNS]# ls /var/named
localhost.zone        0.0.127.in-addr.arpa.zone
west.com.zone         1.0.200.db
named.ca              named.local
[root@masterDNS]#
```

로컬 망에 대한 정방향 및 역방향 zone 파일들과, "west.com" zone에 대한 정방향 및 역방향 zone 파일이 있다. 뿐만 아니라, root DNS들에 대한 hint를 제공하는 named.ca 파일도 있다. 그 외에 named.local 파일도 있다.

**STEP 3** /var/named/west.com..zone 파일의 내용은 다음과 같다.

```
[root@masterDNS]# cat /var/named/west.com.zone

$TTL 86400

;SOA record
@   IN  SOA  ceromi.west.com. (
            1 ; serial
        86400 ; refresh 24시간
        7200 ; retry 2시간
        2592000 ; expire 30일
        86400 ; ttl 24시간
)

; NS record
@      IN NS ceromi.west.com ; west.com의 Name server는 cerom(200.0.1.2)이다.

; A record

ceromi    IN A 200.0.1.2
arami     IN A 200.0.1.3
borami    IN A 200.0.1.4

;별명
ns      IN CNAME ceromi.west.com.
```

위 파일의 각 항목의 의미는 다음과 같다.
- 기본 내용
  - IN은 IP 클래스를 의미한다.
  - 기호 @ : "/etc/named.conf "파일에 작성된 "zone "west.com" {…}" 항목에 명시된 도메인명을 이 zone 파일에서 사용할 경우에는 긴 도메인 네임 대신에 "@"로 표시할 수 있다. 따라서 다음 2 문장은 동일한 것이다.

```
@           IN SOA ceromi.west.com (...)
```

```
west.com. IN SOA ceromi.west.com. { …
```

  - '.' 으로 끝나지 않은 이름들을 사용하면, 모두 기본 도메인 이름을 생략한 것으로 간주된다. 즉 다음 2 문장은 동일한 것이다.

```
ceromi          IN  A  200.0.1.2
```

```
ceromi.west.com.  IN  A  200.0.1.2
```

  - 따라서 위의 파일 내용은 다음과 같다고도 할 수 있다.

```
[root@masterDNS]# cat /var/named/west.com.zone

west.com. IN  SOA  ceromi.west.com. (
    1 ; serial
    86400 ; refresh 24시간
    7200 ; retry 2시간
    2592000 ; expire 30일
    86400 ; ttl 24시간
  )

west.com. IN  NS  ceromi.west.com.

;호스트들에 대한 설정
ceromi.west.com.   IN  A  200.0.1.2
arami.west.com.    IN  A  200.0.1.3
borami.west.com.   IN  A  200.0.1.4

;별명
ns.west.com.      IN  CNAME  ceromi.west.com.
```

- SOA 부분
  - 각 파일들의 첫 항목은 모두 SOA 레코드이다. 이것은 이 네임 서버가 이 "west.com" zone의 이름 정보에 대한 최신 정보를 가지고 있음을 표시한다. 즉, 이 네임 서버는 "west.com" 도메인에 대한 authority(권한)을 가진다. 그리고 각 파일에는 오직 하나의 SOA레코드만 있어야 한다. 이 권한이 있는 DNS 서버로부터의 DNS 응답 메시지의 authority resource record 영역에는 이 서버의 이름이 명시된다.
  - SOA 다음에 있는 ceromi.west.com은 이 데이터에 대한 가장 신뢰할 수 있는 1차 네임 서버의 이름이다.
  - (….) 안의 내용들은 거의 slave name server와의 transfer용 설정값이다.

- 결과적으로 이 SOA 레코드는 자신을 가장 신뢰할 수 있는 네임 서버임을 표시하고, slave 서버에 대한 refresh 기간 등의 여러 가지의 설정값을 설정한 것이다.
● 모든 레코드들은 모두 다음과 같은 형식을 가진다.

| 이름 | 클래스 | type | 데이터 |
|---|---|---|---|
| ceromi | IN | A | 200.0.1.2 |

● **Name Server(NS) 레코드** : "west.com" 도메인의 name server로 200.0.1.2가 설정되어 있음을 알 수 있다.
● **각 호스트 이름에 대한 주소 매핑 정보** : 주소를 나타내는 형식으로 A가 사용되었으며, 호스트 이름에 대한 주소를 매핑하는 RR이다.
● **별명을 나타내는 CNAME 정보** : 요청받은 "ns"에 대하여, ceromi.west.com.를 찾아 해당하는 IP 주소인 200.0.1.2를 응답하도록 한다.

**STEP 4** /var/named/1.0.200.db 파일의 내용 확인 : 이 zone 파일에는 200.0.1망의 IP 주소에 대한 이름을 응답하는 역변환 동작시 필요한 정보를 저장한 것이다.
그 내용은 다음과 같다.

```
[root@masterDNS]# cat /var/named/1.0.200.db

$TTL 86400

; SOA record
@  IN  SOA  ceromi.west.com. (
    1 ; serial
    86400 ; refresh 24시간
    7200 ; retry 2시간
    2592000 ; expire 30일
    86400 ; ttl 24시간
    )

; NS record
@  IN  NS  ceromi.west.com.

; PTR record
2   IN PTR    ceromi.west.com.
3   IN PTR    arami.west.com.
4   IN PTR    borami.west.com.
```

만약 @가 사용되지 않는다면, 위의 내용은 다음과 같이 편집되어야 한다.

```
$TTL 86400
west.com.  IN  SOA  ceromi.west.com. (
    1 ; serial
    86400 ; refresh 24시간
    7200 ; retry 2시간
    2592000 ; expire 30일
    86400 ; ttl 24시간
    )
```

```
; 역방향 변환용 west.com 도메인의 Name Server 설정
west.com.  IN  NS  ceromi.west.com.

; PTR 설정
2.1.0.200.in-addr.arpa.    IN PTR    ceromi.west.com.
3.1.0.200.in-addr.arpa.    IN PTR    arami.west.com.
4.1.0.200.in-addr.arpa.    IN PTR    borami.west.com.
#
```

이 zone 파일의 구성은 다음과 같다.
- 정방향 zone 파일의 구성과 동일한 SOA 항목을 가진다.
- 역변환용 네임 서버 항목도 동일하다.
- 역변환용 각 IP 주소에 대한 PTR 레코드가 설정되어 있다.

**STEP 4** 기타 Zone 파일의 내용을 확인한다.

- localhost.zone의 내용은 다음과 같으며 이것은 "localhost" 이름에 대한 IP 주소 변환 기능을 지원한다.

```
[root@masterDNS]# cat /var/named/localhost.zone

$TTL 86400
@   IN  SOA   @ root.localhost. (
                1; serial
                28800    ; refresh
                    7200    ; retry
                604800 ; expire
                86400 ) ; ttl
; Name Server 설정
@    IN  NS  localhost.

; 정방향 매핑 설정
@    IN  A  127.0.0.1
#
```

- local host에 대한 역변환용 0.0.127.in-addr.arpa.zone 파일의 내용은 다음과 같다.

```
[root@masterDNS]# cat /var/named/0.0.127.in-addr.arpa.zone

$TTL 86400
@   IN  SOA   localhost. root.localhost. (
                1; serial
                28800    ; refresh
                    7200    ; retry
                604800 ; expire
                86400 ) ; ttk

@    IN  NS  localhost.
;역방향 매핑 설정
1    IN  PTR  localhost.
#
```

- named.local의 내용은 다음과 같다. 이 named.local 파일은 127.0.0.1 주소에 대한 "localhost" 이름으로 매핑하기 위해 사용되는 파일이다.

```
[root@masterDNS]# cat /var/named/named.local

$TTL 86400
@    IN   SOA   localhost. root.localhost. (
                    1997022700; Serial
                    28800      ; Refresh
                         14400      ; Retry
                    3600000 ; Expire
                    86400 ) ; Minimum
; Name Server설정
         IN  NS  localhost.
;역방향 매핑 설정
1      IN  PTR  localhost.
#
```

- named.ca 파일의 내용은 다음과 같다. 기본적으로 루트 DNS 서버들에 대한 정보가 들어 있다. 코멘트 다음의 첫 '.'은 root 도메인을 의미하며, 각 루트 DNS에 대한 IP 주소가 명시되어 있다. 그리고 3600000은 TTL값이다.

    이 cache 파일은 hint 파일이라고도 부른다. 물론 이러한 루트 DNS 서버 외에도 필요한 DNS 서버 정보를 설정해 둘 수도 있다.

```
; formerly NS.INTERNIC.NET
;
                         3600000 IN NS   A.ROOT-SERVERS.NET.
A.ROOT-SERVERS.NET.     3600000    A    198.41.0.4
;
; formerly NS1.ISI.EDU
;
… 계속
                         3600000    NS   B.ROOT-SERVERS.NET.
B.ROOT-SERVERS.NET.     3600000    A    128.9.0.107
;
; formerly C.PSI.NET
;
; temporarily housed at ISI (IANA)
;
                         3600000    NS   L.ROOT-SERVERS.NET.
L.ROOT-SERVERS.NET.     3600000    A    198.32.64.12
;
; housed in Japan, operated by WIDE
;
                         3600000    NS   M.ROOT-SERVERS.NET.
M.ROOT-SERVERS.NET      3600000    A    202.12.27.33
; End of File
```

## 8.19 BIND 설정 GUI 도구 활용

**STEP 1** 지금까지 콘솔에서 수행한 DNS 설정을 GUI 환경에서 수행하기 위한 system-config-bind 도구를 다음과 같이 설치한다.

[root@masterDNS]# yum -y install sytem-config-bind

이 도구는 DNS 서버의 기본적인 설정 파일인 "/etc/named.conf" 파일과 /var/named 디렉토리에 있어야 하는 여러 개의 zone 설정 파일들 (forward master zone, reverse master zone, slave zone 용 파일들)을 생성하고 갱신하는 기능을 GUI 화면으로 제공한다.

**STEP 2** 다음과 같이 [System] → [Administration] → [Domain Name System]을 선택하여, DNS 관련 설정이 가능한 [BIND Configuration GUI] 창을 표시한다. 최 상단에 위치한 [DNS Server]를 마우스 오른쪽 버튼으로 클릭하고, 이어 [Add] → [Zone]을 선택하고 필요한 설정을 계속한다.

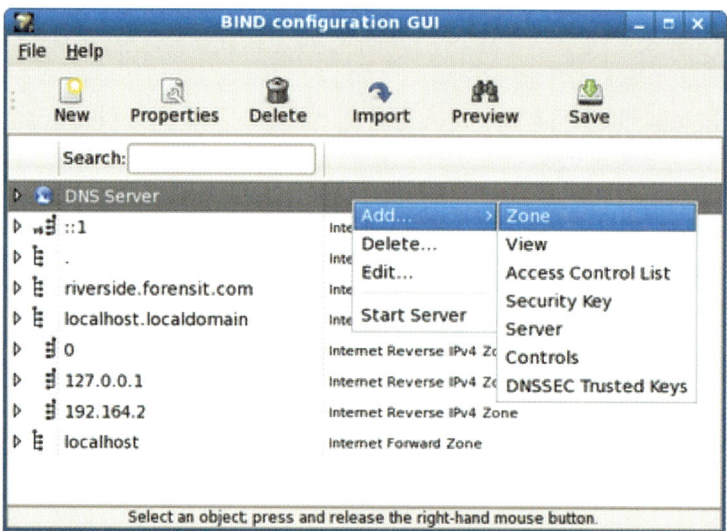

**STEP 3** [BIND Configuration GUI] 창에서 "west.com" 앞의 "( 선택하여 설정 상태를 확인한다. 이어 [파일] 메뉴에서 [저장] 버튼을 클릭하여 저장한다.

**STEP 4** GUI 창의 [DNS Server] 항목을 선택하고 마우스 오른쪽 버튼을 클릭하여 "Start Server"를 클릭하여 네임 서버를 활성화한다.

**STEP 5** 설정 내용을 /etc/named.conf 와 /var/named 디렉토리의 zone 파일의 내용을 확인한다. 참고로, 생성한 파일명은 *.db로 되어 있다.

**STEP 6** .host(또는 nslookup) 명령어로 네임 서버의 동작을 확인한다.

CHAPTER 08 DNS

**연습 문제**

[1] DNS 메시지를 수납한 UDP(또는 TCP)의 포트 번호는 ___이다.
    (a) 21         (b) 23         (c) 53         (d) 80

[2] DNS로 IP 주소에 대한 이름을 알아 오는 절차에서 사용하는 질의를 ___ query라고 한다.
    (a) PTR        (b) NS         (c) SOA        (d) A

[3] DNS로 IP 주소에 대한 이름을 알아 오는 절차를 위한 소켓함수는 ___이다.
    (a) gethost( )    (b) gethostbyaddr( )    (c) gethostbyname    (d) getname( )

[4] Resolver는 ___에 위치한다.
    (a) Primary DNS 서버        (b) DNS 클라이언트
    (c) 루트 서버               (d) Secondary DNS 서버

[5] 네임스트링을 압축하기 위하여 사용하는 것은 ___이다.
    (a) 레이블 스트링           (b) 레이블 스트링 포인터
    (c) PTR                     (d) resource record

[6] 레이블 스트링 포인터값 0xC00C는 ___을 의미한다.
    (a) DNS 메시지의 시작 부분부터 12 바이트 떨어져 있음
    (b) 네임스트링의 길이가 12바이트임
    (c) DNS 메시지의 시작 부분부터 0xC00C 바이트 떨어져 있음
    (d) 네임스트링의 길이가 0xC00C 바이트임

[7] 클라이언트의 캐시에 저장된 {IP, 이름} 정보의 유효 기간은 ___으로 알 수 있다.
    (a) TTL               (b) Life time
    (c) Holding tim        (d) Active time

[8] 클라이언트의 캐시에 저장된 {IP, 이름} 정보의 유효 기간은 ___으로 알 수 있다.
    (a) Primary master      (b) Secondary master
    (c) Slave                (d) Root
    (e) Resolver

[9] 질의 메시지에서 사용되는 AFXR type은 ___을 위한 것이다.
    (a) 역방향 조회    (b) 모든 이름 정보 요청

317

## 연습 문제

[10] Zone transfer는 ___이다.
(a) TCP의 53번 포트를 사용한다.
(b) UDP의 53번 포트를 사용한다.
(c) 슬레이브가 마스터로부터 zone 파일을 가져오는 것이다.

[11] 다음 중 DNS와 관련 없는 것은 ___이다.
(a) TCP의 53번 포트를 사용한다
(b) NS
(c) SOA
(d) A

[12] 만약에, 질의한 이름이 단순히 "woo"라고 할 때 query 패킷의 name string 부분이 어떻게 인코딩되어 송신되는가? 왜 그런가?

[13] e-watch NetTools의 DNSlook 기능을 사용하여, www.altavista.com에 대하여, 질의하고 교환되는 DNS 메시지를 수집하여 각 영역을 분석하라.

[14] e-watch NetTools의 DNSlook 기능의 Target host name/IP editbox에 www.altavista.com의 IP 주소를 입력하여, 수행시킨 결과를 다음과 같이 분석하라.
(a) 질의 메시지의 name string부분은 어떻게 코딩되어 송신되는가?

(b) 이 질의 메시지의 타입 영역은 어떤 타입인가?

(c) 질의에 대한 응답 메시지는 누가 보내온 것인가?

(d) 이 응답 메시지의 Answer Resource record 영역에 대한 바이트 열의 내용을 적고, 각 영역에 대한 해석을 하라. 과연 질의했던 내용이 들어 있는가?

## 연습 문제

[15] 윈도우 시스템의 경우 로컬 DNS캐시 내용을 확인하려면 "ipconfig /displaydns" 명령어를 이용하면 된다. 리눅스 시스템에도 이와 유사한 기능이 있는가?

[16] 윈도우 컴퓨터의 c:\windows\hosts.sam file을 열어서 내용을 확인하라. 각각의 문자열이 나타내는 의미는 무엇인가? 자주 사용하는 서버에 대한 IP 주소와 이름을 매핑시키도록 수정한 다음, 파일명에서 ".sam"을 제거한 다음, 해당 서버에 대한 접속을 시도하라. DNS query 메시지가 송신되는가?.

[17] dnslook 기능을 사용하여, www.google.com을 입력해 보자. 이 결과로부터 하나의 호스트 이름에 대하여 몇 개의 IP 주소가 사용되는가? Multihomed IP 주소란 무엇인가?

[18] 공유기에서 많이 사용되는 Dynamic DNS(DDNS)의 동작을 이해한 후 리눅스 시스템에 ddclient를 설치하여 DDNS의 동작을 분석하라.

# 리눅스 기반의
## TCP/IP와 라우팅 프로토콜

# chapter 09

# 망 관리 프로토콜 SNMP

## 9.1 개 요

여러 종류의 망 자원(서버, 브리지, 라우터 등)을 감독하고 제어하는 동작을 망 관리(Network Management)라고 한다. UDP기반에서 이런 역할을 위해 만들어진 프로토콜이 SNMP(\Simple Network Management Protocol)다.

본 장에서는 SNMP를 이용한 망 관리 시스템의 구성요소들을 알아본다. 이어 SNMP에서 관리 대상이 되는 요소를 기술하는 방법인 ASN.1(Abstract Syntax Notation)과 데이터를 인코딩하는 방법인 BER(Basic Encoding Rules)에 대해 알아본다.

그리고 리눅스 시스템에 SNMP 에이전트 기능을 설정하여 에이전트에게 정보를 요청하는 과정과 긴급 메시지를 전송하는 트랩 전송 과정을 실험한다.

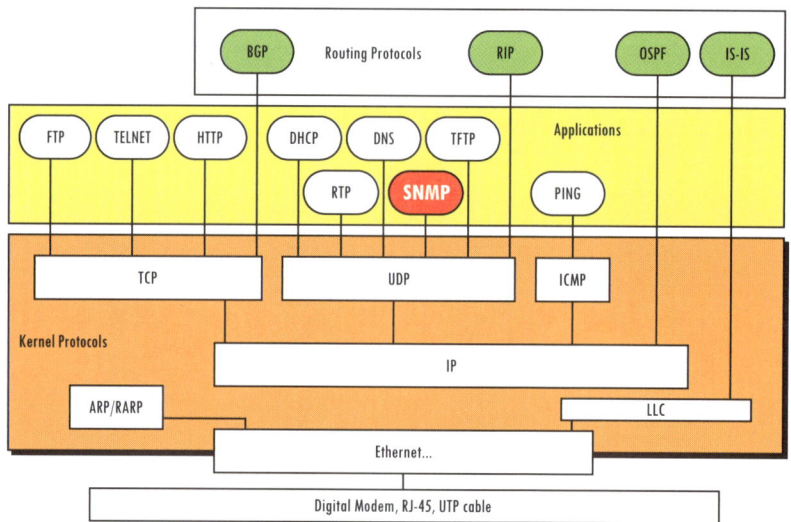

## 9.2 SNMP를 이용한 망 관리 시스템의 구성요소

SNMP를 이용한 망 관리 시스템은 〈그림 9-1〉과 같다. 이것은 management information base (MIB), 서버 기능의 에이전트, 클라이언트 기능의 매니저 그리고 SNMP로 구성된다.

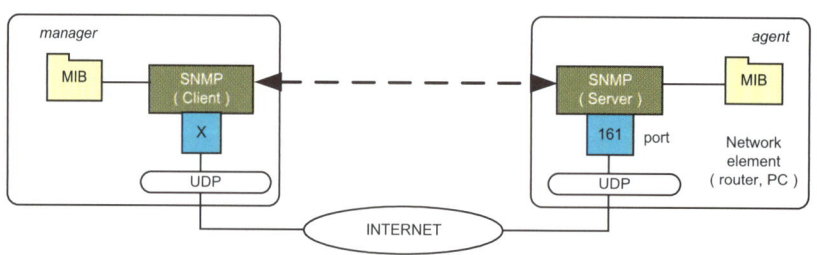

〈그림 9-1〉 SNMP의 구성요소

## CHAPTER 09 망 관리 프로토콜 SNMP

- **MIB** : 관리 대상이 되는 망 장비는 여러 개의 가변 동작 값(초당 수신 패킷수 등) 및 고정 동작 값(운영체제 이름 등)을 가진다. 이러한 값 각각을 관리대상 오브젝트라고 한다. 이러한 오브젝트를 자료 구조 형태로 모은 것을 management information base(MIB)이라고 한다.
- **SNMP 에이전트** : 이것은 망을 구성하는 단말 및 교환 장치, 허브 등의 장치에 설치되는 망관리 전용 서버 프로그램이다. 이것은 자신의 동작 정보 및 고유 정보를 관리한다. 매니저로부터 MIB에 저장된 특정 오브젝트에 관련된 GET 또는 SET 명령에 대하여 응답한다. 또한 에이전트 자신의 동작 상황이 변경될 경우 SNMP 매니저로부터의 요청이 없더라도 자의적으로 trap을 발생시켜 이를 통보한다.
- **SNMP 매니저** : SNMP 에이전트의 동작상 황을 수집하여 분석하는 클라이언트 기능부이다. 이것이 설치된 시스템을 NMS( Network Management Station) 또는 매니저라고 한다. SNMP 에이전트에 저장된 데이터를 획득하기 위하여 GET 명령을 발행하여 에이전트로부터의 응답을 수신한다. 또한 동작값 설정을 위하여 SET 메시지를 전송할 수 있다.
- **SNMP** : 망 관리자와 에이전트간에 시스템 관리 정보를 수납하여 전달하는 프로토콜이다. SNMP는 기본적으로 UDP 포트 161과 162를 사용하며 GET, SET, TRAP 등의 메시지가 정의되어 있다.

### 9.3 CPU 종류에 따른 문제점

예를 들어 4바이트 길이의 x=0x12345678과 4바이트 길이의 스트링 y="ABC"가 시스템 내부 메모리에 저장될 때 이들의 바이트별 저장 순서는 다음과 같이 CPU 제조회사에 따라 다르다.

```
unsigned long int x=0x12345678;
char y[] = "ABC";
```

|  | 1000 | 1001 | 1002 | 1003 | 1004 | 1005 | 1006 | 1007 | 1008 | memory address |
|---|---|---|---|---|---|---|---|---|---|---|
| Big-endian CPUs (Motolora) | 12 | 34 | 56 | 78 | 'A' | 'B' | 'C' | 0x00 | ... | values |
| Little-endian CPUs (Intel, AMD) | 78 | 56 | 34 | 12 | 'A' | 'B' | 'C' | 0x00 | ... | values |

〈그림 9-2〉 상이한 바이트 순서

위의 예에서 Motorola CPU를 사용하는 Machintosh 시스템의 메모리에는 0x12345678에 대하여 낮은 메모리 번지부터 각각 0x12, 0x34, 0x56, 0x78이 순서대로 저장된다. 하지만 인텔의 80x86계열의 CPU를 사용하는 시스템에서는 낮은 번지부터 각각 0x78, 0x56, 0x34, 0x12가 저장된다. 즉 Intel과 Motorola 계열의 CPU에서는 서로의 Byte Ordering 방식이 정 반대로 다르다.

예를 들어 박물관에서 공룡에 대한 정보를 전송하는 경우, 공룡의 자료 구조가 다음과 같다고 하자.[1]

---

[1] Tanenbaum," Computer Networks"

```
struct dianosaur {
        char name[12];
        int  length;
        bool carnivorous;           /*육식인지의 여부*/
        int  bones;                 /*뼈의 개수*/
        int  discovery ;            /*발굴 연도*/
}
```

이러한 자료구조의 각 항목에 대한 값으로 "Stegosaurus, 0x0A미터, 초식, 300개의 뼈, 1877년 발굴됨"일 때, 이러한 내용을 인텔 시스템에서 Motorola 시스템으로 전송한다고 하자. 이러한 정보는 〈그림 9-3〉처럼 전달될 것이다.

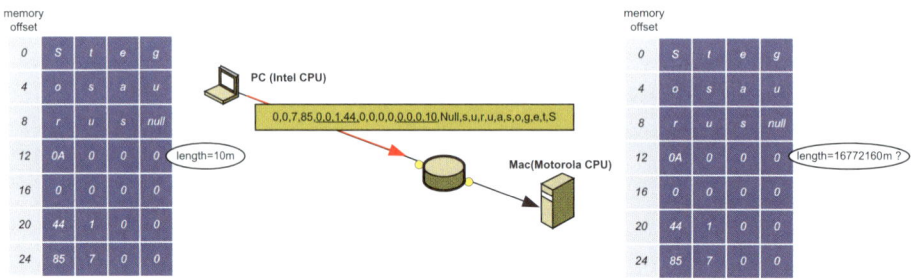

〈그림 9-3〉 Intel에서 Motorola로 전송 과정의 예

위의 예에서 바이트 스트림들이 byte 0부터 byte 26의 순서로 송신된다. Motorola 시스템의 메모리에는 수신되는 순서대로 저장된다. Motolora 시스템의 응용 프로그램이 byte0부터 내용 값을 읽는다고 하자. 이때 스트링 부분은 문제가 없지만, length 영역의 값은 10x224=167,772,160 미터로 잘못 인식되는 문제가 발생한다. 또한 발견 년도도 수백만으로 읽혀지는 오류가 발생한다. 따라서 망 장비의 CPU에 따라 정보의 저장 순서가 다르면 올바른 정보를 전송할 수 없다. 따라서 상이한 플랫폼이 모두 이해 가능한 형식으로 정보를 전달하기 위한 상호간에 약속된 변환 방식이 필요하다.

이를 위한 방법으로 통일된 전달 구문(transfer syntax)로 변환하여 정보를 주고 받도록 약속하면 될 것이다. 〈그림 9-4〉는 transfer syntax의 예이다. 각 항목에 대한 형태(string, integer, boolean 등) 및 길이 정보를 표시하고 이들에 대한 전송 순서를 Motolora 형식으로 약속하여 전송하는 것을 알 수 있다.

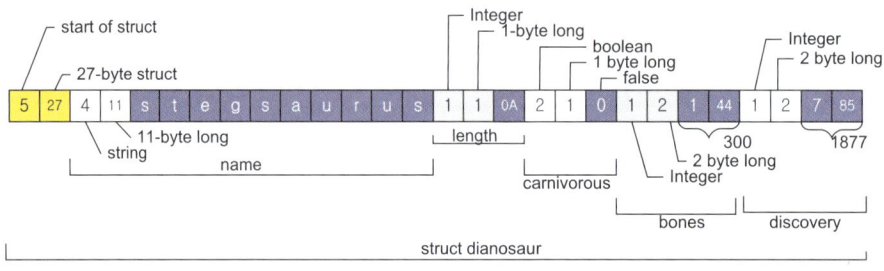

〈그림 9-4〉 Transfer Syntax의 예

이 예에서, 각 단위 요소는 {type, length, value}형태로 구성되었다. 사용된 종류 표시자는 5, 4, 1, 2로서, 각각 레코드의 시작, string, 정수형, boolean이다. 예를 들어 첫 번째 type 5는 공룡에 대한 구조체 전체를 표시하는 구조체의 시작을 표시하고 이것의 길이는 27바이트임을 표시한다. 그리고 3번째 바이트 값 4는 string Type 표시자이고, 이것의 길이는 4번째 바이트 값인 11로 인코딩되었다.

## 9.4 ASN.1(Abstract Syntax Notation 1)

앞에서 예를 든 공룡의 구조체는 C 언어로 표현되었다. 이러한 구조체를 언어에 종속적이지 않도록 만들어진 표준 object definition 언어가 ASN.1이다. 이것은 CCITT(X.208)와 ISO(ISO.8824)의 표준이다. ASN.1으로 기술되는 프로토콜의 종류는 아주 많은데 SNMP와 공인인증서용 X.509 규격도 역시 ASN.1으로 기술된다.

그리고 ASN.1에 따라 기술된 구조체의 인스턴스가 전송될 때 표준화된 전송구문이 필요하다. 전송 구문으로 변환하는 인코딩 규칙으로 Basic Encoding Rules(BER)이 있다.

앞 절에서 예로 들었던 공룡에 대한 자료 구조 형식을 ASN.1의 형태로 나타내면 다음과 같다.

```
Dinosaur ::=SEQUENCE {
    name        OCTET STRING, -- 12 characters
    ength       INTEGER,
    carnivorous BOOLEAN,
    bones       INTEGER,
    discover    INTEGER
}
```

위의 예에서 사용된 ASN.1 문법에 따른 type 중 SNMP에서 사용되는 기본 type은 다음과 같다.

| Primitive type | 의미 | type 번호 |
| --- | --- | --- |
| INTEGER | 임의의 길이를 가지는 정수 | 2 |
| BIT STRING | 임의의 길이를 가지는 bit 열 | 3 |
| OCTET STRING | 임의의 길이를 가지는 byte 열 | 4 |
| NULL | NUL | 5 |
| OBJECT IDENTIFIER | 각 object들의 식별자 | 6 |

또한 기본 type를 이용하여 새로운 type을 생성할 때 다음과 같은 constructor type를 사용한다.

| constructor type | 의미 | type 번호 |
| --- | --- | --- |
| SEQUENCE | C 언어의 struct와 유사 | 48 |
| SEQUENCE OF | C 언어의 Array와 유사 | 48 |
| CHOICE | C 언어의 Union과 같은 기능 | Code 번호 없음[2] |

---

[2] 실제 전송될 때, 특정 type이 선택되어서 송신되기 때문에 code 번호가 없다.

## 9.5 BER(Basic Encoding Rules)

ASN.1 문장은 {Type, Length, Value} 형태의 transfer syntax로 변환되어 송신된다. 이때 ASN.1의 transfer syntax를 만드는 규칙이 BER이다. BER은 CCITT(X.209)와 ISO(ISO 8825)의 표준이다.

### (1) BER의 형태

ASN.1 값은 BER에 의해 {type, length, value} 형태로 변환된다. 여기서 type은 자료형이며 length는 데이터 부분의 길이이다.

Type 영역을 상세히 살펴보면 다음과 같다.

| 8 | 7 | 6 | 5 | 4 | 3 | 2 | 1 |
|---|---|---|---|---|---|---|---|
| tag class || Form | tag number ||||| 
| 00 : universal<br>01 : application-wide<br>10 : context-specific<br>11 : private use || 0: primitive<br>1:constructed | |||||

최상위 2비트의 Class 영역은 데이터 형식이 범용인지 특수 용도인지를 4가지로 표시한다. 1비트의 Form비트는 데이터가 간단한 형식을 가지는지 C 언어의 struct나 array와 같은 복합적인 형식을 가지는지를 표시한다. 나머지 5비트의 tag number 값은 데이터의 개별적인 형식을 표시한다.

다음은 SNMP에서 사용되는 Type의 예이다.

| Tag class | form | Tag number | Type | type 번호 | type 번호 |
|---|---|---|---|---|---|
| 00 | 0 | 2 | 2 | Integer | FROM ASN.1 |
| 00 | 0 | 3 | 3 | Bit String | FROM ASN.1 |
| 00 | 0 | 4 | 4 | Octet String | FROM ASN.1 |
| 00 | 0 | 5 | 5 | Null | FROM ASN.1 |
| 00 | 0 | 6 | 6 | Object ID | FROM ASN.1 |
| 00 | 1 | 16 | 48(0×30) | Sequece, Sequece of | FROM ASN.1 |
| 01 | 0 | 0 | 64 | IP address | FROM RFC1155-SMI |
| 01 | 0 | 1 | 65 | Counter | FROM RFC1155-SMI |
| 01 | 0 | 2 | 66 | Gauge | FROM RFC1155-SMI |
| 01 | 0 | 3 | 6 | TImetick | FROM RFC1155-SMI |

## CHAPTER 09 망 관리 프로토콜 SNMP

### (2) BER 인코딩의 예

〈그림 9-5〉는 BER에 의한 인코딩의 예이다.

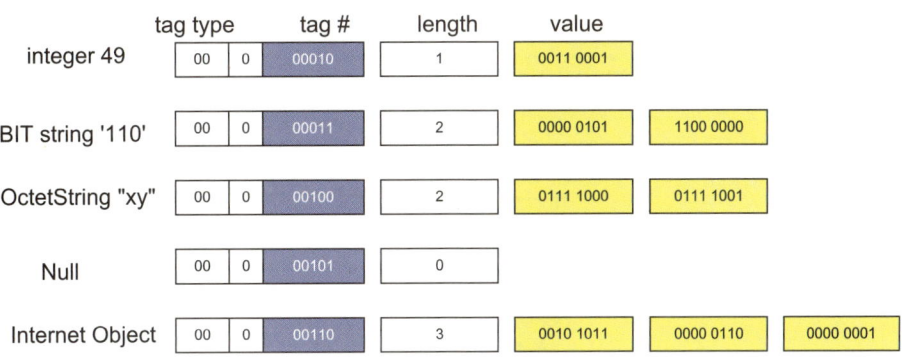

〈그림 9-5〉 BER 인코딩의 예

- BIT STRING '110'의 경우 : 길이 영역 다음의 값 5는 마지막 바이트 값에서 5개의 비트가 사용되지 않는 비트임을 표시한다.
- Object ID : Internet을 지시하는 object ID는 {1,3,6,1}이다. 모든 objcet ID의 첫 번째 바이트는 항상 (0,1,2)값 이하이고 2번째 바이트는 40이하이므로, 첫 2바이트 (a,b)는 (40a + b)로 한 바이트 길이로 인코딩된다. 따라서 Internet object의 value{1,3,6,1}은 {43, 6, 1}로 인코딩된다.
- 정수값 : 값이 127보다 작다면 8번째 비트를 '0'으로 하고 나머지 7비트로 값을 표시한다. 이러한 형태를 short form이라 한다. 하지만 값이 127보다 크다면 첫 번째 바이트의 8번째 비트를 '1'로 하고 나머지 7비트는 이후 정수값이 수납된 바이트 수를 표시한다. 이후 영역에 정수값을 수납한다. 이를 long form이라고 한다. 예를 들어 정수값 17을 표시할 때에는 short form이 사용되지만, 251(0xFB)인 경우에는 long-form 형식으로 인코딩된다.

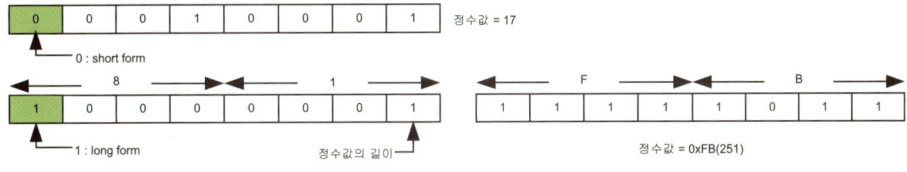

〈그림 9-6〉 정수값에 대한 BER인코딩 예

## 9.6 MIB(Management Information Base)

망의 각 장비는 계층별로 전송속도, 오류율, 송수신 프레임 수, IP 주소 등의 관리대상 항목을 유지하고 있다. 각 관리 대상 항목을 오브젝트라고 한다. 이러한 오브젝트의 현재 값은 MIB에 저장된다. MIB에 저장된 개별 오브젝트를 효율적으로 탐색하여 그 값을 추출하기 위하여 체계적으로 정리한 트리를 MIB 트리라고 부른다.

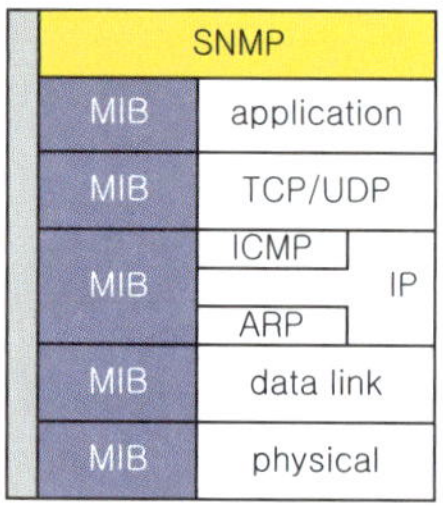

〈그림 9-7〉 각 계층별 MIB

### (1) MIB의 트리 구조

MIB를 구성하는 모든 object들은 계층적(tree)으로 배열된다. 각 오브젝트는 자신에 대한 식별자(OID : Object Identifier)를 가진다. Leaf 노드의 오브젝트 만이 실제값(Object Instance)을 가지며 나머지는 이들을 구분하는 그룹의 역할로 사용된다.

예를 들어 "sysDescription"오브젝트는 MIB트리에서 {1,3,6,1,2,1,1,1}의 Object ID로 식별되며, 이것은 {iso-org-dod-internet-mgmt-mib2-system-sysDesc}에 위치한다.

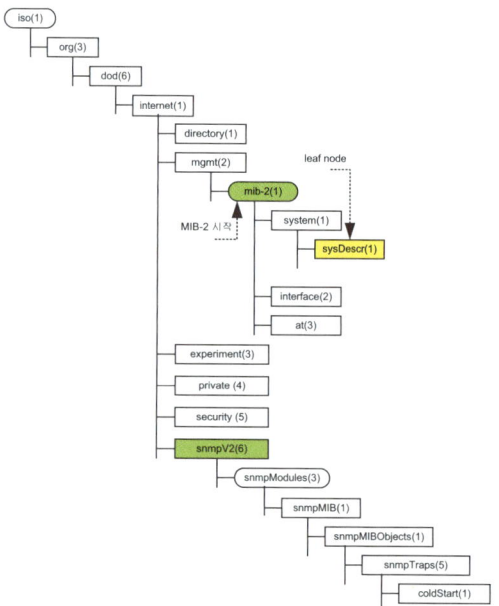

〈그림 9-8〉 MIB Tree

### (2) Object ID(OID)의 표현 형식

각 오브젝트의 식별자 즉 Object ID(OID)는 dotted decimal integer 형식으로서 고유한 이름을 가진다. 예를 들면 "1.3.6.1"이라는 OID는 iso.org.dod.internet을 의미한다.

### (3) MIB II

MIB II는 인터넷 관리 체제에서 사용되는 관리정보들을 정의하고 있다. 상세한 내용은 RFC 1213에 정의되어 있다. 또한 이것은 RFC 1155에 정의된 MIB-I의 내용을 모두 포함한다.

〈표 9-1〉은 MIB-2에 정의된 관리 대상 그룹을 나열한 것이다.

〈표 9-1〉 MIB-2의 관리 대상

| 그룹 | 설명 |
|---|---|
| System | 시스템에 대한 전반적인 정보 |
| Interface | 네트워크 인터페이스의 정보 |
| At | Address translation table에 대한 정보 |
| Ip | 시스템에서 IP와 관련된 정보 |
| Icmp | 시스템에서 ICMP 와 관련된 정보 |
| Tcp | 시스템에서 TCP와 관련된 정보 |
| Udp | 시스템에서 UDP와 관련된 정보 |
| Egp | 시스템에서 EGP와 관련된 정보 |
| Dot3 | 인터페이스의 전송방법과 프로토콜 정보 |
| Snmp | 시스템에서 SNMP와 관련된 정보 |

### (4) RFC 1155-SMI(Structure and Identification of Management Information)

이것은 RFC 1213-MIB가 import하는 것으로서 다음과 같이 기본적인 OID를 규정한 규격이다.

```
ccitt           OBJECT IDENTIFIER ::= { 0 }
null            OBJECT IDENTIFIER ::= { ccitt 0 }
iso             OBJECT IDENTIFIER ::= { 1 }
org             OBJECT IDENTIFIER ::= { iso 3 }
dod             OBJECT IDENTIFIER ::= { org 6 }
internet        OBJECT IDENTIFIER ::= { dod 1 }
directory       OBJECT IDENTIFIER ::= { internet 1 }
mgmt            OBJECT IDENTIFIER ::= { internet 2 }
experimental    OBJECT IDENTIFIER ::= { internet 3 }
private         OBJECT IDENTIFIER ::= { internet 4 }
enterprises     OBJECT IDENTIFIER ::= { private 1 }
snmpv2          OBJECT IDENTIFIER ::= { internet 6 }
```

## 9.7 SNMP(Simple Network Management Protocol)

### (1) SNMP의 동작

SNMP는 UDP 기반에서 관리자와 에이전트간의 Object를 GET/SET하기 위한 응용 계층 프로토콜이다. RFC 1157에 정의되어 있다.

SNMP의 동작은 기본적으로 관리자가 agent의 UDP 포트 161에게 GET/SET 요청 메시지를 보내고, agent가 이에 응답하는 형태이다. 또한 agent가 정전되거나 리셋될 때와 같이 예상치 못한 이벤트가 발생할 때 이를 관리자에 통보하는 TRAP메시지도 사용된다. 이 경우 관리자의 UDP 포트 162로 전달된다. 참고로 proxy SNMP 에이전트는 SNMP를 지원하지 않는 장비를 위하여 SNMP 기능을 대행하는 장비로써 snmpv2에 정의되어 있다.

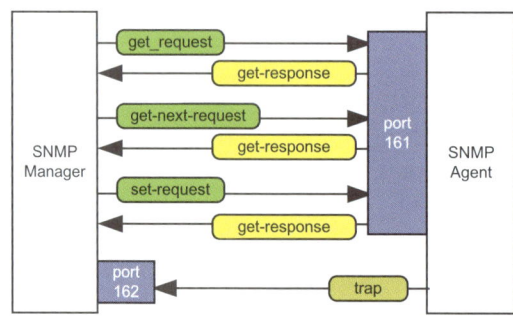

〈그림 9-9〉 SNMP 의 동작

다음은 이러한 5가지의 v1 SNMP-PDU의 종류와 특징을 정리한 것이다.

| | |
|---|---|
| get-request | 매니저가 에이전트의 특정 MIB 변수값을 read할 때 송신된다. |
| get-next-request | Get-request와 유사하다. 요청하는 OID 값의 다음 항목의 응답을 요구한다. |
| get-response | 에이전트가 매니저에게 응답하는 메시지이다. |
| set-request | 특정 MIB 변수값을 매니저가 설정할 때 사용된다. |
| Trap | 매니저가 요구하지 않더라도 에이전트에 의해 자의적으로 송신된다. 예를 들어, 시스템이 down되거나 새로 부팅될 때 매니저에게 이 사실을 알릴 때 사용된다. |

### (2) Get-Request의 활용

에이전트 내의 특정 Object를 GET할 때 사용된다. 예들 들면 다음과 같이 지시된 OID(1.3.6.1.2.1.1.1 = "sysDescr")에 해당되는 OID(1.3.6.1.2.1.1.1.0 = "sysDescr")와 해당 값 (예 : "Linux Router")을 응답한다. 여기서 응답 OID의 마지막 값 0은 인스턴스의 의미로서 OID에 해당되는 value가 있음을 의미한다.

CHAPTER 09 망 관리 프로토콜 SNMP

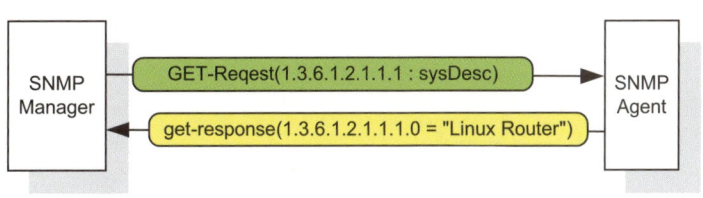

〈그림 9-10〉 Get-Request를 사용하여 "sysDesc"를 GET하는 예

### (3) Get-Next-Request의 활용

이것은 에이전트내의 Object를 연속적으로 GET할 때 사용된다. 예들 들면 다음과 같다.
- 1.3.6.1.2.1.1.1은 "system"그룹을 지시하는 Object ID(OID)이다. 이 그룹에 정의된 7개의 object를 연속하여 GET할 때 Get_Next_Request PDU를 사용하여 모두 query하고자 한다.

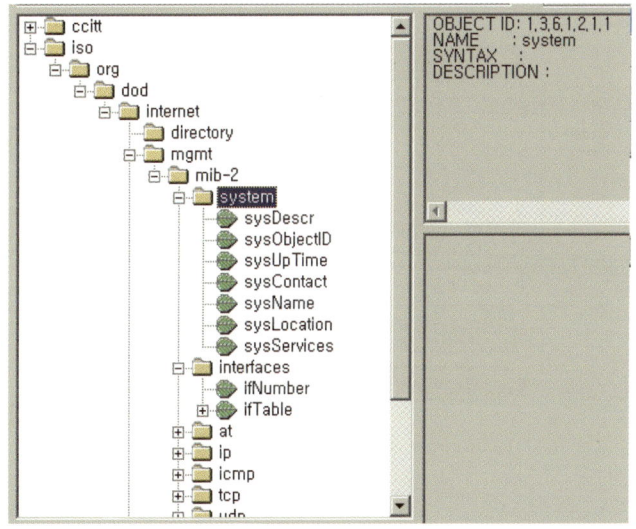

〈그림 9-11〉 MIB Browser도구를 이용한 Get-Next Request절차의 예

- 매니저 : "system" 그룹의 OID=1.3.6.1.2.1.1를 사용하여 에이전트에 Get-Next-Request 한다.
- 에이전트 : OID tree에서 알 수 있듯이 지시된 OID("system")의 next OID는 "sysDescr OID"이다. 에이전트는 (1.3.6.1.2.1.1.1.0 = "sysDescr")와 해당 값(예 : "Linux Router") 을 응답한다.
- 매니저: 응답받은 OID (1.3.6.1.2.1.1.1.0 = "sysDescr")이 수록된 Get_Next_Request PDU를 에이전트에 송신한다.
- 에이전트 : 지시된 OID 의 next OID= 1.3.6.1.2.1.1.2.0와 이에 해당되는 "sysObjectID" 값을 응답한다.
- 이후 유사한 작업을 반복한다
- 매니저 : 마지막 항목인 "sysServices" OID (1.3.6.1.2.1.1.7.0)를 수신한다. 계속해서 1.3.6.1.2.1.1.7.0(sysServices)가 수 납된 Get_Next_Request PDU를 에이전트로 송신한다.
- 에이전트 : sysServices" 다음 항목인 "Interface" 그룹의 "ifNumber"의 OID와 값을 응답한다.

● 매니저 : 이 응답은 자신이 원하던 "system" 그룹에 대한 것이 아니므로 무시하고 동작을 중지한다.

이러한 Get-Next Request PDU를 사용하면 관리 대상 시스템의 오브젝트의 개수가 일정하지 않을 때 유용하다. 예를 들어 인터페이스 개수가 여러 개인 라우터가 있다면 매니저는 Get-Request 메시지를 몇번 송신해야 하는지 난감할 때를 해결할 수 있다. 또한 get-next request 메시지는 해당 항목에 관련된 sub-tree의 항목들을 연속해서 가져올 수도 있고, OID를 모를 때에도 사용할 수 있다.

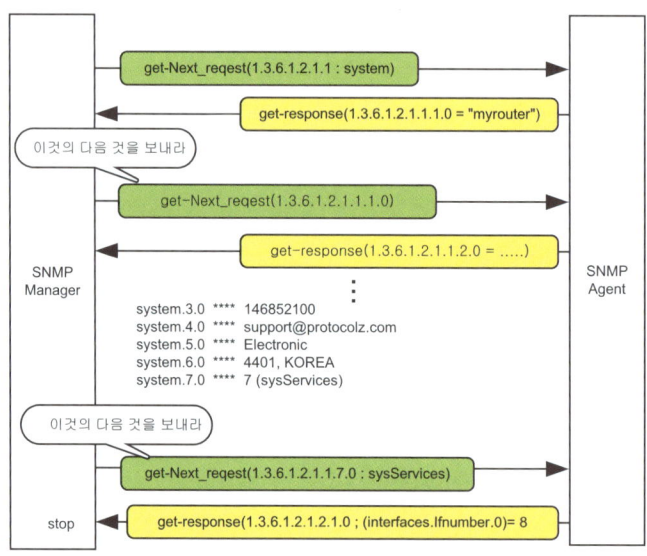

〈그림 9-12〉 Get-Next Request의 동작절차 예

## 7.8 SNMP 메시지 형식과 인코딩

### (1) 형식

RFC 1157에 정의된 SNMP version 1 패킷의 형식은 다음과 같다.

```
1   RFC1157-SNMP DEFINITIONS ::= BEGIN
2
3   IMPORTS
4      ObjectName, ObjectSyntax, NetworkAddress, IpAddress, TimeTicks FROM RFC1155-SMI;
5
6   Message ::= SEQUENCE {
7      version  INTEGER { version-1(0) },
8      community OCTET STRING,
9      data ANY -- PDUs
10  }
11
12  PDUs ::= CHOICE {
13     get-request    GetRequest-PDU,
14     get-next-request GetNextRequest-PDU,
```

```
15      get-response GetResponse-PDU,
16      set-request SetRequest-PDU,
17      trap Trap-PDU
18    }
19
20    -- PDUs
21    GetRequest-PDU ::= [0] IMPLICIT PDU
22    GetNextRequest-PDU ::=[1] IMPLICIT PDU
23    GetResponse-PDU ::=[2] IMPLICIT PDU
24    SetRequest-PDU ::= [3] IMPLICIT PDU
25
26    PDU ::= SEQUENCE {
27      request-id INTEGER,
28      error-status INTEGER {
29        noError(0), tooBig(1), noSuchName(2), badValue(3), readOnly(4), genErr(5)
30      },
31      error-index     INTEGER,
32      variable-bindings   VarBindList
33    }
34
35    Trap-PDU ::= [4] IMPLICIT SEQUENCE {
36      enterprise  OBJECT IDENTIFIER,
37      agent-addr NetworkAddress,
38      generic-trap INTEGER {
39  coldStart(0), warmStart(1), linkDown(2), linkUp(3), authenticationFailure(4),egpNeighborLoss(5), enterpriseSpecific(6)
40      },
41      specific-trap INTEGER,
42      time-stamp     TimeTicks,
43      variable-bindings VarBindList
44    }
45    VarBind ::=SEQUENCE {
46      name   ObjectName,
47      value  ObjectSyntax
48    }
49    VarBindList ::= SEQUENCE OF  VarBind
50
51    END
```

이렇게 ASN.1 형식으로 기술된 SNMP PDU는 다음과 같이 해석될 수 있다.

| 그룹 | 설명 |
| --- | --- |
| 3-4 | ObjectName, ObjectSyntax, NetworkAddress, IpAddress, TimeTicks 등에 대한 형식은 모두 RFC 1155-SMI에서 import한다. |
| 6-10 | 이 SNMP PDU의 Message 형식은 version과 community 그리고 PDUs 형식으로 구성되어 있다. |
| 12-18 | PDUs의 종류는 GetRequest-PDU, GetNextRequest-PDU, GetResponse-PDU, SetRequest-PDU, Trap-PDU가 있으며, 이들의 식별번호는 0부터 4까지이다. |
| 20-24 | TRAP을 제외한 PDUs들은 모두 PDU 형식을 가지고, TRAP PDU는 TRAP-PDU 형식을 가진다. 이들에 대한 식별자는 0부터 4까지이다. |

| 26-33 | 각 PDU는 request-id, error-status (0..5), error-index, 그리고 variable-bindings형식의 VarBindList로 구성된다. |
| --- | --- |
| 35-45 | 반면에, TRAP-PDU는 OBJECT IDENTIFIER 형식의 enterprise, 에이전트-addr, TRAP의 원인코드 식별자인 generic-trap (0..6), specific-trap, time-stamp 그리고 variable-bindings 형식의 VarBindList로 구성된다. |
| 46-50 | 모든 PDU에서 공통적으로 사용되는 VarBind 는 ObjectName 형식의 name과 ObjectSyntax 형식의 value로 구성된다. 그리고 이들의 array는 VarBindList이다. |

### (2) 메시지 상세

앞에서 짐작했겠지만 SNMP메시지의 각 영역은 모두 BER에 의해 인코딩되므로 내용에 따라 가변적인 길이를 가진다. 다음은 각 항목에 대한 상세이다.

- Version : 현재 version 3까지 있으며 실제 인코딩 시에는 1을 뺀 값이 사용된다. 즉 version 영역의 값이 0이면 version은 1이다. Version 2에서는 system group의 Object 3가지가 추가되었다.
- Community : 보안을 위한 용도로 보안을 고려하지 않는다면, "public" 문자열이 사용된다.
- PDU type : 0 : get-request; 1:get-next-request; 2:set-request, 3 : get-response, TRAP 등의 종류를 명시한다.
- Request ID : 순서 번호이다. 요청과 응답간의 메시지를 식별한다.
- Error status : 오류의 종류를 표시하는 숫자이다. 당연히 응답메시지에만 의미가 있다. 요청메시지에는 0이 사용된다.
- Error index : 오류 발생 변수 항목을 지시한다.
- VarBindList : Object와 value 쌍으로 구성된 여러 개의 varBind 항목을 나열한 것이다.

| | | |
| --- | --- | --- |
| IP header | IP header | |
| UDP header | Protocol = 17 | |
| PDU_type | version | SNMP 버전 |
| | community | SNMP 응용 프로그램 개체들과 하나의 SNMP 대리자의 집합 |
| | PDU_type | 0 : get-request; 1: get-next-request; 2 : set-request, 3 : get-response |
| | request ID | 각각의 request마다 고유한 ID를 주어 request를 구분한다. |
| | error status | 0= NoError<br>1 = TooBig = 대리자가 보낼 응답 메시지가 너무 클 때<br>2 = NoSuchName = 지정한 변수 값이 없을 때<br>3 = BadValue = 잘못된 값이나 문법을 입력했을 때<br>4 = ReadOnly= 읽기만 가능한 값을 수정하려 할 때<br>5= GenError = 기타 오류 |
| | error index | 기본값 0, 0이 아닌 경우 에러 원인에 대한 부가정보를 제공 |
| | Varaible binding | request에 따른 변수의 리스트 (보통 OID와 해당 값) |

〈그림 9-13〉 SNMPv1 메시지의 형식 - Request/Response

| | | |
|---|---|---|
| IP header | IP header | |
| UDP header | Protocol = 17 | |
| PDU_type | version | SNMP 버전 |
| | community | SNMP 응용 프로그램 개체들과 하나의 SNMP 대리자의 집합 |
| | PDU_type = 5 | Trap |
| | type of object | Trap을 발생시킨 객체의 유형으로 sysObjectID를 기준으로 한다. |
| | address of object | Trap 을 발생시킨 객체의 주소 |
| | generic trap type | 0 = ColdStart = 에이전트가 처음 초기화 되었을 때<br>1 = WarmStart = 에이전트가 다시 초기화 되었을 때<br>2 = LinkDown = 인터페이스의 상태가 up에서 down으로 바꿔었을 때<br>3 = LinkUP = 인터페이스의 상태가 down에서 up으로 바꿔었을 때<br>4 = Authentication = SNMP 매니저로부터 받은 메시지의 community가 맞지 않을 때<br>5= EgpNeighborloss = EGP peer가 down state로 바꿔었을 때<br>6 = EnterpriseSpecific = trap에서 specific code의 정보를 볼 때 |
| | Additional information | 기본값 0, 0이 아닌 경우 에러 원인에 대한 부가정보를 제공<br>request에 따른 변수의 리스트 (보통 OID와 해당 값) |

〈그림 9-14〉 SNMPv1 메시지의 구조 - trap

### (3) BER 인코딩된 SNMP 메시지의 예

RFC 1157에 정의된 SNMPv1 메시지의 일반적인 형식은 다음과 같다. Sequence 형식은 서로 상이한 항목으로 구성된 집합이다. varBindList는 동일한 VarBind 항목들의 집합이므로 SEQUENCE OF로 정의되어 있다.

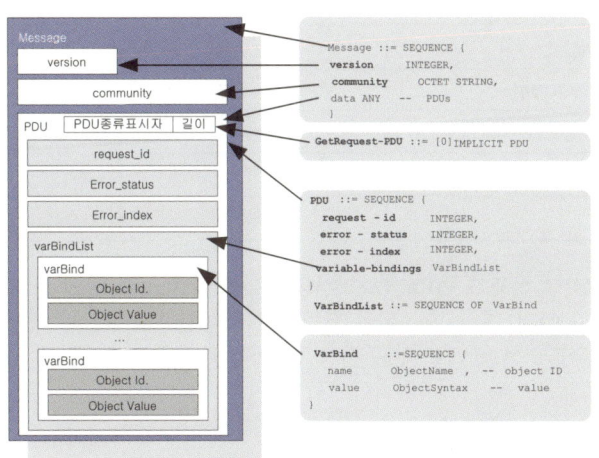

〈그림 9-15〉 BER 인코딩에 의한 SNMP PDU의 개괄적인 형식

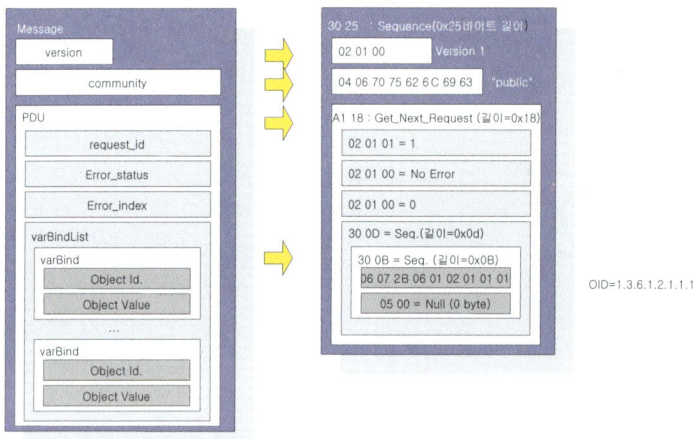

〈그림 9-16〉 BER 인코딩 결과

- SNMP 메시지 : Sequence 형식이므로, Tag=0x30, Length=0x25, Value=나머지 전체 영역으로 인코딩된다.
- Version : 정수 형식이므로, {T-L-V}는 {02-01-00}로 인코딩된다. Value=0은 버전 1임을 의미한다.
- Community : "public" 문자열이므로, Tag와 Length값은 각각 04, 06로 인코딩된다.
- PDU : 다섯 종류의 SNMP PDU들 중에 하나임을 의미하는 CHOICE 형태로 정의되어 있다. 그리고 이 PDU 의 길이는 0x18바이트이고 Value는 나머지 전체 영역이다. 각 PDU는 implicit하게 정의되어 있다. 여기서 implicit의 의미는 SNMP 응용에서 서버와 클라이언트간에 묵시적으로 정의된 형식(context-specific)임을 의미한다. 따라서 sequence형식을 사용하는 대신에 다음과 같이 코딩된다.

```
Class  = context-specific class (10)
Form   = Sturctured (1)
Tag value = CHOICE에 의한 순서 번호
```

따라서 5 가지 종류의 PDU들의 식별자는 다음과 같이 BER 인코딩된다.

| Get_Request | 0xA0 |
| --- | --- |
| Get_Next_Request | 0xA1 |
| Get_Response | 0xA2 |
| Set_Request | 0xA3 |
| Trap | 0xA4 |

- Request_id, error_status, error_index: 모두 정수 형식이므로 각각 3바이트씩 인코딩된다.
- VarBindList : 여러 개의 VarBind 항목으로 구성된 Sequence 형식이므로 Tag 값은 0x30이다. 길이는 여러 개의 VarBind 항목에 대한 총 길이이다. Value는 여러 개의 VarBind들이다.
- VarBind : Sequence 형식이므로 Tag값은 0x30이다. Vaule는 Object ID와 Object Value로 구성된다.

- **Object ID** : Tag 값은 06이다. 이 예에서는 "system" 그룹의 첫 번째 OID인 "sysDescription"에 대한 요청을 하였으므로 해당 OID 값은 1.3.6.1.2.1.1.1이다.
- **Object value** : Get요청이므로 해당 값은 없다. Null값으로 인코딩되어 있다.

이 요청 패킷에 대한 응답은 다음과 같다. 요청된 "sysDescription" 오브젝트에 대한 값으로 "Passport-8606 …" 시스템 이름이 수납되어 있음을 알 수 있다.

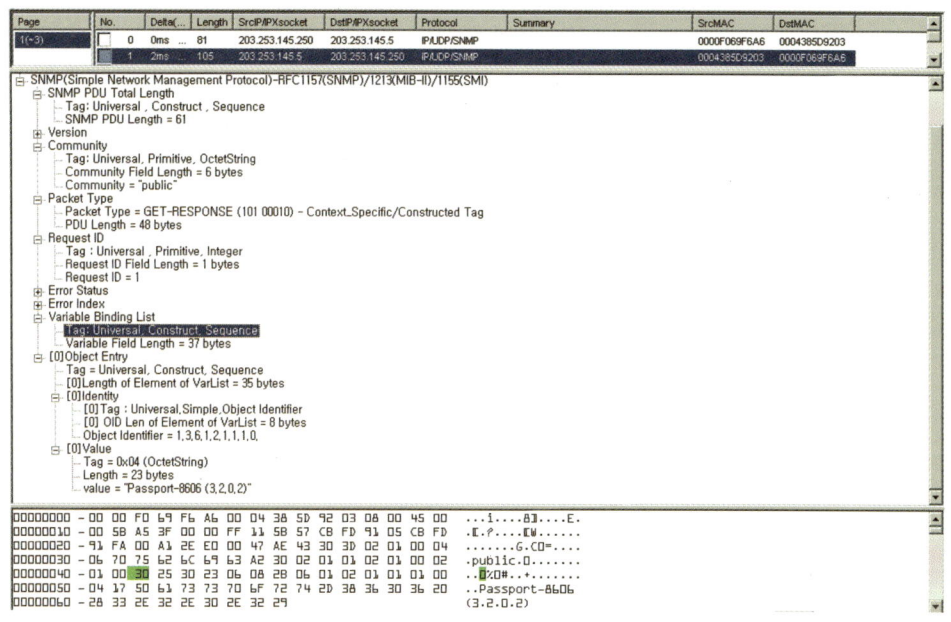

〈그림 9-17〉 SNMP Get-Repsonse 메시지의 예

## 9.9 SNMPv2[참고]

SNMP v2에서는 VarBind항목 수가 많은 긴 SNMP 패킷의 효율적인 전달을 지원하기 위하여 새로운 GET-BULK-REQUEST PDU가 추가되었다. 또한 Trap의 경우 별도의 Trap PDU 대신에 GET 등의 PDU와 동일한 형식을 가지도록 하고, trap 종류는 varBind 영역의 snmpTrapOID에 수납된다.

그리고 Trap 메시지와 동일한 형식의 Inform-PDU도 추가되었다. 이것은 매니저가 다른 매니저에게 Trap 메시지를 전송하고 응답받는 일종의 confirmed Trap 용으로 사용된다. 이러한 SNMPv2는 RFC 1905/1906 표준과 community 기반의 security 기능을 지원하는 RFC 1901 SNMPv2C, 사용자 인증 및 암호 기능을 지원하는 RFC1909 SNMPv2U로 구성된다.

SNMP version 2의 Get, GetNext, Inform, Response, Set , Trap PDU의 형식과 Get-Bulk-Request PDU의 형식은 각각 다음과 같다.

| UDP header | port = 161/162 | |
|---|---|---|
| | Version =1 | SNMP 버전 |
| | community | SNMP 응용 프로그램 개체들과 하나의 SNMP 대리자의 집합 |
| PDU_type | PDU_type | 0 : get-request; 1: get-next-request; (2 : get-bulk-request), 3 : response; 4: set-request; 5: Inform-request<br>6 : snmpv2-trap; 7: report |
| | request ID | |
| | error status | |
| | error index | 기본값 0, 0이 아닌 경우 에러 원인에 대한 부가 정보를 제공 |
| Binding List | Varaible bind 1 | request에 따른 변수의 리스트 (OID와 해당 value) |
| | ... | |
| | Varaible bind n | |

| UDP header | port = 161 | |
|---|---|---|
| | Version =1 | SNMP 버전 =2 |
| | community | SNMP 응용 프로그램 개체들과 하나의 SNMP 대리자의 집합 |
| PDU_type | PDU_type | 2 : get-bulk-request |
| | request ID | 각각의 request마다 고유한 ID를 주어 request를 구분한다. |
| | Non Repeaters | Integer |
| | Max Repetitions | Integer |
| Binding List | Varaible bind 1 | |
| | ... | |
| | Varaible bind n | |

## 9.16 SNMP Trap

### (1) SNMP v1 Trap 메시지

SNMP v1 Trap 메시지는 에이전트가 매니저의 UDP 162번 포트로 전송된다. 이 메시지 형식은 다음과 같다.

특별히 generic-trap 영역은 trap의 이유를 표시한다. 그리고 trap 기능을 에이전트에 설정할 때에는 반드시 trap 메시지를 수신한 매니저의 IP 주소를 지정해야만 한다.

CHAPTER 09 망 관리 프로토콜 SNMP

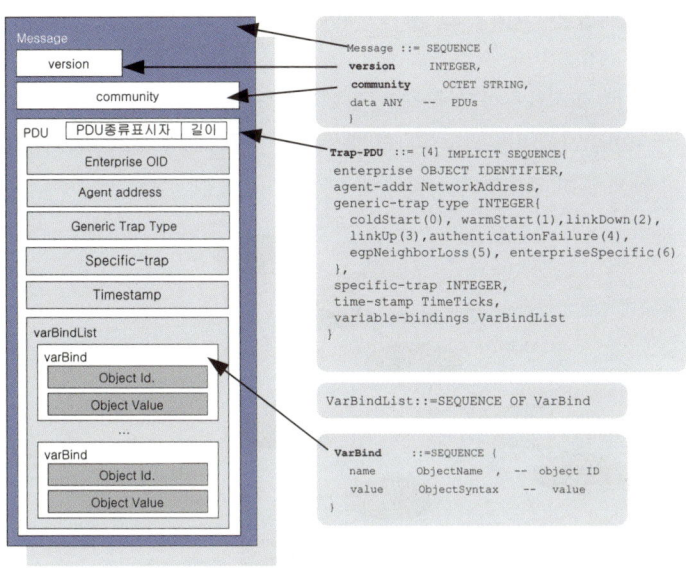

〈그림 9-18〉 BER 인코딩된 SNMP v1 Trap 메시지의 형식

### (2) SNMP v2 Trap 메시지

SNMP v2 Trap 메시지는 v1 Trap메시지와 달리 GET 등의 메시지 형식과 동일하다. 다만 coldStart 등의 Trap종류는 varBind 영역에 수납된다. 이때 첫 번째 varBind값은 항상 SNMPv2-MIB::sysUptime(1.3.6.1.2.1.1.3.0) 이다. 두 번째 varBind값에 trap 종류가 수납된다. 예를 들어 coldStart Trap인 경우 두 번째 varBind는 {OID=SNMPv2-MIB::snmpTrap OID.0(1.3.6.1.6.3.1.1.4.1.0), value = coldStart OID값("1.3.6.1.6.3.1.1.5.1" (SNMPv2-MIB::snmpTraps.1))}로 구성된다. 여기서 coldStart OID값은 v1에 정의된 trap type에 1이 더해진 값임 알 수 있다.

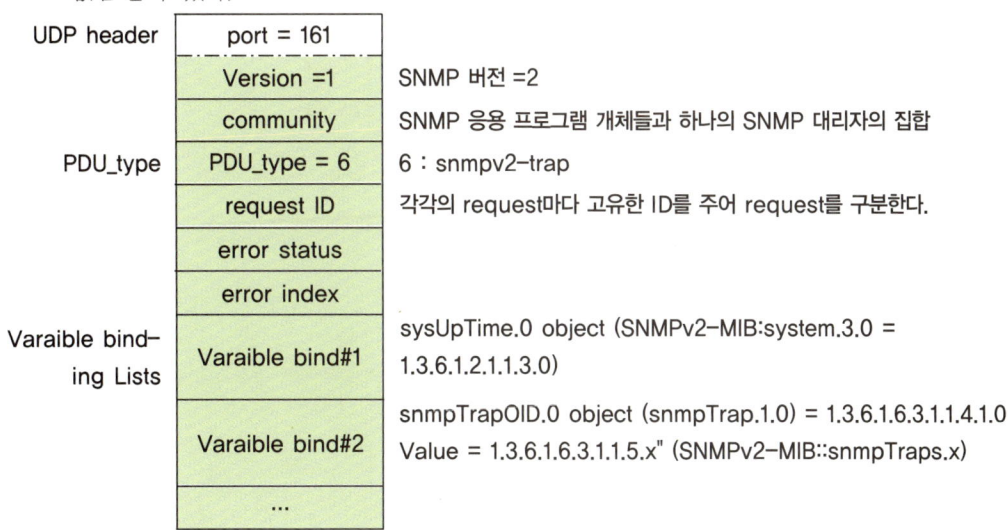

〈그림 9-19〉 snmpv2-Trap 메시지의 형식

## 9.11 다중 항목에 대한 처리 과정

라우터의 Interfaces 그룹의 여러 항목에 대한 질의를 Get_Next_Request로 수행한다고 하자. 광주 라우터는 3개의 인터페이스 eth0~eth2를 가진다. 이때 광주 라우터의 인터페이스 MIB는 〈그림 9-20〉과 같은 트리 구조로 구성된다.

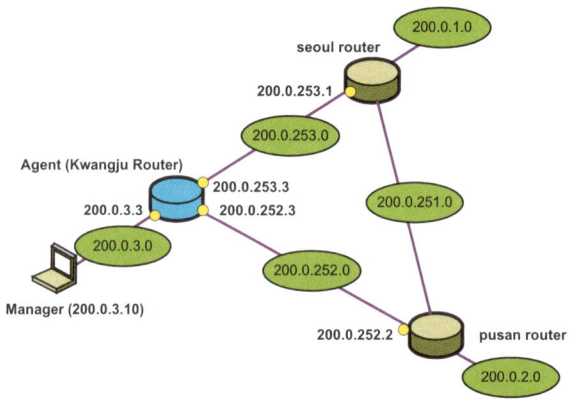

〈그림 9-20〉 Agent의 예

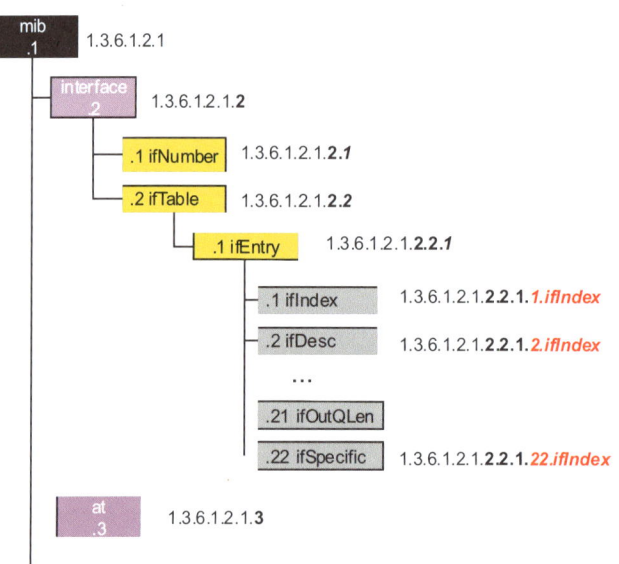

〈그림 9-21〉 Interface 그룹의 MIB 형태

이 라우터의 ifNumber는 3이고, ifTable 형식의 ifEntry에는 ifIndex, ifDesc,…등 22개씩의 항목들이 들어 있다. 이러한 3 개의 인터페이스에 대한 세부적인 동작상황에 대하여 Get_Next_Request로 질의한다고 하자. 이 경우 ifEntry의 각 항목은 3개의 interface에 대하여 〈그림 9-22〉와 같은 순서로 질의된다.

특기할 사항은 각 Object들의 끝에는 ifIndex라고 하는 index값이 부착된다. 이것은 질의한 매니저가 이 index값으로부터 해당 정보가 어떤 interface에 해당되는 것인지 알 수 있도록 한다.

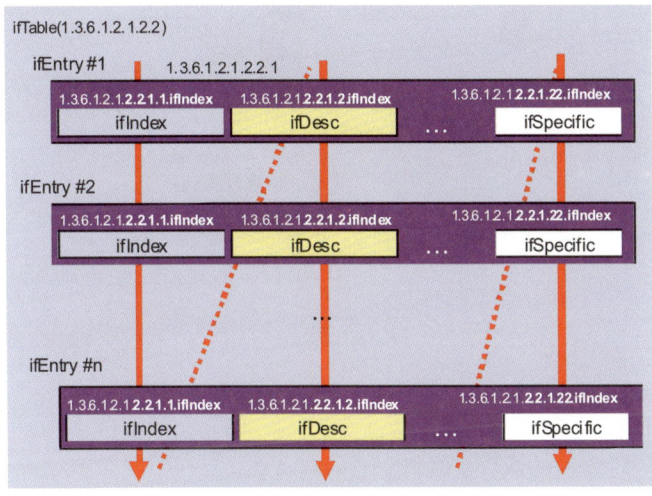

〈그림 9-22〉 Table 형식의 MIB에 대한 response 순서

이러한 indexing 기법은 이러한 테이블 형태를 사용하는 다른 오브젝트에서도 사용된다. 이때 indexing값은 table object의 종류마다 다음과 같이 다르다.

| Table objects | INDEX의 내용 |
|---|---|
| ifEntry | { ifIndex } |
| atEntry | { atIfIndex, atNetAddress } |
| ipAddrEntry | { ipAdEntAddr } |
| ipRouteEntry | { ipRouteDest } |
| ipNetToMediaEntry | {ipNetToMediaIfIndex, ipNetToMediaNetAddress } |
| tcpConnEntry | {tcpConnLocalAddress, tcpConnLocalPort, tcpConnRemAddress, tcpConnRemPort } |
| udpEntry | { udpLocalAddress, udpLocalPort } |
| egpNeighEntry | {EgpNeighAddr} |

## 9.12 SNMP 에이전트 설치

**STEP 1** 매니저와 관리 대상이 되는 라우터 및 PC를 다음과 같이 구성한다.

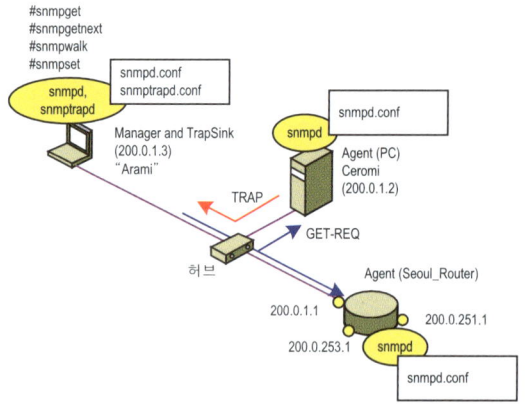

〈그림 9-23〉 SNMP Agent 설치 실험 환경

이번 실험에서 사용한 설정 내용은 아래와 같다.
- 매니저인 Arami의 IP 주소 : 200.0.1.3
- 에이전트인 Ceromi PC 의 IP 주소 : 200.0.1.2
- 에이전트인 서울 라우터의 IP 주소 : 200.0.1.1

**STEP 2**  리눅스용 snmp에이전트 모듈인 net-snmp와 매니저용 도구인 net-snmp-utils를 라우터 등의 에이전트 시스템과 매니저에 모두 설치한다. 이것은 ucd-snmp에서 발전된 것이다.

```
# yum -y install net-snmp net-snmp-utils net-snmp-devel net-snmp-perl perl-Net-SNMP
```

**STEP 3**  Ceromi와 서울 라우터의 SNMP agent의 설정 파일은 snmpd.conf이다. 이것은 /etc/snmp 폴더에 있다. 이 파일을 열어 일부를 수정한다.

```
Ceromi@root] #vi /etc/snmp/snmpd.conf
...
#sysLocation Unknown
sysLocation 1st Floor Room 214 KAU SEOUL
...
[Ceromi@root] #
```

**STEP 4**  Snmp 데몬을 다음과 같이 시동한다.

```
# yum -y install net-snmp net-snmp-utils net-snmp-devel net-snmp-perl perl-Net-SNMP
```

또는

```
[Ceromi@root] # /etc/init.d/snmpd restart
```

## 9.13 SNMP 매니저 설치 및 GET-REQUEST 실험

**STEP 1** 매니저에서 snmp 정보를 요청하기 위하여 리눅스용 snmp 관련 도구인 snmp-walk, snmpget, snmpgetnext, snmpset, snmptrap 등을 사용한다. 이것은 net-snmp에 함께 있다. 참고로 윈도우용으로는 MIB Browser가 있다.

**STEP 2** 매니저에서 에이전트 Ceromi(200.0.1.2)의 "SysDesr" 항목에 대한 GET-Request를 수행한다. 이를 위하여 snmpget 명령어를 사용한다. 이때 -v는 SNMP 버전 2c이며, -c는 community로써 "public"이 사용한다.

```
# snmpget -v 2c -c public 200.0.1.2 sysDescr.0
SNMPv2-MIB:: sysDescr.0 = STRING: Linux Ceromi.west.com 2.6.29.4-167.fc11.i586 #1 Thu Apr 18 07:37:53 EDT 2010 i686
#
```

[참고] 윈도우용 MIB Browser를 사용해도 좋다.

**STEP 3** 앞의 수행 과정에서의 패킷을 수집하여 분석한다. 이때 2 개의 SNMP 메시지가 상호간에 교환된다.

### (1) get-request 패킷의 분석

다음 그림은 GET_NEXT-REQUEST 패킷을 분석한 것이다. SNMP의 시작은 '30' 부터이다.

```
00000020   91 05 2E E0 00 A1 00 2F E7 97 | 30 25 | 02 01 01 04
                                          SNMP    SNMP Versiondest
                                          Message Field (v2)
                                          Length=37

00000030   06 70 75 62 6C 69 63 | A0 18 | 02 01 01 | 02 01 01 02
           SNMP Community = 'public'  PDU TYPE   Request ID   Error State
                                      Get Request ID = 1      'No error'
                                      Request ID

00000040   01 00 | 30 0D | 30 0B | 06 07 | 2B 06 01 02 01 01 | 05
           Error  Variable Object  OID    OBJECT ID           NULL
           Index  Binding  Etry    Length = 7  1.3.6.1.2.1.1.1

00000050   00
```

- 0x2A~0x2B번째 바이트 값인 30과 25는 다음과 같이 해석된다.
  - 0x30 = 00 1 10000 : 첫 2 비트인 00은 class tag로서 Universal tag이다. 3째 비트는 1이므로 construct type, 즉, struct 형태이다. 나머지 비트 값이 '10000' 이므로 SEQUENCE 형식임을 알 수 있다.
  - 0x25 : 이러한 SEQUENCE 형태의 내용 길이가 총 37바이트임을 표시한다.
- 0x2F~0x36의 바이트 열은 다음과 같이 해석된다.
  - 0x04 = 00 0 00100 : Universal tag이고, simple type이다. 나머지 5 비트의 값이 4이므로 Octet string 형식임을 알 수 있다.

- ■ 0x06 = 이 Octet string의 길이가 총 6바이트임을 표시한다. 나머지 6바이트 길이의 "public"이라는 community 스트링을 표시한다.
- ● 0x37-38 의 바이트 열은 다음과 같이 해석된다.
  - ■ 0x06 = 이 Octet string의
  - ■ 0x18 : 이후의 총 길이가 24바이트임을 의미한다.
- ● OID 영역의 길이는 7바이트이고, 그 값은 "1.3.6.1.2.1.1.1" 즉 "sysDescr"이다.

### (2) response 메시지

다음 그림은 SNMP response 메시지에 대한 분석 결과이다. Ceromi로부터 OctetString 형식의 system Description object에 대한 응답인 "Linux ceromi.west.com…"라는 긴 메시지가 되돌아 왔음을 확인할 수 있다.

```
00000020  91 3B 00 A1 2E E0 01 06 70 CB  30 81 FB 02 01 01
          UDP Field (v2)                 SNMP            Version = 2
          src port = 161                 Message Length
                                         = 251 byte

00000030  04 06 70 75 62 6C 69 63  A2 81 ED 02 01 01 02 01
          SNMP Community = 'public'  PDU Type      Request ID = 1  Error
                                     Get Response                  Status=0

00000040  00 02 01 00 30 81 E1 30 81 DE 06 08 2B 06 01 02
          Error         Variable Binding Object Entry  OID  OID = 1.3.6.1.2.1.1.1.0
          Index         Length = 225     Length = 222byte Length = 8

00000050  01 01 01 00 04 81 D1 4C 69 6E 75 78 20 63 6F 72
                       Type             Linux ceromi.west.com 2.6.29.4-167.fc11.i586 …
                       = Octet String
                       Length = 209
```

## 9.14 GET-NEXT-REQUEST 실험

### (1) snmpgetnext 명령어 사용

이것은 지시한 OID의 next OID를 요청할 때 사용된다. 예을 들어 system.sysDescr.0 에 대한 정보를 요청하면 다음 OID인 system.sysObjectID.0 의 정보를 응답받는다. 이 과정의 패킷을 수집하여 분석한다.

```
[root@manager_arami]# snmpgetnext -v 2c -c public 200.0.1.2 sysDescr.0
SNMPv2-MIB:: sysObjectID.0 = OID: NET-SNMP-MIB::netSnmpAgentOIDs.10
#
```

### (2) snmpwalk 명령어 사용

이것은 snmpgetnext의 기능을 확장한 명령어로써 지정된 OID 그룹에 속한 하위 OID정보를 GET-NEXT-REQUEST메시지를 사용하여 연속하여 가져온다. 이 과정의 패킷을 수집하여 분석한다. 여기서 DISMAN은 Distributed management Group의 의미이다.

## CHAPTER 09 망 관리 프로토콜 SNMP

```
[root@manager_arami]# snmpwalk -v 2c -c public 200.0.1.2 system
SNMPv2-MIB::sysDescr.0 = STRING: Linux Ceromi.west.com 2.6.29.4-167.fc11.i586 #1 Thu Apr 18 07:37:53 EDT
2010 i686
SNMPv2-MIB::sysObjectID.0 = OID: NET-SNMP-MIB::netSnmpAgentOIDs.10
DISMAN-EVENT-MIB::sysUpTimeInstance = Timeticks: (211798) 0:35:17.98
SNMPv2-MIB::sysContact.0 = STRING: …
…
#
```

**STEP 1** [필요 시] 서울 라우터 에이전트에게 라우팅 테이블에 대한 정보를 요청한다. 결과에서 볼 수 있듯이 이 라우터는 200.0.1.0, 200.0.251.0, 200.0.253.0 등 3개의 망을 연결하고 있음을 알려주고 있다. 아래 그림은 상용 MIB Browser(윈도우용)를 사용한 에이다.

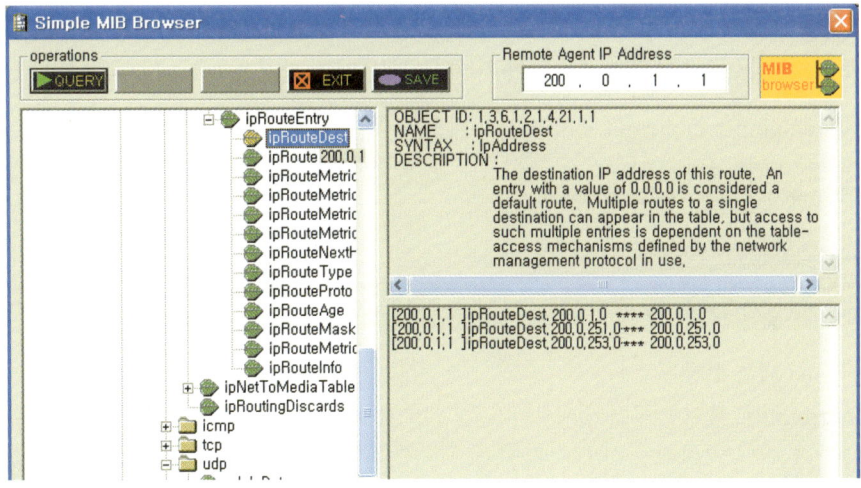

### 9.15 SET- REQUEST 실험

snmpset 명령어를 사용하여 해당 OID의 값을 설정한다.

### 9.16 Trap v1 관련 실험

**STEP 1** 먼저 v1 trap절차를 시험한다. 에이전트 Ceromi(200.0.1.2)가 Arami매니저(200.0.1.3)에게 긴급 메시지를 보고할 수 있도록 매니저의 IP 주소를 설정한다. 이때 매니저를 trapsink라고 부른다. 이를 위하여 다음과 같이 에이전트 Ceromi의 snmp 설정 파일인 snmpd.conf 파일을 열어 마지막 부분에 추가한다.

```
[root@agent_ceromi] # vi snmpd.conf

File "/etc/snmpd.conf" 2029 bytes. Press F1 to toggle help.
#
# view configuration
…
# [이하 추가되는 부분]
#send v1 traps
trapsink   200.0.1.3 public
#also send V2 traps
trap2sink 200.0.1.3 public

authtrapenable 1
```

**STEP 2** 매니저 컴퓨터(Arami)에 snmptrapd를 다음과 같이 설정하고 실행한다. 이것은 에이전트로부터의 trap 메시지를 수신하여 처리하는 데몬이다. 데몬은 /usr/sbin/snmptrad이다.

ㄱ) /etc/snmp/snmptrapd.conf 파일의 내용을 수정한다.

```
[manager_arami] #vi snmptrad.conf
# Example configuration file for snmptrapd
…
disableAuthorization yes   <-- 추가
authCommunity log, execute, net public <-- comment 삭제
 [manager_ceromi] #
```

ㄴ) trapd 데몬 수행
Foreground로 해당 데몬을 실행시켜 trap 수신 시 화면에 실시간으로 출력하도록 한다.

```
[manager_arami] # snmptrapd -v 1 -f -Lo  -d
NET-SNMP version 5.4.2.1
```

[참조] 백그라운드로 실행한 경우 해당 프로세스를 kill하려면 다음과 같이 pid를 알아낸 후 해당 pid를 kill한다.

```
[manager_arami] # ps -aux | grep snmptrapd
Root 27033 … snmptrapd
[manager_arami] # kill 27033
```

ㄷ) ceromi의 다른 console 창에서 다음 명령어로 시험한다. 참고로 snmptrap의 형식은 다음과 같다.

```
snmptrap  -v 1 [-c community] trapsink주소 enterprise-oid agent generic-trap specific-trap uptime [OID TYPE VALUE] …

[manager_arami] # snmptrap -v 1 -c public localhost  "" "" 0 "" ""
[manager_arami] # snmptrap -v 1 -c public localhost  "" "" 1 "" "" s s "Test"
```

첫 번째 명령어는 SNMP v1의 trap을 localhost에 전송하는 것이다. 이때 첫 번째 2개의 ""는 각각 {enterprise-oid, agent주소}이다. 여기서 enterprise-oid 의 기본값인

## CHAPTER 09 망 관리 프로토콜 SNMP

1.3.6.1.4.1.3.1.1.이며, agent의 주소는 별도의 trap 메시지를 중계하는 장치 주소로써 기본값은 자기 자신이다. 그리고 0은 generic-trap의 종류 중에서 Coldstart를 의미한다. 마지막 2개의 ""는 각각 {specific-trap, uptime}을 의미하며, 기본값을 사용한다는 의미이다.

두 번째 명령어는 동일하지만 마지막에 추가된 첫 번째 s는 OID값(기본값인 1.3.6.1.6)이고 두 번째 s는 다음의 value의 형식 즉 string을 의미한다.

ㄹ) 기존 [snmptrapd] 창에는 다음과 같이 출력된다.

```
[manager_arami] # snmptrapd -f -Lo
NET-SNMP version 5.4.2.1
2010-01-20 21:01:19 200.0.1.3 [via UDP: [127.0.0.1]:57673->[127.0.0.1]]:TRAP, SNMP v1, community public
        SNMPv2-SMI::enterprises.3.1.1 Cold Start Trap (0) Uptime : 11days ,,

2010-01-20 21:01:20 200.0.1.3 [via UDP: [127.0.0.1]:57673->[127.0.0.1]]:TRAP, SNMP v1, community public
        SNMPv2-SMI::enterprises.3.1.1 Warm Start Trap (1) Uptime : 11days ,,
        SNMPv2-SMI::snmpV2 = STRING: "Test"
```

**STEP 3** 다음 명령어를 이용해서 Ceromi에이전트의 snmpd를 재시동한다. 이 명령어에 의하여 snmpd가 새로 동작하므로 트랩 메시지 중 하나인 coldstart 메시지를 매니저에게 송신한다.

```
[root@agent_ceromi]# service snmpd restart
```

**STEP 4** Ceromi 에이전트가 생성한 트랩 메시지는 Arami 매니저의 snmptrapd 창에 표시된다.

```
[manager_arami] # snmptrapd -f -Lo
NET-SNMP version 5.4.2.1
2010-01-20 21:01:19 200.0.1.3 [via UDP: [200.0.1.2]:57673->[200.0.1.3]]:TRAP, SNMP v1, community public
        SNMPv2-SMI::enterprises.3.1.1 Cold Start Trap (0) Uptime : 11days ,,
```

[참고] 윈도우의 경우 "trap receiver"를 설치하거나 e-watch에 포함된 트랩 매니저를 사용하면 GUI 형태로 표시된다.

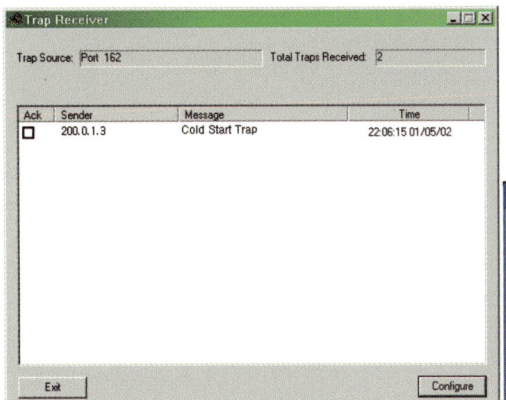
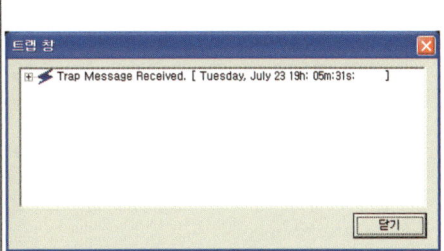

[참고] Ceromi가 Arami(200.0.1.3)에게 snmptrap: ColdStart를 다음과 같이 수동으로 전송할 수도 있다. Warmstart시에는 0 대신에 1을 사용한다.

```
[root@agent_ceromi] # snmptrap -v 1 -c public 200.0.1.3 "" "" 0 "" ""
```

**STEP 5** 수집된 SNMP Trap 패킷을 분석한다.

**STEP 6** Ceromi 에이전트가 생성한 트랩 메시지가 표시되는 Arami 매니저의 snmptrapd 창의 내용을 확인한다.

## 9.17 Trap v2 관련 실험

Ceromi의 [콘솔] 창에서 다음 명령어로 v2c trap메시지를 수동으로 Arami(200.0.1.3)에 송신한다. 참고로 snmptrap의 형식은 다음과 같다.

```
snmptrap  -v 2c [-c community] trapsink주소 uptime trapoid [OID TYPE VALUE] …
```

```
[root@agent_ceromi] # snmptrap -v 2c -c public 200.0.1.3 "" coldStart
[root@agent_ceromi] #
```

명령어의 첫 번째 ""는 sysUptime의 기본값을 의미한다. 마지막의 coldStart는 trapoid를 의미한다. 참고로 SNMPv2의 Trap메시지는 다른 PDU의 형식과 동일한 것을 사용한다. 다만 첫 번째 varBind값은 항상 SNMPv2-MIB::sysUptime(1.3.6.1.2.1.1.3.0)이다. 두 번째 varBind값에 coldStart값이 수납된다. 즉 SNMPv2-MIB::snmpTrapOID.0(1.3.6.1.6.3.1.1.4.1.0)의 value로 coldStart OID값인 "1.3.6.1.6.3.1.1.5.1"(SNMPv2-MIB::snmpTraps.1) 이 수납된다. 여기서 v1에 정의된 trap type에 1이 더해진 값이 됨을 알 수 있다.

## 9.18 관련 표준

- RFC 1213 : Management Information Base II(MIB)
- RFC 1155 : Structure of Management Information(SMI)
- RFC 1157 : SNMP
- RFC 1907 : MIB for Version 2 of the SNMP, Jan.1996
- RFC 1187 : Bulk Table Retrieval with the SNMP, Oct. 1990
- RFC 1089 : NMP over Ethernet, Feb., 1989.
- Information processing systems − Open Systems Interconnection, "Specification of Abstract Syntax Notation One(ASN.1)", ISO, International Standard 8824, December 1987.

CHAPTER 09 망 관리 프로토콜 SNMP

 **연습 문제**

[1] 망 관리 환경의 구성요소가 아닌 것은?
(a) SNMP　　　　(b) Agent　　　　(c) Manager　　　　(d) TCP

[2] SNMP는 ___의 ___를 이용한다.
(a) TCP, port 161　(b) UDP, port 161　(c) TCP, port 162　(d) UDP, port 163

[3] IRDP에 의한 공격 방법 외에 가능한 네트워크 공격 방법에 대하여 정리하라.
(a) GetRequest　　(b) GetResponse　(c) Trap　　　　(d) SetRequest

[4] Integer, Object ID 등은 ___에 정의되어 있다.
(a) MIB　　　　　(b) SMI　　　　　(c) BER　　　　　(d) ASN.1

[5] BER을 적용하면, 정수값 0x123456은 인코딩 시 총 몇 바이트가 소요되는가?
(a) 4　　　　　　(b) 5　　　　　　(c) 6　　　　　　(d) 7

[6] BER을 적용하면, 정수값 12는 어떻게 인코딩되는가?

[7] BER을 적용하면, 정수값 123456은 어떻게 인코딩되는가?

[8] BER을 적용하면, "SNMP"스트링은 어떻게 인코딩되는가?

[9] BER을 적용하면, OID=1.3.6.1.2.1은 어떻게 인코딩되는가?

## 연습 문제

[10] {Integer 12, String "SNMP", IP address =1.2.3.4}와 같이 구성된 sequence는 어떻게 인코딩되는가?

[11] BER로 인코딩된 바이트 열 {30 0D 30 0B 06 07 2B 06 01 02 01 01 01 05 00}을 디코딩하라.

[12] 2개의 이더넷 인터페이스만 가지는 어떤 라우터의 각 인터페이스에 대한 ifDescription을 알고 싶어한다. 송수신되는 GetNextRequest와 GetResponse 메시지의 내용을 요약하라.

[13] SNMP version 2와 3의 특징을 설명하라.

[14] 트랩의 경우, 누가 서버이고 클라이언트인가?

[15] UDP 소켓함수들을 사용하여 MIB browser를 MFC로 구현하라.

[16] MRTG를 설치하여 동작시키고 기능을 분석하라.

 **연습 문제**

[17] XML기반의 망 관리 기술도 많이 사용하고 있다. 특징을 분석하라.

[18] 최근에는 보안문제로 SNMPv3를 사용하는 경우가 증가하고 있다. 이것의 특징을 요약하라.

[19] MRTG는 SNMP를 이용하여 라우터나 스위치 등으로부터 트래픽 정보를 주기적으로 수집하여 브라우저로부터의 요청에 대하여 트래픽 상황을 실시간으로 보여주는 도구이다. ceromi에 설치하여 동작을 분석하라.

[20] "hddtemp" 패키지를 설치하여 MRTG에 의해 하드 디스크의 온도를 모니터링할 수 있도록 하라.

# 리눅스 기반의
## TCP/IP와 라우팅 프로토콜

# chapter 10

## TCP

## 16.1 TCP의 개요

TCP(Transmission Control Protocol)는 UDP와 같이 트랜스포트 계층에 위치한다. 하지만 UDP와 달리 신뢰성 있는 데이터 전송을 수행한다.

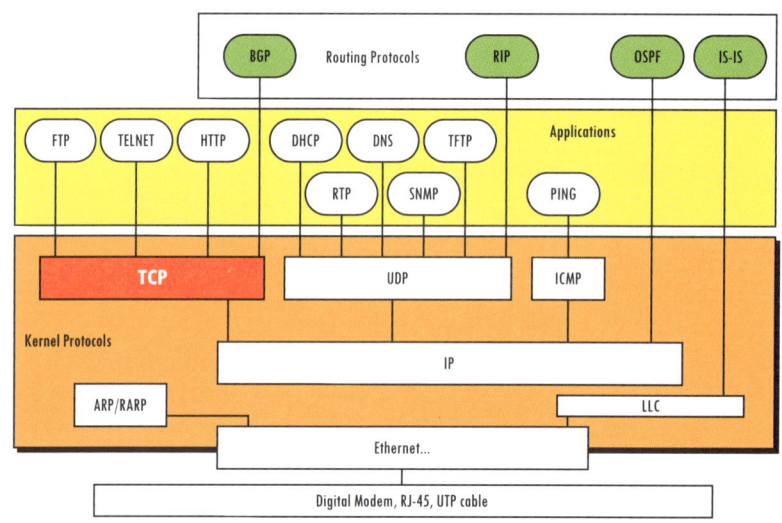

〈그림 10-1〉 TCP에 대한 계층 구조

본 장에서는 TCP의 기본적인 특징과 그 형태를 살펴본 후, 다음 사항에 대하여 알아본다.

- TCP 연결의 설정과 종료 과정
- TCP 타이머
- 인터액티브 데이터 전송 과정
- 벌크 데이터 전송 과정
- 오류 제어 과정
- 흐름 제어 과정
- 혼잡 제어 과정

## 16.2 TCP의 특징

TCP가 UDP와 비교되는 가장 큰 특징은 다음과 같은 두 가지이다.

- 연결 위주 전송 방식(Connection oriented) : TCP를 이용하여 응용 계층이 데이터를 전송하기 위해서는 연결된 두 시스템간에 반드시 연결이 설정되어야만 한다. 이는 전화 연결과 비슷하다. 한쪽이 전화를 걸고 다른 쪽에서 응답이 온 후에야 전화 통화를 할 수 있는 것처럼, TCP도 연결이 확인된 이후에야 전송을 시작할 수 있다. 이는 전송 데이터의 신뢰성과 무결성을 보장하기 위한 것이다.

- **신뢰성 있는 전송 기능** : UDP와는 달리 TCP는 응용계층 메시지를 상대방 응용 계층까지의 오류 없이 전달하는 기능을 수행한다. 이를 위하여 ACK 메시지와 재전송 타이머를 사용한다.
  - **ACK 메시지** : 수신측은 수신된 TCP 패킷에 오류가 없다면 ACK 메시지를 사용하여 반드시 응답한다.
  - **재전송 타이머와 재전송 버퍼** : 송신측은 TCP 패킷의 전송 오류를 예상하고, 응용 프로세스로부터 전송 요구된 내용을 자신의 재전송용 버퍼에 보관한다. 이어 이것의 복사본을 TCP에 수납하여 송신한다. 이때 재전송 타이머도 동작시킨다. 만약 이 재전송 타이머가 만기되기 이전에 ACK 메시지가 수신된다면 성공으로 판단하여 이 타이머를 중지시키고 재전송 버퍼의 내용을 버린다. 하지만 재전송 타이머가 만기될 때까지 ACK가 도착하지 않으면, 재전송 버퍼의 내용을 다시 복사하여 재전송한다.

또한 TCP는 응용 계층에서 전달된 메시지에 대한 바이트 단위로 구분되는 스트림 전송, 전이중 통신, 윈도우를 이용한 수신측에서의 능동적인 흐름 제어 기능 등 UDP와 다른 여러 가지 특징들을 가진다.

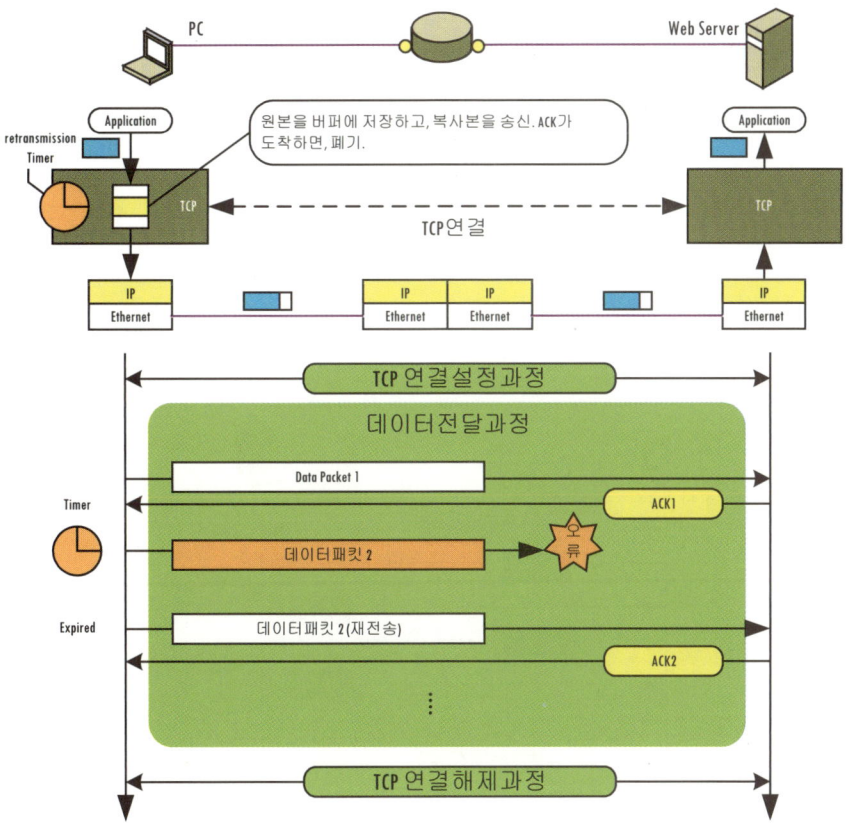

〈그림 10-2〉 TCP의 동작

## 10.3 TCP의 응용

TCP는 UDP와 달리 패킷의 손실에 대한 재전송절차를 수행하여 오류를 복구한다. 이러한 특성 때문에 재전송 과정이 필요한 중요한 데이터 전송 즉, 파일이나 웹과 같은 응용에서 사용된다. 즉 UDP에서는 재전송 과정을 응용프로세스가 수행하는데 비하여, TCP는 자신이 직접 재전송 과정을 수행한다. 따라서 TCP의 기능이 복잡한 반면에 응용 프로세스는 데이터의 처리에만 전념하면 된다.[1]

[예] 홈 뱅킹

인터넷을 통하여 계좌이체를 할 때, 〈그림 10-3〉과 같이 "50만원" 정보가 전송오류에 의해 "5원"이라는 정보로 처리된다면 큰 문제가 발생할 것이다. TCP는 ACK 메시지와 재전송 타이머를 이용한 송수신측의 협동 작업에 의해 전송과정 중에 발생할 수 있는 오류를 최대한 복구한다.

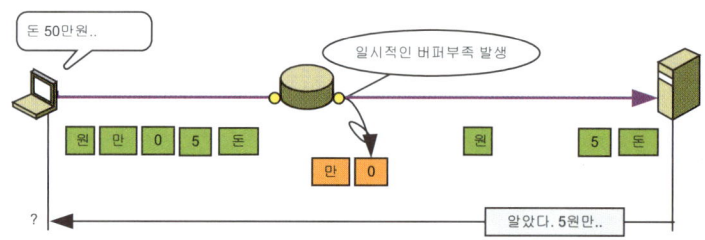

〈그림 10-3〉 재전송 기능이 없는 경우의 문제점

[예] 지속적인 연결이 필요한 응용

일단 연결 후 지속적으로 데이터 송신 및 수신 과정이 진행되어야 하는 텔넷이나 웹 서비스와 같은 응용을 지원한다.

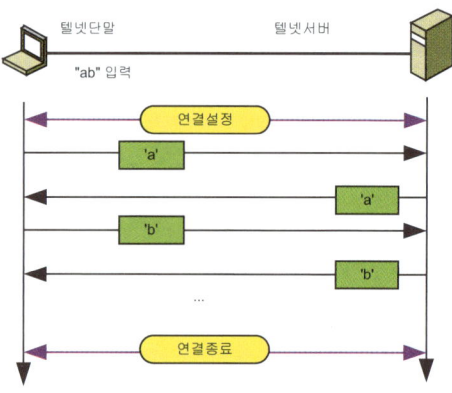

〈그림 10-4〉 지속적인 연결이 필요한 텔넷의 예

---

1 물론, TCP가 재전송 기능을 가지고 있기는 하지만, 전송 오류를 완벽하게 복원하지는 못한다. TCP가 재전송을 10회 이상 반복하여도 응답이 없는 경우, 이 사실을 응용 프로세스에게 알린다.

## CHAPTER 10 TCP

### 10.4 TCP의 구성

TCP를 전송 수단으로 사용하는 여러 개의 프로세스가 한 시스템에 존재할 수 있다. 따라서 이러한 프로세스를 개별적으로 구별하기 위하여 〈그림 10-5〉와 같은 포트 번호가 사용된다.

각 시스템의 프로세스간의 TCP연결은 {local IP, local port}와 {remote IP, remote port}로 맺어진다[2]. 서버측 응용 프로세스는 사용자들로 부터의 TCP연결요청을 대기하고 있다.

그리고 각 포트는 송수신 데이터를 위하여 두 개의 버퍼를 사용하므로, 응용 계층 입장에서는 송신 중에도 수신이 가능하다.

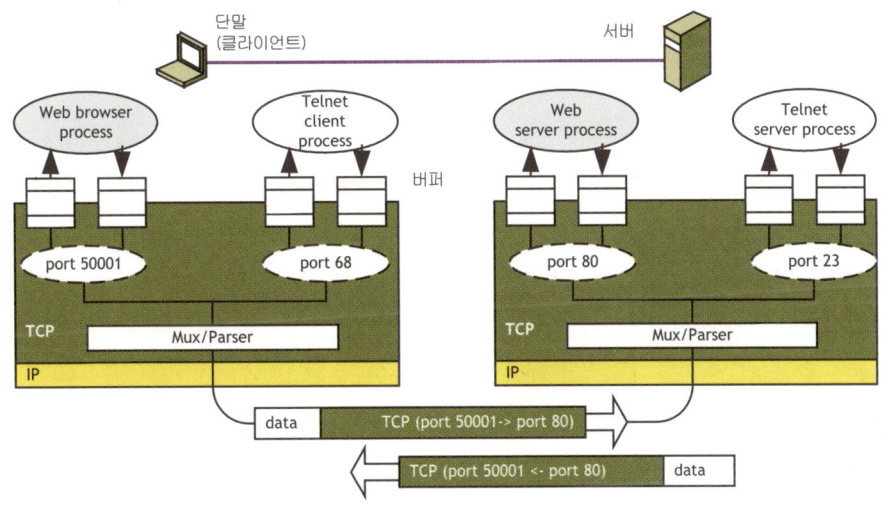

〈그림 10-5〉 TCP와 응용 계층의 구성

〈표 10-1〉은 TCP용 well-known port의 예이다.

〈표 10-1〉 5.1 TCP용 well-known 포트 번호

| Port | Service | Port | Service |
| --- | --- | --- | --- |
| 7 | Echo | 20 | FTP data port |
| 9 | Discard | 21 | FTP control port |
| 13 | Daytime | 23 | Telnet |
| 80 | HTTP | 8080 | WWW proxy |

---

2 {IP,port}의 조합을 소켓 주소라고 부른다.

## 10.5 Byte-Stream 전송과 Push 기능

응용 프로세스가 생성한 메시지는 TCP에 의해 하나의 메시지 단위로 송신되는 것이 아니라 바이트의 묶음으로 송신된다. 즉 리눅스 스케줄러는 송신버퍼에 저장된 메시지의 바이트 스트림에 대하여 여러 개의 바이트를 모아서 하나의 TCP 패킷으로 송신하거나 또는 한 바이트씩 송신할 수도 있다. 이러한 처리 방식을 TCP의 스트림(stream) 방식에 의한 처리라고 한다. 반면에 UDP의 응용 메시지들은 메시지 단위로 전송된다.

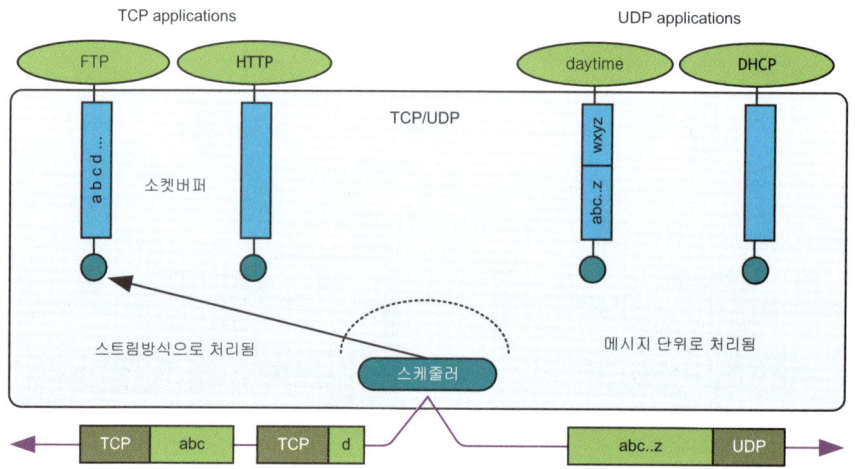

〈그림 10.6〉 스트림과 메시지 단위 처리 방식의 비교

## 10.6 TCP의 대역 외 전송

이를 위하여 송수신측은 일반 데이터와는 별도의 out-of-band(OOB)용 송수신 버퍼를 가진다. 〈그림 10-7〉에서 알 수 있듯이, 이 긴급 데이터는 다른 일반 데이터의 전송순서와 상관없이 가급적 우선적으로 전송된다. 여기서 out-of-band는 사용자 입장에서 일반 데이터 연결 외에 별도의 연결을 가지고 있다는 의미이다. 수신측에서는 이러한 데이터가 도착하면 이 데이터가 out-of-band 데이터인지 판단하여 응용 계층에게 이 사실을 신속하게 알려 처리되도록 한다. 이것은 TCP 헤더의 URG(urgent) 플래그와 urgent pointer에 의해 지원된다[1].

---

1 [참고] 소켓 프로그래밍 시 OOB에 의한 데이터 송신을 실행할 경우에는 send(sockfd, &msg, 1, MSG_OOB)와 같이 MSG_OOB 옵션을 사용하면 된다. 수신측에서도 recv(sockfd, buffer, sizeof buffer, MSG_OOB)를 사용하면 OOB버퍼에 저장된 패킷을 우선 수신할 수 있다. 만약 socket() 생성 시 SO_OOBINLINE 옵션을 사용하면 수신되는 OOB 데이터도 일반 수신 버퍼에 저장되므로 MSG_OOB플래그 없는 recv( ) 함수를 사용하여 읽을 수도 있다.

# CHAPTER 10 TCP

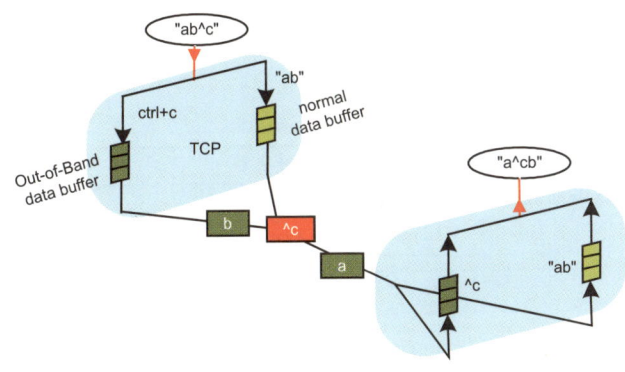

〈그림 10-7〉 Out-of-band 전송 기능

## 10.7 TCP 헤더의 형식

### (1) 예

TCP는 옵션 영역이 없다면 20 바이트 길이의 기본 헤더를 가진다. 〈그림 10-8〉은 단말이 웹서버에 대한 TCP의 연결 과정에서 최초로 송신된 패킷의 예이다. UDP와 마찬가지로, 송신측과 수신측 포트 번호 영역이 있으며, 체크섬 영역도 있음을 알 수 있다. 하지만, UDP에 있던 길이정보영역이 없는 대신에, 전송오류 및 흐름 제어를 위한 시퀀스 번호, 윈도우값, ACK 번호, 옵셋/코드 영역, urgent 영역이 추가되었으며, 옵션도 있음을 알 수 있다.

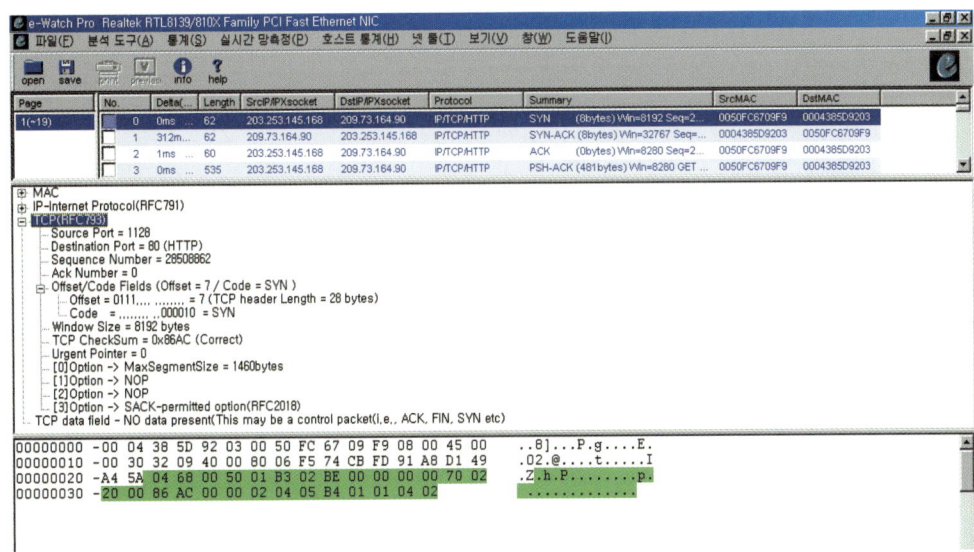

〈그림 10-8〉 TCP 패킷의 예

### (2) 형식

TCP 헤더의 상세한 형식은 〈그림 10-9〉와 같다.

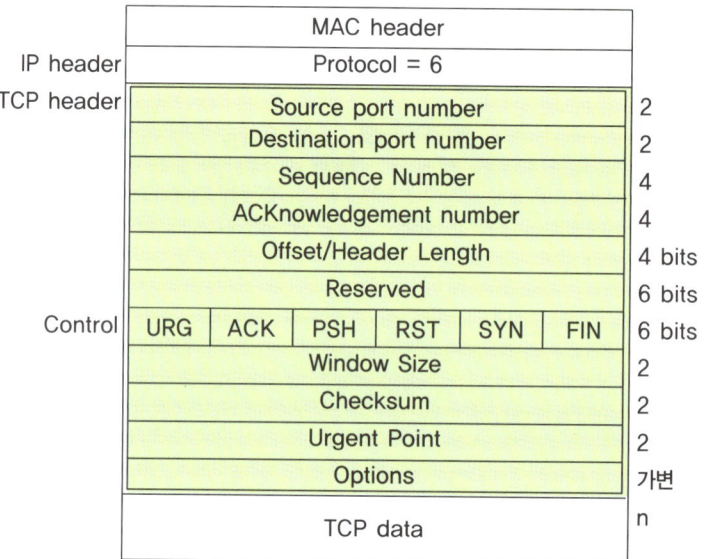

〈그림 10-9〉 TCP 헤더의 구조

- 송신 포트 번호와 수신 포트 번호 : TCP 연결을 사용하는 응용 계층 프로그램을 구분하기 위해서 사용된다. 예를 들면, 텔넷 서버는 23번 포트를 사용한다.
- 시퀀스 번호 : 송신 바이트 번호이다. 예를 들어, 송신자가 시퀀스 번호를 10으로 하고 데이터를 10 바이트를 전송한다면 다음 패킷의 시퀀스 번호는 20번이 된다. 물론 이 순서번호는 0부터 시작하는 것이 아니라 연결 초기에 임의의 번호로 설정된다.
- ACK 번호 영역 : 수신자가 다음에 받기를 원하는 시퀀스 번호이다. 즉 ACK-1번까지의 바이트들을 잘 받았음을 송신측에 알리는 응답 번호이다.

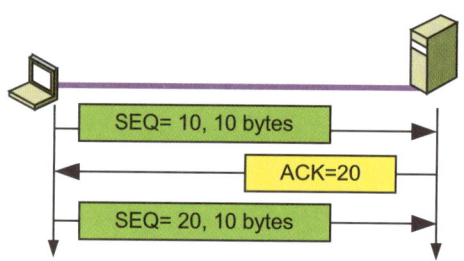

〈그림 10-10〉 TCP의 송신 번호와 ACK 번호의 사용 예

- **헤더 길이 영역** : 옵션 영역에 의해 헤더 길이가 가변적이므로 헤더 길이를 4바이트 단위로 표시한다. 헤더길이 영역 값이 6이면 TCP 헤더의 길이는 24바이트이다.
- **제어코드** : TCP 패킷의 종류 및 내용을 표시하는데 사용된다.
  이 영역의 세부 설정값은 〈표 10-2〉와 같다.

〈표 10-2〉 Flag 영역의 의미

| 제어 코드 | 의미 |
| --- | --- |
| URG | Urgent pointer 영역에 긴급 데이터가 있음을 지시한다. |
| ACK | ACK의 의미가 있음을 표시한다. |
| PSH | 이 비트가 설정된 패킷이 수신되면, 다음 패킷을 기다리지 말고 응용 계층으로 즉시 전달하도록 지시한다. 현재 구현된 모든 TCP들은 이것에 대한 처리를 무시한다. |
| RST | 연결을 리셋하여 단절하라. |
| SYN | Synchronize sequence number의 의미이다. 연결 설정시 사용된다. |
| FIN | 연결을 단절하고자 함을 표시한다. |

- **윈도우 값** : 수신측의 수신 가능한 버퍼 용량을 나타내며 수신측에 의한 능동적인 흐름 제어용으로 사용된다. 만약에 윈도우 = 0인 패킷이 수신되면 즉시 송신을 중단해야 한다.
  예를 들어, 수신 가능 버퍼의 크기가 1000이라고 하자. 1000바이트의 데이터를 수신하면 버퍼가 가득 차므로 일시적으로 수신이 불가능함을 window = 0으로 송신측에게 알려 송신을 일시 중지시킨다.
  이후 500바이트의 데이터가 하드 디스크에 저장되거나 화면에 출력되어 수신 버퍼에 여유가 발생하면, 이 사실을 알려 송신을 재개하도록 한다.

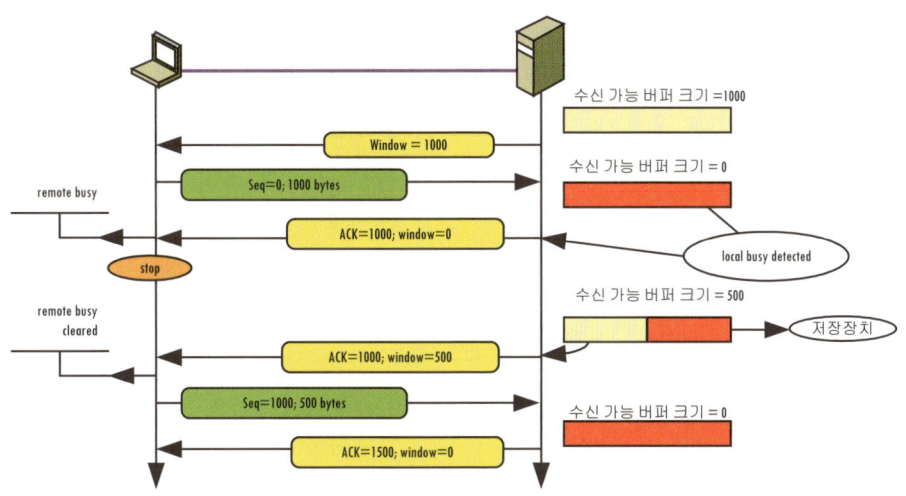

〈그림 10-11〉 윈도우에 의한 흐름제어 예

● **체크섬** : UDP와 마찬가지로, IP 헤더의 중요한 부분 즉, 송신 IP 주소, 수신 IP 주소, 그리고, Protocol 영역, TCP의 총 길이 정보로 구성되는 pseudo 헤더를 추가한 TCP 패킷 전체에 대한 체크섬 계산 결과값을 수납한다.

| | | |
|---|---|---|
| Pseudo header | Source IP address | 4 |
| | Destination IP address | 4 |
| | Zero | 1 |
| | Protocol | 1 |
| TCP header | TCP Length | 2 |
| | TCP header | 2+n |
| | TCP data | |

〈그림 10-12〉 TCP 체크섬의 계산 영역

● **Urgent pointer 영역** : URG=1일 때, 데이터영역의 첫 바이트부터 시작되는 긴급 데이터의 마지막 바이트를 표시한다. 이것은 긴급히 전달해야 할 내용이 있을 경우에 사용된다. 수신측 버퍼는 일반 데이터들이 버퍼링되어 있을지라도 이러한 긴급 데이터를 우선적으로 처리할 수 있도록 설계된다.

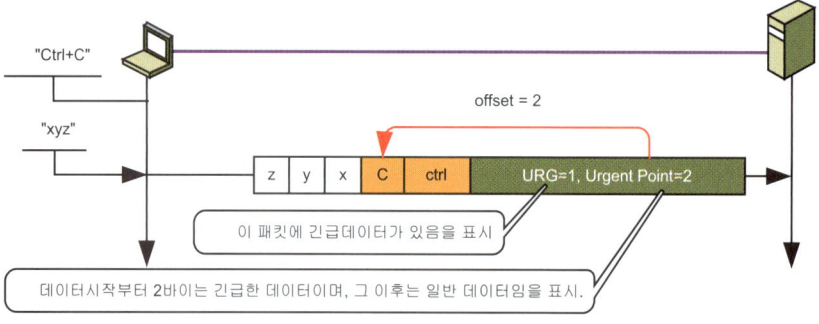

〈그림 10-13〉 긴급데이터 전송의 경우

● **옵션** : 주로 MSS(Maximun Segment Size) 옵션과 Selective Reject 옵션이 연결 설정 단계에서 사용된다. MSS는 TCP의 데이터 영역의 최대 길이이며 이더넷의 경우 1460이다. 그리고 Selective Reject 옵션은 오류가 발생한 패킷에 대해서만 선택적으로 재전송을 요구할 수 있는 기능이 있음을 표시할 때 사용된다. 이외의 옵션은 end-of-option list, No operation, window scale factor, time stamp 등이 있다.

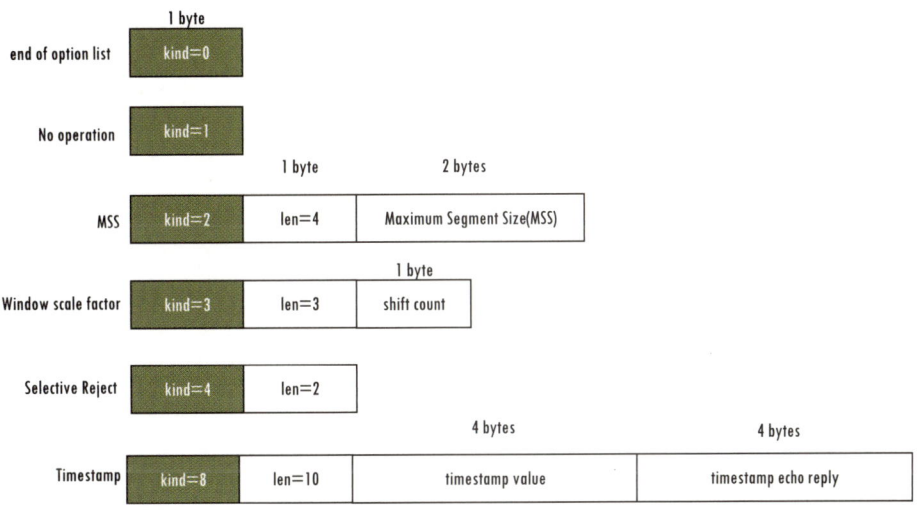

〈그림 10-14〉 TCP 옵션의 종류

참고로 MTU(Maximum Transfer Unit)와 MSS와의 관계는 〈그림 10-15〉와 같다.

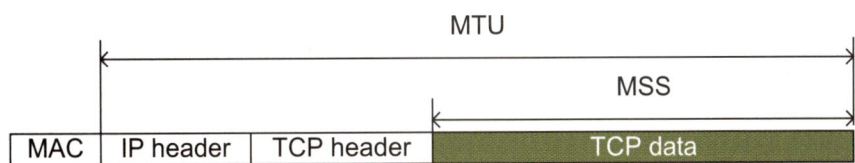

〈그림 10-15〉 MTU와 MSS와의 관계

## 10.8 TCP 연결의 설정과 종료

TCP는 연결 위주의 프로토콜이다. 즉 데이터 전송을 위해서는 반드시 연결 설정이 선행되어야 한다.

이후 데이터 전송 과정이 완료되면, 반드시 TCP 연결이 종료되어야 한다.

### (1) TCP의 연결 과정

TCP 연결은 다음의 세 과정을 통하여 이루어진다. 이 과정을 3-웨이 핸드쉐이킹이라 한다.
① 연결을 원하는 서버에 SYN 패킷을 보낸다. SYN 패킷은 TCP 헤더의 SYN 비트를 1로 설정된 것이다.
② 이 패킷을 수신한 측은 SYN=1, ACK=1인 패킷으로 응답한다. ACK 번호 영역이 포함되는데, ACK 번호 영역의 값은 1번 과정에서 송신된 패킷의 시퀀스 번호에 1을 더한 값이다. 이 값은 그 패킷에 대한 응답을 의미한다.
③ ACK 패킷으로 응답한다.

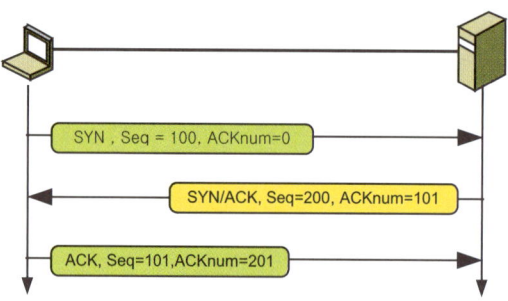

〈그림 10-16〉 연결 과정

### (2) TCP의 종료 과정

이번에는 TCP 연결 해제 과정에 대하여 알아보도록 하자. 〈그림 10-17〉과 같이 호스트 Arami와 Borami간에 연결을 해제하기 위해서는 다음의 4개의 과정이 필요하다.
① 연결을 종료하려는 Arami가 FIN 패킷을 송신한다. 이때 일부 데이터가 전송될 수 있으며, 수신된 데이터에 대한 ACK도 하므로 PSH와 ACK 비트도 설정되어 있을 수 있다.
② FIN 패킷을 받은 Borami는 ACK로 즉시 응답한다. 역시 일부 데이터가 전송될 수 있으며 수신된 데이터에 대한 ACK도 하므로 PSH와 ACK 비트도 설정되어 있을 수 있다.
③ Borami의 TCP는 상위 계층으로의 데이터 전달이 완료되면, FIN = 1, ACK = 1인 패킷으로 추가적인 ACK를 한다.
④ Arami는 이에 대한 ACK를 함으로써 TCP 연결은 종료된다.

CHAPTER 10 TCP

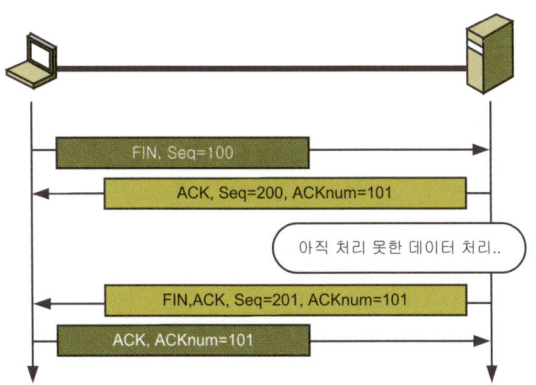

〈그림 10-17〉 TCP의 연결 해제 과정

### (3) Time-Waited 타이머

〈그림 10-18〉과 같이 기존 TCP 연결이 종료된 직후 새로운 연결이 설정될 때, 클라이언트가 사용한 포트 번호 x가 이전 연결에서 사용한 포트 번호와 동일하다고 하자.

운이 나쁘게도 이전 연결에서 재송신된 데이터 패킷이 지연 수신되었는데 이 패킷의 송신 순서 번호가 수신측의 수신 윈도우 내에 들어가는 유효한 번호라면 원하지 않지만 받아 들여지게 되는 사건이 발생할 수 있다.

이러한 문제점은 능동적인 종료 과정(CLOSE)을 개시한 측이 일정 기간 동안 이 연결을 유지하면서, 이 기간 내에 지연 도착하는 패킷은 폐기함으로써 해결할 수 있다.

TCP에서 사용하는 Time Waited 타이머는 바로 이 기간을 유지하는 타이머이다. 이 기간은 어떤 IP패킷이 인터넷에서 최대로 머물 수 있는 수명 시간인 Maximum Segment Lifetime(MSL)의 2배로 설정된다[3].

이러한 해결방법을 사용하면, 동일한 포트 x를 사용하는 경우〈그림 10-19〉와 같이 2MSL 기간 이후에야 새로운 연결 설정이 시도될 수 있다. 그리고 이 기간 내에 동일한 포트 번호와 IP 주소를 가진 패킷이 도착하면 폐기하고 리셋 패킷을 응답한다.

참고로 단말 입장에서 새로운 연결 시 2MSL기간 동안에는 새로운 연결을 설정하지 못한다고 생각할 수 있을 것이다. 하지만 이것은 단말이 기존 포트 x를 재사용할 경우에만 해당된다. 일반적으로 단말이 포트x를 재사용하지 않고 다른 포트 번호를 사용하여 새로운 연결을 시도하므로 이러한 지연을 겪지 않는다.

---

[3] 보통 MSL은 120초이다. 따라서, 2MSL = 4분이다.

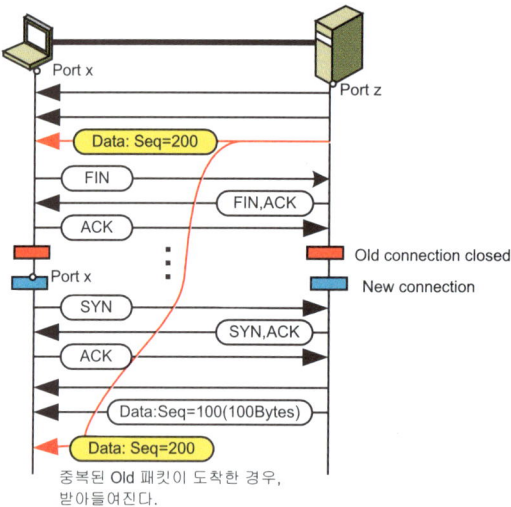

〈그림 10-18〉 TIME_WAIT 타이머의 필요성

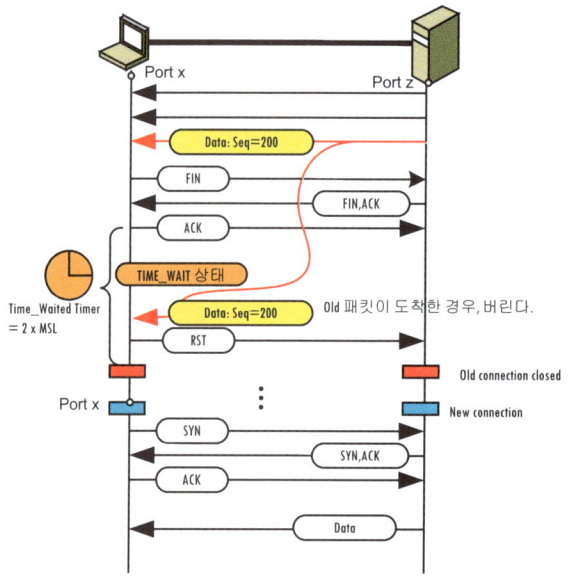

〈그림 10-19〉 TIME_WAIT 타이머를 이용한 중복/지연 패킷의 처리

## (4) TCP의 리셋 과정

TCP에서의 리셋은 TCP 연결의 강제 종료를 의미하며, 다음과 같은 경우에 발생한다.
- 서버에 설치되지 않은 서비스에 대한 SYN 패킷 수신에 대한 응답으로 리셋을 송신한다.
- 접속된 이후 일정기간의 idle 상태가 유지되면 리셋 패킷을 송신한다.
- 무선 필요한 경우 리셋 패킷을 송신한다. 예를 들어, 〈그림 10-20〉은 서버가 다운된 다음 재부팅 된 경우, 클라이언트로부터의 이전 연결에 대한 데이터가 수신되면, 이것을 거부하기 위하여, 리셋 패킷을 송신하여 연결을 단절하도록 한다. 즉, 단말은 서버가 다운되기 전에는 정상적인 echo 서비스를 서버로부터 받을 수 있다. 하지만 서버가 잠시 다운된 이후 재부팅되었다고 하자.

이 사실을 모르는 단말이 송신한 데이터에 대하여 서버는 다운되기 전에 이 사용자와 연결되어 있었다는 것을 인식하지 못하므로 RESET 패킷으로 응답한다. 이때 단말의 화면에는 "Connection reset by peer" 메시지가 출력되고 접속이 종료된다.

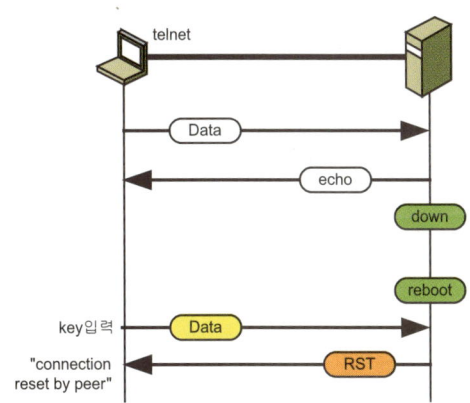

〈그림 10-20〉 서버가 다운된 다음 재부팅된 경우

## 10.9 TCP의 상태 천이도

앞에서 다루었던 TCP의 연결 과정과 해제 과정에 대한 TCP의 동작은 〈그림 10-21〉의 상태 천이도로 설명된다. 여기서 각 상태는 {이벤트/동작}에 의해 다음상태로 천이한다. 예를 들어, 클라이언트의 경우 CLOSED 상태에서 사용자에 의한 active OPEN 이벤트가 발생하면 SYN 패킷을 송신한 후 다음 상태인 SYN-RCVD 상태로 천이한다.

이 상태 천이도에서 재전송 과정은 생략되어 있다. 점선은 서버의 동작을 표시하고 실선은 클라이언트의 동작을 의미한다. 하지만 웹 서버의 경우 active close가 가능하기 때문에 절대적인 것은 아니다.

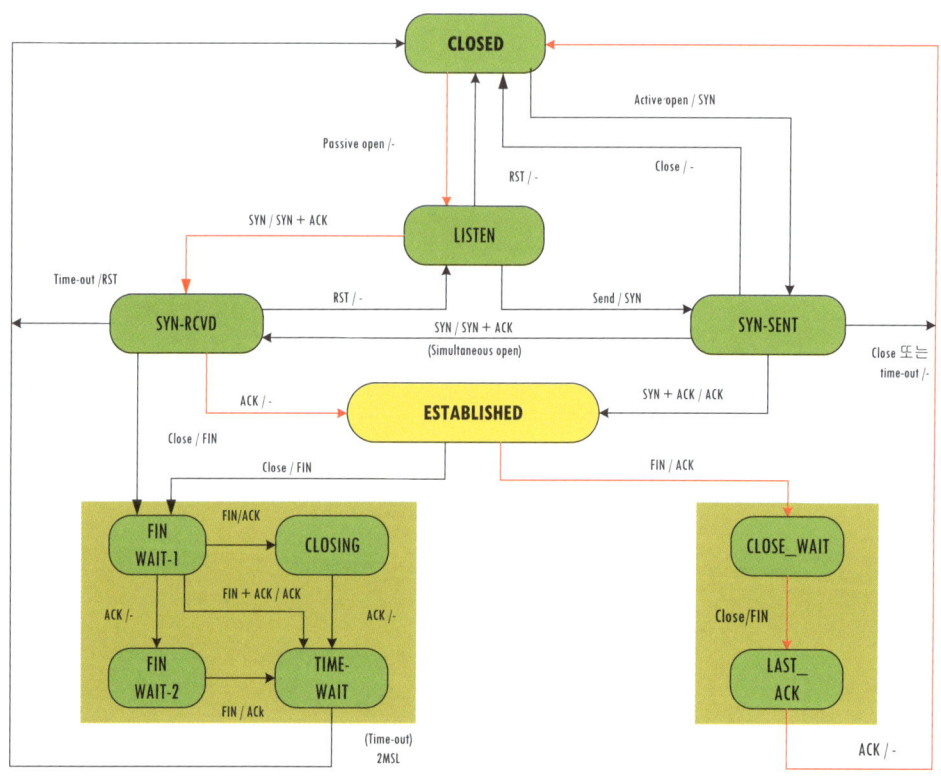

〈그림 10-21〉 TCP의 상태 천이도

# CHAPTER 10 TCP

이러한 상태 천이도를 고려한 연결과정과 해제과정에 따른 상태 천이의 예는 다음과 같다.

- **정상적인 연결 과정**

    서버는 passive open 이벤트에 의해 LISTEN 상태에 있다. 클라이언트에 의한 active open에 의해 송신된 SYN 패킷에 대하여 SYN-RCVD 상태로 천이한다. 이후 클라이언트로부터의 ACK를 수신하면 ESTABLISHED 상태로 천이하여 정상적인 데이터 전송이 개시된다.

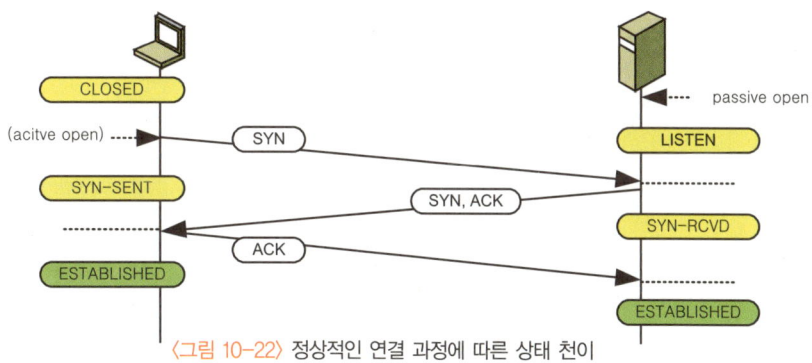

〈그림 10-22〉 정상적인 연결 과정에 따른 상태 천이

- **동시 연결의 경우**

    두 단말간 동시 연결도 가능하다. 이 경우의 상태 천이 과정은 다음과 같다.

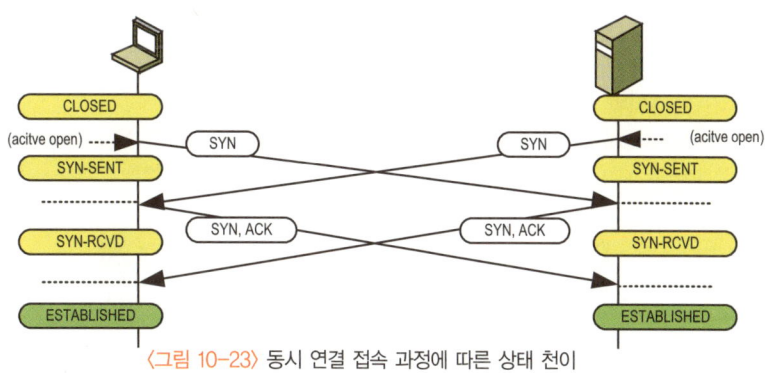

〈그림 10-23〉 동시 연결 접속 과정에 따른 상태 천이

- 연결 해제의 경우

  클라이언트나 서버 모두 연결을 해제 시킬 수 있다. 〈그림 10-24〉에서는 Arami가 먼저 active close 이벤트를 발생하여 FIN WAIT-1, FIN WAIT-2 상태를 천이한다. 이어 2MSL 기간 동안 기다리는 TIME-WAIT상태를 거쳐 CLOSED 상태로 완전히 천이한다. 반면에 해제를 당하는 Borami는 첫 FIN 패킷에 대하여 일단 ACK로 응답한다. 이어 송신 버퍼나 수신 버퍼에 저장되어 있을 수 있는 데이터들을 완전히 처리한 후, FIN 패킷으로 응답하고 LAST ACK 상태로 천이한다. 이후 ACK를 수신하게 되면 완전히 CLOSED 상태로 복귀한다.

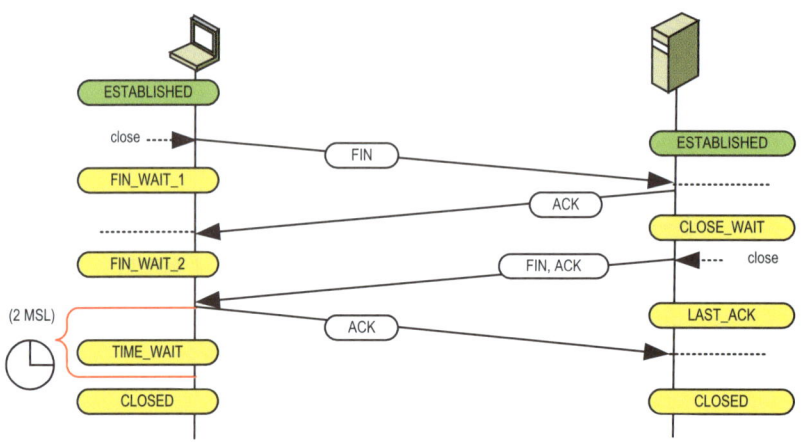

〈그림 10-24〉 연결 해제 과정

- 동시 연결 해제의 경우

  클라이언트나 서버가 동시에 연결을 해제하는 경우이다. CLOSING 상태를 거쳐 TIME-WAIT 상태로 천이한 후 2 MSL 종료 시 CLOSED 상태로 복귀한다.

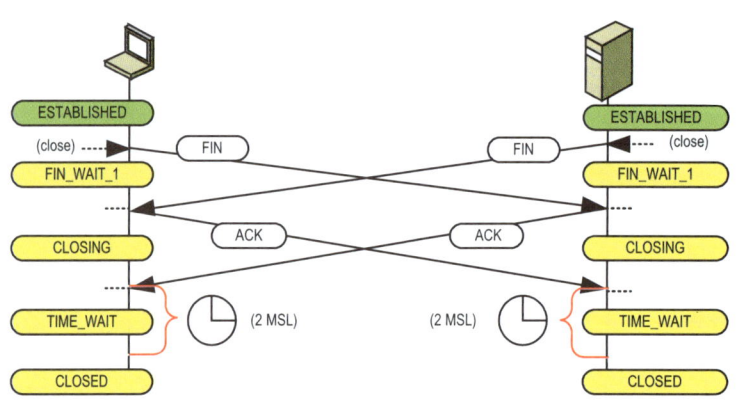

〈그림 10-25〉 동시 연결 해제 과정

# CHAPTER 10 TCP

## 10.10 인터액티브 데이터의 전송

텔넷이나 rlogin 등과 같은 인터액티브한 데이터는 대부분 하나의 TCP 패킷에 10 바이트 미만의 데이터가 수납된다. 〈그림 10-26〉은 텔넷 사용자가 한 글자를 키보드에 입력했을 때 전송되는 예를 보인 것이다.

그 과정은 다음과 같다.

① 클라이언트 사용자가 문자를 입력하면 텔넷 프로그램이 이 문자를 즉시 송신한다.
② 텔넷 서버는 이 문자를 받았음을 즉시 ACK한다.
③ 서버는 클라이언트로부터 수신된 데이터를 에코한다. 이 내용은 클라이언트의 화면에 출력된다.
④ 클라이언트는 이 에코 패킷을 정상적으로 받았음을 ACK한다.

일반적으로 ②와 ③ 과정은 하나의 패킷으로 전해진다. 왜냐하면 TCP는 일반적으로 데이터를 받자마자 ACK를 송신하지 않는다. 가급적 자신이 송신할 데이터를 일정시간 모은 후 이것을 ACK비트가 설정된 하나의 패킷으로 송신한다.

이러한 과정을 piggybacked ACK라고 부른다. 이렇게 하는 이유는 가능한 트래픽의 발생을 감소시키기 위함이다.

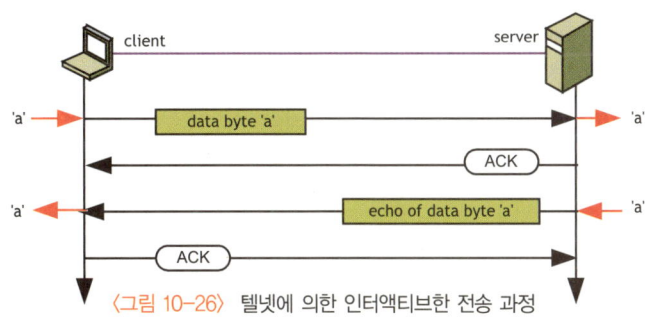

〈그림 10-26〉 텔넷에 의한 인터액티브한 전송 과정

## 16.11 TCP의 오류 제어와 재전송 타이머

### (1) 오류 감지 및 복구

TCP는 양 종단간의 연결에 대한 신뢰성을 보장하기 위하여 패킷 전송 시 재전송 타이머를 시작한다. 이 타이머 값이 만기되면 해당 패킷을 재전송한다.

〈그림 10-27〉은 이러한 TCP 데이터 패킷의 손실이나 ACK 패킷의 손실에 대하여, 각 패킷마다의 재전송 타이머를 이용한 복구 과정을 도시한 것이다. 참고로 실제 구현 시에는 각 패킷마다의 재전송 타이머를 설정하는 것이 큰 부담이므로 가장 오래 전에 전송되었지만 아직 ACK받지 못한 패킷에 대해서만 재전송 타이머를 가동한다.

참고로 순서 번호 200 패킷이 손실되었지만 순서 번호 300 패킷은 정상적으로 수신된다면, 이 패킷에 대한 선택적인 재전송을 요구할 수 있다. 이것을 Selective Reject 방식이라고 한다. 이러한 선택적 재전송 기능의 지원 여부는 TCP 연결 설정 시 Selective ACK 옵션 교환에 의해 상호간에 협상된다.

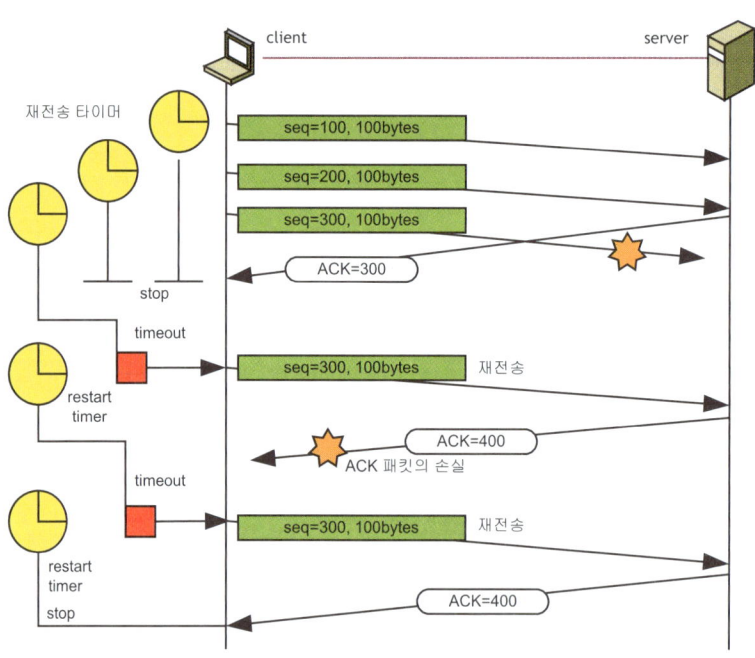

〈그림 10-27〉 TCP의 재전송에 의한 오류 복구 과정의 예

### (2) 재전송 타이머와 Exponential Backoff 과정

TCP의 재전송 과정은 망의 전송시 잡음에 의한 오류 보다는 경로에 있는 라우터의 수신 버퍼의 일시적인 용량 부족에 의해 일부 패킷이 버려지는 현상에 의해 대부분 발생한다.

이러한 용량 부족을 완화하려면 라우터로의 패킷 유입량을 감소시키면 될 것이다. 이를 위하여 TCP에서는 동일한 패킷을 재 전송할 때마다 재전송 간격은 이전 값의 2배로 증가된다[4]. 최대 12번의 재전송 이후에도 응답이 오지 않으면 수신측의 고장으로 판단하고 접속을 종료한다[5].

〈그림 10-28〉은 첫 번째 전송 시 사용한 재전송 간격이 1.5초인 경우, 재전송 과정에서 지연되는 시간 간격을 도시한 것이다. 재전송 간격은 2의 배수로 증가하지만, 최대 64초를 초과하지는 않는다.

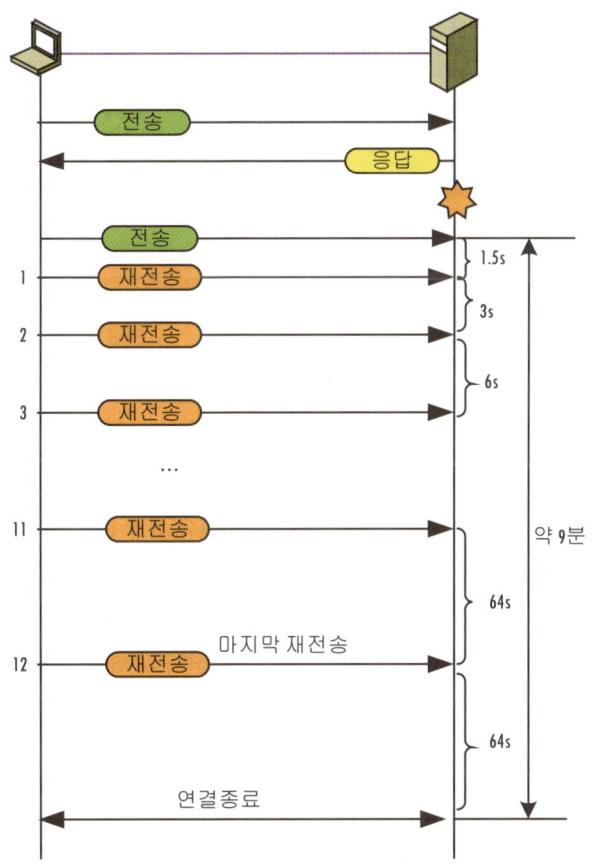

〈그림 10-28〉 TCP의 Exponential Backoff 과정

---

[4] 최대 시간 간격은 64초를 넘을 수 없다.
[5] 클라이언트 프로그램에 따라서는 3회, 또는 4회의 최대 재전송만 수행한다.

## 10.12 TCP 벌크 데이터 전송 과정

### (1) 슬라이딩 윈도우(Sliding Window) 흐름 제어 방식

〈그림 10-29〉는 한 블록씩 전송하고 기다리는 stop-and-wait 방식이다. Round trip 시간이 긴 경우, 이러한 stop-and-wait 방식은 대역낭비가 심하다.

다량의 데이터를 연속 전송하는 경우 ACK 메시지가 오기 전에도 연속된 송신을 허용하면 효율이 높아 질 것이다. 하지만 처리속도가 느린 수신측에 대하여 다량의 패킷을 연속 송신하면 금방 수신측 버퍼가 가득 차 버리는 문제가 발생하게 될 것이다. 따라서 수신측 버퍼가 넘치지 않을 정도로 연속해서 전송하는 효율적인 흐름제어 방법이 필요하다.

TCP에서는 수신측이 수신 가능한 버퍼의 크기를 TCP 헤더의 윈도우 영역에 표시하여 송신측에게 통보한다. 송신측은 통보된 양만큼의 패킷만 연속 전송한다. 이러한 방식을 슬라이딩 윈도우 흐름 제어 방식이라고 한다.

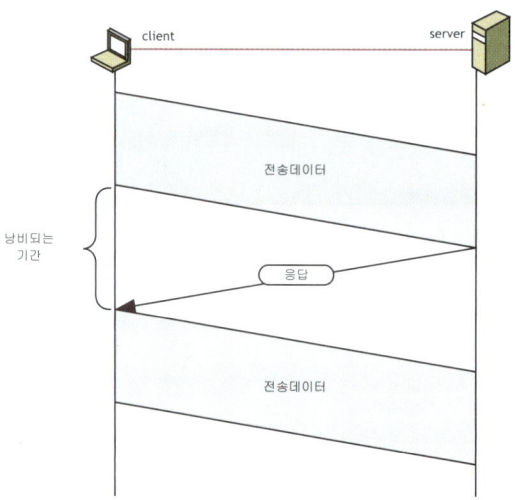

〈그림 10-29〉 Stop and Wait 방식의 TCP 데이터 전송

### (2) 예

〈그림 10-30〉을 보자. 1번과 2번 패킷에 실려가는 수신 윈도우의 크기는 4096이고 하나의 IP패킷 페이로드에 수납될 최대 길이값인 MSS(Maximum Segment Size)는 1024로 설정되었다. 즉 4096의 윈도우 크기에 대하여 MSS값이 1024이므로, ACK패킷을 수신하기 전에 연속 송신 가능한 패킷의 개수는 4개임을 알 수 있다[6].

송수신과정을 살펴보자. 한쪽 방향으로만 데이터를 송신하는 예이므로 송신측의 윈도우 크기는 중요치 않다. 여기서 주목해야 할 것은 수신측에서 보내 오는 윈도우 크기의 변화에 따라 송신측이 송신과정을 어떻게 제어하는가 하는 것이다.

---

[6] 실제 TCP에서 윈도우 크기는 〈그림 8.24〉의 왼쪽 숫자에 표시된 패킷 개수로 관리되는 것이 아니라, 바이트 단위로 운영된다.

# CHAPTER 10 TCP

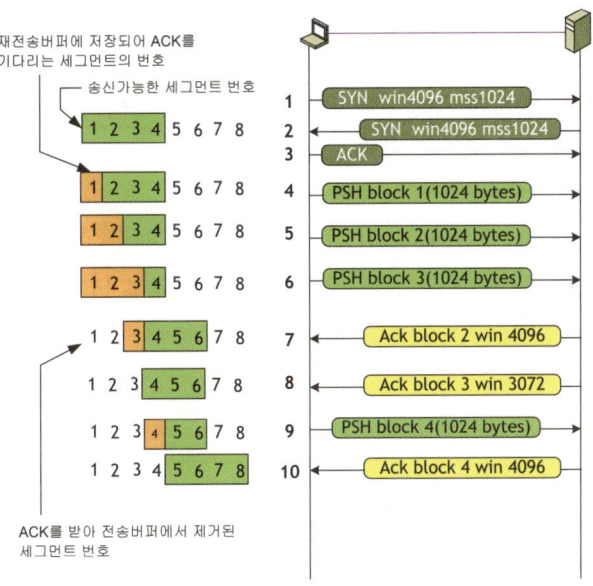

〈그림 10-30〉 슬라이딩 윈도우 흐름 제어 방식의 예

- **4-6번 패킷** : 3개의 패킷을 송신하는 동안 사용 가능한 윈도우 크기는 점점 줄어든다.
- **7번 패킷** : 두 번째 패킷에 대한 ACK를 가진 7번 프레임이 도착함에 따라 윈도우 왼쪽은 2 패킷 크기만큼 이동한다. 그리고 윈도우크기가 4096이라고 알려왔으므로 6번 패킷까지 윈도우의 오른쪽이 증가하게 된다. 즉, 2번 패킷까지 받은 상태에서 윈도우 크기가 4096이므로 3, 4, 5, 6의 4개의 패킷 길이만큼의 윈도우 크기를 갖게 되는 것이다. 또한, 이미 3번 패킷을 송신했으므로 ACK가 오기 전에 송신 가능한 양은 4, 5, 6번 블록에 해당되는 3072바이트이다.
- **8번 패킷** : 이 패킷은 패킷 3에 대한 ACK와 수신측의 수신 가능한 버퍼 크기가 3072 바이트임을 알린다. 윈도우의 왼쪽은 ACK를 받은 만큼 이동하지만, 윈도우 크기가 3072바이트이므로 오른쪽은 이동되지 않는다. 여전히 보낼 수 있는 양은 4, 5, 6번 블록 크기의 3072바이트이다.
- **9번 패킷** : 추가로 한 패킷을 송신하므로 추가 송신 가능한 바이트 수는 2048바이트로 줄어든다.
- **10번 패킷** : 이 패킷을 수신한 측은 자신이 송신 가능한 바이트 수가 4096으로 회복되면서, 다시 4개의 패킷들을 추가 송신할 수 있는 여유를 가지게 된다.

위의 예에서는 발생하지 않았지만, 송신측이 아주 빠른 시스템이고 수신측이 아주 느린 시스템이면 ACK가 도착하기 전에 송신측의 윈도우가 닫혀 더 이상 송신을 못하게 되는 경우가 발생한다.

또한 수신측으로 부터의 ACK 메시지를 받더라도 이 패킷에 window size값이 0이라면 송신이 일시적으로 중단된다. 따라서 이러한 슬라이딩 윈도우 방식은 수신측에 의해 송신측의 흐름이 제어된다고 볼 수 있다.

## 10.13 Persist 타이머

〈그림 10-31〉을 보자. 수신측의 처리 속도보다 송신측의 송신율이 높다면 수신측 버퍼가 자주 부족하게 된다. 이때 수신측은 4번 ACK 패킷처럼 window=0인 패킷으로 이 사실을 송신측에게 알려 송신을 일시 중지시킨다.

이 패킷을 수신한 송신측은 전송을 멈추고 윈도우 값이 증가할 때를 기다린다. 이후, 수신측의 버퍼에 여유가 생기면 윈도우 값이 증가된 5번 패킷을 송신측에게 보낸다.

이러한 흐름 제어 동작 중 5번 패킷이 손실된다면 어떤 일이 벌어질까? 송신측은 윈도우 값이 '0'이므로 여전히 송신이 중지되어 있고, 수신측도 계속 기다리는 교착 상태가 계속된다. 특히 TCP는 ACK 패킷에 대한 재전송은 하지 않으므로 이러한 교착 상태는 해결되지 않는다.

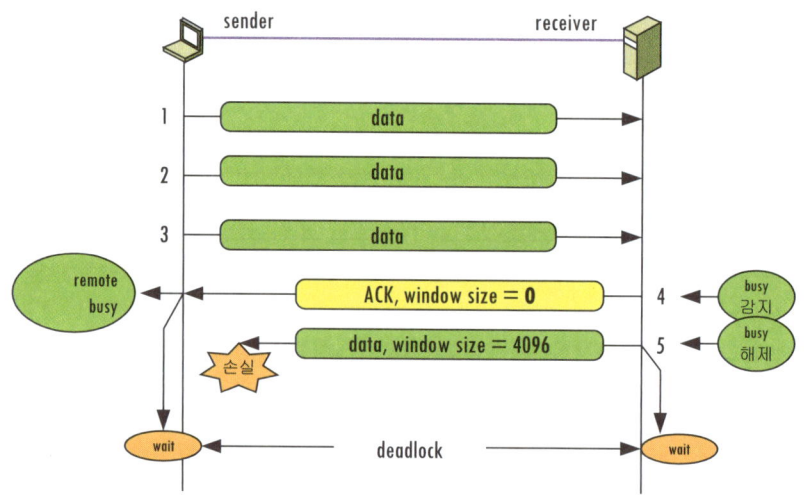

〈그림 10-31〉 크레딧 방식의 흐름제어시 발생할 수 있는 교착상태의 예

TCP는 이러한 교착상태를 다음과 같이 해결한다. Window=0인 패킷이 수신된 이후 일정시간 이후에도 window > 0인 패킷이 수신되지 않는다고 하자. 송신측은 수신측의 상황을 주기적으로 점검하기 위하여 1 바이트 길이의 데이터(unacked data)를 전송하여 ACK를 응답하도록 한다[7].

이렇게 주기적으로 송신하는 데이터를 "window probe 패킷"이라고 부른다. 그리고 프로브 패킷의 송신간격을 결정하는 TCP타이머를 "persist 타이머"라고 한다.

---

[7] 예전에는 임의의 1바이트 또는 전송되었지만 아직 ACK받지 못한 데이터의 첫 1 바이트가 probe 메시지에 데이터로 부착되어 전송되었다. 하지만 최신 버전의 운영체제의 경우 probe 메시지에는 1바이트의 데이터가 실려가지 않는다.

# CHAPTER 10 TCP

이렇게 주기적으로 송신하는 데이터를 "window probe 패킷"이라고 부른다. 그리고 프로브 패킷의 송신간격을 결정하는 TCP타이머를 "persist 타이머"라고 한다.

TCP의 다른 타이머들은 보통 exponential backoff 방식을 사용한다. 즉 첫 번째 타임아웃은 1.5초이고, 이후의 만기값은 3,6,12,24,…등으로 2배씩 증가한다.

하지만 본 persist timer의 만기값은 5~60초 사이의 값만 사용된다. 첫 윈도우 프로브 패킷 전송은 window=0인 패킷을 수신한 뒤로 5초 이후에 이루어진다. 이 패킷에 대한 응답이 여전히 window=0인 패킷이면 역시 5초 뒤에 두 번째 프로브 패킷을 송신한다. 여전히 window=0인 응답이 수신되면 세 번째 프로브 패킷은 6초 이후에 송신된다. 이후의 연속되는 프로브 패킷 간의 시간 간격은 12, 24, 48, 60,60,…초 간격을 가진다.

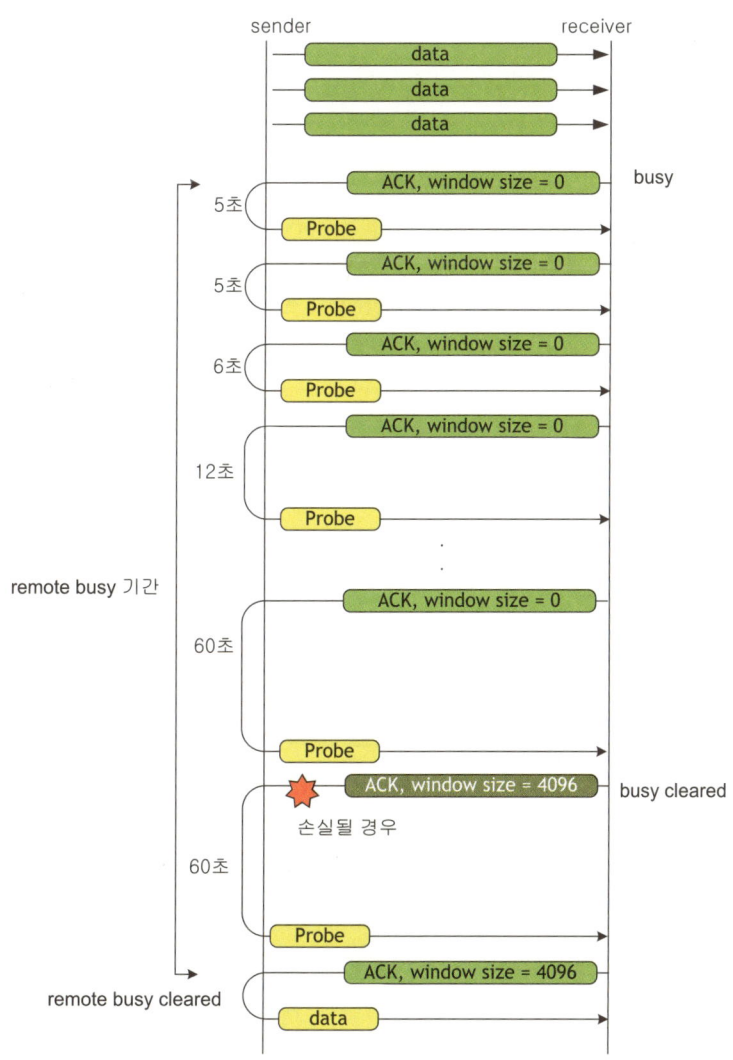

〈그림 10-32〉 TCP persist 타이머의 사용 예

## 10.14 Keepalive 타이머

TCP 연결이 설정되면, FIN 메시지를 송신할 때에만 접속이 해제된다. 접속된 후 라우터 또는 상대방이 고장나거나 재부팅되더라도 이러한 상황을 알아 낼 수 없어 계속 접속이 유지되는 상태로 남아있게 된다. 이와 같은 연결을 "half open connection"이라고 한다.

TCP는 일정시간 이러한 상태가 지속되면 강제로 연결을 종료시키는데 이때 keepalive 타이머가 사용된다. Keepalive 타이머는 상대방으로부터 패킷이 수신될 때마다 재 시작된다. 기본 값은 2시간이다. 이 기간 동안 상대방으로부터 어떠한 패킷도 수신되지 않으면 프로브 패킷을 75초 간격으로 10번 송신한다. 그래도 응답이 오지 않으면 연결을 강제로 단절한다.

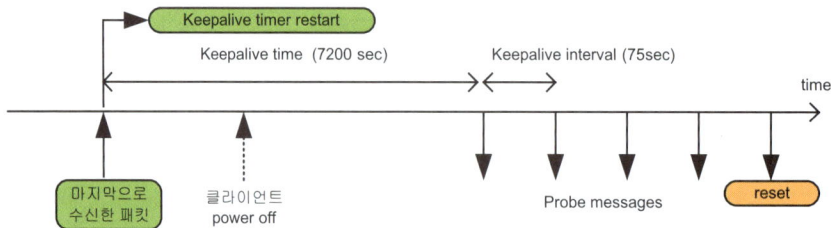

〈그림 10-33〉 Keepalive타이머의 동작

## 10.15 TCP 기본 절차 실습

### (1) TCP의 연결 및 종료 과정

TCP 연결과 종료 과정에 대한 송수신 절차를 확인한다.

**STEP 1** Ceromi에 discard 서버 기능을 설정한다. 먼저 "netstat -an" 명령으로 TCP 포트 9번이 활성화 되어 있는지 확인한다. 만약 활성화되어 있지 않으면, 다음과 같은 순서로 discard 서버 기능을 활성화시킨다.

```
[Root@Ceromi]# netstat -an

[Root@Ceromi]# cd /etc/xinetd.d
[Root@Ceromi]# ls
  chargen  rexec  time  rlogin  daytime  echo

[Root@Ceromi]# cp echo discard    ; echo 서비스 설정 내용을 discard 서비스용 파일로 복사한다.
[Root@Ceromi]# vi discard         ; 생성된 discard 서비스용 파일을 수정한다.

service discard{          ; echo를 discard로 바꾼다
    type  = INTERNAL
    id    = discard_stream    ; echo 를 discard로 바꾼다
```

```
    socket_type = stream
    protocol = tcp
    user = root
    wait = no
    disable = no        ; 만약 yes로 되어 있으면 no로 바꾼다.
}

:wq!
[Root@Ceromi]#/etc/init.d/xinetd restart  ; 서버 프로세스들을 재시동한다.
```

**STEP 2** 단말 Arami에서 텔넷을 사용하여 discard 서버 프로세스(포트 9번)에 연결하자마자 종료한다[8].

```
[Root@Arami]# telnet 200.0.1.2 9
Connected to 200.0.1.2.
Escape character is '^]'.
^]           //단말의 사용자가 입력한 것이다. ^는 CTRL키이다.
telnet> quit
Connection closed.
#
```

이렇게 discard 서버로의 설정 및 해제 과정 중에 전송된 패킷을 수집하여 동작절차를 분석한다. 접속 과정은 정상적인 3-웨이 핸드쉐이킹에 의해 수행되지만, 종료 과정은 4-웨이 핸드쉐이킹이 아닌 3-웨이 핸드쉐이킹에 의해 완료될 수도 있을 것이다. 이것은 최신 버전의 리눅스의 경우에 Denial of Service 공격에 대한 대비책으로 이러한 3-웨이 핸드쉐이킹 방식을 사용하여 CLOSE_WAIT 상태 없이 LAST_ACK 상태로 천이한다.

**STEP 3** Arami단말에서 "netstat -a"를 반복 입력하여 TCP 연결의 상태를 확인하도록 한다. 접속을 종료 즉시 TIME-WAIT 상태가 있는지 확인하고 몇 분뒤에 해당 상태가 사라지는지 확인하도록 한다.

```
[Root@Arami]# netstat -a | grep 9
```

---

8 XP의 경우 서버로부터의 프롬프트가 표시되지 않지만, ^]를 입력하면, XP용 텔넷 프롬프트가 표시되므로, quit를 입력하면 연결이 종료된다.

### (2) 재전송 타이머의 운용

텔넷 서버에 접속한 후 서버측 케이블을 끊었을 때 입력된 문자의 재전송 과정을 프로토콜 분석기를 사용하여 분석한다. 이 경우 텔넷 프로그램은 총 9회 전송을 시도한다. 첫 번째 재전송은 1초 뒤에 수행되며 두 번째 전송은 2초 뒤, 세 번째 전송은 4초 뒤 등 exponential backoff 방식으로 재전송 간격을 가짐을 알 수 있다. 참고로 운영체제에 따라 재 전송 횟수는 다를 수 있다.

```
[Root@Arami]$ telnet 200.0.1.2
연결대상 200.0.1.2…
Connected to 200.0.1.2.
Escape character is '^['.
a
b        //이 문자를 입력하기 전에 서버측 네트워크 케이블 연결을 끊는다.
         // 단 단말의 이더넷 카드는 스위치에 연결되어 있어야 한다.
```

### (3) 리셋이 송신되는 경우

다음과 같은 2가지 경우를 시험한다.

1) 서버는 개방되지 않은 포트로의 연결시도를 수신하면 리셋 메시지로 응답한다. 다음과 같은 과정으로 이것을 시험한다.

- Arami 단말은 Ceromi서버의 포트 2000번으로의 텔넷 접속을 시도하는 SYN 패킷을 보낸다.
- 서버는 이에 대한 응답으로 접속을 종료하라는 리셋 패킷으로 응답한다. (텔넷 클라이언트 프로그램에 따라서, 3~4회 계속 SYN을 보내는 경우도 있다.)

```
[Root@Arami]# telnet 200.0.1.2 2000
Trying 200.0.1.2 …
telnet: connect to address 200.0.1.2: Connection refused
[Root@Arami]#
```

2) 텔넷 서버가 다운된 이후 재부팅 된 경우의 리셋 전송을 시험한다. 클라이언트로부터의 이전 연결에 대한 데이터가 수신되면 서버는 이것을 거부하기 위하여 TCP 리셋 패킷을 송신하여 연결을 강제 종료한다. 이것은 서버가 재 부팅되면 이 사실을 모르는 사용자가 송신한 데이터 패킷에 대하여 이 사용자와 연결되어 있었다는 것을 서버가 인식하지 못하므로 리셋 메시지로 응답하여 접속을 종료시키는 것이다. 이때 사용자 화면에는 "Connection reset by peer" 메시지가 출력되고 접속이 종료된다. 다음과 같이 이러한 과정을 시험한다.

- 텔넷 23번으로 서버에 접속하고 정상적인 로그인을 한다.
- "a"라는 문자를 입력을 하면 텔넷 서버로 송신된다. 텔넷 서버는 이것을 echo 하기 때문에 "a"라는 문자가 사용자 창에 보여진다.
- 접속과 데이터 전송이 이루어진 것을 확인했다면 서버의 이더넷 인터페이스를 허브에서 분리시킨다.

CHAPTER 10 TCP

- 분리된 상태에서 서버의 텔넷 데몬을 다운시킨다. 이때 주의할 점은 인터페이스를 끊지 않은 상태에서 데몬을 다운시키면 리셋 패킷을 사용자측에 송신하여 정상적인 종료 절차를 밟게 된다. 따라서 실험을 위하여 미리 LAN 케이블을 단절하여 리셋 패킷이 클라이언트에게 전송되는 것을 막는다.
- 다운시킨 데몬을 다시 up한다. 여전히 사용자는 서버가 다운되었다가 살아난 것을 모르고 있다.
- 사용자는 "b" 문자를 입력한다.
- 지금 살아난 서버는 이전 사용자와의 연결이 있었다는 것을 모르기 때문에 리셋 패킷으로 응답하여 연결을 종료시킨다. 따라서 사용자는 echo 패킷을 받을 수 없으므로 사용자 창에는 "b"가 표시되지 않는다. 그리고 연결이 끊겼다는 메시지가 표시된다.

## 10.16  TCP 절차 실습

### (1) TCP의 인터액티브 트래픽 전송 과정 분석

TCP 연결과 종료 과정에 대한 송수신 절차를 확인한다.

**STEP 1**  Ceromi 서버의 echo 서비스를 GUI 창에서 활성화시킨다.

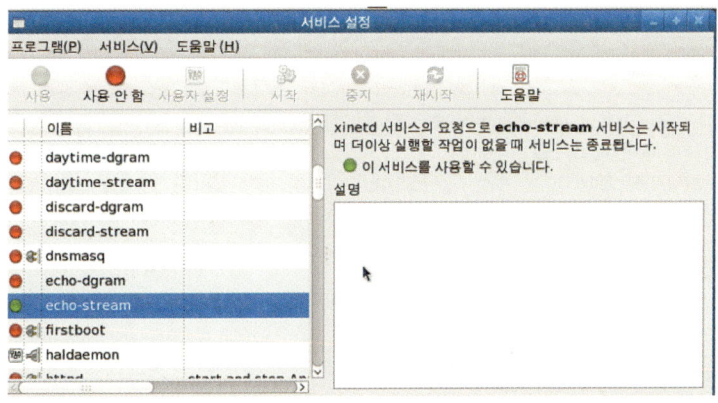

**STEP 2**  Arami단말이 Ceromi의 echo 서버 프로세스(포트 7번)에 접속하면서 'a'를 입력하고 서버로 부터 에코된 'a'를 수신받은 후 종료 하도록 한다.

```
[Root@Arami]# telnet 200.0.1.2 2000
Trying 200.0.1.2 …
telnet: connect to address 200.0.1.2: Connection refused
[Root@Arami]#
```

이러한 에코 서버로의 설정 및 해제 과정에서 송수신된 패킷들을 분석한다. 이러한 데이터 전송 과정에서, 사용자가 입력한 'a' 문자는 Enter 키를 입력하기 전에는 송신되지 않음을 알 수 있고, 송신되기 전에 화면에 표시되는 것을 보아 로컬 에코를 지원하는 것도 알 수 있을 것이다. 그리고 전송될 때 'a'와 Enter 키 문자들인 0x0D와 0x0A가 함께 송신됨을 알 수 있다.

### (2) Persist 타이머의 동작

Persist 타이머는 Window Size = 0을 수신한 측이 자신의 송신을 일시 중지한 후, 정해진 시간마다 상대방의 busy 상태를 확인하는데 사용된다. 이 과정을 시험하도록 한다.

**STEP 1** Arami 단말은 Ceromi 텔넷 서버에 접속하여, 긴 텍스트 파일에 대한 'cat' 명령을 수행시킨 다음 ^S를 누른다.

**STEP 2** Arami 단말은 Ceromi 텔넷 서버에 접속하여, 긴 텍스트 파일에 대한 'cat' 명령을 수행시킨 다음 ^S를 누른다.

**STEP 3** 이후 5분 동안 기다린 다음, ^Q로 수신을 재개하도록 한다. 이 과정에서 송수신되는 패킷들을 수집하여 분석한다.

### (3) Keepalive 타이머의 동작 예

정상적으로 연결되어 있지만 사용하지 않을 경우 서버는 Keepalive timer 기간까지 입력이 없으면 접속을 종료한다.

**STEP 1** 기본적인 KeepAlive 타이머의 만기 시간은 2시간이다. 신속한 실험을 위하여 이 값을 1분으로 단축시키도록 한다. 또한 재전송 주기를 2초로 설정하고, 재전송 횟수도 5회로 줄인다. 이를 위하여 다음과 같이 /etc/sysctl.conf 파일에 다음을 갱신한다.

```
[root@Ceromi]# vi /etc/sysctl.conf

# Decrease the time default value for tcp_keepalive_time connection
net.ipv4.tcp_keepalive_time = 7200 --> 60
net.ipv4.tcp_keepalive_intvl = 75 --> 2
net.ipv4.tcp_keepalive_probes = 9 --> 5
```

**STEP 2** 수정된 내용이 활성화되도록 다음과 같이 Ceromi시스템을 restart시킨다.

```
[root@Ceromi]# /etc/rc.d/init.d/network restart
Setting network parameters      [OK]
Bringing?up?interface-lo        [OK]
Bringing?up?interface-eth0      [OK]
Bringing?up?interface-eth1      [OK]
```

> **팁** 또 다른 방법으로 리눅스의 명령어인 sysctl을 다음과 같이 사용하면 간단하게 변경할 수 있다.

```
[root@Ceromi]#sysctl -w net.ipv4.tcp_keepalive_time = 60
[root@Ceromi]#sysctl -w net.ipv4.tcp_keepalive_intvl = 2
[root@Ceromi]#sysctl -w net.ipv4.tcp_keepalive_probes = 5
```

**STEP 3** 텔넷 서버에 접속한 후, 단말의 LAN 포트를 망에서 분리시킨다. 이후 서버로부터의 probe 메시지를 수집하여 몇 번의 이러한 메시지가 송신되며 언제 연결이 종료되는지 분석한다. 〈그림 10-34〉의 예에서 서버는 접속 후 1분이 지나면 첫 probe패킷을 송신한다. 하지만 사용자로부터의 응답을 수신하지 못하므로 1초 간격으로 재전송을 정해진 횟수만큼 송신한 다음 리셋 메시지를 송신하고 연결을 종료한다.

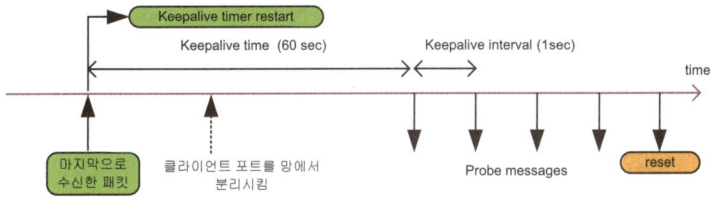

〈그림 10-34〉 Keepalive 메시지의 전송 예

**STEP 4** Step 3과 같은 환경에서, 클라이언트의 포트를 LAN에 다시 접속한 다음, 텔넷으로 다시 연결한다. 이후, 아무런 입력을 하지 않을 때 Keepalive 타이머에 의해 송수신되는 probe 메시지들을 수집하여 분석한다. 특별히 probe 메시지의 송신순서 번호와 데이터 영역, 그리고 클라이언트로부터의 응답 메시지에 있는 ACK 번호에 유의하라.

## 10.17 패킷 분석기를 이용한 흐름 분석

Wireshark의 Flow Graph 기능을 사용하여 TCP 연결상의 흐름을 분석한다. [Statistics]-[Flow Graph]를 선택하면 표시되는 다이얼로그 창에서 "Displayed packets" "TCP flow"를 선택한다.

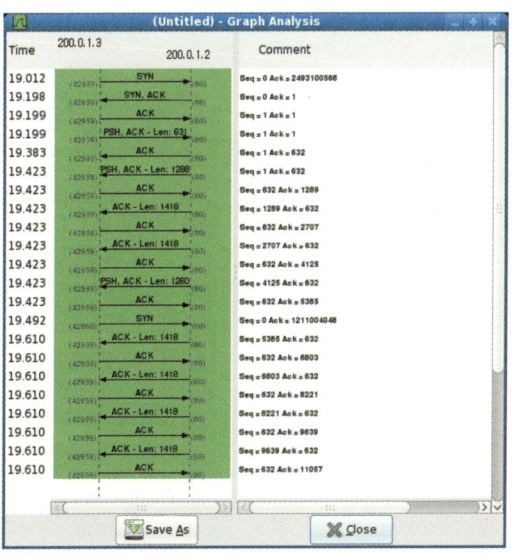

## 16.18 Iperf 도구 활용

Iperf는 TCP/UDP의 흐름을 분석하여 망의 성능을 측정 할 수 있는 도구이다. 이것은 두 개의 시스템상에서 각각 클라이언트와 서버로 설정되어 지연시간 및 지터값, 최대 전송 성능 등을 측정한다. Iperf는 JAVA 기반의 GUI 버전인 Jperf로도 사용이 가능(JRE 설치 필요)하며 Iperf와 Jperf 모두 윈도우용 버전과 리눅스용 버전이 존재한다.

**STEP 1** 다음과 같은 환경을 구축한다.

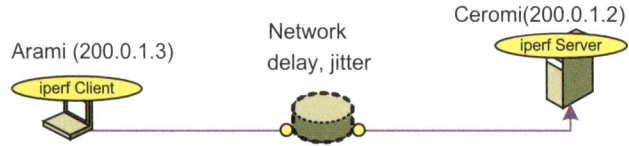

**STEP 2** Iperf를 다음과 같이 arami와 ceromi에 모두 설치한다.

```
#yum -y install iperf
```

**STEP 3** Iperf의 사용법 및 주요 옵션을 알아본다. Iperf의 사용법은 아래와 같은 구성으로 이루어진다. 참고로 포트 번호 5001, TCP의 사용, 측정 시간 10초 등이 기본값으로 설정되어 있다.

```
#iperf -h

Usage : iperf [ -s | -c host ] [ options ]

For Client / Server

  -f : Format to report : Kbits, Mbits, Kbytes, Mbytes
  -i : Seconds between periodic bandwidth reports <interval>
  -l : length of buffer to read or write <default 8KB>
  -w : TCP window size(socket buffer size)
  -B : bind to <host>, an interface or multicast address
  -p : Server port to listen on / Connect to
  -u : Use UDP rather than TCP
  -V : Set the domain to IPv6

Server specific

  -s : run in Server mode

Client specific

  -c : run in Client mode, connecting to host
  -b : For UDP, bandwidth to send at bits/sec <default 1Mbit/sec, implies ?u>
```

```
-t : time in seconds to transmit for
-T : time to live, for multicast <default 1>

Miscellaneous :
 -h : print help message and quit
 -v : print version information and quit
```

Iperf는 TCP/UDP의 흐름을 분석하여 망의 성능을 측정 할 수 있는 도구이다. 이것은 두 개의 시스템 상에서 각각 클라이언트와 서버로 설정되어 지연시간 및 지터 값, 최대 전송 성능 등을 측정한다. Iperf는 JAVA 기반의 GUI 버전인 Jperf로도 사용이 가능(JRE 설치 필요)하며 Iperf와 Jperf 모두 윈도우용 버전과 리눅스용 버전이 존재한다.

**STEP 4** UDP에 대한 성능을 분석한다.

**방법 1** 서버 컴퓨터에 서버 모드를 다음과 같이 설정한다. -u 옵션은 UDP이며, 이 옵션이 없으면 TCP이다.

```
[root@Ceromi]#iperf -s -u
------------------------------------------------------------
Server listening on UDP port 5001
Receiving 1470 byte datagrams
UDP buffer size: 110 KByte (default)
------------------------------------------------------------
[root@Ceromi]#iperf -s -R <-- 중지 [필요시]
```

**방법 2** 클라이언트 컴퓨터에 클라이언트 모드를 다음과 같이 설정한다. 설정 내용은 서버 IP=200.0.0.2, 5초 간격 측정, 20초 동안 실행, UDP 임을 의미한다.

```
[root@Arami]#iperf -c 200.0.1.2 -i 5 -t 20 -u
------------------------------------------------------------
Client connecting to 200.0.1.2, UDP port 5001
Sending 1470 byte datagrams
UDP buffer size: 110 KByte (default)
------------------------------------------------------------
[ 3]local 200.0.1.3 port 60309 connected with 200.0.1.2 port 5001
[ ID]Interval     Transfer    Bandwidth
[ 3]0.0- 5.0 sec  640 KBytes  1.05 Mbits/sec
[ 3]5.0-10.0 sec  640 KBytes  1.05 Mbits/sec
[ 3]10.0-15.0 sec 640 KBytes  1.05 Mbits/sec
[ 3]15.0-20.0 sec 640 KBytes  1.05 Mbits/sec
[ 3]0.0-20.0 sec  2.50 MBytes 1.05 Mbits/sec
[ 3]Sent 1785 datagrams
[ 3]Server Report:
[ 3]0.0-20.0 sec  2.50 Mbytes  1.05 Mbits/sec  0.007 ms  0/ 1785 (0%)
[root@Arami]#
```

**방법 3** 서버 컴퓨터에서의 Bandwidth, Jitter Value, Lost/Total Datagrams에 대한 결과는 다음과 같다.

```
[root@Ceromi]#iperf -s -u
------------------------------------------------------------
Server listening on UDP port 5001
Receiving 1470 byte datagrams
UDP buffer size: 110 KByte (default)
------------------------------------------------------------
[  3] local 200.0.1.2 port 5001 connected with 200.0.1.3 port 60309
[ ID] Interval       Transfer     Bandwidth       Jitter   Lost/Total Datagrams
[  3] 0.0-20.0 sec  2.50 Mbytes  1.05 Mbits/sec  0.008ms  0/ 1785 (0%)
```

**STEP 5** TCP에 대한 성능을 분석한다. 이번에는 윈도우 XP에서 수행해 본다.

## 16.19 Jperf 도구 활용

다음과 같이 Jperf를 사용하여 GUI 환경에서 시험한다.

### (1) 클라이언트 모드 설정 및 결과

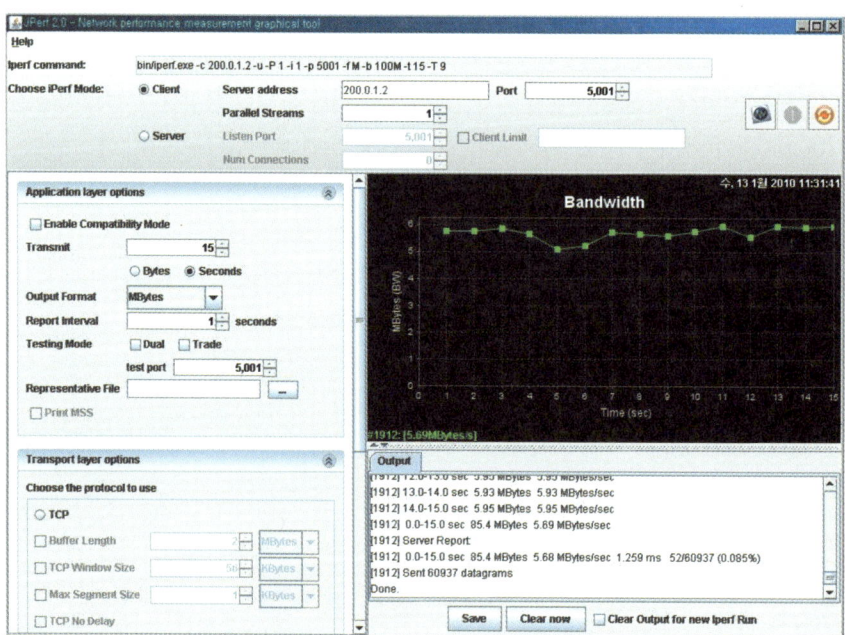

### (2) 서버 모드 설정 및 결과

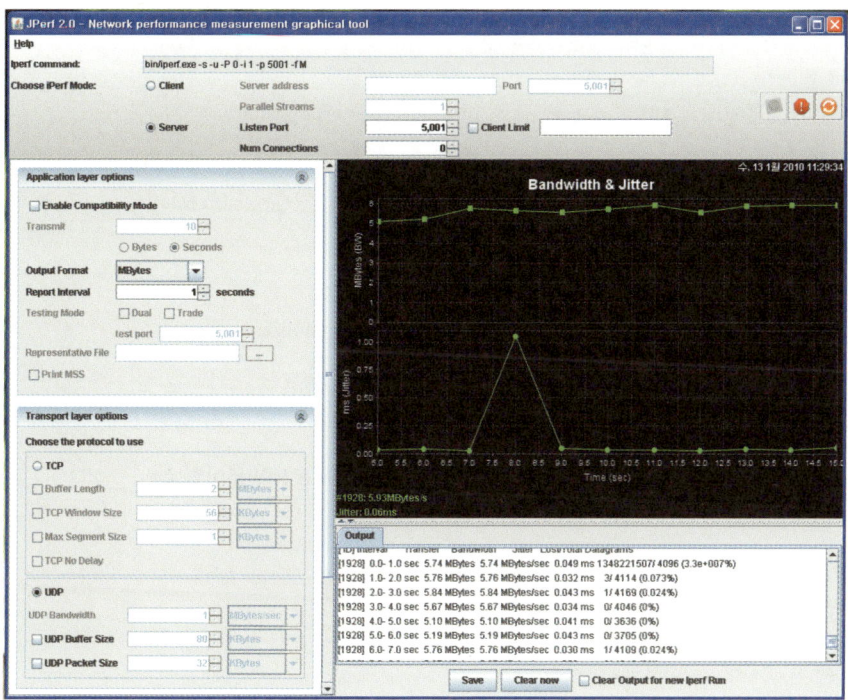

## 10.20 관련 표준

- RFC 793, Transmission Control Protocol - DARPA Internet Program Protocol Specification, 1981
- RFC 813, Window and Acknowledgment Strategy in TCP, July 1982.(Clark 방식)
- RFC 1323, TCP Extensions for High Performance , May 1992
- RFC 896, "Congestion Control in IP/TCP Internetworks", January 1984.(Nagle 알고리즘)
- Karn, "Improving Round-Trip Time Estimates in Reliable Transport Protocols", Communication Review, vol. 17, no. 5, pp.2-7, August 1987.( Karn Algorithm)
- Jacobson, "Congestion Avoidance and Control", SIGCOMM '88, Stanford, CA., August 1988.
- RFC 2018 TCP Selective Acknowledgment Options, October 1996
- RFC 1122 Requirements for Internet Hosts -- Communication Layers, October 1989(delayed ACK)

 **연습 문제**

[1] 다음 중 TCP의 타이머가 아닌 것은?
(a) Hello timer (b) Persist Timer
(c) KeepAlive timer (d) Retransmission timer

[2] 다음 중 TCP에서 사용되는 알고리즘이 아닌 것은?
(a) Karn (b) Dijkstra (c) Jacobson (d) Nagle

[3] Silly window Syndrome을 방지하는 방법이 아닌 것은?
(a) Nagle (b) Delayed ACK
(c) Clark (d) Fast Retransmission

[4] TCP의 최대길이를 협상하기 위한 옵션은?
(a) MSS (b) MTU (c) SACK (d) NOP

[5] 어떤 패킷의 TCP 헤더에 있는 헤더 길이 영역의 값이 6이었다. 옵션의 바이트 수는 ___이다.
(a) 1 (b) 4 (c) 6 (d) 24

[6] ACK 번호가 100이었다. 이것은 ___를 의미한다.
(a) 100번째 패킷을 잘 받았음
(b) 100바이트를 잘 받았음
(c) 다음에 받고자 하는 바이트의 순서 번호
(d) 지금까지 받은 바이트들 중 마지막 바이트의 순서 번호

[7] 능동적인 Close 이벤트에 의해 FIN을 송신한 직후의 상태는 ___이다.
(a) CLOSED (b) ESTABLISHED (c) CLOSING (d) FIN-WAIT-1

[8] Windows = 0인 패킷을 수신하면, ___ 타이머를 기동시킨다.
(a) Persist (b) Keepalive (c) Retransmission (d) TIME-WAIT

[9] 혼잡제어를 위하여, 재전송이 발생한 경우 송신측은 ___를 1로 설정한다.
(a) Window (b) Sequence 번호
(c) ACK 번호 (d) Congestion Window

[10] Probe 메시지는 ___와 ___타이머가 만기될 때 송신된다.
(a) KeepAlive (b) Persist (c) Retransmission (d) TIME-WAIT

CHAPTER 10 TCP

  연습 문제

[11] RTT가 큰 미국의 사이트에 접속하여 그 과정을 수집하고 그 자료를 사용하여 smoothed RTT와 RTO를 계산하라. 그리고 time-line을 그려라.

[12] e-Watch를 사용하여, slow-start 알고리즘의 동작을 다음과 같은 절차에 따라 분석하라.
 ① e-Watch의 ftp filter를 설정한다.
 ② FTP 클라이언트에서 서버로 ftp연결을 한다.
 ③ 클라이언트에서 서버에 있는 파일을 내려받는다.
 ④ 수집된 패킷들에 대한 window size와 ACK 번호에 유의하여 CWnd의 변화를 예측한다.

[13] Keepalive 타이머에 의해 송신되는 probe 메시지의 sequence 번호는 어떤 번호가 사용되는가? 어떤 의미가 있는가?

[14] 10Mbps 이더넷에서, 다음과 같은 제한조건에 대하여 TCP의 최대 capacity는 얼마인가?
(최대 전송 거리 : 1Km, 9.6us의 프레임 간격, 64비트의 preamble, 1000바이트의 고정된 길이의 TCP 데이터 패킷, 20바이트의 고정된 길이의 TCP ACK 패킷, 4바이트의 FCS, 20바이트의 IP 헤더, 14바이트의 MAC 헤더 길이)

 **연습 문제**

[15] rlogin 서버는 Nagle 알고리즘이 어떻게 설정되어 있는가?

[16] 소켓함수에서, TCP 소켓 개설시 TCP_NODELAY 옵션을 사용하면, Nagle 알고리즘이 비활성화 된다. 다음과 같은 순서로 실습을 수행하라.
 ① Winsock 함수를 이용한 echo client 프로그램을 작성하고 Nagle 알고즘을 비활성화시켜라.
 ② E-Watch를 사용하여 TCP 필터를 설정한 다음 클라이언트측에서 F1 키를 입력하라. 한 패킷에 몇 개의 문자가 송신되는가?
 ③ 송수신 과정을 time-line으로 그리고 분석하라

[17] RFC 896을 요약하라.

[18] Simultaneous open과 simultaneous close 과정을 설명하라.

[19] 리눅스의 sysctl 명령어로 설정 가능한 TCP/IP 관련 파라미터들은 어떠한 것들이 있으며, 이러한 값들의 일부를 조정한 경우 어떠한 변화가 발생하는지 실험하라.

CHAPTER 10 TCP

  연습 문제

[20]  Echo 서버의 기능을 소켓 프로그래밍을 사용하여 구현하라.

[21]  Discard 서버의 기능을 소켓 프로그래밍을 사용하여 구현하라.

[22]  Stream Control Transmission Protocol(SCTP)는 TCP보다 신뢰성이 높고 오버헤더가 적은 새로운 프로토콜이다. 이것의 특징을 RTC 3286과 RFC 2960을 참조하여 분석하라.

## 심화 자료

### (1) Round-Trip Time(RTT) 측정

TCP가 사용하는 재전송 시간 간격(Retransmission timeout(RTO))은 얼마가 적당한가? 만약 RTO값이 너무 짧으면 정상적으로 응답이 오기 전에 재전송이 개시될 것이다. 반면에 RTO값이 너무 길면 재전송을 하기 위해 지연하는 시간이 너무 길게 되어 비효율적이 된다.

$$estimated\_RTT = \alpha * estimated\_RTT + (1-\alpha) * measured\_RTT$$

여기서 $\alpha$는 smoothing factor(일반적으로 7/8=0.875를 사용한다.)이다. 윗 식에서 $\alpha$의 역할은 다음과 같다. 큰 $\alpha$값을 사용하면 이전의 estimated_RTT 값에 비중이 커져서 새로이 측정된 estimated_RTT 값에 큰 영향을 받지 않기 때문에 변화에 느리게 반응하며, 작은 $\alpha$ 값을 사용하면 측정된 값의 비중이 커져서 지연 변화에 민감하게 반응한다. 이러한 가중평균을 exponential weighted moving average(EWMA)라고 부르며, measured_RTT에 대하여 Low Pass Filter처럼 동작한다고 할 수 있다.

그리고 |measured_RTT − estimated_RTT|, 즉 RTT의 변이값에 대하여 EWMA를 적용한 DevRTT는 다음과 같이 표시된다.

$$DEVRTT = \beta * DEVRTT + (1-\beta) * |measured\_RTT - estimated\_RTT|$$

만약 measured_RTT값의 변화가 없다면 DEVRTT는 작을 것이며, $\beta$의 권장값은 0.75이다.

위와 같이 계산된 estimated RTT 값과 DEVRTT로부터 다음과 같이 실제 재전송 타이머의 값을 결정한다.

$$RTO = estimated\_RTT + 4 * DEVRTT$$

이 식으로부터 measured_RTT와 estimated_RTT간의 차이가 커서 DEVRTT가 크다면 이를 반영한 RTO값이 증가됨을 알 수 있다.

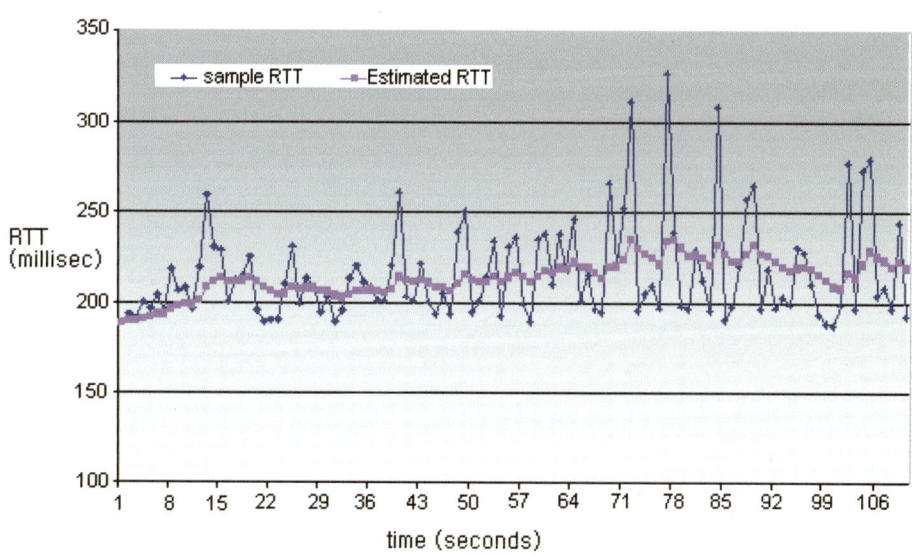

### (2) Karn 알고리즘

〈그림 10-35〉처럼 재전송 타이머가 만기되면 재전송한다. 그러나 이 재전송에 대하여 ACK가 도착하면, 이 ACK가 처음 전송된 패킷에 대한 응답인지, 재전송에 대한 응답인지 알 수가 없다. 만약 송신측이 처음 전송한 것에 대한 응답으로 간주하면 큰 RTT값이 얻어지므로 다음 패킷들에 대한 RTO값은 증가할 것이다. 반면에 이 응답을 재전송된 패킷에 대한 것으로 간주하여, 이 패킷에 대한 RTT로 반영하면 다음 패킷에 대한 RTO 값은 크게 감소하게 될 것이다. 따라서 이러한 재전송에 대한 ACK 패킷의 도착시 이 ACK 패킷으로부터는 정확한 RTT값을 반영할 수 없는 문제가 발생한다.

이러한 문제점을 해결하기 위해 Karn이 제안한 알고리즘은 다음과 같다.
- 재전송되지 않은 패킷의 RTT 값만을 유효한 RTT 값으로 간주한다.

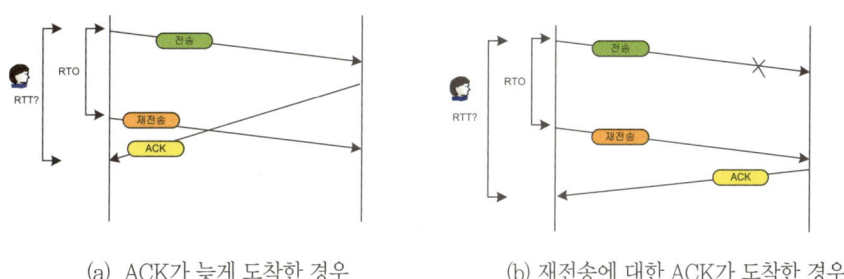

(a) ACK가 늦게 도착한 경우    (b) 재전송에 대한 ACK가 도착한 경우

〈그림 10-35〉 TCP에서의 확인 응답의 모호성

### (3) Silly Window Syndrome(SWS)

사용자의 키보드 입력에 의해 발생되는 한 바이트씩의 저속 데이터들은 TCP의 송신 버퍼에 저장되는데, TCP는 기본적으로 이 버퍼에 있는 내용들을 즉시 TCP에 담아 송신한다.

이러한 인터액티브한 트래픽이 지연시간이 큰 망에서 전송될 경우, TCP와 IP의 헤더 40 바이트를 사용하면서도 겨우 1 바이트의 데이터가 전송되므로 망의 자원을 낭비하는 결과를 가져온다. 이렇게 저속의 트래픽 발생에 의해 전송 오버헤드가 발생하는 현상을 송신측에서의 silly window syndrome이라고 부른다.

#### a) 송신측에서의 SWS와 Nagle 알고리즘

텔넷과 같은 인터액티브한 응용에서 알 수 있듯이, 사용자의 키보드 입력에 의해 발생되는 한 바이트씩의 저속 데이터들은 TCP의 송신버퍼에 저장되는데, TCP는 기본적으로 이 버퍼에 있는 내용들을 즉시 TCP에 담아 송신한다.

이러한 인터액티브한 트래픽이 지연 시간이 큰 망에서 전송될 경우, TCP와 IP의 헤더 40바이트를 사용하면서도 겨우 1바이트의 데이터가 전송되므로 망의 자원을 낭비하는 결과를 가져온다. 이렇게 저속의 트래픽 발생에 의해 전송 오버헤드가 발생하는 현상을 "송신측에서의 silly window syndrome"이라고 부른다. 이러한 송신측에서의 문제점을 해결하는 방식이 Nagle 알고리즘이다. 이것의 동작은 다음과 같다.

- 응답이 빨리 도착하면 그 동안 모아졌던 데이터를 전송한다.
- ACK가 오지 않았더라도 Maximum Segment Size만큼 버퍼에 차면, 그 동안 모아졌던 데이터를 한꺼번에 송신한다.

결과적으로, 망의 지연시간이 짧으면 응답이 빨리 도착할 것이므로 즉시 데이터를 송신한다. 반면에, 망의 부하가 증가하여 지연 시간이 크면, 그동안 모아졌던 데이터를 수납한 긴 패킷을 송신함으로써 오버헤드를 감소시키는 자연스러운 self-clocking 동작을 수행된다.

그러나 사용하는 TCP 응용 프로그램의 종류에 따라 Nagle 알고리즘을 사용하면 안되는 경우도 있다. 대표적인 예로서, Telnet이나 Thin-Client 기능을 사용하는 경우이다. 왜냐하면 이러한 서비스의 경우 사용자의 입력값이나 마우스의 포인트 값들은 즉시 송신되고 응답되어야 하기 때문이다.

일반적으로 윈도우 시스템의 경우, 이 Nagle 알고리즘은 기본적으로 활성화되어 있다. 하지만 텔넷과 같은 응용을 위한 소켓 생성 시에는 TCP_NODELAY 옵션을 사용하거나 setsockopt()을 사용하여 Nagle 알고리즘을 비활성화시켜야 한다.

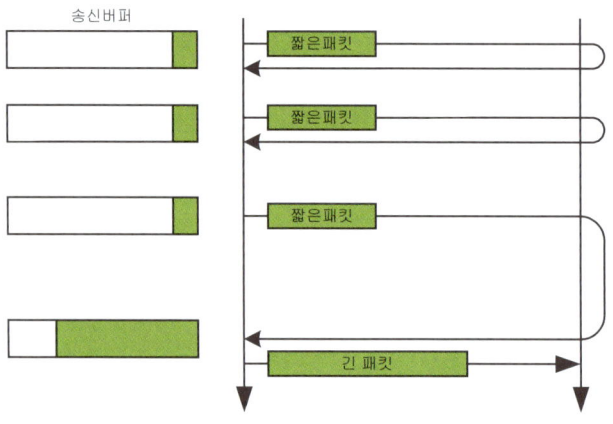

〈그림 10-36〉 Nagle 알고리즘의 예

### b) 수신측에서의 SWS과 해결책

송신측의 persist 타이머의 만기에 의해 수신측에 보내지는 window probe 메시지에 대하여, 수신측은 자신의 수신 버퍼에 불과 수 바이트 정도의 작은 크기의 여유가 생겼을 경우 〈그림 10-37〉처럼 이 사실을 조급하게 windows = 8 또는 16이라는 윈도우 회복 메시지로 즉시 응답할 수 있다.

하지만 이렇게 적은 양의 윈도우 회복 메시지에 대하여 송신측이 추가로 8바이트 또는 16바이트의 데이터를 보낸다고 하자. IP 및 TCP 헤더의 길이를 고려할 때, 작은 양의 데이터들로 인해 네트워크 자원을 소모하게 된다. 이렇게 작은 데이터를 가지는 패킷들이 윈도우 흐름제어시 자주 전송되어 네트워크 자원을 소모하게 되는 증후군을 "수신측에서의 Silly Window Syndrome(SWS)"이라고 한다.

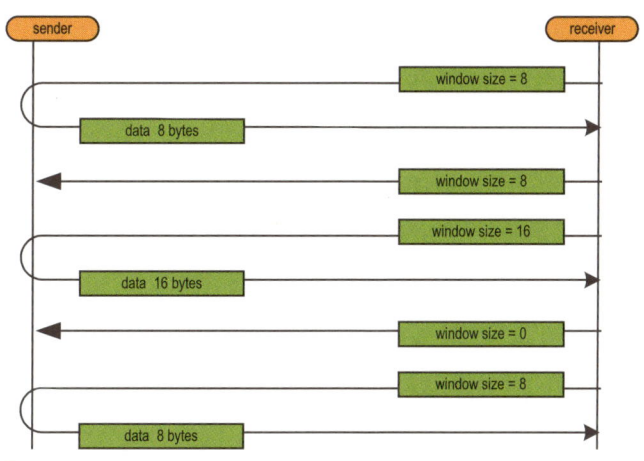

〈그림 10-37〉 수신측 Silly Window Syndrome의 예

이렇게 Silly Window Syndrome에 의하여 네트워크 자원이 낭비되는 것을 방지하기 위해서, TCP는 다음과 같이 수신측에서의 Silly Window Syndrome을 회피하기 위한 다음과 같은 두 가지 방법을 사용한다.

- Clark 방법 : 윈도우의 크기가 0임을 알리는 패킷을 송신한 이후에 윈도우가 회복되더라도 회복된 윈도우 크기가 전체 사용가능한 버퍼 공간의 50% 이상이 될 때까지는 수신 가능한 윈도우 크기의 회복을 알리는 메시지를 보내지 않는다.
- Delayed ACK : 데이터 패킷 수신시 이에 대한 ACK 패킷의 송신을 지연하는 방법이다. 즉 ACK 패킷으로 즉시 응답하는 대신에 수신 버퍼에 충분한 공간이 있을 때 까지 ACK를 지연하거나, 최대 200msec의 지연을 한 후 ACK하도록 한다. 이렇게 함으로서, 수신되는 여러 개의 데이터 패킷에 대한 개별적인 응답을 하는 대신에 최근에 수신된 패킷에 대한 응답만 한다. 이 응답은 이전에 수신된 패킷들에 대한 응답을 겸하므로 트래픽의 발생량을 감소시킬 수 있다. 이러한 수신측에서의 delayed ACK 방법은 송신측에서 사용하는 Nagle 알고리즘에도 영향을 주어, 지연되는 시간동안 Nagle 알고리즘에 의해 모여지는 데이터들이 하나의 TCP 패킷에 실려 전송될 수 있게 된다.

### (4) TCP의 혼잡 제어

인터넷에서 발생하는 혼잡상황은 고속 LAN에서 저속 WAN으로 연동하는 라우터의 수신버퍼의 부족에 의해 발생한다. 이것은 아침 출근길에 각 교량에 차량들이 몰려들어 지체가 되는 현상과 동일하다.

라우터는 신뢰성 있는 전달을 보장하지 않는 장비이므로 자신의 버퍼 부족 시 수신 패킷을 버린다. 이렇게 버려진 패킷들로 인해 송신측은 기대하는 ACK가 도착하지 않기 때문에 재전송 타이머에 의해 재전송을 개시한다. 하지만 이렇게 재전송되는 패킷들로 인해 혼잡 상황이 더욱 악화된다.

〈그림 10-38〉은 라우터의 출력 버퍼의 크기가 무한대일 경우 송신율이 증가됨에 따라 제한된 라우터의 출력측 대역폭에 의해 수신측 호스트의 수신율은 포화된다. 실제로는 라우터의 출력 버퍼에 한계가 있으므로 라우터에서의 일부 패킷 손실에 의해 송신측은 재전송을 시도할 것이다. 이러한 재전송은 원래의 패킷과 함께 하므로 혼잡상황이 더욱 악화되어 수신측 단말로 전달되는 유효 패킷의 개수는 거의 0으로 된다.

이러한 혼잡 상황을 해결하기 위하여 각 송신측은 재전송 타이머가 만기되거나 중복된 ACK 패킷이 도착하는 경우, 망에 혼잡이 발생했다고 판단한다. 이때 일시적으로 자신의 송신율을 낮추어 혼잡 상황이 완화되도록 한다. 이러한 방법을 구체화한 것이 congestion avoidance 알고리즘이며 slow-start 알고리즘과 병행해서 운영된다.

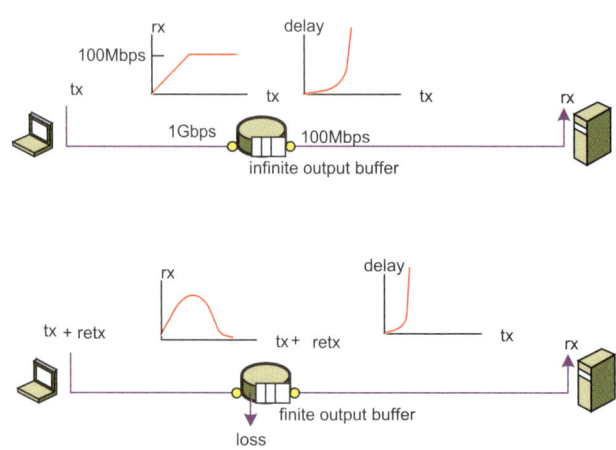

〈그림 10-38〉 TCP의 혼잡 제어 필요성

### a) Slow Start 알고리즘

망의 혼잡 상황을 해결하기 위해서는, 이 혼잡상황으로 인해 재전송 해야 하는 모든 단말들은 자신들의 송신율을 서서히 증가시키자고 약속한다면, 혼잡상황이 완화될 수 있을 것이다. Slow start 알고리즘은 바로 이러한 약속을 구현한 것이며, congestion avoidance 알고리즘과 병행하여 구현된다.

Slow Start 알고리즘은 송신측의 또 다른 윈도우인 혼잡 윈도우(congestion window = Cwnd)를 사용하여 구현된다. 연결 초기에는 Cwnd 값이 1로 설정되어 있기 때문에, 수신측으로부터의 ACK를 수신하기 전까지는 오직 한 개의 패킷만 송신할 수 있다[9]. 여기서, Cwnd는 바이트 단위인데 이해를 돕기 위하여 세그먼트 단위로 표기하였다.)

이후, 이 패킷에 대한 ACK를 받으면 CWnd의 값은 2로 증가된다. 따라서, 송신측은 2개의 패킷을 연속해서 송신할 수 있고, 각 패킷에 대한 응답을 받을 때 마다 CWnd의 값은 하나씩 증가하게 된다. 결과적으로, 이 2개의 패킷 송신이 완료되면 다음에는 총 4개의 패킷을 연속 송신할 수 있게 된다.

---

[9] 비록, 수신측으로부터 받은 windows size가 큰 값이더라도.

# CHAPTER 10 TCP

다음 페이지의 〈그림 10-39〉는 TCP의 slow start 전송 방식을 간단히 나타낸 것이다. 왼쪽이 송신측이고 오른쪽이 수신측이다. 일반적으로 ACK 패킷의 크기는 bulk데이터 패킷 보다 짧기 때문에 그림에서 선으로 나타내었다.

첫 패킷의 전송 시, TCP의 CWnd의 크기는 1로서 하나의 패킷만 송신할 수 있다. 이에 대한 ACK 패킷이 도착하면 CWnd은 1 증가하여 2가 된다. 이후, 이들에 대한 응답이 도착함에 따라 CWnd의 값은 2,4,8,...으로 증가되어, 송신하는 패킷 수도 그에 따라 증가한다.

즉, CWnd는 ACK 패킷이 도착할 때마다 1씩 증가하는데, 한 패킷을 보내면 다음에 두 개의 패킷을 연속으로 보낼 수 있고 이에 대한 응답이 연속적으로 도착하게 되므로 다음에 송신할 수 있는 패킷의 개수는 4로 증가된다. 이런 식으로 지수 형태의 전송 과정이 수행 되므로 전송량은 급격히 증가한다[10]. CWnd가 어느 이상 증가하면, 송신측은 링크의 전송 속도에 포화된 만큼의 패킷을 연속적으로 송신하게 된다. 실제 망에서는 망의 혼잡에 의해서 패킷이 버려지거나 오류가 있기 마련이다. 이럴 때 재전송 과정이 수행되면서, 최대 CWnd의 값은 반으로 줄게 되는 congestion avoidance 과정이 수행된다.

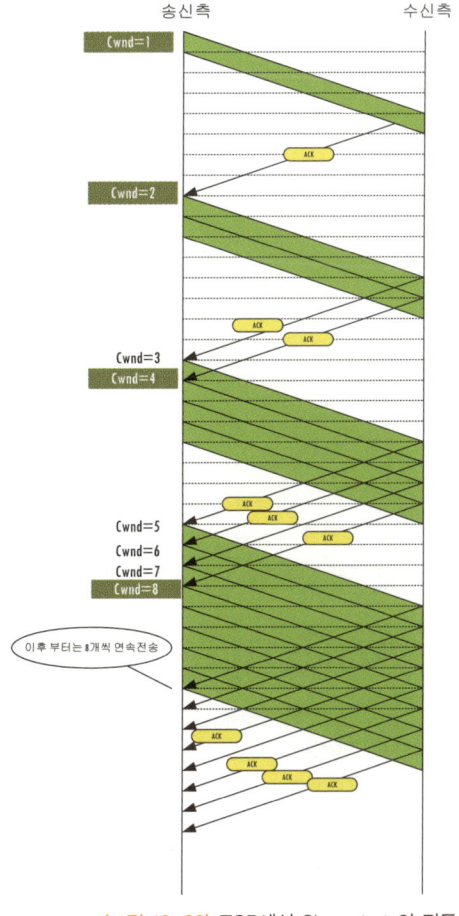

〈그림 10-39〉 TCP에서 Slow start 의 작동

---

10 이래도 slow-start인가?

### b) Congestion Avoidance 알고리즘

Congestion avoidance 알고리즘은 현재의 congestion window 값인 Cwnd와 slow-start theshold 값인 ssthresh를 사용하여 다음과 같이 운영된다.

① 초기값으로, Cwnd = 1 (x MSS) 바이트, ssthresh = 65535 바이트가 설정된다.
② Slow-start 알고리즘에 의하여, ACK를 수신할 때마다 Cwnd값이 증가된다. 물론, 송신측이 전송할 수 있는 바이트 수는 min(Cwnd, 수신측 윈도우 크기)로 제한된다.
③ 혼잡이 발생하면 재전송 과정이 개시되는데 이때 ssthresh 값은 현재의 송신 윈도우 크기 (min[windowsize,Cwnd] )의 반 값으로 설정한다.
④ 그리고, 만약 타임아웃에 의한 재전송일 경우에는 Cwnd = 1 (x MSS)로 설정한다.
⑤ 이후, 매 패킷 전송 시, Cwnd 크기가 증가되지만 이 값이 ssthresh 값 보다 작을 때에는 slow start 알고리즘이 적용된다. 하지만 Cwnd가 ssthresh 값에 도달한 이후부터의 Cwnd 값은 매 ACK 패킷을 수신할 때마다 (1/Cwnd) x (MSS)씩 선형적으로 증가한다. 결과적으로 Cwnd가 ssthresh 값에 도달한 이후부터의 Cwnd 값은 RTT 마다 1(x MSS)씩 증가한다고 할 수 있다.

〈그림 10-40〉은 이러한 혼잡 회피 방법에 대한 예이다. 수신측에서는 delayed ACK를 사용하기 때문에 RTT동안에 전달 받은 패킷들의 마지막에 대해서만 ACK를 수행한다고 하자. 각 RTT마다 Cwnd는 2의 배수로 증가하다가 Cwnd의 값이 16일 때 송신한 16개의 패킷들이 모두 혼잡에 의해 버려져서 ACK를 수신 못하게 되어 재전송을 수행하게 되었다고 하자. 그러면, 송신측은 현재의 Cwnd 값의 1/2의 값을 ssthresh 값으로 설정하고, Cwnd 값을 1부터 다시 증가시키기 시작한다. Cwnd가 8이 되면, 이후부터는 RTT 기간마다 1씩 증가된다.

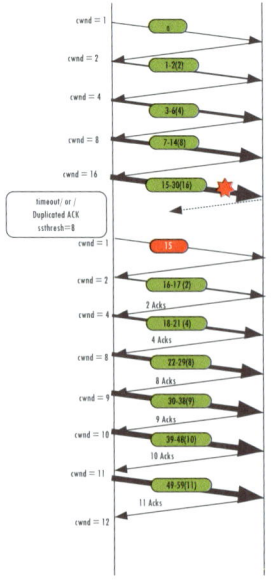

〈그림 10-40〉 TCP의 Congestion avoidance

〈그림 10-41〉은 RTT에 따른 혼잡 윈도우 크기의 변화를 도시한 것이다. ssthresh의 초기값은 65535 x (MSS)로 맞추어져 있다. Cwnd값이 16x(MSS) 값까지 증가되었는데, 이 시점에서 혼잡에 의한 재전송이 발생하게 되면, 현재의 Cwnd값인 16(xMSS)의 1/2인 8(xMSS)를 ssthresh값으로 설정한다. 그리고 Cwnd는 1로 설정된다.

이후, ssthresh값까지는 Cwnd값이 slowstart 알고리즘에 의해 결정되어 지수적으로 증가하지만, Cwnd가 ssthresh = 8에 도달한 이후부터의 Cwnd값은 각 ACK 패킷의 수신시 마다 (1/Cwnd) x (MSS)씩 직선으로 증가하게 된다. 결과적으로, Cwnd가 ssthresh 값에 도달한 이후부터의 Cwnd값은 RTT마다 1씩 증가한다.

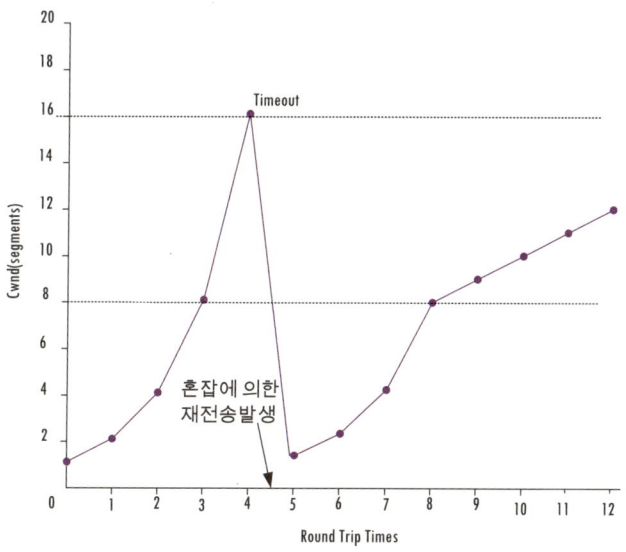

〈그림 10-41〉 round-trip time에 따른 Cwnd의 변화 예

## c) Fast Retansmission 및 Fast Recovery 알고리즘

- Fast Retansmission

망이 실제로 혼잡하지 않는데도 패킷이 손실될 수 있다. 특히 무선환경이 그러하다. 만약 기존 혼잡제어 방식의 경우 패킷손실시 무조건 혼잡 상황으로 판단하고 slot-start 알고리듬이 동작하여 낮은 전송율을 제공하는 문제가 있다.

Fast Retransmission 방식은 혼잡 상황과 전송 오류를 구분하여 전송율을 유지하는 기능이다. 즉 연속된 패킷을 송신하는 중에 수신측으로부터 동일한 ACK 패킷을 세 번 이상 연속 수신하면 다음과 같이 판단한다.
- 손실된 패킷이 있었지만 이 패킷 이후의 패킷들은 문제없이 전달되었기 때문에 중복된 ACK가 수신되었다.
- 따라서 이 상황을 혼잡이 아닌 단순한 패킷손실 상황으로 판단한다.

이에 송신측은 selective Rejet 방식에 의해 해당 패킷의 재전송을 즉시 개시하면서 slow-start 알고리듬은 시작하지 않는다.

● Fast retransmission and fast recovery 알고리즘

이것은 fast retransmission뿐만 아니라 신속하게 혼잡 상황으로부터 복구하는 기능이 추가된 방법으로써 TCP Reno 버전에서 구현되었다.

① 세 번 연속 중복된 ACK를 수신한 측은 ssthresh = Cwnd/2로 설정한다.
② 재 전송 요구된 패킷만 송신한다. (Fast retransmission)
③ Cwnd = ssthresh + 3으로 설정한다.
④ 만약 네 번째 이후에도 중복된 ACK가 도착하면, Cwnd를 1씩 증가시킨다.
⑤ 이후 도착하는 ACK가 새로운 패킷에 대한 것이면 Cwnd = ssthresh(1번 과정에서 설정된)로 설정한다.

〈그림 10-42〉를 보자. 초기 Cwnd값이 32일 때, 패킷 1은 올바르게 전송이 되어 ACK가 도착했으나 패킷 2는 전송도중 손실되어 수신측에 도달하지 못했다. 송신측은 자신의 설정 윈도우 크기만큼 보낼 수 있으므로 패킷 3도 전송한다. 하지만 수신측은 패킷 2가 도착하지 않으므로 계속 ACK 패킷 1을 전송하게 된다. 송신측은 세 번의 동일한 ACK를 받게 되면 패킷 2가 손실되었다고 판단하고 재전송을 실시한다. 이때 Cwnd = 1로 설정되는 기존 slow-start 알고리즘과 달리, Cwnd=32/2 = 16으로 설정하므로 즉시 congestion avoidance 알고리즘이 사용되어 보다 빠른 재전송과 복구 과정을 지원한다.

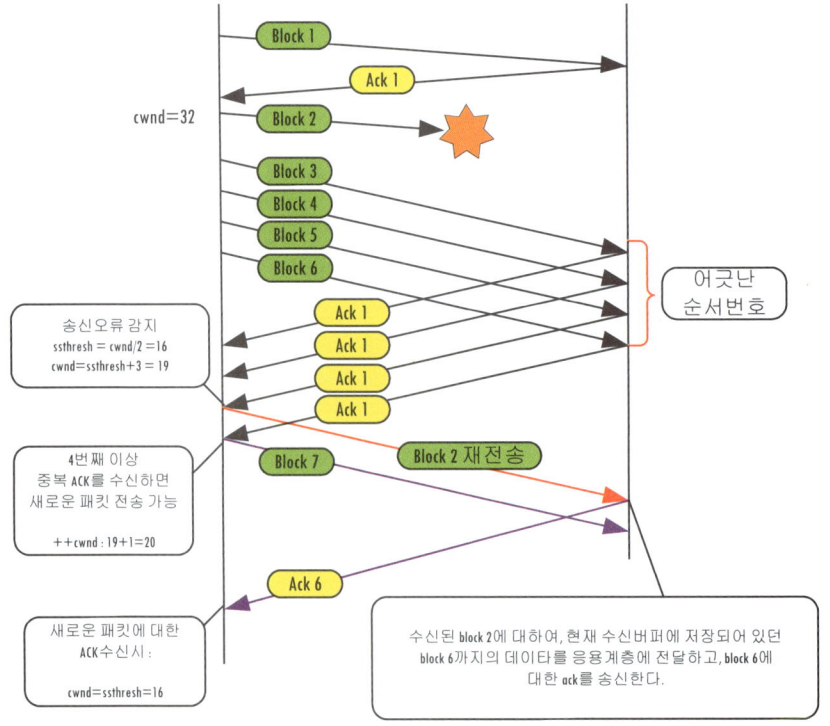

〈그림 10-42〉 TCP의 fast retransmission과 fast recovery 동작의 예

# CHAPTER 10 TCP

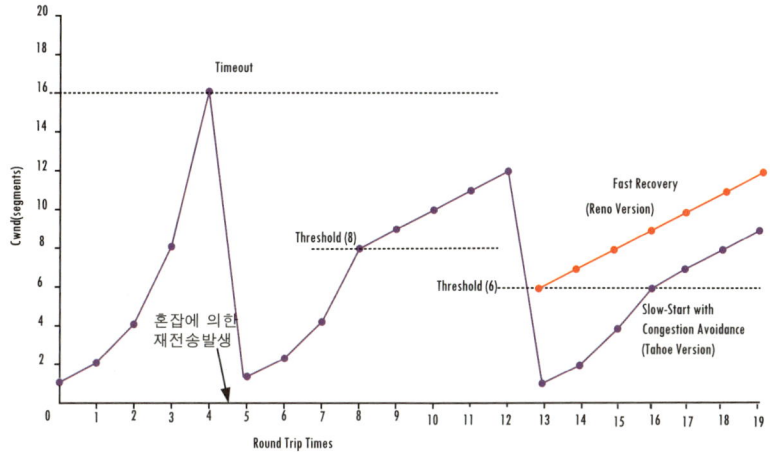

〈그림 10-43〉 TCP의 fast retransmission과 fast recovery 동작에 의한 Cwnd의 변화

★ 리눅스 기반의
TCP/IP와 라우팅 프로토콜

# chapter 11

# TELNET/FTP/SMTP

## 11.1 개 요

본 장에서는 TELNET, FTP 그리고 e-mail용 SMTP 프로토콜에 대하여 다룬다. 이들의 명령어와 동작 모드, 전송 과정 등에 대해 알아본다. TCP/IP 프로토콜 모음에서 텔넷과 FTP 및 SMTP의 위치는 〈그림 11-1〉과 같다.

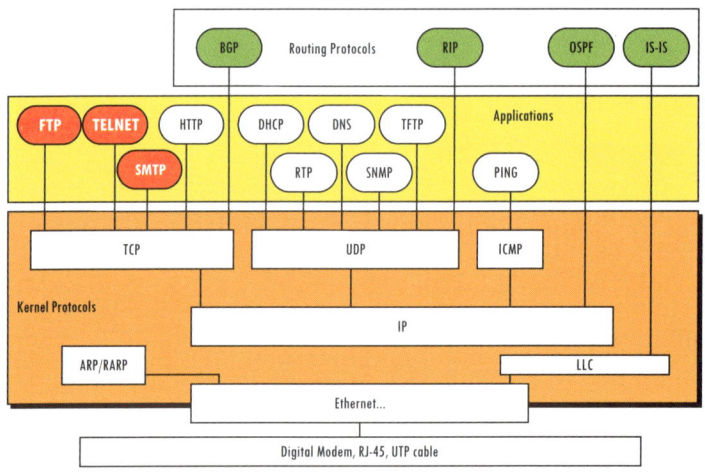

〈그림 11-1〉 Telnet과 FTP에 대한 계층 구조

## 11.2 TELNET

### (1) 로컬 로그인

단말 사용자는 시스템 부팅시 유저네임과 패스워드를 입력하여 시스템에 진입한다. 이것을 로컬 로그인이라고 부른다. 이 과정에서 키보드와 모니터는 운영체제의 지원을 받는 터미널 드라이버에 연결된다. 이 드라이버는 입력문자에 대하여 화면에도 에코하여 사용자가 입력한 내용을 확인할 수 있도록 한다.

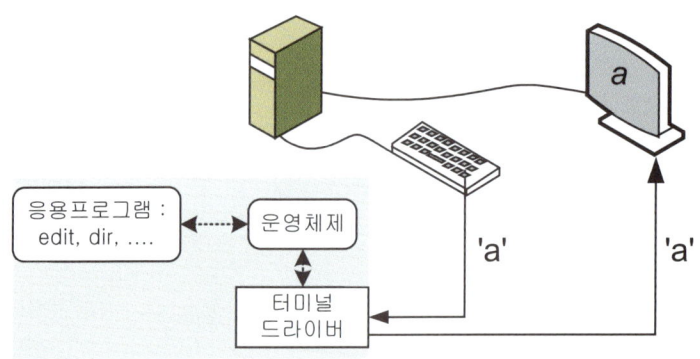

〈그림 11-2〉 로컬 로그인에 의한 터미널 작업

## CHAPTER 11 TELNET/FTP/SMTP

### (2) 운영체제에 따른 터미널의 운용

예전의 메인프레임급 서버에는 수 많은 터미널이 직렬케이블로 직접 연결되어 있었다. Enter 키가 입력되었다고 하자. 리눅스 단말 및 Mac 단말은 각각 〈LF=Line Feed=(0x0A)〉및 〈CR=Carriage Return=(0x0D)〉 문자만을 생성하여 서버로 전송한다. 반면에 윈도우 운영체제 기반의 서버에 접속된 단말은 [CR]과 [LF]로 구성되는 2 바이트의 문자를 생성하여 서버에 전달한다.

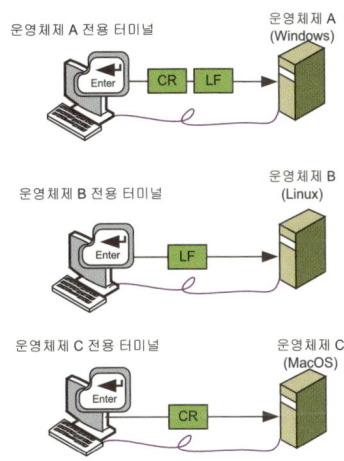

〈그림 11-3〉 운영체제에 따른 단말로 부터의 생성되는 제어 문자의 차이점

이러한 운영체제에 따른 단말의 종속성을 해결하기 위하여 다양한 터미널 에뮬레이터 프로그램이 개발되었다. 〈그림 11-4〉와 같이 운영체제 A 전용 터미널을 운영체제 B가 설치된 서버에 연결하여 사용할 경우를 보자. 윈도우 기반의 터미널 에뮬레이터는 입력된 Enter 키에 의해 생성되는 [CR]과 [LF] 문자에 대하여 [LF] 문자만 서버 B로 송신한다. 이후 운영체제 A에 단말이 접속되면 에뮬레이터는 입력된 Enter 키에 의해 생성되는 [CR]과 [LF]를 모두 송신한다. 이러한 방법으로 다양한 종류의 서버에 대응한다.

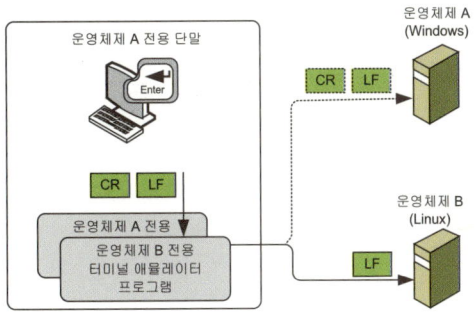

〈그림 11-4〉 터미널 에뮬레이터를 이용한 단말 연결 방법

### (3) 텔넷에 의한 원격 로그인

앞의 예는 모두 서버에 단말이 직접 연결되는 방식에 대한 것이었다. 요즈음은 인터넷을 통하여 원격에 있는 시스템에 마치 직접 연결된 것처럼 로그인할 수 있다. 이러한 원격 로그인 기능을 제공하는 프로토콜이 바로 Telecommunication Network Protocol(TELNET)이다. Telnet 외에도 유사한 원격 로그인 프로토콜로 Linux 시스템간에만 사용할 수 있는 간단한 rlogin과 보안 기능이 제공되는 secure shell(SSH)가 있다.

이러한 텔넷의 동작을 이해하기 위하여 다음 예를 보자. 〈그림 11-5〉는 arami 사용자가 Ceromi(200.0.1.2) 텔넷 서버에 접속한 것이다.

```
[arami@root]# telnet 200.0.1.2
login: arami
Password:
[Ceromi@arami]$ w
USER     TT      FROM       LOGIN@    IDLE    JCPU    PCPU    WHAT
aram     ttyp0   200.0.1.1  9:43am    0.00s   0.04s   0.01s   w
root     ttyp1   :0         9:32am    11:09   0.03s   0.03s   bash
```

〈그림 11-5〉 TELNET 접속화면의 예

이러한 동작은 〈그림 11-6〉과 같은 텔넷 시스템에 의해 다음과 같은 과정으로 수행된다.
- 텔넷 클라이언트와 서버간의 텔넷 전용 TCP 연결을 설정한다.
- 연결되면 텔넷 서버는 클라이언트용 가상 터미널인 vttyp0를 활성화시킨다. 가상 터미널이란 마치 새로운 실제 터미널이 활성화된 것처럼 서버가 인식하는 가상적인 터미널이다.
- 서버는 "login : 문자열"을 단말에 제시하여 로그인하도록 한다.
- 텔넷 클라이언트 프로그램은 사용자가 입력한 문자들을 TCP에 실어서 전송한다.
- 텔넷 서버 프로세스는 사용자로부터의 문자를 가상 터미널에 전달한다.
- 가상 터미널은 이 문자를 운영체제로 전달한다.
- 운영체제는 이 문자를 처리한 후, 에코하여 사용자의 화면에 표시될 수 있도록 한다.

따라서 텔넷 서비스는 다음 그림과 같은 구성요소들을 가지고 있음을 알 수 있다.

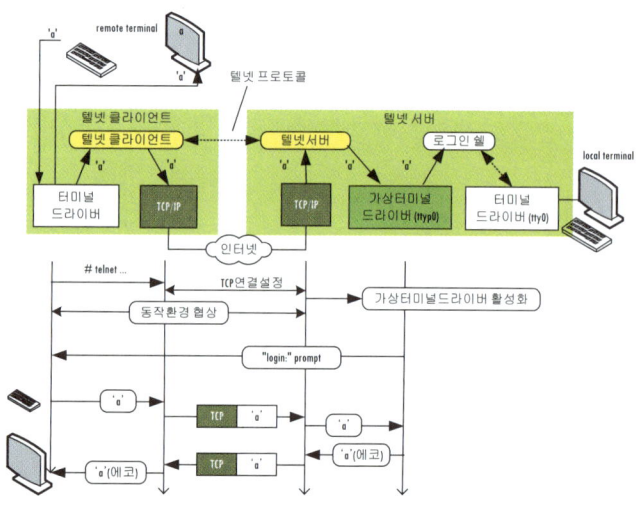

〈그림 11-6〉 텔넷 클라이언트-서버 접속 환경

### (4) NVT(Network Virtual Terminal) 프로토콜의 필요성

Enter 키에 대한 처리방법이 상이한 운영체제가 탑재된 서버들이 있다고 하자. 리눅스 단말은 〈그림 11.7〉과 같이 내부에서 생성된 [LF] 문자를 Telnet전용의 [CR || LF]로 변환하여 전달하고 각 서버는 자신의 운영체제에 적합한 문자로 복원하여 처리하면 될 것이다.

참고로 리눅스에서 Del 키와 Back Space 키는 차이점이 있다. Del 키(0x7F, 또는 ^?)는 커서가 위치한 곳의 문자를 삭제할 뿐 커서는 이동하지 않는다. 반면에 Back Space 키(0x08, 또는 ^H)는 커서가 위치한 곳의 앞 문자를 삭제하고 커서를 한 칸 이동한다. 즉 Back Space 키 입력은 커서를 왼쪽으로 한칸 이동하는 "backspace" 동작과 해당 문자를 삭제하는 "del" 동작을 한꺼번에 하는 것이다.

반면에 예전에 사용되던 OpenVMS운영체제의 경우에는 Del 키에 의해 커서가 위치한 곳의 앞 문자를 삭제하고 커서를 한 칸 이동한다.

흥미롭게도 리눅스는 예전에 사용하던 OpenVMS 시스템의 기본 단말인 VT100 터미널이 자신에 접속된다는 전제로 만들어졌다. 따라서 리눅스 텔넷 단말은 Del 키 입력에 대해서는 Back Space 키로 매핑하고, Back Space 키 입력은 Del 키로 매핑하여 서버로 전송한다.

반면에 DOS용 텔넷 클라이언트는 ANSI라고 불리우는 표준 터미널을 사용하므로 Del 키 입력은 Del 키, Back Space 키 입력은 Back Space 키로 그대로 서버로 전송한다.

따라서 텔넷 서버 입장에서는 이렇게 다양한 종류의 단말에 대응하기 위하여 터미널의 종류에 따른 처리 방법을 협상하고 특정 제어 문자를 데이터와 함께 전송할 수 있는 절차가 필요한데 이것을 Network Virtual Terminal(NVT) 절차라고 한다.

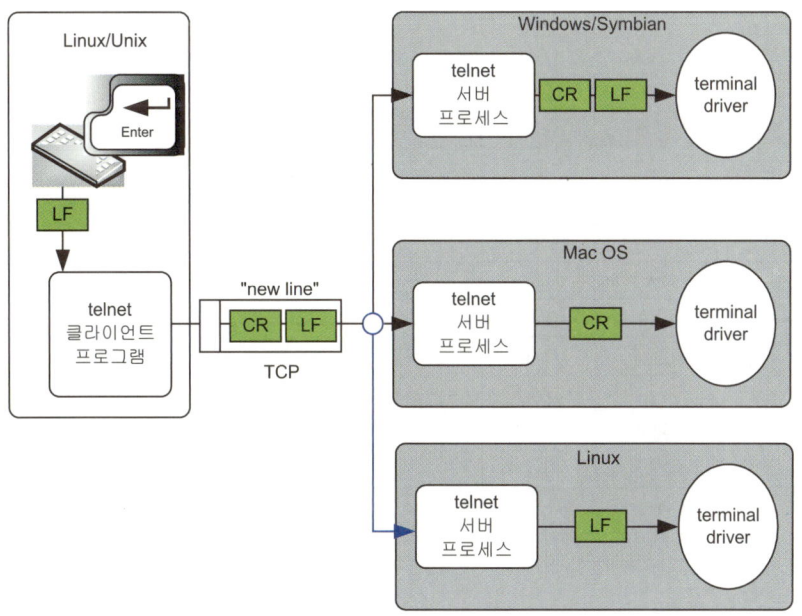

〈그림 11-7〉 NVT 절차의 필요성

### (5) NVT용 문자

- **데이터 문자** : 각 데이터 문자의 최상위 비트 값으로 0을 사용하여 이것이 데이터 문자임을 표시한다. 참고로 사용자가 입력한 Enter 키는 〈CR=Carriage Return=(0x0D)〉과 〈LF=Line Feed=(0x0A)〉로 구성되는 2 바이트의 문자로 변환되어 전송된다.
- **제어 문자** : 제어 문자는 문자를 삭제하거나 한 줄을 지우는 등의 특수문자 뿐만 아니라 리모트 에코의 사용 여부에 대한 환경 설정 시 사용된다. 이러한 제어문자는 데이터문자와 함께 동일한 TCP 연결에서 전달된다. 따라서 이들을 구분하기 위하여 제어 문자는 0xFF값을 가지는 특수 문자인 IAC(Interpret as command)를 앞세워 송신된다. 즉 IAC 문자 다음의 바이트는 제어 문자이다. 〈그림 11-8〉은 텔넷에서 정의된 제어 문자들로서, 이 문자들 앞에는 반드시 IAC 문자(0xFF)가 부착된다.

〈그림 11-8〉 NVT 문자용 데이터 문자와 제어 문자의 코딩 방법

| 명령어 | 코드 | | 의미 |
|---|---|---|---|
| SE | 240 | 0xf0 | Sub 옵션의 마지막임을 표시 |
| NOP | 241 | 0xf1 | No operation |
| Data Mark | 242 | 0xf2 | TCP Urgent 패킷에 실려감 |
| Break | 243 | 0xf3 | NVT character BRK |
| Interrupt Process | 244 | 0xf4 | 수신측 현재 프로세스에 작업 중지 요청을 한다. |
| Abort output | 245 | 0xf5 | 수신측에게 현 작업까지 끝마친 후 출력 결과는 보내지 않는다. |
| Are You There | 246 | 0xf6 | 수신측의 온라인 상태 여부를 파악한다. |
| Erase character | 247 | 0xf7 | 문자 단위로 지운다.(Line mode용) |
| Erase Line | 248 | 0xf8 | 한 줄 단위로 지운다.(Line mode용) |
| Go ahead | 249 | 0xf9 | 송신 허가 신호이다 |
| SB | 250 | 0xfa | sub협상 지시자 |
| WILL | 251 | 0xfb | 송신측이 자신의 특정 옵션을 enable 하기를 원한다 |
| WONT | 252 | 0xfc | 송신측이 자신의 수신측의 특정 옵션을 disable하기를 원한다 |
| DO | 253 | 0xfd | 상대방의 특정 옵션을 enable 하기를 원한다 |
| DON'T | 254 | 0xfe | 상대방의 특정 옵션을 disable하기를 원한다 |
| IAC | 255 | 0xff | 옵션 협상에 사용되는 데이터의 시작 지시자 |

〈그림 11-9〉 제어 문자의 종류

# CHAPTER 11  TELNET/FTP/SMTP

### (6) NVP문자의 활용 예

〈그림 11-10〉과 같이 텔넷 동작 모드 중 하나인 라인모드에서 Back Space 키를 입력했다고 하자. 이 키 값은 ASCII코드로 127(0x8F)이지만 텔넷 프로그램에 의해 Erase Character(EC)의 의미를 가지는 0xE7값의 제어 문자로 변환되어 송신된다. 이때 이 문자가 일반 데이터 문자가 아니라 제어 문자임을 명시하기 위하여, 이 EC문자 앞에 0xFF값을 가지는 IAC 제어 문자가 앞서 송신된다[1].

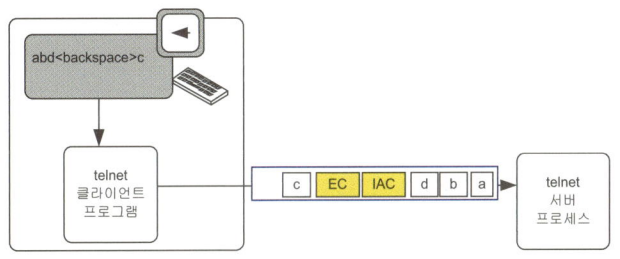

〈그림 11-10〉 Out-of-band전송기능

## 11.3 텔넷 옵션

### (1) 텔넷 옵션의 필요성

예를 들어 〈그림 11-11〉과 같이 클라이언트와 서버간에 리모트 에코의 협상 과정이 없다면 혼란이 초래될 수 있다.

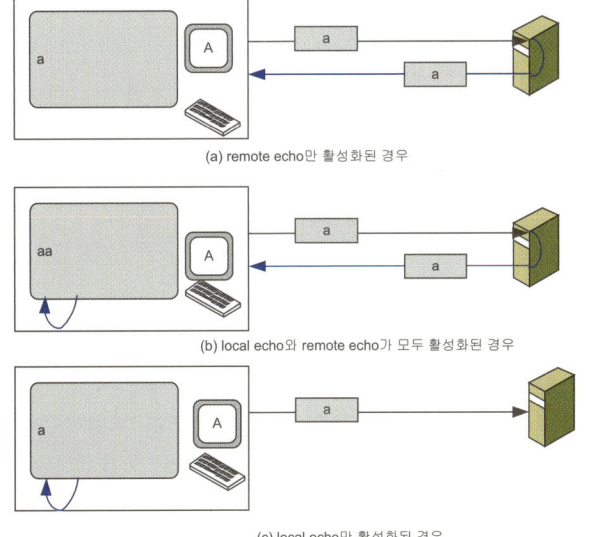

(a) remote echo만 활성화된 경우

(b) local echo와 remote echo가 모두 활성화된 경우

(c) local echo만 활성화된 경우

〈그림 11-11〉 TCP 패킷의 예

---

[1] 텔넷의 또 다른 동작모드인 문자모드에서 Back Space 키 값은 터미널 종류에 따라 Del 키는 Back Space 키값으로 송신된다.

- 그림 11-11(a) : 일반적인 원격 로그인 설정 상황이다. 사용자가 입력한 문자 'a'에 대하여 서버로부터의 원격 echo에 의해 사용자의 화면에 입력한 문자가 표시된다.
- 그림 11-11(b) : 단말의 local echo와 서버로부터의 원격 echo가 모두 활성화된 경우이다. 입력 문자와 echo 문자가 모두 표시되어 문제가 발생한다.
- 그림 11-11(c) : 원격 echo를 비활성화되어 있고 입력된 문자는 단말의 local echo에 의해 화면에 표시된다. 단말과 서버간의 전송 지연 시간이 큰 경우에 사용할 수 있다.

텔넷은 이러한 혼란을 해결하기 위하여 텔넷 연결 초기에 전송 속도, remote echo의 설정, 터미널의 종류, 동작 모드 등을 클라이언트와 서버간에 협상한다.

### (2) 텔넷 옵션의 종류

〈그림 11-12〉는 텔넷용 옵션의 종류를 정리한 것이다. 특별히 suppress go ahead는 Go Ahead제어 문자(0xf9)를 수신하지 않더라도 자신이 송신할 수 있음을 의미한다.

그리고 TM 옵션은 자신이 송신한 데이터들이 상대방에게 전달되어 모두 처리되었는지 문의할 때 사용된다. 만약 상대방으로부터도 TM 옵션이 되돌아 오면 지금까지 전송한 내용이 모두 처리되었음을 의미한다. 보통 사용자가 Ctrl+C를 입력하였을 때 송 수신된다. 이러한 옵션 항목과 관련된 부가 옵션도 함께 사용된다.

| 옵션 ID (decimal) | Name | 관련 RFC |
|---|---|---|
| 1 | echo | 857 |
| 3 | suppress go ahead | 858 |
| 5 | status | 859 |
| 6 | timing mark (TM) | 860 |
| 24 | terminal type | 1091 |
| 31 | window size | 1073 |
| 32 | terminal speed | 1079 |
| 33 | remote flow control | 1372 |
| 34 | linemode | 1184 |
| 36 | environment variables | 1408 |

〈그림 11-12〉 텔넷용 옵션들

### (3) 옵션 협상 과정

텔넷의 연결은 먼저 서버와 클라이언트간의 동작환경에 대한 옵션 협상으로부터 개시된다. 이를 위하여 {WILL, WONT, DO, DON'T} 등 네 가지 종류의 명령어가 사용된다[2]. 이러한 4가지의 명령어들에 의한 6가지의 시나리오는 다음과 같다. 모든 옵션 과정에서는 〈그림 11-13〉과 같이 IAC문자, 협상용 명령어, 협상 관련 옵션 순서대로 전송된다.

---

[2] 이러한 명령어의 의미는 한국어로는 의미 전달에 문제가 있지만, 대체로, WILL와 WONT는 자신의 옵션 사항에 대한 것이고, Do와 DONT는 상대방에 대한 옵션들에 대한 것으로 생각하면 된다.

CHAPTER 11  TELNET/FTP/SMTP

| 송신측 | 수신측 | Message 해석 |
|---|---|---|
| WILL→ | ←DO | 나는 이 옵션을 enable 할 것이다.<br>그래. 그 옵션 사용해도 좋다.(수락) |
|  | ←DON'T | 안돼. 그 옵션 사용하지마.(거부) |
| DO→ | ←WILL | 너는 이 옵션을 enable 시켜라<br>그래. (수락) |
|  | ←WONT | 나는 못하겠다. (거부) |
| WONT→ | ←DONT | 나는 이 옵션을 disable 할 것이다.<br>그래, 쓰지마. (수락) |
| DON'T→ | ←WONT | 너는 이 옵션을 disable 시켜라<br>그래. 쓰지 않을게. (수락) |

〈그림 11-13〉 옵션협상 명령에 대한 6가지의 가능한 시나리오

| IAC | WILL, DO | options |

〈그림 11-14〉 옵션 전송 시의 NVP문자 조합 형식

### (4) 옵션 협상 과정의 예

예를 들어 "terminal type"옵션(OptionID=24) 협상 과정은 다음 페이지의 〈그림 11-15〉와 같다[3].

- 첫 번째 패킷의 옵션 ID = 24는 'terminal type' 옵션이다. 따라서, [WILL] [24]는 사용자가 자신의 terminal을 설정토록하는 협상 과정의 개시를 알리는 동작이다.
- 두 번째 패킷은 서버가 OK 메시지로 응답한 것이다.
- 세 번째 패킷은 서버측이 "그렇다면, 너의 terminal type을 보내라"는 뜻으로, Suboption Begin을 뜻하는 [SB] 문자에 이어, [1]을 송신한다. 여기서 [1]은 "Send your terminal type"의 의미이며, Sub option End를 뜻하는 [SE] 문자에 의해 부가옵션명령이 마감된다.
- 네 번째 패킷은 사용자 측에서 송신한 것으로서, [24] 다음의 [0]는 "My terminal type is"라는 뜻이다. 이후 터미널 형식중에 하나인 "ANSI"는 데이터 스트링이며, 이러한 부가옵션은 [SE]에 의해 마감된다.

---

[3] Linux의 경우 'LINUX', 윈도우 XP의 경우 'ANSI' 등의 터미널 타입이 송신된다.

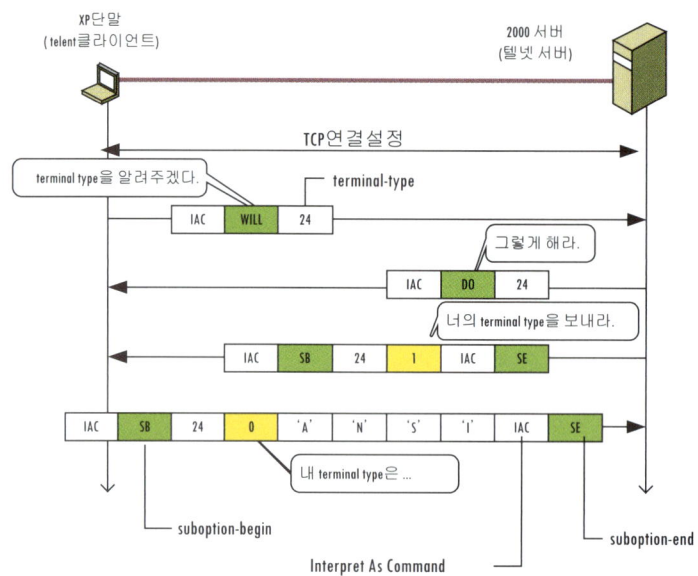

〈그림 11-15〉 "teminal type"

## 11.4  TELNET의 동작 모드

텔넷으로 접속된 사용자와 서버간에 다음과 같은 3 가지의 동작 모드가 있다.

- 기본 모드(Half-duplex) : 사용자가 입력한 문자들은 단말 내부 버퍼에 저장된 후 화면에 local echo된다. 이후 서버로부터 Go Ahead(GA) 명령을 수신한 경우에만 서버측으로 버퍼에 저장된 내용을 송신한다. 비효율적이기 때문에 거의 사용되지 않는다.

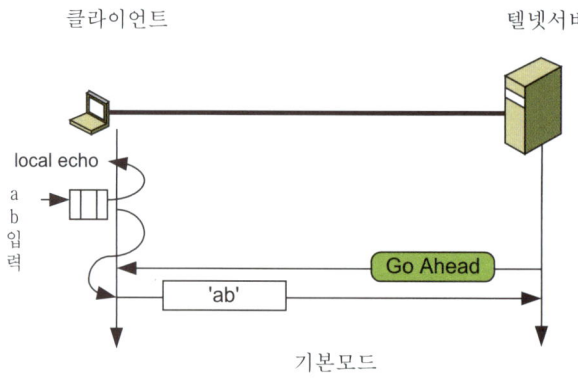

〈그림 11-16〉 기본 모드의 동작

## CHAPTER 11 TELNET/FTP/SMTP

- **문자 모드(Character at a time)** : 문자가 입력될 때 마다 즉시 문자 단위로 전송된다. 서버는 즉시 remote echo하여 사용자의 모니터에 출력되도록 한다. 텔넷의 기본 동작 모드이다. 이 모드가 적용되려면 서버가 GO AHEAD 기능을 사용하지 않는다는 SUPPRESS GO AHEAD옵션과 remote echo를 한다는 ECHO 옵션이 모두 설정되어야 한다.
- **라인 모드** : 로컬 에코에 의해 사용자의 화면에는 문자 단위로 출력되지만 실제 전송로상에서의 데이터는 라인 단위로 전송된다. 서버로부터의 remote echo는 없다. 이 모드는 기본 모드와 문자 모드의 장점을 취한 것이다. 이것은 서버측의 SUPPRESS GO AHEAD 옵션 및 ECHO 옵션을 모두 해제시킴으로써 활성화된다.

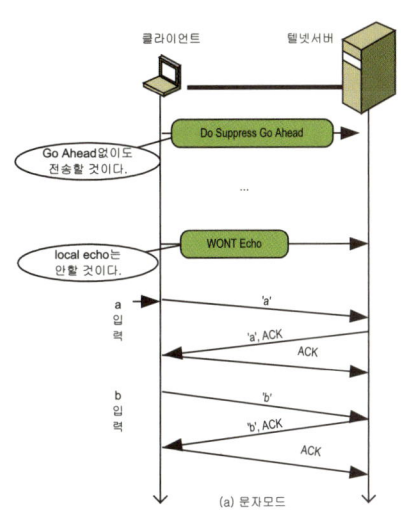
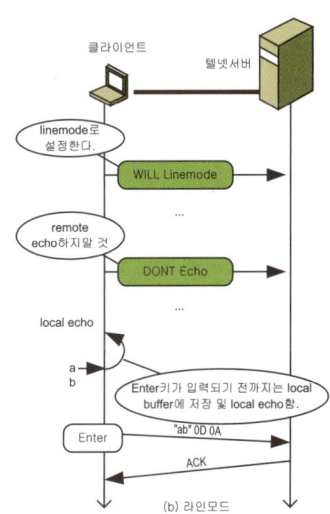

〈그림 11-17〉 문자 모드와 라인 모드

## 11.5 FTP

FTP는 File Transfer Protocol의 약자로서 하나의 시스템에서 다른 시스템으로의 파일 전송용 프로토콜이다.

### (1) FTP 연결의 종류

다음 페이지의 〈그림 11-18〉을 보자. FTP 클라이언트가 입력한 "dir" 명령어는 "LIST" 메시지로 변환되어 별도의 제어 연결로를 통하여 서버에게 송신된다. 그 결과인 파일 리스트가 수납된 데이터는 데이터 연결로를 통하여 클라이언트에게 전달되어 화면에 표시된다.

이러한 FTP와 다른 프로토콜과의 차이점 중 가장 눈에 띄는 부분은 바로 파일 전송 작업을 위해 2개의 TCP 연결이 사용된다는 점이다. 각각의 연결로는 제어용 연결로와 데이터 연결로이다. 실제적으로 데이터 전송은 데이터 연결로에서 수행되고 FTP 명령어들은 제어용 연결을 통해 수행된다.

- **FTP 제어용 연결** : 동작 환경 설정(사용자 계정, 비밀 번호, 디렉터리 변경 등)과 파일 송수신 동작(PUT 및 GET) 시 필요한 클라이언트용 데이터 포트 번호를 전달하는데 사용된다. 이러한 제어용 연결로 설정을 위하여 서버는 TCP 포트 21번을 개방해서 사용자의 요청을 대기해야 한다.
- **FTP 데이터 연결** : 데이터 전송용 연결이다. 서버측의 TCP 20번 포트에서 사용자측 데이터 포트로의 데이터 연결로가 설정된 후 데이터가 전송된다.

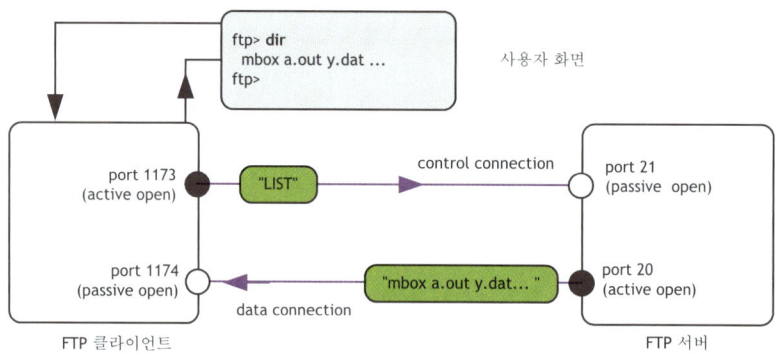

〈그림 11-18〉 FTP의 동작 예

### (2) 연결의 설정 및 해제 과정

제어 연결과 데이터 연결의 설정 과정은 다음 〈그림 11-19〉와 같다.

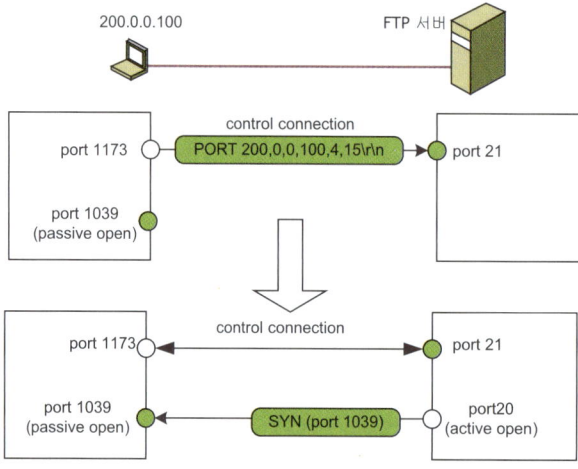

〈그림 11-19〉 FTP의 연결 과정

- 제어 연결로 제공을 위하여 서버는 TCP 포트 21번을 passive open하고 있다.
- 단말은 서버의 21번 포트에 대하여 TCP 연결을 시도한다.
- 사용자의 명령에 의해 데이터 연결이 필요하면, 단말은 새로운 데이터 연결용 임시 포트를 생성하여 passive open한다. 이어 서버측에 이 임시 포트의 번호를 'PORT' 라는 명령어에 수납하여 서버에게 제어용 연결로를 통하여 알린다.

이때 송신되는 데이터 포트 정보는 "PORT [IP] [포트 번호]"의 형식으로 전송된다. 위의 예에서는 IP = 200.0.0.100이며, 포트번호는 4x256+15 = 1039로서, 클라이언트가 passive open하고 있는 데이터 포트 번호를 지시한다.

- 서버는 클라이언트가 알려 준 데이터 포트에 대하여 데이터 연결로 개설을 위한 active open 과정을 개시한다. 이때 서버측 데이터 포트 번호는 20번이다.
- 이후 모든 데이터는 이 데이터용 연결로를 통하여 송수신된다.

데이타 연결로를 종료하기 위해서는 end-of-file(EOF)임을 알리는 과정이 필요하다. 클라이언트가 서버에게 파일 전송하는 다운로드 동작인 경우에는 서버측이, 업로드인 경우에는 클라이언트가 EOF를 알려줌으로써 데이터 연결로를 종료시킨다. 참고로 여러 개의 파일을 전송할 경우 제어 채널은 1개 설정되지만 파일 전송용 데이터연결은 각 파일별로 개별 생성된다.

### (3) FTP의 명령어 및 응답 코드

1) 명령어

제어용 연결을 통해 오가는 FTP 명령어는 기본적으로 텔넷에서도 사용하는 NVT 제어 문자로 구성된다. 각 명령 줄의 끝은 [CR] [LF] 문자로 마감된다.

〈그림 11-20〉을 보자. 운영체제마다 고유한 내부 명령어에 대응하기 위하여 ftp에서는 이들을 통일된 명령어로 변환하여 처리한다. 예를 들어 "dir" 명령어는 서버에게 "LIST" 메시지로 변환되어 전달된다. 만약 수신측 서버가 윈도우 시스템이면 dir 명령어로 복원하고, 리눅스 운영체제인 경우에는 "ls" 명령어로 복원하여 적절하게 처리한다[4].

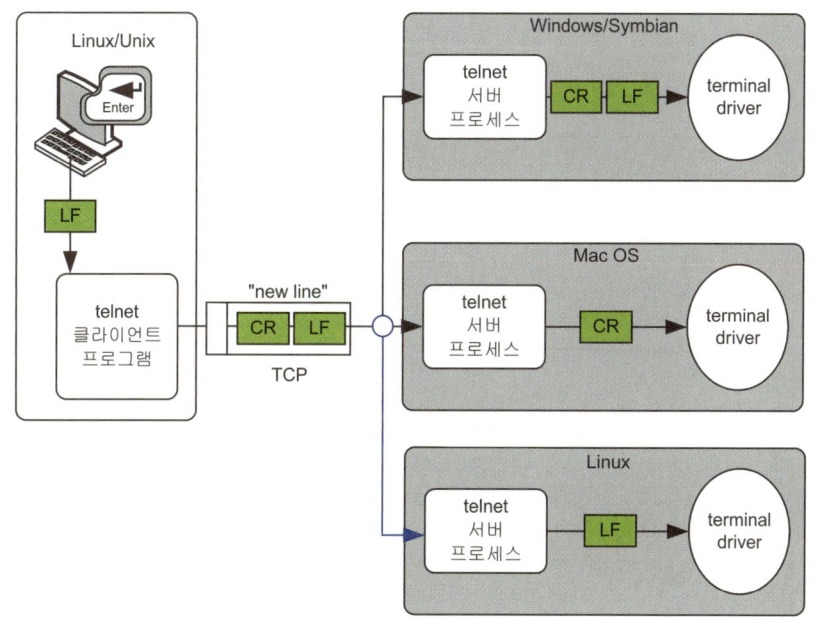

〈그림 11-20〉 FTP 제어 문자의 전송 예

---

[4] 즉, FTP용 NVT문자라고 생각해도 된다.

FTP 명령어는 크게 두 가지로 분류된다. 하나는 데이터 연결로에 대한 변수(데이터 포트 번호, 전송 모드, 데이터 유형, 파일 구조 등) 설정에 관한 것이고, 다른 하나는 본질적인 파일 시스템의 동작(store, retreive, append, delete 등)에 관한 것이다. 그리고 텔넷에서도 사용되었던 [IP](interrupt 프로세스)와 [DM](synch signal)같은 명령어들도 파일 전송 동작을 중지시키거나 서버에 대한 제어 명령이 필요할 때 사용된다. FTP의 제어 연결을 통해 전송되는 FTP 명령어의 일부는 다음과 같다.

| 명령어 | 설명 |
|---|---|
| ABOR | 방금 전에 내린 FTP 명령어나 데이터 전송에 대해 중지시킴 |
| LIST | 파일이나 디렉토리를 열거하도록 한다. |
| PASS password | 계정에 대한 패스워드 입력 |
| PORT n1,n2,n3,n4,n5,n6 | 사용자의 IP address(A1~A4)와 port(P1x256+P2) 번호 |
| QUIT | 접속 끊음 |
| RETR filename | 특정 파일을 사용자가 추출(GET)시 사용된다. |
| STOR filename | 특정 파일을 서버에 저장(PUT)할 때 사용된다. |
| SYST | 서버의 System type을 알려달라 |
| TYPE type | 파일이 ASCII 형태인지 Binary 형태인지 설정 |
| USER username | 계정 입력 |

〈그림 11-21〉 일반적인 FTP 명령어

이러한 FTP명령어는 사용자가 입력하는 ftp 명령으로부터 생성된다. 즉 사용자가 "get"명령어를 입력하면, 실제 FTP 제어 연결에서 전송되는 FTP 명령어는 "RETR"이다.

2) FTP 응답 코드

FTP 응답 코드는 세 자리 숫자로 구성된다. 각 코드는 부연 메시지를 동반한다. 〈그림 11-22〉는 응답 코드에 대한 의미를 요약한 것이다.

| 응답코드 | 설명 |
|---|---|
| 1yz | Positive Preliminary reply – 작업 실행이 이루어졌고 또다른 응답이 전송될 것으로 예상됨 |
| 2yz | Positive Completion reply – 작업 완료. |
| 3yz | Positive Intermediate reply – 명령어가 받아들여졌고 새로운 명령어가 요구됨 |
| 4yz | Transient Negative Completion reply – 요청된 명령어가 실행되지 않았지만 에러 환경이 일시적인 것이므로 조금 후 다시 명령어 송신바람 |
| 5yz | Permanent Negative Completion reply – 해당 명령어는 수행할 수가 없으며 앞으로도 받아들여질 수 없음. |
| x0z | Syntax error – 구문 형식 오류 |
| x1z | Information – 상태 또는 도움말 정보 송신에 사용 |
| x2z | 연결 상태에 대한 보고 메시지에 사용 |
| x3z | 계정에 대한 인증 관련 메시지에 사용 |
| x4z | 정의되지 않음 |
| x5z | 파일 시스템 관련 메시지에 사용 |

〈그림 11-22〉 FTP 응답 메시지의 종류

## 116  메일 시스템

### (1) 메일 시스템의 구성

전자 메일 서비스는 가장 인기있는 인터넷 서비스 중 하나이다. 이것은 기본적인 이 메일시스템간 프로토콜로 TCP의 포트 25을 사용하는 Simple Mail Transfer Protocol(SMTP)을 사용한다. 이것은 〈그림 11-23〉과 같이 클라이언트인 User Agent(UA)와 이들간에 메일을 전달하는 Mail Transfer Agent(MTA)로 구성된다.

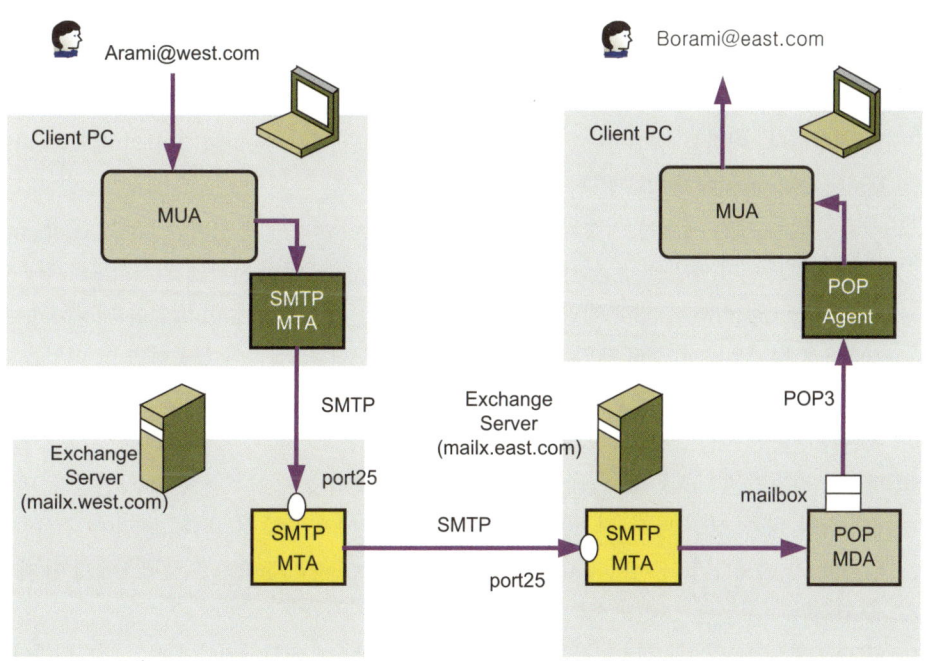

〈그림 11-23〉 메일 시스템의 구성

- **Mail Transfer Agent (MTA)** : MTA는 목적지를 판별하여 다음 MTA로 메일을 STMP로 전달한다. 우체국과 유사하다. MTA는 Outlook Express 등과 같은 사용자 프로그램에도 있고, 메일 서버에도 있다. 메일 서버의 MTA는 수신측 메일 서버에게 전달하는 기능을 수행한다.
- **Mail User Agent (MUA)** : MUA는 Eudora, Outlook Express 등과 같은 메일을 작성하고 읽는 사용자 인터페이스이다. Outlook Express의 경우, 사용자가 메일을 작성할 수 있도록 하는 MUA 기능과 SMTP로 메일을 전송하는 기능인 MTA 기능을 함께 가지고 있다. 참고로 사용자 프로그램에 있는 MTA는 자신이 등록된 메일 서버의 MTA에게만 메일을 SMTP로 전달할 수 있다. 즉 사용자 프로그램의 MTA는 최종 수신측 메일 서버에게 메일을 SMTP로 직접 전달할 수는 없다.

- Mail Delivery Agent(MDA) : 수신측 우체국(MTA)에서 일하는 우체부의 역할이다. User Transfer Agent(UTA)라고도 한다. 이것은 수신된 메일을 분류하여 해당 수신자용 메일 박스에 메일을 저장한다. 보통 MTA기능을 가진 서버에서 함께 운영되며 Post Office Protocol(POP) 서버 또는 Internet Message Access Protocol(IMAP) 서버라고도 불리운다.
- POP3과 IMAP4 : 메일 액세스 프로토콜이라고 한다. 단말들이 메일서버로부터 메일을 읽어올 때 사용하는 프로토콜이다. 각각 포트 110번과 포트 143을 사용한다.

### (2) 동작 절차의 예

다음은 Arami@west.com이 Borami@west.com에게 e-mail을 보내는 과정의 예이다.

① Arami는 Borami@east.com에게 편지를 보내기 위해 MUA인 Outlook Express로 편지를 작성한다. 이것을 자신의 MTA 프로세스에게 SMTP를 이용하여 자신의 메일 서버인 Mailx.west.com에게 발송한다.

② 메일을 받은 메일 서버는 이것의 최종 수신측인 Borami의 메일 서버인 Mailx.east.com에게 SMTP로 이 메일을 전달한다. 만약 Mailx.east.com 메일 서버에 일시적으로 접속할 수 없다면 Mailx.west.com 메일 서버는 자신의 메일 서버 스풀에 이 메일을 저장하고, 주기적으로 Mailx.east.com 메일 서버와의 접속을 시도한다. 접속이 성공하면 이 메일을 전달하고 자신의 스풀에 저장된 메일을 삭제한다. 지정된 시간이 지나도 보낼 수 없다면 이 메일을 전송한 사람에게 메일을 보낼 수 없다고 알린다.

③ 메일을 넘겨받은 Mailx.east.com 메일 서버는 수신자의 존재 유무를 먼저 확인한다. 만약 존재하지 않을 경우 다시 편지를 처음 전송한 사람에게 되돌려 준다. 반면에 수신인인 Borami가 존재하면 이 서버에 내장된 MDA(Mail Delivery Agent) 프로세스에게 이 메일을 넘긴다.

④ MDA는 메일을 MTA로부터 넘겨 받아 사용자별 메일 박스에 저장하거나 원하는 필터링한다.

⑤ 수신자인 Boram@east.com는 MUA인 Outlook Express 등에서 사용하는 POP3 혹은 IMAP4 프로토콜에 의해 메일 서버의 MDA에 저장된 메일을 내려 받는다.

## 11.7 전자 우편의 형식(RFC 822)

RFC 822는 전자 우편 등에서 사용되는 인터넷 텍스트 메시지의 형식을 규정하며, 〈그림 11-24〉와 같이 봉투와 메시지로 구성된다. 봉투는 다시 메시지 헤더와 빈 줄로 구분되는 메시지 바디로 구성된다.

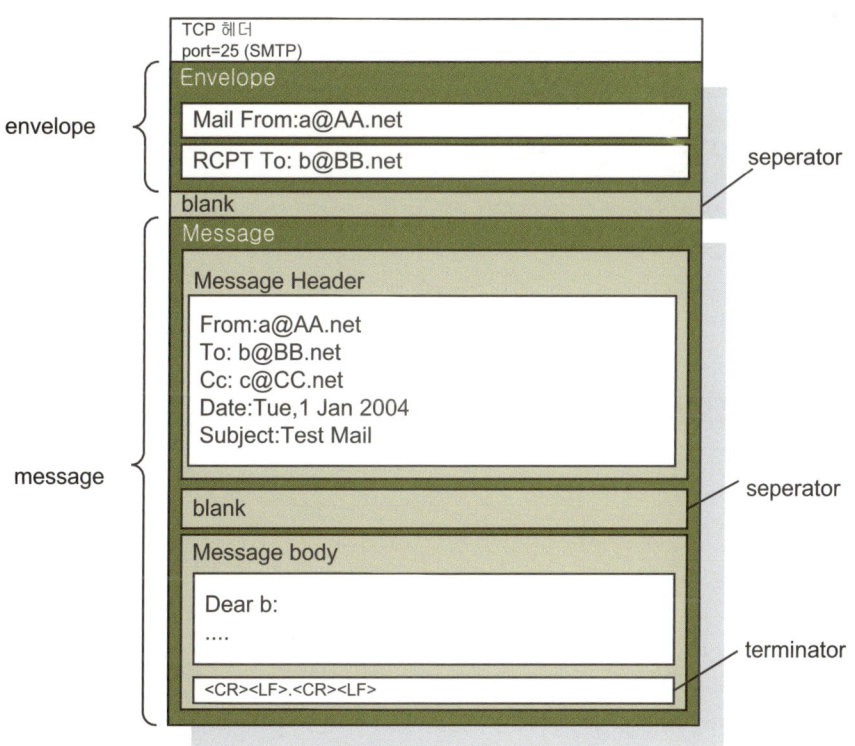

〈그림 11-24〉 RFC822 인터넷 텍스트 메시지의 형식

각 영역의 세부 사항은 다음과 같다.
- **Envelope** : 송신측 주소와 수신측 메일 주소가 명시된다.
- **Message Content** : 헤더와 바디로 구성된다.
- 메시지 헤더 : 헤더는 To:, Subject:, Date:, From:, Received: 등의 필드 명으로 시작되며 [CR] [LF]로 마감된다.
- 메시지 바디 : 각 라인은 [CR] [LF]로 마감되는 최대 1000문자의 7비트 ASCII 문자로만 구성된다. 각 라인의 내용 중에 널 문자는 포함되지 않는다. 따라서, 이진 부호로 구성된 그림이나 실행 파일 등의 내용이 바디에 수록되어 전송될 수 없다.

〈그림 11-25〉는 Arami가 Borami에게 outlook express로 메일을 전송할 때 송신된 SMTP 메시지의 예이다. Envelope를 구성하는 MAIL FROM:과 RCPT TO : 내용은 이 메시지 이전에 별도의 STMP 메시지로 이미 전송되었음에 유의하라.

```
Message-ID:<00801c44a92$54be500$a891fdcb@west.com>
From:=?ks_c_5601-1987?B = <Arami@west.com>
To: <Borami@east.com>
Subject: TEST
Date:Sat, 5 Jun 2004 09:16:21 +0900
MIME-Version: 1.0
Content-Type:text/plain;
charset="ks_c_5601-1987"
Content-Transfer-Encoding:quoted-printable
X-Mailer:Microsoft Outlook Express 6.00.280.1409
0d 0a      <-- <CR><LF>로 구성되는 seperator
TEST       <-- 메시지 바디
```

〈그림 11-25〉 메일 메시지의 예

## 11장  SMTP(RFC 821)

SMTP는 RFC 822 형식에 따라 생성된 메일을 수신측 MTA에게 전달하기 위한 MTA간 전송 프로토콜이다. SMTP 명령어와 데이터는 모두 [CR] [LF]로 마감되는 문자열로 구성된다. 그 종류는 다음과 같다.

- HELO : 수신측과의 SMTP 연결 시도시 사용된다. 자신의 이름과 함께 송신된다
- MAIL FROM : 메일의 송신측 주소를 지시한다.
- RCPT TO : 수신측 주소를 지시한다.
- DATA : 이 명령어 다음의 라인이 데이터임을 지시한다. 마지막은 "[CR LF] [CR LF]" 로 표시된다.
- QUIT : 전송 완료를 의미한다.
- 이 외에도 SEND, SOML(SEND OR MAIL), SAML(SEND AND MAIL), RSET, VRFY, EXPN(EXPAND), HELP, NOOP, TURN 등이 있다.

다음의 예는 Arami@west.com가 Borami@east.com에게 메일을 전송할 때 수행되는 SMTP 동작 절차이다.

- 먼저 TCP 포트 25번으로 STMP용 TCP연결을 설정한다. 이어 메일 서버인 mailx.west.com이 준비되었다는 메시지로 응답한다.
- 이에 단말은 자신의 사용자 계정 정보를 HELO로 보낸 후 이어 송신자와 수신자의 정보를 보낸다. 이때 전송되는 MAIL FROM과 RCPT TO는 바로 RFC 822에 정의된 Envelope 이다.
- 이후 송신측은 DATA 제어 정보를 보내어 송신 준비가 되었음을 알린다. 이에 수신 가능함을 서버가 응답한다.

## CHAPTER 11 TELNET/FTP/SMTP

● 드디어, 클라이언트는 실제 본문 내용인 "test" 스트링을 전송하고, 이후, QUIT에 의해 SMTP 연결이 종료된다. 이러한 절차에서 알 수 있듯이 STMP는 마치 사람이 만나 인사를 하고 메시지를 보낸 후 안녕하는 절차와 유사하다.

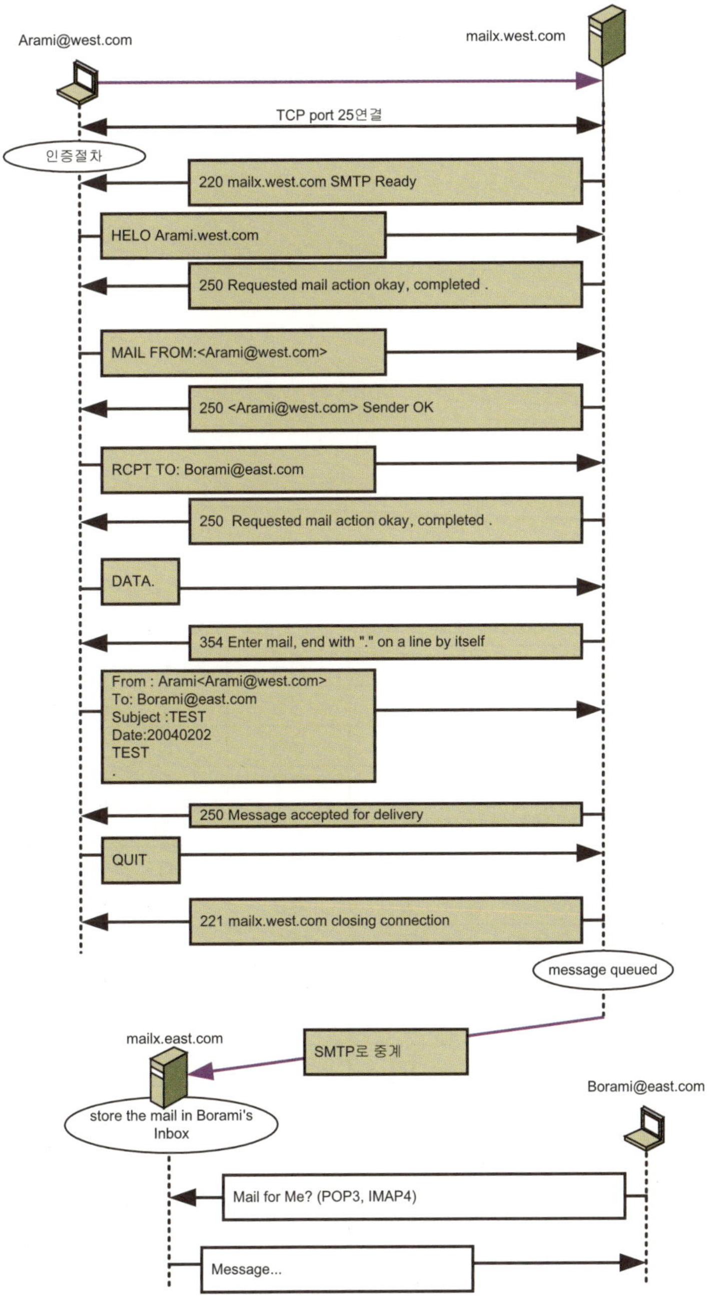

〈그림 11-26〉 SMTP의 동작 예

## 11.9 Multipurpose Internet Mail Extensions(MIME)

SMTP는 ASCII 문자로된 RFC 822 형식의 메시지만 전송 가능하다. 하지만 한국어와 같이 2바이트로 구성되는 다중 언어, 실행 파일, 그림 파일과 같은 이진 파일의 전송도 SMTP로 전송될 수 있어야 할 것이다. 이러한 목적으로 이러한 내용들을 ASCII 코드로 변환하는 코드 변환 방식을 Multipurpose Internet Mail Extensions(MIME)이라고 한다. 이것은 e-mail뿐만 아니라, HTTP에서도 활용된다.

MIME에서는 이진 데이터들을 6비트씩 분할한 후 이를 ASCII 문자로 변환하는 Base64(또는 Radix64)라고 하는 코드 변환 방식을 사용하여 하여 메일을 송신하고, 수신측에서는 이를 복원한다. 예를 들어 전송할 데이터가 "ABC"일 때, 다음과 같은 Base64 인코딩을 거치면 "QUJD"로 변환된다.

"ABC"를 6비트씩 분할한다. {010000 010100 001001 000011}
이 값의 16진 값은 {0x16, 0x20, 0x09, 0x03}이다.
이 값에 대응되는 base64 코드는 〈표11-1〉을 참조하면, "Q U J D" 이다.

〈표 11-1〉 Base64 인코딩 표

| Decimal | Encoding | Decimal | Encoding | Decimal | Encoding | Decimal | Encoding |
|---|---|---|---|---|---|---|---|
| 0 | A | 17 | R | 34 | i | 51 | z |
| 1 | B | 18 | S | 35 | j | 52 | 0 |
| 2 | C | 19 | T | 36 | k | 53 | 1 |
| 3 | D | 20 | U | 37 | l | 54 | 2 |
| 4 | E | 21 | V | 38 | m | 55 | 3 |
| 5 | F | 22 | W | 39 | n | 56 | 4 |
| 6 | G | 23 | X | 40 | o | 57 | 5 |
| 7 | H | 24 | Y | 41 | p | 58 | 6 |
| 8 | I | 25 | Z | 42 | q | 59 | 7 |
| 9 | J | 26 | a | 43 | r | 60 | 8 |
| 10 | K | 27 | b | 44 | s | 61 | 9 |
| 11 | L | 28 | c | 45 | t | 62 | + |
| 12 | M | 29 | d | 46 | u | 63 | / |
| 13 | N | 30 | e | 47 | v | | |
| 14 | O | 31 | f | 48 | w | (pad) | = |
| 15 | P | 32 | g | 49 | x | | |
| 16 | Q | 33 | h | 50 | y | | |

## CHAPTER 11 TELNET/FTP/SMTP

또한 MIME 형식으로 변환된 메시지에 대하여 메일의 헤더에 MIME으로 변환된 것임을 알리기 위한 MIME 헤더가 추가된다. 〈그림11-27〉은 이러한 MIME으로 변환된 내용이 수납된 RFC822 메시지 형식이다. MIME Entity는 MIME header과 MIME으로 처리된 message body로 구성된다.

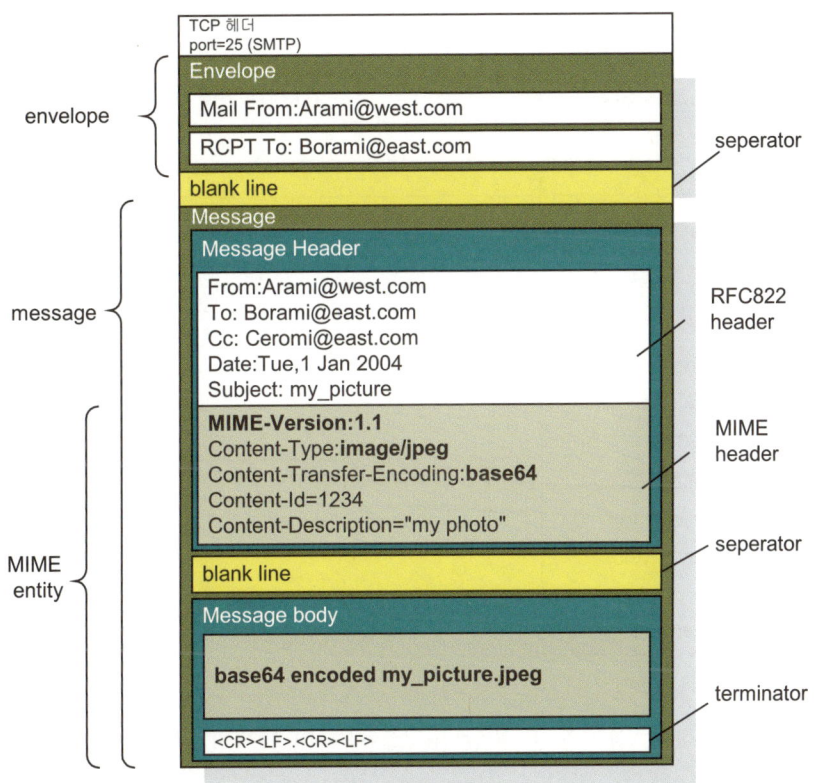

〈그림 11-27〉 MIME1.1 방식을 사용한 jpeg 파일의 메시지 형식의 예

여기서 MIME용으로 사용되는 각 영역의 상세는 다음과 같다.
- MIME-Version : 현재 1.1 버전이 사용된다.
- Content-Type : 메시지 바디 영역에 수납된 내용의 형식을 "type"과 "subtype"으로 지시한다. 형식은 다음과 같다.

Content-Type: <type>/<subtype> <; parameters>

이러한 content-type을 구성하는 값들의 일부는 다음과 같다[5].

| type | subtype | 설명 |
|---|---|---|
| Text | Plain | ASCII로 된 평문 |
| Multipart | Mixed | 독립된 여러 개의 part들이 하나의 메시지에 수납됨. 순서가 중요함 |
| | Signed | S/MIME용 |
| Message | RFC822 | 메시지 body가 RFC 822 형식에 따름 |
| | Partial | 분할된 메시지임을 표시함 |
| Image | JPEG | |
| | GIF | |
| Video | MPEG | |
| Audio | Basic | |
| Application | Octet-Stream | 이진 파일 |
| | pkcs7-mime; smime-type=signed-data; name=smime.p7m | S/MIME용. signed-data CMS 형식 사용 |
| | pkcs7-mime; smime-type=enveloped-data; name=smime.p7m | S/MIME용. enveloped-data CMS형식 사용 |

- Content-Transfer-Encoding : 전송 시 사용한 메시지 영역의 인코딩 방법을 지시한다.

| type | 설명 |
|---|---|
| 7bit | ASCII. 7비트의 데이터는 998문자 이하의 텍스트 데이터로서, 8번째 비트가 0으로 설정되어 있으며, NULL 문자는 없다. 그리고, ⟨CR⟩⟨LF⟩문자는 오직 End-of-line 문자로만 사용된다. |
| Binary | 이진 부호 형식 |
| Base64 | 6비트 블록으로 분할한 다음 8비트 ASCII코드로 매핑하는 방법으로서, Radix64라고도 함. |
| Quoted-printable | 프린트 가능한 문자 형식 |

- Content-Id : 여러 개의 메시지 식별용
- Content-Description : 메시지 바디 내용의 종류를 설명하는 문자열이다. 예를 들어 image 형식의 바디에 대하여 "my photo"라고 설명할 수 있다.

---

5 회색빛으로 된 영역은 S/MIME에 활용된다.

## 11.10 Multipart/mixed MIME 형식의 예

이 형식은 메시지 바디가 여러 개의 부분으로 분할되어 있으며 각 부분은 Content-Type 영역에 설정한 boundary 문자열로 구분된다.

예를 들어, 〈그림 11-28〉은 평문 사이에 그림을 첨가하여 하나의 메시지로 전송한 경우이다. 메시지 바디는 "bondary=---abc" 문자열에 의해 세 부분으로 구분되어 있다. 특히, 두 번째 부분은 base64로 인코딩된 jpeg 파일이다. 이러한 multipart 형식은 평문과 암호문을 하나의 메시지에 수납하여 전송할 때에도 사용된다.

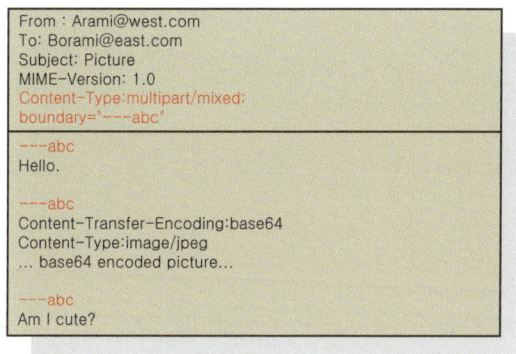

〈그림 11-28〉 Multipart/mixed MIME 형식의 예

## 11.11 POP과 IMAP

SMTP의 경우 수신측은 항상 활성화되어 있다고 가정한다. 하지만 수신측 단말이 다운되어 있는 경우가 많으므로 SMTP에 의한 메일의 실시간 전달은 불가능하다. 왜냐하면 SMTP가 push 프로토콜인 반면에 단말이 메일을 가져오는 것은 pull 절차이기 때문이다.

이러한 문제를 해결하기 위하여 지속적으로 활성화되어 있는 메일 서버가 기관 내의 모든 단말들을 대신하여 메일을 수신한다. 이후 단말은 필요시 메일 액세스 프로토콜인 RFC1939 POP(post office protocol), RFC2060 IMAP, 또는 HTTP를 사용하여 이 서버에 저장된 메일을 읽는다. 이러한 POP과 IMAP 클라이언트에 대응되는 POP와 IMAP 서버는 메일 서버 내에 있는 MDA 프로세스로 구현된다.

- POP(Post Office Protocol) : TCP 포트 110번으로 메일 서버에 접속하여 저장된 메일을 내려받는 MDA 프로그램이다[6]. POP은 메시지를 읽은 후 사용자가 지시한 해당 메일을 메일 서버에서 지워버릴 수 있다.

---

[6] 단, TLS/SSL을 사용하여, 암호화된 메시지로 읽을 경우에는 POP(port 995)과 IMAP(port 993)이 사용된다.

- Internet Message Access Protocol(IMAP) : IMAP은 현재 버전 4로서, POP과 달리 IMAP 서버에 있는 메일을 정리하기 위하여 서버에 적절한 폴더를 생성하여 메일을 해당 폴더로 이동시킬 수 있는 고급 기능을 추가로 제공한다. 또한 메일의 일부 즉 메일에 부착된 텍스트만 읽고 jpeg 파일은 읽지 않는 등의 기능도 제공하여 대역폭이 부족한 환경에 사용할 수 있다.
- HTTP : 웹 기반의 전자 메일을 사용할 경우이며, MUA는 웹 브라우저이며 HTTP를 사용하여 메일 서버에 있는 mailbox와 통신한다.

## 11.12  TELNET 서버 설치

텔넷 관련 프로토콜의 동작 시험을 위하여, 리눅스 텔넷 서버 기능을 다음과 같이 Ceromi에 설치한다.

**STEP 1**  23번 포트에 대한 방화벽 설정 여부를 검사한 후 해제한다. 참고할 명령어는 다음과 같다.

- lsystem-config-firewall
- lsystem-config-security
- lsystem-config-selinux (/etc/selinux/config)
- lsystem-config-securitylevel-tui
- llokkit <-- system-config-firewall의 설정 명령어

**STEP 2**  텔넷 서버 기능이 리눅스 시스템에 활성화되어 있는지 다음과 같이 확인한다.

```
[root@ceromi root]# chkconfig --list | grep telnet
     telnet: on
[root@ceromi root]#
```

또는 다음과 같이 확인한다.

```
[root@ceromi root]# netstat -an | grep ":23"
tcp    0    0 0.0.0.0:23           0.0.0.0:*      LISTEN
```

이러한 결과가 얻어지지 않으면, 리눅스용 텔넷 서버가 설치되어 있지 않거나 활성화되어 있지 않은 것이다. /etc/xinetd.d 디렉토리에는 여러 가지의 사용 가능한 서버들의 목록이 있는데 telnet이라는 항목이 있다면 telnet 서버 프로그램은 이미 설치되어 있는 것이다.

```
[root@ceromi root]# cd /etc/xinetd.d
[root@ceromi xinetd.d]# ls
amanda      daytime       finger  klogin          rexec   talk
amandaidx   daytime-udp   gssftp  krb5-telnet     rlogin  telnet
amidxtape   dbskkd-cdb    imap    kshell          rsh     tftp
chargen     echo          imaps   linuxconf-web   rsync   time
chargen-udp echo-udp      ipop2   ntalk           sgi_fam time-udp
comsat      eklogin       ipop3   pop3s           swat    wu-ftpd
[root@ceromi xinetd.d]#
```

CHAPTER 11  TELNET/FTP/SMTP

**STEP 3** 만약 이 /etc/xinetd.d 디렉토리에도 telnet 항목이 없는 경우에는 텔넷 서버를 설치하여야 한다. 이를 위하여 있는 telnet-server 모듈을 설치하도록 한다. 이때 xinetd 패키지도 함께 설치될 것이다.

```
[root@ceromi root]#  yum -y install telnet-server
...
[root@ceromi root] #
```

[참고] GUI 환경에서 [System] → [Administration] → [Add/Remove Software] 창에서 "telnet-server"를 입력한 후 [Find] 버튼을 이용하여 설치해도 된다.

**STEP 4** /etc/xinetd.d 디렉토리의 telnet 파일을 열어 다음과 같이 설정 파일을 수정한다.

```
[root@ceromi root]# ls /etc/xinetd.d
[root@ceromi root]# vi /etc/xinetd.d/telnet
..
disable=no <-- disable=yes에서 변경
..
[root@ceromi root]#
```

**STEP 5** 아래와 같이 텔넷 서버를 관리하는 xinetd를 실행시킨다.

```
[root@ceromi xinetd.d]# service xinetd restart
xinetd 를 정지함:                    [ 확인 ]
xinetd (을)를 시작합니다:              [ 확인 ]
[root@ceromi xinetd.d]#
```

필요 시 이 텔넷 서버들이 부팅될 때마다 활성화될 수 있도록 다음과 같이 설정하도록 한다.

```
[root@ceromi root]# chkconfig telnet on
```

[참조] GUI 환경에서 [System] → [Administration] → [Service] 창에서 [telnet]과 [xinetd] 항목을 확인한다. 필요 시 이 창에서 해당 서비스를 enable, disable, restart시켜도 된다.

**STEP 6** 텔넷 클라이언트 프로그램도 동작하는지 확인한다. 기본적으로 root 로그인은 불가하다.

```
[root@ceromi root]# telnet localhost
Trying 127.0.0.1…
Connected to localhost
Escape character is '^]'

login: arami
Password:
[arami@ceromi ~]$
[arami@ceromi ~]$ exit
logout

Connection closed by foreign host.
[root@ceromi root]#
```

**STEP 7** 추가 사용자 계정을 다음과 같이 설정한다.

```
[root@ceromi root]# adduser borami
[root@ceromi root]# passwd borami
Changing password for user borami.
New password: boramiZZZZ
Retype ew password: boramiZZZZ
passwd: all ahthentication tokens updated successfully.
[root@ceromi root]#
```

[Tip] root 계정만으로 telnet을 사용하려면 securetty 파일을 없애면 된다.

```
[root@ceromi root]# mv /etc/securetty /etc/securetty.back
```

[Tip] localhost Name or service not known 오류 발생 시 해당 호스트네임을 /etc/hosts 파일에 추가한다.

```
[root@ceromi ~]# hostname
arami
[root@ceromi ~]# vi /etc/hosts
..
127.0.0.1 arami <-- hostname 추가
..
[root@ceromi ~]#
```

## 11.13  TELNET 프로토콜 분석

### (1) TELNET 문자 모드 동작

**STEP 1** 리눅스 단말 Arami에서 다음과 같이 텔넷의 동작 과정을 표시하도록 toggle options 설정을 수행한다.

```
1 [root@arami root]# telnet
2 telnet> toggle options
3 Will show option processing.
```

**STEP 2** 다음과 같이 Ceromi 텔넷 서버에 접속한다.

```
4  telnet> open 200.0.1.2
5  Trying 200.0.1.2...
6  Connected to 200.0.1.2
7  Escape character is '^]'.
8  SENT DO ENCRYPT
9  SENT WILL ENCRYPT
10 SENT DO SUPPRESS GO AHEAD
11 SENT WILL TERMINAL TYPE
12 SENT WILL NAWS
13 SENT WILL TSPEED
14 SENT WILL LFLOW
15 SENT WILL LINEMODE
16 SENT WILL NEW-ENVIRON
17 SENT DO STATUS
18 RCVD DO TERMINAL TYPE
19 RCVD DONT TSPEED
20 RCVD DO XDISPLOC
21 SENT WONT XDISPLOC
22 RCVD DONT NEW-ENVIRON
23 RCVD WONT ENCRYPT
24 RCVD DONT ENCRYPT
25 RCVD WILL SUPPRESS GO AHEAD
26 SENT IAC SB NAWS 0 80 (80) 0 25 (25)
27 RCVD DONT LFLOW
28 RCVD DONT LINEMODE
29 RCVD WILL STATUS
30 RCVD IAC SB TERMINAL-SPEED SEND
31 SENT IAC SB TERMINAL-SPEED IS 38400,38400
32 RCVD IAC SB NEW-ENVIRON SEND
33 SENT IAC SB NEW-ENVIRON SEND
34 RCVD IAC SB TERMIANL-TYPE SEND
35 SENT IAC SB TERMINAL-TYPE IS "LINUX"
36 RCVD DO ECHO
37 SENT WONT ECHO
38 RCVD WILL ECHO
39 SENT DO ECHO
40 Fedora Linux release
41 Kernel 2.4.7-10 on an i686
42 login: arami
43 password:xxxx
44 Last login: Mon Dec 2 19:40:47 from 200.0.1.3
45 [arami@Ceromi arami]#
```

〈그림 11-29〉 문자 모드의 예

**STEP 3** Option들을 분석한다. 텔넷 연결 초기에 이루어지는 옵션 협상 과정에서 쌍을 이루는 일부 메시지들의 예는 다음과 같다.

| type | 설명 |
|---|---|
| 10, 25 | SENT DO SUPPRESS GO AHEAD → RCVD WILL SUPPRESS GO AHEAD<br>서버에 의한 GO AHEAD 절차를 없애다오. 그렇게 하겠다. |
| 11, 18 | SENT WILL TERMINAL TYPE → RCVD DO TERMINAL TYPE (enable)<br>단말의 Terminal type 정보를 보내어 환경 설정을 요청할 것이다. 그렇게 하라. |
| 13, 19 | SENT WILL TSPEED → RCVD DONT TSPEED (disable)<br>단말의 Terminal speed를 알릴 것이다. 거부한다. |
| 14, 27 | SENT WILL LFLOW → RCVD DONT LFLOW (disable)<br>'local flow control'을 수행할 것이다. 거부한다. |
| 15, 28 | SENT WILL LINEMODE → RCVD DONT LINEMODE (disable)<br>라인모드로 할 것이다. 거부한다 (즉 문자모드로 한다.) |
| 36, 37 | RCVD DO ECHO → SENT WONT ECHO<br>단말에서 echo하라. 단말은 echo하지 않을 것이다. 즉 remote echo를 원한다. |
| 38, 39 | RCVD WILL ECHO → SENT DO ECHO<br>서버가 Echo할 것이다. 그렇게 하라. |

〈그림 11-30〉 옵션 협상 메시지 교환 해석

SUPPRESS GO AHEAD 및 ECHO 옵션이 enable 되어, TELNET의 동작 모드는 문자 모드로 동작하게 된다.

**STEP 4** 이러한 과정에서 수집된 패킷에는 여러 개의 옵션 명령들을 동시에 수납된다. 이들은 IAC(0xFF)로 구분된다.

### (2) TELNET의 라인 모드 동작

이 동작 모드의 특징은 문자단위의 송신이 아니라 라인 단위로 전송이 수행되는데 있다. 또한 서버로부터의 에코를 필요로 하지 않는다.

**STEP 1** 기본으로 설정되어 있는 문자 모드 대신에 라인 모드로 설정하기 위하여 `Ctrl` 키를 입력하여 텔넷 프롬프트 상태에서 'mode line'을 입력한다. 이것은 단말이 라인 모드로 동작하고 서버에게 에코하지 않도록 요청한다.

```
#                    ;TELNET 연결이 되어 있는 상태에서  Ctrl + ] 키를 눌러 텔넷 상태로 들어간다.
telnet> mode line
...
SENT WILL LINEMODE
SENT DONT ECHO
...
RCVD DONT LINEMODE
RCVD WONT ECHO          ; 이후 Enter 키를 입력하여 빠져 나온다
```

〈그림 11-31〉 라인 모드로의 설정

CHAPTER 11 TELNET/FTP/SMTP

**STEP 3** 서버 시스템의 Date 및 Time정보를 요청하는 "date" 명령을 수행한다.

```
# date
2010. 12. 02. (Tue) 19:46:52 KST
#
```

**STEP 4** 패킷들의 송수신 과정을 분석한다. 한 라인이 완성되었을 송신되며 서버로부터의 에코 대신에 사용자의 로컬에코 기능에 의해 자판에서 입력되는 문자들이 즉시 화면에 표시된다.

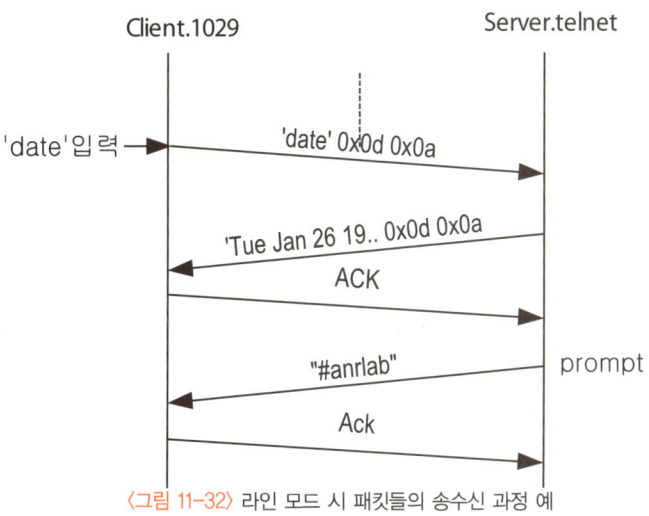

〈그림 11-32〉 라인 모드 시 패킷들의 송수신 과정 예

## 11.14 FTP 서버 설치

### (1) FTP 서버 설치하기

FTP 관련 프로토콜의 동작을 시험하기 위하여, FTP서버 기능을 다음과 같이 Ceromi에 설치한다. 참고로 최근의 리눅스용 vsftp 프로세스는 xinetd 계열 프로세스가 아니라 inet.d 프로세스이다.(기존의 xinetd에 있던 wu-ftpd가 대체된 것이다.)

**STEP 1** 20번과 21번 포트에 대한 방화벽 설정이 해제되어 있는지 확인한다.

**STEP 2** FTP 서버가 활성화되어 있는지 Telnet의 경우와 유사하게 확인한다.

```
[root@ceromi ~]# chkconfig --list | grep vsftpd
    vsftp: on
[root@ceromi ~]#
```

**STEP 3** /etc 디렉토리에 vsftpd 항목이 없는 경우 ftp 서버가 설치되어 있지 않은 것이므로 다음과 같이 설치한다.

```
[root@ceromi ~]# yum -y install vsftpd
```

**STEP 4** 우리는 anonymous 접속을 거부하고 계정에 등록된 사용자만 FTP 서버를 사용할 수 있도록 하고 환영문도 작성하기 위하여 다음과 같이 설정 파일을 수정한다.

```
[root@ceromi ~]# vi /etc/vsftpd/vsftpd.conf
...
anonymous_enable=no  <-- yes에서 변경 (anonymous거부 설정)
local_enable=YES     <-- local 사용자 접속 허용
write_enalbe=YES     <-- 업로드 가능
...
#환영문
ftpd_banner=WELCOME TO CEROMI FTP SERVER
...
[root@ceromi ~]#
```

**STEP 5** 사용자 계정을 추가한다.

```
[root@ceromi ~]# groupadd westgroup
[root@ceromi ~]# adduser arami -g westgroup
[root@ceromi ~]# passwd arami
Changing password for user borami.
New password:
Retype new password:
[root@ceromi ~]# system-config-users     <--GUI 창에서의 확인.
```

⑥ [User Manager] GUI 창에서, [arami] 항목을 클릭하면 [User Properties] 창이 표시될 것이다. [User Data] 탭에서 arami 전용 폴더는 "/home/arami"임을 알 수 있다. 즉 리눅스의 vsftpd 홈 디렉토리는 "/home/⟨사용자 계정 이름⟩"이다.

**STEP 6** 서버를 다음과 같이 시동하고 이 ftp 서버들이 부팅될 때마다 활성화될 수 있도록 설정한다.

```
[root@ceromi ~]# service vsftpd start
[root@ceromi ~]# chkconfig vsftpd on
```

**STEP 7** FTP 서버가 동작하는지 [System] → [Administration] → [Services]에서 확인한다.

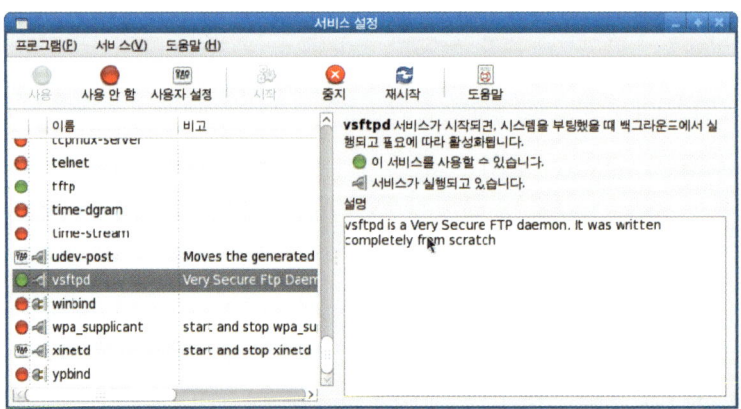

## CHAPTER 11  TELNET/FTP/SMTP

**STEP 8**  arami 컴퓨터에서 FTP 클라이언트 프로그램으로 ceromi FTP 서버에 접속하여 FTP 절차를 시험한다.

```
[root@arami ~]# ftp 200.0.1.2
Connected to 200.0.1.2(200.0.1.2)
220 WELCOME TO CEROMI FTP SERVER
Name : arami
331 Please specify the password
Password:
230 Login successful.
Remote system type is UNIX.
Using binary mode to transfer files.
ftp> ?
… 이후 get, put 등의 명령어 입력
ftp>bye
[root@arami ~]#
```

### (2) FTP용 데이터 연결용 포트의 할당

**STEP 1**  리눅스 클라이언트에서 ftp 명령을 다음과 같이 수행한다. 이때 ftp의 동작을 분석하기 위하여 debug 명령을 실행시킨다.

```
[root@arami ~]# ftp
ftp> debug                  ;debug mode로 설정
Debugging on (debug =1).
ftp>
```

**STEP 2**  FTP의 일반적인 작업 예로서 FTP 서버에 접속하여 해당 파일의 존재 여부를 다음과 같이 확인하도록 한다.

```
ftp> open 200.0.1.2
Connected to 200.0.1.2 (200.0.1.2)
220 WELCOME TO MY FTP SERVER
Name: arami
---> USER arami                    ;받아들인 계정을 송신
331 Password required for arami.   ;계정 확인용 패스워드 요구 reply
Password:
---> PASS XXXXXX                   ;받아들인 패스워드 송신
230 USER arami logged in.          ;접속완료 reply
ftp> ls
---> PORT 200,0,1,3,4,70           ;데이터 연결로용 port 송신
200 PORT 명령어 successful.         ;명령어 완료 reply
---> NLST *                        ; 'ls'를 interpret하여 해당 FTP 명령어로 변환한 후 송신
150 Opening ASCII mode data connection for file list. ;
 mbox
226 Transfer complete.
ftp:6bytes received in 0.00Seconds 6000.00Kbytes/sec.
ftp>quit
```

**STEP 3** 송수신되는 패킷들을 수집하여 분석한다. 특별히 데이터 포트를 추가로 설정하는 과정을 중점적으로 분석하도록 한다. 위의 예에서 클라이언트가 1197번 포트를 데이터용 포트로 passive open한 후 서버에게 그 사실을 알려준다. 이에 서버는 자신의 데이타 연결용 포트인 20번 포트를 active open하고 사용자의 데이터 연결용 1197번 포트에 대하여 연결한 후 데이터 전송이 개시됨을 확인할 수 있다. 즉, ls 명령에 의한 파일 리스트들은 모두 데이터 포트로 전송됨을 알 수 있을 것이다.

## 11.15 메일 서버 설치 및 시험

### (1) sendmail 및 dovecot 서버 패키지 설치

**STEP 1** 2개의 메일 서버와 한 개의 DNS 서버로 구성된 망을 다음과 같이 구성한다.

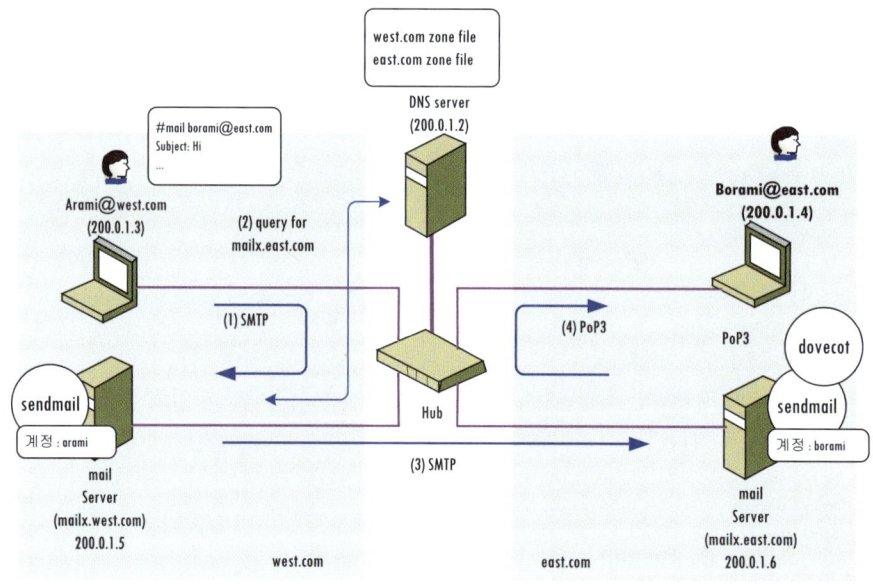

**STEP 2** 리눅스용 메일 서버 데몬인 sendmail과 pop3 서버인 dovecot를 각 메일 서버에 설치한다.

```
# yum -y install sendmail sendmail-cf dovecot
```

[참고] sendmail은 기본적으로 설치되어 있다.

**STEP 3** 각 메일 서버에서 자신의 이름을 설정한다. 먼저 west.com 메일 서버인 200.0.1.5 컴퓨터에서 다음과 같이 hosts 파일과 /etc/sysconfig/network 에 자신의 이름과 IP 주소를 설정한 후 network restart한다.

```
[mailx@west ~]#vi /etc/hosts
...
127.0.0.1 localhost.localdomain   localhost
200.0.1.5 mailx.west.com
..
[mailx@west ~]#vi /etc/sysconfig/network
...
NETWORKING=yes
HOSTNAME=mailx.west.com
..
[mailx@west ~]#service network restart
```

이어 east.com 메일 서버인 200.0.1.6 컴퓨터에서도 동일한 절차를 반복한다.

```
[mailx@east ~]# vi /etc/hosts
...
127.0.0.1 localhost.localdomain   localhost
200.0.1.6 mailx.east.com
..
[mailx@east ~]# vi /etc/sysconfig/network
...
NETWORKING=yes
HOSTNAME=mailx.east.com
..
[mailx@east ~]#s ervice network restart
```

**STEP 4** mailx.west.com 메일 서버의 /etc/mail/ 폴더에 있는 설정 파일 중에서 다음과 같은 파일에 호스트 별명을 설정한다.

```
[mailx@west ~]#vi /etc/mail/local-host-names
...
# local-host-name - include all aliases for your machine here.
mailx.west.com

[mailx@west ~]#
```

mailx.east.com 메일 서버에도 유사한 방법으로 설정한다.

```
[mailx@east ~]#vi /etc/mail/local-host-names
...
# local-host-name - include all aliases for your machine here.
mailx.east.com
..
[mailx@east ~]#
```

### (2) DNS 서버 설정

DNS 서버에 2개의 mail 서버를 모두 등록해야 하므로 다음과 같이 설정한다.

**STEP 1** 다음과 같이 named.conf 파일을 수정한다.

```
[root@ceromi ~]# vi /etc/named.conf
..
zone "west.com" IN{
    type master;
    file "west.com.zone";
     allow-update {none;};
}
zone "east.com" IN{
    type master;
    file "east.com.zone";
     allow-update {none;};
}
..
```

**STEP 2** 다음과 같이 west.com.zone과 east.com.zone 파일을 각각 수정한다.

```
[root@ceromi ~]# vi /var/named/west.com.zone
$TTL 86400 # 해당 정보의 유효 기간
$ORIGIN west.com.   # <- 끝에 점을 찍어야 함.
@ IN   SOA @ root(
   2009061301 ;Serial
   60 ;Refresh ? 마스터 DNS 서버와 슬레이브 DNS서버간의 Zone file 교환 주기 (실험을 위해 3600에서 60초로 단축함.)
   1800 ;Retry
   604800 ;Expire
   86400 ;Minimum TTL
)
IN NS    @
IN A    200.0.1.2 <-- DNS 서버 자신의 IP 주소
IN MX 10 mailx.west.com.  <-- west.com 도메인의 메일 서버
mailx IN  A    200.0.1.5  # 메일 서버 이름 : IP 주소 정보 추가
#arami IN  A    200.0.1.3 # PC 이름 추가
...

[root@ceromi ~]#vi /var/named/east.com.zone
$TTL 86400 # 해당정보의유효기간
$ORIGIN east.com.   # <- 끝에 점을 찍어야 함.
@ IN   SOA @ root(
   2009061301 ;Serial
   60 ;Refresh # 마스터 DNS 서버와 슬레이브 DNS 서버간의 Zone file 교환 주기
   1800 ;Retry
   604800 ;Expire
   86400 ;Minimum TTL
)
IN NS    @
IN A    200.0.1.2  <-- DNS 서버 자신의 IP 주소
```

```
IN MX 10 mailx.east.com.   <-- east.com 도메인의 메일 서버
mailx IN  A    200.0.1.6   # east.com 메일 서버 이름 : IP 주소 정보 추가
#borami IN  A    200.0.1.4  # PC 이름 추가
...
#
```

[참고] Reverse PTR 질의용 reverse zone 파일은 생성할 필요는 없다.

**STEP 3**  DNS 서버를 시작한다.

```
[root@ceromi ~]# service named restart
named (을)를 시작합니다:                    [ 확인 ]
[root@ceromi ~]# chkconfig named on  <-- 부팅 시 작동시킬 때
```

**STEP 4**  동작이 개시되었는지 다음과 같이 확인한다.

```
[root@ceromi ~]#/etc/init.d/named status
```

**STEP 5**  메일 서버에서 지금까지 설정한 DNS 서버를 지정한다. 이를 위하여 mailx 및 maily 서버에서 각각 "system-config-network" 콘솔 명령어를 입력할 때 표시되는 [네트워크 설정] 창에서 [DNS] 탭을 선택한 후 기본 DNS값으로 200.0.1.2를 설정한다.

**STEP 6**  단말인 arami 및 borami 컴퓨터에서도 동일한 방법으로 DNS서버를 지정한다.

```
[root@arami ~]# host mailx.west.com
mailx.west.com has address 200.0.1.5
[root@arami ~]# host mailx.east.com
mailx.east.com has address 200.0.1.6
[root@arami ~]#
```

### (3) 메일 서버 설정

각 메일 서버에서 /etc/mail/ 폴더에 있는 설정 파일을 설정한다. 우선 mailx.west.com 서버를 다음과 같이 설정한다.

**STEP 1**  sendmail.cf 파일의 내용 중에서 다음과 같이 수정한다. 참고로 이 파일에는 메일의 허용 크기 및 큐 폴더 등의 설정이 되어 있다.

```
[mailx@west ~]# vi sendmail.cf
...
#west.com 도메인에 대한 메일 서버로 이 컴퓨터가 사용됨을 지시함
#was Cwlocalhost
Cwwest.com
...
#서버뿐만 아니라 자신을 메일 서버로 하여 다른 사용자의 메일을 중계하는 서버로 동작하도록 지시함
#was O DaemonPortOptions=Port=snmp, Addr=127.0.0.1, Name=MTA
O DaemonPortOptions=Port=snmp, Name=MTA
..
[mailx@west ~]#
```

**STEP 2** 메일 중계를 허용하도록 /etc/mail/access 파일을 다음과 같이 설정한다. 수정 후 make를 실행한다.

```
[mailx@west ~]#vi /etc/mail/access
...
localhost.localdomain   RELAY
localhost               RELAY
127.0.0.1               RELAY
...
west.com                RELAY    : west.com 도메인에 있는 컴퓨터로부터의 메일 중계 허용
east.com                RELAY    : east.com 도메인에 있는 컴퓨터로부터의 메일 중계 허용
200.0.1                 RELAY    : 200.0.1.X 컴퓨터로부터의 메일 중계 허용

[mailx@west ~]#makemap hash /etc/mail/access < /etc/mail/access
```

### (4) PoP3 서버 설치

**STEP 1** PoP3 서버인 dovecot을 다음과 같이 설정한다.

```
[mailx@west ~]#vi /etc/mail/access
...
pop3_listen =*
pop3s_listen =*
ssl-disable -= no
login_executable = /use/(libexec/dovecot/pop3-login
mail_extra_grouops = mail
default_mail_eub = mbox:~libexec/mail/ :INBOX=/var/mail/%u
pop3_excutable = /usr/libexec/dovecot/pop3
auth_executable = /usr/libexec/dovecot/dovecot-auth
```

**STEP 2** 메일 사용자인 arami의 계정을 메일 서버(mailx)에 등록한다. 이 mail 계정은 arami@west.com이 된다.

```
[mailx@west ~]# adduser arami
[mailx@west ~]# passwd arami
...
[mailx@west ~]#
```

### (5) 서버 시동

지금까지 설정한 sendmail 및 dovecot 서버 기능을 재시동한다.

```
[mailx@west ~]# service sendmail restart
[mailx@west ~]# service dovecot restart
```

[참조] 시스템 재시동시에 메일 서버 기능이 개시되도록 하려면 "system-config-services" 명령어 입력시 표시되는 [서비스 설정] 창에서 sendmail과 dovecot 서비스를 체크하거나 chkconfig를 사용하면 된다. 지금까지 수행한 mailx.west.com 서버와 같이 mailx.east.com 서버에도 유사한 방법으로 설정한다.

CHAPTER 11 TELNET/FTP/SMTP

### (6) 메일 보내기
클라이언트인 arami 컴퓨터에서 다음과 같이 메일을 borami에게 보낸다.

```
[root@arami ~]# mail borami@east.com
Subject: Hi
Hello~
.
EOT
[root@arami ~]#
```

### (7) 메일 받기
　GUI 기반의 email 클라이언트 프로그램은 [Internet]-[Evolution Mail]이다. 이것을 클릭하여 필요한 설정을 수행한다. 예를 들어, 전자 메일 주소로는 arami@west.com을 설정하고, [메일을 받음] 창에서 [서버 종류]로는 "POP"를 선택한다. 동일한 창에서 "호스트"는 메일 서버, 즉 "mailx.west.com", "사용자"는 "arami"를 설정한다. 그리고 [메일을 보냄] 창에서는 "서버 종류"로 "SMTP"를 설정하고, "호스트"는 메일 서버, 즉 "mailx.west.com"를 입력한다. 기타 설정을 완료한다. 이후, [Evolution] 창에서 "새로 만들기"를 클릭하여 borami@east.com으로 메일을 작성하여 송신한다. 수신된 mail의 읽기도 역시 [Evolution] 창에서 가능하다.

### (8) 패킷 분석
수집된 패킷을 분석한다.

　[참고] SMTP 메시지를 콘솔에서 직접 입력하면서 시험할 수도 있다. 이때 다음과 같이 SMTP포트인 25번에 대한 telnet을 사용한다.

```
[root@arami ~]# telnet localhost 25
...
MAIL From:arami@arami.west.com
250 2.1.0 root@arami.west.com... Sender ok
RCPT To: borami@arami.east.com
250 2.1.0 root@arami.west.com... Recipient ok
DATA
354 Enter mail, end with "." On a line by itself
Hello
.
250 2.0.0 nAUIxYuf003232 Message accepted for delivery
QUIT
221 2.0.0 arami.west.com closing connection
Connection closed by foreign host.
#
```

## 11.16 웹 메일 서버[참고]

### (1) FTP 서버 설치하기
웹브라우저를 사용하여 웹 서버에 접속하여 메일을 보내는 기능을 웹 메일이라고 부른다. Fedora에서 제공하는 Squirrelmail이 바로 웹 메일 서버 기능을 수행하는 패키지이다.

 연습 문제

[1] 텔넷 클라이언트와 서버간에 전송되는 문자는 ___문자이다.
   (a) ASCII     (b) NVT     (c) EBCDIC     (d) HEX

[2] 텔넷의 옵션 협상 과정에서 사용하는 명령어가 아닌 것은 ___이다.
   (a) WILL     (b) WONT     (c) CAN     (d) DON'T

[3] 송신측이 자신의 옵션을 이렇게 설정하였음을 알릴 때 ___를 사용한다.
   (a) DO     (b) WILL     (c) DON'T     (d) WONT

[4] 상대방에게 옵션을 설정하도록 지시할 때 ___를 사용한다.
   (a) DO     (b) WILL     (c) DON'T     (d) WONT

[5] 제어 문자임을 표시할 때 ___ 문자를 먼저 송신한다.
   (a) IAC     (b) IP     (c) SB     (d) Go Ahead

[6] 상대방으로부터 ___를 수신하여야 송신권를 얻는다.
   (a) IAC     (b) IP     (c) SB     (d) Go Ahead

[7] 상대방으로부터 제약조건 없이 언제라도 송신할 수 있으려면 ___옵션이 활성화되어야 한다.
   (a) IAC     (b) Echo     (c) Termial Type     (d) Suppress Go Ahead

[8] 라인 모드일 때 서버로 부터의 echo는 ___된다.
   (a) 금지     (b) 생성

[9] 제어 문자들의 송수신과정을 알고 싶을 때 사용하는 명령은 ___이다.
   (a) toggle     (b) toggle options     (c) show options     (d) show

[10] NVT문자는 텔넷 이외에도 ___에서도 사용된다.
   (a) DNS     (b) FTP     (c) HTTP     (d) DHCP

[11] 텔넷에서, 문자 모드인 경우 서버로부터의 echo는 ___된다.
   (a) 금지     (b) 생성

[12] FTP에서, 사용자가 입력한 ls 명령은 ___로 변환되어 송신된다.
   (a) DIR     (b) LIST     (c) ABOR     (d) RETR

[13] FTP에서, 사용자가 입력한 ^C 명령은 ___로 변환되어 송신된다.
   (a) DIR     (b) LIST     (c) ABOR     (d) RETR

## 연습 문제

[14] FTP에서 사용자가 입력한 get 명령은 ___로 변환되어 송신된다.
 (a) DIR　　　(b) LIST　　　(c) ABOR　　　(d) RETR

[15] FTP를 이용하여 파일을 내려 받고자 할 때 ___개의 TCP 연결이 필요하다.
 (a) 1　　　(b) 2　　　(c) 3　　　(d) 4

[16] FTP의 데이터 연결 시 클라이언트의 포트번호는 ___연결을 이용하여 서버에게 전달된다.
 (a) 데이터　　　(b) 제어

[17] FTP의 데이터 연결 시 개설되는 클라이언트의 포트는 ___open 상태이다.
 (a) passive　　　(b) active

[18] FTP에서 파일을 내려받고 나면, 데이터 연결로는 __되고, 제어 연결로는 __ 된다.
 (a) 유지　　　(b) 해제

[19] SMTP와 POP3 메시지는 각각 TCP 포트 ___와 __를 사용한다.
 (a) 25　　　(b) 24　　　(c) 110　　　(d) 143

[20] "abc"를 base64로 변환하면 __ __이다.

[21] e-mail 시스템에 대한 설명 중 틀린 것은?
 (a) e-mail 클라이언트 프로그램에 들어 있는 MTA도 직접 수신측 MTA까지 메일을 보낼 수 있다.
 (b) e-mail 클라이언트 프로그램은 송신시에는 SMTP를 사용하고, 메일을 읽어드릴 때에는 POP3나 IMAP을 사용한다.
 (c) MTA는 RFC821 SMTP로 RFC822 메시지를 수신측 MTA에게 전달한다.
 (d) MDA는 수신자별 메일 박스에 메일을 저정한다.
 (e) POP3는 메일 박스에 저장된 메일을 가져온 후 메일 박스의 내용을 삭제한다.

[22] 인터넷 텍스트 메시지 형식에 대한 설명 중 틀린 것은?
 (a) envelope와 message로 구성된다.
 (b) envelope에는 MAIL FROM과 RCPT TO와 같은 주소로 구성된다.
 (c) message는 message header 와 blank line으로 구분되는 message body로 구성된다.
 (d) HELO, MAIL 등의 제어 메시지가 사용된다.

 연습 문제

[23] SMTP에 대한 설명 중 틀린 것은?
 (a) DATA는 데이터 전송이 개시됨을 알린다.
 (b) HELO는 SMTP 연결 시도 시 전송되며, 이때 자신의 이름을 보낸다.
 (c) QUIT는 전송 완료를 의미한다
 (d) MDA와 POP3 client간에 사용된다.

[24] TELNET 연결을 통해 클라이언트 A가 서버 B를 거쳐 서버 C에 연결되어 있다. A와 B 사이는 문자 모드로, B와 C 사이는 Line-at-a-Time 모드로 설정되어 있다. A사용자가 "HI"라는 글자를 입력했을 때 TELNET 연결로상에서 각각의 서버간에 전송되는 패킷의 전송순서 및 내용 e-Watch를 사용하여 모두 분석하라.

[25] 24번 문제에서 사용자 A가 서버 C의 쉘상에서 vi 편집기를 실행시킨 후, 입력 모드에서 "HI"란 글을 다시 입력시켰다. 이때 텔넷 연결로상에서 각각의 서버간에 전송되는 패킷의 전송 순서 및 내용을 e-Watch를 사용하여 분석하라. 만약 생각했던 결과가 아니라면 왜 다른 결과가 나왔는지 캡처된 패킷 데이터를 보며 분석하라.

[26] 텔넷 사용자가 보낸 'r'문자에 대하여 서버는 즉시 'r' echo 문자를 송신하면서 사용자 패킷에 대한 piggyback ACK를 한다. 하지만 서버가 보낸 'r' echo 문자에 대하여 사용자는 단순히 Ack만 한다. 이 경우, Nagle 알고리즘이 사용자측에서는 어떻게 설정되어 있는가?

[27] 포트 지정이 가능한 Win95/98 기본 TELNET 프로그램을 이용하여 포트를 FTP 제어용 연결로 포트인 21번으로 지정한 후 접속하면 어떻게 되는지 생각해 보고 직접 접속하여 결과를 확인하라.

CHAPTER 11 TELNET/FTP/SMTP

 **연습 문제**

[28]   FTP로 파일 전송 중에 사용자가 ^C를 입력했을 때 서버측으로 송신되는 "ABOR" 명령어 패킷을 수집하고 해제 절차를 분석하라.

[29]   웹 메일 도구인 squirrelmail을 설치하여 시험하라.

[30]   base64 디코더 프로그램(예: base64dec.c)을 작성하고 동작을 확인하라.

[31]   email 시스템에서 스팸 메일을 걸러주는 Drac을 설치하고 시험하라. 설치시 db3, db3-devel, drac 파일을 모두 내려받아 순서대로 설치한다.

[30]   email 시스템에 pop3 서버 기능인 Qpopper를 설치하고 시험하라. 설치 방법은 qpopper tar 파일을 내려 받은 후 압축을 해제하고, make, make install을 수행한다.

443

**리눅스 기반의
TCP/IP와 라우팅 프로토콜**

# chapter 12

# HTTP

## 12.1 개요

Hyper Text Transfer Protocol(HTTP)는 Hyper Text Markup Language(HTML)로 작성된 웹 문서와 데이터를 전송하기 위한 프로토콜이다. 라우터 등의 네트워크 장비에도 웹 서버 기능을 가지고 있어 관리자들에게 HTTP 방식에 의한 GUI 기반의 원격 설정 기능을 제공한다.

HTTP에서 이러한 파일들과 데이터들을 모두 자원(Resource)이라는 말로 대신한다. 이러한 자원들은 URL(Uniform Resource Locator)에 의해 위치가 지정된다.

본 장에서는 일반 사용자들이 가장 많이 사용하는 응용 중에 하나인 웹 서비스에 관련된 HTTP 프로토콜의 구성요소, 명령어, 전송 과정 등에 대하여 소개한다. 이어 대표적인 아파치 웹 서버와 브라우저를 사용하여 실제 동작을 분석한다. 추가로 웹 프록시 및 캐시 서버도 설치 운용하도록 한다. 참고로 TCP/IP 프로토콜 모듬에서의 HTTP의 위치는 〈그림 12-1〉과 같다.

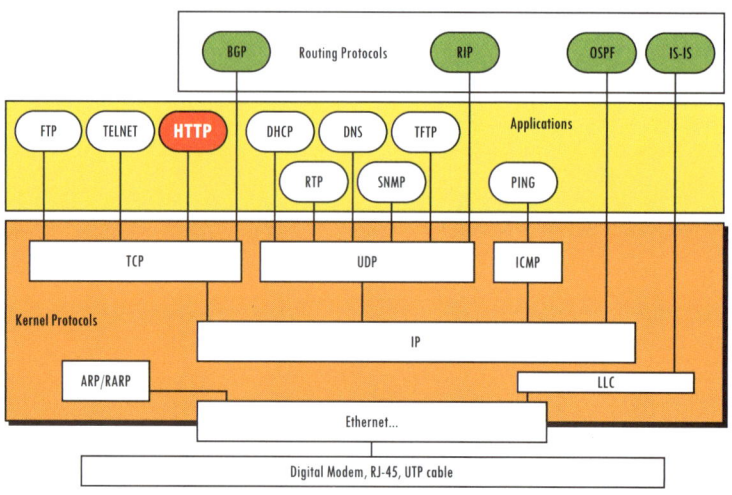

〈그림 12-1〉 HTTP의 계층 내 위치

## 12.2 WWW, HyperText와 Hypermedia

1980년대 유럽 핵연구센터인 CERN에서는 입자물리학을 각국의 물리학자들이 공동 연구를 하고 있었다. 이들은 자신이 수행하는 분야별 연구 결과(사진, 문서 등)를 통합할 때 번거로움을 겪고 있었다. 1989년 3월 CERN 물리학자인 Tim Berners-Lee는 이들이 수행한 결과를 인터넷 상에서 서로 연결할 수 있는 도구가 필요하다고 생각하여 18개월 뒤 1991년 12월에 최초의 웹 관련 시제품을 만들어 공개하였다.

이후 미국의 NCSA(National Center for Supercomputing Applications)에 있던 Marc Andreessen이 GUI 기능이 추가된 최초의 웹을 1993년 2월에 Mosaic이라는 이름으로 발표하였다. 이 사람은 곧 회사를 퇴직하여 Netscape사를 설립하여 관련된 브라우저 및 웹 서버 등을 개발하였다.

## CHAPTER 12 HTTP

이러한 상용화에 따른 적극적인 보급에 의해 이러한 웹 기능은 세계적인 정보 공간으로 커지면서 world wide web(WWW)로 발전하였다.

WWW에서 다양한 정보를 보관하면서 요청에 대하여 응답하는 장치를 웹서버라고 한다. 정보를 추출하는 단말용 소프트웨어는 웹 브라우저이다. 우리가 사용하는 브라우저의 종류는 다양하지만 리눅스의 경우 Mozilla Firefox가 사용되며 웹 서버로는 아파치가 있다.

사용자 측면에서 웹은 페이지라고 불리어지는 다양한 종류의 문서들로 구성된 집합체로 간주된다. 각 페이지의 일부 문자열은 다른 페이지에 링크되어 있을 수도 있다. 이 문자열을 hyper-link된 문자열이라고 하며 대부분의 경우 밑줄이 쳐 있거나 다른 색으로 표기된다. 이렇게 다른 페이지를 연결한 페이지를 하이퍼텍스트 형식의 페이지라고 한다. 또한 텍스트뿐만 아니라 음악이나 그림이 hypertext에 포함될 경우에는 이것을 하이퍼미디어라고 한다.

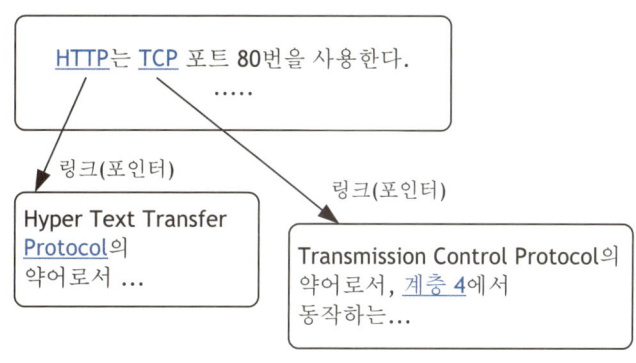

〈그림 12.2〉 HyperText의 개념

## 12.3 URL(Uniform Resource Locator)

클라이언트 프로그램인 브라우저가 웹 서버로부터 원하는 페이지들을 가져올 때 이것을 어떤 방법으로, 어디에 있는, 어떤 페이지를 요청하는지를 명시해야 할 것이다.

이를 위하여 각 페이지는 {프로토콜, 위치(경로), 페이지 이름} 형식의 고유한 URL을 가진다[1]. 예를 들어 〈그림 12-3〉과 같은 "http://ceromi.west.com/default.html" 이라고 하는 기본 페이지에 대한 URL은 {프로토콜 (=http), 위치(=ceromi.west.com), 페이지 이름 (=default.html)}으로 구성된다.

---

[1] IETF에서는 URL을 Universal Resource Identifier(URI)라고도 부른다.

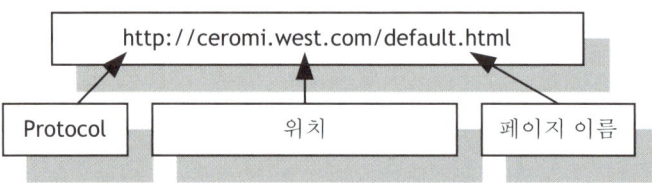

〈그림 12-3〉 URL의 형식

이러한 특정 페이지의 URL에 대한 브라우저에서의 동작 예는 〈그림 12-4〉와 같다. 사용자가 해당 페이지의 URL인 "http://ceromi.west.com/default.html"에 대한 접속을 시도하면, 브라우저는 먼저 ceromi.west.com 웹 서버에 대한 IP 주소를 DNS에 의해 습득한다.

이어 해당 페이지의 프로토콜이 HTTP 형식이므로 해당 웹 서버의 80번 포트에 대한 TCP 연결을 설정한다. 그리고 해당 페이지인 "default.html" 문서에 대한 Get 요청을 HTTP 프로토콜에 의해 수행하게 된다.

이러한 URL 방법을 사용하면 HTTP 이외의 프로토콜도 브라우저로 사용할 수 있다. 즉 ftp, 텔넷 등의 서비스도 브라우저에서 사용가능하여 Universal이라는 용어를 사용한다.

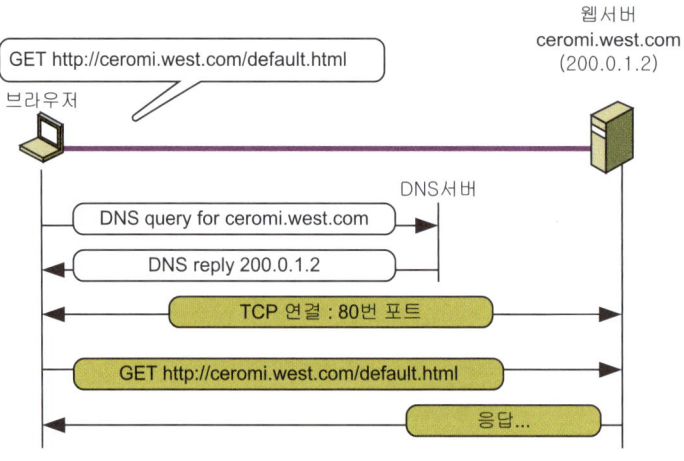

〈그림 12-4〉 URL에 의한 브라우저와 서버의 동작 예

## 12.4 Hyper Text Markup Language(HTML)

HTML은 웹 문서를 표현하는 언어이다. 예를 들어 "abc" 문자열을 브라우저에서 굵은 글씨로 표시하라고 지시한다면 HTML에서는 이것을 〈B〉 abc 〈/B〉라고 기술한다.

고급 에디터 프로그램들은 작성된 문서를 HTML문서로 변환하는 기능을 가지고 있으므로 본 교재에서는 상세한 내용을 다루는 대신에 〈그림 12-5〉와 같은 간단한 페이지에 대하여 소개하도록 한다.

- HTML로 작성된 문서는 항상 〈HTML〉 태그로 시작하여 〈/HTML〉태그로 마감된다.
- 이 HTML 문서 안에 그림파일을 추가할 경우에는 〈IMG SRC="이미지 파일 이름"〉라고 작성한다.

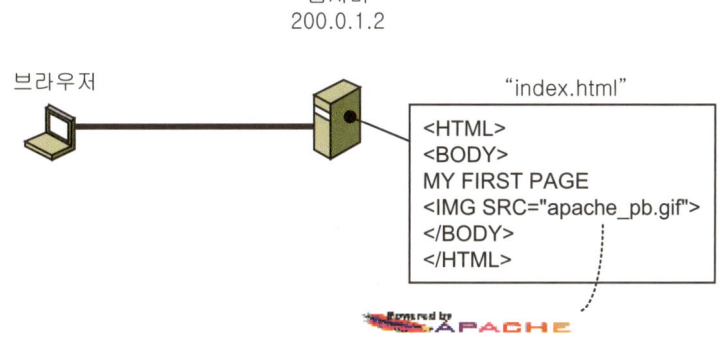

〈그림 12-5〉 HTML로 작성된 index.html 페이지의 예

## 12.5 브라우저와 웹 서버

사용자가 웹페이지를 액세스하는 클라이언트 프로그램을 브라우저라고 한다. 브라우저는 해당 페이지를 서버에 요청하여 그 응답을 받는다.

이 요청과 응답은 모두 HTML 구문으로 기술된다. 브라우저는 HTML 구문 처리부에서 해석하여 필요한 이미지 또는 텍스트를 화면에 표시한다.

웹 서버는 TCP 80번 포트에서 브라우저로부터의 연결요청을 대기한다. 연결이 설정되면 클라이언트로부터의 요청에 대하여 서버가 응답한다.

이때 사용하는 표준 프로토콜이 HTTP이다.

브라우저는 URL을 사용하여 서버들에게 접근할 수 있다. 브라우저는 HTTP뿐만 아니라 텔넷이나 FTP 등에 대한 접근도 지원한다.

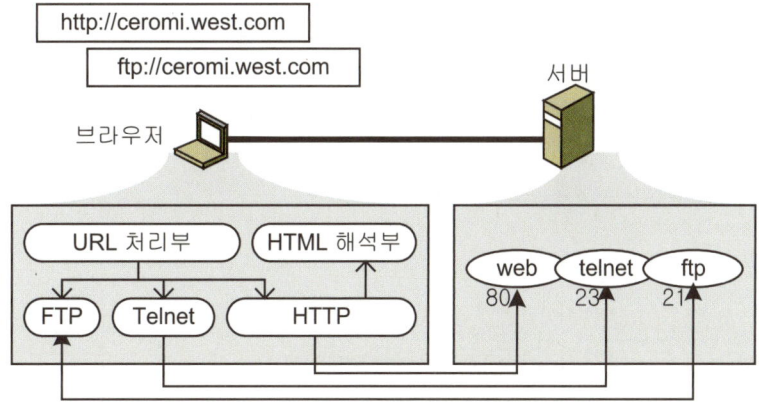

〈그림 12.6〉 브라우저와 서버의 구성

## 12.6 HTTP 동작의 예

### (1) 일반적인 HTTP 동작 과정의 예

〈그림 12-7〉과 같이 웹 서버인 200.0.1.2에 다음과 같은 index.html 문서가 있다고 하자. 브라우저가 이 서버에 연결할 때의 HTTP 동작 과정을 알아보자.

```
<HTML>
<BODY>
MY FIRST PAGE
<IMG SRC="apache_pb.gif"> // "apache.gif" 라는 작은 그림 파일을 본문에 보여 준다.
</BODY>
</HTML>
```

〈그림 12-7〉 Index.html 페이지

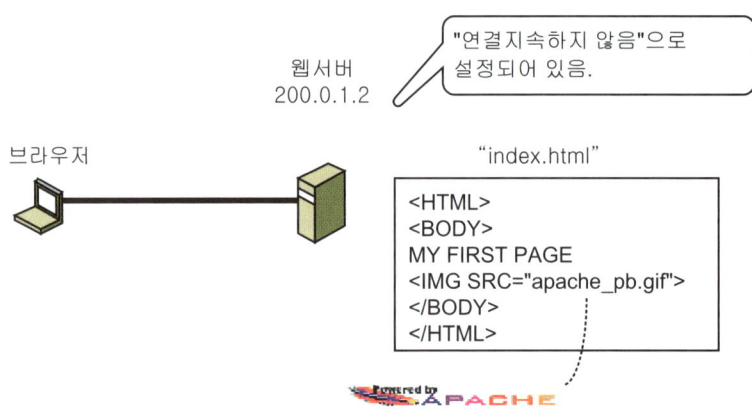

〈그림 12-8〉 일반적인 웹 환경

이 웹 서버에 있는 index.html 문서는 〈HTML〉로 시작하고 〈/ HTML〉로 마감되는 것을 알 수 있다. 〈BODY〉에 있는 "MY FIRST PAGE" 텍스트와 "win2000.gif" 이름의 그림 파일을 브라우저에게 보여 주도록 구성되어 있다.

사용자가 웹 서버에 접속한 경우에 대한 동작 과정의 절차는 〈그림 12-9〉와 같다. 이 예에서 서버는 "연결 지속" 옵션이 설정되어 있다.

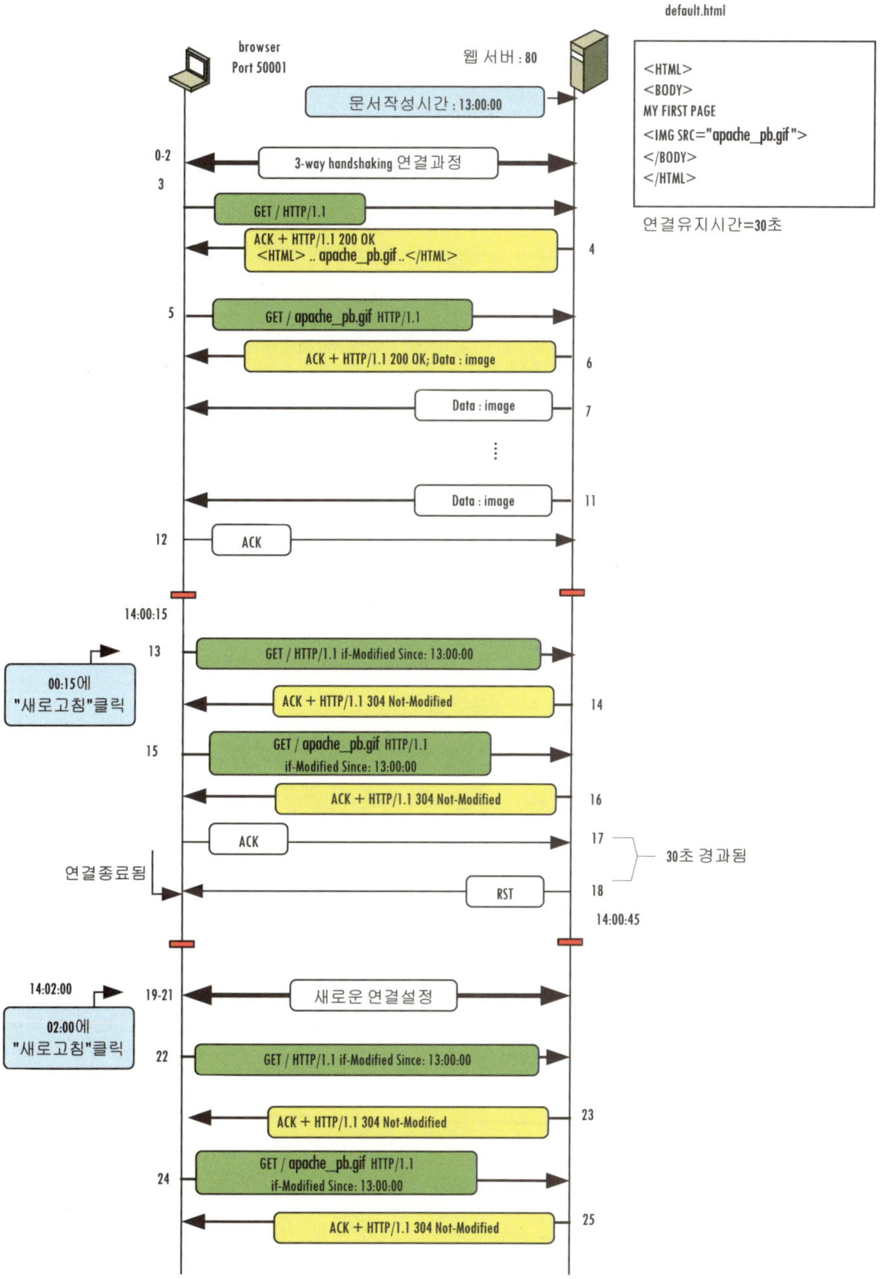

CHAPTER 12  HTTP

〈그림 12-9〉 일반적인 HTTP의 동작 예

- 패킷 0~2 : 단말과 서버간의 TCP 연결을 설정한다.
- 패킷 3 : 단말이 기본 페이지인 index.html에 대한 HTTP GET 요청 메시지를 송신한다.
- 패킷 4 : GET 요청에 대한 응답으로 index.html 파일이 HTTP 응답 메시지에 수납되어 단말에 전송된다.
- 패킷 5 : 단말의 HTML 분석부는 수신된 index.html 파일의 내용에 "apache_pb.gif" 그림 파일이 있음을 알고, 이 파일에 대한 추가적인 HTTP GET 요청 메시지를 송신한다.
- 패킷 6~7 : 서버는 그림 파일 요청에 대한 응답과 그림 파일을 2개의 HTTP 패킷으로 응답한다. 이상과 같은 동작에 의해, 다음과 같은 내용이 브라우저의 화면에 표시된다. 이 과정에서 index.html과 apache_pb.gif 파일은 브라우저의 로컬 캐시에도 저장된다.

- 패킷 9과 11 : 사용자가 "새로 고침"을 클릭한 경우, 각각 index.html 문서와 그림 파일의 내용이 혹시 변경되었다면 송신하라고 요청한다.
- 패킷 10과 12 : 서버는 변경된 사실이 없다면 수정되지 않았다고 응답한다. 이때 index.html 파일과 그림 파일은 전송되지 않는다.
- 패킷 14~16 : 서버는 15초 이후 TCP Reset 패킷을 사용하여 TCP 연결 종료를 개시한다.

이러한 과정이 완료된 이후 사용자가 동일한 요청을 반복할 경우, 서버는 이전에 수행했던 작업을 기억하지 않으므로 해당 응답을 재송신한다. 즉 HTTP 서버는 클라이언트에 대한 이전 상태정보를 유지하지 않으므로 HTTP 프로토콜을 stateless 프로토콜이라고 한다.

참고로 3번 및 4번 패킷이 전달된 즉시 TCP 연결을 종료한 후, TCP 연결을 재설정하여 5~12번 절차를 수행한 후 TCP 연결을 단절하는 작업을 반복하는 동작 모드도 가능하다. 이것은 바로 HTTP 1.0에서 기본적으로 사용했던 non-persistent 연결 모드이다. 반면에 우리가 수행했던 앞의 예에서는 연결이 유지되는 모드이었다. 이것을 HTTP 1.1에서 기본적으로 사용하는 persistent 연결 모드라고 한다.

그리고 4번 메시지에 수록된 내용에 해당되는 자원(또는 객체)들이 다수 나열된 경우 개별 자원에 대한 GET과 응답 절차를 순차적으로 반복하는 경우 persistent without pipelining 방식이라고 부른다. 반면에 여러 개의 자원을 연속으로 GET 요청하고 이의 응답들을 대기하는 방법을 persistent with pipelining 방법이라고 한다.

### (2) HTTP 동작 과정 상세

〈그림 12-9〉에서 송수신된 HTTP패킷들에 대한 각각의 내용을 알아보도록 한다.

- 패킷 3 : 사용자가 서버의 기본 페이지인 index.html에 대한 GET 요청을 한 것이다. 이 패킷의 내용 중 일부는 다음과 같다. 각 줄은 Carrage Return 및 Line Feed 문자로 구성된 〈new line〉으로 구분된다.

# CHAPTER 12 HTTP

이것의 의미는 다음과 같다.

```
1   GET / HTTP/1.1 <new line>
2   Accept: */*<new line>
3   Accept-Language: ko<new line>
4   Accept-Encoding: gzip, deflate<new line>
5   User-Agent: Mozilla/4.0 (compatible; MSIE 5.5; Windows XP) <new line>
6   Host: 200.0.1.3 <new line>
7   Connection: Keep-Alive<new line>
```

| | |
|---|---|
| line 1 | 서버의 기본 페이지를 HTTP/1.1 방식으로 요청한다. GET은 앞으로 설명할 method의 한 종류이다. GET 다음의 '/' 는 특정 html 페이지가 아닌 웹 서버의 기본 페이지인 index.html을 의미한다. 이 첫 번째 라인을 요청 표기줄이라고 부른다. |
| line 2 | 수용 가능한 형식 = 모든 종류의 자원의 처리가 가능함을 */*로 알린다. |
| line 3 | 브라우저가 사용할 언어는 한국어이다. |
| line 4 | 처리 가능한 메시지 압축 방식은 gzip과 deflate이다. |
| line 5 | 사용자의 브라우저 타입은 MS Internet Explore, 운영체제는 Windows XP이다. |
| line 6 | 접속하려는 호스트의 주소는 200.0.1.3 이다. |
| line 7 | HTTP/1.1에서 가능한 '지속적 연결 상태'(Persistent connection) 모드를 요청한다. Non-persistent connection의 경우에는 "Connection: close"로 기술된다. |

● 패킷 4 : 서버로부터의 응답이며, 일부 내용은 다음과 같다.

```
1 HTTP/1.1 200 OK<new line>
2 Server: Apache/2.2.13 <new line>
3 Connection: Keep-Alive<new line>
4 Keep-Alive: timeout=15, max=100<new line>
5 Last-Modified: Sunday, 07-Feb-2010 06:05:56 GMT <new line>
6 ETag: "0-85-3e87f1a2" <new line>
7 Content-Type: text/html<new line>
8 <HTML>
9 <BODY> MY FIRST PAGE </BODY><new line>
10 <IMG SRC=" apache_pb.gif" ><new line>
11 </HTML><new line>
```

이것의 의미는 다음과 같다.

| | |
|---|---|
| line 1 | 이 라인을 상태표기줄이라고 부른다. 버전이 1.1이며, 사용자의 요청에 대한 결과를 표시한다. 이 예에서는 요청이 수락되었음을 표시한다. |
| line 3 | pesistent connection 방식으로 이 연결이 지속됨을 표시한다. Non-persistent connection의 경우에는 "Connection: close"로 기술된다. |
| line 4 | 이 연결은 15초 동안 지속된 후, 종료됨을 표시한다. |
| line 5 | 이 페이지의 최근 수정일을 표시한다. |
| line 6 | 이 페이지의 고유 번호이다. |
| line 7 | 송신하는 자원의 형식은 text/html 이다. |
| line8-11 | 해당 index.html의 내용이다. |

- 패킷 5 : 4번째 응답 패킷에 있는 〈IMG SRC 〉에 대하여 해당 그림을 요청하는 것이다. 일부 내용은 다음과 같다.

```
1  GET /apache_pb.gif HTTP/1.1 <new line>
2  Accept: */*<new line>
3  Referer: http://200.0.1.2/<new line>
5  User-Agent: Mozilla/4.0 (compatible; MSIE 5.5; Windows 98) <new line>
6  Host: 203.253.145.x <new line>
7  Connection: Keep-Alive<new line>
```

이것의 의미는 다음과 같다.

| line 1 | 해당 그림 파일을 요청한다. |
|--------|---------------------------|
| line 3 | 이 그림이 있는 곳은 200.0.1.2임을 지시한다. |

- 패킷 6 : 해당 그림 파일 요청에 대한 응답이다. 내용의 일부는 다음과 같다.

```
1  HTTP/1.1 200 OK <new line>
2  Content-Length: 2326<new line>
3  Keep-Alive: timeout=15, max=99 <new line>
4  Connection: Keep-Alive<new line>
5  Content-Type: image/gif<new line>
6  ….해당 그림 파일의 binary내용 …
```

이것의 의미는 다음과 같다.

| line 2 | 이 그림의 총 길이는 2326바이트이다. |
|--------|-------------------------------------|
| line 5 | 이 그림의 형식은 gif이다. |
| line 6 | 해당 그림 파일의 바이너리 내용의 앞 부분이 이 메시지의 body에 실려 전송된다. 이 파일은 하나의 TCP/IP패킷에 수용하지 못하므로 7번 패킷에 나머지 바이너리 내용이 연속 전송된다. |

- 패킷 9 : 사용자가 "새로 고침"을 클릭한 경우, 수정된 내용이 있는지 확인하는 패킷이다. 내용의 일부는 다음과 같다.

```
1  GET / HTTP/1.1 <new line>
2  If-Modified-Since: : Sunday, 07-Feb-2010 06:05:56 GMT <new line>
3  If-None-Match: "0-85-3e87f1a2" <new line>
4  Connection: Keep-Alive<new line>
```

이것의 의미는 다음과 같다.

| line 2 | 이 index.html의 내용이 최초로 수신한 4번째 패킷에 있던 Last modified 시간 이후에 변경되었다면 새로 전송하라는 요청이다. |
|--------|----------------------------------------------------------------------------------------------------------------|
| line 3 | 이전에 수신한 index.html의 고유 번호가 변경되었다면 새로 전송하라는 요청이다. |

브라우저는 사용자가 한번 접속했던 사이트의 페이지와 이미지 등을 내부 캐시에 저장한다. 사용자가 해당 페이지를 다시 호출하면 자신이 저장하고 있는 페이지를 대신 보여줌으로써 신속한 응답 기능을 제공한다.

## CHAPTER 12 HTTP

이때 해당 페이지 원본이 이미 변경된 경우도 있을 것이다. 따라서 이 페이지에 대한 요청 메시지에 'If-Modified-Since' 를 사용하여, 이 시간 이후에 해당 페이지가 변경되었다면 서버로부터 재전송 받도록 한다. 물론 변경되지 않았다고 응답 받으면 로컬 캐시에 있는 페이지를 사용자에게 보여준다.

- 패킷 10 : 서버로부터의 응답이다. 내용의 일부는 다음과 같다.

| 1 | HTTP/1.1 304 Not Modifed<new line> |
| 2 | Date: Sunday, 07-Feb-2010 06:50:56 GMT<new line> |
| 3 | ERTag:" 0-85-3e87f1a2" <new line> |

| line 1 | 그동안 변경되지 않았음을 알린다. |
|---|---|
| line 3 | 해당 index.html의 고유 번호를 표시한다. |

요청 메시지를 받은 서버는 해당 자원의 수정일과 이 값을 비교한다. 같다면 '304' 상태 메시지를 전송한다. 만약 수정일이 더 최근이라면 실제 자원을 전송할 것이다.

- 패킷 11~12 : 해당 그림 파일에 대한 것이다. 역시 캐시에 있는 것을 사용한다.

### 12.7 HTTP의 메시지 형식

HTTP 메시지는 크게 요청 메시지와 응답 메시지로 구성된다. 형식은 <그림 12-10>과 같다. 각 라인은 가변적인 길이를 가지며 <0x0D, 0x0A>로 구성되는 newline 문자로 구분된다. 또한 헤더와 메시지 본문은 <0x0D, 0x0A>로 구성되는 blank line으로 구분된다.

| 요청 메시지 | | 응답 메시지 |
|---|---|---|
| 요청 라인 (Request line) | Start-line | 상태 라인 (Status line) |
| 일반 헤더 | | 일반 헤더 |
| 요청 헤더 | Message Header | 응답 헤더 |
| 엔터티 헤더 | | 엔터티 헤더 |
| blank line(CR,LF) | | blank line(CR,LF) |
| 메시지 본문(body) | Entity Body | 메시지 본문(body) |

<그림 12-10> 일반적인 HTTP 메시지의 형식

**(1) 요청 라인**

- 요청 라인은 요청 메시지에서 사용되며 다음과 같은 형식을 가진다. 여기서 [SP]는 스페이스 문자로써 ASCII코드 0x20값을 가진다.

Method<SP>URL<SP>HTTP-Version<CR><LF>

- 메소드 : URL에 명시된 자원에 대한 처리를 지시하는 명령어이다. 메소드의 일부는 다음과 같다.

| Method | 내용 |
|---|---|
| OPTIONS | 서버와의 통신용 선택 사양을 요청 시 사용된다. |
| GET | 자원 요청 시 사용된다. |
| POST | 메시지 본문에 데이터(예, 검색단어)를 수납하여 서버에 송신시 사용된다. 데이터는 서버의 데이터 처리 프로그램(CGI 등)으로 전달된다. |
| HEAD | GET과 유사하지만 자원에 대한 개괄적인 정보만 요청한다. 이의 응답 메시지에는 메시지 본문 없이 헤더정보만 수납된다. |
| PUT | 서버의 특정 폴더에 파일을 저장(Upload)한다. |
| DELETE | 서버의 특정 폴더의 파일을 삭제한다. |

- URL 영역 : 자원의 위치를 표시하며 다음과 같은 항목으로 구성된다.

"*" | absoluteURI | abs_path | authority

여기서, "*"는 특정 자원을 지시하지 않는다는 의미이다. 앞의 예에서, "GET / HTTP/1.1" 명령줄에 있는 첫 번째 "/"가 바로 "*"이다. 그리고 "GET / apache_pb.gif HTTP/1.1"에서, abs_path는 "/"이고, absoluteURI는 "apache_pb.gif"이다.

- 상태표기줄(status-line) : 응답 메시지에서 사용된다. 이것의 구성은 다음과 같다.

HTTP-Version<SP>Status-Code<SP>Reason-Phrase<CR><LF>

상태 코드는 요청에 대한 응답 결과를 표시하는 세 자리 값의 반환 코드 스트링이다. Reason-Phrase는 간단한 부연 설명 스트링이다. 상태 코드의 종류는 다음과 같다.

| 대분류 | 내용 |
|---|---|
| 1xx | 정보 제공 : 요청 도착, 프로세스 진행 |
| 2xx: | 성공 |
| 3xx: | Redirection : 요청을 수행하기 위해서는 추가 동작이 필요함 |
| 4xx: | 사용자 에러 : 요청에 잘못된 구문이 포함되어있거나, 요청이 수행 되어질 수 없음 |
| 5xx: | 서버 오류 : 서버가 유효한 요청을 수행할 수 없음 |

### (2) 메시지 헤더 영역

HTTP 메시지 헤더는 일반, 요청, 응답, 엔터티 등 4가지 종류의 헤더로 구성된다. 메시지 헤더의 기본 형식은 다음과 같다.

field-name ":" [ field-value ] <CR><LF>

HTTP 버전 1.1에서는 46 종류의 헤더들이 정의되어 있다. 요청 메시지의 "Host" 영역만 필수 항목으로 설정되어 있다. 각 헤더 종류별 구성요소를 살펴보자.

- 일반 헤더 영역 (General Header) : 요청과 응답 메시지 헤더에서 공통적으로 사용된다. 다음과 같은 구성요소들이 포함될 수 있다.

| 일반헤더구성요소 | 내용 |
|---|---|
| Cache-Control | 캐싱 기법들(예 : 캐시 기간)을 정의한다. |
| Connection | HTTP1.1에서, "close"를 사용하면(즉, Connection:close) 응답 완료 후 연결상태가 끊겨짐을 표시한다. 즉 non-persistent모드임을 지시한다. |
| Date | 전송시간과 날짜이다. |
| Pragma | 연결로상에 있는 캐시서버 또는 프로토콜 변환기에 대하여 특별한 처리를 지시할 때 사용된다. 예를 들어, "Pragma:no-cache"가 요청 메시지에서 사용되면, 캐시 서버는 해당 자원이 캐시되어 있더라도 무조건 목적지 서버로 이 요청을 중계해야 한다. |
| Transfer-Encoding | 메시지 본문에서 사용된 인코딩 방법을 명시한다. |
| Upgrade | 서버가 사용자에게 상위 버전으로 전환하도록 지시할 때 사용된다. 예 : 'Upgrade: HTTP/2.0" |
| Via | 사용자와 서버간에 위치한 프락시 서버를 경유할 때, 이 메시지가 프록시 서버를 경유했음을 표시할 때 사용된다. |

- 요청 메시지 헤더 : 요청 메시지에서만 사용된다. 다음과 같은 구성요소들이 포함될 수 있다.

Accept | Accept-Charset | Accept-Encoding | Accept-Language | Authorization | From | Host | If-Modified-Since | If-Match | If-None-Match | If-Range | If-Unmodified-Since | Max-Forwards | Proxy-Authorization | Range | Referer | User-Agent

- Authorization : 인증이 필요한 서버에게 사용자 이름과 패스워드를 수납할 때 사용된다.
- If-Modified-Since : 캐시되어 있는 자원에 대하여 명시된 시간 이후에 변경되었다면, 수정된 자원을 보내라고 요청 시 사용된다. 자원가 수정되지 않았다면, 서버는 "304 (not modified)"로 응답할 것이다.
- If-Match : 서버에 저장된 각 페이지들은 각각 고유한 번호인 E-tag가 설정된다. 이 페이지의 수정 시에는 새로운 번호가 설정된다. 브라우저가 로컬 캐싱하고 있는 페이지의 고유 번호와 서버에 저장된 페이지의 번호가 일치하는지 검사할 때 사용된다.
- UserAgent : 브라우저의 종류를 지시한다.
- Accept-Language : 브라우저가 수용 가능한 언어의 종류를 명시한다.

- 응답 메시지 헤더 : 응답 메시지에서 사용된다. 다음과 같은 키워드가 사용된다.

Age | Location | Proxy-Authenticate | Retry-After | Server | Vary | Warning | WWW-Authenticate

- Age : 캐싱 기간을 지정한다.
- Server : 웹 서버의 종류 및 버전을 알려준다.
- WWW-Authenticate : HTTP에 의한 인증 과정에서 사용된다.

● 엔터티 헤더 영역 : 응답 메시지에서 주로 사용된다. 다음과 같은 구성요소가 있다.

> Allow | Content-Base | Content-Encoding | Content-Language | Content-Length | Content-Location | Content-MD5 | Content-Range | Content-Type | Expires | Last-Modified

- Content-Encoding : 압축 여부와 압축 형식을 명시하기 위해 사용된다.
- Content-Length : 엔터티 본문 내용의 크기를 지시한다.
- Expires : 이 시간 이후에는 해당 자원이 무효될 수 있음을 명시한다. 물론 이 시간 이후에 서버가 보관하고 있는 자원이 삭제되거나 변경된다는 의미는 아니다. 이 시간 이후에 수정될 수 있다는 의미일 뿐이다.
- Last-Modified : 해당 자원의 최근 변경된 시간을 표시한다.

### (3) 엔터티 본문 영역

이 영역의 내용은 요청메시지와 응답메시지에 따라 다르다.
- 요청 메시지의 경우 : POST 메소드 메시지에서만 본문이 수납된다. 즉 브라우저는 서버가 제시한 페이지의 빈칸(예, 검색단어)을 사용자가 채울 때 이 단어를 수납하여 서버로 송신할 때 사용된다.
- 응답 메시지의 경우 : 요청된 텍스트 형식의 HTML 문서 또는 그림과 같은 이진 데이터가 수납된다.

결과적으로 HTTP는 이러한 HTML로 작성된 문서 또는 그래픽 데이터를 이 본문 영역에 수납하여 전달하는 프로토콜이라고 할 수 있다. 브라우저와 서버는 엔터티 헤더 내의 Content-Length 영역을 참조함으로써 본문 영역의 존재 유무를 판단할 수 있다. 그리고 이 본문의 데이터 형식과 인코딩 방식은 엔터티 헤더에 있는 Content-Type 영역과 Content-Encoding 영역 정보를 참조하여 판단한다.

## 12.8 쿠 키

예를 들어 Arami가 인터넷 상거래 싸이트인 www.west.com에 접속한다고 하자. 웹 서버는 arami로부터의 접속에 대한 식별 번호를 생성하여 자신의 DB에 기록한다. 이어 HTTP 응답 메시지에 "Set-cooki e: 식별 번호"를 추가하여 응답한다.

이 응답을 수신한 Arami의 브라우저는 자신의 쿠키 파일에 (서버 이름=www.west.com, 쿠키 식별 번호)를 저장한다.

이후 Arami가 다시 해당 웹사이트에 재접속할 때 브라우저는 자신의 쿠키파일에서 쿠키 식별 번호를 추출하여 요청 메시지에 "Cookie:해당 식별 번호"를 추가하여 전송한다.

이것을 수신한 웹 서버는 "Cooki e :해당 식별 번호"를 자신의 DB에서 검색한다. 그 결과 서버는 Arami가 자신에 접속했던 과거 이력을 알 수 있다. 이를 통하여 Arami가 과거에 구입한 목록을 DB에서 찾아 Arami에게 "쇼핑 카트" 서비스 등을 제공할 수 있다. 또한 이전에 입력한 신용 카드 번호 및 주소를 재입력하지 않도록 할 수 있어 사용자 인증 절차도 간편하게 할 수 있다. 반면에 이러한 쿠키는 사용자 정보의 유출에 의한 사생활 침해의 부작용도 수반한다. 관련 규격은 RFC 2109이다.

CHAPTER 12 HTTP

## 12.9 프록시 서버와 캐시 서버

### (1) 프록시 서버

웹 프록시 서버는 웹 서버의 기능을 대행하는 장치이다.

〈그림 12-11〉과 같이 브라우저는 특정 웹 서버 또는 모든 웹 서버에 대한 접속시도시 proxy 서버를 경유한다고 설정되어 있다고 하자. 사용자가 외부 웹 서버(ext_web)의 자원을 GET하고자 할 때 다음과 같은 절차를 거친다.

- 브라우저 : 프록시 서버("proxy_svr")와의 TCP 연결을 설정한다.
- 브라우저 : "ext_svr"에 대한 GET 메시지를 프록시 서버로 전송한다.
- 프록시 서버 : 브라우저로부터의 GET 메시지 수신시 프록시 서버 자신이 ext_svr 웹 서버에 TCP연결을 설정한다.
- 프록시 서버 : GET 메시지를 브라우저를 대신하여 송신한다. 이때 자신을 경유하였음을 표시하기 위하여 "Via:…"를 추가한다.
- 프록시 서버 : 이후 웹 서버로부터의 데이터 패킷을 브라우저에게 중계하고 TCP 연결을 종료한다.

이러한 프록시 서버는 브라우저가 자신을 경유하여 다른 웹 서버로 접속할 수 있도록 한다. 이러한 프록시 서버는 단말과 웹 서버간의 HTTP 버전 변환 및 부하분산 등의 기능이 필요할 때 사용된다. 그리고 특정 웹 서버 또는 특정 단말에게 웹 서비스를 지원하지 않는 등의 기능을 수행하는 웹 전용 방화벽도 일종의 프록시 서버라고 할 수 있다. 또한 불법 데이터 유출 방지 등의 보안 기능이 필요할 때 사용된다. 만약 이 프록시 서버에 캐시기 능이 추가되면 다음에 소개될 프록시 캐싱 서버라고 부른다.

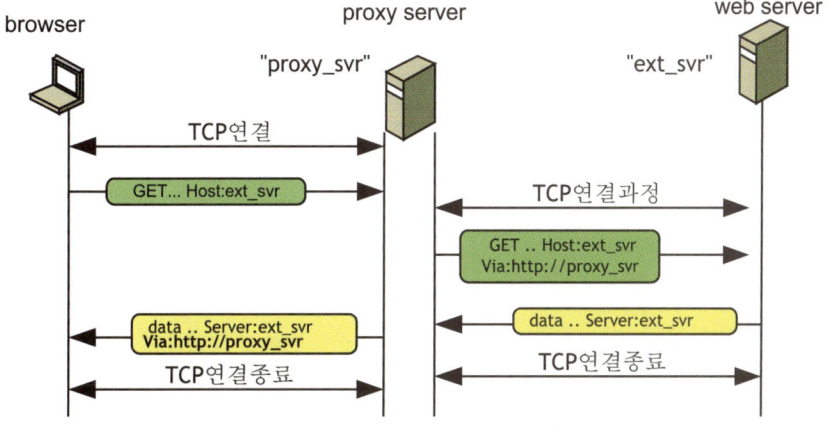

〈그림 12-11〉 프록시 서버의 동작 예

### (2) 웹 캐시 서버

웹 캐시 서버는 브라우저와 웹 서버간에 전송되는 페이지를 임시 저장하고 대신 응답하는 장치이다. 〈그림 12-12〉와 같이, 브라우저2가 요청한 자원이 캐시 서버에 저장되어 있는 것과 동일한 것이라면 캐시서버가 대신 응답한다. 따라서 웹 서버에 대한 부하를 경감시키고 전송량을 감소시켜 빠른 응답을 제공할 수 있다.

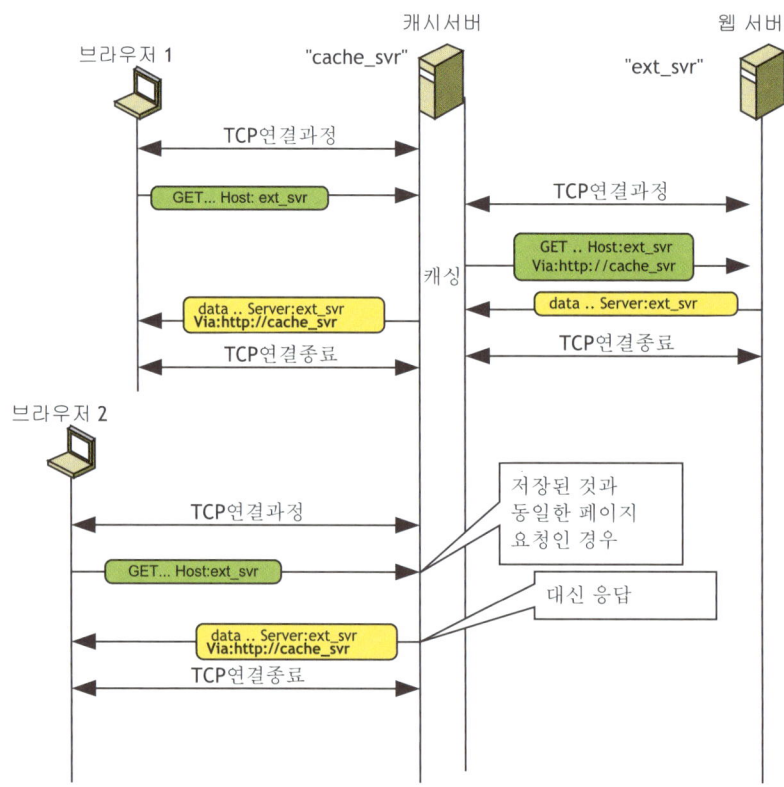

〈그림 12-12〉 캐시 서버의 동작 예 (1)

캐시 서버에 저장되는 자원의 보관 기간은 서버로부터의 응답에 명시된 Expires 시간값과 Date 시간값의 차이로 결정된다. 물론 캐시용 디스크 또는 캐시용 메모리에 여유가 있다면 만기된 페이지도 계속 보관된다. 하지만 캐시 메모리가 부족한 경우에는 만기된 페이지를 우선적으로 폐기한다.

만약 캐시 서버의 특정 자원이 만기된 상태로 보관되어 있는 상태에서 브라우저로부터 이 자원에 대한 요청을 수신한 경우에는 〈그림 12-13〉과 같이 동작한다. 캐시 서버는 만기 시간이 초과된 이 자원에 대하여, 내용이 변경되었는지 서버에 질의한다. 만약 해당 페이지가 여전히 수정되지 않았다고 웹 서버가 응답하면, 캐시 서버는 이 페이지의 만기 시간을 응답 메시지에 설정되어 있는 Expires 시간으로 수정하여 기록한 후 해당 자원을 브라우저에게 응답한다[2].

---

2 서버로부터의 응답 메시지에는 Expires와 Date 정보 외에 Cache-Control 헤더의 max-age값이 같이 실려 있는데, 이 값은 (Expires ? Date)값으로도 계산된다.

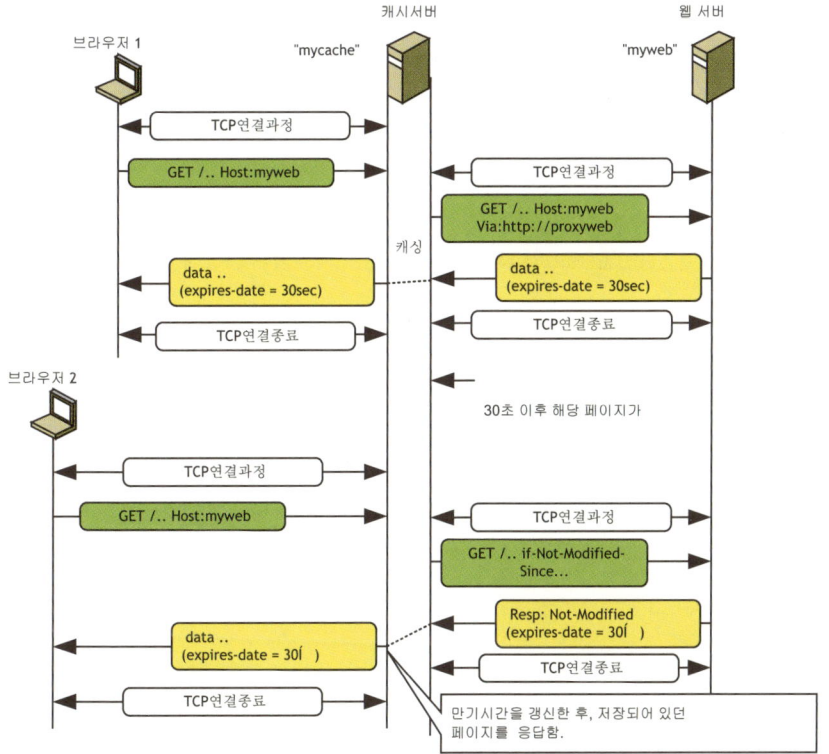

〈그림 12-13〉 캐시 서버의 동작 예 (2)

## 12.10 아파치 웹 서버 설정

HTTP의 동작 과정을 실제로 분석하기 위하여 Ceromi(200.0.1.2)의 웹 서버인 아파치를 사용한다.

**STEP 1** 아파치 웹 서버 기능은 Fedora 운영체제 설치 시 함께 설치되어 있다. 다음과 같이 웹 서버가 설치되어 있는지 확인한다. 이 /etc/init.d 디렉토리에는 여러 가지의 사용 가능한 서버들의 목록이 있는데 httpd라는 항목이 있다면 웹 서버는 이미 설치되어 있는 것이다.

```
[root@ceromi ~]# cd /etc/init.d
[root@ceromi etc]# ls
...
httpd

[root@ceromi ~]#
```

**STEP 2** 만약 /etc/init.d 디렉토리에 httpd 항목이 없는 경우, 아래와 같이 웹 서버를 설치한다. 이때 httpd외에 php php-mbstring php-pear mod_ssl 패키지도 많이 사용되므로 함께 설치하는 것이 좋다.

[root@ceromi ~]# yum -y install httpd

**STEP 3** 설치되어 있는 웹 서버인 httpd 즉 Apache의 버전 및 상태를 확인한다.

**방법 1** 버전 및 폴더 확인

```
[root@ceromi ~]# httpd -v
  Server version: Apache/2.2.13 (Unix)
  Server built:   Jul 14 2010 15:36:56
  [root@ceromi ~]# httpd -V
  Server version: Apache/2.2.13 (Unix)
  Server built:   Jul 14 2009 15:36:56
  Server's Module Magic Number: 20051115:15
  Server loaded:  APR 1.2.13, APR-Util 1.2.12
  Compiled using: APR 1.2.13, APR-Util 1.2.12
  Architecture:   32-bit
  Server MPM:     Prefork
    threaded:     no
    forked:       yes (variable process count)
  Server compiled with....
   -D APACHE_MPM_DIR="server/mpm/prefork"
   -D APR_HAS_SENDFILE
   -D APR_HAS_MMAP
   -D APR_HAVE_IPV6 (IPv4-mapped addresses enabled)
   -D APR_USE_SYSVSEM_SERIALIZE
   -D APR_USE_PTHREAD_SERIALIZE
   -D SINGLE_LISTEN_UNSERIALIZED_ACCEPT
   -D APR_HAS_OTHER_CHILD
   -D AP_HAVE_RELIABLE_PIPED_LOGS
   -D DYNAMIC_MODULE_LIMIT=128
   -D HTTPD_ROOT="/etc/httpd"
   -D SUEXEC_BIN="/usr/sbin/suexec"
   -D DEFAULT_PIDLOG="logs/httpd.pid"
   -D DEFAULT_SCOREBOARD="logs/apache_runtime_status"
   -D DEFAULT_LOCKFILE="logs/accept.lock"
   -D DEFAULT_ERRORLOG="logs/error_log"
   -D AP_TYPES_CONFIG_FILE="conf/mime.types"
   -D SERVER_CONFIG_FILE="conf/httpd.conf"
   ...
[root@ceromi ~]#
```

위의 결과로부터 설치된 httpd 관련 파일의 위치는 다음과 같음을 알 수 있다.

- ServerRoot폴더 : /etc/httpd
- 설정 파일: /etc/httpd/conf/httpd.conf

[참고] Apache 소스로부터 make하여 설치할 경우 기본 폴더는 /usr/local/apache2이다.

## CHAPTER 12 HTTP

**방법 2**  Proxy 모듈의 설치 확인

여기서 "-l" 옵션은 정적 라이브러리 모듈만 표시하고, -M은 공유 모듈(DLL과 유사함)을 포함한 목록을 출력한다. 특별히 다음 실험을 위하여 proxy_module과 cache_module이 있는지 확인한다.

```
[root@ceromi ~]# httpd -l
Compiled-in modules:
  core.c
   prefork.c
   http_core.c
   mod_so.c

[root@ceromi ~]# httpd -M
Loaded Modules:
core_module (static)
mpm_prefork_module (static)
http_module (static)
so_module (static)
auth_basic_module (shared)
auth_digest_module (shared)
authn_file_module (shared)
authn_alias_module (shared)
...
proxy_module (shared)
proxy_http_module (shared)
proxy_connect_module (shared)
...
cache_module (shared)
disk_cache_module (shared)
...
Syntax OK
[root@ceromi ~]#
```

**방법 3**  Pconf 파일의 검사

```
[root@ceromi ~]# httpd -t
Syntax OK
[root@ceromi ~]#
```

STEP 4  문서 편집기로 /etc/httpd/conf/httpd.conf 파일을 열어 내용을 확인한다. 현재 Proxy 기능과 ProxyCaching 기능은 모두 comment 처리되어 있다.

```
[root@ceromi ~] #vi /etc/httpd/conf/httpd.conf
...
    ServerRoot "/etc/httpd"        <-- httpd가 설치된 폴더
...
    KeepAlive Off                  <-- KeepAlive 기본값 = OFF
...
    Listen 80                      <-- HTTPd 서버 기본 포트 번호
...
    LoadModule proxy_module modules/mod_proxy.o    <-- proxy 모듈 load
...
    LoadModule cache_module modules/mod_cache.o    <-- cache 모듈 load
...
    Include conf.d/*conf           <-- 설정 파일=/etc/httpd/conf.d
...
    # ServerName newhostname
    # ServerName www.example.com:80
    ServerName 200.0.1.2:80        <-- 웹 서버의 IP 주소 또는 유효한 DNS 이름(예: ceromi.west.com)
    #
...
    #
    DocumentRoot "/var/www/html"   <--기본 HTML 문서가 저장된 곳
...
# Proxy Server directives. Uncomment the following line to enable the proxy server:
<IfModule mode_proxy.c>
#ProxyRequests On

#<Proxy *>
#   Order deny,allow
#   Deny from all
#   Allow from .example.com
#</Proxy>
...
# Enable"Via:" headers.
#ProxyVia On
...
# To enable the cache of proxied content, uncomment the following lines:
#<IfModule mode_disk_cache.c>
#   CacheEnable disk /           <-- disk 저장 방식 외에도 memory 방식도 있음
#   CacheRoot  "/var/cache/mod_proxy?"
#</IfModule>
#</IfModule>
# End of proxy directives.
</IfModule >
#End of proxy directives
...
[root@ceromi ~]#
```

# CHAPTER 12 HTTP

**STEP 5** 기본 페이지 작성: /var/www/html 폴더에 텍스트만 있는 기본 페이지를 작성한다.

```
[root@ceromi ~]#vi /var/www/html/index.html
<HTML> <BODY> MY FIRST PAGE </BODY> </HTML>
#
```

**STEP 6** 이 웹 서버가 부팅될 때마다 활성화될 수 있도록 한다.

```
[root@ceromi ~]#chkconfig httpd on
```

**STEP 7** 서비스를 개시한다.

```
[root@ceromi ~]#service httpd start
```

**STEP 8** 참고 : 자신의 리눅스 시스템에 httpd가 활성화되어 있는지 다음과 같이 확인한다.

```
[root@ceromi ~]# netstat -an | grep ":80"
tcp    0    0 0.0.0.0:80         0.0.0.0:*         LISTEN
```

**STEP 9** 웹 브라우저로 연결하여 동작이 가능한지 시험한다.
  ① 이 서버 시스템에 있는 Firefox 브라우저를 사용하여 local 로 연결해 본다.
  ② 다른 브라우저에서 이 서버에 연결하여 본다.
  ③ 이어 HTML코드를 해석하지 않고 보여주는 도구인 curl을 사용해 본다.

```
[root@ceromi ~]# curl -s http://www.west.com/
<HTML> <BODY> MY FIRST PAGE </BODY> </HTML>…
[root@ceromi ~]#
```

## 12.11 웹 동작 분석

그림 파일이 포함된 간단한 웹 페이지를 작성하여 웹 서버에 출판한다. 이어 이 페이지에 대한 접근을 수행하여 송수신되는 패킷들을 분석한다.

### (1) 기본 기능

**STEP 1** 기존의 index.html 문서를 다음과 같이 수정하여 저장한다.
  ① "/var/www/icons" 디렉토리에 있는 "apache_pb.gif" 파일을 "/var/www/html" 디렉토리에 복사한다.
  ② "/var/www/html" 디렉토리에 있는 index.html 파일을 문서 편집기로 다음과 같이 수정하고 저장한다.

```
<HTML> <BODY> MY FIRST PAGE <IMG SRC=" apache_pb.gif' > </BODY> </HTML>
```

**STEP 2** 브라우저로 이 페이지를 액세스한다. 다음과 같이 출력될 것이다.

**STEP 3** 분석기로 http 패킷 수집을 개시한다.

**STEP 4** 다음과 같은 동작을 순서대로 수행한다.
① 다른 컴퓨터의 브라우저로 이 웹 서버에 접속하여, 동일한 화면이 출력되는 것을 확인한다.
② 15초 이전에 다시 "새로 고침"을 클릭한다.
③ 15초 이상 기다린다.
④ "새로 고침"을 다시 한번 클릭한다.

**STEP 5** 송수신되는 내용을 분석하면서 다음 사항을 특별히 확인하라.
① index.html과 그림 파일은 동일한 TCP 연결로를 이용하는가? 그렇다면 이것을 persistent connection 방법이라고 부르며 HTTP 1.1에서 기본적으로 사용된다.
② 15초 이전에 최초로 입력한 "새로 고침"에 의해서, 브라우저의 내부캐시에 저장된 내용과 서버에 저장된 내용이 서로 같은지를 확인하는 과정을 확인하라. 특별히 ETag값을 비교하라.
③ 15초 이후에는 이 연결이 단절되는 과정을 분석하라.
④ 이 연결이 단절된 후, 입력한 마지막 "새로고침"에 의해서 새로운 TCP 연결로가 설정되는지 확인하라.

**STEP 6** /etc/httpd/conf/httpd.conf 파일의 내용 중 KeepAliveTimeout 값을 수정하여 30초 뒤에 연결이 단절되도록 설정하여 시험하라. 이때 반드시 httpd서버를 중지시킨 후 다시 기동하여 설정값이 적용되도록 해야한다.

```
[root@ceromi ~]#vi /etc/httpd/conf/httpd.conf
..
KeepAlive On <-- KeepAlive Off
KeepAliveTimeOut 30 <-- 15

..
[root@ceromi ~]# service httpd restart
```

**STEP 7** index.html의 내용을 수정한 후 다시 해당 페이지를 액세스한다. 이때 송수신되는 HTTP 메시지들을 수집하여 분석한다. If-Modified-Since를 송신한 클라이언트에 대하여 웹 서버는 Not Modified 대신에 시간 정보와 수정된 내용을 전송하는지 확인하라.

## CHAPTER 12 HTTP

### (2) HTTP 1.1의 파이프라인 전송 기능

**STEP 1** 문서 편집기로 index.html 문서를 다음과 같이 수정하고 저장한 후, 서버를 재 기동한다. 여기서 yyy와 zzz는 인접한 다른 웹 서버의 IP 주소들이다.

```
<HTML> <BODY> MY FIRST PAGE
<IMG SRC=" http://200.0.1.yyy/apache_pb.gif" >
<IMG SRC=" http://200.0.1.zzz/apache_pb.gif" >
</BODY> </HTML>
```

**STEP 2** 브라우저로 이 서버에 접근한다. 이 과정을 프로토콜 분석기로 패킷을 수집한다.

**STEP 3** 다음 사항을 확인한다.
① TCP 연결 과정이 몇번 수행되는가?
② 12개의 그림 파일을 가져올 때, 첫 번째 그림 파일에 대한 연결 과정과 자료 전송 과정이 수행된 후 두 번째 그림 파일에 대한 연결 과정과 자료 전송 과정이 수행되는가? 아니면 두 곳에 대한 연결 과정부터 수행된 후 연속적으로 그림 파일들을 가져오는가? 만약 그렇다면 이것을 버전 1.1의 장점인 pipelining 기능이라고 한다.

### (3) 지속적인 연결 유지와 비지속적인 연결의 비교

앞에서는 HTTP1.1을 사용하여, index.html 문서와 그림 파일의 GET 절차가 하나의 TCP연결로상에서 처리되었다. 이러한 과정을 persistent connection이라고 부른다[3].

하지만 HTTP1.0의 경우에는 index.html문서에 대한 TCP 연결을 사용한 후 이 연결을 종료한다. 이어서 그림 파일에 대한 새로운 TCP 연결을 설정한다. 따라서 번거로움과 성능 저하 문제가 있었다[4]. 1.0 버전을 입수하기가 어려우므로, 버전 1.1 서버의 설정 내용을 변경하여 비 지속인 연결과정을 시험해 보도록 한다.

**STEP 1** /etc/httpd/conf/httpd.conf 파일을 다음과 같이 수정하여 KeepAlive를 사용하지 않도록 설정한다. 특히 브라우저가 MS IE 5.5이면 keepalive를 사용하지 않도록 설정한다.

```
[root@ceromi ~]#vi /etc/httpd/conf/httpd.conf
..
KeepAlive Off
….
#Insert
BrowserMatch "Mozilla/4" nokeepalive
BrowserMatch "MSIE 5.5;" nokeepalive
```

**STEP 2** 웹 서버를 중지시킨 후 다시 기동한다.

```
[root@ceromi ~]# service httpd restart
```

---

[3] 물론, 이 연결도 지정된 keepalive 기간동안만 유지된다.
[4] 각각 새로운 TCP 연결을 수행한다면, slow-start 알고리즘에 의해 각각의 연결들에 대한 최초의 congestion window size는 1*MSS로부터 시작하므로 필연적으로 지연 시간이 증가하는 문제점이 있다.

**STEP 3** 브라우저로 서버에 접속하여 송수신되는 패킷을 수집 분석한다. 먼저 단말에서 웹 서버에 대한 첫 번째 연결로(포트2611)를 통해 index.html페이지를 전송받는다.

이후 페이지의 구성요소인 그림 파일을 수신받기 위해 또 다른 연결로(포트 2612)를 만든 후 "apache_pb.gif" 파일의 요청하는 것을 알 수 있다.

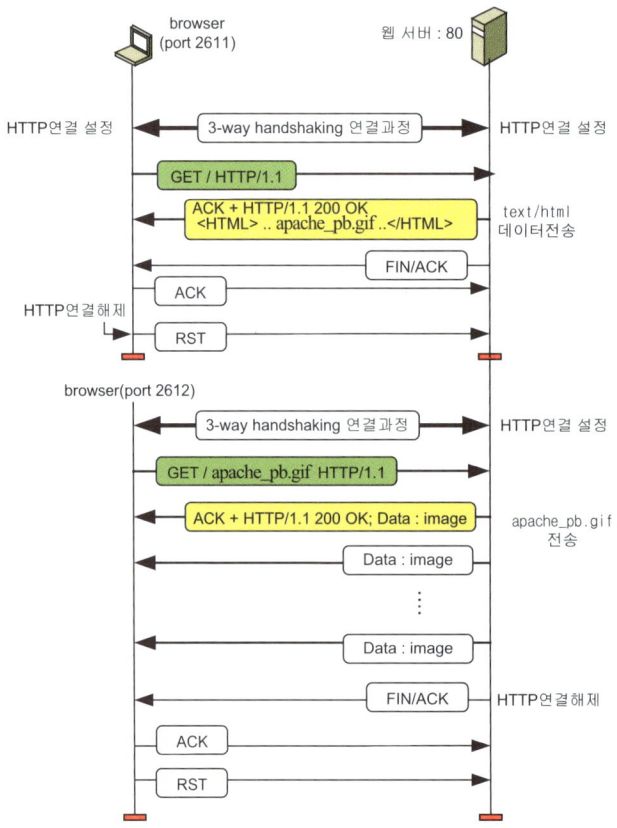

〈그림 12-14〉 HTTP/1.1에서, keep-alive 기능을 사용하지 않는 경우

**STEP 4** HTML 헤더에 Connection:close가 있는지 확인하고 이것의 의미를 알아본다.

**STEP 5** 서버에 접속하는 사용자가 많은 대형 사이트의 경우, 'Connection:" 영역을 "Close"값으로 설정하여 자원 전송이 끝나면 연결을 즉시 단절한다. 예를 들어 잘 알려진 포털 싸이트에 접속하면 초기 화면에 수 많은 싸이트에 링크된 광고나 애플릿을 동시에 표시하는데, 이들 각각에 대한 TCP 연결을 유지하는 것은 바람직하지 않기 때문이다.

[참고] 웹 서버의 기본 포트 번호는 80이지만 필요 시 이 포트 번호를 변경할 수 있다. 이것은 httpd.conf파일에서 "Listen 80" 항목의 80을 8080 등으로 변경하고 restart시키면 된다.

## 12.12 프록시와 캐시 서버 설치 및 동작 분석

Apache는 proxy 및 cache 모듈을 동적으로 로딩하여 프록시서버 또는 프록시 기능을 겸하는 캐싱 서버(caching-proxy server)로 동작시킬 수 있다. 이 프록시 모듈은 웹 서버뿐만 아니라 FTP서버 등에 대한 프록시 서버기능도 지원한다.

### (1) 프록시 서버 실험

**STEP 1** 시험망을 다음과 같이 설치하여 반드시 proxy 서버를 경유하도록 한다.

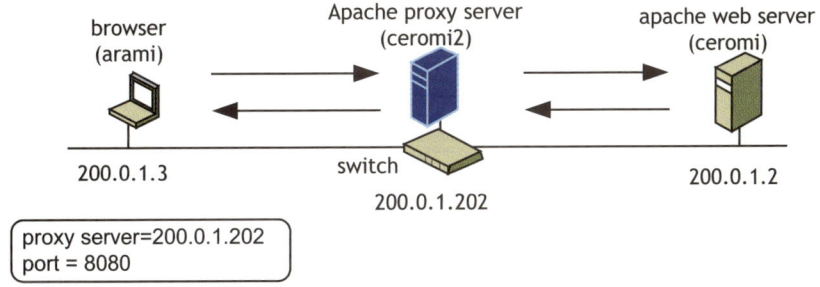

**STEP 2** /etc/httpd/conf/httpd.conf 파일을 열어 proxy 기능을 설정한다.
이러한 결과가 얻어지지 않으면, 리눅스용 텔넷 서버가 설치되어 있지 않거나 활성화되어 있지 않은 것이다. /etc/xinetd.d 디렉토리에는 여러 가지의 사용 가능한 서버들의 목록이 있는데 telnet이라는 항목이 있다면 telnet서버 프로그램은 이미 설치되어 있는 것이다.

```
[root@ceromi2 ~]# vi /etc/httpd/conf/httpd.conf
...
  ServerName 200.0.1.202:8080
...
  Listen 8080                                    <-- Proxy 서버 포트 번호 8080으로 변경
...
  LoadModule proxy_module modules/mod_proxy.o    <-- proxy 모듈 load(확인용)
...
  LoadModule cache_module modules/mod_cache.o    <-- cache 모듈 load(확인용)
...
# Proxy Server directives. Uncomment the following line to enable the proxy server:
# (이하 proxy관련 comment 제거)
<IfModule mode_proxy.c>
ProxyRequests On

<Proxy *>
    Order deny,allow
#   Deny from all                                <-- comment 처리
    Allow from 200.0.1.0                         <--.example.com에서 변경
```

```
</Proxy>
...
# Enable"Via:" headers.

ProxyVia On
...
# To enable the cache of proxied content, uncomment the following lines: (그대로 둠)
#<IfModule mode_disk_cache.c>
#   CacheEnable disk /   <-- disk 저장 방식 외에도 memory 방식도 있음
#   CacheRoot    /var/cache/mod_proxy
#</IfModule >
</IfModule >  <-- comment 제거
# End of proxy directives.
...
#
```

**STEP 3** 설정 파일의 오류 여부를 검사한 후, 설정 내용이 활성화되도록 httpd를 restart시킨다.

```
[root@ceromi2 ~]# httpd -t
Syntax OK
[root@ceromi2 ~]#
[root@ceromi2 ~]# service httpd restart
[root@ceromi2 ~]#
```

**STEP 4** 단말 arami에서 Firefox 브라우저에서 proxy서버 정보를 설정한다.
① [Firefox] 메뉴에서 [Edit] → [Preferences] → [Advanced] → [Network] → [Settings]을 클릭한다.
② "수동으로 proxy 설정"을 선택하고 해당 프록시서버의 IP 및 포트 번호 설정한다.

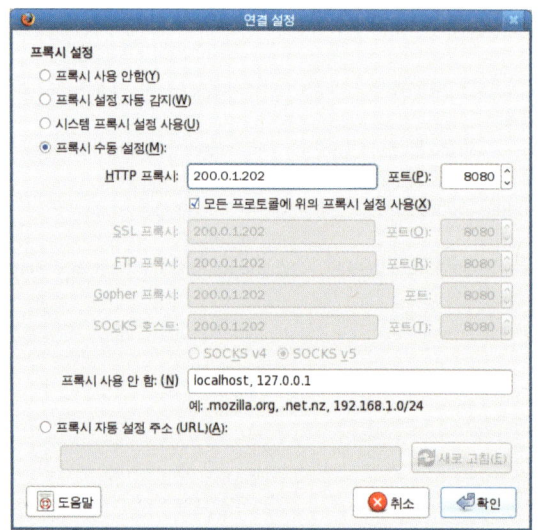

[참고] 윈도우의 경우에는 PC 브라우저의 [도구] → [인터넷옵션] → [연결] → [LAN 설정]을 선택하여, [프록시 서버] 항목의 IP 주소를 200.0.1.202로 지정한다.

## CHAPTER 12 HTTP

STEP 5  브라우저에서 다른 웹 페이지를 액세스하면서 패킷을 수집하여 분석하고, 다음 사항을 검사한다.

① Time line을 그려본다. 다음과 같은 동작이 수행될 것이다.

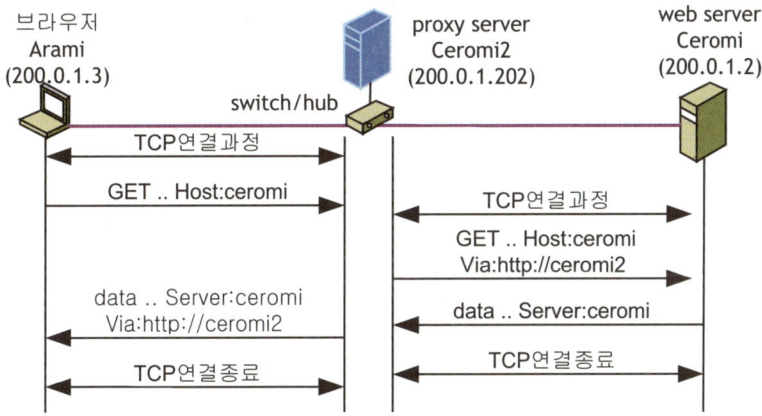

② 연결 과정이 브라우저와 프록시서버, 프록시서버와 다른 웹 서버간에 각각 수행되는가?
③ Response패킷에 Via헤더가 있다면 이것의 의미는 무엇인가?
④ 브라우저가 GET할 때의 HTTP의 버전을 확인하라.(윈도우의 경우, 1.0이면 1.1버전으로 시험하기 위하여 "고급 → 프록시 연결을 통해 HTTP1.1 사용"을 선택하라)

### (2) 캐시 서버 실험

STEP 1  프록시 서버 실험 환경과 동일한 시험망을 사용한다.

STEP 2  /etc/httpd/conf/httpd.conf 파일을 열어 caching proxy 서버 기능을 설정한다.

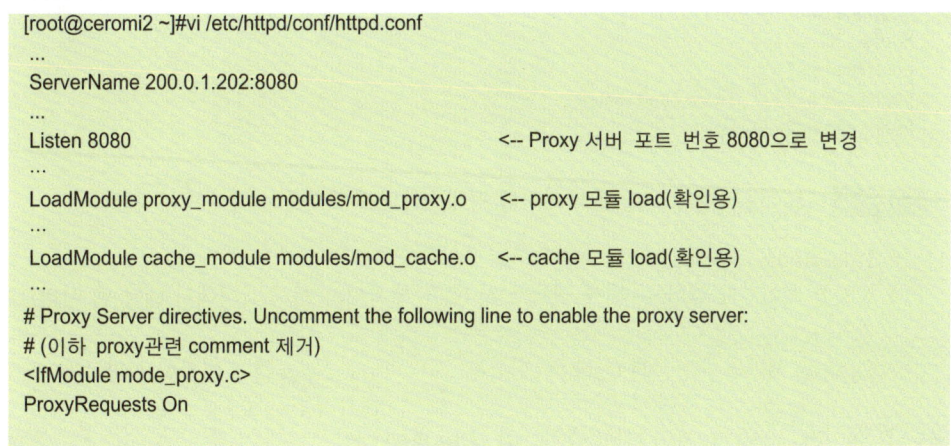

```
<Proxy *>
   Order deny,allow
#  Deny from all  <-- comment 처리
   Allow from 200.0.1.0 <--.example.com에서 변경(내부망 단말로부터의 패킷 전달 허용)
</Proxy>
…
# Enable "Via:" headers.
ProxyVia On
…
# To enable the cache of proxied content, uncomment the following lines: (그대로 둠)
<IfModule mode_disk_cache.c>
   CacheEnable disk  /        <-- disk 저장 방식 외에도 memory 방식도 있음
   CacheRoot  "/var/cache/mod_proxy"
   <<<< 아래 항목을 선택적으로 추가한다 >>>
#  CacheDirLength 4
#  CacheDirLevels 5
#  CacheMaxFileSize 64000
#  CacheMinFileSize 64
#  CacheDefaultExpire 86400
#  CacheIgnoreCacheControl On ? ? ?
#  CacheIgnoreNoLastMod On
#  CacheLastModifiedFactor 0.5
#  CacheMaxExpire 604800
</IfModule>
</IfModule>  <-- comment제거
# End of proxy directives.
…
[root@ceromi2 ~]#
```

**STEP 3** 설정 파일의 오류 여부를 검사한 후, 설정 내용이 활성화되도록 httpd를 restart 시킨다.

```
[root@ceromi2 ~]# httpd -t
Syntax OK
[root@ceromi2 ~]#
[root@ceromi2 ~]# service httpd restart
[root@ceromi2 ~]#
```

**STEP 4** 브라우저에서 다른 웹 페이지를 액세스하면서 패킷을 수집하여 분석한다.

- Time line을 그려라.
- 동일한 페이지에 대한 두 번째 액세스 시 GET 메시지가 캐시 서버에서 해당 웹 서버로 송신되는가?
- Expires 헤더의 시간값과 Cache-Control 헤더의 max-age값에 대하여 설명하라.

## 12.13 Squid 프록시 캐싱 서버 설치[참고]

Apache를 사용하여 캐싱 서버 역할을 수행할 수 있었다. 하지만 보다 잘 알려진 Squid 패키지도 웹 캐싱 서버 기능을 지원한다. 이것은 ACL에 의해 접근 제어를 통한 프록시 서버 기능도 함께 제공한다. Squid의 동작은 Direct proxy, Reverse proxy, Transparent proxy 등 3가지

## CHAPTER 12 HTTP

모드로 선택 가능한데, 우리는 캐시 및 프록시 서버 기능을 함께 지원하는 기본 모드인 Direct proxy 모드를 사용한다. 참고로 Transparent Cache 모드의 동작은 direct proxy 모드와 유사하지만 해당 서버 및 포트 번호를 단말이 설정하지 않아도 된다. 즉 이 서버는 HTTP 패킷 (port 80)을 수신하여 캐시에 있는 내용이면 자신이 대답하고 그렇지 않으면 해당 웹 서버로 중계한다. Squid Proxy/Cache웹 서버의 동작을 다음과 같이 실험한다.

**STEP 1**  시험망을 다음과 같이 설치하고 단말은 반드시 proxy/cache 서버를 경유하도록 한다.

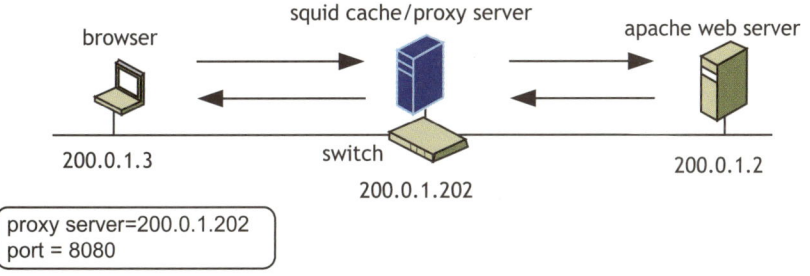

**STEP 2**  Squid 구성요소 설치

[root@ceromi2 ~]#yum -y install squid

**STEP 3**  다음과 같이 squid 서버를 proxy로 설정하고 proxy 자신을 경유했음을 표시하도록 "/etc/squid/squid.conf" 파일을 수정한 후 저장한다.

```
#should be allowed
acl localnet src 10.0.0.0/8 # RFC1918 possible internal network
acl localnet src 172.16.0.0/12 # RFC1918 possible internal network
acl localnet src 192.168.0.0/16 # RFC1918 possible internal network
acl westcom src 200.0.1.0/255.255.255.0   <-- 내부망 자원들의 access권 허용
...
acl Safe_ports port 591 # filemaker
acl Safe_ports port 777 # multiling http
acl Safe_ports port 8080
acl CONNECT method CONNECT
...
#Default:
http_access allow all
#
#Recommended minimum configuration:
...
#from where browsing should be allowed
http_access allow localnet
#http_access allow localhost2
 #And finally deny all other access to this proxy
http_access allow localhost
http_access allow westcom
#http_access deny all
...
```

```
#Squid normally listens to port 3128
http_port 8080

#TAG: https_port
...
#Default:
cache_mem 8 MB

#TAG: maximum_object_size_in_memory?? (bytes)
...
#Default:
cache_dir ufs /var/spool/squid/squid 2000 16 256

#TAG: store_dir_select_algorithm
...
#Default:
cache_effective_user squid

#TAG: cache_effective_group
...
#Default
cache_effective_group squid

#TAG: httpd_suppress_version_string? on|off
...
#Default
#none
visible_hostname localhost

#TAG: unique_hostname
...
```

**STEP 4** 설정 내용 활성화 및 Squid를 작동하기 위하여 restart시킨다.

```
[root@ceromi2 ~]# squid -z
[root@ceromi2 ~]# service squid start
[root@ceromi2 ~]# service squid restart
Stopping squid: ..........        [OK]
Starting squid: .                 [OK]
[root@ceromi2 ~]#
```

**STEP 5** 앞서 실험한 캐시 서버 실험 절차를 수행한다.

## 12.14 관련 표준

- RFC 1945, Hypertext Transfer Protocol -- HTTP/1.0, May 1996.
- RFC 2616, Hypertext Transfer Protocol -- HTTP/1.1, Jan. 1996.

CHAPTER 12  HTTP

  **연습 문제**

[1]  HTTP는 ___위주의 프로토콜이다.
  (a) 문자     (b) 비트

[2]  HTTP의 헤더와 본문을 구분하는 것은 ___이다.
  (a) EOL     (b) blank line     (c) 헤더길이정보     (d) 패킷 전체 길이정보

[3]  HTTP의 응답 메시지의 시작은 ___이다.
  (a) Method     (b) HTTP-Version     (c) Status-Code     (d) 요청-URI

[4]  HTTP의 요청 메시지의 시작은 ___이다.
  (a) Method     (b) HTTP-Version     (c) Status-Code     (d) 요청-URI

[5]  캐쉬된 내용에 대하여 요청하는 HTTP메시지에는 ___이 포함된다.
  (a) From     (b) If-Modified-Since     (c) Referrer     (d) Date

[6]  HTTP proxy 서버의 역할 및 동작에 대해 조사하고, 직접 연결 상태의 HTTP 패킷과 proxy를 사용할 때의 패킷은 어떻게 차이가 나는지에 대해 써라.

[7]  인증과정에서 송신되는 HTTP 메시지의 내용 중에 authrization required 문구가 있는가?

[8]  HTTP의 프레임 구조와 동작을 검토하면, 제어용으로 사용되는 모든 내용들도 모두 문자 형식으로 전송된다. 따라서, 오버헤드가 큰 문제가 있다. 특히, 저속의 무선 단말에 대한 HTTP 서비스에는 이러한 오버헤드가 치명적이다. 이러한 오버헤드를 감소시키기 위한 방법인 WAP와 HTTPng에 대하여, 특징을 요약하라.

 **연습 문제**

[9] 웹 캐시의 역할을 요약하고, 리눅스용 웹 캐시인 squid를 설치하여 동작을 분석하라.

[10] Zeroboard를 설치하여 게시판 기능을 설치하라.

[11] RFC 3143 Known HTTP Proxy/Caching Problems 문서를 읽고, 문제점을 분석하라.

[12] 웹 하드 기능을 설치하라.

# ★ 리눅스 기반의
## TCP/IP와 라우팅 프로토콜

# chapter 13

## 네트워크 프로그래밍

## 13.1 개요

소켓이란 {Protocol, IP 주소, 포트 번호}의 조합이다. 이것은 특정 응용 계층의 서비스를 식별하는 식별자로 간주된다. 참고로 리눅스 운영체제에서 모든 입출력 디바이스는 파일로 간주되어 각 파일은 정수형의 file descriptor값으로 식별된다.

TCP/IP의 기본적인 인터페이스인 소켓도 파일처럼 write()/read()를 사용하여 데이터의 송수신이 가능한 일종의 파일로 간주된다. 따라서 각 소켓도 file descriptor로 식별되며 sockfd(socket file descriptor)라고 부른다.

그리고 응용 계층 프로그래머가 사용하는 소켓 라이버러리는 커널에 있는 TCP/UDP의 패킷 전송 기능을 용이하게 활용할 수 있도록 제공되는 네트워킹 전용 소프트웨어이다. 즉 응용 계층 프로그래머는 TCP/IP/LAN 등에서 수행하는 패킷 헤더 부착, 오류 복구, 흐름 제어 기능 등의 복잡한 전송기능을 직접 다루는 대신에 이러한 소켓 라이브러리가 제공하는 소켓 관련 함수를 활용하여 TCP/IP 연결을 설정하고 이 연결로 상에서 응용프로그램을 구현한다.

본 장에서는 TCP/UDP/IP를 이용한 다양한 응용 프로그램 개발의 기반이 되는 소켓 프로그래밍과 pcap 라이브러리를 이용한 패킷 수집 및 분석 도구에 관한 초보적인 프로그래밍 기법을 소개한다.

## 13.2 간단한 소켓 프로그램의 예

아래 프로그램은 200.0.1.2 에코 서버(포트 9)로 "My First Socket"을 UDP로 송신하고 echo 받아 출력하는 간단한 소켓 프로그램이다. 여기에는 소켓 라이브러리와 관련 헤더 파일에 정의된 socket(), inet_addr(), sendto(), receivefrom() 등의 함수와 sockaddr 등의 구조체를 활용하였다.

```
#include <stdio. h>
#include <stdlib. h>
#include <sys/socket. h>
#include <netinet/in. h>

main(){
  int sockfd;
  struct sockaddr_in saddr;
  unsigned char buffer[]=" My First Socket" ;

  sockfd = socket(AF_INET,SOCK_DGRAM,0); //소켓 생성
  printf( "sockfd = %u\n" ,sockfd);

  //목적지 주소/포트 설정
  memset((char *)&saddr,0x00,sizeof(struct sockaddr));
  saddr_in.sin_family = AF_INET;
  saddr_in.sin_port = htons(9); //echo port
  saddr_in.sin_addr.S_un.s_addr = inet_addr("200.0.1.2");
```

```
//송신
  sendto(sockfd,buffer,strlen(buffer)+1,flags,&saddr,sizeof(struct sockaddr));

  //수신
  receivefrom(sockfd, buffer, sizeof(buffer), ),0,&saddr,sizeof(struct sockaddr));
  printf("%s\n" ,buffer);

  //socket 닫음
  close(sockfd);
}
```

## 13.3 IP 주소 및 소켓 관련 구조체

중요한 소켓 관련 구조체의 일부는 다음과 같다.

```
# 4바이트의 IP 주소 구조체 (union 형식)
struct in_addr{
  union{
    struct {u_char sb_1,sb_2,sb_3,s_b4;} S_un_b;
    struct { u_short s_w1, s_w2;} S_un_w;
    u_long s_addr;
  }S_un;
};

# 소켓 주소 구조체 (1)
struct sockaddr{
  short sin_family;
  char sa_data[14];
};

# 소켓 주소 구조체 (2) -- sockaddr 구조체에 비하여 IP용으로 보다 구체적인 소켓 구조체
struct sockaddr_in{
  short sin_family;
  u_short sin_port;            //포트 번호
  struct in_addr sin_addr;     //ip 주소
  char sin_zero[8];
};

struct hostent {
 char * h_name; //official name
 char **h_aliases; //aliases list
 short  h_addrtype;
 short  h_length; //each address length
 char **h_addr_list; //list of addresses
};
```

- in_addr 구조체 : 이것은 4바이트의 IP 주소를 바이트, USHORT, ULONG 등 3가지의 union type으로 정의한 것이다.
- sockaddr 구조체 : IP뿐만 아니라 IPX 등의 또 다른 네트워크 프로토콜에서 사용할 수 있는 주소를 설정하는 구조체이다. 이것은 sin_family로 IP 또는 IPX 등을 구분한다. 이어 14바이트의 data 영역에 임의의 네트워크 계층 주소를 설정할 수 있다.
- sockaddr_in 구조체 : sockaddr 구조체와 크기가 동일하지만 특별히 IP용 주소를 수납할 수 있도록 in_addr 형식의 주소값 영역을 가진다. 남는 8바이트 영역은 zero로 사용하지 않는다.
- hostent 구조체 : DNS 관련된 호스트의 이름 및 매핑되는 IP주소 정보를 수납한다. 특별히 주소값은 h_addr_list 포인터 형태로 지시된다.

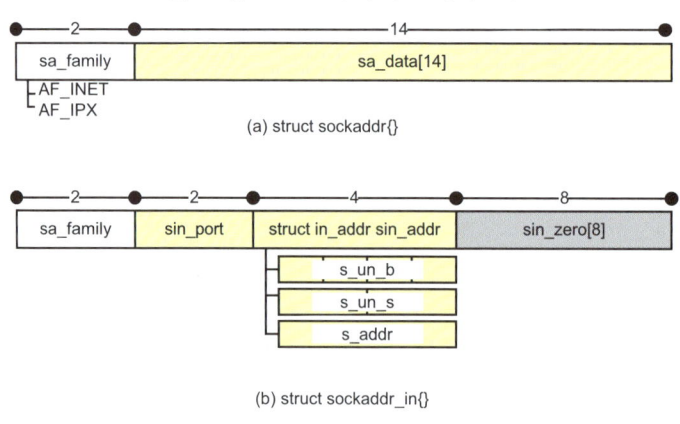

〈그림 13-1〉 IP 주소 관련 구조체

## 13.4 소켓 지원 함수

다양한 종류의 소켓지원 함수들 중에서 주소 및 이름 관련 함수를 소개한다.

### (1) 주소 처리 함수

- USHORT htons(USHORT x) : 이것은 host-to-network-shortInteger의 의미를 가진다. 즉 host 컴퓨터에서 사용하는 2바이트 길이의 short int값을 네트워크로 전송 시 network byte order로 swapping 시킬 때 사용된다. 이것의 반대되는 함수는 ntohs()이다. 그리고 4바이트 데이터의 byte 순서를 swapping시키는 함수로는 htonl()과 ntohl()이 있다.
- ULONG inet_addr(char *name) : 스트링으로 주어진 IP 주소를 4바이트의 IP 주소값으로 반환한다. 예를 들어 "200.0.1.1"은 0xc8000101로 반환한다.
- Char *inet_ntoa(struct in_addr addr) : 4바이트 크기의 addr값을 문자열로 반환한다.

```
main(){
 unsigned short int port = 0x1234;
 printf("htons : 0x1234 -- > %04X\n" , htons(port));

 unsigned long int ipaddr = 0x12345678;
 printf("htonl : 0x%08X -- > %08X\n" , ipaddr, htonl(ipaddr));
```

```
printf("\"200.0.1.2\" -- > 0x%08X\n", inet_addr("200.0.1.2"));

struct in_addr addr;
addr.S.addr = 0xc8000002;
printf("0xc8000002 -- >  %s\n", inet_ntoa(&addr));
}
```

### (2) DNS 관련

- **struct hostent * gethostbyname(const char *name)** : name 스트링으로 주어진 호스트 이름에 대하여 DNS 서버에 질의하여 얻어지는 IP 주소값을 반환한다. 해당 이름에 대한 여러 개의 IP 주소를 가지고 있을 수 있다. 첫 번째 IP 주소값은 hostent 구조체의 h_addr_list[0] 에 수납되어 있다.
- **struct hostent * gethostbyaddr (char *addr, int length, int format)** : addr 포인터로 주어진 호스트의 IP 주소에 대하여 DNS 서버에 질의(PTR query)하여 얻어지는 호스트 이름을 반환한다. 해당 IP 주소에 대하여 여러 개의 이름을 가질 수 있다. 첫 번째 이름은 hostent 구조체의 h_aliases[0]에 수납된다.

```
main(){
  struct hostent host;
  struct in_addr inaddr;
  strcut hostent *hostentp;

  hostentp = gethostbyname("borami.west.com");
  for(int i=0; hostentp->h_addr_list[i]; i++){
    inaddr = *(struct in_addr *)hostentp->h_addr_list[i];
    printf("gethostbyname-->IP=0x%08X\n", ntohl(inaddr.S.addr));
    printf("gethostbyname-->IP=%s"\n", inet_ntoa(inaddr));
  };

  ULONG ipaddr = htonl(0xc8000102); //200.0.1.2 (예)
  host = gethostbyaddr(&ipaddr,4,AF_INET);
  printf("Official Name = %s\n", host->h_name);
  for(int i=0; host->h_aliases[i];i++)
    printf("Aliase Name = %s\n", host->h_aliases[i]);
}
```

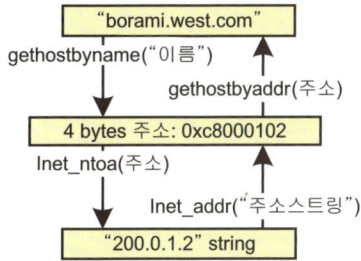

〈그림 13-2〉 주소 관련 소켓 지원 함수의 기능

## 13.5 TCP를 이용한 소켓 프로그래밍

대부분의 TCP 기반 클라이언트 서버 프로그램의 동작 순서는 〈그림 13-3〉과 같다. 이 그림을 참조하여 다음과 같은 예제 프로그램을 작성하여 시험한다.

```
<HTML>
<BODY>
MY FIRST PAGE
<IMG SRC="apache_pb.gif"> // "apache.gif" 라는 작은 그림 파일을 본문에 보여준다.
</BODY>
</HTML>
```

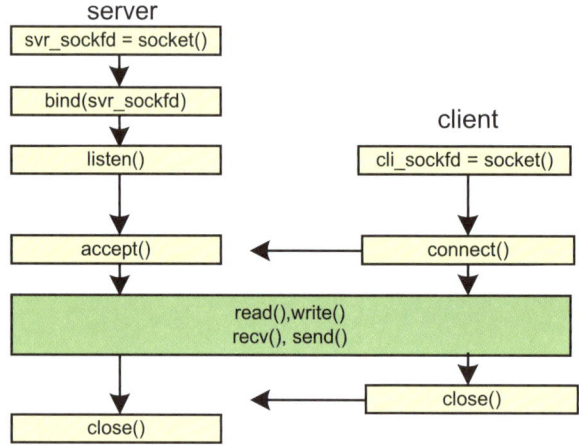

〈그림 13-3〉 TCP용 소켓 프로그래밍 순서도

### (1) 서 버

서버의 주소와 포트는 각각 200.0.1.2와 50000을 사용하자. listen()에서 최대 동시 접속 수를 지시하는 BACK_LOG값으로 5를 설정한다. 만약 연결 요청이 이 값을 초과하면 해당 요청을 거부한다. 그리고 linger옵션을 사용하여 이 socket이 close될 때 모든 데이터가 처리될 수 있도록 최대 15초를 지연할 수 있도록 한다. 필요 시 SO_REUSEADDR 옵션도 사용한다. 이것은 연결 종료 시 해당 연결에 대하여 비교적 긴 시간인TIME_WAIT상태에 머무는 과정을 수행하지 않도록 한다.

일단 연결이 accept되면 클라이언트 주소를 기록하고 child 프로세스를 생성한다.

물론 parent 프로세스는 다른 연결 요청을 대기하는 accept()를 수행한다. Child 프로세스는 미리 작성된 문장을 write()로 client에게 송신하고 종료한다.

```c
[SVR~]$ vi myFirstTCPsvr.c
#include <stdio.h>
#include <stdlib.h>
#include <string.h>
#include <sys/utsname.h>
#include <sys/types.h>
#include <sys/socket.h>
#include <netinet/in.h>
#include <arpa/inet.h>
#include <netdb.h>
#include <unistd.h>

typedef unsigned char BYTE;
typedef unsigned short USHORT;
typedef unsigned long ULONG;

const char WelcomeMESSAGE[ ] = "My First TCP Svr\n";
const int BACK_LOG = 5;

#define SVRPORT 50000

int main(int argc, char *argv[ ])
{
   int serverSocket = 0,
      on = 0,
      port = 0,
      status = 0,
      childPid = 0;
      struct hostent *hostPtr = NULL;
      char hostname[80] = "";
      struct sockaddr_in serverName = { 0 };

   serverSocket = socket(AF_INET, SOCK_STREAM,IPPROTO_TCP);

      { //이하 선택 사양
      // 서버 포트 50000에 접속된 단말에 대한 연결을 서버가 먼저 단절하면
      // 이 연결은 (2 * MSL)기간 동안 TIME_WAIT 상태에 머물게 된다. 만약 이 기간에 해당 단말이 이 포트에
      // 재 연결을 시도하면 서버는 이것을 거부한다.
      // TIME_WAIT 상태에 머물지 않도록 하여 해당 포트를 재사용할 수 있도록 하려면 SO_REUSEADDR 옵
션을 사용한다.

   on = 1;
   status = setsockopt(serverSocket, SOL_SOCKET,SO_REUSEADDR,(const char *) &on, sizeof(on));

      // 또한 연결이 단절될 때 아직 처리되지 못한 데이터를 15초 이내에 모두 처리한\
      // 후 단절될 수 있도록 SO_LINGER 옵션을 설정한다.
      struct linger linger = { 0 };
      linger.l_onoff = 1; //enable
      linger.l_linger = 15; //15sec linger
      status = setsockopt(serverSocket,SOL_SOCKET, SO_LINGER,(const char *) &linger,sizeof(linger));
   }
```

```
        serverName.sin_addr.s_addr=htonl(INADDR_ANY);        //현재 설정된 자신의 IP 주소 사용한다.
        serverName.sin_family = AF_INET;
        serverName.sin_port = htons(SVRPORT);    //byte swapping to network byte order for the port number

        //로컬 소켓과 {로컬 IP 주소, 포트 번호}를 결합(bind)한다.
        status = bind(serverSocket, (struct sockaddr *) &serverName, sizeof(serverName));

            //5개의 동시 접속을 허용할 수 있도록 설정한다.
        status = listen(serverSocket, BACK_LOG);

            //여러 개의 동시 접속 요청이 도착했을 때 각 연결에 대응하는 child process를 생성하도록 fork()함수를 사
        용한다.
        for (;;) {
            struct sockaddr_in cliAddr = { 0 };
            int cliSocket;
                int clientLength = sizeof(cliAddr);

            memset(&cliAddr, 0x00, sizeof(cliAddr));

            cliSocket = accept(serverSocket,(struct sockaddr *) &cliAddr, &clientLength);
            //accept함수에서는 연결요청(SYN패킷)이 수신될 때까지 wait한다. 연결되면 cliSocket id를 반환한다.

            childPid = fork(); //child process를 생성하여 이 child server 프로세스가 해당 client를 지원하도록 한다.
                    //fork()함수는 이 부모 프로세스와 동일한 child 프로세스를 생성한다. 이들을 구분하는 것은 pid값이다.
            switch (childPid)
            {
            case -1: //fork()함수 실행 실패
                    perror("fork()");  exit(1);

            case 0: //내가 child process이면

                close(serverSocket); //child 입장에서는 server소켓이 필요 없으므로 close함.

                //상대방의 IP 주소와 포트 번호를 알아냄.
                if (getpeername(cliSocket,(struct sockaddr *) &cliAddr, &clientLength) != -1 ) //성공한 경우
                        printf("Connection request from %s\n", inet_ntoa(cliAddr.sin_addr));

                    write(cliSocket, WelcomeMESSAGE, strlen(WelcomeMESSAGE));
                    //미리 설정된 텍스트를 클라이언트에 송신함.

                    close(cliSocket); //마침
                    exit(0); //child 프로세스 종료됨

            default: //내가 parent process 이면
                    close(cliSocket); //parent 입장에서는 상대방 client 소켓이 필요 없으므로 close함.
            }
        }

        return 0;
}

[SVR~]$ cc -o myFirstTCPsvr myFirstTCPsvr.c
[SVR~]$ ./ myFirstTCPsvr
```

## (2) 클라이언트

서버 주소(200.0.1.2)와 서버 포트(50000)을 입력하여 서버로부터의 text를 수신한다.

```
[CLIENT~]$ vi myFirstTCPclient.c

#include <stdio.h>
#include <stdlib.h>
#include <sys/types.h>
#include <sys/socket.h>
#include <unistd.h>
#include <netinet/in.h>
#include <arpa/inet.h>
#include <netdb.h>

int main(int argc, char *argv[])
{
   int cliSocket,   remotePort,   status = 0;
   struct sockaddr_in srvAddr_in = { 0 };
   char buffer[256] = "";
   char *remoteHost = NULL;

   remoteHost = argv[1]; //서버IP
   remotePort = atoi(argv[2]);         //서버 포트 번호(50000)

   cliSocket = socket(AF_INET, SOCK_STREAM, IPPROTO_TCP);

   srvAddr_in.sin_family = AF_INET;
   srvAddr_in.sin_port = htons(remotePort);
   srvAddr_in.sin_addr.S.addr = inet_addr(remoteHost);

   status = connect(cliSocket, (struct sockaddr*) &srvAddr_in, sizeof(srvAddr_in));
   if (-1 == status)   { perror("connect()");     exit(1);   }

   //접속 시 서버로부터 전달된 text를 read한 후 종료한다.
   while (0 < (status = read(cliSocket, buffer, sizeof(buffer) - 1)))
   {
      printf("%d: %s", status, buffer);
   }

   close(cliSocket);

   return 0;
}

[CLIENT~]$ cc -o myFirstTCPclient myFirstTCPclient.c
[CLIENT~]$ ./ myFirstTCPclient 200.0.1.2 50000
```

## 13.6 UDP를 이용한 소켓프로그래밍

TCP와 마찬가지로 소켓을 생성하고 이것을 자신의 IP 주소와 bind시킨다. UDP 서버는 클라이언트와의 연결을 유지하지 않으므로 listen()이나 accept()는 사용하지 않는다.

### (1) 서 버

서버의 포트는 50001을 사용한다. 생성한 소켓과 (IP 주소, 포트=50001)를 bind()한 후 클라이언트로부터의 메시지를 대기한다. 수신되면 status를 클라이언트에게 응답하고 다음 패킷을 기다린다. 만약 수신된 스트링이 "BYE"이면 종료한다.

```c
[SVR~]$ vi myFirstUDPServer.c

#include <sys/types.h>
#include <sys/socket.h>
#include <netdb.h>
#include <string.h>
#include <stdio.h>

#define MAXBUF 1024

int main(int argc, char* argv[])
{
        int udpSocket;
        int returnStatus = 0;
        int addrlen = 0;
        struct sockaddr_in udpServerAddr, udpClientAddr;
        char buf[MAXBUF];

        udpSocket = socket(AF_INET, SOCK_DGRAM, 0);

        udpServerAddr.sin_family = AF_INET;
        udpServerAddr.sin_addr.s_addr = htonl(INADDR_ANY);
        udpServerAddr.sin_port = htons(50001);

        returnStatus = bind(udpSocket, (struct sockaddr*)&udpServerAddr,sizeof(udpServerAddr));
        if (returnStatus != 0){
                printf("Could not bind to address!\n");
                close(udpSocket);
                exit(1);
        }
        while (1)
        {
                addrlen = sizeof(udpClientAddr);
                //수신을 대기한다.
                returnStatus = recvfrom(udpSocket, buf, MAXBUF, 0,(struct sockaddr*)&udpClientAddr,
                            &addrlen);
                if (returnStatus == -1) printf("Could not receive message!\n");
                else {
```

```
            if(!strncmp(buf,¡-BYE¡-,3)) break; // 종료문자열 수신 시

            printf("Received: %s\n", buf);

            //"OK" 스트링으로 응답한다.
            strcpy(buf, "STATUS=OK");
            returnStatus = sendto(udpSocket, buf, strlen(buf)+1, 0,
                    (struct sockaddr*)&udpClientAddr,sizeof(udpClientAddr));
            if (returnStatus == -1)
                printf("Could not send confirmation!\n");
            else
                printf("Confirmation sent.\n");
          }
    }
    close(udpSocket);
    return 0;
}

[SVR~]$ cc -o myFirstUDPServer myFirstUDPServer.c
[SVR~]$ ./ myFirstUDPServer
```

TCP와 마찬가지로 소켓을 생성하고 이것을 자신의 IP 주소와 bind시킨다. UDP서버는 클라이언트와의 연결을 유지하지 않으므로 listen()이나 accept()는 사용하지 않는다.

## (2) 클라이언트

서버의 50001번 포트에 메시지를 보내고 그 응답을 기대한다. 종료 시에는 "BYE"를 송신한다.

```c
#include <sys/types.h>
#include <sys/socket.h>
#include <netdb.h>
#include <string.h>
#include <stdio.h>

#define MAXBUF 1024

int main(int argc, char* argv[])
{
    int udpSocket;
    int returnStatus;
    int addrlen;
    struct sockaddr_in udpClientAddr, udpServerAddr;
    char buf[MAXBUF];

    strcpy(buf, argv[3]);

    udpSocket = socket(AF_INET, SOCK_DGRAM, 0);

    //bind
    udpClientAddr.sin_family = AF_INET;
    udpClientAddr.sin_addr.s_addr = INADDR_ANY;
```

```
                    udpClientAddr.sin_port = 0; // 0을 사용하는 이유는 임시 포트 번호를 커널에서 할당하기 때문이다.
                    bind(udpSocket, (struct sockaddr*)&udpClientAddr, sizeof(udpClientAddr));
                    if (returnStatus != 0){
                        printf("bind error\n"); close(udpSocket); exit(1);
                    }

                    //send
                    udpServerAddr.sin_family = AF_INET;
                    udpServerAddr.sin_addr.s_addr = inet_addr(argv[1]);
                    udpServerAddr.sin_port = htons(atoi(argv[2]));
                    returnStatus = sendto(udpSocket, buf, strlen(buf)+1, 0,
                                (struct sockaddr*)&udpServerAddr, sizeof(udpServerAddr));
                    if (returnStatus == -1)
                            printf("Could not send message!\n");
                    else {
                            addrlen = sizeof(udpServerAddr);
                            returnStatus = recvfrom(udpSocket, buf, MAXBUF, 0,
                                    (struct sockaddr*)&udpServerAddr, &addrlen);
                            if (returnStatus == -1)
                                    printf("Did not receive confirmation!\n");
                            else {
                                    buf[returnStatus] = 0x00;
                                    printf("Received: %s\n", buf);
                            }
                    }
                    close(udpSocket);
        return 0;
}

[CLIENT~]$ cc -o myFirstUDPClient myFirstUDPClient.c
[CLIENT~]$ ./myFirstUDPClient 200.0.1.1 50001 HELLO
[CLIENT~]$ ./myFirstUDPClient 200.0.1.1 50001 BYE
```

## 13.7 ICMP를 위한 raw 소켓 프로그래밍

IP 계층에서의 소켓 프로그래밍을 한다. 여기서는 간단한 ICMP Echo 패킷을 생성하여 송신하고 그 응답을 처리한다.

### (1) 서 버

서버의 포트는 50001을 사용한다. 생성한 소켓과 (IP 주소, 포트=50001)를 bind()한 후 클라이언트로부터의 메시지를 대기한다. 수신되면 status를 클라이언트에게 응답하고 다음 패킷을 기다린다. 만약 수신된 스트링이 "BYE"이면 종료한다.

```
[CLIENT~]$ vi SimpleICMP.c

#include <stdlib.h>
#include <string.h>
```

```c
#include <netinet/ip.h>
#include <netinet/ip_icmp.h>
#include <arpa/inet.h>
#include <errno.h>
#include <sys/socket.h>
#include <stdio.h>
#include <unistd.h>

//raw socket이므로 ICMP헤더에 필요한 checksum 계산 함수가 필요하다.
int in_cksum( u_short *p, int n )
{
	register u_short answer;
	register long sum = 0;
	u_short odd_byte = 0;

	while( n > 1 ) { sum += *p++;  n -= 2;  }

	if( n == 1 )
	{
	  *( u_char* )( &odd_byte ) = *( u_char* )p;
	  sum += odd_byte;

	}

	sum = ( sum >> 16 ) + ( sum & 0xffff );   /* add hi 16 to low 16 */
	sum += ( sum >> 16 );                     /* add carry */
	answer = ~sum;                            /* ones-complement, truncate*/

	return ( answer );

}

int main(int argc, char **argv)
{

	int icmp_socket;
	int ret;
	struct icmp *p, *rp;
	struct sockaddr_in addr, from;
	struct ip *ip;
	unsigned char buffer[1500];
	int sl;
	int hlen;
	int ping_pkt_size;
	int i;

	if(argc < 2) {
	  printf("Usage : %s <host_name>\n", argv[0]);
		exit(0);
	}
	//raw 소켓을 생성한다.
```

```
icmp_socket = socket(AF_INET, SOCK_RAW, IPPROTO_ICMP);
if(icmp_socket < 0)  {    perror("socket error : ");    exit(0); }
for(i=0; i<4; i++) {

        printf("=========================================\n", i);
        memset(buffer, 0x00,1500);

        p = (struct icmp *)buffer;
        p->icmp_type=ICMP_ECHO;
        p->icmp_code=0;
        p->icmp_cksum=0;
        p->icmp_seq=i;
        p->icmp_id=getpid()&0xffff;
        p->icmp_cksum = in_cksum((u_short *)p, 1000);

       memset(&addr, 0, sizeof(0));
       addr.sin_addr.S.addr = inet_addr(argv[1]);
       addr.sin_family = AF_INET;

           ret=sendto(icmp_socket,p,sizeof(*p),MSG_DONTWAIT,(struct sockaddr *)&addr,
           sizeof(addr));
        if (ret< 0)  { perror("sendto error : "); break;}

           sl=sizeof(from);
           ret = recvfrom(icmp_socket,buffer, 1024, 0, (struct sockaddr *)&from, &sl);

    ip = (struct ip *)buffer;
    hlen = ip->ip_hl*4;
    rp = (struct icmp *)(buffer+hlen);
    printf("From %s\n", inet_ntoa(from.sin_addr));
    printf("icmp_seq : %d \n", rp->icmp_seq);
    printf("Type : %d \n", rp->icmp_type);
    printf("Code : %d \n", rp->icmp_code);
    printf("Iden : %d \n", rp->icmp_id);

    sleep(2); //2초 간격으로 재시도
      }
}
```

## 13.8 Pcap 라이버러리를 이용한 패킷 분석 도구 프로그래밍

Libpcap(Portable Packet Capturing Library)은 이더넷 카드를 promiscuous mode로 설정하여 모든 프레임을 수집하는 라이브러리이다. 이것을 pcap 라이브러리라고도 부르며 이를 이용한 대표적인 프로그램으로는 ethereal/wireshark와 tcpdump 등이 있다. 이를 활용하면 패킷 분석, 트래팩 감시 등의 응용에 사용할 수 있다.

### (1) 패키지 설치

만약 wireshar나 tcpdump 를 곧바로 사용할 수 있다면 libpcap도 이미 설치되어 있다. 그렇지 않다면 다음과 같이 패키지를 설치한다.

```
[root@arami~]# yum -y install libpcap libpcap-devel
```

[참고] 소스로부터 설치하려면 소스를 tcpdump.org 에서 내려받아 다음과 같이 컴파일 후 설치한다.

```
[root@arami~]# ./configure        //makefile 생성
[root@arami~]# make               //compile
[root@arami~]# make install       //바이너리 파일 설치
```

### (2) 프로그래밍 예

이더넷 프레임을 수집하여 분석한다. 그 절차는 다음과 같다.

1. 패킷 디바이스의 이름을 알아낸다.
2. 패킷 디바이스를 연다.
3. 필요한 정보만 패킷에서 읽어 들이기 위해 수집할 패킷의 길이를 설정한다.
4. 필요한 패킷만을 읽기 위해 필터를 설정한다.
5. 패킷을 읽어 들여 원하는 작업을 한다.

다음은 예이다.

```
[root@arami~]# vi pcaptest.c
    #include <stdio.h>
    #include <stdlib.h>
    #include <pcap.h>
    #include <errno.h>
    #include <sys/socket.h>
    #include <netinet/in.h>
    #include <arpa/inet.h>
    #include <netinet/if_ether.h>  // net/ethernet.h
#include <net/ethernet.h>
#include <netinet/ip.h>
#include <netinet/tcp.h>
#include <netinet/udp.h>
#include <netinet/ip_icmp.h>
#include <pcap/pcap.h>

    #define  PROMISCUOUS 1   /모든 프레임을 수신하도록 설정
    #define BUFSIZE 1518      //이더넷 최대 길이
    #define TO_MS 1000        //1초마다 수신 버퍼에서 read함.

    /*참고 : 수집된 각 프레임의 앞 부분에 다음과 같은 헤더가 추가된다..
    struct pcap_pkthdr {
       struct timeval ts;       //수집 시점time stamp)
       bpf_u_int32 caplen ;    //length of portion present
       bpf_u_int32 len;         //lebgth of this packet (off wire)
    }
    */
```

```c
#define MAXFRAMES 10

int main(int argc, char **argv)
{
    int i;
    char *dev;
    char errbuf[PCAP_ERRBUF_SIZE];
    pcap_t* descr; // 열려진 디바이스의 pcap descriptor
    const u_char *packet;
    struct pcap_pkthdr pcaphdr;    // 수집된 패킷의 추가 정보.
    struct ether_header *ethptr;
    struct iphdr   *iph;
    struct tcphdr  *tcph;
    struct udphdr  *udph;
    struct icmp    *icmph;

    u_char *ptr;

    if (dev == NULL) {
        if ( (dev = pcap_lookupdev(errbuf)) == NULL) { //설치된 LAN카드 열거
            perror(errbuf);
            exit(-1);
        }
    }
    printf("device = %s\n", dev); //" eth0"

    //해당 카드에 대하여 최대 1518바이트씩 무조건 수신하고, 1000msec마다 버퍼에서 read하도록 설정함.
    descr = pcap_open_live(dev,BUFSIZ,PROMISCUOUS,TO_MS,errbuf);

    if(descr == NULL)  { printf("pcap_open_live(): %s\n",errbuf);  exit(1);  }

    // MAXFRAMES개수만큼 수집 및 분석

    for(i=o;i<MAXFRAMES;i++){

        //수집개시 ― 패킷이 수집될 때까지 대기. 수집시 packet 포인터를 반환함.
        packet = pcap_next(descr,& pcaphdr);

        if(packet == NULL)  { printf("Didn't grab packet\n");   exit(1); }

        //수집된 패킷의 기본 정보를 pcaphdr값에서 추출함.
        printf("Grabbed packet of length %d\n",pcaphdr.len);
        printf("Recieved at ..... %s\n",ctime((const time_t*)&pcaphdr.ts.tv_sec));

        //이하, 패킷 분석
        //이더넷 프레임의 헤더정보 분석
        ethptr = (struct ether_header *) packet;
        //DA
        ptr = ethptr->ether_dhost;
        printf("Destination Address = %02x:%02x:%02x:%02x:%02x:%02x \n",ptr[0], ptr[1], ptr[2], ptr[3], ptr[4],  ptr[5]);

        //SA
```

```
        ptr = ethptr->ether_shost;
        printf("Source Address = %02x%02x%02x:%02x%02x%02x \n",ptr[0], ptr[1], ptr[2], ptr[3], ptr[4], ptr[5]);

        //Etype
        USHORT etypelen;
        EtypeLen = ntohs (ethptr->ether_type);
        if(EtypeLen < 0x0800){ //Length of LLC
                    printf("Len: Length=%d\n", EtypeLen);
            packet += sizeof(struct ether_header);
   printf("LLC: DSAP=0x%02x\n",packet[0]);
            printf("LLC: SSAP=0x%02x\n",packet[1]);
            printf("LLC: CTRL=0x%02x\n",packet[2]);
            continue;
        }else{ //Etype
 if (ntohs (ethptr->ether_type) == ETHERTYPE_IP) { //0x0800
            printf("Ethernet type 0x%04x = IP packet\n",ntohs(ethptr->ether_type));
        //이후 IP, TCP 등의 헤더 추가 분석
        packet += sizeof(struct ether_header);
            //ip헤더 디코딩
        iph = (struct iphdr *) packet;
                //…
        }else if (ntohs (ethptr->ether_type) == ETHERTYPE_ARP){ //0x0806
        printf("EtherType 0x%04x = ARP packet\n",ntohs(ethptr->ether_type));
        }else {
            printf("EtherType = 0x%04x", ntohs(ethptr->ether_type));
        }
        }//for loop
        }
```

### (3) 컴파일 방법

컴파일은 다음과 같이 pcap 라이브러리를 포함하여 수행한다.

```
[root@arami~]# gcc -o pcaptest pcaptest.c -lpcap
```

### (4) 실 행

```
[root@arami ~]# ./pcaptest
DEV: eth0
Grabbed packet of length 92
Received at .... Tue Jan 15 10?:47?:33 2010

Ethernet address length is 14
EtherType Hex: 0x0800 ? IP packet
 Destination Address : ff:ff:ff:ff:ff:ff
 Source Address: 00:01:03:44:63:a6
[root@arami ~]#
```

**연습 문제**

[1] Non-blocking I/O (Asynchronous socket)란 무엇인가?

[2] socket의 다양한 옵션을 조사하라.

[3] select()함수의 용도를 설명하라.

## 참고 : 윈도우 기반 웹 서버 프로그램의 예

간단한 윈도우용 웹 서버를 다음과 같이 프로그래밍한다. 본 예제 프로그램은 Weblite를 참조한 것이다.

```c
#include <stdio.h>
#include <stdlib.h>
#include <string.h>
#include <winsock2.h>
#include <stddef.h>
#include <process.h>
#include <fcntl.h>
#include <sys\stat.h>
#include <io.h>

//----- Defines and prototypes-------------------------------------------
#define PORT_NUM        80         // 웹 서버 포트 번호
#define BUF_SIZE        1024       //Buffer size
void getThread(void *in_arg);

//----- HTTP response messages ------------------------------------
#define OK_IMAGE  "HTTP/1.0 200 OK\r\nContent-Type:image/gif\r\n\r\n"
#define OK_TEXT   "HTTP/1.0 200 OK\r\nContent-Type:text/html\r\n\r\n"
#define NOTOK_404 "HTTP/1.0 404 Not Found\r\nContent-Type:text/html\r\n\r\n"
#define MESS_404  "<html><body><h1>FILE NOT FOUND</h1></body></html>"

void main(void)
{
  WORD wVersionRequested = MAKEWORD(1,1);   // 반드시 사용함.
  WSADATA wsaData;
  int              server_s;              // Server socket descriptor
  struct sockaddr_in  server_addr;        // Server Internet address
  int              client_s;              // Client socket descriptor
  struct sockaddr_in  client_addr;        // Client IN struct
  struct in_addr    client_ip_addr;       // Client IP address
  int              addr_len;

  WSAStartup(wVersionRequested, &wsaData); // Winsock 초기화(필수)

  // 서버소켓 생성 및 bind
  server_s = socket(AF_INET, SOCK_STREAM, 0);
  server_addr.sin_family = AF_INET;
  server_addr.sin_port = htons(PORT_NUM);         //80번 포트
  server_addr.sin_addr.s_addr = htonl(INADDR_ANY);
  bind(server_s, (struct sockaddr *)&server_addr, sizeof(server_addr));
  listen(server_s, 20);

  while(1){    // 요청 대기 중 요청 수신 시 "getThread"를 생성하여 처리하도록 함.
    addr_len = sizeof(client_addr);
    client_s = accept(server_s, (struct sockaddr *)&client_addr, &addr_len);   // 요청 수신까지 대기
```

```c
if (client_s == -1) {
    printf("ERROR - Unable to create a socket \n");  exit(1);
  }

  //연결 요청 수신 시 get_Thread 생성 (fork( )와 유사함
  if (_beginthread(getThread, 4096, (void *)client_s) < 0){ //client_s값을 전달함.
    printf("ERROR - Unable to create a thread to handle the GET \n"); exit(1);
  }
 }
}

// GET메시지 처리용 스레드 함수
void getThread(void *in_arg)// 전달되는 arg는 client socket descriptor임.
{
  int       client_s;             // Client socket descriptor
  char      in_buf[BUF_SIZE];     // Input buffer for GET request
  char      out_buf[BUF_SIZE];    // Output buffer for HTML response
  int       fh;                   // File handle
  int       buf_len;              // Buffer length for file reads
  char      command[BUF_SIZE];    // Command buffer
  char      file_name[BUF_SIZE];  // File name buffer
  int       retcode;              // Return code


  client_s = (int) in_arg;        // Set client_s to in_arg

  // Receive the GET request from the Web browser client
  retcode = recv(client_s, in_buf, BUF_SIZE, 0);

  if (retcode <= 0) {
    printf("ERROR - Receive failed --- probably due to dropped connection \n");
    closesocket(client_s);
    _endthread();
  }

  // 수신 버퍼에서 첫 번째 스트링과 두 번째 스트링을 읽어옴.
  sscanf(in_buf, "%s %s \n", command, file_name);

  if (strcmp(command, "GET") != 0){ //GET인지 검사
    printf("ERROR - Not a GET --- received command = '%s' \n", command);
    closesocket(client_s);
    _endthread();
  }

  // file_name[1]의 1은 선두"\"를 제거하여 파일 이름을 얻기 위함
  fh = open(&file_name[1], O_RDONLY | O_BINARY, S_IREAD | S_IWRITE);

  // 해당 파일이 없으면 404로 응답함.
  if (fh == -1) {
    printf("File '%s' not found --- sending an HTTP 404 \n", &file_name[1]);
    strcpy(out_buf, NOTOK_404);
```

```
    send(client_s, out_buf, strlen(out_buf), 0);
      strcpy(out_buf, MESS_404);
      send(client_s, out_buf, strlen(out_buf), 0);
      closesocket(client_s);
      _endthread();
    }

    // 요청 파일의 확장자가 fig인지 text인지 구분한다.
    printf("Sending file '%s' \n", &file_name[1]);
    if (strstr(file_name, ".gif") != NULL)
      strcpy(out_buf, OK_IMAGE); // 응답 헤더를 작성한다.
    else
      strcpy(out_buf, OK_TEXT); // 응답 헤더를 작성한다.

    send(client_s, out_buf, strlen(out_buf), 0); // 일단 응답 헤더를 보낸다.

    while(!eof(fh)) // 이어 해당 파일의 내용을 읽어 송신한다.
    {
      buf_len = read(fh, out_buf, BUF_SIZE);
      send(client_s, out_buf, buf_len, 0);
    }

    close(fh);
    closesocket(client_s);
    _endthread();
}
```

## 참고 : 윈도우 기반 Raw Socket 프로그램의 예

```
#include <stdio.h>
#include <string.h>
#include <winsock2.h>

#define  IP_ADDR "200.0.1.1"          // 목적지 주소(변경 가능)

//===== Main program =========================================================
void main(void)
{
  WORD wVersionRequested = MAKEWORD(1,1); // 반드시 설정
  WSADATA wsaData;
  unsigned int     dest_s;              // 목적지 주소
  struct sockaddr_in  dest_addr;        // 목적지 IP주소 구조체
  int          mess_len;                // 메시지 길이
  char         mess_buf[1024];
  int          i;

  WSAStartup(wVersionRequested, &wsaData); // Winsock 초기화 함수 (반드시 필요)
  // raw socket 생성
  dest_s = WSASocket(AF_INET, SOCK_RAW, IPPROTO_ICMP, 0, 0, 0);
```

```
// 목적지 주소 작성
 dest_addr.sin_family      = AF_INET;
 dest_addr.sin_addr.s_addr = inet_addr(IP_ADDR);

// 송신할 메시지 작성
 mess_len = 100;
 for (i=0; i<mess_len; i++) mess_buf[i] = i;

// 송신
 sendto(dest_s, mess_buf, mess_len, 0, (struct sockaddr *)&dest_addr, sizeof(dest_addr));

// 소켓 닫음
 closesocket(dest_s);

// Clean-up Winsock(반드시 사용)
 WSACleanup();
}
```

리눅스 기반의
TCP/IP와 라우팅 프로토콜

# chapter 14

## RIP

## 14.1 개 요

소규모 망 내부의 라우터간에 경로 정보를 교환하기 위한 라우팅 프로토콜 중 하나인 Routing Information Protocol(RIP)은 거리벡터 알고리즘에 기초한 대표적인 라우팅 프로토콜이다. 본 장에서는 RIP의 기본원리와 패킷 형식에 대하여 알아본다.

## 14.2 RIP에 의한 라우팅 테이블 갱신 동작 원리

〈그림 14-1〉을 보자. 라우터 X, Y, Z가 자신들이 알고 있는 망 정보를 라우터 A에게 각각 알려준다고 하자. 라우터 A는 X, Y, Z 라우터가 보내온 망 B에 대한 경로 정보를 비교한다. 비교 결과, 라우터 A입장에서 라우터 Y를 경유하는 것이 나머지 라우터를 경유하는 것보다 최소 경비로 도달할 수 있다고 판단한다.

이러한 방법을 사용하여 각 라우터는 이웃으로부터의 전달된 정보로부터 각 망에 대한 최단 거리상의 다음 라우터를 선택하여 자신의 라우팅 테이블에 등록한다.

RIP에서 운영되는 이러한 라우팅 테이블 설정 방식을 거리-벡터(distance-vector) 라우팅 알고리즘이라고 한다. 여기서 거리와 벡터라는 용어는 해당 목적지망에 대하여, 각각 "홉(hop) 수"와 "다음 라우터"의 식별자를 의미한다. 이러한 거리 벡터 라우팅은 "소문에 의한 라우팅" 방법이라고도 한다. 즉 라우터 A입장에서는 망 B가 직접 연결된 것이 아니지만 인접 라우터 Y가 "나는 망 B까지 2 hop으로 연결되어 있다."는 '소문'을 듣고 믿기 때문이다.

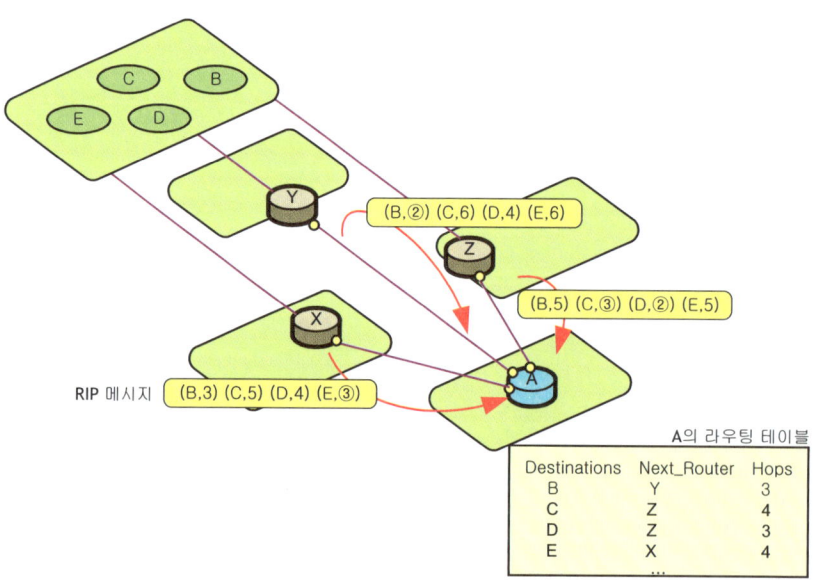

〈그림 14-1〉 RIP에 의한 라우팅 테이블 갱신 과정의 예

# CHAPTER 14 RIP

## 14.3 RIP에 의한 라우팅 테이블 갱신 동작 상세

RIP의 동작은 다음과 같다.
① 초기화시, 각 라우터는 자신의 인터페이스별 망 주소정보를 라우팅 테이블에 기록한다.
② 이후, 30초 마다 각 라우터는 자신의 현재 라우팅테이블의 내용을 이웃라우터에 RIP 메시지로 통보한다.
③ RIP를 수신한 각 라우터는 자신의 라우팅 테이블을 갱신한다.

예를 들어 6개의 라우터가 연결된 〈그림 14-2(a)〉망에서의 RIP 동작은 다음과 같다. 모든 라우터가 짧은 시간차이를 두고 거의 동시에 부팅되었다고 하자.
① 초기화시, 라우터 A의 초기 라우팅 테이블의 내용은 다음과 같다. 이것은 운영자가 설정한 각 인터페이스의 IP 주소를 기반으로 직접 연결된 N1, N2, N3에 대한 항목에 의해 먼저 생성된다. 라우터 A가 현재 알고 있는 망은 직접 연결된 N1, N2, N3뿐이므로, 홉 수는 1이고, 다음라우터는 없다고 기록된다.

| 목적지 망 주소 | Next Router | Cost/hop | 유효 수명시간 | 기타 |
|---|---|---|---|---|
| N1 | - | 1 | 180초 | |
| N2 | - | 1 | 180초 | |
| N3 | - | 1 | 180초 | |

② 30초마다 각 라우터는 자신의 라우팅테이블의 내용을 RIP에 수납하여 이웃라우터에 송신한다.
③ 〈그림 14-2(b)〉에서 라우터 A를 보자. A는 B로부터 "나는 B이다. 현재 N2, N4, N5에 직접 연결되어 1 홉에 도달 가능하다" 라는 RIP 메시지를 수신한다.
④ 〈그림 14-2(c)〉를 보자. 라우터 A는 B로부터 수신한 경로 정보에 표시된 홉 수에 1을 더한 값과 자신의 라우팅 테이블에 있는 내용을 비교한다. 비교 결과, N2에 대한 경로 정보는 라우터 A 입장에서는 불필요하다. 반면에 자신이 몰랐던 새로운 N4와 N5에 대한 정보로부터 "N2와 N5에 대해서는 라우터 B를 경유하면 2 홉만에 갈 수 있겠다"고 판단하고 자신의 라우팅 테이블에 추가한다.
⑤ 이러한 작업을 모든 라우터가 수행한다. 마침내 각 라우터들은 각각의 목적지에 대한 경로 상에 있는 다음 라우터에 대한 식별자와 목적지까지의 홉수를 알아낼 수 있게 된다. 이 망의 최종 라우팅 테이블의 내용은 〈그림 14-2(d)〉와 같다.

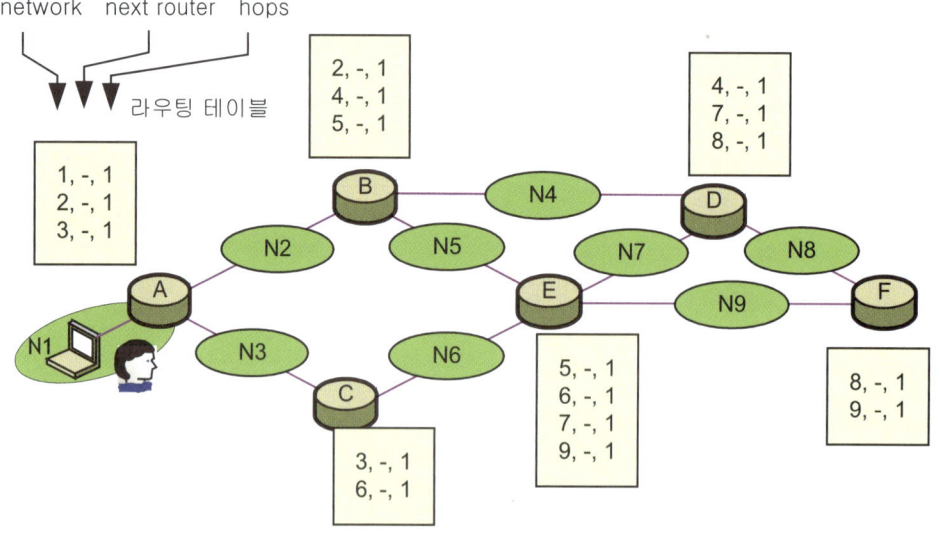

(a) 초기화 시

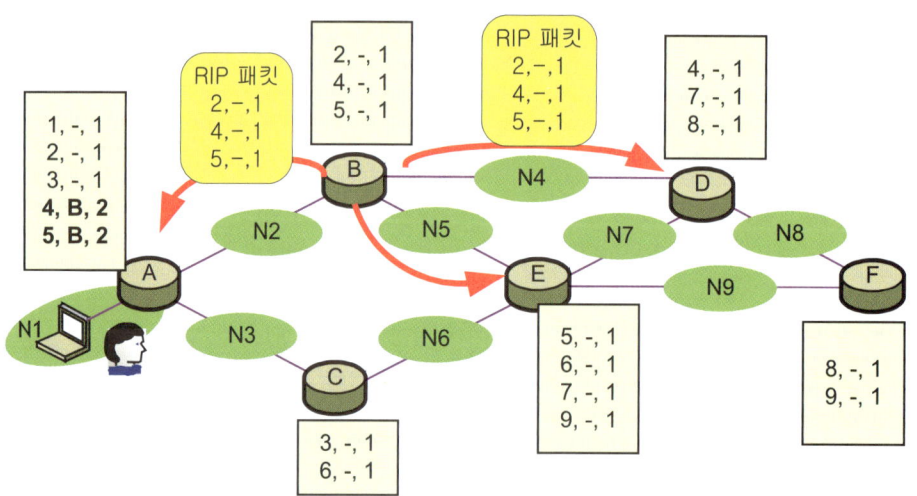

(b) A가 B로부터의 RIP 메시지를 수신한 경우

CHAPTER 14 RIP

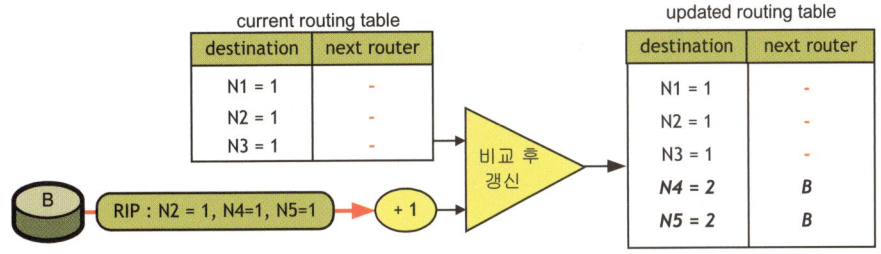

(c) 라우터 A의 라우팅 테이블 갱신 과정

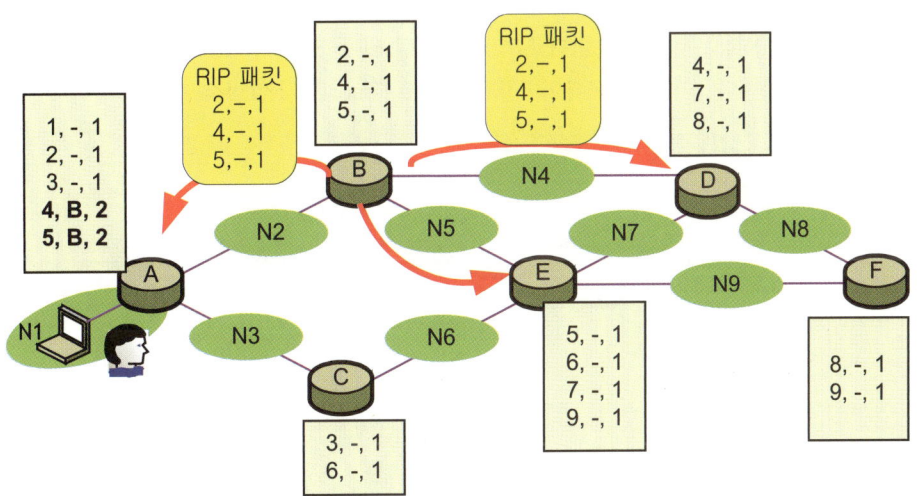

(d) 완성된 라우팅 테이블(라우터 A와 F의 경우)

〈그림 14-2〉 RIP에 의한 라우팅 테이블의 갱신 절차

## 14.4 RIP의 문제점

기존 망에 새로운 라우터가 추가되거나 라우터의 인터페이스가 살아나면 경로가 단축될 수 있으므로 이것은 좋은 소식이다. 반면에 RIP 라우터간의 링크가 끊어지거나 인접 라우터에 고장이 발생하면 기존 경로를 우회하는 새로운 경로가 설정되어야 할 것이다. 이러한 상황은 나쁜 소식일 것이다.

RIP의 문제점 중의 하나는 "good news는 빠르게 전파되지만 bad news는 너무나 느리게 전파된다"는 문제점이다. 다음의 예를 보자.

〈그림 14-3〉은 3개의 라우터가 연속적으로 연결된 망이다. 라우터 A에 접속된 N1 인터페이스가 활성화되면 이러한 좋은 소식은 두 번의 RIP 메시지 전달에 의해 라우터 C에 전달될 수 있다. 기본적으로 RIP 라우터는 30초마다 자신의 라우팅 테이블 내용을 RIP 메시지에 수납하여 이웃 라우터에 송신한다. 이 30초용 타이머를 Periodic Timer(정기 알림 타이머)라고 한다.

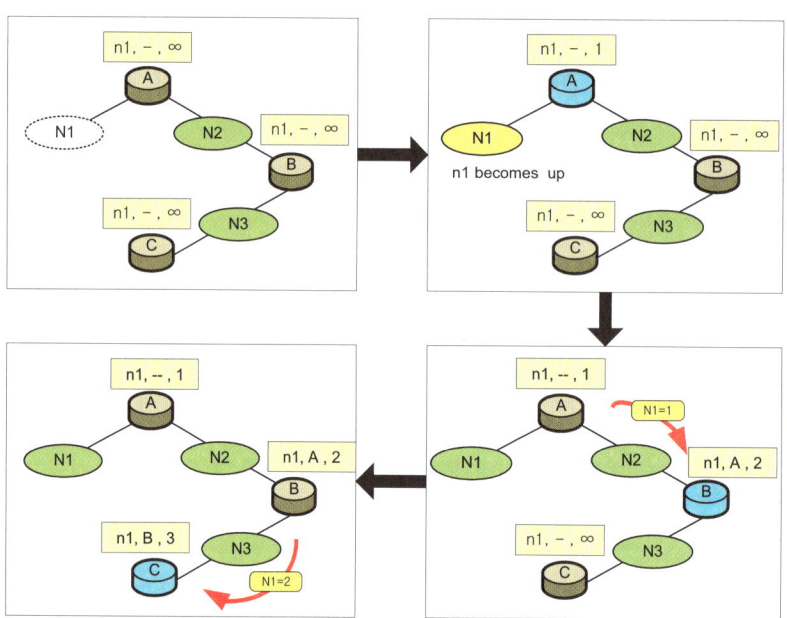

〈그림 14-3〉 RIP에서의 Good News 전파 동작

하지만 〈그림 14-4〉와 같이 라우터 A의 N1측 인터페이스가 다운되었다는 나쁜 소식은 어떻게 전파되는지 보자. 이 사건이 즉시 이웃 라우터에게 알려지지 않으면 다음과 같이 전파될 수도 있다.

● N1측 인터페이스가 다운되면, 라우터 A는 자신의 라우팅 테이블에 해당 N1의 경로가 없다고 표시한다. 하지만 이 사실을 이웃라우터 B에 즉시 알리지 못하고 최대 30초 동안 기다려야 한다.

# CHAPTER 14 RIP

- 이렇게 A가 기다리는 도중에 라우터 B로부터 "나 B가 N1으로 가는 2홉 경로를 알고 있다."고 하는 메시지를 받을 수도 있다. 이것에 대하여 라우터 A는 "아! B를 경유하면 3홉에 N1으로 갈 수 있겠다."고 잘못 판단하여 자신의 라우팅 정보를 갱신한다.
- 라우터 A는 정기 알림 타이머가 만기되면 자신의 라우팅 정보(N1으로의 3홉)를 B에게 보낸다.
- 라우터 B는 "이전에 A가 말하기를 '나 A는 N1까지 1 홉에 도달 가능하다' 고 했었는데, 이번에는 '나 A는 N1까지 3홉에 도달 가능하다' 고 한다."라고 판단한다. 결국 N1에 대하여 A를 경유하여 4홉으로 갈 수 있다고 다시 갱신한다.

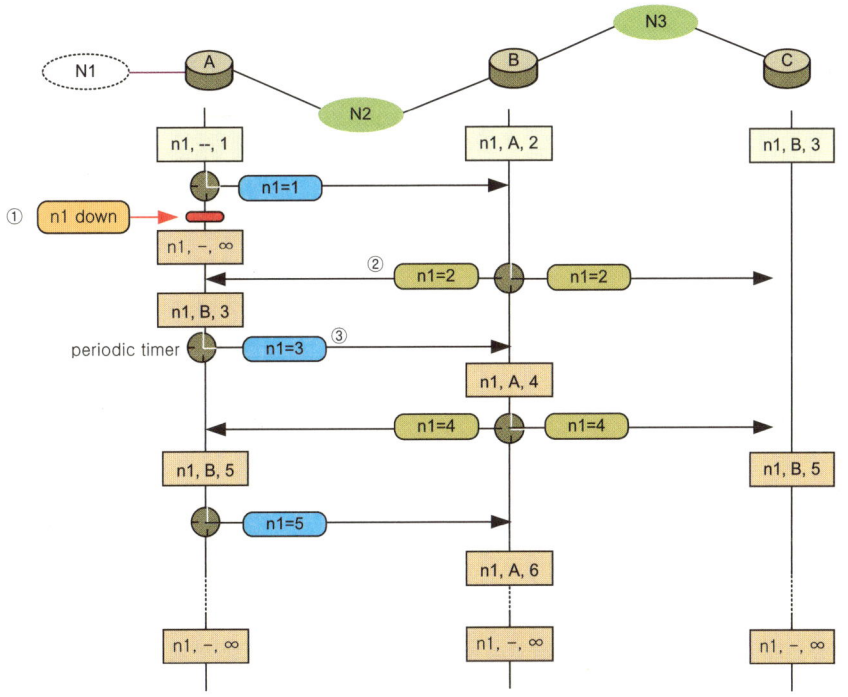

〈그림 14-4〉 RIP에서의 Bad News 전파 동작 시 문제점

이러한 작업은 무한 반복된다[1]. 결국 N1이 다운되었음을 알지 못하게 된다. 이러한 bad news 의 지연 전달 문제를 "count-to-infinity" 또는 저속 수렴(slow convergence) 문제라고 부른다. 이것의 해결 방법은 다음과 같다.

- 최대 경유 라우터의 개수 제한 방법
- 분할 수평(Split horizon) 방법
- 포이즌 역처리(Poison reverse) 방법
- 트리거된 업데이트(Triggered update) 방법

---

1 RIP의 경우, 무한대 값은 16이다.

## 14.5 최대 홉수 제한 방법

최대 허용할 수 있는 홉 개수를 유한값으로 제한하여 bad news가 유한개의 라우팅 정보 교환에 의해 결국 알려질 수 있도록 한다. RIP의 경우 최대 15개의 경유 라우터만 허용된다. 이 값을 초과한 값인 16은 무한대의 홉, 즉 도달할 수 없는 망을 의미한다.

## 14.6 트리거드 업데이트(Triggered Update)와 홀드다운 방법

기본적으로 RIP에서의 갱신 과정은 30초 간격으로 반복된다. 앞에서도 소개하였지만, 저속 수렴 문제가 30초 간격의 정기 알림 타이머가 만기되어야만 자신의 라우팅 정보를 이웃 라우터에게 전하는 방법에 기인한 것이었다. 이 문제점을 해결하기 위한 트리거드 업데이트 방법은 다음과 같다.

〈그림 14-5〉에서 N1이 도달 불가능하게 되면, 30초 타이머와 상관없이 즉시 이웃라우터 B에게 {N1=16 hop}이 수납된 RIP 패킷을 송신한다. 이 정보를 수신한 이웃 라우터B는 N1에 대한 경로 비용을 즉시 16으로 수정하고, 이것을 자신의 이웃 라우터에게 전파한다. 결국 한번의 트리거드 업데이트 메시지는 망 전체로 즉시 전파될 수 있어 저속 수렴 문제를 완화시킨다.

물론 이 트리거드 업데이트 메시지가 도중에 버려지나, 지연되어 이웃 라우터에 도착할 수 있을 것이다. 이 경우 〈그림 14-6(a)〉와 〈그림 14-6(b)〉와 같이 자신의 라우팅 테이블이 재변경되는 문제점이 발생할 수 있다[2].

이것을 해결하는 홀드다운 방식이 추가로 사용된다. 〈그림 14-6(c)〉를 보자. N1이 down 되면 라우팅 테이블에서 경로가 16으로 설정된다. 이후 일정기간 동안 N1에 대한 새로운 경로 정보를 이웃 라우터가 알려 주더라도 이것을 무시한다. 이 기간은 기본값 180초의 홀드다운 타이머에 의해 운용된다. 이 180초는 트리거드 업데이트 메시지가 모든 라우터에게 전달되는 충분한 기간으로 간주된다[3].

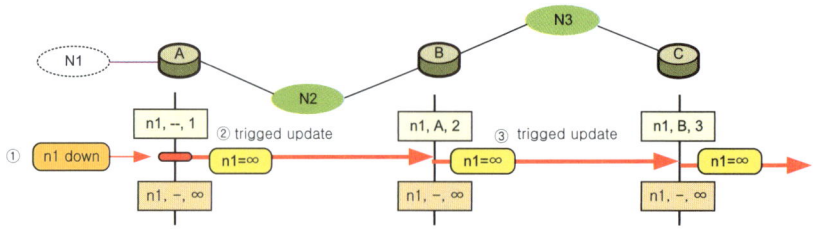

〈그림 14-5〉 트리거드 업데이트 방식 동작 예

---

[2] 이렇게 신뢰성 없이 전달되어 발생하는 문제점을 해결하기 위해, BGP는 TCP를 사용하고, EIGRP는 IP상에서 재전송 및 ACK 기능을 사용하여, 신뢰성 있는 라우팅 정보 교환을 수행한다.

[3] 포이즌 역처리 방법을 사용한다면 홀드다운 타이머기능은 해제된다. 사실 홀드다운 타이머의 기간이 상당히 장시간이기 때문이다.

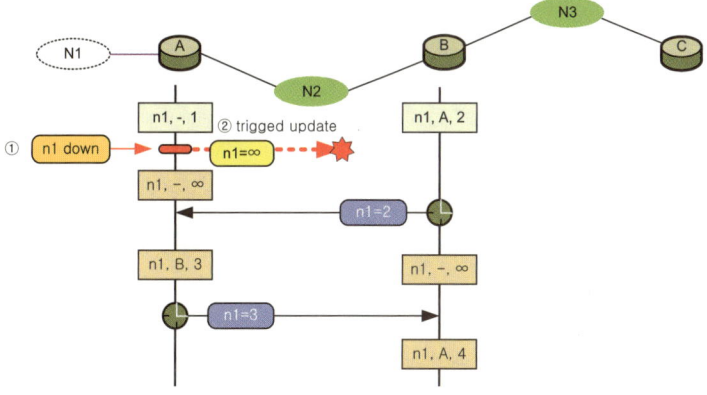

〈그림 14-6(a)〉 트리거드 업데이트의 문제점 (I) : 메시지가 분실되는 경우

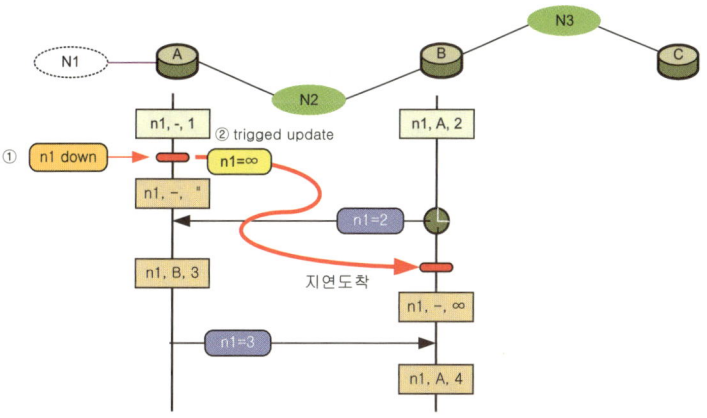

〈그림 14-6(b)〉 트리거드 업데이트의 문제점 (II) : 메시지가 지연 도착한 경우

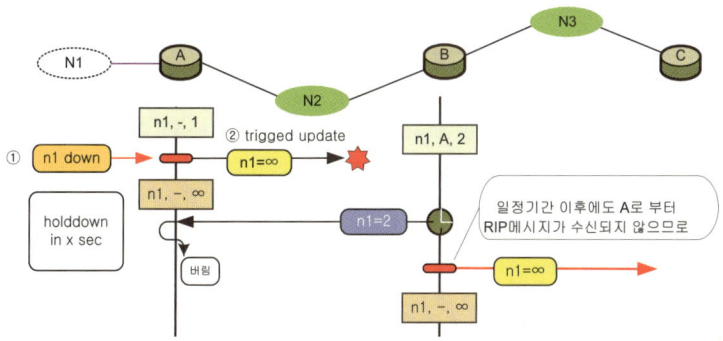

〈그림 14-6(c)〉 Holddown timer를 이용한 Trigged Update 방식

## 14.7 분할 수평(Split-Horizon) 방법

저속 수렴 문제를 해결하는 또 다른 방법인 분할-수평 방법의 예는 다음과 같다. 〈그림 14-7〉을 보자. 라우터 A는 자신의 라우팅 항목을 자신의 왼쪽과 오른쪽의 망에 대한 라우팅 항목으로 구분한다.

라우터A는 자신의 왼쪽 인터페이스로는 오른쪽 망들인 N2와 N3에 대한 내용만을 알려준다. 반면에 오른쪽 인터페이스로는 자신의 왼쪽에 있는 망인 N1에 대한 내용만 알려준다.

즉 분할 수평 방법은 각 라우터에 수직선을 그어, 각 인터페이스는 반대쪽 망에 대한 정보만 송신하는 것이다. 다시 말하면 망 X에 대한 경로 정보를 보내 준 라우터 B에 대하여, 라우터 A는 "나 라우터 A보다는 라우터 B가 망 X에 대하여 더 잘 아니까 굳이 내가 망 X에 대한 정보를 라우터 B에게 보내지 않는다"는 것이다.

따라서 〈그림 14-8〉과 같이 라우터 B로부터 N1에 대한 정보가 라우터 A에 송신되지 않는다. 결국 나쁜 뉴스도 30초 간격으로 라우팅 정보 교환할 때마다 한 홉씩 잘 전파될 수 있다.

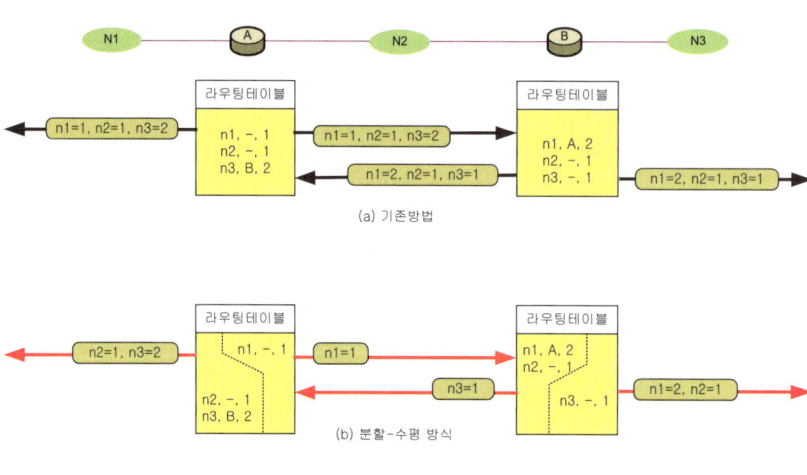

〈그림 14-7〉 분할-수평 방법

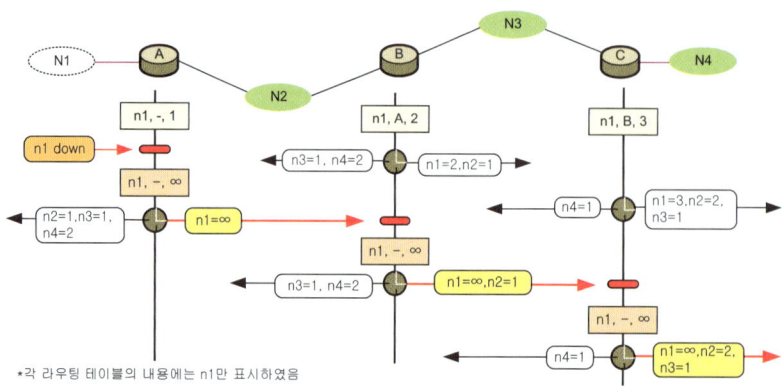

〈그림 14-8〉 Split Horizon에 의한 라우팅 테이블의 전파 과정

# CHAPTER 14 RIP

## 14.8 포이즌 역처리(Poison-Reverse) 방법

분할 수평 방법에서는 인터페이스의 반대측 망에 대한 정보를 보내지 않는 방법이었다. 포이즌 역처리 방법은 〈그림 14-8〉과 같이 인터페이스의 반대측 망에 대한 메트릭스값으로 무한대의 값을 적용하여 송신하는 방법이다. 이러한 포이즌 역처리 방식은 분할 수평 방법에 비하여 전달하는 RIP 패킷의 내용이 상대적으로 길어지는 단점이 있다.

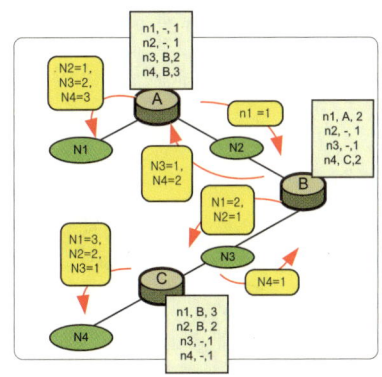

(a) Split-Horizon

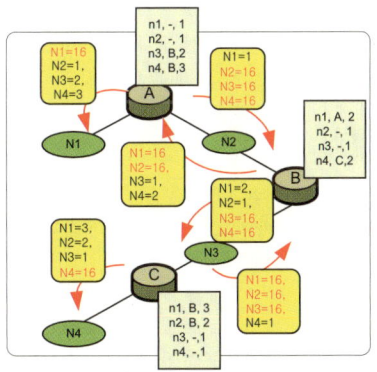

(b) Poison Reverse

〈그림 14-9〉 분할 수평과 포이즌 역처리 방법의 비교

## 14.9 거리 벡터 라우팅 방식의 또 다른 문제점

### (1) 소규모 망만 지원 가능

RIP에서는 저속 수렴 문제에 대비하여 최대 홉수를 15로 정의하고, 홉 수 16을 무한대로 간주하였다. 따라서 16개 이상의 홉을 거치는 큰 망에서는 RIP가 사용될 수 없다[4].

### (2) 최적 라우팅을 지원할 수 없음

RIP에서는 목적지까지의 경로 비용을 단순히 홉 수로만 판단한다. 따라서 〈그림 14-10〉처럼 링크의 속도나 거리에 따른 지연시간 등 다른 경로 비용을 고려하지 않아 최적의 경로를 설정하지 못하는 문제점이 있다.

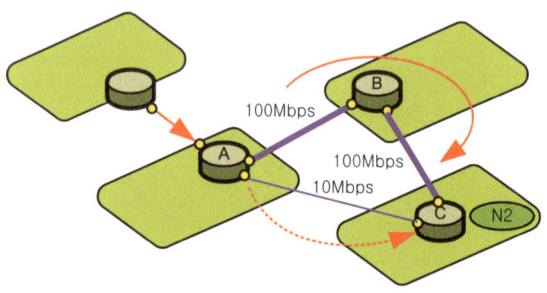

〈그림 14-10〉 더 빨리 갈 수 있는데도, 가까운 거리로만 가는 경우

## 14.10 RIP 메시지 형식

RIP의 메시지 형식은 〈그림 14-11〉과 〈그림 14-12〉와 같다.

### (1) 메시지 형식

RIP는 다음과 같이 기본 형식과 인증 관련 메시지로 구분된다.

---

[4] RIP에서는 홉 갯수가 16인 경우 무한대로 간주하며, 연결되어 있지 않은 것과 같다.

## CHAPTER 14 RIP

a) 기본 형식

| | | |
|---|---|---|
| IP header | Broadcast for RIP version 1<br>Multicast(224.0.0.9) for RIP version 2 | N |
| UDP header | port = 520 | N |
| RIP<br>기본 헤더 | Command (1..6) | 1 |
| | Version 1/ (2) | 1 |
| | Null / (Routing Domain) | 2 |
| 첫 번째 경로<br>정보 | Address Family = 2 for IP | 2 |
| | Null / (Routing tag) | 2 |
| | Network Address | 4 |
| | Null / (Subnet Mask) | 4 |
| | Null / (Next-Hop IP Address) | 4 |
| | Distance Metric (= hop count) | 4 |
| | ……. | |
| 최대 25번째<br>경로 정보 | Address Family = 2 for IP | |
| | Null / (Routing tag) | |
| | Network Address | |
| | Null / (Subnet Mask) | |
| | Null / (Next-Hop IP Address) | |
| | Distance Metric (= hop count) | |

〈그림 14-11〉 RIP Authentication 메시지 형식

b) Authentication 항목이 있는 RIP2 메시지의 형식

| | | |
|---|---|---|
| RIP 기본<br>헤더 | Version = 2 | 2 |
| 인증정보 | Address Family = 0xFFFF | 2 |
| | Authentication Type = 2 | 16 |
| | Authentication Data | |
| 1~24번째<br>경로 정보 | 최대 24개의 경로정보 | 20 x n |

〈그림 14-12〉 RIP Authentication 메시지 형식

### (2) 각 영역의 상세

- **MAC과 IP 주소** : RIP 버전 1은 브로드캐스트 주소를 사용하여, 라우터뿐만 아니라, 일반 호스트들도 RIP 패킷을 수신하는 문제가 있었다. RIP 버전 2는 RIP 라우터만 RIP 패킷을 처리할 수 있도록 RIP 전용 멀티캐스트 IP 주소인 224.0.0.9를 사용한다.
- **Command 영역** : 패킷의 종류를 표시한다. 각 타입은 다음과 같다.

|  | Type | 용도 |
|---|---|---|
| Command | 1 | Request |
|  | 2 | Reply |
|  | 3 | trace on(not used) |
|  | 4 | trace off(not used) |
|  | 5 | Poll (이것은 표준에는 없지만, ripquery를 위하여 사용됨) |

- **버전** : 1과 2가 있다.
- **라우팅 도메인** : 라우터의 라우팅 프로세스의 식별자(process ID)를 표시하며, 이것은 버전 2에서만 사용된다.
- **경로 정보 영역** : 이Address family 영역부터 메트릭까지의 20바이트 영역이 최대 25개 반복될 수 있다. 따라서, 최대 512 바이트의 최대길이를 가진다.
  - **Address family** : 다음과 같은 두 가지가 사용된다.

| Address family identifier | 2 | IP |
|---|---|---|
|  | 0xFFFF | Authentication (RIP version 2) |

  - **Routing tag** : 여러 개의 자율시스템으로 분리된 경우, 자율 시스템의 번호가 담겨진다. 버전 2에서만 사용된다.
  - **Network Address** : 해당 망 주소
  - **Subnet Mask** : Classless 라우팅을 지원할 때 사용된다.
  - **Next hop address** : 다음 경유 라우터의 주소를 지시한다.
  - **Metric**: 1 ~ 15가 사용되며, 도달 불가능한 경우에는 16이다.
- **인증 기능이 사용될 경우** : 첫 번째 경로 정보가 있을 위치에 Address Family 값이 0xFFFF으로 시작되는 인증 정보가 위치한다. Authentication Type은 인증 방법을 지시한다. 이 값이 2이면 Authenciation Data 영역에 최대 16바이트의 패스워드 문자열이 위치한다. 이후 최대 24개의 경로 정보가 첨부된다. 이러한 인증 방법을 사용하는 경우, 수신된 RIP 패킷에 있는 패스워드가 일치하지 않으면 이 패킷을 버림으로써 그릇된 라우팅 정보 수신에 의한 보안 공격을 예방한다.

## 14.11 RIP 타이머

RIP에서는 다음과 같은 3개의 타이머가 사용된다.

- 정기 알림 타이머 : Periodic Timer(Route Update timer) = 30초
- 경로 만료 타이머 : Expiration Timer (Route Invalid timer ) = 180초
- 경로 제거 타이머 : Garbage collection timer (Route Flush timer ) = 120초

## CHAPTER 14  RIP

정기 알림 타이머는 주기적으로 자신의 라우팅 테이블 정보를 이웃에게 알리는데 사용된다. 기본값으로 30초이지만, 25~35초 사이에서 운용되도록 하여 라우터들이 RIP 메시지를 동시에 전송하지 않도록 한다.

기본값 180초의 경로 만료 타이머는 라우팅 테이블 내의 정보가 유효한 기간을 관리한다. 인접한 라우터로부터 RIP 메시지를 수신하면 180초로 설정되어 새로운 RIP 메시지가 도착할 때까지 감소한다. 이 기간 내에 RIP 패킷을 수신하지 못하면 해당 경로 정보의 메트릭스을 16으로 설정하여 이 경로에 대하여 도달 불가능함을 표시한다. 하지만 라우팅 테이블에서 영구 삭제하지는 않는다.

경로 제거 타이머는 경로 만료 타이머에 의해 만기된 라우팅 정보(메트릭스=16)들에 대하여, 추가로 120초 동안 테이블에 남아 있도록 하는 것이다. 이 기간 내에 RIP 메시지가 수신되지 않으면 해당 정보는 완전히 테이블에서 삭제된다. 이 기간 동안 정기 알림 타이머에 의해 30초마다 메트릭스 16값이 수록된 RIP 메시지를 적어도 4번 송신할 수 있어 이웃들에게 해당 경로 정보가 제거될 것임을 충분히 경고한다.

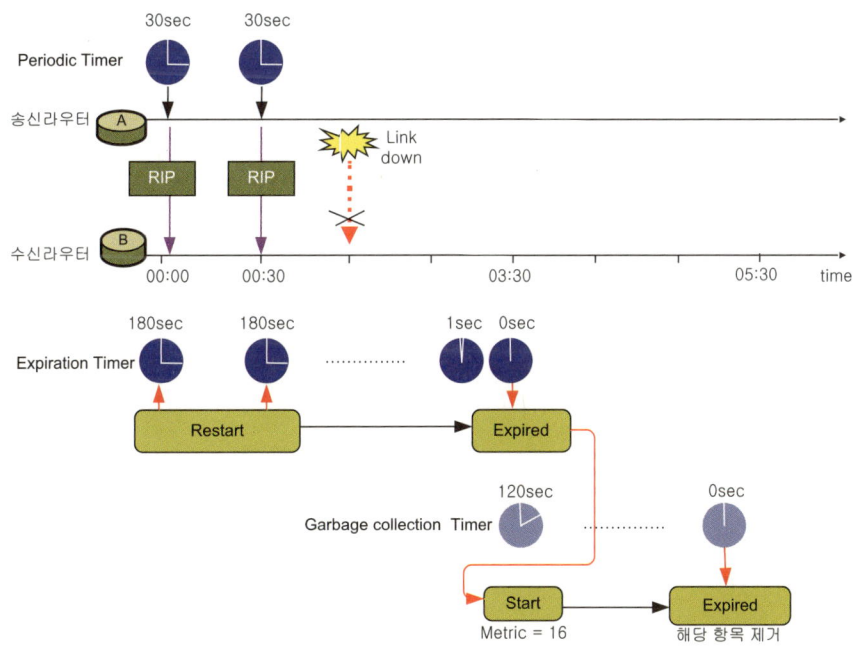

〈그림 14-13〉 RIP 타이머들의 동작

## 14.12  관련 표준

HTTP의 동작 과정을 실제로 분석하기 위하여 Ceromi(200.0.1.2)의 웹 서버인 아파치를 사용한다.

- RIP1 : RFC1058(1988)
- RIP2 : RFC 2453(1998), 1388(1993)

 **연습 문제**

[1] 거리 벡터 라우팅 알고리즘을 사용하는 라우팅 프로토콜은 ____이다.
   (a) OSPF        (b) RIP        (c) BGP        (d) IS-IS

[2] RIP에서의 메트릭은 ___을 사용한다.
   (a) 홉 수        (b) 지연 시간        (c) 전송 속도        (d) 오류율

[3] RIP를 사용하는 경우 최대 ___개의 라우터가 연결될 수 있다.
   (a) 14        (b) 15        (c) 16        (d) 무한

[4] RIP에서 사용하는 타이머가 아닌 것은?
   (a) Periodic timer        (b) Expiration timer
   (c) Garbage collectiom timer        (d) Retransmission timer

[5] RIP에서 주기적으로 RIP 패킷을 송신하도록 하는 타이머는 ___이다.
   (a) Periodic timer        (b) Expiration timer
   (c) Garbage collectiom timer        (d) Retransmission timer

[6] RIP에서 주기적으로 송신되는 RIP 패킷은 ____패킷이다.
   (a) Update        (b) Response        (c) Request        (d) Release

[7] RIP에서 Slow convergence 문제를 해결하는 방법이 아닌 것은?
   (a) Triggered Update        (b) Split-Horizon
   (c) Poison-Reverse        (d) Path-Vector

[8] RIP 버전 2에 추가된 사항이 아닌 것은?
   (a) Subnet mask        (b) Next-hop address
   (c) Routing tag        (d) Network address

[9] RIP와 관련된 사항이 아닌 것은?
   (a) UDP 포트 520번 사용        (b) Multicast 주소 224.0.0.9 사용
   (c) 브로드캐스트 주소 사용        (d) 다익스트라 알고리즘

## CHAPTER 14 RIP

**연습 문제**

[10] RIP 패킷을 수집하여 다음 사항을 분석하라.
 (a) RIP의 버전은 무엇인가?

 (b) IP의 목적지 주소가 broadcast인가 multicast인가?

 (c) MAC의 목적지 주소는 broadcast인가 multicast인가?

 (d) 현재 망에서, 누가 이 RIP 패킷을 보내고 있는가?

 (e) RIP request 패킷은 거의 없고, response 패킷이 대부분이다. 왜 그런가?

 (f) 하나의 RIP response 패킷에 있는 20바이트 단위의 routing 정보들은 몇 개있는가? 라우터가 많아지면, 이 항목들의 개수는 어떻게 되겠는가?

 (g) RIP response 패킷에서 distance metric이 16인 항목이 있으면, 이 의미를 분석하라.

[11] RIP 버전 2에서 next hop IP address가 사용되는 이유는 무엇인가?

 연습 문제

[12] 왜 expiration timer는 periodic timer의 배수를 사용하는가?

[13] RIP에서 20 바이트단위의 라우팅 정보들은 최대 몇 개 설정될 수 있는가? 만약 네트워크가 많으면, 하나의 RIP 패킷에 라우팅 정보가 다 실릴 수 있는가?

[14] 왜 periodic timer가 정확하게 30초가 아니라 가변적으로 동작하는가?

[15] RIP라우터가 사용하는 세 가지의 타이머 값들은 설정 가능한가?

[16] Bellman-Ford 알고리즘이 어떻게 RIP 프로토콜과 연관이 있는가?

CHAPTER 14 RIP

 연습 문제

[17] RIP의 infinity count 문제는 3개 이상의 노드가 루프로 연결된 다음과 같은 망에서는 동작하지 않는다. 왜 그런가?

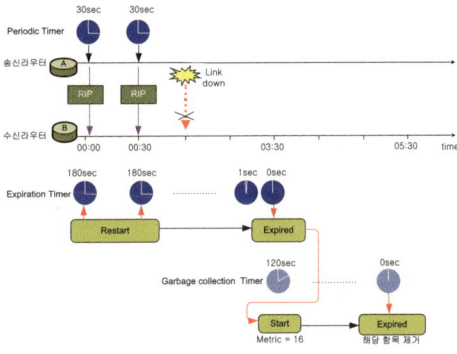

[18] 윈도우 PC용 ripquery 프로그램을 UDP 소켓함수를 이용하여 visual C++ 또는 Java로 작성하라.

[19] OSPF에는 체크섬 영역이 있으나, RIP에는 없는 이유가 무엇인가?

521

## 심화 학습 : RIP2의 특징

RIPv1과 비교하여 RIPv2에서는 다음과 같은 특징이 있다.
- 멀티캐스트 주소 사용
- 서브넷 매스크 사용

### (1) Multicast 주소

RIPv1은 브로드캐스트 주소를 사용함으로써, 라우터와 같은 LAN에 있는 단말들에게도 불필요한 RIP 패킷이 IP 계층까지 전달되어 이들이 "깜짝깜짝" 놀라 성능 저하를 초래하였다. RIPv2는 RIP라우터 전용 멀티캐스트 주소를 사용함으로써, RIP 패킷들은 단말들의 MAC계층에서 버려지도록 하여 이러한 문제점을 해결하였다.

### (2) 서브넷 마스크 사용

RIP v1은 classless 라우팅을 지원하지 않는다. 〈그림 14-14 (a)〉를 보자. RIPv1에 실려가는 라우팅 정보는 클래스 A,B,C로만 분류되어 더 이상의 서브넷팅은 허용되지 않는다. 따라서 라우터 A와 B사이에 오직 2개의 IP만 사용됨에도 불구하고 클래스 C 주소 블록을 모두 사용하게 된다. 또한 각 인터페이스별 접속되는 호스트의 수가 적을지라도, 각각 클래스 C 주소 블록을 하나씩 할당해야 하는 문제가 있다.

RIP v2에서는 서브넷 마스크를 사용하여 추가적인 서브넷팅이 가능하도록 하였다. 〈그림 14-14 (b)〉를 보자. 접속된 호스트의 수를 고려하여 서브네트워크를 할당한다. 그리고 해당 서브넷 마스크 정보를 RIP 패킷에 실어 이웃 라우터에게 알린다. 따라서 하나의 클래스 C 주소 블록으로도 전체의 망을 구성할 수 있게 된다.

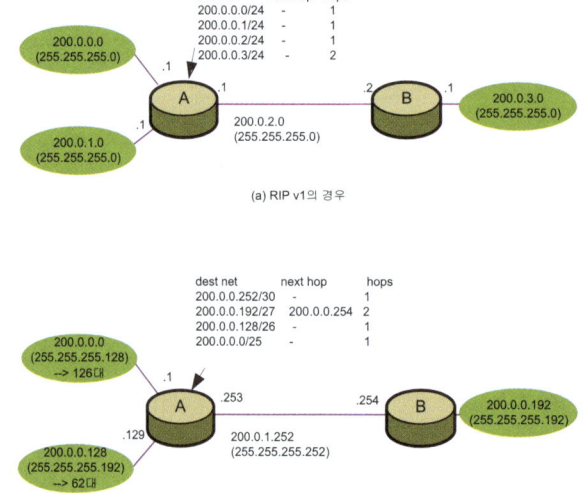

〈그림 14-14〉 RIP v2의 서브넷팅 기능의 예

CHAPTER 14 RIP

### (3) Next-Hop ID와 루트 태그 사용

〈그림 14-15〉를 보자. 라우터 A와 C는 각각 AS1와 AS2에 속한다. B는 AS1과 AS2 를 연결하는 BGP 라우터라고 하자. 〈그림 14-15 (a)〉와 같이 RIPv1의 경우 라우터 B가 A에 보낸 RIP 메시지의 내용으로부터 라우터 A는 N2에 대한 다음 게이트웨이로 B를 설정할 것이다. 이후 Borami로의 IP 패킷은 당연히 라우터 B로 전달된 후 다시 C로 중계된다.

하지만 〈그림 14-15 (b)〉와 같이 Arami가 Borami로 송신한 IP 패킷은 라우터 A에 의해 C로 직접 중계되는 것이 바람직할 것이다. RIPv2에서는 Next Hop 영역을 사용하여 B가 N2에 대한 경로 정보를 A에 알려줄 때, "Next Hop = C"라고 정확하게 명시한다. 따라서 라우터 A는 Borami로의 패킷은 자신이 직접 C에게 중계하여 효율적이다.

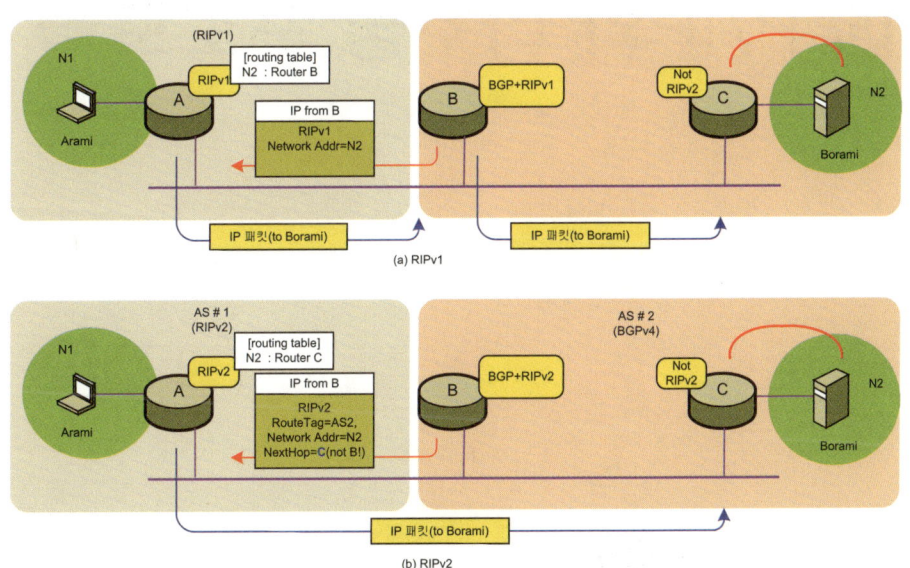

〈그림 14-15〉 RIPv2의 루트 태그와 next hop 영역에 대한 활용 예

리눅스 기반의
## TCP/IP와 라우팅 프로토콜

# chapter 15

# Quagga와 RIP의 운용

## 15.1 개 요

본 장에서는 Quagga/Zebra 라우터의 RIP 데몬을 사용하여 아래와 같은 RIP의 동작을 실험한다. 실험의 일관성을 위하여 아래의 표와 같은 망과 IP 주소를 사용한다.

- Quagga RIP 데몬의 설정 방법
- RIP 패킷의 수집 및 분석
- RIP 타이머의 운용
- Split Horizon, Poison reverse, Triggered Update

| 지역명 | 서울 | 부산 | 광주 | 참고 |
|---|---|---|---|---|
| 지역 코드 | 1 | 2 | 3 | |
| 라우터이름 | 서울 라우터 | 부산 라우터 | 광주 라우터 | |
| 지역망 | 서울망 | 부산망 | 광주망 | |
| 지역망 IP | 200.0.1.0 | 200.0.2.0 | 200.0.3.0 | 200.0.n.0 |
| 지역망 컴퓨터 이름과 IP | 서울컴 200.0.1.10 | 부산컴 200.0.2.10 | 광주컴 200.0.3.10 | 지역망 컴퓨터 IP 끝 번호는 10 |
| 링크 | 경부선 | 서울-부산 | 200.0.251.0 | |
| | 남해선 | 부산-광주 | 200.0.252.0 | |
| | 호남선 | 광주-서울 | 200.0.253.0 | |
| 라우터 인터페이스 | 서울의 경우 : 모든 인터페이스의 IP 끝 번호는 1 | | | |
| | 부산의 경우 : 모든 인터페이스의 IP 끝 번호는 2 서울 라우터 | | | |
| | 광주의 경우 : 모든 인터페이스의 IP 끝 번호는 3 | | | |

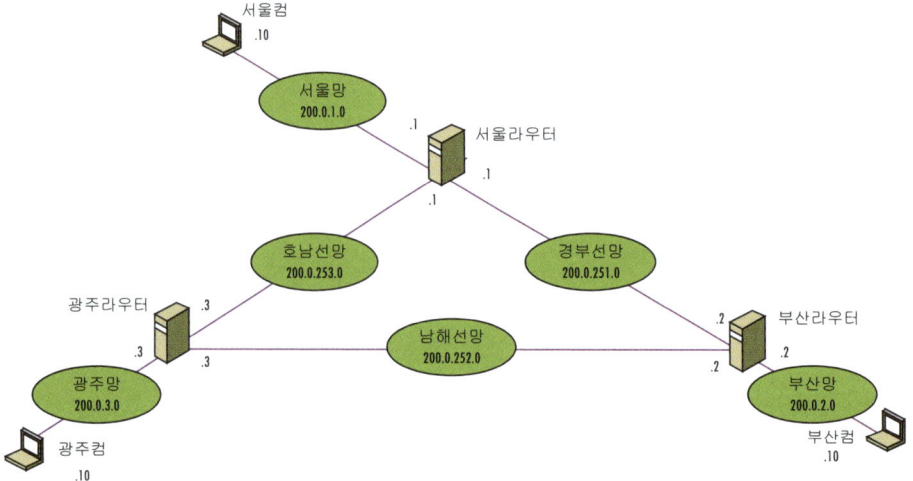

〈그림 15-1〉 RIP 실험에서 사용하는 구성도

## 15.2 Quagga/Zebra 라우팅 패키지

리눅스용 라우팅 패키지의 종류는 다음과 같다.

### (1) routed
리눅스와 유닉스 시스템에 라우터 기능을 부여하는 기본적인 데몬 프로그램이다.

### (2) Gated
유닉스용 라우터 데몬으로서 RIP, OSPF, BGP, EGP 등의 다양한 라우팅 프로토콜을 지원한다. ripquery와 같은 유틸리티도 내장하고 있다. gated는 하나의 프로세스로 모든 라우팅 프로토콜을 구동하므로 일부 라우팅 프로토콜의 동작을 중단하려면 gated프로세스를 중단시켜야 한다. 현재 이것은 공개된 프로그램이 아니고 상용화되었다.

### (3) Zebra/Quagga

이것은 리눅스 환경에서 RIPv1, RIPv2, RIPng, OSPFv2, OSPFv3, BGP4, IS-IS 등의 다양한 라우팅 프로토콜을 지원하는 라우팅 패키지이다. IP version 6용 라우팅 프로토콜도 지원한다.

Gated와는 달리 각 라우팅 데몬은 개별적인 스레드로 동작하는 멀티스레드 방식으로 구성되어 있다. 필요 시 특정 라우팅 기능만 중단시킬 수 있는 장점이 있다. 이러한 Zebra패키지는 ZebOS로 상용화되어 더 이상 open된 상태로 개량되지 않고 있다. 최근에 Zebra를 기반으로 Quaga라는 라우팅 패키지가 공개되었다.

Zebra의 구성은 〈그림 15-2〉와 같다. RIP또는 OSPF 와 같은 여러 개의 라우팅 데몬과 하나의 zebra 데몬으로 구성된다. zebra 데몬은 각 라우팅 데몬이 획득한 라우팅 정보를 다른 라우팅 데몬에 분배하고 리눅스 커널의 라우팅 테이블에도 반영하는 기능을 수행한다. 이러한 라우팅 데몬간의 라우팅 정보분배는 상용 라우터에서도 사용되는 redistribution 명령어를 통해 가능하다. 특히 zebra는 대표적인 상용 라우터에서 사용되는 명령어와 거의 동일한 명령어를 제공하여 사용자들에 친숙한 장점이 있다.

각 라우팅 데몬들의 설정 파일에는 각 프로토콜별 타이머 값과 같은 설정값이 저장된다. 그리고 Zebra 데몬의 설정 파일에는 인터페이스별 IP 주소, 서브넷 마스크 등이 저장된다.

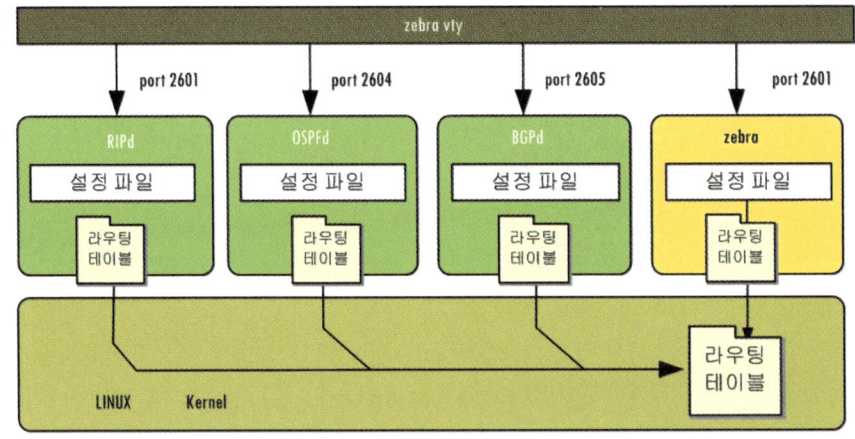

〈그림 15-2〉 Zebra의 구조

뿐만 아니라 Zebra는 각각의 라우팅 데몬들에 대한 원격 접속 및 로컬 접속을 위하여 다음과 같은 TCP 포트가 제공된다. 관리자는 각 데몬별로 지정된 포트로의 텔넷 접속하여 동작값을 수정하거나 설정할 수 있다.

| | | |
|---|---|---|
| zebra | 2601/tcp | # zebra vty |
| ripd | 2602/tcp | # RIPd vty |
| ripngd | 2603/tcp | # RIPngd vty |
| ospfd | 2604/tcp | # OSPFd vty |
| bgpd | 2605/tcp | # BGPd vty |
| ospf6d | 2606/tcp | # OSPF6d vty |
| isisd | 2607/tcp | # IS-ISd vty |
| mpls | 26010/tcp | # mplsd vty |

### (4) Quagga

Quagga는 기존 Zebra 라우팅 패키지를 기반으로 한 공개된 라우팅 패키지이다. 여기서 Quagga는 멸종된 얼룩말의 일종이다. Quagga 라우팅 패키지는 ospfd, ripd, ripndg, bgpd 데몬 기능을 제공한다. bgpd의 경우 route reflector 기능도 제공한다. 최근에는 IS-IS daemon도 개발되고 있다. 현재 Fedora 등의 리눅스에 기본 탑재되어 있다. 설치 방법은 Fedora 및 CentOS의 경우 "# yum -y install quagga"로 가능하다.

### (5) BIRD Internet Routing Daemon (BIRD)

이것은 Quagga와 같이 IP4/v6용 BGP, RIP, OSPF 라우팅 모듈을 제공한다.

### (6) eXtensible Open Router Platform (XORP)

이것은 IPv4/v6 라우팅 모듈뿐만 아니라 IGMP, MLD, PIM-SM 등의 multicast routing protocol도 지원하는 C++ 기반의 오픈 소스이다.

### (7) 기 타

다음과 같은 공개된 라우팅 패키지도 있다.

Click modular router · CoovaAP · Fdgw · Floppyfw · FREESCO · FreeWRT · HyperWRT · LEAF Project · OpenWrt · PacketProtector · The Linux Router Project · Gargoyle · pfSense · Quagga · Tomato · Vyatta · WiFi-Box · X-Wrt · XORP · Zeroshell

## 15.3 Quagga 라우팅 프로토콜 패키지를 이용한 리눅스 라우터

Quagga 라우팅 프로토콜 패키지를 활용한 RIP 실습을 다음과 같이 수행한다.

### (1) Quagga 패키지 설치

Fedora 리눅스 시스템에 Quagga 라우팅 패키지를 설치한다.

**STEP 1** 다음과 같이 서울라우터에 quagga를 설치한다. 참고로 /etc/quagga는 설정 파일이 위치한 곳이며 /usr/lib/quagga는 module이 위치한 곳이다.

```
[root@SeoulRouter]# su -
[root@SeoulRouter]# yum -y install quagga
...
[root@SeoulRouter]# whereis quagga <-- 관련 파일 위치 검색
Quagga: /etc/quagga  /usr/lib/quagga
[root@SeoulRouter]# whereis zebra
zebra: /usr/sbin/zebra
[root@SeoulRouter]#
```

### (2) 설정 파일의 편집

ㄱ) /etc/quagga 폴더에 있는 *.conf 파일을 확인한다.

```
[root@SeoulRouter]# ls /etc/quagga
zebra.conf  ripd.conf  ospfd.conf  bgpd.conf
[root@SeoulRouter]#
```

ㄴ) 만약 이러한 설정 파일이 없다면 다음과 같이 sample 파일을 복사하여 활용한다. 일단 zebra.conf와 ripd.conf만을 사용할 것이다. 각 설정 파일의 내용을 알아본다.

```
[root@SeoulRouter]# cp /usr/share/doc/quagga-0.99.12/examples/zebra.conf.sample /etc/quagga/zebra.conf
[root@SeoulRouter]# cp /usr/share/doc/quagga-0.99.12/examples/ripd.conf.sample /etc/quagga/ripd.conf


[root@SeoulRouter]#vi zebra.conf
!
hostname Router --> Seoul_Zebra로 변경할 예정임.
password zebra
enable password zebra
...
[root@SeoulRouter]#
```

```
[root@SeoulRouter]#vi ripd.conf
!
hostname ripd --> Seoul_RIPd로 변경할 것임.
password zebra
!
router rip   --> ripd활성화 지시. 비활성화 시에는 no router rip로 변경함.
!
...
[root@SeoulRouter]#
```

(필요 시) user 및 group ownership을 부여한다.

```
[root@SeoulRouter]#chown quagga.quaggavty /etc/quagga/*.conf
[root@SeoulRouter]#chmod 640 /etc/quagga/*.conf
```

### (3) zebra 및 라우팅 프로토콜 설정용 텔넷 포트 확인

Zebrad, ripd 등의 데몬들은 고유한 terminal 포트를 가진다. /etc/services파일에 등록된 well-known 포트의 정보를 확인한다. 아래의 2600~2606은 hpstgmgr, discp-client, service-meter 등의 용도로 IETF에서 공식적으로 등록된 포트 번호이지만 quagga용으로도 사용할 수 있도록 alias 형태로 설정되어 있음을 알 수 있다.

```
[root@SeoulRouter]#vi /etc/services
...
hpstgmgr      2600/tcp    zebrasrv      # HPSTGMGR
hpstgmgr      2600/udp
discp-client  2601/tcp    zebra         # discp client
hpstgmgr 2600/udp # HPSTGMGR
discp-client 2601/tcp zebra # discp client
discp-client 2601/udp # discp client
discp-server 2602/tcp ripd # discp server
discp-server 2602/udp # discp server
servicemeter 2603/tcp ripngd # Service Meter
servicemeter 2603/udp # Service Meter
nsc-ccs 2604/tcp ospfd # NSC CCS
nsc-ccs 2604/udp # NSC CCS
```

```
nsc-posa 2605/tcp bgpd # NSC POSA
nsc-posa 2605/udp # NSC POSA
netmon 2606/tcp ospf6d # Dell Netmon
netmon 2606/udp # Dell Netmon
[root@SeoulRouter]#
```

## (4) 실 행

다음과 같이 zebra 및 ripd 데몬을 실행한다.

```
[root@SeoulRouter]#zebra -d
[root@SeoulRouter]#ripd -d
```

해당 데몬이 활성화되어 있는지 확인한다. zebra 데몬을 기동했는데 이것은 quagga임을 알 수 있다.

```
[root@SeoulRouter]#ps -ef | grep quagga
quagga  3773  1 0  04:14  ? 00:00:00 zebra -d
[root@SeoulRouter]#pgrep quagga ← 또는 이렇게 입력해도 된다.
```

[참고] 이후 Quagga 데몬이 정상적으로 stop되지 않을 경우에는 다음과 같이 수동으로 kill한다.

```
[root@SeoulRouter]#kill -9 3773 → process id
```

## (5) 텔넷으로 Zebra 데몬에 접속하여 기본 설정

Zebra daemon에 접속하는 방법은 아래의 명령어를 이용한다. 여기서 2601은 zebra daemon에 접속하는 포트 번호이다. Zebra 데몬에의 접속이 성공하였다면 패스워드를 묻는다. 패스워드는 기본값으로 "zebra"로 설정되어 있다. 패스워드를 입력하고 나면 아래와 같은 프롬프트를 볼 수 있을 것이다. '?'를 입력하면, 이 zebra daemon에서 가능한 명령어들을 보여준다. Tab키를 사용하면 입력한 간략화된 명령어를 완전한 명령어로 보여주기도 하며 간략한 명령어도 인식한다. 이러한 명령어는 상용 라우터의 명령어와 동일하다.

```
[root@SeoulRouter]# telnet 127.0.0.1 2601
Entering character mode
Escape character is '^]'.
Hello. this is Quagga(version 0.99.12)
Copyright 1996-2005 Kunihiro Ishiguro.
User Access Verification

Password: zebra
Router>?
enable exit help list quit show terminal who
Router>sh <TAB>
Router>show i <TAB>
 interface ip
Router>show in <TAB>
Router>show interface ?
 [IFNAME] Interface name
Router>show interface 0 <Enter>
```

```
...
Router>sh in 0 <Enter>
...
Router>_
```

ㄱ) 현재 zebra daemon의 호스트 이름은 "Router"로 설정이 되어 있고, 프롬프트가 '>'이다. 이 프롬프트를 View모드(또는 Exec 모드) 프롬프트라고 하는데, show, exit, help., enable 등의 기본적인 명령어를 처리하는 모드이다.(참고로 Zebra.conf 파일의 기본 hostname은 Router이다.)

ㄴ) 관리자 모드(또는 특권 모드, Priviledged Exec 모드)로 들어가기 위하여, enable(혹은 en)을 입력하면 또 다시 패스워드를 묻고 있는데 이번에도 패스워드는 zebra로 되어 있다. 여기까지 입력하면 아래와 같은 상태가 된다. 프롬프트 모양이 '>'에서 '#'으로 변경됨을 확인할 수 있다. 이 프롬프트는 관리자 모드용이다. 여기서 어떠한 명령어들이 있는지 '?'를 입력해 본다.

```
Router> en
Password: zebra
Router# ?
    configure copy debug disable end exit help list no quit show terminal who write
Router#
```

ㄷ) 현재의 설정 상태를 확인하기 위하여 show run(show running-config)를 입력한다.

```
Router# sh run
Current configuration:
!
hostname Router
password zebra
log stdout
!
interface lo
!
interface brg0
!
line vty
!
end
Router#
```

ㄹ) '#' 프롬프트 상태에서 conf t(configure terminal) 명령어를 입력하고, 어떤 명령어들이 있는지 알아본 다음, "Router" 이름을 "Seoul_Zebra"로 바꾸도록 한다. 이 명령어를 실행하는 즉시 변경된 프롬프트가 적용된다.

```
Router# conf t
Router (config)# ?
access-list banner debug enable end exit help hostname interface ip line list log no password quit service show table
```

```
write
Router(config)# hostname Seoul_Zebra
Seoul_Zebra (config)#
```

ㅁ) eth0 인터페이스에 대한 IP 주소를 다음과 같이 할당하기 위하여, 다음과 같이 실행하여 어떠한 명령어들이 가능한지 알아 본 다음 해당 IP 주소를 할당하도록 한다.

```
Seoul_Zebra (config)# interface eth0
Seoul_Zebra (config-if)# ?
Negate bandwidth description end exit help ip list multicast no quit shutdown write
Seoul_Zebra (config-if)# ip address 200.0.1.1/24
Seoul_Zebra (config-if)#exit
Seoul_Zebra (config)#exit
Seoul_Zebra #
```

ㅂ) 이 또 다른 인터페이스인 eth1의 IP 주소도 같은 방법으로 200.0.251.1/24를 설정하도록 한다.

```
Seoul_Zebra# conf t
Seoul_Zebra(config)# int eth1
Seoul_Zebra(config-if)# ip address 200.0.251.1/24
Seoul_Zebra(config-if)#exit
Seoul_Zebra(config)#exit
Seoul_Zebra#
```

ㅅ) sh run(show running-config)를 입력하면, 지금까지 설정한 내용을 확인할 수 있다.

```
Seoul_Zebra# sh run
Current configuration:
!
hostname Seoul_Zebra
password zebra
log stdout
!
interface lo
!
interface brg0
!
interface eth0
ip address 200.0.1.1/24
!
interface eth1
ip address 200.0.251.1/24
!
line vty
!
end
Seoul_Zebra# copy run start
Configuration saved to /etc/quagga/zebra.conf
Seoul_Zebra# exit
Connection closed by foreign host
[root@SeoulRouter]#_
```

위에서 마지막으로 실행한 "copy run start" 명령은 지금까지 설정한 내용인 running-config를 startup-config로 저장하도록 하는 명령어이다. 이후 exit명령에 의해 zebra에서 리눅스로 복귀한다. 이 과정에 의해 각각의 conf파일을 갱신하게 된다.

[참고] 만약 ip address를 잘못 입력된 부분이 있다면, 다음과 같이 "no"를 사용하여 해당 항목을 삭제할 수 있다.

```
Seoul_Zebra# conf t
Seoul_Zebra(config)# int eth1
Seoul_Zebra(config-if)# no ip address 200.0.251.1/24
```

### (6) RIPd 설정

RIP데몬에 대한 설정시에는 "telnet 127.0.0.1 2602"로 하면 가능하다. 상세한 내용은 RIP 운용 시 다루도록 한다.

## 15.4 Quagga 라우팅 프로토콜 패키지를 이용한 설정 내용 확인

지금까지 Zebra로 설정한 내용들이 리눅스 시스템에 적용되었는지 확인한다.

**STEP 1** 설정한 인터페이스를 확인한다. 인터페이스 설정을 확인하기 위해서 'ifconfig' 라는 명령어를 사용한다. 수행 결과 이더넷 물리 주소와 IP 주소 및 서브넷 마스크 그리고 MTU 등을 확인할 수 있다. eth1에 대해서도 같은 방법으로 확인한다.

```
[root@SeoulRouter]# ifconfig
eth0
    Link encap:Ethernet Hwaddr 00:50:56:64:54:B4
    inet addr:200.0.1.1 Bcast:200.0.1.255 Mask:255.255.255.0
    UP BROADCAST RUNNING MULTICAST MTU:1500 Metric:1
    RX packets:616 errors:0 dropped:0 overruns:0 frame:0
    TX packets:201 errors:0 dropped:0 overruns:0 carrier:0
    collision:0 txqueuelen:100
    Interrupt:9 Base address:0x1080

eth1
    Link encap:Ethernet Hwaddr 00:50:56:47:62:D7
    inet addr:200.0.251.1 Bcast:200.0.251.255 Mask:255.255.255.0
    UP BROADCAST RUNNING MULTICAST MTU:1500 Metric:1
    RX packets:210 errors:0 dropped:0 overruns:0 frame:0
    TX packets:201 errors:0 dropped:0 overruns:0 carrier:0
    collision:0 txqueuelen:100
    Interrupt:11 Base address:0x10a0

lo
    Link encap:Local Loopback
    inet addr:127.0.0.1 Mask:255.0.0.0
    UP BROADCAST RUNNING MTU:3924 Metric:1
    RX packets:8 errors:0 dropped:0 overruns:0 frame:0
    TX packets:8 errors:0 dropped:0 overruns:0 carrier:0
```

## CHAPTER 15 Quagga와 RIP의 운용

```
         collision:0 txqueuelen:0
         [root@SeoulRouter]# _
```

**STEP 2** 라우팅 테이블 확인 : 다음과 같이 2가지 방법이 모두 가능하다.

ㄱ) 리눅스 콘솔에서의 확인 방법: 다음과 같은 route -n 명령을 입력하여 각 인터페이스에 대한 활성화 상태와 경로 정보를 확인한다.

```
[root@SeoulRouter]# netstat -n
Kernel IP routing table
Destination     Gateway       Genmask          Flags    MSS      Window    Uirtt    Iface
200.0.1.0       0.0.0.0       255.255.255.0    U        1500     0         0        eth0
200.0.251.0     0.0.0.0       255.255.255.0    U        1500     0         0        eth1
127.0.0.0       0.0.0.0       255.0.0.0        U        3584     0         0        eth1
[root@Seoul_Router]#
```

현재 우리가 설정한 Zebra/Quagga라우터는 200.0.1.0 망과 200.0.251.0망을 알고 있다. 여기서 보여지는 Flag의 내용은 다음과 같다.

| U | 해당 라우터 정보가 유효함을 나타낸다. |
|---|---|
| G | Destination에 대한 첫번째 도달 라우터의 주소임을 나타낸다. |
| H | Destination이 자신과 같은 링크에 있음을 나타낸다. |
| S | 라우팅 정보가 시간 제한 없이 존재함을 나타낸다. |

이 수행 결과에서, 이 "서울 라우터"는 두 개의 이더넷 인터페이스 (eth0와 eth1)을 가지며, 각각은 200.0.1.0망과 200.0.251.0망에 직접 연결되어 있음을 각 목적지에 대한 gateway 값 0.0.0.0과 Metric = 0 값, Flag = U로 알 수 있다.[1]

ㄴ) Zebra 콘솔에서의 라우팅 테이블 확인 방법 : 다음과 같이, 서울 라우터의 zebra에서도 경로 정보를 확인할 수 있다.

```
[root@SeoulRouter]# telnet 127.0.0.1 2601
Entering character mode
Escape character is '^]'.
Hello. this is Quagga (version 0.99.12)
Copyright 1996-2005 Kunihiro Ishiguro.
User Access Verification

Password: zebra
Seoul_Zebra>en
Password: zebra
Seoul_Zebra# sh ip route
Codes: K - kernel route, C - connected, S - static, R - RIP, O - OSPF,
       B - BGP, > - selected route, * - FIB route
```

---

1 IP 주소 0.0.0.0은 자기 자신임.

```
C>* 127.0.0.0/8 is directly connected, lo
C>* 200.0.1.0/24 is directly connected, eth0
C>* 200.0.251.0/24 is directly connected, eth1
Seoul_Zebra# exit
[root@SeoulRouter]#
```

이 수행결과에서, 이 "서울 라우터"는 두 개의 이더넷 인터페이스 (eth0와 eth1)을 가지며, 각각은 200.0.1.0망과 200.0.251.0망에 직접 연결되어 있음을 알 수 있다. 여기서, C는 직접 연결된 망임을 나타내며, R은 RIP에 의해 습득된 망임을 표시한다.

**STEP 3** netstat -i 명령어를 입력하여 인테페이스별 정보를 확인한다.

```
[root@Seoul_Router]# netstat -I
Kernel IP routing table
Iface  MTU   Met  RX-OK    RX-ERR  RX-DRP  RX-OVR  TX-OK    TX-ERR  TX-DRP  TX-OVR  Flg
lo     3584  0    1007     0       0       0       1007     0       0       0       BLRU
eth0   1500  0    473269   0       0       0       145031   0       0       0       BRU
eth1   1500  0    103945   0       0       0       78314    0       0       0       BRU
```

현재 우리가 설정한 Zebra/Quagga라우터는 200.0.1.0 망과 200.0.251.0망을 알고 있다. 여기서 보여지는 Flag의 내용은 다음과 같다.

| B | Broadcast 주소가 설정 되었다. |
|---|---|
| L | 이 인터페이스는 loopback이다. |
| R | 인터페이스가 사용중이다. |
| U | 인터페이스가 설정되었다. |

## 15.5 기본 연결 시험

6장에서 다루었던 패킷포워드를 기억하여 다음과 같이 서울 컴퓨터와 금강 컴퓨터간의 연결 시험을 한다. 그리고 각 PC와 라우터에 프로토콜 분석기도 미리 설치한다.

**STEP 1** 단말인 서울 컴퓨터(200.0.1.10)와 금강 컴퓨터(200.0.251.10)에 대하여 적합한 IP 주소들(개별 IP 주소, 서브넷 마스크 및 디폴트 게이트웨이)를 설정한다. 서울컴퓨터의 경우는 다음과 같다.

```
[root@SeoulPC]# ifconfig eth0 200.0.1.10/24 up
[root@SeoulPC]# route add default gw 200.0.1.1
```

**STEP 2** 서울 라우터의 각 인터페이스에 대한 IP 주소(eth0=200.0.1.1; eth1=200.0.251.1)을 설정한다. 이어 다음 명령어를 수행하여 중계 기능을 활성화시킨다. 단 이 설정은 재시동이나 network service가 restart될 때 사라진다.

CHAPTER 15 Quagga와 RIP의 운용

```
[root@SeoulRouter]#sysctl -w net.ipv4.ip_forward=1
```

또는

```
[root@SeoulRouter]#echo 1 > /proc/sys/net/ipv4/ip_forward
```

**STEP 3**  다음 부팅 시에도 패킷 전달 기능이 활성화되도록 하려면 /etc/sysctl.conf 파일의 내용을 다음과 같이 수정한다.

```
[root@SeoulRouter]# vi /etc/sysctl.conf
    ...
    net.ipv4.ip_forward = 1
    ...
[root@SeoulRouter]# sysctl -p /etc/sysctl.conf
[root@SeoulRouter]# service network restart
```

**STEP 4**  각 PC와 Quagga라우터를 크로스 케이블을 사용하여 연결한다. 다이렉트 케이블을 사용하여 연결하는 경우에는 허브가 필요하다.

**STEP 5**  케이블 연결이 완료되었으면 제대로 연결이 되었는지 서울 컴퓨터에서 금강 컴퓨터로 ping시험을 실시한다.

## 15.6  실험 1 : 한 개의 라우터로 구성된 망에서의 기본 실험

라우터의 패킷 전달 기능 (IP Forwarding) 시험과 정을 실습하도록 한다.

### (1) 망 구성

〈그림 15-3〉과 같이 200.0.1.0망과 200.0.251.0망을 연결할 수 있도록 다음과 같이 Zebra/Quagga가 탑재된 라우터를 설정한다. 서울컴퓨터는 200.0.1.10 그리고 경부선망에 있는 금강컴퓨터는 200.0.251.10의 IP 주소를 가진다.

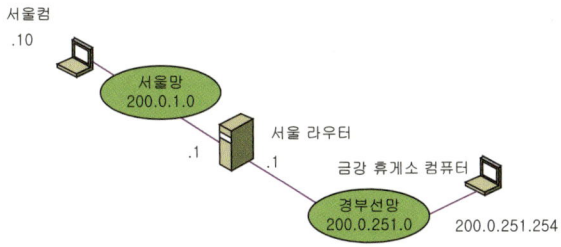

〈그림 15-3〉 한 개의 라우터로 구성된 망

## (2) Zebra RIP 데몬 설정

Seoul_Router에 대한 Zebra RIP 데몬 설정 방법은 다음과 같다. 이 명령어는 상용 라우터에서 사용하는 명령어와 매우 유사하다. 이미 자신의 리눅스 시스템에 Zebra 데몬에 대한 설정이 되어 있다면, (3)항의 RIP 데몬 설정 과정으로 이동한다.

ㄱ) eth0 인터페이스에 대한 IP 주소를 할당한다.

```
[root@SeoulRouter]# telnet 127.0.0.1 2601
Entering character mode
Escape character is '^]'.
Hello. this is zebra (version 0.99.12)
Copyright 1996-2005 Kunihiro Ishiguro.
User Access Verification

Password: zebra
Seoul_Zebra>en
Seoul_Zebra (config)# interface eth0
Seoul_Zebra (config-if)# ?
Negate bandwidth description end exit help ip list multicast no quit shutdown write
Seoul_Zebra (config-if)# ip address 200.0.1.1/24
Seoul_Zebra (config-if)#exit
Seoul_Zebra (config)#exit
Seoul_Zebra #
```

ㄴ) 이 또 다른 인터페이스인 eth1의 IP 주소도 같은 방법으로 200.0.251.1/24를 설정하도록 한다.

```
Seoul_Zebra# conf t
Seoul_Zebra(config)# int eth1
Seoul_Zebra(config-if)# ip address 200.0.251.1/24
Seoul_Zebra(config-if)#exit
Seoul_Zebra(config)#exit
Seoul_Zebra#
```

ㄷ) sh run(show running-config)를 입력하면, 지금까지 설정한 내용을 확인할 수 있다.

```
Seoul_Zebra# sh run
Current configuration:
!
hostname Seoul_Zebra
password zebra
log stdout
!
interface lo
!
interface brg0
!
interface eth0
ip address 200.0.1.1/24
!
interface eth1
```

CHAPTER 15 Quagga와 RIP의 운용

```
ip address 200.0.251.1/24
!
line vty
!
end
Seoul_Zebra# copy run start
Seoul_Zebra# exit
Connection closed by foreign host
[root@SeoulRouter]#_
```

ㄹ) 지금까지 설정한 내용인 running-config를 startup-config로 저장하기 위하여, copy run start라는 명령어를 실행한 후, exit명령으로 zebra에서 리눅스로 복귀한다.

### (3) Zebra RIP 데몬 설정

ㄱ) RIP 데몬의 설정을 위하여, telnet으로 ripd에 접속한다. RIP 데몬의 포트 번호는 2602번이다. 어떤 명령어가 지원되는지 '?' 로 확인한다.

```
[root@SeoulRouter]#telnet 127.0.0.1 2602
Entering character mode
Escape character is '^]'.
Hello. this is zebra (version 0.99.12)
Copyright 1996-2005 Kunihiro Ishiguro.
User Access Verification

Password:zebra
ripd> ?
enable exit help list quit show terminal who
ripd> show
% Command Incomplete
ripd> show ?
history ip memory version
ripd> show ip
% Command Incomplete
ripd>show ip ?
prefix-list protocols rip
ripd> show ip rip
Codes: R - RIP, C - connected, O ? OSPF, B - BGP
      Network          Next Hop         Metric     From            Time
ripd>
```

ㄴ) 다음과 같이 enable하여, RIP 데몬의 이름과 network을 설정한다. 참고로 redistribute connected 항목도 설정한다.

```
ripd>en
ripd# ?
clear configure copy debug disable end exit help list no quit show terminal who write
ripd# conf t
ripd(config)#?
access-list banner debug enable end exit help hostname interface ip key line list log no password quit  route-map
```

539

```
router service show write
ripd(config)#hostname Seoul_RIPd
Seoul_RIPd(config)#router ?
 rip  zebra
Seoul_RIPd (config)#router rip
Seoul_RIPd (config-router)# ?
default-information default-metric distribute-list end exit help list neighbor network no offset-list passive-interface quit
redistribute route timers version write
Seoul_RIPd (config-router)# network 200.0.1.0/24 // 또는 eth0
Seoul_RIPd (config-router)# network 200.0.251.0/24 //또는 eth1
Seoul_RIPd (config-router)# redistribute connected
Seoul_RIPd (config-router)# redistribute kernel
Seoul_RIPd (config-router)#
```

ㄷ) Ctrl + Z 를 입력하거나 또는 exit 명령어를 반복 사용하여 ripd의 초기 프롬프트 단계로 이동한다. 이어 설정한 내용을 확인하기 위해서는 sh run을 입력하여 지금까지 설정한 내용을 확인한다. 지금까지 설정된 내용인 running-config를 startup-config로 저장한다.

```
Seoul_RIPd# show ?
debugging history ip memory running-config startup-config version
Seoul_RIPd# sh run
Current configuration:
!
hostname Seoul_RIP
password zebra
log stdout
!
interface lo
!
interface brg0
!
interface eth0
ip rip send version 2
ip rip receive version 2
!
interface eth1
ip rip send version 2
ip rip receive version 2
!
router rip
timer basic 10 60 40
redistribute connected
network 200.0.1.0/24
network 200.0.251.0/24
!
line vty
!
end
Seoul_RIPd# copy run start
Seoul_RIPd# exit
Connection closed by foreign host
[root@SeoulRouter]#
```

### (4) RIP 데몬의 실행

**STEP 1** zebrad, ripd 등이 이미 실행되고 있는지 다음과 같이 확인한다.

```
[root@SeoulRouter]# ps -aux
```

만약 실행이 안되고 있다면 다음과 같이 RIP 데몬을 실행한다.

```
[root@SeoulRouter]# ripd -d
```

**STEP 2** 각 인터페이스의 설정값들을 확인하기 위하여 다음과 같은 명령어를 입력한다. 이더넷 물리 주소와 IP 주소 및 서브넷 마스크 그리고 MTU 등을 확인할 수 있다. eth1에 대해서도 같은 방법으로 확인한다.

```
[root@SeoulRouter]#ifconfig eth0
eth0  Link encap:Ethernet Hwaddr 00:01:03:45:EE:D7
inet addr:200.0.1.1 Bcast:200.0.1.255 Mask:255.255.255.0
UP BROADCAST RUNNING MULTICAST MTU:1500 Metric:1
[root@SeoulRouter]#
```

**STEP 3** 라우팅 테이블 확인 : 다음과 같이 세 가지 방법이 모두 가능하다.

ㄱ) 리눅스에서의 확인 방법 : 다음과 같은 route -n 명령을 입력하여, 각 인터페이스에 대한 활성화 상태와 경로정보를 확인할 수 있다.

```
[root@Seoul_Router]# route -n
Kernel IP routing table
Destination     Gateway        Genmask         Flags  Metric  Ref   Use   Iface
200.0.251.0     0.0.0.0        255.255.255.0   U      0       0     0     eth1
200.0.1.0       0.0.0.0        255.255.255.0   U      0       0     0     eth0
[root@Seoul_Router]#
```

이 수행결과에서, 이 "서울 라우터"는 두 개의 이더넷 인터페이스(eth0와 eth1)을 가지며, 각각은 200.0.1.0망과 200.0.251.0망에 직접 연결되어 있음을 각 destination에 대한 gateway 값 0.0.0.0과 Metric = 0 값, Flag = U로 알 수 있다.[2]

ㄴ) Zebra에서의 라우팅 테이블 확인 방법 : 다음과 같이 서울 라우터의 zebra에서도 경로 정보를 확인할 수 있다.

```
[root@SeoulRouter]# telnet 127.0.0.1 2601
Entering character mode
Escape character is '^]'.
Hello. this is zebra (version 0.99.12)
Copyright 1996-2005 Kunihiro Ishiguro.
User Access Verification
```

---

[2] IP 주소 0.0.0.0은 자기 자신임.

```
Password: zebra
Seoul_Zebra>en
Password: zebra
Seoul_Zebra# sh ip route
Codes: K - kernel route, C - connected, S - static, R - RIP, O - OSPF,
       B - BGP, > - selected route, * - FIB route

C>* 127.0.0.0/8 is directly connected, lo
R   200.0.1.0/24 [110/10] is directly connected, eth0, 00:14:31
C>* 200.0.1.0/24 is directly connected, eth0
R   200.0.251.0/24 [110/10] is directly connected, eth1, 00:14:31
C>* 200.0.251.0/24 is directly connected, eth1
Seoul_Zebra# exit
[root@SeoulRouter]#
```

이 수행 결과에서 "서울 라우터"는 두 개의 이더넷 인터페이스(eth0와 eth1)을 가지며, 각각은 200.0.1.0망과 200.0.251.0망에 직접 연결되어 있음을 알 수 있다. 여기서 C는 직접 연결된 망임을 나타내며, R은 RIP에 의해 습득된 망임을 표시한다.

ㄷ) RIP 데몬에서의 라우팅 테이블 확인 방법: 다음과 같이 서울 라우터의 RIP 데몬에서도 경로 정보를 확인할 수 있다.

```
[root@SeoulRouter]#telnet 200.0.1.1 2602
Entering character mode
Escape character is '^]'.
Hello. this is zebra (version 0.99.12)
Copyright 1996-2005 Kunihiro Ishiguro.
User Access Verification

Password:zebra
Seoul_RIPd> en
Seoul_RIPd# show ip rip
Codes: R ? RIP, C ? connected, O ? OSPF, B - BGP
       Network          Next Hop         Metric    From          Time
c      200.0.1.0/24                      1
c      200.0.251.0/24                    1
```

### (5) RIP 데몬의 실행

**STEP 1**  RIP 패킷을 프로토콜 분석기로 수집한다[3]. 수집된 패킷을 분석하면 〈그림 15-4〉와 같은 순서로 동작함을 알 수 있다.

---

[3] 이 경우 라우터 한 개만 동작하므로 RIP 등의 라우팅 프로토콜이 필요없지만 RIP 패킷의 구조를 알아보기 위함

CHAPTER 15 Quagga와 RIP의 운용

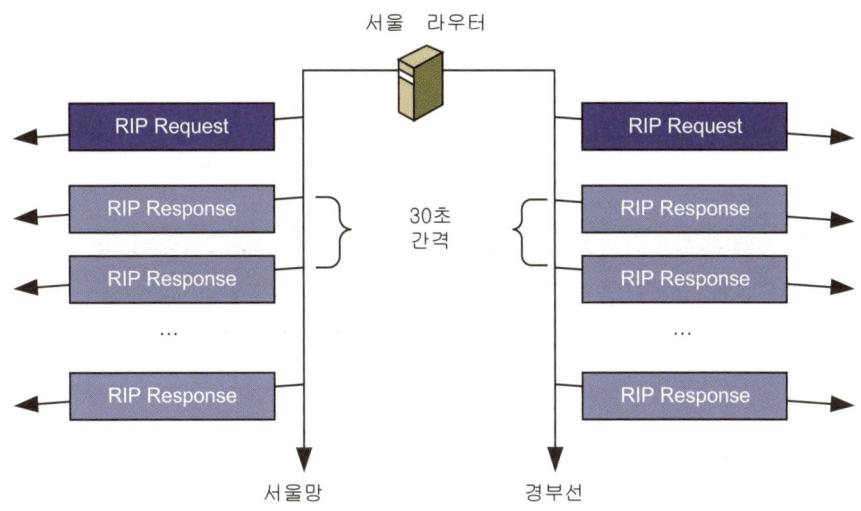

〈그림 15-4〉 RIP 패킷의 흐름

**STEP 2** 각 프레임의 상세는 다음과 같다.

ㄱ) RIP Request 메시지 : routed가 기동되면 즉시 주변 라우터가 가진 라우팅 정보를 요청하기 위해 RIP request 패킷을 모든 인터페이스로 송신한다. 다음 그림은 200.0.1.1 인터페이스(eth0)에서 multicast되는 RIP v2의 request 메시지를 수집하여 분석한 예이다. 이 request 메시지는 다른 이더넷 인터페이스에서도 역시 전송된다.

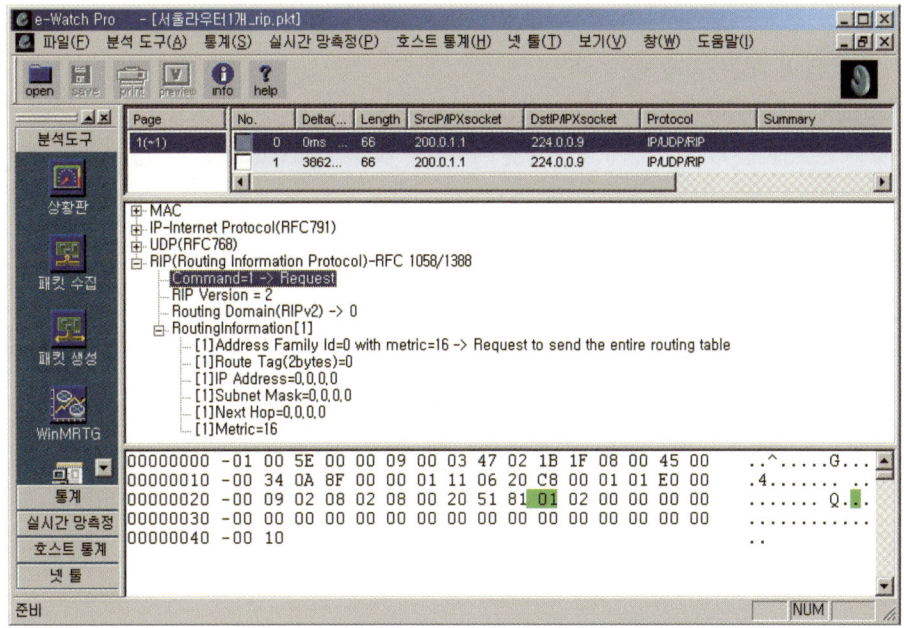

ㄴ) 이후 30초마다 주기적으로 자신의 라우팅 테이블을 다음 그림과 같은 RIP Response 메시지 형식으로 양쪽 인터페이스를 통하여 방송한다. 여기서 라우팅 정보영역 2개는 각각 200.0.1.0 서울망과 200.0.251.0 경부선망에 대한 라우팅 정보이다. 각 라우팅 정보의 next hop 영역은 모두 0.0.0.0이며, metric=1로 되어 있는데, 이것은 자신이 직접 연결된 200.0.1.0망과 200.0.251.0망에 대해서는 모두 이 라우터가 지원할 수 있음을 나타낸다.

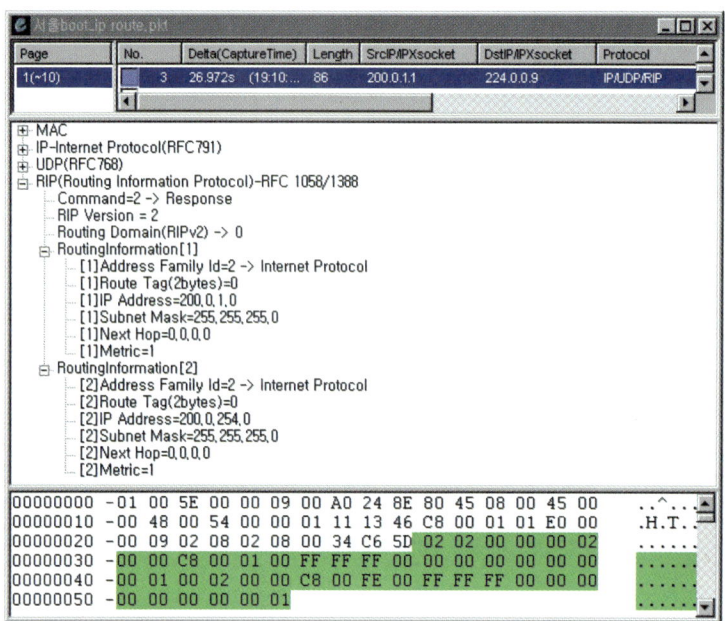

### (6) 라우터의 패킷 중계 동작 확인

**STEP 1** 서울 컴퓨터에서 라우터 인터페이스인 200.0.1.1과 200.0.251.1 그리고 경부선망에 있는 단말인 200.0.251.10에 대한 도달 가능성을 ping으로 검사한다. 만약, 이 라우터의 설정이 합당하면, 라우터를 경유한 ICMP 메시지의 전달이 가능할 것이다.

**STEP 2** 다음과 같이 서울 라우터의 eth1의 동작을 disable시킨 후 ping을 해 보아라. 어떠한 결과가 발생되는가? (아마, ICMP unreachable 등의 메시지가 발생할 것이다)

`[root@SeoulRouter]# ifconfig eth1 down`

## 15.7 실험 2 : 두 개의 라우터로 구성된 망에서의 기본 실험

두 개의 라우터로 연결된 망에 대하여 RIP에 의한 라우팅 테이블의 갱신 과정을 확인한다.

### (1) 망 구성

〈그림 15-5〉와 같이, 부산 라우터와 부산망을 추가 설치한다.

# CHAPTER 15 Quagga와 RIP의 운용

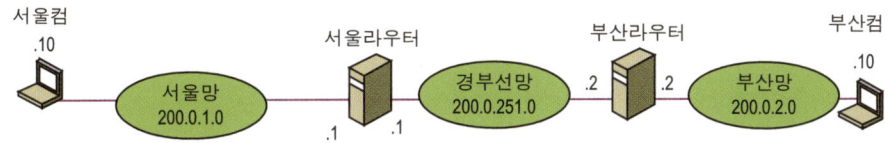

〈그림 15-5〉 2개 라우터로 구성된 망

## (2) 부산 라우터의 설정

**STEP 1** 서울 라우터에서 Zebra RIPd 실행한다[4]. 이때 서울 라우터에 대한 Zebra 설정이 제대로 수행되었는지 "show run" 명령으로 확인한다. 〈그림 15-6〉은 그 예이다.

```
[root@SeoulRouter]#telnet 127.0.0.1 2602
Entering character mode
Escape character is '^]'.
Hello. this is zebra (version 0.91a)
Copyright 1996-2001 Kunihiro Ishiguro.
User Access Verification
Password:zebra
Seoul_RIPd> en
Seoul_RIPd# show run
Current configuration:
!
hostname Seoul_RIP
password zebra
log stdout
!
interface lo
!
interface brg0
!
interface eth0
ip rip send version 2
ip rip receive version 2
!
interface eth1
ip rip send version 2
ip rip receive version 2
!
interface rip
!
router rip
timer basic 10 60 40
redistribute connected
network 200.0.1.0/24
network 200.0.251.0/24
```

---

[4] zebra를 정상적으로 설치하였다면 ripd는 부팅과 함께 자동 실행된다.

```
!
line vty
!
end
Seoul_RIPd#
```

<그림 15-6> 서울 라우터의 zebra 설정 예

RIP용 timer는 periodic 타이머, expiration 타이머(timeout 타이머), Garbage collection 타이머 등이 있는데, 각각 10,60,40초로 설정하였음을 보인다. 사실 기본값은 30,180,120초이지만 신속한 실험진행을 위하여 이렇게 설정한 것이다.

**STEP 2**  서울 라우터의 현재 라우팅 테이블의 내용을 알아본다. 서울 라우터에서 route ?n 명령을 입력하여 각 인터페이스에 대한 활성화 상태와 경로정보를 다음의 예와 같이 확인한다. (아직 부산 라우터는 부팅하지 않은 상태이다.)

```
[root@Seoul_Router]# route -n
Kernel IP routing table
Destination     Gateway         Genmask         Flags   Metric  Ref     Use     Iface
200.0.251.0     0.0.0.0         255.255.255.0   U       0       0       0       eth1
200.0.1.0       0.0.0.0         255.255.255.0   U       0       0       0       eth0
[root@Seoul_Router]#
```

<그림 15-7> 서울 라우터만 동작할 경우의 라우팅 테이블 내용

**STEP 3**  부산 라우터 Zebra의 RIPd 실행한다. 이때의 부산 라우터에 대한 Zebra의 설정 결과의 예는 다음과 같이 확인할 수 있다.

```
Pusan_RIPd# show run
Current configuration:
!
hostname Pusan_RIPd
password zebra
log stdout
!
interface eth0
 ip rip send version 2
 ip rip receive version 2
!
interface eth1
 ip rip send version 2
 ip rip receive version 2
!
interface rip
!
router rip
 timer basic 10 60 40
 redistribute connected
 network 200.0.2.0/24
 network 200.0.251.0/24
```

## CHAPTER 15 Quagga와 RIP의 운용

```
!
line vty
!
end
Pusan_RIPd#
```

〈그림 15-8〉 부산 라우터의 zebra 설정 예

**STEP 4** 부산 라우터가 부팅된 다음, 서울 라우터의 라우팅 테이블 내용의 갱신된 내용을 검사한다. 부산 라우터가 부팅되기 이전에는 부산망(200.0.2.0)이 서울 라우터에서는 unreachable 했었다. 하지만 다음의 세 번째 entry 내용에서 부산망이 도달 가능하게 되었음을 알 수 있다. 즉 부산망은 서울 라우터에서 부산 라우터(200.0.251.2)를 거쳐 2 hop에 도달 가능함을 flag G로부터 알 수 있다.

```
[root@Seoul_Router]# route -n
Kernel IP routing table
Destination     Gateway         Genmask         Flags   Metric  Ref     Use     Iface
200.0.251.0     0.0.0.0         255.255.255.0   U       0       0       0       eth1
200.0.1.0       0.0.0.0         255.255.255.0   U       0       0       0       eth0
200.0.2.0       200.0.251.2     255.255.255.0   UG      2       0       0       eth0
[root@Seoul_Router]#
```

〈그림 15-9〉 서울 라우터의 갱신된 라우팅 테이블의 내용

**STEP 5** 부산컴(200.0.2.10)에서 서울컴(200.0.1.10)으로의 도달 가능성 및 경로 정보를 다음과 같이 확인해 본다.[5]

```
[root@PusanCom]# tracert 200.0.1.10
Tracing route to 200.0.1.2 over a maximum of 30 hops
Kernel IP routing table
1    <10 ms        <10 ms        <10 ms        200.0.2.2
2    <10 ms        1 ms          <10 ms        200.0.251.1
3    <10 ms        1 ms          <10 ms        200.0.1.10
Trace complete.
[root@PusanCom]#
```

**STEP 6** 부산컴에서 telnet을 사용하여 서울 라우터의 ripd에 접속을 해 본다. 여기서 show ip rip 명령어를 사용하여 서울 라우터의 라우팅 테이블 내용을 확인한다. 물론 2602는 ripd용 접속 포트 번호이다. 원격에 있는 라우터를 설정할 수 있음을 알 수 있다.

---

[5] 사용하는 운영체제에 따라서 traceroute, tracert라고 명령어의 형태가 약간 다를 수는 있다.

```
[root@PusanCom]# telnet 200.0.1.1 2602
Entering character mode
Escape character is '^]'.
Hello. this is zebra (version 0.91a)
Copyright 1996-2001 Kunihiro Ishiguro.
User Access Verification
Password:zebra
Seoul_RIPd> en
Seoul_RIPd# show ip rip
Codes: R - RIP, C - connected, O - OSPF, B - BGP
      Network          Next Hop        Metric    From           Time
C     200.0.1.0/24                     1
R     200.0.2.0/24     200.0.251.2     2         200.0.251.2    00:58
C     200.0.251.0/24                   1
```

위의 라우팅 테이블이 나타내고 있는 정보를 알아보면 다음과 같다. Flag가 C인 200.0.1.0/24(서울망)과 200.0.251.0/24(경부선망)은 서울 라우터에 직접 연결이 되어있음을 나타낸다. 반면에, Flag가 R인 200.0.2.0/2(부산망)에 대한 경로정보는 부산 라우터가 보낸 RIP 패킷에 의해 동적으로 추가된 망 정보임을 표시한다. 부산망은 200.0.251.2(부산 라우터)를 경유하면 2홉에 도달할 수 있는 망임을 알 수 있다. 이러한 정보는 앞으로 58초 동안 유효한데 이 기간 내에 부산 라우터(200.0.251.2)가 RIP 패킷을 다시 보내오지 않으면 이 라우팅 정보는 폐기될 수 있다.

**STEP 7** 서울컴에서 부산컴(200.0.2.10)으로의 도달가능성 및 경로 정보를 다음 명령을 사용하여 확인하라.

## 15호  실험 3 : Split Horizon 동작 절차 분석

**STEP 1** Zebra에서는 기본적으로 split-horizon 기능이 활성화되어 있다. 서울 라우터에서 경부선망에 연결된 eth1에 대해서만 split-horizon 기능을 disable시켜 보도록 한다. 다음과 같이 eth1에 "no ip split-horizon"를 설정하도록 한다.

```
Seoul_RIPd# show run
Current configuration:
!
hostname Seoul_RIPd
password zebra
log stdout
!
interface lo
!
interface brg0
!
interface eth0
 ip rip send version 2
 ip rip receive version 2
```

## CHAPTER 15 Quagga와 RIP의 운용

```
!
interface eth1
  no ip split-horizon
 ip rip send version 2
 ip rip receive version 2
!
interface rip
!
router rip
 timer basic 10 60 40
 redistribute connected
 network 200.0.1.0/24
 network 200.0.251.0/24
!
line vty
!
end
Seoul_RIPd#
```

또는 다음과 같은 명령어를 사용하여 no split-horizon으로 설정할 수도 있다.

```
Seoul_RIPd> en
Seoul_RIPd# conf t
Seoul_RIPd (config)# interface eth1
Seoul_RIPd (config-if)# no ip split-horizon
```

**STEP 2** 서울 라우터와 부산 라우터가 각각 송신하는 RIP 패킷들을 수집하여 비교한다. 경부선망 인터페이스의 Split Horizon 기능이 disable되어 있는 서울 라우터가 부산 라우터로 송신하는 RIP 패킷에는 서울망(200.0.1.0/24)뿐만 아니라 부산망(200.0.2.0/24)에 대한 정보도 함께 전달됨을 알 수 있다. 만약 split-horizon이 활성화되어 있었다면 부산망과 경부선망에 대한 정보는 없어야 할 것이다.

반면에 Split Horizon이 활성화된 부산라우터가 송신하는 RIP 패킷에는 서울망(200.0.1.0/24)과 경부선망(200.0.251.0/24)에 대한 정보는 생략되어 있음을 볼 수 있다.

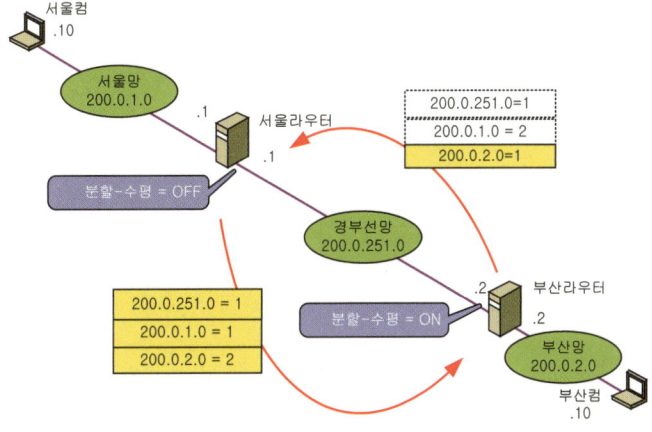

〈그림 15-10〉 Split Horizon 실험

서울 라우터와 부산 라우터가 각각 송신한 RIP 패킷의 내용은 다음과 같다. 서울 라우터가 보낸 메시지에는 3개의 모든 망에 대한 정보가 모두 있는 반면에, 부산 라우터가 송신한 RIP 메시지에는 자신이 가장 잘 알고 있는 부산망에 대한 정보만 있는 것을 알 수 있다. 즉 부산 라우터는 자신의 인터페이스 eth1으로 받아들인 정보들은 다시 eth1를 통해서 전송하지 않는 방법이 split-horizon이다[6].

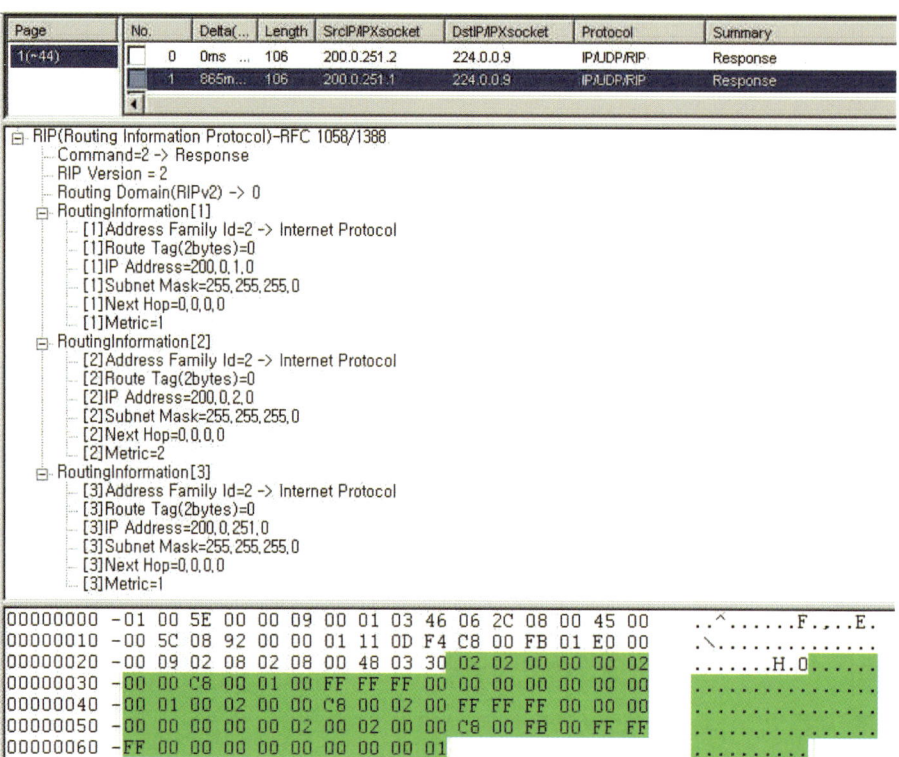

〈그림 15-11〉 서울 라우터가 보낸 패킷의 내용

---

[6] Poison Reverse 기능은 zebra를 이용한 ripd에서는 설정할 수 있는 방법이 없다.

CHAPTER 15 Quagga와 RIP의 운용

```
Page      No.   Delta(...  Length   SrcIP/IPXsocket   DstIP/IPXsocket   Protocol      Summary
1(~36)    0     0ms ...    66       200.0.251.2       224.0.0.9         IP/UDP/RIP    Response
          1     4.857...   66       200.0.251.1       224.0.0.9         IP/UDP/RIP    Response
          2     5.154...   66       200.0.251.2       224.0.0.9         IP/UDP/RIP    Response
```

```
⊞ MAC
⊞ IP-Internet Protocol(RFC791)
⊞ UDP(RFC768)
⊟ RIP(Routing Information Protocol)-RFC 1058/1388
    — Command=2 -> Response
    — RIP Version = 2
    — Routing Domain(RIPv2) -> 0
    ⊟ RoutingInformation[1]
        — [1]Address Family Id=2 -> Internet Protocol
        — [1]Route Tag(2bytes)=0
        — [1]IP Address=200.0.2.0
        — [1]Subnet Mask=255.255.255.0
        — [1]Next Hop=0.0.0.0
        — [1]Metric=1

00000000  -01 00 5E 00 00 09 00 01 03 46 05 70 08 00 45 00   ..^......F.p..E.
00000010  -00 34 12 87 00 00 01 11 04 26 C8 00 FB 02 E0 00   .4.......&......
00000020  -00 09 02 08 02 08 00 20 8D 8A 02 02 00 00 00 02   .............
00000030  -00 00 C8 00 02 00 FF FF FF 00 00 00 00 00 00 00   ................
00000040  -00 01                                              ..
```

〈그림 15-12〉 부산 라우터가 보낸 패킷의 내용

## 15.9  실험 4 : Triggered update 동작 절차

**STEP 1**  다음과 같이, 서울 라우터에 연결된 서울망이 불통되는 경우를 생각해보자.

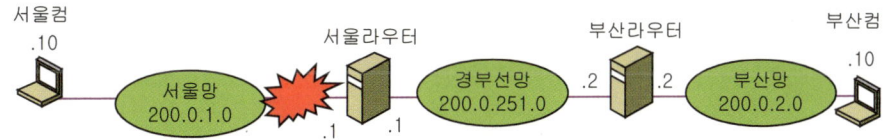

〈그림 15-13〉 Triggered update와 Poison Reverse 기능 시험을 위한 망 구성도

이러한 상황을 만들기 위하여, 다음과 같이 서울 라우터의 서울망 인터페이스인 eth0의 split horizon 기능을 disable시킨 다음[7], 이 인터페이스를 down시킨다.

[root@SeoulRouter]# ifconfig eth0 down

**STEP 2**  이 때, 송신되는 RIP 패킷을 수집한다. RIP는 기본적으로 triggered update 방식으로 동작하기 때문에, 서울망이 불통되는 경우, 서울 라우터는 〈그림 15-14〉과 같이, 서울망(200.0.1.0/24)이 단절되었음을 표시하는 200.0.1.0의 metric이 16인 RIP 패킷을 이웃에게 즉시 전송됨을 알 수 있다.

---

[7] Split Horizon의 설정 여부에 관계없이 변경된 내용만 전달된다. 이를 확인하려면, Split horizon을 On시킨 경우와 Off로 설정한 경우에 대하여, 송신되는 triggerd update 패킷을 확인해 보면, 동일한 메시지가 송신됨을 알 수 있다.

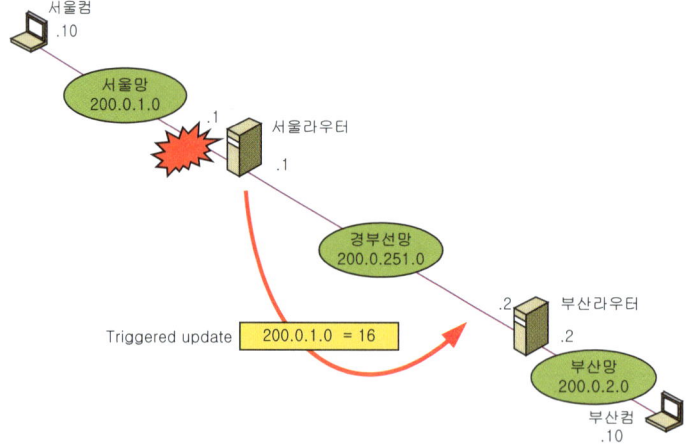

〈그림 15-14〉 서울망이 단절된 경우 송신되는 RIP 패킷

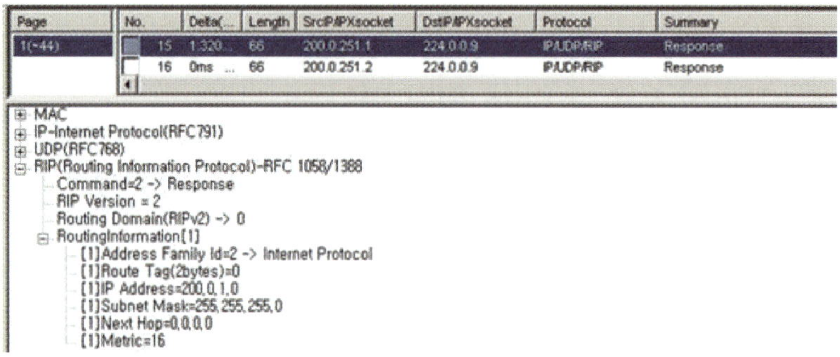

〈그림 15-15〉 서울망이 단절된 경우 서울 라우터가 방송하는 triggered update 패킷

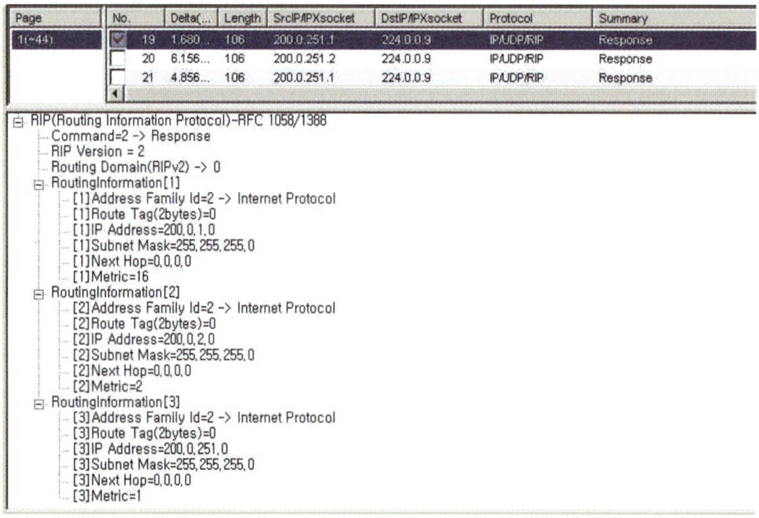

〈그림 15-16〉 Triggered update 이후, 서울 라우터가 송신하는 RIP 메시지

# CHAPTER 15 Quagga와 RIP의 운용

**STEP 3** 서울 라우터의 라우팅 테이블 내용을 다음과 같이 시간차를 두고 연속 확인한다.

```
Seoul_RIPd# show ip rip
Codes: R - RIP, C - connected, O - OSPF, B - BGP

      Network           Next Hop        Metric      From            Time
C     200.0.1.0/24                      1
R     200.0.2.0/24      200.0.251.2     2           200.0.251.2     00:58
C     200.0.251.0/24                    1

Seoul_RIPd# show ip rip
Codes: R - RIP, C - connected, O - OSPF, B - BGP

      Network           Next Hop        Metric      From            Time
C     200.0.1.0/24                      16                          00:38
R     200.0.2.0/24      200.0.251.2     2           200.0.251.2     00:58
C     200.0.251.0/24                    1

Seoul_RIPd# show ip rip
Codes: R - RIP, C - connected, O - OSPF, B - BGP

      Network           Next Hop        Metric      From            Time
C     200.0.1.0/24      200.0.251.2     2           200.0.251.2     00:47
R     200.0.251.0/24                    1
Seoul_RIPd#
```

위의 결과로 부터 다음 사항을 알 수 있다.
- 첫 번째 라우팅 테이블은 정상적인 상태이다.
- 이런 상태를 유지하다가 서울망이 끊어지면 서울 라우터는 200.0.1.0/24(서울망)에 대해서는 metric을 16으로 설정하고, garbage collection 타이머가 개시한다.(여기서는 40초로 설정하였다.) 또한, triggered update로 해당 상황을 이웃 라우터에게 송신한다.
- 두 번째 라우팅 테이블은 garbage collection 타이머가 동작한 후 2초 후에 보여진 라우팅 테이블이다. 시간이 38초로 표시되고 있다.
- 세 번째 라우팅 테이블은 garbage collection 타이머(40초)가 만기된 이후 expiration 타이머(timeout 타이머) (60초)도 만기되면 라우팅 테이블에서 해당목록 (200.0.1.0/24)는 삭제되었음을 알 수 있다.

**STEP 4** 서울망 인터페이스를 up시키는 경우, STEP 1부터 동일한 절차를 수행하고 어떤 변화가 있는지 설명하라.

## 15.10  실험 5 : 경부선이 단절된 경우

라우터간 링크가 단절되면 이 링크에 연결된 라우터들은 이 사실을 즉시 알 수 없다. 이 경우 Expiration timer와 garbage collection timer에 의해 뒤늦게 라우팅 테이블이 갱신된다.

**STEP 1**  부산 라우터의 경부선측 인터페이스인 eth1 (200.0.251.2)를 다음과 같이 down시킨다.

```
[root@PUSAN_Router]# ifconfig eth1 down
```

Zebra에서는 기본적으로 triggered update 방법이 작동한다. 따라서 부산 라우터는 즉시 이 사실을 서울 라우터에 알린다. 하지만 이미 경부선 링크가 단절되었으므로, 이 사실을 서울 라우터에게 전달할 수 없다. 결국 서울 라우터는 RIP용 타이머의 만기에 의해 나중에 알게 된다. 이러한 과정을 확인해 본다.

다음과 같이 서울 라우터의 라우팅 테이블을 연속해서 확인해 본다.

```
Seoul_RIPd# show ip rip
Codes: R - RIP, C - connected, O - OSPF, B - BGP

     Network         Next Hop        Metric    From           Time
C    200.0.1.0/24                    1
R    200.0.2.0/24    200.0.251.2     2         200.0.251.2    00:02 ①
C    200.0.251.0/24                  1

Seoul_RIPd# show ip rip
Codes: R - RIP, C - connected, O - OSPF, B - BGP

     Network         Next Hop        Metric    From           Time
C    200.0.1.0/24                    1
R    200.0.2.0/24    200.0.251.2     16        200.0.251.2    00:19 ②
C    200.0.251.0/24                  1

Seoul_RIPd# show ip rip
Codes: R - RIP, C - connected, O - OSPF, B - BGP

     Network         Next Hop        Metric    From           Time
C    200.0.1.0/24                    1         200.0.251.2    00:47
R    200.0.251.0/24                  1
Seoul_RIPd#
```

㉠ 부산망으로부터 RIP 패킷들이 도착하지 않아 부산망에 대한 라우팅 정보가 유효한 기간이 겨우 2초 남았다. 즉, Expiration timer가 만기되려고 한다.

㉡ Expiration timer가 만기되어 부산망에 대한 metric은 16으로 설정된다. 그리고 만기될 때 기동시킨 garbage collection timer의 만기시간도 겨우 19초 남았다.

㉢ 19초 이후, 라우팅 테이블을 확인했을 때 부산망에 대한 정보가 사라졌음을 확인할 수 있다.

## 15.11 실험 6 : 세 개의 라우터가 일렬로 연결된 망

지금까지 실험한 2개의 라우터에 의한 망을 확장하여, 3개의 라우터가 일렬로 연결된 망에 대하여 RIP에 의한 라우팅 테이블 갱신과정을 확인해 본다. 광주 라우터가 추가된 것 외에는 앞에서의 과정과 동일하다.

**STEP 1** 다음과 같이 서울, 부산, 광주 라우터들을 일렬로 연결한다. 이것은 앞에서 다루었던 2개의 라우터로 구성한 망에 광주 라우터와 광주망을 추가한 것에 불과하다. 실험을 간단히 하기 위하여 부산망은 연결하지 않아도 된다.

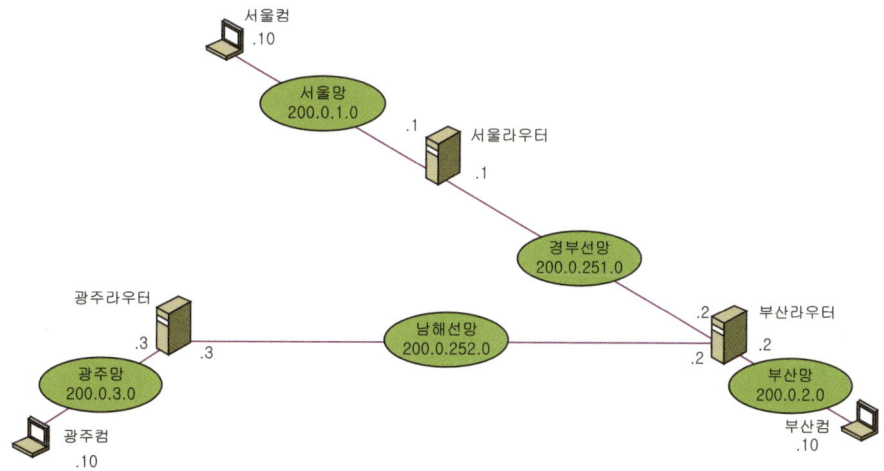

〈그림 15-17〉 3대의 라우터를 이용한 실험의 망 구성도

**STEP 2** 서울 라우터의 라우팅 테이블 갱신 과정을 다음과 같이 연속해서 확인한다.

```
Seoul_RIPd# show ip rip
Codes: R - RIP, C - connected, O - OSPF, B - BGP

      Network            Next Hop         Metric      From              Time
C     200.0.1.0/24                        1
C     200.0.251.0/24                      1

Seoul_RIPd# show ip rip
Codes: R - RIP, C - connected, O - OSPF, B - BGP

      Network            Next Hop         Metric      From              Time
C     200.0.1.0/24                        1
C     200.0.251.0/24                      1
R     200.0.252.0/24     200.0.251.2      2           200.0.251.2       00:10 ①

Seoul_RIPd# show ip rip
Codes: R - RIP, C - connected, O - OSPF, B - BGP

      Network            Next Hop         Metric      From              Time
C     200.0.1.0/24                        1
R     200.0.3.0/24       200.0.251.2      3           200.0.251.2       00:19 ②
C     200.0.251.0/24                      1
R     200.0.252.0/24     200.0.251.2      2           200.0.251.2       00:10
Seoul_RIPd#
```

위의 그림을 보듯이 서울 라우터는 인접한 망의 정보만 저장되어 있었다. 이후 부산 라우터로부터 전달되는 남해선에 대한 정보를 추가한다. 최종적으로 광주망에 대한 정보가 추가됨을 알 수 있다.

**STEP 3** 서울 라우터의 라우팅 테이블을 확인하여 경부선, 남해선, 광주망에 대한 경로 정보가 완전히 갱신되었는지 확인한다.

```
[root@Seoul_Router]# route -n
Kernel IP routing table
Destination     Gateway         Genmask         Flags    Metric    Ref    Use    Iface
200.0.251.0     0.0.0.0         255.255.255.0   U        0         0      0      eth1
200.0.252.0     200.0.251.2     255.255.255.0   UG       2         0      0      eth1
200.0.1.0       0.0.0.0         255.255.255.0   U        0         0      0      eth0
200.0.3.0       200.0.251.2     255.255.255.0   UG       3         0      0      eth1
[root@Seoul_Router]#
```

**STEP 4** 서울컴에서 광주컴으로의 tracert 시험 (또는 ping)을 수행하여 모든 라우터의 정상적인 동작을 확인하도록 한다.

CHAPTER 15 Quagga와 RIP의 운용

```
[root@PusanCom]# tracert 200.0.1.10
Tracing route to 200.0.1.2 over a maximum of 30 hops
Kernel IP routing table
1      <10 ms        <10 ms        <10 ms        200.0.1.1
2      <10 ms        1 ms          <10 ms        200.0.251.2
3      <10 ms        1 ms          <10 ms        200.0.252.3
4      <10 ms        <10 ms        <10 ms        200.0.2.10
Trace complete.
[root@PusanCom]#
```

**STEP 5** 이 과정에서 경부선과 남해선상에서 전송되는 RIP 패킷들을 수집하여 분석한다. Split horizon이 off된 경우, 광주 라우터가 남해선으로 송신한 RIP 패킷의 예이다. 서울망은 Metric=3이며, 직접 연결된 광주망과 남해선은 metric=1, 경부선은 metric=2임을 알 수 있다.

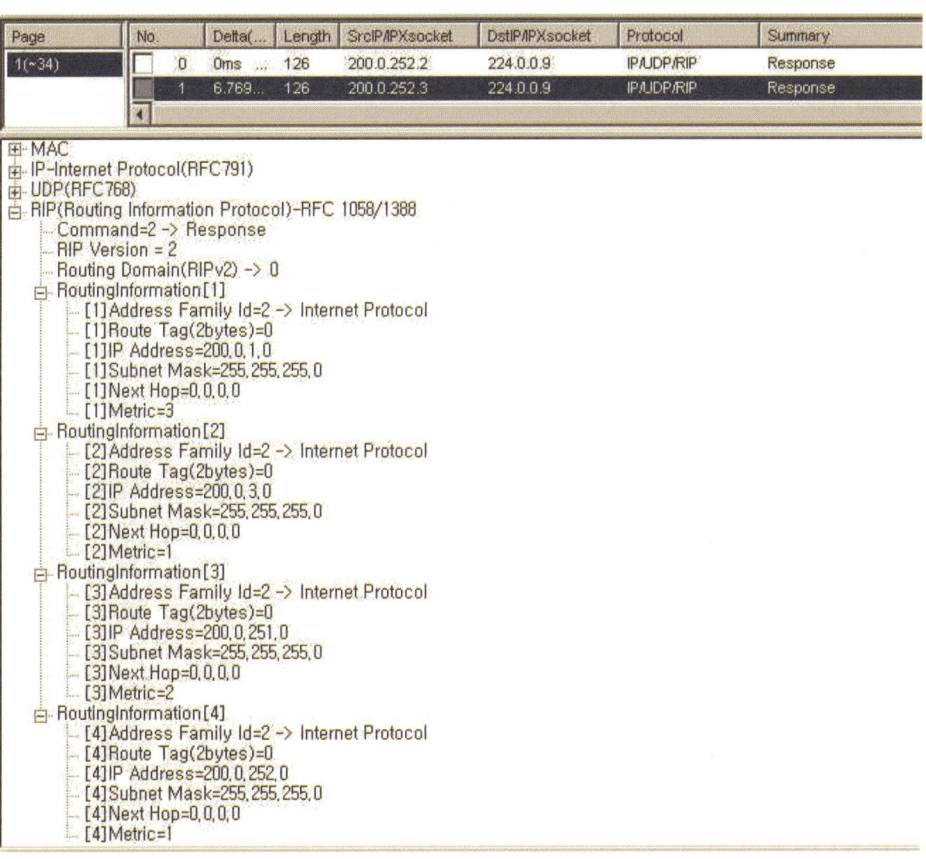

## 15.12 실험 7 : 세 개의 라우터로 완전히 구성된 망

**STEP 1** 다음과 같이 서울-부산-광주 라우터들을 full mesh 형태로 연결한다.

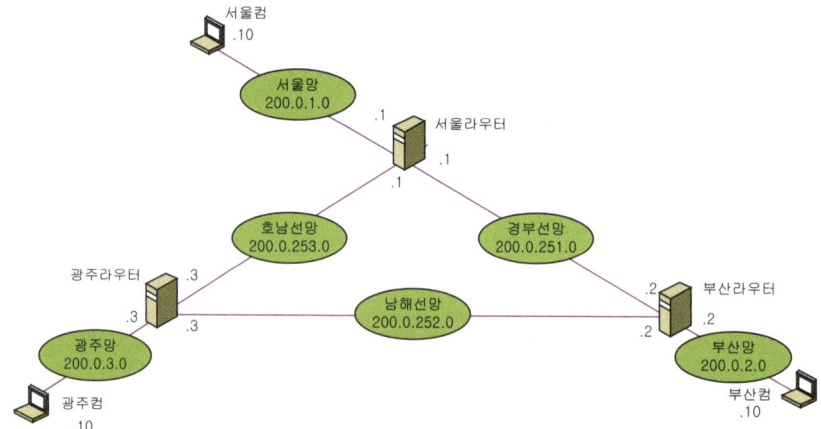

〈그림 15-18〉 3대의 라우터들을 full-mesh로 연결한 망 구성도

**STEP 2** 먼저 서울 라우터의 ripd 설정을 확인한 후 ripd를 기동한다. 설정값의 예는 다음과 같다.

```
Seoul_RIPd# show run
Current configuration:
!
hostname Seoul_RIP
password zebra
log stdout
!
interface eth0
 ip rip send version 2
 ip rip receive version 2
!
interface eth1
 ip rip send version 2
 ip rip receive version 2
!
interface eth2
 ip rip send version 2
 ip rip receive version 2
!
router rip
 redistribute connected
 network 200.0.1.0/24
 network 200.0.251.0/24
 network 200.0.253.0/24
!
line vty
!
```

CHAPTER 15 Quagga와 RIP의 운용

**STEP 3** 서울 라우터의 라우팅 테이블을 확인하라. 서울 라우터는 다음과 같이, 경부선, 호남선, 서울망에 연결된 총 3개의 이더넷 인터페이스를 가지는 것을 확인할 수 있다[8].

```
[root@Seoul_Router]# route -n
Kernel IP routing table
Destination     Gateway         Genmask         Flags   Metric  Ref     Use Iface
200.0.251.0     0.0.0.0         255.255.255.0   U       0       0       0   eth1
200.0.253.0     200.0.251.2     255.255.255.0   U       0       0       0   eth2
200.0.1.0       0.0.0.0         255.255.255.0   U       0       0       0   eth0
```

**STEP 4** 서울 라우터가 경부선으로 방송하는 RIP 패킷을 수집하여 분석한다.

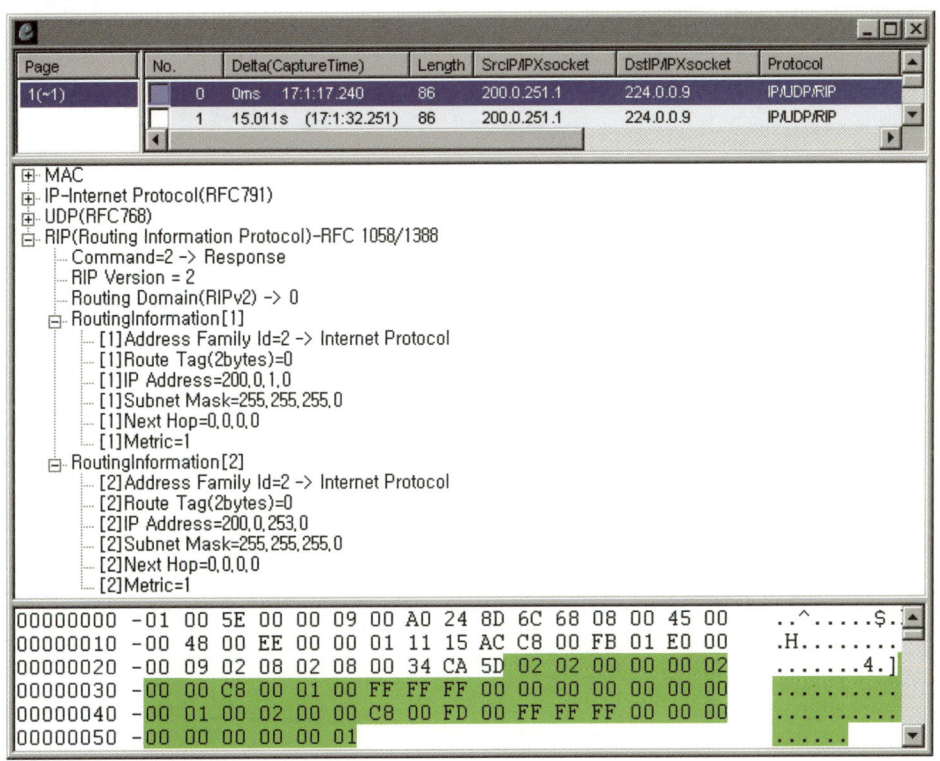

이 그림으로부터, 서울 라우터는 서울망과 호남선망에 대한 경로정보만 경부선을 통하여 보내고, 경부선망이나 부산망에 대한 정보는 보내지 않음을 알 수 있다. 이것은 split-horizon이 동작하기 때문이다.

---

[8] 망의 주소와 인터페이스 이름과의 관계는 설정에 따라 다를 수 있다.

**STEP 5** 광주 라우터를 부팅하고, STEP3과 같이 RIPd의 실행 여부를 확인한다. 광주 라우터의 RIPd 설정 결과는 다음과 같다.

```
Current configuration:
!
hostname Kwangju_RIPd
password zebra
log stdout
!
interface eth0
 ip rip send version 2
 ip rip receive version 2
!
interface eth1
 ip rip send version 2
 ip rip receive version 2
!
interface eth2
 ip rip send version 2
 ip rip receive version 2
!
router rip
 redistribute connected
 network 200.0.3.0/24
 network 200.0.252.0/24
 network 200.0.253.0/24
!
line vty
!
```

**STEP 6** 충분한 시간이 경과된 다음, 서울과 광주 라우터의 라우팅 테이블을 확인한다.

```
[root@Seoul_Router]# route -n
Kernel IP routing table
Destination   Gateway       Genmask        Flags   Metric   Ref   Use   Iface
200.0.251.0   200.0.253.1   255.255.255.0  UG      2        0     0     eth2
200.0.253.0   0.0.0.0       255.255.255.0  U       0        0     0     eth2
200.0.252.0   0.0.0.0       255.255.255.0  U       0        0     0     eth1
200.0.1.0     200.0.253.1   255.255.255.0  UG      2        0     0     eth2
200.0.3.0     0.0.0.0       255.255.255.0  U       0        0     0     eth0
[root@Seoul_Router]#
```

광주 라우터의 첫 번째 라우팅 테이블 항목을 분석하면 다음과 같다. 광주 라우터에 직접 연결되지 않은 경부선 링크(200.0.251.0)로의 경로는 광주 라우터의 eth2에 연결된 호남선 링크(네트워크)를 이용하여 서울 라우터(200.0.253.1)를 경유하게 됨을 플래그값 UG와 Gateway 값으로 알 수 있다. 이때의 metric은 당연히 2이다.

또한, 네 번째 항목은 서울 라우터에 직접 연결된 서울망(200.0.1.0/24)으로 가기 위해서도 동일한 인터페이스인 eth2를 통하여 서울 라우터인 200.0.253.1을 경유하면 Metric=2로 연결될 수 있음을 알 수 있다.

**STEP 7**  서울 라우터의 라우팅 테이블의 내용을 확인한다. 예는 다음과 같다.

```
[root@Seoul_Router]# route -n
Kernel IP routing table
Destination     Gateway         Genmask         Flags   Metric  Ref     Use     Iface
200.0.251.0     0.0.0.0         255.255.255.0   U       0       0       0       eth1
200.0.253.0     0.0.0.0         255.255.255.0   U       0       0       0       eth2
200.0.252.0     200.0.253.3     255.255.255.0   UG      2       0       0       eth2
200.0.1.0       0.0.0.0         255.255.255.0   U       0       0       0       eth0
200.0.3.0       200.0.253.3     255.255.255.0   UG      0       0       0       eth2
[root@Seoul_Router]#
```

서울 라우터는 경부선 링크인 200.0.251.0, 호남선인 200.0.253.0 링크(망), 서울망(200.0.1.0)에 직접 연결되어 있음을 알 수 있다.

그리고 서울 라우터에 직접 연결되지 않은 남해선망(200.0.252.0)으로의 라우팅은 서울 라우터의 eth2에 연결된 호남선 링크(200,.0.253.0)를 이용하여 광주 라우터(200.0.253.3)를 경유한다는 것을 플래그값 UG와 Gateway 값으로 알 수 있다. 이때의 Metric은 당연히 2이다.

다섯 번째 항목으로부터 광주망(200.0.3.0/24)으로 가기 위해서도 호남선측 인터페이스인 eth2 (200.0.253.3)를 이용하여 광주 라우터를 경유하면 Metric=2로 연결될 수 있음을 알 수 있다.

**STEP 8**  부산 라우터를 설정한 후 ripd를 기동한다. 부산 라우터의 설정 내용은 다음과 같다.

```
Current configuration:
!
hostname Pusan_RIPd
password zebra
log stdout
!
interface eth0
 ip rip send version 2
 ip rip receive version 2
!
interface eth1
 ip rip send version 2
 ip rip receive version 2
!
interface eth2
 ip rip send version 2
 ip rip receive version 2
!
router rip
 redistribute connected
 network 200.0.2.0/24
 network 200.0.251.0/24
 network 200.0.252.0/24
!
line vty
!
```

**STEP 9** 충분한 시간이 경과된 후, 각 라우터들의 라우팅 테이블 내용을 확인해 보면 다음과 같다.

ㄱ) 서울 라우터

```
[root@Seoul_Router]# route -n
Kernel IP routing table
Destination     Gateway         Genmask         Flags   Metric  Ref     Use     Iface
200.0.251.0     0.0.0.0         255.255.255.0   U       0       0       0       eth1
200.0.253.0     0.0.0.0         255.255.255.0   U       0       0       0       eth2
200.0.252.0     200.0.253.3     255.255.255.0   UG      2       0       0       eth2
200.0.1.0       0.0.0.0         255.255.255.0   U       0       0       0       eth0
200.0.2.0       200.0.251.2     255.255.255.0   UG      2       0       0       eth1
200.0.3.0       200.0.253.3     255.255.255.0   UG      2       0       0       eth2
[root@Seoul_Router]#
```

ㄴ) 부산 라우터

```
[root@Seoul_Router]# route -n
Kernel IP routing table
Destination     Gateway         Genmask         Flags   Metric  Ref     Use     Iface
200.0.251.0     0.0.0.0         255.255.255.0   U       0       0       0       eth1
200.0.253.0     200.0.251.1     255.255.255.0   UG      2       0       0       eth1
200.0.252.0     0.0.0.0         255.255.255.0   UG      0       0       0       eth2
200.0.1.0       200.0.251.1     255.255.255.0   UG      2       0       0       eth1
200.0.2.0       0.0.0.0         255.255.255.0   U       0       0       0       eth0
200.0.3.0       200.0.252.3     255.255.255.0   UG      2       0       0       eth2
[root@Seoul_Router]#
```

ㄷ) 광주 라우터

```
[root@Seoul_Router]# route -n
Kernel IP routing table
Destination     Gateway         Genmask         Flags   Metric  Ref     Use     Iface
200.0.251.0     200.0.253.1     255.255.255.0   UG      2       0       0       eth2
200.0.253.0     0.0.0.0         255.255.255.0   U       0       0       0       eth2
200.0.252.0     0.0.0.0         255.255.255.0   U       0       0       0       eth1
200.0.1.0       200.0.253.1     255.255.255.0   UG      2       0       0       eth2
200.0.2.0       200.0.252.2     255.255.255.0   UG      0       0       0       eth1
200.0.3.0       0.0.0.0         255.255.255.0   U       0       0       0       eth0
[root@Seoul_Router]#
```

# CHAPTER 15 Quagga와 RIP의 운용

**STEP 10** 각 라우터들의 라우팅 정보들을 Zebra의 RIP vty 서비스로도 접속해 확인해 본다.

```
Seoul_Zebra# telnet 127.0.0.1 2602
...
Seoul_RIPd# show ip rip
Codes: R - RIP, C - connected, O - OSPF, B - BGP

        Network           Next Hop         Metric    From           Time
C       200.0.1.0/24                       1
R       200.0.2.0/24      200.0.251.2      2         200.0.251.2    02:28
R       200.0.3.0/24      200.0.253.3      2         200.0.253.3    02:32
C       200.0.251.0/24                     1
R       200.0.252.0/24    200.0.253.3      2         200.0.253.3    02:32
C       200.0.253.0/24                     1                        00:10
Seoul_RIPd#
```

```
Seoul_Zebra# telnet 127.0.0.1 2602
...
Kwangju_RIPd# show ip rip
Codes: R - RIP, C - connected, O - OSPF, B - BGP

        Network           Next Hop         Metric    From           Time
R       200.0.1.0/24      200.0.253.1      2         200.0.253.1    02:27
R       200.0.2.0/24      200.0.252.2      2         200.0.252.2    02:59
C       200.0.3.0/24                       1
R       200.0.251.0/24    200.0.253.1      2         200.0.253.1    02:27
C       200.0.252.0/24                     1
C       200.0.253.0/24                     1
Kwangju_RIPd#
```

```
Seoul_Zebra# telnet 127.0.0.1 2602
...
Pusan_RIPd# show ip rip
Codes: R - RIP, C - connected, O - OSPF, B - BGP

        Network           Next Hop         Metric    From           Time
C       200.0.1.0/24      200.0.251.1      2         200.0.251.1    02:40
R       200.0.2.0/24                       1
R       200.0.3.0/24      200.0.252.3      2         200.0.252.3    02:41
C       200.0.251.0/24                     1
R       200.0.252.0/24                     1
C       200.0.253.0/24    200.0.251.1      2         200.0.251.1    02:40
Seoul_RIPd#
```

각 라우팅 정보에서 공통된 점들은 최단 경로들을 채택하고 있다는 것과 Time란의 시간이 약 3분, 즉 180초라는 것이다. 이것은 RIP 프로토콜의 Timer 중 Expiration timer의 기본 설정값이다. 처음 자신이 가지고 있던 호스트 또는 네트워크의 라우팅 정보를 받아 자신의 라우팅 테이블을 갱신하게 되면서 Expiration timer가 작동하기 시작하는 것이다.[9]

**STEP 11** 서울망을 down시키기 위하여 서울 라우터의 eth0를 down시킨다. 이 상태 정보가 광주 라우터에서 갱신되는지 확인한다.

```
[root@SEOUL_Router]# ifconfig eth0 down
```

광주 라우터에서는 다음과 서울망이 연결상태였다가 다운되면 metric이 16으로 설정되는 것을 볼 수 있다.

```
Kwangju_RIPd# show ip rip
Codes: R - RIP, C - connected, O - OSPF, B - BGP

     Network          Next Hop        Metric   From           Time
C    200.0.1.0/24     200.0.253.1     2        200.0.253.1    02:27
R    200.0.2.0/24     200.0.252.2     2        200.0.252.2    02:59
R    200.0.3.0/24                     1
C    200.0.251.0/24   200.0.253.1     2        200.0.253.1    02:27
R    200.0.252.0/24                   1
C    200.0.253.0/24                   1
...
Kwangju_RIPd# show ip rip
Codes: R - RIP, C - connected, O - OSPF, B - BGP

     Network          Next Hop        Metric   From           Time
R    200.0.1.0/24     200.0.253.1     16       200.0.253.1    01:56
R    200.0.2.0/24     200.0.252.2     2        200.0.252.2    02:42
C    200.0.3.0/24                     1
R    200.0.251.0/24   200.0.253.1     2        200.0.253.1    02:55
C    200.0.252.0/24                   1
C    200.0.253.0/24                   1
...
RIPd# show ip rip
Codes: R - RIP, C - connected, O - OSPF, B - BGP

     Network          Next Hop        Metric   From           Time
C    200.0.1.0/24     200.0.252.2     2        200.0.252.2    02:39
R    200.0.2.0/24                     1
R    200.0.3.0/24     200.0.253.1     2        200.0.253.1    02:45
C    200.0.251.0/24                   1
C    200.0.252.0/24                   1
```

---

9 물론 내부적으로는 3가지 타이머가 동시에 작동을 하고 있지만 정상 상태에서 표시되는 타이머는 Expiration timer의 값이다. 30초마다 이 값이 바뀌는 것을 알 수 있으며 Expiration timer의 값이 만기되면 garbage collection timer의 값이 표시된다.

CHAPTER 15  Quagga와 RIP의 운용

  연습 문제

[1] Zebra 데몬을 액세스할 때 사용되는 TCP 포트번호는 __이다.
　(a) 2601　　　　(b) 2602　　　　(c) 2603　　　　(d) 2604

[2] Zebra에서 설정 내용을 저장하는 명령어는 ___이다.
　(a) copy running-config startup-config
　(b) envelope에는 MAIL FROM과 RCPT TO와 같은 주소로 구성된다.
　(c) save config
　(d) copy config

[3] Zebra에서 설정 내용을 확인하는 명령어는 ___이다.
　(a) show running-config　　　　(b) show config
　(c) list config　　　　　　　　　(d) cat run

[4] Zebra에서 인터페이스에 대한 IP 주소 설정 명령은 ___이다.
　(a) ifconfig eth0　(b) set eth0 주소　(c) ifconfig 주소　(d) ip 주소

[5] Zebra에서 라우팅 테이블을 확인하는 명령어는 ___와 ___이다.
　(a) route　　　(b) netstat -rn　　(c) up　　　　　(d) ripd

[6] Zebra에서 인터페이스의 기능을 disable시키는 명령어는 __이다.
　(a) ifconfig eth0 disable　　　　(b) ifconfig eth0 down
　(c) ifconfig down　　　　　　　　(d) ifconfig disable

[7] Zebra의 설정 메뉴의 실행하는 명령어는 ___이다.
　(a) lrcfg　　　(b) ifconfig　　　(c) netconfig　　(d) lrpcfg

[8] Zebra에서 재부팅을 하지 않고도 설정된 내용들이 적용될 수 있도록 하는 명령어는 __이다.
　(a) /etc/init.d/network reload　　(b) reload
　(c) shutdown　　　　　　　　　　　(d) restart

[9] Zebra ripd에 의해 송신되는 RIP의 버전은?
　(a) 1　　　　　(b) 2　　　　　(c) 3　　　　　(d) 4

[10] Zebra의 rip 데몬 접속 포트 번호는 ___이다.
　(a) 2601　　　　(b) 2602　　　　(c) 2603　　　　(d) 2604

565

### 연습 문제

[11] Zebra에서, 라우팅 테이블의 내용을 보고자 할 때 사용하는 명령어는?
(a) show ip rip  (b) show rip  (c) ifconfig eth0  (d) route ?n

[12] RIP에서 사용되는 타이머가 아닌 것은?
(a) Garbage Collection timer  (b) Expiration timer
(c) Periodic timer  (d) Release timer

[13] 다음과 같은 화면에서 200.0.1.0/24망에 해당되는 Time 값이 의미하는 것은?

```
Codes: R - RIP, C - connected, O - OSPF, B - BGP

      Network         Next Hop      Metric    From           Time
C     200.0.1.0/24                  16                       00:38
R     200.0.2.0/24    200.0.251.    2         2200.0.251.2   00:54
C     200.0.251.0/24                1

Seoul_RIPd#
```

(a) Garbage Collection timer 의 만기가 38초 남았다.
(b) Expiration timer의 만기가 38초 남았다.
(c) Periodic timer 값이 38초 지났다.
(d) Expiration timer값이 38초 지났다.

[14] 다음과 같은 화면에서 200.0.2.0/24망에 해당되는 Time 값이 의미하는 것은?

```
Codes: R - RIP, C - connected, O - OSPF, B - BGPP

      Network         Next Hop      Metric    From           Time
C     200.0.1.0/24                  16                       00:38
R     200.0.2.0/24    200.0.251.2   2         200.0.251.2    00:54
C     200.0.251.0/24                1

Seoul_RIPd#
```

(a) Periodic timer의 만기가 54초 남았다.   (b) Expiration timer의 만기가 54초 남았다.
(c) Periodic timer 값이 38초 지났다.        (d) Expiration timer값이 38초 지났다.

CHAPTER 15 Quagga와 RIP의 운용

**연습 문제**

[15] Zebra의 명령어 중에서 "sh run"의 의미는 무엇인가?
(a) 설정 파일의 내용을 실행하라.   (b) 설정 파일의 내용을 보여라.
(c) 쉘을 실행시켜라.   (d) 실행 상태를 보여라.

[16] Triggered Update 방법이 활성화된 경우 "ifconfig eth0 down"을 실행하였다. 어떤 일이 발생하는가?
(a) RIP request 패킷이 즉시 송신된다.   (b) RIP reply 패킷이 즉시 송신된다.
(c) 아무 일도 벌어지지 않는다.   (d) RIP 패킷들이 30초 뒤에 송신된다.

[17] Triggered Update 방법이 활성화된 경우 "ifconfig eth0 up"을 실행하였다. 어떤 일이 발생하는가?
(a) RIP request 패킷이 즉시 송신된다.   (b) RIP reply 패킷이 즉시 송신된다.
(c) 아무런 일도 벌어지지 않는다.   (d) RIP 패킷들이 30초 뒤에 송신된다.

[18] 다음과 같은 명령어들은 ___ 하기 위함이다.

```
Seoul_RIPd>en
Password:
Seoul_RIPd# conf t
Seoul_RIPd(config)# interface eth0
Seoul_RIPd(config-if)#no ip split-horizon
```

(a) IP 주소를 제거   (b) split-horizon을 제거
(c) triggered update를 실행   (d) 인터페이스를 제거

[19] Zebra에서 RIP의 타이머들의 기간을 조정하려면 어떻게 하면 되는가?

[20] 인증된 RIP를 위하여 다음과 같이 패스워드를 설정하여 동작시킨 후, 송신되는 RIP 패킷을 분석하라.

```
Seoul_RIPd# conf t
Seoul_RIPd(config)# interface eth1
Seoul_RIPd(config-if)# ip rip authentication mode text
Seoul_RIPd(config-if)# ip rip authentication string yoon
Seoul_RIPd(config-if)# <Ctrl Z>
Seoul_RIPd# sh run
```

저자약력   윤 종 호

저자는 20년 이상 유무선 통신망 프로토콜 분야에 대한 강의, 연구 및 개발을 수행하고 있다. 그리고 저자는 본 교재 외에도 TCP/IP 네트워크 프로토콜, 최신 이더넷, 라우터와 라우팅 프로토콜, TCP/IP와 라우팅 프로토콜, 네트워크 보안 프로토콜 등의 저서 를 출판하였다. 이러한 대부분의 교재들은 모두 공통적인 특징을 가지고 있는데, 그것은 이론뿐만 아니라 실습을 반드시 수행하도록 한다는 점이다. 이렇게 실습이 포함된 내용으로 인해, 저자의 교재들은 많은 독자들로부터 호평을 받고 있다. 특히 eWatch 라고 하는 프로토콜 분석도구도 개발 상품화하여 국내 통신망 분야의 교육 및 연구를 지원하였고, 현재 IEEE 802와 IETF 등의 표준화 기구에서 수행하고 있는 최신 기술 기반에서 최신 이더넷 기술과 응용, 무선 LAN 및 센서망 프로토콜, 유무선 LAN 보안 분야에 대한 연구를 수행하고 있다.

1991년~현재 : 한국항공대학교 항공통신정보공학과 교수
1984년 : 한양대학교 전자공학과(공학사)
1986년 : 한국과학기술원 전기 및 전자공학과(공학석사)
1990년 : 한국과학기술원 전기 및 전자공학과(공학박사)
1995년~1996년 : U. of Arizona 방문교수
1996년~1998년 : 한국항공대학교 전자계산소 소장
2003년 ~ 현재 : OSIA LAN-TG의장
2007년~2008년 : Griffith Univ. 방문교수
2009년 ~ 현재 : 한국이더넷포럼 의장